KB235613

교회는
이긴다

교회는 이긴다

40대 옥한흠 목사의 육성으로 듣는 사도행전

옥한흠 지음

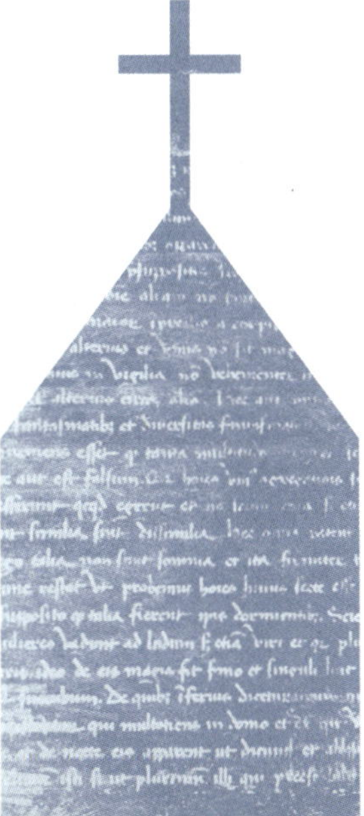

국제제자훈련원

영혼의 옷자락에 새겨진 복음

2년 전 이맘때 태풍 콘파스가 한반도에 상륙하여 서울을 강타하던 날 아침, 옥 목사님은 그 세찬 바람결 속에서 하나님의 부르심을 받으셨습니다. 달리는 자동차 안에서 그 소식을 접하는 순간 제 머릿속에서는 옥 목사님과 불병거를 타고 회오리바람에 휩쓸려 승천하던 엘리야의 모습이 오버랩되었습니다.

저는 갑작스럽게 하나님의 부르신을 받은 옥 목사님을 그리며 「국민일보」에 "옥 목사님이 남기고 간 겉옷"이라는 추모의 글을 쓴 바 있습니다. 엘리야가 남기고 간 겉옷을 붙들었던 제자 엘리사의 삶과 사역 가운데 엘리야의 영감이 갑절로 임했던 것처럼 옥 목사님을 사랑하며 그분을 따랐던 이 시대의 엘리사들에게도 동일한 은혜가 나타나기를 바라는 글이었습니다. 저는 사랑의교회를 필두로 한국기독교목회자협의회, 교회갱신협의회, 국제제자훈련원을 옥 목사님이 남기고 간 겉옷으로 해석하며 "당신의 성령이 하시는 역사가 갑절이나 내게 있게 하소서"(왕하 2:9)라는 엘리사의 기원이 그를 참으로 존경하고 따르는 이 시대의 엘리사들의 기도가 되기를 간절히 염원했습니다.

그러던 차에 옥 목사님 추모 2주기를 맞이하여 그분이 남기고 간 또 다른 옷자락을 만질 수 있다는 것은 얼마나 벅찬 감동이며 행복인지요? 여기, 그가 40대 청년목사였던 시기에 수요 강단에서 선포하셨던 영혼의 옷자락이 우리에게 유산으로 남아 있습니다. 당시는 옥 목사님이 서초동에 사랑의교회를 개척하고 사도들의 정신을 이어받은 참된 교회를 향한 복음의 열정으로 활활 타오르던 시기였습니다. 카랑카랑한 목소리로 사자후를 토했던 목사님의 설교를 직접 들었던 성도들뿐 아니라 그의 정신을 이어 그가 걸었던 예수 광인의 길을 따르고자 열망하는 저 같은 사람에게는 어느 무엇과도 바꿀 수 없는 값진 선물입니다. 우리는 그의 영혼의 옷자락 위에 새겨진 사도행전의 말씀을 통해 복음의 진수를 새롭게 만나며 그가 꿈꾸던 예수 그리스도의 교회의 원형을 발견하게 됩니다.

그는 사도행전 강해를 통해 스스로 사랑의교회 사랑행전의 사역자 옥한흠 바울이 되었고 그분이 사랑행전의 역사 속에서 일구어 낸 교회의 패러다임은 새 시대가 요구하는 참교회의 모형이 되어 제자훈련을 통해 수많은 사도행전의 역사를 재생산하는 역사로 이어졌습니다. 한 목회자의 삶과 사역 속에 2,000년 전 예루살렘을 중심으로 불타올랐던 복음의 역사가 재현되어 나타났다는 것은 얼마나 감사하고 경이로운 일입니까!

저는 옥한흠 목사님이 우리 시대 속에 남긴 가장 큰 유산은 그의 삶과 사역 가운데 예수 그리스도의 복음의 역사가 축소되지 않고 반복되어 나타난 것이라고 믿습니다. 그는 이 지상의 삶을 마치고 하나님의 품에 안겼지만 그의 삶은 과거에 속한 삶이 아니라 예수 그리스도의 복음 역사와 함께 영원히 미래에 속한 삶으로 남았습니다. 이러한 의미에서 사랑행전을 통해서 계승된 복음의 역사는 또 다른 행전으로 계승되어 영원히 새로운 미래를 창출해 갈 것입니다.

저는 소위 에큐메니컬 진영에 속한 목회자로서 복음주의 진영에 속한 옥한흠이라는 거장을 만나 복음행전의 대열에 본격적으로 뛰어든 사람입니다. 그는 제 목회 인생의 멘토였고 지금 제가 참여하고 있는 예원행전의 멘토였습니다. 목포 땅에 예원교회를 개척한 것은 그의 조언과 격려 가운데 이루어졌습니다. 이 땅 위에는 저처럼 직간접으로 그의 영향을 받고 또 다른 사도행전 역사의 대열에 참여하고 있는 많은 엘리사들이 있습니다. 사도행전적 복음의 정신을 이어가고자 하는 예수 광인의 후예들입니다. 예수 광인의 후예들이 꿈꾸는 미래는 무엇입니까? 그것은 옥한흠 목사님처럼 우리의 삶과 사역에서 예수 그리스도 복음의 역사가 반복되어 나타나도록 기도하고 열망하는 것이 아니고 무엇이겠습니까?

광인의 후예들에게 들려주는 옥 목사님의 사랑의 권고를 직접 들어봅니다. "영적 전쟁에서 승리하려면 바울처럼 떨어야 합니다. 겸손해야 합니다. 성령이 우리를 통하여 마음껏 일하실 수 있도록 내려놓아야 합니다. 마음을 비워야 합니다. 오직 주님만 바라보아야 합니다. 부들부들 떨어야 합니다. 교만의 머리를 쳐들지 말아야 합니다. 성경을 많이 안다고, 신앙의 경력이 많다고, 말을 잘한다고 머리 들지 맙시다. 성령의 역사는 약하고 두려워하고 심히 떠는 자를 통해 일어납니다."

옥한흠 목사님은 사도들의 바통을 이어받아 사랑행전의 사명을 완성하고 하나님의 부르심을 받았습니다. 그가 달려 왔던 사랑행전의 길은 주 예수께 받은 사명 곧 하나님 은혜의 복음을 증언하는 일을 위해 생명까지도 조금도 귀한 것으로 여기지 않았던(행 20:24), 주님을 위해 철저히 헌신한 삶이었습니다. 로마를 복음의 능력으로 이기고 승리했던 바울처럼 "복음은 승리한다"는 믿음을 마지막 순간까지 놓지 않은 삶이었습니다.

옥 목사님은 예수 그리스도를 믿고 따르는 우리를 "바울로부터 복음을 받은 그의 후예들"이라고 말하고 있습니다. 그리고 "우리는 바울이 걸어간 그 길을 이어 달리며 오늘의 사도행전을 써야 하는 주인공들이기도 하다"고 말하고 있습니다. 『교회는 이긴다』를 읽는 독자들을 통해 사도행전의 길을 이어 달리는 역사가 새롭게 불타오르게 되기를 간절히 소망합니다. 아울러 이 책 한 권에 담긴 사도행전의 영성이 다시 한 번 한국 교회를 깨우는 옥 목사님의 뜨거운 외침이 되기를 소원하며 그를 그리워하는 마음으로 이 글을 마칩니다.

2012년 8월

김원배 목사(한목협 상임회장, 예원교회 담임)

차
례

사도행전 1장

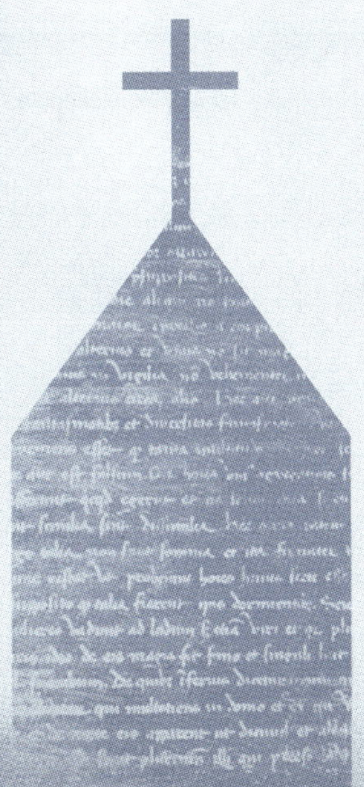

1 부활하신 예수님이 찾아오시다

그가 고난 받으신 후에 또한 그들에게 확실한 많은 증거로 친히 살아 계심을 나타내사 사십 일 동안 그들에게 보이시며 하나님 나라의 일을 말씀하시니라

_ 사도행전 1:3

사도행전 1장 1절부터 11절까지는 서론 부분으로 사도행전의 대주제를 담고 있습니다. 나머지 부분은 서론에 나오는 내용을 하나하나 설명하고 그와 관련된 사건들을 전개한 것이라고 해도 과언이 아닙니다. 그러므로 서론 부분, 특히 3절부터 11절까지를 충분히 살펴보아야 합니다. 부활하신 예수님은 40일 동안 제자들을 특별 방문하셨습니다. 부활하셔서 하나님 우편에 앉아 계시면 그것으로 그만일 텐데, 예수님께서는 승천하시기 전에 반드시 하실 일이 있었습니다.

"그가 고난 받으신 후에 또한 그들에게 확실한 많은 증거로 친히 살아 계심을 나타내사 사십 일 동안 그들에게 보이시며 하나님 나라의 일을 말씀하시니라"(1:3).

첫째는 자신이 부활했다는 확실한 증거를 제자들에게 남겨 놓는 일이었습니다. 그들이 3년 동안 따라다니던 예수 그리스도, 십자가에 달려 죽은 그분이 말씀대로 다시 살아나셨다는 사실을 의심하지 않도록 그들 앞에 나타나신 것입니다. "내가 바로 십자가에 달려 죽은 예수 그리스도라"고 알리기 위함이었습니다. 둘째는 제자들이 예수님의 사역, 곧 '하나님 나라'의 일을 계승하게 하는 것이었습니다. 그래서 주님은 40일 동안 제자들에게 다른 말씀은 하지 않고 오직 하나님 나라의 일만 말씀하셨습니다.

어떤 모습이었나

우리가 어린아이 같은 호기심으로 부활하신 예수님의 모습을 상상할 때 막연히 신비한 모습일 것이라고 추측하기 쉽습니다. 그러나 부활하신 예수님이 제자들 앞에 나타나셨을 때 예수님의 몸은 평범한 인간의 모습 그대로였습니다. 변화산에서처럼 휘황찬란한 광채가 나거나 사람들이 감히 쳐다볼 수 없을 만큼 영광스러운 모습이 아니었습니다. 오히려 너무나 평범해서 엠마오로 가던 두 제자는 부활하신 예수님을 만나고도 그분이 누구인지 전혀 눈치채지 못할 정도였습니다.

예수님은 심지어 십자가에서 못박힌 자국과 창에 찔린 상처를 그대로 안고 나타나셨습니다. 부활하신 예수님의 몸은 살과 뼈가 없는 영이 아닐까 하고 흔히들 생각하지만, 주님은 "나는 살과 뼈가 있으니 만져 보라"고 친히 말씀하셨습니다. 부활하신 몸이니 음식도 전혀 필요없을 것 같은데, 요한복음 21장을 보면 제자들과 함께 잡수시는 장면이 나옵니다. 그러니 어찌 보면 예수님은 지극히 평범한 인간의 모습으로 부활하신 듯합니다.

그러나 다른 한편으로 보면 꼭 그렇지만은 않은 것 같습니다. 부활하신 예수님은 시간과 공간에 전혀 구애 받지 않으셨기 때문입니다. 문도 열어 드리지 않았는데 제자들이 모여 있는 방에 갑자기 나타나시고, 또 어느 순간 사라지셨습니다. 갈릴리에서 예루살렘으로, 예루살렘에서 베다니로 자유로이 다니시며 제자들과 교제하셨습니다.

그렇다면 우리는 부활하신 예수님이 어떤 몸을 입으셨는지 도무지 종잡을 수 없게 됩니다. 그럼에도 불구하고 이렇게 관심을 갖는 이유는, 세상 끝날 주님이 오셔서 새 하늘과 새 땅이 열릴 때 우리도 예수님과 같은 몸을 입게 될 것이기 때문입니다.

부활하신 예수님을 생각하면 마치 꿈을 꾸는 듯한 느낌이 듭니다. 하지만 이런 신비로운 상황에 대해 지나치게 사색에 잠긴다든지, 사람의 말을 갖다 붙이기 시작하면 자칫 이단에 빠지게 됩니다. 그러므로 하나님께서 더 이상 설명해 주시지 않는 곳에서는 우리의 생각도 멈추어야 합니다. 성경에 있는 만큼만 아는 것으로 만족해야 합니다.

어떤 설교자들은 지금도 예수님이 엠마오로 가던 나그네처럼 허름한 옷을 입고 계신다, 손에 못 자국을 그대로 갖고 계시며, 피가 뚝뚝 떨어지는 두 손을 들고 하나님 앞에 기도하고 계신다고 말합니다. 이러한 묘사는 주님의 십자가 은혜를 묵상하기에는 좋은 장면입니다. 그러나 과연 지금도 예수님이 그런 모습으로 계실까요?

저는 예수님이 매 맞은 상처투성이 몸으로, 가시관에 찢겨 상처 난 몸으로, 못 자국이 있는 험한 손 그대로 지금 하나님 우편에 계신다고 보지 않습니다. 부활 승천하셔서 하늘 보좌에 계신 예수 그리스도의 영광이 얼마나 큽니까? 천군 천사가 무릎 꿇고 경배하며 면류관을 올려 드리는 그 광경을 어떻게 사람의 말로 이루 다 표현할 수 있겠습니까?

어디에 머무셨나

부활하신 예수님의 몸과 더불어 한 가지 더 생각해 볼 것이 있습니다. 부활하신 예수님의 거처는 어디였을까요? 승천하시기 전까지 어디에 머물고 계셨을까요? 공중을 배회하고 다니셨을까요? 아니면 지구 어느 모퉁이에 혼자 계시다가 나타나셔야 할 때 제자들 앞에 모습을 드러내셨을까요? 이것도 자칫 엉뚱한 방향으로 흐르기 쉬운 이야기지만, 승천 사건의 의미를 알기 위해 짚어 보아야 할 문제입니다.

예수님은 부활하심으로 이미 영광을 받으신 분입니다. 부활을 통해 영광을 받으신 것이지, 승천을 통해 영광을 받으신 것이 아닙니다. 즉, '십자가 - 부활 - 하나님 우편의 영광'으로 연결되지, 승천의 과정을 거친 후에 하나님 우편에 앉으셨다고 보는 것은 자연스럽지 않습니다. 그렇다면 승천 사건은 무슨 의미가 있는 것일까요?

하나님은 윤곽조차 잡을 수 없는 이 사건을 우리가 이해할 수 있는 말로 표현해 주셨습니다. 제자들 앞에서 예수님이 승천하실 때 어떤 일이 있었습니까? 휙 들려 올라가셨습니다. 두 천사가 양쪽에서 예수님을 호위했고, 조금 후 구름에 가려서 보이지 않다가 사라지셨습니다.

이 장면은 예수님의 지상 사역이 완전히 종결되었음을 제자들에게 알려주는 사건입니다. 예수님이 육신의 모습으로 제자들 앞에 나타나는 일은 이것으로 끝이라는 뜻입니다. 지상 사역을 끝내고 하나님 우편에 계신다는 것을 제자들에게 시각적으로 분명히 각인시켜 준 것입니다. 이것이 승천 사건의 본질입니다.

예수님이 이 때 하늘로 처음 올라가신 것처럼 보이지만, 실은 승천하시기 전 40일 동안 제자들에게 나타나지 않으실 때 계셨던 곳 역시 하나님의 우편이었습니다. 그리고 승천 사건을 마지막으로 사람들의 눈에서 완전히 떠나 원래 계시던 그곳으로 돌아가신 것입니다.

영광의 그날을 기다리다

이제 예수님이 승천하실 때의 영광스러운 모습을 한번 생각해 보겠습니다. 구름이 주님을 가렸다고 기록되어 있는데, 이 구름에 대해서도 이해해 두는 것이 좋습니다.

출애굽기 40장 34절을 보면 하나님의 영광이 우리가 이해할 수 있는 언어로 표현되어 있습니다. 광야에서 하나님의 회막에 무엇이 덮였다고 합니까? 바로 구름입니다. 솔로몬이 예루살렘 성전을 지어 놓고 낙성식을 할 때도 그 성전 안에 구름이 어찌나 가득했던지 도무지 접근할 수 없을 정도였다고 성경은 기록하고 있습니다. 이 구름은 하나님의 임재하심으로 나타나는 '영광'입니다. 마가복음을 보면 변화산에서 찬란하게 빛나는 예수님의 모습이 나옵니다. 그때 구름이 와서 그곳에 함께 있던 제자들을 덮었습니다. 그리고 구름 속에서 하나님의 음성이 들렸습니다(막 9:7). 이 구름도 영광스러운 하나님의 임재를 보여 줍니다.

또 주님이 재판 받으실 때 대제사장들에게 공언하시기를 "인자가 권능자의 우편에 앉은 것과 하늘 구름을 타고 오는 것을 너희가 보리라"고 하셨습니다(막 14:62). 이 구름은 우리가 생각하는 그런 구름이 아닙니다. 바로 하나님의 임재의 영광을 말하는 것입니다. 이와 마찬가지로 예수님이 승천하실 때 구름에 가려서 더 이상 보이지 않았다는 것은 하나님의 영광이 그분을 완전히 가렸다는 뜻입니다.

여기서 우리는 스스로 한 가지 질문할 것이 있습니다. 장차 오실 영광의 주님을 얼마나 기대하고 사모하고 있느냐는 것입니다. 예수 믿는 사람으로서 재림에 대한 부푼 꿈을 갖고 있습니까? 주님을 만나 영광스럽게 될 자신의 모습을 그려보았습니까? 어떠한 어려움과 고통 가운데 있을지라도 영원한 나라에서 주님과 함께할 그 소망으로 찬송할 수 있습니까?

우리 이렇게 기도합시다. "주님, 사람의 말로 표현할 수 없는 주님의 그 영광스러운 몸이 장차 내가 입을 몸이니 참 감사합니다"라고 말입니다. 겉사람은 후패하지만 속사람은 날로 새로워지는 이유가 이런 소망이 있기 때문 아닙니까?

목사는 사람이 겉늙어 보일 때가 종종 있습니다. 나이는 아직 새파랗게 젊은데 속은 도대체 좋은 것도 없고 싫은 것도 없습니다. 성경 말씀으로 인생의 밑바닥을 샅샅이 뒤지다 보니 이 세상의 허무함을 누구보다 잘 알게 되기 때문입니다. 사실 인간이 성공했다, 아름답다, 건강하다는 것을 말씀에 비추어 따져 보면 그런 것들은 하루아침의 꽃과 같은 것입니다. 그래서 목사에게 세상을 사는 맛이란 '기다림의 맛'이 아닐까 합니다. 영광스런 주님을 만나는 그 순간, 영광의 구름을 타고 주님 앞으로 나아가는 그날을 우리가 어떻게 기다리지 않겠습니까? 그 기다림이 있기 때문에 더 열심히 일하고, 더 최선을 다해 살 수 있습니다. 우리 모두 하나님 앞에서 어린아이처럼 즐거워하고 기뻐하며 영광의 그날을 꿈꾸며 살아갑시다.

2 하나님 나라의 일을 말씀하시다

**오직 성령이 너희에게 임하시면 너희가 권능을 받고
예루살렘과 온 유대와 사마리아와 땅끝까지 이르러 내 증인이 되리라 하시니라**
_ 사도행전 1:8

예수님이 40일 동안 제자들과 나눈 중요한 주제는 '하나님 나라'입니다. 제자들이 이제 예수님을 대신해서 계승해야 할 일이 바로 이 하나님 나라의 일이었기 때문입니다.

로마 가톨릭 교회는 예수님이 40일 동안 제자들에게 가르치신 내용 중에 교황 제도와 성직자 제도, 그리고 일곱 가지 성례에 관한 것이 있다고 주장합니다. 그러나 성경 어디에도 그것을 뒷받침할 만한 근거는 없습니다. 하나님의 나라에 관해서 이야기했다고 기록되어 있을 뿐입니다.

예수님의 지상 사역은 처음부터 하나님 나라에 관한 것이었습니다. 예수님이 세례를 받으시고 공생애 첫발을 내디디시면서 처음으로 선포하신 말씀도 그러합니다.

> "때가 찼고 하나님의 나라가 가까이 왔으니 회개하고 복음을 믿으라"(막 1:15).

지상 사역뿐만 아니라 부활하신 후 제자들과 만난 자리에서도 주제는 역시 하나님 나라였습니다. 예수님의 관심사는 십자가를 지시기 전이나 지신 후나, 부활하시기 전이나 부활하신 후나 한결같았습니다. 사도행전은 하나님 나라에 관한 대화로 시작해 하나님 나라에 대한 언급으로 끝이 납니다.

> "…하나님 나라의 일을 말씀하시니라"(1:3하).

> "하나님의 나라를 전파하며 주 예수 그리스도에 관한 모든 것을 담대하게 거침없이 가르치더라"(28:31).

하나님 나라와 이스라엘 나라

그렇다면 '하나님 나라'란 무엇입니까? '주 예수 그리스도에 관한 모든 것'과 '하나님 나라'는 같은 말입니다. 하나님 나라에 관한 내용이 주 예수 그리스도에 관한 것입니다. 제자들은 부활하신 예수 그리스도로부터 40일 동안 하나님 나라에 관한 특별 교육을 받았습니다. 그런데도 제자들에게는 끝까지 풀리지 않는 문제가 있었습니다.

“그들이 모였을 때에 예수께 여쭈어 이르되 주께서 이스라엘 나라를 회복하심이 이때니이까”(1:6).

제자들은 예수님께 하나님 나라가 임할 시기에 대해 물었습니다. 그런데 여기서 그들은 왜 ‘하나님 나라’라고 하지 않고 ‘이스라엘 나라’라고 했을까요? 유대인들은 선민사상을 바탕으로 하나님 나라를 생각했습니다. 선민사상이란 ‘이스라엘 백성만 선택받았다. 하나님께서 이스라엘이라는 선민을 중심으로 세계를 통일하여 국가를 이룩하신다. 그리고 그들에게 세계를 지배할 영광과 특권과 권력을 주신다’는 생각입니다.

이것은 이스라엘 사람들의 골수에 깊이 박혀 있는 하나의 신앙입니다. 그래서 선민사상과 배치되는 말씀을 들으면 제자들은 당황하거나 그 뜻을 이해하지 못했습니다. 그리고 주님이 하시는 말씀을 전부 선민사상으로 해석했습니다. ‘이제 예수님이 등극하시면 이스라엘 나라가 온 세계를 지배하게 되는구나’라고 항상 착각했습니다.

부활하신 예수님께 하나님 나라에 관한 특별 교육을 받았음에도 불구하고 이 문제는 여전히 풀리지 않는 숙제였습니다. “이스라엘 나라를 회복하심이 이때니이까?” 하고 끝까지 자기 민족을 중심으로 한 세계 통일을 고집했던 것입니다.

그리고 여기서 ‘회복’이라는 말이 또 재미있습니다. 당시 이스라엘은 로마제국의 속국 아닙니까? 지도에서 이스라엘을 찾아 보면 길이가 약 193킬로미터, 폭이 약 64킬로미터로 우리나라의 경기도, 충청도, 강원도를 합한 정도입니다. 별것 아닙니다. 조그마합니다. 이런 나라가 수백 년에 걸쳐서 바벨론, 앗수르, 그리스, 로마 등의 강대국에 차례차례 점령당하고 지배받아 왔습니다. 그러므로 현실적으로 볼 때는 이스라엘 나라가 세계를 지배하는 어떤 이상적인 국가를 건설하리라고는 도무지 생각할 수 없었습니다. 오히려 절망적인 상황이었습니다. 그런데도 이스라엘 백성들은 끝까지 고집을 부렸습니다. 반드시 그런 세상이 온다고 말입니다.

그래서 제자들은 '하나님 나라'라고 말하지 않고 "이스라엘 나라가 언제 회복되겠습니까? 언제 해방되어 세계를 지배하는 일등 강국이 됩니까?"라고 질문했던 것입니다.

때와 시기는 알 바 아니요

예수님은 이같이 어처구니없는 질문을 받으셨지만 제자들을 전혀 나무라지도, 부정하지도 않으셨습니다. 왜 그러셨을까요?

예수님은 이와 같은 모습을 자주 보이셨습니다. 제자들이 잘못한 말도 그냥 넘어가셨습니다. 당장은 깨달을 수 없지만 반드시 때가 되면 깨닫게 될 것임을 아셨기 때문입니다. 그때가 언제일까요? 오순절 성령이 임하셔서 그들이 진리의 영으로 충만하게 되면, 완전히 깨닫게 될 것을 주님은 아셨습니다.

그래서 예수님은 제자들의 질문에 답하지 않고 확실한 한 가지만 말씀하셨습니다. 당장 이스라엘 나라가 회복되고 하나님 나라가 건설되리라 기대하는 제자들에게 주님은 한 가지 단서를 붙여서, 다시는 정치적인 망상을 하지 못하도록 아예 불씨를 꺼 버리셨습니다.

> "때와 시기는 아버지께서 자기의 권한에 두셨으니 너희가 알 바 아니요 오직 성령이 너희에게 임하시면 너희가 권능을 받고 예루살렘과 온 유대와 사마리아와 땅끝까지 이르러 내 증인이 되리라"(1:7-8).

그렇다면 예수님께서 말씀하신 '때와 시기'는 무엇을 의미합니까? '때와 시기'는 원어로 '크로노스와 카이로스'로 '기간과 일시'를 뜻합니다. '기간'은 예수님이 재림하실 때까지의 시간을 말하는 것으로, 주님은 이것이 제자들의 알 바가 아니라고 못박아 말씀하셨습니다.

'일시'라는 말은 결정적인 때, 예수님이 오시는 바로 그때를 말합니다. 그러니 주님이 언제 오실지, 언제 하나님 나라가 완성될지, 그 기간이 얼마나 남았는지 하는 것은 사람들이 그렇게 관심을 갖지 않아도 된다는 말씀입니다.

미국의 오클라호마시티 제일침례교회에서 어떤 유명한 부흥사가 재림론을 강해한 일이 있습니다. 그 부흥사는 초조한 마음으로 예수님의 재림이 임박했다고 강조하며 당장 준비해야 한다고 역설했습니다.

마침 정원에서 나무를 심고 있는 성도를 본 부흥사는 이렇게 말했습니다.

"제가 설교한 것을 잘못 들으셨나요? 당신은 말씀을 거부하는
겁니까?"

그러자 나무를 심던 성도가 깜짝 놀라서 말했습니다.

"목사님, 무슨 말씀을 하시는 건가요?"

"예수님의 재림이 가까웠는데 왜 나무를 심고 있습니까?"

"아니, 저는 그저 우리 정원에 나무가 좀 필요해서…."

"아, 이 나무가 자라서 열매를 딸 때까지 주님이 안 오실 것
같아요? 그런 어리석은 짓 하지 말고 주의 일이나 열심히 하십시
오."

아마 이렇게 가르친다면 대단한 혼란이 일어날 것입니다. 내
일 당장 주님이 오신다고 할지라도 오늘 우리는 저녁밥을 먹어야
합니다. 내일 당장 주님이 오신다고 해도 오늘 결혼할 사람은 결혼
해야 합니다. 왜냐하면 세상살이니까요. 내일 당장 주님이 오신다
고 해도 사업 계획을 세워야 합니다. 맡은 일이니까요.

주님 오실 날이 가깝다고 해서 다른 일은 다 집어치우고 복음
전하는 일만 강조한다면 현실과 동떨어진 신앙이 되고 맙니다. 현
실을 무시하는 사람은 주님을 기다리는 사람이 아닙니다. 우리는
성경적으로 건전하게 분별해야 합니다. 성경은 우리가 이 땅에서
행한 모든 일에 주님의 심판이 있을 것을 경고하고 있습니다.

"일의 결국을 다 들었으니 하나님을 경외하고 그의 명령들을 지킬지
어다 이것이 모든 사람의 본분이니라 하나님은 모든 행위와 모든 은
밀한 일을 선악 간에 심판하시리라"(전 12:13-14).

성령의 능력으로 이루어지는 나라

예수님이 말씀하시는 하나님 나라는 이 세상에 속한 나라가
아닙니다.

"(주의) 나라가 임하시오며 뜻이 하늘에서 이루어진 것 같이 땅에서
도 이루어지이다"(마 6:10).

하나님의 뜻이 하늘에서 이루어진 것처럼 땅에서도 이루어지
는 것, 이것이 하나님 나라입니다. 얼마나 영광스러운 이야기인지
모릅니다. 하나님 나라는 하나님이 은혜 주시는 자들의 마음속에
세워지는 나라입니다. 하나님이 택하신 자들의 세계에 이루어지는
나라, 예수 그리스도를 구주로 고백하고 죄 씻음 받고 하나님의 자
녀로 새 생명을 얻은 사람들의 세계에 이루어지는 나라입니다.

이 나라를 세상 나라가 아닌 '하나님 나라'라고 부르는 것은
하나님이 그분의 능력으로 세우는 나라이기 때문이요, 하나님께서
지배하시는 나라이기 때문이요, 그 나라의 성격이 영적이기 때문
입니다. 이는 인간의 힘과 제도로 완성되는 나라가 아닙니다. 다니
엘이 환상 중에 본 것처럼 '사람이 손대지 아니한 돌'입니다. 사람
이 받들고 와서 던지는 돌멩이가 아니라 하나님의 능력으로 날아
들어온 돌입니다. 그 돌이 세상 국가를 파괴하고 하나님의 나라가
건설될 것입니다.

하나님은 이 나라를 건설하기 위해 성령의 능력으로 교회를
무장시키셨습니다.

"오직 성령이 너희에게 임하시면 너희가 권능을 받고 예루살렘과
온 유대와 사마리아와 땅끝까지 이르러 내 증인이 되리라 하시니
라"(1:8).

'오직 성령이 너희에게 임하시면' 교회가 다이너마이트처럼
폭발적인 '권능을 받고', 신자가 충만함을 입게 됩니다. 하나님 나
라는 하나님의 능력으로 이루어지기 때문입니다.

그래서 사도행전 1장 1절부터 11절까지 볼 때 '하나님의 나라'
라는 말이 나오고, 그다음에 '성령'과 '증인', 그리고 마지막으로
'재림'에 대한 이야기가 나오며, 이 네 가지 개념은 연결되어 있습
니다. '하나님 나라'가 어떻게 완성됩니까? '성령의 능력'으로 완
성됩니다. 누구를 통해서입니까? '증인'들을 통해서입니다. 완성되
는 때는 언제입니까? '예수님의 재림' 때입니다.

보고 들은 것을 말하라

성령이 교회에 오신 목적은 교회를 '하나님 나라'가 되게 하
는 것보다 '하나님 나라의 증인'이 되게 하는 데 있습니다. 증인은
누구입니까? 하나님 나라의 역군들입니다. 보고 들은 것을 말하는
사람입니다. 제자들이 바로 증인입니다.

"이에 그들의 마음을 열어 성경을 깨닫게 하시고 또 이르시되 이같
이 그리스도가 고난을 받고 제 삼일에 죽은 자 가운데서 살아날 것

과 또 그의 이름으로 죄 사함을 받게 하는 회개가 예루살렘에서 시
작하여 모든 족속에게 전파될 것이 기록되었으니 너희는 이 모든 일
의 증인이라"(눅 24:45-48).

부활하신 예수님이 찾아오셔서 제자들에게 하신 말씀입니다.
여기에 중요한 핵심이 있습니다. 우리는 눈으로 똑똑히 봐야만 귀
로 들어야만 증인 노릇을 할 수 있다고 생각합니다. 체험을 좋아하
고 환상을 좋아하는 사람은 꿈으로라도 예수님을 봐야만 신이 나
서 증거합니다. 그러나 예수님은 분명히 "성경에 기록된 것을 증
거하라"고 말씀하셨습니다. 성경 안에 주님의 십자가와 부활, 전
세계에 미칠 회개와 복음이 다 기록되어 있으니 이것을 가지고 나
가서 전하라는 말씀입니다. 성경에 기록된 부활 사건을 그대로 전
하라는 것입니다.

비록 육신의 눈으로 목격하지는 못했다 하더라도 우리는 하나
님의 말씀을 가지고 증거해야 합니다. 이 증거를 통해서 하나님 나
라가 건설됩니다. 그 나라는 반드시 완성됩니다. 세상은 그 나라를
막지 못합니다. 성령의 능력으로 완성되는 그 나라를 누구도 방해
하지 못하며 파괴하지 못할 것입니다. 예수님은 승리자이십니다.
승리자가 다시 패배자가 되는 법은 없습니다. 초대교회 때 예수님
을 증거하던 사람들을 '마르투스'라고 불렀습니다. '마르투스'는
순교자를 뜻합니다. 성도들은 모두 순교를 각오한 '마르투스'들입
니다.

◀》 교회는 강합니다. 왜 강합니까? 모든 성도가 다 증인이기 때
문입니다. 이 증인들이 온 사방에 흩어져서 하나님 나라를 건설합니

다. 저 어두운 세상에 그리스도가 다스리시는 하나님 나라를 건설합니다. 이들은 나약하고 비겁한 사람들이 아닙니다. 생명을 내놓고 증거하기를 조금도 주저하지 아니하는 자들입니다.

그래서 그들을 통해 이 세상은 반드시 단계적으로 정복될 것입니다.

> "오직 성령이 너희에게 임하시면 너희가 권능을 받고 예루살렘과 온 유대와 사마리아와 땅끝까지 이르러 내 증인이 되리라 하시니라"(1:8).

그렇습니다. 예루살렘부터 복음화됩니다. 사도행전 1장부터 7장까지 그 과정을 보여 줍니다. 예루살렘 복음화 뒤에는 2단계로 '온 유대와 사마리아'가 복음화됩니다. 8장 1절부터 11장 18절까지가 그 내용입니다. 그다음에는 '땅끝까지' 복음이 증거된다고 했습니다. 이것은 11장 19절부터 몇 장까지입니까? 그 끝은 아직 없습니다.

사도행전은 마지막 장이 없습니다. 주님 오시는 그날이 마지막 장이 될 것입니다. 몇 천 장이 될지 몇 만 장이 될지 우리는 모르지만, 11장 19절부터 주님 오시는 그날까지 사도행전은 계속 이어질 것입니다. 땅끝까지 복음이 전파되는 그날까지 하나님 나라의 일은 결코 중단되지 않습니다.

그러므로 우리는 다시 한 번 자신을 무장해야 합니다. 생명을 내걸고 예수 그리스도를 증거하는 증인의 삶을 살아야 합니다. 우리는 성령의 능력을 입었습니다. 성령은 오늘도 우리에게 나가서 전하라고 하십니다. 말씀대로 살라고 하십니다. 그래서 하나님 나라를 더욱더 확장시키라고 명령합니다. 주님은 이 명령을 순종하는 자에게 조금도 아끼지 않고 성령의 권능을 부어 주실 것입니다.

3 한마음으로 성령을 기다리다

들어가 그들이 유하는 다락방으로 올라가니 베드로, 요한, 야고보, 안드레와 빌립,
도마와 바돌로매, 마태와 및 알패오의 아들 야고보, 셀롯인 시몬,
야고보의 아들 유다가 다 거기 있어 여자들과 예수의 어머니 마리아와 예수의
아우들과 더불어 마음을 같이하여 오로지 기도에 힘쓰더라

_ 사도행전 1:13-14

예수님이 승천하셨습니다. 이 세상에서 육신의 눈으로는 더 이상 볼 수 없는 존재가 되셨습니다. 제자들은 예수님과 마지막 작별을 하고 감람산에서 예루살렘으로 돌아옵니다.

40일 동안 특별 교육을 받은 그들은 이전의 모습과는 달랐습니다. 부활하신 그리스도를 직접 만나 제법 영적으로 무장하고 새로워졌습니다. 또 예수님이 가시면 분명히 성령이 오신다는 것도 믿었습니다. 그럼에도 예수님을 떠나 보내고 돌아오는 제자들의 심정은 어땠을까요?

120여 명의 제자가 조용히, 아무 말 없이 예루살렘으로 돌아

왔습니다. 아마 서로 대화도 나누지 않았을 것입니다. 승천하시는 그 모습이 굉장히 황홀했기 때문에 그들은 어쩌면 얼이 빠져 있었을지도 모릅니다. 이제 예전처럼 다시는 보지 못할 예수님을 그리워하면서 과거에 주님이 하신 말씀들을 되새기고, 주님의 그 온화하신 모습을 마음속에 그려 보며 조용히 예루살렘으로 돌아왔을 것입니다.

그들은 흩어지기 싫었습니다. 예수님이 떠나신 마당에 사랑하는 형제자매들끼리 흩어져 버리면 그야말로 모든 것을 다 잃어버릴 것 같이 불안했을지도 모릅니다. 그래서 그들은 "갑시다" 하는 말도 없이 똑같은 방향으로 길을 걸었고, "들어갑시다" 하는 말도 없이 늘 모이던 다락방으로 올라갔습니다.

다락방에 모인 제자들을 떠올리며 말씀을 생각해 봅시다. 우리가 그들의 마음을 다 읽을 수 없고 그들의 느낌을 다 헤아릴 수는 없지만, 한번 잘 생각해 보세요. 신앙생활을 하다 보면 아름다운 일이 참 많은데 그 가운데 하나가 말없는 침묵 가운데서 서로 하나 됨을 느끼는 순간입니다. 그 순간은 참 행복한 순간이지요.

믿음의 형제자매들이 한자리에 앉았을 때, 또는 기도하러 모여 앉아 굳이 누가 말하지 않아도 우리가 하나 된 것을 느끼면서 서로를 바라볼 때 제일 행복합니다. 마치 다락방에 모인 120명처럼 서로 개성이 다르고 환경이 다르고, 각자 처한 형편이 다르지만 말씀을 앞에 놓고 둘러앉아 예수님 한 분 때문에 마음이 하나 되어 명령하지 않아도 기도하고, 권면하지 않아도 사랑하고, 설명하지 않아도 형제의 마음을 느끼는 것, 참 아름다운 모습이 아닐 수 없습니다.

예수님을 따른 여인들

초대교회의 첫 모임이라고 할 수 있는 이 다락방 모임은 그야 말로 마음이 하나 된 모임이었습니다.

"…더불어 마음을 같이하여 오로지 기도에 힘쓰더라"(1:14).

'마음을 같이한다'는 것은 단순한 말이 아닙니다. 예수님은 떠나셨지만 그들은 하나 됨을 느꼈습니다. 그래서 남자 여자 구별없이 한자리에 모였습니다. 당시 상황에서 남녀가 한자리에 모인다는 것은 쉬운 일이 아니었습니다.

남녀의 비율이 어느 정도였는지는 알 수 없습니다. 그러나 여자의 수가 많지 않았을까 짐작해 봅니다. 사도행전을 쓴 누가가 기록한 복음서에 보면 예수님이 십자가를 지고 골고다로 힘겨운 발걸음을 옮기실 때 그 길을 따르며 가슴 치고 통곡하는 여자들이 모여 큰 무리를 이루고 있었다고 합니다.

상당수의 여자들이 예수님을 끝까지 따랐습니다. 또 누가복음 23장 55절을 보면 예수님이 무덤에 장사될 때 갈릴리에서 온 여자들이 있었다고 합니다. 그 수가 어느 정도였는지는 잘 모르겠지만 그들은 한마디로 집안 살림까지 내버려 두고 주님을 따라온 사람들이었습니다.

그들은 왜 예수님을 따라왔을까요? 여기에는 두 가지 이유가 있습니다. 하나는 예수님을 경제적으로 돕기 위해서였습니다. 사실 예수님께는 아무것도 없었습니다. 그러니까 부인들이 이리저리 거두어서, 혹은 여러 가지 묘안을 짜서 열두 제자와 예수님을 부양한 것입니다. 이렇듯 여자들은 항상 뒤에서 봉사하기 위해 주님을 따라다녔습니다. 또 하나는 예루살렘을 향한 예수님의 걸음이 마지막이라는 것을 느꼈기 때문입니다. 예수님을 조금이라도 가까이 따라다니며 말씀을 들은 사람들은 예외 없이 느꼈습니다.

그러니 다락방에 모인 120명 가운데에도 상당수의 여자가 있었을 것입니다. 교회가 시작되고 정식으로 모임을 갖기 시작할 때부터 이미 남녀라는 구분은 없었던 것입니다. 지금부터 약 2,000년 전 일입니다. 2,000년 전 남녀의 관계가 어느 정도였겠습니까? 동서를 막론하고 이건 상상도 못할 이야기입니다. 당시 120명이나 되는 사람들이 남녀 구별 없이 한 다락방에서 같이 기도하고, 같이 대화하고, 같이 먹고 교제하며 영적으로 하나 됨을 깊이 느꼈다는 것은 정말 놀라운 일입니다. 이처럼 교회의 하나 됨에는 남녀 구별이 없습니다.

한국 교회사를 살펴보면 참 재미있는 일들이 많습니다. 처음에 선교사들이 와서 교회를 시작할 때 예배당 가운데 커튼을 쳐서 한쪽은 여자석, 다른 한쪽은 남자석으로 나누었습니다.

'남녀 칠세 부동석'(男女七歲不同席)이라는 유교적 전통에서 보면 바람직하지만 성경의 원리, 하나 되게 하시는 성령의 입장에서 본다면 그건 아무래도 어색했습니다. 자연히 좀 꺼림칙한 마음이 들었을 것입니다. 그래서 얼마 지나지 않아 커튼이 없어졌습니다. 그러나 그후에도 상당 기간 남녀가 함께 섞여 앉는다는 것은 생각도 못했습니다. 남자석, 여자석으로 구분 지어 따로 앉았습니다. 그러나 하나님 나라에서는 다 같은 하나님의 자녀요, 그리스도의 제자입니다.

눈을 감고 120명이 모인 다락방을 가만히 생각해 보면 대단히 흥미로운 점이 있습니다. 이 다락방의 주인은 누구였을까요? 사도행전 12장 12절에 나오는, 마가라는 별명을 가진 요한의 어머니 집이라고 흔히 이야기합니다.

학자들은 이곳을 유월절에 예수님이 마지막으로 떡과 잔을 나눈 다락방이라고 추측합니다. 또 예수님이 부활하신 후 제자들을 찾아오신 곳도 같은 장소였을 것이요, 40일 동안 주일 아침마다 예수님과 제자들이 교제하며 음식을 나눈 곳도 이 다락방이었을 것으로 추측합니다.

초대교회가 한창 어려움을 당할 때 베드로가 감옥에 들어가 석방이 될지 죽어서 나올지 모르는 상황에서 예루살렘 교회가 다락방에 모여 밤새 기도한 적이 있습니다. 그곳이 마가라는 별명을 가진 요한의 어머니의 집이었습니다.

그러면 예루살렘에 이 정도 크기의 다락방이 몇 개나 있었을까요? 120명이 들어갈 만한 방이 있는 개인 주택은 예나 지금이나 흔하지 않습니다. 그러니 그 수가 그리 많지 않았을 것입니다. 그래서 이 다락방은 이곳저곳을 말하는 것이 아니라 한곳이었을 것이고, 그렇다면 분명 마가 요한의 다락방일 것이라고 짐작하는 것입니다.

초대교회가 시작된 곳이 마가 요한의 다락방이라고 한다면 이곳에 모인 120명을 위해 뒤에서 봉사한 사람은 누구였을까요? 마가 요한의 어머니를 위시하여 예수님을 따르던 여인들이었음이 틀림없습니다. 성경에는 베드로와 예수님의 어머니, 그리고 굵직굵

직한 몇 사람의 이름만 나오고 뒤에서 수고한 사람들의 이름은 생략되어 있지만, 그들은 장차 주님 앞에 가면 "잘하였도다 착하고 충성된 종아, 네가 작은 일에 충성하였구나" 하는 칭찬을 들을 것입니다(마 25:21).

여 성도들은 이름 없이 빛도 없이 교회 안에서 일할 때가 참 많습니다. 눈앞에 드러나지는 않지만 뒤에서 소리 없이 주님만 바라보며 봉사하는 분들이 많지요. 이처럼 초대교회 때부터 여성도의 역할은 중요했습니다. 하나님 나라를 섬기는 데에는 남녀 구별이 없었습니다.

기적의 씨앗 120명

120명이라고 하는 숫자를 어떻게 생각하십니까? 당시 팔레스타인 인구는 약 400만 명이었습니다. 400만 가운데 120명이 주님의 일을 계승하기 위해, 주님이 약속하신 성령을 기다리기 위해, 주님이 명령하신 대로 땅끝까지 모든 족속을 제자 삼기 위해 모였습니다.

400만 인구에서 120명은 굉장히 적은 숫자입니다. 사람들 보기에는 아주 미미한 겨자씨 같은, 아무것도 아닌 존재들이었습니다. 그러나 주님은 이들에게 모든 기대를 다 걸고 가셨습니다.

◀) 하나님은 항상 이렇게 작은 것으로 큰 기적을 이루십니다. 세상이 보기에는 보잘것없는 120명이지만, 이들에게 전 세계의 운명이 걸려 있었고, 하나님 나라의 성패를 좌우하는 열쇠가 쥐어져

있었던 것입니다. 오늘날 교회의 문제는 적은 숫자에 있지 않습니다. 도리어 너무 많아서 문제 될 때가 있습니다. 하나님 앞에 다음과 같이 기도하시기 바랍니다.

"적은 수를 통해서 기적을 일으키시는 아버지, 한 사람이라도 주를 위해 100퍼센트 헌신하기를 원하는 사람이 있다면, 그 한 사람을 통해 하나님의 큰 뜻을 이루시는 주님이시여, 제가 비록 여자이지만, 평신도이지만, 세상에서 직업을 가지고 뛰는 사람이지만 저의 모든 것 다 주님 것입니다. 주님이 받으시면 저를 통해서 역사하실 수 있습니다. 주님의 뜻을 이루실 줄 믿습니다."

예수님의 동생들처럼 한때는 도무지 예수님을 이해하지도 못하던 사람들이, 이제는 변화받아서 120명 무리에 끼어 앉아 있었습니다. 주님은 우리가 과거에 어떻게 했든지, 과거에 주님의 마음을 아프게 했든지, 하나님의 말씀에 순종하지 못한 점이 많든지 상관하지 않으시고 지금 이 순간 주님의 손에 쓰임 받기 원하는 사람을 사용하십니다. 한국 교회는 지금 이런 사람이 절실합니다. 대한민국에 필요한 120명, 누가 이 120명이 되겠습니까?

삭제된 이름 가룟 유다

본문에 보면 열두 제자의 이름이 나옵니다. 이 제자들의 이름을 보면서 참 서글픈 마음이 듭니다. 성경에는 네 곳에 열두 제자의 이름이 나열되어 있습니다. 마태복음 10장 2절 이하, 마가복음 3장 16절 이하, 누가복음 6장 14절 이하 그리고 사도행전 1장 13절입니다. 이름이 나열된 순서는 제각각이지만 공통점은 베드로로 시작해 가룟 유다로 끝난다는 것입니다.

그런데 사도행전 1장 13절은 조금 다릅니다. 한 사람이 빠져 있습니다. 열두 제자의 이름이 기록될 때마다 꼬리가 되어서 붙어 다니던 가룟 유다의 이름이 삭제되어 버린 것입니다. 완전히 지워졌습니다. 이제는 영원히 돌아오지 못할 이름이 되어 버렸습니다. 완전히 영역을 달리해 버린 사람, 영계(靈界)에 가서도 만날 수 없는 사람, 다시는 그 자리에 그 이름을 쓸 수도 없는 불쌍한 존재로 탈락됐습니다.

이런 것을 볼 때 어떤 느낌이 듭니까? 교회에서도 항상 자리를 지키던 사람이 사라졌을 때 갖게 되는 그 호젓함을 종종 느낍니다. 마지막 열두 번째 자리가 뻥 하고 뚫려 버린 것을 보면, 그 자리를 지켰던 사람의 운명을 생각하면 이것은 우리를 위한 경고라는 생각이 듭니다.

우리는 마지막까지 꼭 자리를 지켜야 합니다. 생명책에 이름이 올라가 있어야 합니다. 사랑하는 남편의 이름, 아내의 이름이 꼭 있어야 합니다. 부모님과 자녀의 이름이 꼭 있어야 합니다. 만약 그 이름이 생명책에 없다고 하면 그때는 어떻게 할 도리가 없습니다. 생명책을 수정할 수도 없고, 거기에서 탈락된 사람을 다시 만날 수도 없습니다.

언젠가는 영원히 잊힌 이름을 보고 가슴 아파할 순간이 우리에게 다가올 것입니다. 이를 위해 지금부터라도 깨어 있어야 합니다. 우리 이렇게 기도합시다.

> "주여, 내 이름이 생명책에서 도말되지 않도록 마지막까지 지켜 주옵
> 소서. 사랑하는 아내, 사랑하는 남편, 사랑하는 자식, 사랑하는 부모
> 님 모두 마지막까지 꼭 있어야 할 자리에 그 이름이 빠지지 않도록
> 주여 인도해 주옵소서. 가룟 유다처럼 불행하게 그 이름이 삭제되고
> 영원히 멸망하는 존재가 되지 않도록 인도해 주옵소서."

베드로가 일어나서 가룟 유다에 대해 설명합니다. 그에게는 가룟 유다를 동정하는 빛이 전혀 없습니다. 아주 냉정합니다. 아예 갈 길을 갔다는 식입니다. 예언대로 성취되어 완전히 자기 길을 갔고 사도의 직분은 박탈됐다고 생각합니다.

영적 세계에는 이처럼 냉정한 면이 있습니다. 신앙 세계는 사랑으로 이끌어 주고, 기도해 주고 눈물 흘려 주는 등 그야말로 형제를 내 몸과 같이 사랑하는 일들이 있지만 동시에 냉정함도 있습니다. 일단 기회를 놓치고 버림을 받으면 아무도 동정하는 사람이 없습니다. 제 갈 길을 갔다고 인정해 버립니다. 하나님도 동정하지 않으십니다. 예수님도 동정하지 않으십니다. 아무도 동정하지 않습니다. 이것이 구원의 세계, 영적 세계가 갖는 냉정함입니다.

그래서 기독교는 어떤 면에서 철저한 개인주의입니다. 그 철저한 개인주의는 철저한 이타주의로 발전합니다. 하나님이 우리에게 기회를 주시고 시간을 주셨을 때 형제를 아낌없이 사랑하고 그를 위해 기도합시다. 동정할 수 있을 때 동정합시다. 위해 줄 수 있을 때 위해 줍시다. 요한일서 3장 16절 말씀대로 생명이라도 아끼

지 않고 바칠 정도로 형제의 영혼을 위해 봅시다. 기회가 끝나면
영영 돌이킬 수 없기 때문입니다.

4 오로지 기도에 힘쓰다

더불어 마음을 같이하여 오로지 기도에 힘쓰더라

_ 사도행전 1:14하

우리의 관심을 끄는 것은 다락방에 모인 사람들이 무엇을 했느냐는 것입니다. 그들은 마음을 같이하여 계속해서 기도에 힘썼습니다. 이들처럼 어떤 문제를 놓고 계속적으로 기도할 수 있는 비결은 무엇일까요?

약속을 붙든 기도

하나는 하나님의 약속과 관계된 기도였기 때문입니다. 하나님이 말씀으로 약속하신 것을 붙잡고 기도해야 합니다. 다락방에 모인 120명은 계속해서 기도하고 있었습니다. 왜 그랬을까요?

"아버지께서 약속하신 것을 기다리라"(1:4하).

예수님은 아버지께서 약속하신 성령을 보내 주실 것이라고 말씀하셨습니다. 제자들은 이 약속을 붙들었기 때문에 계속 기도할 수 있었습니다. 구체적인 어떤 약속을 붙들지 못하면 우리는 얼마 못 가 그냥 주저앉아 버리기 쉽습니다. 기도가 끊겨 버립니다.

우리는 대부분 개인의 필요만 생각하며 기도할 때가 많습니다. 좋습니다. 그러나 그 기도가 중단되지 않고 계속되려면, 응답받을 때까지 포기하지 않고 기도하려면 자신의 필요와 성경에 있는 약속의 말씀을 일치시키는 작업을 먼저 해야 합니다.

예를 들어 남편이 실직했다고 가정해 봅시다. 한 달 놀 때는 괜찮았는데 두 달, 석 달 시간이 흐를수록 은근히 불안해집니다. 자꾸 신경이 쓰이니까 몸이 약해지고 잠도 잘 오지 않습니다. 이럴 때 자기도 모르게 기도하게 됩니다. 아내는 남편의 직장을 위해 기도하고 일용할 양식을 위해 기도합니다. 가정을 도와 달라고 하나님께 매달립니다.

그런데 이 기도가 더 힘 있고, 분명한 응답을 얻기까지 지속되려면 자신의 필요에 대해 하나님이 어떻게 약속하셨는지 성경 말씀에서 찾아내야 합니다. 이 경우 마태복음 6장에서 약속의 말씀을 찾을 수 있습니다.

"그러므로 염려하여 이르기를 무엇을 먹을까 무엇을 마실까 무엇을 입을까 하지 말라 이는 다 이방인들이 구하는 것이라 너희 하늘 아버지께서 이 모든 것이 너희에게 있어야 할 줄을 아시느니라 그런 즉 너희는 먼저 그의 나라와 그의 의를 구하라 그리하면 이 모든 것을 너희에게 더하시리라 그러므로 내일 일을 위하여 염려하지 말라 내일 일은 내일이 염려할 것이요 한 날의 괴로움은 그 날로 족하니라"(마 6:31-34).

이 약속을 발견했다면 "하나님 옳습니다. 하나님께서 분명히 그렇게 약속하셨으니 나는 이 약속을 붙잡고 남편의 문제를 기도하겠습니다. 우리 가정의 문제를 기도하겠습니다" 하면서 하나님의 약속과 내 필요가 일치하는 기도를 드려야 합니다. 그런 기도라야 끝까지 지속될 수 있고 흔들리지 않습니다.

그러므로 지속적인 기도를 할 때는 하나님의 말씀을 부지런히 살펴야 합니다. 성경에 어떤 약속이 있는지 계속 찾아야 합니다. 그 약속을 붙잡아야 합니다. 그 약속에 근거하여 전력투구하는 기도를 해야 합니다. 이럴 때 기도가 응답됩니다.

다락방에 모인 제자들은 막연히 기도하지 않았습니다. 막연히 기다린 것도 아닙니다. 주님의 약속, 성령을 보내 주신다는 약속을 붙잡고 기도했습니다. 자신의 기도를 검토해 보기 바랍니다. 하나님이 무엇을 어떻게 약속하셨는지 분명히 찾아야 합니다. 성경을 보지 않고 기도하는 사람은 병자입니다. 성경 읽기 싫어하고, 성경을 공부하기 싫어하고, 날마다 엎드려서 눈만 감고 기도하기 원하

는 사람, 안수 받으러 기도원이나 뛰어다니는 사람들은 무언가 잘
못되어도 한참 잘못된 사람입니다.

기도원에서 기도하는 많은 사람들이 샤머니즘에 빠지는 이유
가 바로 여기에 있습니다. 성경 말씀은 등한시하고 날마다 자기 필
요만 요구하니까 결국은 시험에 빠지거나 영적으로 병들어 버리는
것입니다.

합심 기도의 힘

지속적인 기도가 되려면 합심해서 기도하는 것이 좋습니다.
혼자 하는 기도보다 합심 기도가 좋습니다. 앞서 예로 든 실직 문
제를 다시 이야기합니다. 이러한 문제를 놓고 기도할 때 혹 남편이
불신자라 할지라도 부인 되는 분들 꼭 남편과 함께 기도하기 바랍
니다.

남편이 의기소침해 있고, 한마디로 말해서 맥이 좀 없을 것입
니다. 가정에서도 예전처럼 큰소리 쾅쾅 치지 못하죠? 기가 죽어
있습니다. 그럴 때 남편에게 "이 문제는 하나님이 해결해 주셔야
합니다. 그러니까 자기 전에 한 30분 같이 기도합시다" 하고 말해
보세요. 그리고 합심 기도 하십시오. 합심 기도의 능력은 대단합
니다.

"너희 중에 병든 자가 있느냐 그는 교회의 장로들을 청할 것이요 그
들은 주의 이름으로 기름을 바르며 그를 위하여 기도할지니라 믿음

의 기도는 병든 자를 구원하리니 주께서 그를 일으키시리라 혹시 죄를 범하였을지라도 사하심을 받으리라 그러므로 너희 죄를 서로 고백하며 병이 낫기를 위하여 서로 기도하라 의인의 간구는 역사하는 힘이 큼이니라"(약 5:14-16).

교회의 장로들, 신앙의 선배들에게 기도를 부탁하라고 하십니다. 서로 병 낫기를 위해 기도하고, 죄를 고백하며 기도하라고 하십니다. 성경은 합심 기도를 강조합니다. 남편과 함께 기도하십시오. 남편이 신앙이 없어도 괜찮습니다.

"여보, 나하고 손 잡고 함께 기도해 봐요. 내가 기도할 테니까 당신은 가만히 눈 감고 마음으로 그 기도를 들어 보세요. 그리고 마음이 움직이면 하나님을 향해 마음을 여세요. 우리 저녁마다 기도해 봐요. 하나님이 언제 응답하시는지, 좀 정확하게 체크해 봐요. 그때 당신 말이죠, 하나님이 살아 계시나 안 계시나 확인해 보세요."

부인에게 이 정도 믿음이 있으면 하나님이 남편을 그대로 내버려 두시지 않을 것입니다. 자녀 문제가 있습니까? 혼자 기도하지 말고 자녀와 같이 해보세요.

"얘, 내가 보니 너 조금 걱정되는 것이 있는데 어떻게 할까? 하나님이 너를 좀 도와주셔야 할 것 같아. 우리 같이 기도 좀 해보자." 엄마 아빠가 진심으로 이야기하는데 뿌리칠 자녀가 있습니까? 그렇게 가정에서부터 합심 기도를 해봅시다. 하나님이 어떻게 응답하실지 기대되지 않습니까?

합심 기도는 놀라운 역사를 일으킵니다. 제자들은 지속적으로, 중단하지 않고, 응답받을 때까지, 성경의 약속과 일치시켜 합심하여 기도했습니다. 우리도 이와 같이 기도하면 승리할 수 있습니다.

5 미리 말씀하신 성경이 이루어지다

형제들아 성령이 다윗의 입을 통하여 예수 잡는 자들의 길잡이가 된 유다를 가리켜
미리 말씀하신 성경이 응하였으니 마땅하도다
시편에 기록하였으되 그의 거처를 황폐하게 하시며 거기 거하는 자가 없게 하소서 하였고
또 일렀으되 그의 직분을 타인이 취하게 하소서 하였도다

_ 사도행전 1:16, 20

120명이 모인 다락방에서 베드로가 첫 발언을 합니다. 가룻 유다로 인해 결원이 된 열두 번째 사도를 뽑기 위해서입니다. "형제들아" 하고 운을 뗀 베드로는 성경을 인용하여 말을 이어갑니다. 무식한 어부의 모습은 더 이상 찾아볼 수 없습니다.

"성령이 다윗의 입을 통하여 예수 잡는 자들의 길잡이가 된 유다를 가리켜 미리 말씀하신 성경이 응하였으니 마땅하도다"(1:16).

베드로는 성령이 다윗의 입을 통해 유다에 관해 예언하신 것

을 전합니다. 그리고 유다가 자기 직분을 버리고 떠난 것은 성경 말씀이 이루어진 것이라는 결론을 내립니다.

시편에 나타난 예언

시편에는 하나님이 장차 보내 주시겠다고 하신 메시아에 대한 예언이 가득 담겨 있습니다. 어떤 것은 직접적으로, 또 어떤 것은 간접적으로 예수 그리스도 안에서 성취될 일들이 기록되어 있습니다.

특히 다윗을 통해 시편에 표현되는 '나'는 메시아와 연결되는 부분이 많고, 다윗을 대적하는 원수는 예수님을 반대하고 저항하던 이들을 상징할 때가 많습니다. 궁극적으로 이 원수는 절대로 용서받지 못할, 하나님께 완전히 멸망당할 마귀 바로 그 자체입니다.

"다윗의 입을 통하여 예수 잡는 자들의 길잡이가 된 유다를 가리켜 미리 말씀하신 성경이 응하였으니 마땅하도다"(1:16).

"시편에 기록하였으되 그의 거처를 황폐하게 하시며 … 그의 직분을 타인이 취하게 하소서"(1:20; 시 109:8 참조).

이 예언이 유다에게 적용된 것을 볼 때, 그는 용서받지 못할 원수의 표본임을 알 수 있습니다. 그런데 여기서 한 가지 주의해야 할 점이 있습니다. 비록 베드로가 예수님의 원수에 대한 예언을 유다에게 적용했지만, 하나님이 꼭 가룟 유다를 염두에 두고 이 예언을 하셨다고 생각해서는 안 된다는 것입니다. 다시 말해 하나님이 가룟 유다를 아예 날 때부터 배반자로 결정하신 것이 아니라는 말입니다.

세상 사람들은 흔히 하나님이 이 모든 것을 이미 다 작정해 놓고는 왜 유다에게 책임을 묻냐고 따집니다. 물론 하나님은 이미 가룟 유다가 어떻게 할 것을 알고 계셨습니다. 그러나 알고 계셨다는 것이 가룟 유다의 자유의지를 완전히 제거한 채, 그를 그런 운명에 몰아넣었다는 뜻은 아닙니다. 하나님은 가룟 유다를 알고 계셨지만, 그 행동을 처음부터 마지막까지 생각하고 계획하고 실행한 것은 어디까지나 유다 자신입니다.

베드로가 시편의 예언을 유다에 대한 기록이라고 결론내린 것은 이미 모든 사건이 백일하에 드러났기 때문입니다. 하나님은 숙명적으로 유다를 지목하지 않으셨습니다. 단지 예수 그리스도를 대적할 수 있는 모든 원수를 염두에 두고 예언하신 것입니다.

불행한 사람 가룟 유다

사도들은 가룟 유다에게 적용된 시편 말씀을 이야기하면서, 예수를 팔아먹은 죄악과 그로 인해 사도의 직분을 빼앗긴 책임이 유다 자신에게 있다고 결론지었습니다. 하나님이 유다에게 사도의 직분을 버리게 하셨습니까? 아니면 유다 자신이 그것을 버렸습니까?

"유다는 이 직무를 버리고 제 곳으로 갔나이다"(1:25하).

사도의 직분을 버리고 자기 갈 길로 가 버린 것은 하나님의 뜻이 아니라 유다 스스로 결정한 일이었습니다.

베드로와 사도들은 이 문제를 절대 혼동하지 않았습니다. 자신이 결정한 결과에 대한 책임을 소위 하나님의 예정과 섭리와 혼동하지 않았다는 말입니다. 물론 이것은 우리의 머리로 모두 이해할 수 있는 부분은 아닙니다. 그러므로 우리는 하나님을 경외하고 그분 앞에 겸손해야 합니다.

그런 의미에서 가룟 유다는 참 불행한 사람입니다. 마태복음 27장 5절을 보면 그는 목을 매어 자살했습니다. 그리고 사도행전 1장 18절에는 곤두박질해서 창자가 터졌다고 기록되어 있습니다. 종합해 보면 가룟 유다는 목을 맸고, 그 줄이 끊어지면서 곤두박질해 내장이 파열되는 끔찍한 죽음을 맞았습니다. 가룟 유다와 관련해 한 가지 이해하기 어려운 부분이 있습니다. 유다가 죽기 전에 불의의 삯으로 받은 은 30으로 밭을 샀다는 내용입니다. 마태복음을 보면 가룟 유다는 밭을 사지 않았습니다. 돈을 받고는 성전에 가서 집어던지고 자살했습니다. 그럼 도대체 누가 밭을 샀을까요?

짐작하건대 대제사장들이 이것은 더러운 돈이요 피의 돈이니까 금고에 넣지 말고 따로 쓰자 해서 소위 나그네를 위한 묘지를 산 것으로 보입니다. 그런데 그 주체가 대제사장이 아닌 유다로 기록된 이유는 무엇일까요?

유다의 이야기는 25-30년이 흐른 뒤 누가가 자료를 수집해 기록했습니다. 불과 30년도 지나지 않았는데 왜 이렇게 기록되었을까요?

제일 건전한 해석은 이것이라고 봅니다. "대제사장들이 밭을 산 것은 사실이지만, 가룟 유다의 이름으로 샀다. 그러므로 후세에 전할 때 가룟 유다가 그 밭을 산 것으로 몇 십 년 동안 전해 내려온 것을 누가가 그대로 쓴 것이다.”

가룟 유다에게서 얻는 교훈

유다가 왜 예수님을 팔아넘겼느냐에 대해서는 학설이 분분하지만 아무튼 유다는 예수님을 팔았습니다. 은을 받고 팔아넘길 때만 해도 그 죄가 얼마나 무거운 것인지 미처 알지 못했습니다. 그러나 그는 범죄 후 자살했습니다. 막상 저질러 놓고 보니 그 죄가 얼마나 무서운 것인지 비로소 실감하게 된 것입니다.

이것은 우리에게 깊은 깨달음을 던져 줍니다. 우리는 다 죄를 범한 경험이 있습니다. 죄를 범하기 전에는 전혀 그 죄의 심각성을 모릅니다. 그러다가 죄를 범한 다음에야 비로소 ‘아차!’ 하고 양심의 가책과 두려움을 절절히 느끼게 됩니다.

그런데 우리는 왜 죄를 짓기 전과 죄를 짓는 순간에는 그 죄의 심각성을 잘 보지 못할까요? 그것은, 바로 보지 못하도록 혼미하게 만드는 자가 있기 때문입니다. 사탄은 우리의 마음을 혼미하게 합니다. 우리 조상 하와가 사탄의 유혹에 빠졌을 때에도 선악과가 탐스럽고 먹음직하게 보았습니다. 그것이 얼마나 무서운 죄인지 미처 깨닫지 못한 채 말입니다. 가룟 유다도 예수님을 팔 때는 완전히 눈이 가려져 있었습니다.

유다는 예수님을 팔아넘긴 다음에 은 30을 얻었는데, 나중에는 그 돈이 미웠습니다. 쳐다보기도 싫었습니다. 그래서 갖다 내동 댕이쳤습니다. 나중에는 자기 몸뚱이도 싫었습니다. 자기 생명조차도 싫어서 자살해 버렸습니다. 죄의 말로가 흔히 그렇지 않습니까? 돈이든 쾌락이든, 아니면 어떤 사람이든 간에 죄를 범하여 부당한 방법으로 얻은 것은 결국 사랑이 아닌 미움의 대상이 됩니다. 이에 대한 참 적절한 예가 다윗의 아들 암논이 그의 배다른 누이 다말을 강간한 일입니다. 자기 누이를 얼마나 연모하고 사랑했던지 상사병에 걸려 드러눕게 되었습니다. 그러다가 아주 악한 친구에게 계략을 얻어서 누이를 끌어들여 죄를 범했습니다. 성경은 그 이후를 무어라 기록하고 있습니까?

"그리하고 암논이 그를 심히 미워하니 이제 미워하는 미움이 전에 사랑하던 사랑보다 더한지라…"(삼하 13:15).

그렇습니다. 죄를 범해 얻은 것은 결국에는 미워하게 됩니다. 죄를 범할 때는 이것만 소유하면, 내 욕심대로 할 수만 있다면 더 이상 소원이 없을 것 같습니다. 그러나 범죄한 후에는 그것을 미워하게 됩니다.

지금 죄의 허망한 결과를 알지 못한 채, 죄를 사랑하고 욕심을 부리고 있지는 않은지, 성경을 보면 죄의 결과가 너무나 자명한데도 그것을 무시하고 죄에 빠져 있지는 않은지 자신을 돌아보며 하나님 앞에 기도해야 합니다. 우리가 아무리 눈을 크게 뜨고 들여다본다고 해도 마귀가 쳐 놓은 덫에 걸리기 쉽기 때문입니다.

가룟 유다에게서 얻을 수 있는 교훈이 한 가지 더 있습니다.

용서받지 못할 죄의 무서움입니다. 유다의 죄는 용서받지 못했습니다. 흔히 우리는 "아, 유다가 왜 예수님께 가서 잘못했다고 빌지 않았을까? 회개하면 주님께서 다 용서해 주셨을 텐데" 하고 생각합니다. 그러나 유다의 죄는 용서받지 못할 죄였습니다. 성령을 거역한 죄이기 때문입니다.

당시 대제사장이 회개하고 예수님을 믿었다는 기록이 있습니까? 예루살렘에 그처럼 부흥의 불길이 활활 타오르고 많은 제사장의 무리가 예수님께 복종하고 회개하고 돌아왔지만, 가야바나 안나스 같은 대제사장이 회개하고 돌아왔다는 기록은 없습니다. 그들은 성령을 거역한 죄인이었던 것입니다.

그렇다면 무엇이 성령을 거역한 죄일까요? 유다는 분명 3년 동안 예수님을 따라다니며 성령의 감동을 받은 사람입니다. 사도들과 함께 전도 여행을 떠날 때 누구와 짝이 되어 갔는지는 모르지만, 그때 이미 예수님을 통해 성령의 능력을 입었습니다. 이적을 행하고, 귀신을 쫓아내며, 병 고치는 능력을 가졌습니다. "예수 그리스도를 믿으라, 회개하라, 천국이 가까이 왔느니라"고 선포할 때 많은 사람이 그의 메시지 앞에 회개하고 돌아오는 역사도 있었습니다.

분명히 유다는 성령의 은혜를 체험한 사람이었습니다. 예수가 절대로 평범한 인간이 아니요, 하나님이 보내신 메시아라는 것을 몰랐을 리 없습니다. 예수의 행하심과 말씀이 비밀의 장막에 싸인 것이 아니었으므로, 유다도 보고 들은 것으로 그분이 누구신지 분명히 알고 있었습니다. 성령께서 분명히 그에게 깨닫는 은혜를 주셨습니다.

그러나 그는 자기 욕심 때문에 끝까지 성령을 거역했습니다. 더욱이 마지막 성만찬에서 예수님이 얼마나 지긋하고 진실하게 유다에게 깨우칠 기회를 주셨습니까? 예수님의 입에서 나오는 한마디 한마디는 유다가 100번 회개하고도 남을 만한 영향력이 있었습니다.

"…랍비여 나는 아니지요 대답하시되 네가 말하였도다"(마 26:25).

예수님이 그의 마음속을 꿰뚫어 보시고 분명하고도 의미 있게 말씀해 주셨지만 그는 끝까지 거부했습니다. 그렇게 해서 가룟 유다는 용서받지 못할 죄를 짓고 만 것입니다.

오늘날 가룟 유다처럼 끝까지 거역하다가 결국 자기 스스로 목숨을 끊을 만큼 완악한 인간이 교회 안에 과연 있을지 잘 모르겠습니다. 하나님이 진실로 사랑하고 진실로 은혜를 주시는 자는 그렇게 하려고 해도 할 수가 없습니다.

가룟 유다를 통해 놓쳐서는 안 될 중요한 사실들을 깨닫습니다. 죄를 범하기 전에는 죄가 얼마나 무서운 것인지 알지 못한다는 것, 죄를 지어서 얻은 것은 결국 미워하게 된다는 것, 성령을 거역하는 것은 용서받지 못할 죄라는 것을 말입니다. 그렇기에 우리는 하나님 앞에 이렇게 기도해야겠습니다.

"주여, 제가 가룟 유다처럼 어리석은 사람이 되지 않도록 도와주옵소서. 성령께서 날마다 제 눈을 열어 주시고, 주님의 말씀이 항상 제 발의 등불이 되어서 제가 바로 보지 못하거나 잘못된 길로 들어서지 않도록 인도하시고 지켜 주십시오. 제 힘으로는 안 됩니다. 절대 안 됩니다. 주여, 도와주옵소서."

6 성령의 인도로 맛디아를 세우다

그들이 기도하여 이르되 뭇 사람의 마음을 아시는 주여
이 두 사람 중에 누가 주님께 택하신 바 되어
봉사와 및 사도의 직무를 대신할 자인지를 보이시옵소서
_ 사도행전 1:24-25상

"이러하므로 요한의 세례로부터 우리 가운데서 올려져 가신 날까지 주 예수께서 우리 가운데 출입하실 때에 항상 우리와 함께 다니던 사람 중에 하나를 세워 우리와 더불어 예수께서 부활하심을 증언할 사람이 되게 하여야 하리라 하거늘"(1:21-22).

이 말씀은 '사도가 무엇이냐?'에 대한 성경의 유일한 질문이자 정의입니다. 사도란 무엇이고, 그 자격은 무엇입니까? 사도는 예수의 부활을 증거하는 사람으로서, 세례 요한이 예수께 세례를 베풀 때부터 예수님이 승천하실 때까지 그분 곁에서 모든 것을 목격한 증인이어야 사도로서 자격이 있었습니다. 베드로는 이 조건에 부합하는 한 사람을 뽑아 유다를 대신해야 한다고 주장했습니다.

이 부분에 대해 학자들 간에 이견이 있습니다. 어느 쪽을 선택하느냐는 각자 자유지만, 한쪽은 아무래도 지나친 감이 있습니다. 그들은 다음과 같이 주장합니다.

"베드로는 지금 이 자리에서 실수하고 있다. 그의 성급한 태도가 또 표출되어 과오를 범하고 있다. 예수님의 열두 제자 중 마지막 빈 자리는 예수님이 지명하셔야 했고, 그것은 결국 사도 바울이었을 것이다. 바울이 유다를 대신해 열두 번째 사도가 될 사람인데, 성급한 베드로가 맛디아를 뽑아 놓은 것이다. 나중에 바울이 진짜 사도가 되지 않았느냐! 그렇다면 바울은 무엇이냐? 열세 번째 사도냐? 그러므로 베드로가 실수한 것이다."

이 주장처럼 사도 바울이 정말 열두 번째, 혹은 열세 번째 사도입니까?

바울은 다른 사도들과는 달랐습니다. 그는 특별한 경우였습니다. 우선, 예수님이 지상에서 육신의 몸을 입고 계실 때 선택받은 사도가 아니라 부활해서 승천하신 뒤 하늘로부터 선택받은, 즉 어떤 면에서 계열이 다른 독특한 사람이었습니다. 또 하나, 열두 사도는 원칙상 이스라엘 열두 지파를 향해 예수 그리스도의 부활을 증거하도록 선택받은 사람들이었습니다. 그러나 사도 바울은 이방을 위한 사도로 부름받았습니다. 그 역할이 다릅니다.

성령의 인도로 세운 맛디아

사도를 뽑는 문제가 얼마나 중요한 일입니까? 그런데 베드로가 실수하도록 하나님이 내버려 두셨다면 그것은 도무지 앞뒤가 맞지 않습니다. 두 가지 면에서 베드로의 행동은 옳았습니다.

첫째, 베드로는 정확한 방법으로 이 문제를 다루었습니다.

"분명히 가룟 유다는 성경이 예언한 대로 직분을 버리고 갔으며, 이 직분은 다른 사람이 빼앗아 가게 되어 있다. 그렇다면 가룟 유다가 이미 제 갈 길로 간 지금, 그 사람이 누구인지 우리가 찾아야 한다. 이 시간에 사도의 직분에 합당한 사람을 세우자. 기도하고 성령의 인도하심을 따라 선택하자."

베드로는 성경 말씀을 근거로 성경적인 방법을 따라 이와 같이 주장했습니다. 불과 1년 전 예수님을 붙잡고 십자가를 지면 안 된다고 간하다가 책망을 듣던 때에 비하면 얼마나 많이 성숙했습니까? 그는 부활하신 주님으로부터 특별한 은혜를 받은 것이 틀림없습니다. 다른 사도들도 마찬가지입니다.

"이에 그들의 마음을 열어 성경을 깨닫게 하시고"(눅 24:45).

제자들은 예수님이 부활하신 후 180도 달라졌습니다. 모든 것을 성경에 비추어 보기 시작했습니다. 더 이상 자기 감정이나 기분으로 말을 내뱉지 않았습니다. 베드로도 성경을 통해 하나하나 검토하는 사람이 되었으며 그가 주장하는 바도 아주 성경적이었습니다.

둘째, 베드로는 성령의 인도를 분명히 받았습니다. 말씀을 바로 이해하고 깨닫고 그 말씀 속에서 확신을 얻은 것이 바로 성령의 인도를 받는 것입니다. 따라서 베드로가 성경을 근거로 이 모든 것을 검토하고 결론을 내려서 행동에 옮겼다면 그것은 성령의 인도에 따른 것입니다. 교회 안에서 아무리 좋은 의견과 방법이 있다 할지라도 말씀에 근거한 깊은 확신이 없다면, 그리고 말씀에 근거한 방향 설정이 없다면 그것은 성령의 인도가 아닙니다.

개인의 일도 마찬가지입니다. 하나님의 말씀을 통해 분명한 확신을 얻었습니까? 하나님의 뜻이라고 판단됩니까? 이것은 꼭 해야겠다고 결심했습니까? 그러면 그것은 분명 성령의 인도입니다. 그러나 하나님의 말씀과는 전혀 거리가 먼 곳에서 생각이 그렇게 움직였습니까? 그렇다면 내 뜻인지, 하나님의 뜻인지 검토해 봐야 합니다. 성경을 멀리하는 사람은 성령의 인도를 받기가 어렵습니다. 성경을 알지 못하는 사람은 성령이 인도를 받는다고 말하기가 어렵습니다. 그러나 한 가지 분명한 것은 내가 만족할 만큼 완벽하게 성경을 보았기 때문에, 완벽하게 기도했기 때문에 성령께서 인도하신다고는 보지 않습니다.

대부분의 경우 성령께서는 내가 무엇을 잘했느냐보다는 내 중심이 과연 주님의 말씀대로 살기를 원하느냐를 보시고 인도하십니다.

간혹 성경 읽는 것이 부족할 때가 있습니다. 기도가 부족하기도 합니다. 어떤 때는 너무 바빠 동분서주하다 보면 일주일 내내 하나님과 제대로 영적 교제를 나누지 못하고 지낼 때가 있습니다. 성령이 인도하시지 않는다면 우리는 정말 비참

한 상황에 떨어지고 말 것입니다.

스스로 만족할 만한 수준에 이르지 못한 연약함이 있다 할지라도 하나님의 말씀을 사랑하고 알기 원하는 자라면 성령께서 그 삶을 인도해 주신다고 저는 분명히 믿습니다.

성경에 나오는 마지막 제비뽑기

공석이 된 열두 번째 사도를 세우기 위해 사도들은 맛디아와 요셉 두 사람을 천거해 놓고 제비를 뽑았습니다. 제비뽑기는 구약 시대의 선택 방법입니다. 아직 성령이 임하시기 전이기 때문에 구약의 방법인 제비뽑기로 하나님의 뜻을 구한 것입니다.

"제비는 사람이 뽑으나 모든 일을 작정하기는 여호와께 있느니라"
  (잠 16:33).

그러나 오순절 성령 강림 이후로는 성경을 아무리 뒤져 보아도 제비 뽑은 일은 나오지 않습니다. 맛디아를 뽑을 때가 마지막입니다. 오늘날에도 구약시대처럼 하나님이 제비뽑기에 특별히 역사하신다면 얼마나 간단하게 결정될 일이 많겠습니까? 쫙 펴놓고 뽑으면 되니 말입니다. 그런데 이상하게도 신약시대가 되자 제비뽑기가 싹 사라졌습니다. 왜 그랬을까요?

신약시대에는 성령께서 인도하시는 소명이 개개인과 교회에 뚜렷이 나타나기 때문입니다. 구약시대처럼 희미하지 않습니다.

하나님께서 세우시는 자가 누구인지를 아는 것이 어렵지 않게 되었습니다.

신약성경을 보면 누가 하나님이 택하신 자인가를 알기 위해 천거를 합니다. 천거받은 자들 중 두세 사람을 세워 그들에게 안수하고 직분을 줍니다. 성령께서 이미 강하게 개인과 교회에 역사하시기 때문에, 제비뽑기가 아니어도 하나님이 원하시는 자가 누구인지 충분히 알 수 있고 교회가 공인할 수 있다고 믿었던 것입니다.

그런데 천거 방식의 한 가지 단점은 사탄이 끼어들 여지가 있다는 것입니다. 그래서 특히 교회에서 투표할 때는 인간적인 방법을 경계해야 합니다. 하나님 앞에 기도하고, 성령이 모든 성도의 마음을 움직여서 택하신 자가 누구인지 분명하게 가르쳐 주실 것이라는 확신을 가지고 움직여야 합니다. 인간의 수단으로 자기 야망을 채우려고 들면, 결국에는 그것 때문에 무서운 시험에 빠지게 될 것입니다.

우리는 사도행전 1장 15-26절 말씀에서 또 하나의 진리를 발견할 수 있습니다. 베드로가 성령의 인도하심을 언제 깨달았습니까? 기도할 때였습니다. 베드로가 성경을 통해서 하나님의 뜻을 발견한 것이 언제입니까? 기도할 때였습니다. 맛디아라고 하는 하나님이 택하신 자를 찾기 위해 한 것이 무엇입니까? 역시 기도였습니다.

다락방에 모인 120명은 오로지 기도에 힘쓴 자들입니다. 그런 분위기 속에서 베드로는 성령의 인도함을 받아 무엇을 해야 할지를 알았습니다. 그 기도 속에서 베드로는 하나님의 말씀을 깊이 깨닫는 눈을 갖게 되었고, 그 기도 속에서 하나님이 맛디아를 선택해 놓으신 것을 발견했습니다. 기도 가운데, 그것도 합심해서 기도하는 가운데 이 모든 것이 이루어졌습니다.

우리도 마찬가지입니다. 교회가 중요한 결정을 해야 할 때에는 함께 모여서 기도해야 합니다. 개인 기도도 해야 합니다. 하나님께서 인도하시는 길을 걷기 위해 기도해야 합니다. 피로 값 주고 사신 하나님의 교회를 바로 섬기고, 시대적 사명을 감당하는 교회가 되려면 기도하는 가운데 말씀을 깨닫고 성령의 인도함을 받아야 합니다. 기도하는 가운데 하나님이 세우시는 자들을 발견해야 합니다. 예루살렘의 다락방과 같은 기도의 모임이 우리 가운데 항상 끊이지 않기를 바랍니다.

7 오순절, 성령이 임하시다

홀연히 하늘로부터 급하고 강한 바람 같은 소리가 있어 그들이 앉은 온 집에 가득하며 마치 불의 혀처럼 갈라지는 것들이 그들에게 보여 각 사람 위에 하나씩 임하여 있더니
_ 사도행전 2:2-3

성경에서 사도행전 2장 1절부터 4절만큼 논쟁과 이견, 갈등이 많은 부분도 없습니다. 이 부분에서만큼은 각자가 고집을 세우고 의견이 분분하며 논쟁이 벌어지기도 합니다. 또 이 말씀을 어떻게 해석하느냐에 따라 이런 성격의 교회, 저런 성격의 교회가 되어 나뉘기도 합니다. 따라서 우리는 성령이 우리 마음속에 역사하시고, 깨닫게 하시고, 말씀을 보는 눈을 열어 주신다는 것을 잊지 말고 성령을 바라보는 마음으로 이 말씀을 읽어야겠습니다.

우선 신학적인 문제부터 정리해 봅시다. 성경을 볼 때 어느 한 부분만 뚝 떼어서 보면 안 된다는 것은 잘 아는 사실입니다. 이런 중요한 사건인 경우에는 더더욱 그렇습니다. 이 말씀의 배후에는 엄연히 구약이 있고 복음서가 있습니다. 또 이 사건을 해석해 주는 서신서가 있습니다. 전체적인 배경과 근거를 놓고 이 부분을 검토해야만 잘못된 판단을 하지 않습니다.

이 말씀을 대할 때 흔히 "나에게도 이러한 사건이 한번 일어났으면, 우리 교회에도 그대로 한번 일어났으면 좋겠다. 예배 중에 갑자기 하늘에서부터 바람 같은 소리가 나고, 눈을 떠 보니 불의 혀 같은 형체가 머리 머리 위에 다 임하고, 갑자기 다른 방언이 여기저기서 터지고, 그로 인해 교회 주변에 있는 사람들이 이 요란한 소리를 듣고 뛰어오는 사건이 일어난다면 얼마나 좋을까. 그렇다면 이런 일을 통해 믿음이 강해지고, 마음도 뜨거워지고, 무언가 변화가 일어날 텐데"라는 은근한 욕심을 가질 수 있습니다.

이와 같이 오순절 성령 강림이 지금 나와 우리 교회에도 일어날 수 있는 사건이라고 해석해 버린다면 다들 만사를 제쳐 두고 날마다 이 문제만 놓고 기도할 것입니다. 날마다 소리치며 기다릴 것입니다. 그러나 지난 2,000년 동안 오순절 성령 강림과 같은 사건은 단 한번도 반복된 일이 없습니다. 그리고 앞으로도 반복되지 않을 것입니다.

약속대로 오신 성령

성령 강림은 하나님께서 우리에게 주신 약속이 성취된 사건입니다. 갑자기 일어난 일이 아닙니다. 그렇다면 하나님께서 언제 이 약속을 주셨을까요? 구약의 요엘서까지 거슬러 올라가 볼 수 있습니다. 사도행전 2장 17-18절에서 베드로가 요엘서를 인용합니다.

> "하나님이 말씀하시기를 말세에 내가 내 영을 모든 육체에 부어 주리니…그때에 내가 내 영을 내 남종과 여종들에게 부어 주리니…"(2:17-18).

> "그때에 내가 또 내 영을 남종과 여종에게 부어 줄 것이며"(욜 2:29).

또 마태복음 3장을 보면 세례 요한의 입을 통해 하나님이 약속하셨습니다.

> "나는 너희로 회개하게 하기 위하여 물로 세례를 베풀거니와 내 뒤에 오시는 이는 나보다 능력이 많으시니 나는 그의 신을 들기도 감당하지 못하겠노라 그는 성령과 불로 너희에게 세례를 베푸실 것이요"(마 3:11).

무엇보다도 예수 그리스도께서 직접 약속하셨습니다.

> "볼지어다 내가 내 아버지께서 약속하신 것을 너희에게 보내리니 너희는 위로부터 능력으로 입혀질 때까지 이 성에 머물라 하시니라"(눅 24:49).

예수님은 하나님께서 약속하신 것을 받기까지 예루살렘을 떠

나지 말고 기다리라고 말씀하셨습니다. 예수님은 또 요한복음에서
도 약속하셨습니다.

"그러나 내가 너희에게 실상을 말하노니 내가 떠나가는 것이 너희에
게 유익이라 내가 떠나가지 아니하면 보혜사가 너희에게로 오시지
아니할 것이요 가면 내가 그를 너희에게로 보내리니"(요 16:7).

"그러나 진리의 성령이 오시면 그가 너희를 모든 진리 가운데로 인
도하시리니 그가 스스로 말하지 않고 오직 들은 것을 말하며 장래
일을 너희에게 알리시리라"(요 16:13).

예수님께서는 진리의 영이 오시면 우리를 진리로 인도하실 것
이요, 우리 속에 거하실 것이요, 우리와 함께 영원히 거하실 것이
라고 여러 번 반복해서 가르쳐 주셨습니다. 또한 자신이 이 세상을
떠나는 것이 우리에게 더 유익하다고 하시고, 자신이 가야만 보혜
사 성령이 오신다고 말씀하셨습니다.

"지금은 너희가 근심하나 내가 다시 너희를 보리니 너희 마음이 기쁠
것이요 너희 기쁨을 빼앗을 자가 없으리라"(요 16:22).

덧붙여 보혜사 성령이 오시면 우리에게 훨씬 좋고, 역시 우리
가 말로 다 할 수 없이 기뻐할 것이고, 우리 기쁨을 빼앗아 갈 자가
없으리라고 말씀하셨습니다.

부활하신 후 40일 동안 제자들과 만난 예수님은 그때도 하나

님 나라와 성령을 동시에 언급하셨습니다. 그리고 떠나시기 직전에 "너희는 반드시 몇 날이 못 되어 성령으로 세례를 받으리라"고 분명히 말씀하셨고, "성령이 임하시면 너희가 권능을 받고 내 증인이 되리라"는 약속을 하시고 떠나셨습니다.

모든 것이 약속입니다. 하나님의 약속입니다. 그러므로 사도행전 2장의 이 내용은 기도를 열심히 해서 성령을 받은 사건이 아닙니다. 하나님이 약속하셨기 때문에 예수 그리스도의 사역이 끝났기 때문에 약속된 성령이 임하신 것입니다. 아무도 그 순서를 바꿀 수 없습니다. 하나님의 계획이기 때문입니다.

한 번 오신 성령, 떠나지 않는 성령

오순절 성령 강림 사건은 어디까지나 주님이 십자가에 달려 죽으시고 사흘 만에 부활하셔서 전 인류에게 영생을 주실 수 있는 문을 활짝 열어 놓으셨기 때문에 일어난 역사입니다. 만약 예수 그리스도가 십자가와 부활을 통해 구원 사역을 성취하시지 않았다면 성령은 절대로 오시지 못합니다. 오실 이유도 없습니다.

따라서 성령 강림은 반복되어 여러 번 일어날 수 있는 일이 아닙니다. 예수님이 오신 일이 반복될 수 없는 유일한 사건인 것처럼 말입니다.

예수님이 이 세상에 오실 때 목자들이 천사가 전한 소식을 듣고 환호하며 말구유에 찾아와서 기뻐했고, 저 유대 산촌에 있는 소수의 의로운 사람들이 성령 충만으로 예언하고 감사하는 역사가 일어났지만, 그 일은 후에 또 반복되지 않았습니다. 마리아가 성령이 충만해서 예수님을 잉태하고 찬양했지만 그 찬양 또한 반복되지 않았습니다. 왜냐하면 그 사건은 단 한 번으로 끝나는 것이기 때문입니다.

성자가 십자가를 지시기 위해 이 땅에 오신 것도 성령이 예수님을 대신하여 교회에 임하신 역사도 한 번의 사건으로 시작되는 것이지, 오셨다 가셨다 반복하는 사건이 아닙니다.

이런 의미에서 성령에 관한 찬송가 중에서 가장 적절한 것은 '성령이여 우리 찬송 부를 때'(175장)라고 생각합니다. '불길 같은 성신여'(173장), '빈 들에 마른 풀같이'(172장)와 같은 찬송은 신학적으로 볼 때 좀 약점을 갖고 있습니다. 마치 성령이 임하셨다가 올라가시고, 또 기도하고 찬송하면 다시 임하셨다가 우리가 성령을 근심케 하면 떠나시고, 이런 식으로 오해하기 쉬운 가사입니다. 성령을 이런 분으로 생각하면 참 난처한 문제가 따릅니다.

열두 제자들은 예수님을 3년간 따라다니며 예수님의 속을 무척이나 썩였습니다. 어디 그게 한두 번이었습니까? 그럴 때마다 예수님이 제자들을 버리고 도망가셨나요? 도망가셨다가 제자들이 회개하고 "오, 주여 오시옵소서" 할 때 또 나타나셨습니까? 아닙니다. 제자들이 속도 썩이고 여러 가지 어려운 일도 많았지만 성자 예수님은 그때마다 떠나지 않으시고 제자들과 함께하셨습니다. 성령도 꼭 같습니다. 한 번 교회에 임하신 성령은 주님이 말씀하신 대로 이 세상 끝날까지 떠나지 않고 우리와 함께하실 것입니다. 우리와 함께 거하시는 성령은 우리가 성령의 마음을 괴롭히고 성령의 뜻에 순종하지 못할 때 애통하고 슬퍼하시지만 우리를 떠나지는 않으십니다.

우리가 죄를 범하고 하나님 앞에 순종하지 않아서 성령의 역사가 많이 위축되었습니다. 성령이 강하게 역사하시면 좋겠는데, 어딘지 모르게 자꾸 불순종하는 면이 있고, 게으른 면이 있고, 육신의 소욕이 계속 발동하기 때문에 성령이 우리를 강하게 사로잡고 인도하시려고 해도 어느 순간 제약을 받게 됩니다. 이럴 때 내 영혼은 '빈 들에 마른 풀같이' 몹시 시들어 버립니다. 그렇습니다. 이 찬양은 이런 의미에서 부르는 것입니다.

성령이 우리에게 임하셨음을 감사합시다. 교회에 함께하심을 감사합시다. 성령이 오순절 다락방에 임하지 아니하셨다면 우리는 절대로 예수님을 믿을 수가 없습니다. 절대로 못 믿습니다. 어림도 없습니다. 무슨 수로 예수님이 나를 위해 십자가에 못 박혀 돌아가셨다고 믿을 수 있겠습니까? 예수님이 부활하셨다는 것을 무슨 통찰력으로 확인하고 믿겠습니까? 어림도 없는 이야기입니다. 성령 강림은 단 한 번의 사건입니다. 약속된 사건이요, 예수님의 구속 사역이 완성되었기 때문에 뒤따라온 역사이지, 갑자기 일어난 사건이 아닙니다. 사람들이 기도하고 간절히 사모했기 때문에 일어난 사건은 더더욱 아닙니다.

사도행전 2장

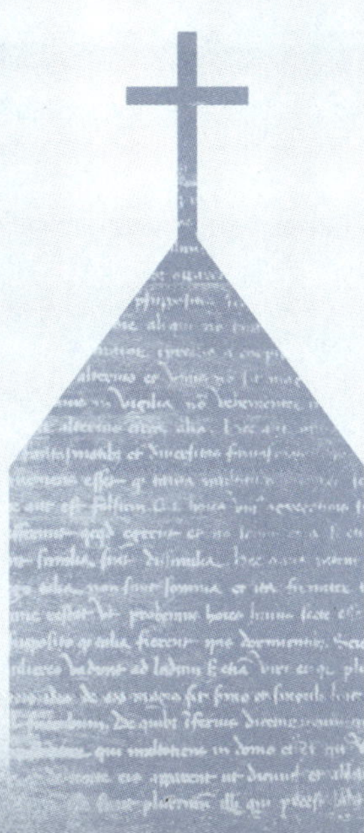

8 신약교회가 탄생하다

오순절 날이 이미 이르매 그들이 다같이 한 곳에 모였더니
그들이 다 성령의 충만함을 받고 성령이 말하게 하심을 따라
다른 언어들로 말하기를 시작하니라

_ 사도행전 2:1, 4

오순절 성령 강림은 '신약교회의 탄생'이라는 점에서 중요한 의미를 갖습니다. 성령이 임하셔서 신약교회가 탄생했습니다. 드디어 신약교회가 '앙' 하고 울음을 터뜨렸습니다. 예루살렘이 요란해졌습니다. 이제 앞으로 유대와 사마리아와 땅끝까지 온 세계가 요란해질 것입니다. 신약교회가 출생한 것입니다. 그렇다면 신약교회가 탄생하기까지, 표현이 좀 낯설기는 하지만, 태중에 있던 기간은 얼마 동안이었을까요?

여기서 신약교회 탄생 이전의 성도에 관해 잠시 생각해 보겠습니다. 성도는 교회의 잉태 기간에 이미 존재했습니다. 대표적으

로는 사도들이요, 또 믿음 좋은 여인들이요, 예수님을 따르며 헌신했던 하나님의 자녀들입니다. 수적으로는 얼마 되지 않습니다. 그렇다면 성령은 과연 이들 가운데 계셨을까요? 그들에게 성령이 거하셨을까요? 그들에게 역사하신 일이 있었나요?

있었습니다. 그것도 자주자주 있었습니다. 그러나 그럼에도 불구하고 성도들은 어딘지 모르게 불완전했습니다. 제자들을 보면 지금 우리보다 못한 면이 얼마나 많습니까? 복음서를 읽다 보면 '이것도 못 깨달아? 바보 같은 사람들' 하는 생각이 절로 들 정도로 전혀 깨닫지 못한 채 멍하니 있는 제자들의 모습을 발견하게 됩니다. 잘 모르고 많이 부족한 모습이 보입니다. 왜 그랬을까요? 그 이유는 바로 교회가 잉태 기간 중이었기 때문입니다.

출생의 울음소리

해산할 준비를 하고 있던 신약교회는 드디어 성령이 임하신 날 출생의 울음을 터뜨렸습니다.

엄밀히 말하면 부활하신 예수님과 애찬을 나누며 하나님 나라에 관한 이야기를 주고받던 성도들, 또 마가 요한의 다락방에 모인 120명이 최초의 신약교회라고 말할 수 있지만, 그것은 아직 세상을 향해서는 베일에 가려진 교회였습니다. 아직 형체가 드러나지 않은, 숨어 있는 교회였습니다. 마치 만삭이 된 엄마 뱃속에 들어 있는 아이와 같았습니다. 그러나 성령이 임하자 드디어 세상 앞에 온전히 그 모습을 드러내게 됩니다. 이런 의미에서 오순절 강림은 교회의 탄생을 알린 날, 즉 '교회의 생일'이라 할 수 있습니다.

성자 예수님은 인간의 몸을 입고 세상에 태어나실 때 성령으로 잉태되셨습니다. 세례 받으실 때에도 성령이 임하셔서 하나님의 독생자 예수 그리스도로 인정되셨습니다. '그리스도'란 무슨 뜻입니까? '기름 부음 받았다'는 뜻입니다. 그렇다면 예수님이 꼭 세례를 받고, 성령을 받았기 때문에 그리스도가 된 것일까요? 성령이 임하시기 전에는 메시아가 아니었을까요? 물론 그렇지 않습니다. 예수님은 원래 기름 부음 받은 존재이십니다. 그러나 예수께서 사람들 눈에 기름 부음 받은 자로서 그 모습을 드러낸 시점은 세례 받으실 때였습니다. 성령이 비둘기와 같이 그의 머리에 임하시고, 하늘에서 그에게 기름을 붓듯이 성령을 부어 주셨습니다. 그리고 드디어 명실공히 '기름 부음을 받은' 그리스도가 되어서 세상 앞에 나타나신 것입니다. 성령은 교회에도 이와 같은 원리로 역사하셨습니다.

한 성령을 마신 자들

성령의 역사는 생명의 역사입니다. 이 우주 만물, 피조물의 생명과 예수님의 부활 생명 그리고 교회의 생명은 성령의 역사 없이는 태동할 수가 없었습니다.

성령은 예수님의 잉태와 예수님의 공생애 출발점에 함께하셨습니다. 부활하신 예수님의 몸인 교회도 그 출발은 성령강림과 함께 시작되었습니다. 성령의 인도함을 받은 성도들은 예수 그리스도를 구주로 고백하고 구원 받은 하나님의 자녀가 되었음을 확신했을 때, 자신도 모르는 사이에 성령의 사람이 되고 동시에 성령을 통해 예수님의 몸 된 교회에 접붙게 된 것입니다.

우리가 언제 세례를 받습니까? 예수 믿을 때입니다. 그리고 언제 예수님의 몸인 교회에 한 몸으로 연합되었습니까? 예수 믿고 성령의 세례를 받았을 때입니다.

> "우리가 유대인이나 헬라인이나 종이나 자유인이나 다 한 성령으로 세례를 받아 한 몸이 되었고 또 다 한 성령을 마시게 하셨느니라"(고전 12:13).

'한 성령으로 세례를 받았다'는 말과 '한 성령을 마셨다'는 것은 의식적인 것일 수도 있고 무의식적인 것일 수도 있습니다. 예수 믿을 때 굉장히 드라마틱한 체험을 한 사람들이 간혹 있습니다. 예수 믿고 하나님의 자녀가 되는 순간 삶에 대격변이 일어나고, 또 남들도 분명히 알아챌 수 있는 어떤 증거가 나타나는 사람이 있습니다. 성령세례가 체험적으로 일어난 경우입니다. 그러나 어릴 때부터 예수 믿고, 교회 안에서 자라난 사람은 언제 성령세례를 받았는지, 언제 예수님의 몸에 연합하게 되었는지 그 시점을 잘 모릅니다. 그렇다고 이런 사람에게 "너는 어떤 체험이 없기 때문에 성령세례를 받지 않았다"라고 말할 수는 없습니다. 또 "성령세례 받을 때 어떤 체험도 없고 겉으로 보이는 어떤 표적도 없으니 너는 그리스도의 몸이 아니다"라고도 절대 말할 수 없습니다.

체험 이전에 중요한 것은 하나님의 '말씀'입니다. 또 어떤 느낌 이전에 더 중요한 것은 '믿음'입니다. 믿는 것입니다. 이 믿음이 말씀 위에 굳게 서기 전에 갑자기 어떤 체험이 임한다면 큰 혼란을 겪을 수 있습니다. 그야말로 닻 없는 배처럼 물 흐르는 대로 떠돌게 됩니다. 저는 어떤 체험, 뜨거움이 곧 영적 성숙을 의미한다는 주장에는 아주 아연실색합니다.

"예수 믿을 때, 중생을 경험할 때 성령을 받지만 그것은 어린 아이와 같은 수준에 해당하는 것이다. 그러니 나중에 다시 성령세례를 받아야 한다. 그래야만 성숙한 그리스도인이 될 수 있고, 또 영적으로 어른이 된다"라고 주장하는 사람들도 있습니다. 이 견해에 대해 "체험이 없는 사람은 영적으로 미성숙한 사람인가?"라는 질문을 하고 싶습니다. 그리고 "체험이 있다고 영적으로나 인격적으로 성숙했다고 자신 있게 말할 수 있는가?"라고 되묻지 않을 수가 없습니다.

과거 역사를 보면 실패한 부흥사들 대부분이 특별한 은사를 받은 사람들이었습니다. 오히려 은사 없이 예수 그리스도만 전하고, 하나님의 말씀으로 가르치고, 영혼을 보살펴 주는 부흥사들은 사역자로 장수했습니다. 그들은 끝까지 주님 손에 붙들렸습니다. 반면에 은사 받은 사람들은 쓰러졌습니다. 인격적으로 성숙하지 못했기 때문입니다. 은사와 영적인 성숙 사이에는 아무런 관계가 없습니다.

누구든지 예수를 믿고 말씀대로 고백하면 그 사람은 이미 성령 세례를 받은 사람입니다. 성령이 이미 교회에 임하셨고, 우리는 성령 세례를 통해 예수님의 몸 된 교회에 연합되었기 때문입니다.

주일 오전 9시

성령이 임하신 오순절은 유대 나라의 3대 절기 중 하나입니다. 이 절기는 유월절 후 7주가 지난 50일 만에 지키는 절기여서 칠칠절(출 34:22), 오순절이라고 합니다. '처음 익은 열매를 드리는 날'(민 28:26)이라는 의미로 초실절이라고도 합니다.

"오순절 날이 이미 이르매 그들이 다같이 한 곳에 모였더니"(2:1).

사람들이 한곳에 모였습니다. 모인 그들은 어떤 사람들이었을까요? 1장 15절에 나오는 120명, 꼭 그들만을 가리킨다고 할 수 있을까요? 이에 대해 학자들의 견해는 두 가지로 갈립니다.

예수님이 승천하시고 성령이 임하신 오순절까지 약 열흘의 여유가 있었습니다. 이 열흘 동안 120여 명의 사람들이 다락방을 떠나지 않고 늘 기도만 했을까요? 아마 다락방에 있던 사람들은 흩어졌다 모였다 하면서 주님이 보내 주시겠다고 약속하신 성령을 기다렸을 것입니다.

그런데 지금 시간이 몇 시입니까? 2장 15절에 보면 베드로의 설교 부분에서 '제 3시'라는 시간이 나옵니다. 제 3시면 우리나라 시간으로 오전 9시입니다. 이 시간을 두고 신학자들은 "어떻게 오전 9시란 이른 시간에 그렇게 많은 사람들이 모일 수 있었을까? 그것은 분명 예수님이 부활하시던 날부터 시작해서 주일마다 함께 모이던 습관이 있었기 때문일 것이다"라고 봅니다.

사실 그렇습니다. 부활하신 예수님이 제자들에게 나타나신 때가 주일 아침입니다. 주님이 승천하시기 전까지 제자들과 만나 애찬을 나누며 하나님 나라에 대해 말씀해 주시던 예배일이었기 때문에 그들은 이른 아침부터 한자리에 모일 수 있었을 것입니다. 이런 것을 볼 때 주일에 성도가 모이는 것은 매우 중요하다는 것을 알 수 있습니다.

은혜를 사모하여 모인 자들

다락방에 모인 사람들은 무엇을 하고 있었습니까? 그들은 손을 들고 서 있거나 엎드려 있지 않았습니다. 앉아 있었습니다.

"…급하고 강한 바람 같은 소리가 있어 그들이 앉은 온 집에 가득하며"(2:2하).

그들의 모습을 볼 때 기도하는 중은 아닌 것 같습니다. 유대 사람들은 기도할 때 보통 손을 들고 기도합니다. 그런데 본문에서 앉아 있었다고 하니 아마도 하나님의 말씀을 강론하는 시간이었을 것입니다.

성경은 약속의 말씀입니다. 하나님의 약속을 기다리며 은혜를 사모하는 사람은 아침이든 저녁이든 모이기를 힘씁니다. 최소한 교회가 정해 놓고 공식적으로 모이는 시간만은 꼭 참여해야 합니다. 로이드 존스의 말처럼 우리가 어느 집회를 한 번 빠졌다고 가정해 봅시다. 하나님께서 그 집회에 전무후무한 은혜를 내려 주실지 누가 압니까?

그렇습니다. 주일 다락방에 모인 120명의 성도는 성령의 임재를 맛보았고, 성령 충만을 받았습니다. 그러나 밖에 있던 사람들은 어느 누구도 성령 충만을 받지 못했습니다.

구약의 모세 시대에, 하나님의 임재하심으로 그 자리에 성령이 충만하게 부어져 유대 장로들이 예언을 하는데, 그 장로회에 참석하지 않은 두 사람이 자기 집에서 동일하게 성령의 은혜를 받아서 예언한 일이 있습니다. 그때는 장소가 달라도 별 문제가 되지 않았는지 모르지만, 신약시대에 임하신 성령의 역사는 그 자리에 모인 사람들에게만 국한되었습니다.

그러니 성도들이 한자리에 모인다는 것이 얼마나 중요한 의미를 가집니까? 열심을 내야 합니다. 예배 시간 한 시간 한 시간을 소중하게 여겨야 합니다. 그리고 사모해야 합니다. 그러면 성령께서 언젠가 우리 각자에게 있는 영혼의 병을 치료해 주실 뿐만 아니라, 내 힘으로는 도무지 어찌하지 못하는 문제를 해결해 주실 것입니다. 같이 모여서 기도하고 찬양하는 시간에 그 문제를 해결해 주실 것입니다. 분명히 믿습니다.

오순절 성령이 임하실 때, 주님의 은혜를 사모하여 모인 제자들은 홀연히, 예기치 못한 시간에 하나님께서 부어 주시는 엄청난 은혜를 맛보았습니다. 우리도 마찬가지입니다. 우리가 모일 때마다 주님 손에는 우리에게 부어 주시고자 하시는 은혜가 있습니다. 성령께서 우리 각자에게 때마다 허락하시는 은총이 있습니다. 그 은총이 어느 때에 강하게 임할지 우리는 알 수 없습니다.

우리가 순종하지 않기 때문에, 우리의 게으름 때문에, 우리의 마음이 아직도 세상에 미련을 두고 있기 때문에 성령이 우리 안에서 충만하게 역사하시지 못합니다. 마음을 강하게 사로잡는 찬송, 말씀에 대한 갈급함, 하나님의 복음을 기쁨으로 증거하기, 사랑으로 즐거이 봉사하기, 주님을 위해 무엇이든지 헌신하겠다는 열정, 이와 같은 것들이 우리에게 충만하도록 기도해야 합니다. 주님의 몸 된 교회에 거하시는 성령께서 반드시 우리에게 새 힘을 주실 것입니다.

9 말세가 시작되다

하나님이 말씀하시기를 말세에 내가 내 영을 모든 육체에 부어 주리니 너희의 자녀들은
예언할 것이요 너희의 젊은이들은 환상을 보고 너희의 늙은이들은 꿈을 꾸리라 그때에
내가 내 영을 내 남종과 여종들에게 부어 주리니 그들이 예언할 것이요 또 내가 위로 하
늘에서는 기사를 아래로 땅에서는 징조를 베풀리니 곧 피와 불과 연기로다

_ 사도행전 2:17-19

사도행전 2장에는 사람들의 관심을 끄는 또 한 부분이 있습
니다. 성령이 임하실 때 나타난 표적입니다. 급하고 강한 바람 같
은 소리와 불의 혀와 같이 갈라지는 것이 각 사람 위에 임하는 모
습이 그것입니다. 불과 같이, 바람같이 임한 표적에 많은 관심을
갖고 오늘도 이와 같은 표적이 임할 수 있다고 기대하며 기도하는
사람들이 세계적으로 상당히 많습니다. 그러나 저는 이런 허황한
기대로 시간 낭비하지 말고, 또 반복되지 않는 이 일을 가지고 하
나님 앞에 자꾸 조르지 말고 성경을 바로 이해하라는 말씀을 드리
고 싶습니다.

성경은 하나님이 임재하실 때에는 항상 표적이 따랐다고 말합니다. 삼위이신 성부, 성자, 성령 하나님이 임재하실 때에는 항상 표적이 따랐습니다.

> "너희는 만질 수 있고 불이 붙는 산과 침침함과 흑암과 폭풍과 나팔 소리와 말하는 소리가 있는 곳에 이른 것이 아니라…"(히 12:18-19).

하나님이 호렙산에 임하셨을 때 불붙는 산과 흑암, 곧 어두운 구름과 폭풍과 나팔 소리와 말하는 소리가 들렸습니다. 임재의 표적입니다.

> "…여호와께서 지나가시는데 여호와 앞에 크고 강한 바람이 산을 가르고 바위를 부수나 바람 가운데에 여호와께서 계시지 아니하며 바람 후에 지진이 있으나 지진 가운데에도 여호와께서 계시지 아니하며 또 지진 후에 불이 있으나 불 가운데에도 여호와께서 계시지 아니하더니 불 후에 세미한 소리가 있는지라"(왕상 19:11-12).

엘리야가 호렙산에 가서 하나님 앞에 섰을 때 하나님의 존재가 그 자리에 임하셨고 표적이 나타났습니다. 크고 강한 바람이 산을 가르고 바위를 부서뜨렸습니다. 또 바람 후에 지진이 일어났습니다. 지진 후에 불이 지나갔고, 불 다음에는 세미한 소리가 들렸습니다. 또 성자 예수님이 이 세상에 처음 임하실 때는 하늘에 홀연히 큰 광채가 나고, 천군 천사들이 노래하고 찬양하며 놀라운 일들이 일어났습니다. 왕의 별이 나타났습니다.

성부 하나님이 직접 임하실 때도 표적이 따랐고 성자 예수님이 이 세상에 임하실 때도 표적이 따랐다면, 성령 하나님께서 이 세상에 임하실 때 전혀 표적 없이 조용히 임하실 수 있었을까요? 그럴 수 없습니다. 실제로 성령이 임하시는 순간, 큰 바람 소리가 들리고 불의 혀 같은 것이 사람들 눈에 보였습니다.

말세의 처음 표적

세계에서 제일 큰 폭포 중 하나인 나이아가라 폭포에 가 보면 수백 미터 되는 낭떠러지에서 웅장한 폭포 물이 떨어질 때 나타나는 자연인 현상을 볼 수 있습니다. 무엇입니까? 큰 소리입니다. 그야말로 천지를 진동하는 소리입니다. 또 무엇이 있습니까? 물보라와 아름답고 찬란한 무지개가 나타납니다. 엄청난 양의 물이 떨어지기 때문에 생기는 자연 현상입니다.

자연도 이러한데 하물며 창조주이신 하나님이 특별히 임재하실 때 만물 가운데 아무런 반응이 나타나지 않는다면 오히려 이상한 일일 것입니다. 하나님의 임재에 만물은 떨게 되어 있습니다. 그래서 특별한 표적들이 나타나게 됩니다. 성경을 보면 성부와 성자와 성령 삼위가 각각 역사하실 때, 특히 맨 처음 역사하실 때 이같은 표적들이 따랐습니다.

이것을 '처음 표적'이라 한다면 앞으로 나타날 표적이 한 번 더 있습니다. 베드로는 본문에서 요엘 선지자의 예언을 인용하고 있습니다. 요엘의 예언은 오순절을 통해 반만 이루어졌습니다. 나머지는 아직 이루어지지 않았습니다.

> "또 내가 위로 하늘에서는 기사를 아래로 땅에서는 징조를 베풀리니 곧 피와 불과 연기로다 주의 크고 영화로운 날이 이르기 전에 해가 변하여 어두워지고 달이 변하여 피가 되리라"(2:19-20).

주의 크고 영화로운 날이 언제입니까? 예수 그리스도가 재림하시는 날입니다. 예수님이 재림하실 때 어떤 표적이 우리 주변에 일어날까요? 성경을 보면 우리의 상상을 초월하는 역사들이 일어난다고 기록되어 있습니다. 그때가 되면 하늘과 땅은 눈앞에서 사라지고, 하나님께서 이루실 제3의 창조라고 할 수 있는 새 하늘과 새 땅이 우리 앞에 나타날 것입니다. 전 우주의 지배자요 의로운 왕이신 예수 그리스도가 본격적으로 등극하시는 아주 중요한 순간이기 때문입니다. 그때는 성부 하나님, 성자 하나님, 성령 하나님이 임하시는 특별한 징조가 하늘과 땅에서 일어난다고 했습니다. 성령 강림 때 나타났던 표적을 보며 "아, 나에게도 바람 같은 소리가 좀 들렸으면 좋겠다. 나에게도 성령 충만할 때 불의 혀와 같은 것이 좀 보였으면 좋겠다" 하는 것은 망상입니다. 성자의 초림 표적이 다시 반복되지 않는 것처럼 성령이 교회에 처음 임하실 때 나타났던 그 표적은 반복되지 않습니다. 성령이 이미 오셨기 때문입니다.

이 세상 마지막까지 성령은 교회와 함께하십니다. 다시 불의 혀와 같이 보일 필요도 없고, 또 바람 같은 소리를 낼 필요도 없습니다. 이미 성령은 이 자리에 계시고 전 세계 교회를 주님의 몸으로 묶어 그 안에 거하고 계시기 때문입니다. 그러니 무슨 표적이 또 필요합니까?

이것은 성경 말씀으로 증명할 수 있습니다. 고넬료 집안의 모든 사람이 베드로의 설교를 들을 때 성령이 특별히 강하게 임하셨는데, 바람 같은 소리가 들렸나요? 들리지 않았습니다. 또 불의 혀가 보였나요? 보이지 않았습니다. 또 에베소에서 바울이 기도할 때 성령이 임하셨고, 사마리아에서도 그와 같은 일이 일어났는데 그때마다 불의 혀와 같은 역사가 따라왔습니까? 또 바람 같은 소리가 들렸습니까? 그렇지 않습니다.

지난 2,000여 년 기독교 역사상 이와 같은 사례는 더는 찾아볼 수 없습니다. 성령이 이미 교회에 임하셨기 때문입니다. 말구유의 기적이 다시 반복될 수 없는 것처럼 오순절 성령의 역사와 표적은 다시 반복되지 않습니다.

마지막 때를 산다는 것

베드로가 인용한 요엘 선지자의 예언은 아직 완결되지 않았습니다. 이 점에서 중요한 두 가지를 마음에 담아 두십시오.

첫째, 성령 강림은 말세에 속한 사건이라는 것입니다. 베드로가 요엘 선지자의 말씀을 인용하면서 '말세에'라는 말을 합니다. 둘째, 성령이 임하신 사건과 예수의 재림 사건이 나란히 붙어 나온다는 것입니다. 성령 강림은 주님의 재림이 가까웠다는 것을 경고

합니다. 이런 예는 예수님의 예언에서도 나타납니다. 예루살렘의 멸망과 세계 종말이 잇따라 예언됩니다.

오늘날 우리는 말세를 살고 있습니다. 2,000년 전에 베드로가 성령 받을 때 말세라고 했던 그때와 꼭 같은 마지막 때를 살고 있습니다. 우리가 볼 때는 엄청난 시간이 흐른 것 같지만 하나님이 보실 때는 한때입니다. 주님의 재림이 정말 눈앞에 가까웠고, 해가 변하여 어두워지고 달이 변하여 피가 되는 놀라운 표적이 나타날 그때가 머지않았습니다.

이런 때 우리가 신앙생활을 한다는 것은 무엇을 의미합니까? 성령을 받고 성령의 사람으로 말세를 산다는 것은 무엇을 의미합니까? 주님이 재림하실 마지막 때를 준비하는 것입니다. 개인이 준비해야 합니다. 교회가 준비해야 합니다. 그리고 세계가 준비해야 합니다. '모든 족속으로 제자 삼는' 마지막 때를 위해 준비해야 합니다.

◀》 오순절 성령 강림을 통해 요엘 선지자의 그 놀라운 예언이 성취된 것을 보며, 아직 성취되지 않은 마지막 부분을 기다리게 됩니다. 이 말씀을 대하는 우리는 세상에 빠져서 흐려진 정신을 다시 말끔하게 정화시키고, 잠자던 자리에서 일어나고, 희미한 자리에서 분명한 자리로 발걸음을 옮기는 은혜가 필요합니다.

교회에 거하시는 성령은 분명 이것을 우리에게 요구하고 계십니다. "내가 교회에 임하여 지금 너희와 함께 있는 것은 예수 그리스도가 문 앞에 이르렀다는 징조이다. 정신 차리라, 깨어 있으라, 기도하라, 말씀대로 살라." 오늘도 성령께서는 우리 안에서 탄식합니다.

하나님께 참으로 죄송한 마음이 듭니다. 성령이 우리 안에서 날마다 웃는다고 했습니까? 탄식한다고 했습니까? 탄식한다고 했습니다. 근심한다고 했습니다. 성령이 웃는다, 기뻐한다는 말씀은 별로 없습니다.

말세는 매우 시급한 때이기 때문에, 자칫 잘못하면 신앙을 저버리고 세상에 빠져 받은 은혜를 쏟아 버리기 쉽습니다. 그래서 성령은 항상 경종을 울리고 계십니다. 자식을 걱정하는 부모가 날마다 잔소리를 하고, 날마다 조심하라고 소리치는 것처럼 성령은 날마다 우리를 향해 탄식하신다는 사실을 깊이 명심해야 하겠습니다.

내 영을 부어 주리니

"… 말세에 내가 내 영을 모든 육체에 부어 주리니… 내 영을 내 남종과 여종들에게 부어 주리니…"(2:17-18).

'부어 주신다'는 말은 참 묘한 표현입니다. '부어 준다'는 말씀은 '쏟는다'와 같은 뜻으로 하나님 편에서 성령을 주실 때 주로 쓰였습니다.

"나의 책망을 듣고 돌이키라 보라 내가 나의 영을 너희에게 부어 주며 내 말을 너희에게 보이리라"(잠 1:23).

"그 후에 내가 내 영을 만민에게 부어 주리니 너희 자녀들이 장래 일을 말할 것이며 너희 늙은이는 꿈을 꾸며 너희 젊은이는 이상을 볼 것이며"(욜 2:28).

"마침내 위에서부터 영을 우리에게 부어 주시리니 광야가 아름다운 밭이 되며 아름다운 밭을 숲으로 여기게 되리라"(사 32:15).

또 '부어 준다'는 말은 '진노를 쏟는다'라는 표현에서 '쏟는다'와 꼭 같은 의미를 갖습니다.

"이제 내가 속히 분을 네게 쏟고 내 진노를 네게 이루어서 네 행위대로 너를 심판하여 네 모든 가증한 일을 네게 보응하되"(겔 7:8).

"유다 지도자들은 경계표를 옮기는 자 같으니 내가 나의 진노를 그들에게 물같이 부으리라"(호 5:10).

이와 같이 '부어 준다' 혹은 '쏟는다'라는 말은 성경에서 '성령'과 '진노' 양쪽에 다 쓰이고 있습니다. 이 두 단어의 관계에서 깨달아지는 것이 있습니다. 말세에 하나님께서는 양극단의 결단을 내리실 것이라는 사실입니다. 극단, 즉 이것 아니면 저것입니다. 둘 다 최대치입니다.

'붓는다'는 말은 무엇입니까? 충만함을 이야기합니다. 적당히 따라 주는 것이 아닙니다. 하늘에서 비가 쏟아져 도랑마다 물이 철철 넘치고, 강마다 물이 가득 차올라 나중엔 둑이 넘치는 것과 같습니다. 말세에 하나님께서는 은혜를 강같이 쏟아부어 주시든지 아니면 진노를 강같이 쏟아부어 주실 것입니다.

그러므로 우리 인간도 둘 중에 하나를 선택할 도리밖에 없습니다. 은혜 받는 사람은 하나님 앞에 넘치도록 은혜를 받게 되어 있고, 은혜 받지 못하는 사람은 하나님의 진노를 무섭게 받게 되어 있습니다.

'부어 준다'는 말은 가득히 넘치도록 최대치로 우리에게 주신다는 의미인 동시에 '끓어오르다, 솟아나다'는 의미도 포함합니다. 하나님 편에서는 성령을 우리에게 주실 때 부어 주시지만, 우리 입장에서는 어떻습니까? 공중에서 성령이 쏟아집니까? 아니면 내 안에서 샘처럼 솟아납니까? 성령의 역사, 예수 그리스도의 놀라운 은혜는 항상 우리 마음속에서 하나하나 깨달아지면서 마음 전체를 적시고 채우고 넘칩니다.

"명절 끝날 곧 큰 날에 예수께서 서서 외쳐 이르시되 누구든지 목마르거든 내게로 와서 마시라 나를 믿는 자는 성경에 이름과 같이 그 배에서 생수의 강이 흘러나오리라 하시니"(요 7:37-38).

하나님 편에서는 부어 주시는 것이고, 우리 편에서는 속에서 강수처럼 솟아납니다. 샘처럼 넘칩니다.

따라서 성령의 은혜를 자꾸 외적으로 추구하지 않는 것이 좋습니다. 은혜를 받으려고 노력해 본 적이 있는 사람은 무슨 의미인지 잘 아실 것입니다. 하늘에서 부어 주신다고 하니까 자꾸 무언가 눈에 보이는 것, 내가 입고 있는 육체로 무엇인가 느껴지는 것을 자꾸 추구합니다.

그러나 하나님께서 교회와 개인에게 성령을 부어 주시면 오히려 내면에서 역사가 일어나는 것을 볼 수 있습니다. 나도 모르게 내면에서 은혜의 샘이 터집니다. 깨달아집니다. 기쁨이 솟습니다. 내 속에서 힘이 솟습니다. 내 안에 있던 불안과 공포가 사라집니다. 내 마음속에 그리스도가 충만한 것을 느끼게 됩니다. 이것이 내적인 역사입니다. 외적인 역사를 추구하다가 이상한 것을 잡는 사람보다 은혜의 깊은 체험을 가지고 내면에서부터 성령의 역사를 강하게 확신하는 사람이 훨씬 더 건전합니다.

내면의 은혜는 마귀가 속이지 못합니다. 증오나 불평, 고통이나 갈등 같은 것은 마귀가 줄지 모르지만 성령 안에서 강수와 같이 솟는 은혜를 깨달을 때 얻는 기쁨, 그리고 그 기쁨 속에서 맛보게 되는 능력과 내 속에 충만한 그리스도에 대한 확신, 이러한 것은 마귀가 감히 주지 못합니다. 절대 못합니다.

성령만이 합니다. 이와 같은 은혜를 날마다 체험하는 것이 좋습니다. 신앙생활을 하면서 영적으로 빈곤한 상태에 머물러 있다면 풍성하게 부어 주시는 하나님께 죄를 범하는 것입니다. 이미 성령은 교회에 임하셨습니다. 누구든지 간절히 사모하고 마음 문을 활짝 열기만 하면 성령께서 강수와 같이 풍성하게 역사하기를 기다리고 계시는데, 왜 오늘 우리에게는 영적 빈곤이 계속되고 있을까요? 이것은 우리 자신의 책임입니다.

우리는 어쩌면 풍성하게 주시는 하나님을 외면하고 있는지도 모릅니다. 우리 가운데 아직도 영적으로 빈곤하다, 이건 도무지 갈증이 나서 못 견디겠다, 나는 약해서 자꾸 넘어진다, 성경도 보기 싫고, 기도하기도 싫고, 교회도 억지로 끌려 나가고, 설교를 들어도 마음에 들어오지 않고 엉뚱한 생각만 자꾸 떠오른다고 한다면 영적으로 병들어 있는 것입니다.

이럴 때는 지체 말고 회개해야 합니다. 하나님 앞에 고백해야 합니다. 진정한 회개가 없는 곳에 성령의 역사는 따르지 않습니다. 진정한 회개, 진정한 눈물, 진정하게 사모하는 그곳에 성령은 역사합니다.

성령은 절대 우리를 메마른 상태로 내버려 두지 않습니다. 은혜를 사모하고 하나님 뜻대로 살려고 애쓰는 이들에게 반드시 은혜를 주십니다. 성령께서 개개인에게 풍성한 은혜를 허락하실 것입니다. 마음에 막혀 있던 담을 허시고 마치 강물이 홍수가 되어 쏟아져 들어오듯이 주의 은혜로 채워 주실 것입니다. 잃어버린 찬송, 잃어버린 기도, 잃어버린 전도 모두 회복할 수 있습니다. 이미 교회 위에 충만히 임하신 성령만이 해주실 수 있습니다.

10 교회의 입이 열리다

성령이 오심으로 말미암아 신약교회는 구약시대와는 다른 성격을 갖게 되었습니다.

구약교회는 제사가 가장 중요했습니다. 사람들은 날마다 죄를 씻기 위해 양과 소를 끌고 와 제사를 드렸습니다. 제사 후에도 반복되는 죄 때문에 가책을 받아 다시 제사를 드려야만 했습니다. 쉴 날이 없었습니다. 예루살렘 성전은 제사를 위해 모인 사람들로 가득 찼고 그 절차는 번거롭기가 이루 말할 수 없었습니다.

그러나 오순절 성령강림으로 신약교회가 탄생한 뒤에는 구약의 제사가 없어졌습니다. 성경을 아무리 뒤적여 봐도 구약시대처럼 제사 지냈다는 이야기는 없습니다. 왜 제사가 없어졌을까요?

"오직 그리스도는 죄를 위하여 한 영원한 제사를 드리시고 하나님 우
편에 앉으사 그 후에 자기 원수들을 자기 발등상이 되게 하실 때까
지 기다리시나니 그가 거룩하게 된 자들을 한 번의 제사로 영원히
온전하게 하셨느니라 … 또 그들의 죄와 그들의 불법을 내가 다시
기억하지 아니하리라 하셨으니 이것들을 사하셨은즉 다시 죄를 위
하여 제사 드릴 것이 없느니라"(히 10:12-18).

예수 그리스도가 단 한 번 영원한 제사를 드리셨으므로 이제
는 제사를 지낼 필요가 없게 되었습니다. 구약시대와는 성격이 완
전히 바뀐 것입니다. 그렇다면 신약교회는 성령을 중심으로 어떻
게 변모되었을까요?

하나님의 큰 일을 말하다

다락방에 모인 각 사람이 다 성령의 충만함을 받고 성령을 따
라 말하게 되었습니다.

"그들이 다 성령의 충만함을 받고 성령이 말하게 하심을 따라 다른
언어들로 말하기를 시작하니라"(2:4).

모든 사람의 입이 열렸습니다. 온 예루살렘이 소란할 정도로

입이 열렸습니다. 예수님이 십자가형을 당하자 겁을 먹고 부들부들 떨던 사람들, 사람들 앞에 말 한마디 제대로 못하던 갈릴리의 무식한 어부들, 그들에게 그야말로 기적이 일어난 것입니다.

입이 열렸습니다. 말을 하기 시작했습니다. 소곤소곤 하는 말이 아니었습니다. 부끄러움 없이 크게 외쳤습니다.

> "우리가 다 우리의 각 언어로 하나님의 큰 일을 말함을 듣는도다 하고"(2:11하).

제자들은 하나님의 큰 일을 말했습니다. 다른 말은 하지 않았습니다. 신약시대에 임하신 성령은 교회에 속한 사람들의 입을 여셨는데, 입을 열어 허튼 말을 하도록 한 것이 아니라 하나님의 큰 일을 말하게 했습니다.

하나님의 큰 일이란 무엇일까요? 아직은 추상적입니다. 드디어 베드로가 일어나서 설교합니다. 우리는 베드로의 설교를 통해 하나님의 큰 일이 무엇인지 알 수 있습니다.

> "이 예수를 하나님이 살리신지라 우리가 다 이 일에 증인이로다"(2:32).

베드로가 설교한 내용의 핵심은 바로 '예수님의 부활'이었습니다.

> "그런즉 이스라엘 온 집은 확실히 알지니 너희가 십자가에 못박

은 이 예수를 하나님이 주와 그리스도가 되게 하셨느니라 하니라"
(2:36).

베드로는 예수가 우리의 주요, 우리의 구원자가 되셨다고 선포합니다.

이 사실은 대단히 중요합니다. 하나님께서 하신 가장 큰 일이 무엇입니까? 아들 예수를 세상에 보내셔서 십자가에 죽었다가 사흘 만에 살아나게 하시고, 그분을 통해 온 인류의 죄를 용서하고 구원하려고 하신 일입니다. 하나님이 하신 일 중에 이것만큼 큰 일은 없습니다. 그래서 성령 받은 성도들은 지체없이 입을 열고 마음을 열어 예수 그리스도가 우리를 위하여 죽으셨고, 그분이 사흘 만에 살아나셔서 전 인류의 구원자요, 하나님이 되셨다는 것을 큰 소리로 외치는 교회가 되었습니다. 놀라운 일입니다. 구약시대의 교회는 거룩하게 제사 지내는 교회였지만 신약시대의 교회는 입을 열고 큰 소리로 외치는 교회가 된 것입니다. 누가 그렇게 성격을 바꾸어 주셨나요? 성령이 바꾸어 주셨습니다.

그러므로 입이 잘 열리지 않는 사람은 아직 성령 충만을 모르는 사람입니다. 교회 와서 찬송을 부를 때도 입이 잘 안 열리는 사람은 아직도 성령 충만을 모르는 사람입니다. 또 기도를 하라고 해도 몇 마디 못 하고 입이 열리지 않는다면 문제가 있습니다. 예수님 이야기를 하라고 해도 얼굴이 먼저 빨개지고 한마디도 못한다면 아직도 성령 충만을 모르는 사람입니다. 성령 충만은 그렇게 시시하지 않습니다.

찬송과 기도, 복음 증거 모두 하나님의 큰 일을 말하는 것입니다. 세상 앞에 복음을 선포하는 것입니다. 날마다 내 욕심을 채워 달라고 하는 기도는 옳지 않습니다. 하나님의 큰 일을 찬양하며 감사하고 영광 돌리는 기도가 하나님이 기뻐하시는 기도입니다.

전도도 마찬가지입니다. 하나님의 큰 일을 이야기하는 것입니다. 그래서 믿지 않는 사람들이 예수 믿는 사람을 보고 무엇이라고 합니까? '말쟁이'라고 합니다. 당연합니다. 믿는 사람들은 말쟁이입니다. 주변 사람들로부터 말쟁이라는 말을 아직 못 들었습니까? 한 번쯤은 들어야 합니다. 그러나 말만 잘하고 실천은 안 한다면 가책을 받아야 합니다.

말수가 별로 없던 사람이 예수 믿고 나더니 어찌나 말이 많아졌는지, 만나면 그저 쉴 틈 없이 말의 생수가 솟아오릅니다. 그래서 "야, 저 사람 어디서 저렇게 배웠나?" 하는 탄성까지 듣게 됩니다. 솟아나는 것이지 배워서 하는 게 아닙니다. 산헤드린 공회 앞에 섰던 베드로와 요한도 그러했습니다. 사람들이 볼 때 배운 것이 없고 천한 그들이 하는 말은 그저 놀라울 따름이었습니다.

전도를 할 때도 같은 경험을 합니다. 예수님에 대해 이야기합니다. 그저 몇 가지 성경 구절과 어떻게 전해야겠다는 것만 준비했을 뿐인데 나중에는 생각지도 않았던 말이 한 시간이고 두 시간이고 샘처럼 솟습니다. 참 이상합니다. 설교도 마찬가지입니다. 전부 적어 와서 읽는 것이 아닙니다. 같은 설교 원고라도 강단에 설 때마다 성령께서 특별히 말하게 하시는 부분들이 있습니다.

예수님은 마가복음에서 말세의 징조가 있기 전에 먼저 복음이 만국에 전파되어야 한다고 말씀하시며 제자들에게 이렇게 격려하십니다.

"사람들이 너희를 끌어다가 넘겨 줄 때에 무슨 말을 할까 미리 염려
하지 말고 무엇이든지 그때에 너희에게 주시는 그 말을 하라 말하는
이는 너희가 아니요 성령이시니라"(막 13:11).

성령 충만한 교회는 소란스럽다

예수 믿는 사람은 자신의 말이 아닌 하나님의 큰 일, 예수 그
리스도를 이야기합니다. 개인뿐만 아니라 교회도 마찬가지입니다.
조금 소란해야 합니다. 교회 인근이 조금 골치를 앓을 정도여야 합
니다. 교회 주변이 너무 조용하면 교회는 벌써 '짖지 못하는 개'가
된 것입니다. 성령의 역사가 이미 제한받고 있는 것입니다. 교회는
떠들썩해야 합니다. 말해야 합니다. 외쳐야 합니다. 죄를 죄라고
말해야 합니다. 마지막 심판이 있을 것을 경고해야 합니다.

예수님이 공생애 사역을 처음 시작하실 때 성령이 임하셨습
니다. 비둘기와 같이 내려온 성령은 예수님이 메시아라는 것을 확인
시켜 주었고, 복음을 전하며 표적과 기사를 행할 능력
을 주셨습니다. 진리의 영이신 성령은 이제 사도들에게
임하여 예수님이 메시아라는 것과 부활하셨음을 확신
시켜 주셨습니다. 또한 그들에게 권능을 주시고, 예루
살렘과 온 유대와 사마리아와 땅끝까지 이르러 증인이
되게 하셨습니다.

증인이 무엇입니까? 말하는 사람입니다. 사도들을 주축으로 세
워진 교회도 마찬가지입니다. 성령이 임하자마자 교회에 속한 모든

하나님의 자녀들이 예수 그리스도를 믿음과 동시에 확신을 갖게 되었습니다. 그리고 세상으로 나가서 무엇을 했습니까? 하나님의 선한 일과 예수 그리스도의 사랑을 사람들에게 증거하는 하나의 공동체가 되었습니다.

성령이 거하시는 교회는 하나님이 그리스도를 통해 구원받을 수 있는 놀라운 길을 열어 주셨다는 사실을 전 세계 앞에, 사탄 앞에, 권세 앞에, 정사 앞에 마음대로 선포할 수 있어야 합니다. 너무 얌전하고, 힘이 없고, 점잔만 빼는 교회는 성령께서 별로 좋아하지 않습니다. 특히 교회에서 중요한 책임을 맡고 있는 사람들, 수고해야 하는 사람들의 입이 막히면, 마음에서 그리스도의 성령이 주시는 생수가 말라 버리면, 자신도 힘들고 교회도 힘들게 됩니다.

교회에 임하신 성령께 감사합시다. 성령이 우리와 함께하심을 감사합시다. 이 성령은 항상 우리에게 은혜를 주시되, 한 방울 두 방울 물방울처럼 떨어뜨려 주시는 것이 아니라 풍성하게 부어 주기 원하십니다. 말세이기 때문입니다. 마지막 때를 준비시키기 위해서입니다.

만약 마음속에 거리낌이 있다면 회개합시다. 신약시대에 오신 성령은 말하는 교회, 증거하는 교회, 하나님을 자랑하는 교회로 만들어 주셨지만, 지금 우리의 입은 너무나 무겁게 닫혀 있지 않은지 돌아봅시다. 하나님은 날마다 우리에게 은혜를 넘치도록 부어 주기를 원하시며, 성령은 우리 안에 충만하기를 원하시지만 우리는 얼마나 자주 성령의 뜻을 거역합니까? 성령을 따르지 않고 육신의 소욕을 따라 성령을 슬프게 할 때가 너무나 많았던 것을 회개합시다.

주님의 십자가 보혈은 오늘도 흐르고 있습니다. 이 놀라운 십자가 보혈에 우리를 담가 주시기를 기도합시다. 우리 각자의 심령에 생수처럼 역사해 주시고, 풍성하게 솟아오르게 해주시기를 기도합시다. 그리하여 우리가 어디를 가든지 하나님의 큰 일을 말하는 주님의 제자들이 되고, 우리의 표정이, 우리의 행동이, 우리의 말이 다 예수 그리스도를 증거하며 예수 그리스도의 사랑을 보여 줄 수 있기를 원합니다. 우리의 삶으로, 우리의 인격으로 예수 그리스도를 보여 줄 수 있음을 분명히 믿습니다.

11 삼천 명이 회개하다

그들이 이 말을 듣고 마음에 찔려 베드로와 다른 사도들에게 물어 이르되
형제들아 우리가 어찌할꼬 하거늘 베드로가 이르되
너희가 회개하여 각각 예수 그리스도의 이름으로 세례를 받고 죄 사함을 받으라
그리하면 성령의 선물을 받으리니

_ 사도행전 2:37-38

성령의 능력이 얼마나 위대하고 큰지를 알 수 있는 몇 개의 장면이 성경에 있습니다. 그중에서도 사도행전 2장 후반부에 기록된 것만큼 성령의 능력을 강하게 증명해 주는 본문은 없다고 생각합니다.

참 가슴이 벅차오르면서도 또 어떤 때는 우리 자신의 무능함을 일깨워 주는 말씀입니다. 오늘날에도 성령이 함께하셔서 이와 같은 일이 교회 안에서 얼마든지 일어날 수 있다고 생각하면 힘이 솟지만, 한편으로는 성령이 이처럼 능력이 크신데도 교회가 힘을 잃고, 교회의 지도자가 영적으로 메말라 있다는 생각이 들 때면 답

답하고, 고통스럽기까지 합니다. 참으로 도전과 흥분, 소망을 주는 동시에 좌절과 책망도 주는 말씀이 아닐 수 없습니다.

하나님이 헤아리신 사람들

전무후무한 성령의 대역사가 베드로의 짧은 설교 뒤에 일어났습니다. 3,000명이라는 사람이 한꺼번에 회개하고 돌아온 것입니다. 세례도 받았습니다. 여기서 성경에 기록된 3,000명에 대해 몇 가지 생각해 봅시다.

먼저 '3,000명'이라는 숫자입니다. 본문만 보아서는 남자만 헤아린 것인지, 여자도 함께 헤아린 것인지 가늠하기 어렵지만 4장 4절에 "말씀을 들은 사람 중에 믿는 자가 많으니 남자의 수가 약 오천이나 되었더라"는 말씀과 비교해 보면 남자를 중심으로 낸 통계임을 추측할 수 있습니다. 남자를 중심으로 통계를 냈다고 해서 여자의 가치가 무시된 것은 아닙니다. 당시 관습상 남자의 수를 세면 여자의 수는 따라서 짐작할 수 있었기 때문입니다.

두 번째 생각할 것은 변화 받고 세례 받은 3,000명은 과연 어떤 사람들이었나 하는 것입니다. 그들은 자기의 요구를 가지고, 개인적인 원통함을 풀기 위해 하나님 앞에 모인 자들이 아니었습니다. 신비한 체험을 하고 싶어 모인 무리는 더더욱 아닙니다. 3,000명, 그들은 자신의 가슴을 치고 회개하는 이들이었습니다.

마지막으로 생각할 것은 성령의 대역사가 일어난 자리에 회개한 3,000명만 있었을까 하는 것입니다. 그렇지 않았을 것입니다.

아마도 절기를 지키기 위해 예루살렘에 모인 상당수의 유대인들이 있었을 것입니다(2:14). 그러나 성경은 그 자리에 모인 사람의 수가 아니라 오직 회개한 3,000명만 기록하고 있습니다.

하나님이 주목하시고 헤아리신 것은 오직 회개한 3,000명뿐이 었습니다. 하나님은 회개하는 사람을 가장 귀하게 보시기 때문입 니다. 마음을 찢고 통회하는 사람을 귀하게 여기시기 때문입니다. 말씀을 들을 때 눈물어린 심령으로 하나님을 바라보는 사람, 하나 님은 그런 사람을 가장 사랑하십니다.

그러므로 많은 성도가 교회에 모여 함께 예배드린다 할지라 도 하나님께서는 그들 모두를 다 세지는 않으실 것입니다. 어떤 사 람은 하나님이 헤아리시지만, 어떤 사람은 그 수에 들지 못할 수도 있습니다. 섭섭한 일이지만 그것은 사실입니다.

진실로 회개하는 사람, 방황하다 눈물로 회개하 고 주님 품에 안기는 사람만 그 수에 넣어 헤아리십니 다. 믿음 없이 건성으로 교회를 다니다가 어느 순간 말 씀에 부닥쳐서 자기 마음을 찢고 주 앞에 회개하는 사 람, 하나님은 그 사람을 '3,000명' 중 한 명으로 헤아리 신다는 말입니다.

만약 수많은 죄를 지으면서도 마음을 찢는 회개 없이 예배당에 와서 열정적으로 찬송 부르고, 흥분하여 눈물을 줄줄 흘리는 사람이 있다면 하나님은 그 사람을 3,000명에 포함시키지 않으실 것입니 다. 진실한 회개가 없기 때문입니다.

그러므로 예배를 드릴 때마다 통회하고 자복하는 마음이 있어 야 합니다. 하나님 앞에 죄 용서함을 받은 자녀라면 더욱 그러해야 합니다. 이미 모든 죄를 용서받은 하나님의 자녀요, 흠과 티가 없이 장차 하나님 앞에 설 사람으로 약속이 되어 있기 때문에 한두 가지라도 잘못된 것이 있으면 마음이 괴롭고, 그런 마음을 안고 주님 앞에 앉을 때 자연히 회개하는 마음이 생기지 않을 수 없습니다. 하나님은 그런 사람을 헤아리십니다. "너는 내 것이다. 너는 내 것이다" 하시면서 말입니다.

가슴을 찢는 회개

현대 교회가 이처럼 '회개하는 3,000명'이 모이는 교회가 되었으면 하는 생각이 간절합니다. 교회에 막연히 출석하는 3,000명이 아니라 하나님 앞에 나왔을 때 회개할 줄 아는 3,000명이 모이는 교회, 그런 교회가 능력 있습니다. 그런 교회가 세상을 뒤집어 놓습니다. 소돔과 고모라처럼 타락할 대로 타락한 곳도 바꿀 수 있습니다.

하나님께서 곳곳마다 교회를 세우시는 이유가 무엇인지 우리는 알 수 없습니다. 그러나 오늘도 살아 계시는 성령, 교회를 통해 역사하기를 원하시는 성령, 캄캄한 영혼에 복음의 빛을 비춰 주시는 성령이 교회에 거하시고, 우리 마음에 역사하시고, 말씀의 능력으로 행하실 것을 믿습니다. 우리가 믿으면 하나님은 역사하십니다.

회개가 사라진 오늘 이 시대의 교회를 우리 모두 걱정해야 합니다. 남의 교회를 비판할 필요도 없고, 다른 사람에 대해 이러쿵

저러쿵 말할 필요도 없습니다. 나부터, 우리 교회부터 회개가 약하고 눈물이 마른 것을 봅니다. 아픈 곳을 찌르면 거부반응을 보이는 자기 중심적인 신앙생활, 말씀 앞에 전적으로 순종하려는 자세보다는 오히려 자기 생각을 내세우려고 하는 은근한 교만 같은 것이 살아 있다면 그 교회는 아직 멀었습니다.

오늘날 우리는 과거 어느 때보다도 악한 죄인입니다. 초대교회 성도들, 그리고 우리 선조들이 오늘 우리만큼 죄를 짓고 세상과 타협했다고 생각합니까? 아닙니다. 오늘날 우리만큼 죄에 절어 있지는 않았습니다. 그런데도 우리가 '가슴을 찢는 3,000명'이 되지 못하는 것은 참으로 비극이 아닐 수 없습니다.

더 이상 이와 같은 일이 계속되지 않도록 성령의 역사에 민감합시다. 주님의 옷자락을 붙들고 우리 자신의 연약함을 통회하고 자복합시다. 우리가 바로 주님이 헤아리시는 '3,000명'이 되어야 힙니다.

12 천국 문을 박차고 들어가다

믿는 사람이 다 함께 있어 모든 물건을 서로 통용하고 또 재산과 소유를 팔아
각 사람의 필요를 따라 나눠 주며 날마다 마음을 같이하여 성전에 모이기를 힘쓰고
집에서 떡을 떼며 기쁨과 순전한 마음으로 음식을 먹고 하나님을 찬미하며
또 온 백성에게 칭송을 받으니 주께서 구원 받는 사람을 날마다 더하게 하시니라

_ 사도행전 2:44-47

성령의 강한 역사로 단번에 3,000명이 회개하고 돌아오는 전무후무한 역사가 일어났습니다. 이처럼 강력한 역사는 성경 어디에도, 인류 역사 어디에도 다시 반복되지 않았습니다. 신약교회의 시작이니까, 처음이니까 하나님이 굉장히 크게 역사하신 것입니다. 조금씩 똑똑 두드려 천국문을 열지 않았습니다. 오순절 성령이 임하시자마자 엄청난 힘으로 천국 문을 완전히 박차고 들어갔습니다.

이러한 성령의 역사는 두 가지 요소를 통해 나타났습니다. 바로 '말씀'과 '말씀을 전하는 사람'입니다. 베드로라는 메신저가 있

었고, 그가 전한 진리의 말씀이 있었습니다. 성령은 독단적으로 역사하지 않습니다. 그러나 많은 사람들이 이 점을 놓치고 있습니다. 성령의 역사는 아무 매개체 없이 갑자기 임하지 않습니다. 물론 어떤 때는 그럴 수도 있습니다. 성령이 못하실 리 없습니다. 그러나 그런 방법은 사탄이 더 잘 사용합니다. 말씀도 없고, 말씀을 전하는 증거자도 없이 어떤 사람에게 신비롭게 임하는 것은 사탄의 역사일 가능성이 높습니다. 성령은 증거자의 말씀을 강력한 도구로 사용하셨습니다.

"그들이 이 말을 듣고 마음에 찔려 베드로와 다른 사도들에게 물어 이르되 형제들아 우리가 어찌할꼬 하거늘"(2:37).

"또 여러 말로 확증하며 권하여 이르되 너희가 이 패역한 세대에서 구원을 받으리 하니"(2:40).

"그 말을 받은 사람들은 세례를 받으매 이 날에 신도의 수가 삼천이나 더하더라"(2:41).

저희가 무엇을 들었습니까? 하나님의 말씀을 들었습니다. 그 뒤에 사도들이 무엇을 가지고 확증하며 권했습니까? '여러 말', 곧 하나님의 말씀으로 확증하고 권면했습니다. 그리고 그 말을 받은 사람들은 그 자리에서 즉시 세례를 받았습니다.

왜 '성령을 받은 사람들'이라 하지 않고 '말씀을 받은 사람들'이라고 했을까요? 성령은 말씀을 통해 역사하시기 때문입니다.

"이는 우리 복음이 너희에게 말로만 이른 것이 아니라 또한 능력과 성령과 큰 확신으로 된 것임이라 우리가 너희 가운데서 너희를 위하여 어떤 사람이 된 것은 너희가 아는 바와 같으니라"(살전 1:5).

"내 말과 내 전도함이 설득력 있는 지혜의 말로 하지 아니하고 다만 성령의 나타나심과 능력으로 하여"(고전 2:4).

여기서 '말'은 사람이 사용하는 어휘이자 동시에 성령의 도구입니다. 말씀과 함께 오직 능력과 성령과 큰 확신이 필요하다고 합니다.

그러므로 말씀, 성령 그리고 능력 사이에는 은혜로운 공식이 성립됩니다. 꼭 같이 놓고 대등하게 보아도 전혀 문제될 것이 없습니다. 말씀에 사로잡혔습니까? 그러면 누구에게 사로잡힌 것인가요? 성령에 사로잡힌 것입니다. 성령에 사로잡혔나요? 그러면 그 사람에게 무엇이 있습니까? 권능이 있습니다.

진리의 말씀으로 책망하다

증거자가 전하는 말씀의 내용은 '율법'과 '복음'입니다. 율법이란 무엇입니까? 죄를 책망하고 마음에 숨어 있는 어두운 것을 들추어 내는 것이 율법입니다. 베드로는 설교 가운데 청중을 향해 책망했습니다.

"그가 하나님께서 정하신 뜻과 미리 아신 대로 내준 바 되었거늘 너희가 법 없는 자들의 손을 빌려 못 박아 죽였으나"(2:23).

오늘날 예배에서 설교자가 이런 식으로 설교한다면 도대체 몇 사람이나 그 자리에 남아 있을까요? '너희가 잘못한 것' 하면서 책망한다면 말이죠. 오늘날 현대인들은 어떤 면에서는 너무나 나약하다고 할 수 있습니다. 누가 그렇게 만들었습니까? 자녀가 편식하는 것은 부모가 편식하도록 내버려 두기 때문이지요. 부모의 책임이 큽니다. 오늘날 현대 교회가 "너희가"라는 말을 감히 못 하는 이유는 설교자들이 그렇게 만들었기 때문입니다.

그래서 자복해야 할 죄 중 하나가 목회자의 죄라고 생각합니다. 목회자라면 이 문제를 놓고 굉장히 두려워해야 합니다. 이것이 심해지면 소경이 소경을 이끄는 결과를 낳습니다. 마땅히 회개해야 할 죄를 바로 지적하지 못하는 강단은 이미 힘을 잃어버린 강단입니다.

◀» 회개하고 돌아온 3,000명은 직접 예수를 십자가에 못박아 죽이자고 소리친 사람들이었을지도 모릅니다. 그래서 "너희가 … 못박아 죽였으나"라는 말은 그들의 가장 아픈 곳을 찔렀을 것입니다. 베드로의 설교는 그들을 괴롭게 만드는 설교였습니다.

어떤 면에서는 강한 거부반응을 일으키는 설교였지만 성령의 역사가 그 자리에 나타날 때 그 3,000명은 말씀 앞에 거꾸러졌습니다.

"그들이 이 말을 듣고 마음에 찔려 베드로와 다른 사도들에게 물어

이르되 형제들아 우리가 어찌할꼬 하거늘"(2:37)

설교자가 죄를 책망하고 교회의 잘못된 부분에 대해 말씀으로 수술하면서 바로 가르칠 용기를 잃어버린다면 성령께서도 슬퍼하고 떠나실 것입니다.

교회는 성령께서 인도하셔야만 부흥하는 것이지 성령이 역사하지 않으시면 부흥할 수가 없습니다.

좋은 말을 한다고 사람들이 모이나요? 그런 교회도 있을 수 있습니다. 그러나 그들의 동기는 예수 믿는 것과는 아무 관계가 없습니다. 허기진 현대인들이 그 갈증을 풀기 위해 오는 것입니다. 교회는 이런 현대인들에게 복음을 능력 있게 바로 전해야 합니다. 그러나 율법만 가지고는 설교할 수 없습니다. 의사가 수술을 하고 나서 개복해 놓은 환부를 그대로 둔다면 그건 온전한 수술이 아니지요. 반드시 봉합을 하고 잘 아물도록 보살펴 주어야 합니다. 베드로는 율법으로 그들을 사정없이 정죄한 뒤 복음을 제시했습니다.

"베드로가 이르되 너희가 회개하여 각각 예수 그리스도의 이름으로 세례를 받고 죄 사함을 받으라 그리하면 성령의 선물을 받으리니 이 약속은 너희와 너희 자녀와 모든 먼 데 사람 곧 주 우리 하나님 이 얼마든지 부르시는 자들에게 하신 것이라 하고 또 여러 말로 확증하며 권하여 이르되 너희가 이 패역한 세대에서 구원을 받으라 하니"(2:38-40).

이것이 복음입니다. 율법에도 능력이 있고, 복음에도 능력이 있습니다. 율법은 우리의 죄를 깨닫게 하고 복음은 우리를 죄에서 건져 올립니다. 하나님께서 우리 한국 교회에 이 양면의 능력을 주시기를 바랍니다.

죄 사함과 동시에 받는 선물

"베드로가 이르되 너희가 회개하여 각각 예수 그리스도의 이름으로 세례를 받고 죄 사함을 받으라 그리하면 성령의 선물을 받으리니"(2:38).

이 말씀에서 '그리하면'이라는 단어에 주목해 봅시다. 성령을 2차적으로 받아야 한다는 이론은 이 말씀을 근거로 삼습니다. 회개하는 것, 세례받는 것, 예수 믿고 중생을 얻는 것과는 별개로 참 그리스도인이 되려면 '그리하면' 다음에 성령의 선물을 받는 특별한 체험이 있어야 한다고 주장하는 사람들이 있습니다. 우리가 물로 세례받을 때 성령께서 분명히 역사하시지만 겉으로 보기에는 성령으로 세례받은 사람 같지 않은 경우가 많습니다. 세례 요한에게 물 세례를 받고 예수님을 따라다니던 군중과 비슷합니다. 세례를 받았음에도 불구하고 마음이 뜨겁지도 않고, 주님을 향한 열심도 없습니다. 기도에 힘이 없고, 사랑을 베풀기도 힘이 듭니다. 자기 삶에 조그만 변화조차 일어나지 않습니다. 그래서 성령의 2차적인 역사라는 이론이 나온 것 같습니다.

세례를 받았음에도 어딘지 모르게 변화된 것이 없어 보이는 이런 사람들을 보면서 성령께서 그 사람을 어느 순간이든지 한번 새롭게 만드는 기회가 좀 있었으면 좋겠다고 생각합니다. 체험이든 어떤 깨달음이든 상관 없습니다. '성령의 2차적인 역사'라는 이론을 그대로 받아들이는 것은 아니지만 특별히 임하는 성령의 은혜를 믿습니다. 예수 그리스도를 구주로 믿고 처음부터 변화되는 사람도 있지만 세례받고 집사가 되고 나서도 한참 후에야 삶이 변하는 사람들도 있습니다. 그런 사람에게는 아마 성령이 2차적으로 임했다고 말할 수 있을 겁니다.

그렇다면 '그리하면'을 어떻게 해석할 수 있을까요? 말씀의 문맥만 본다면 회개와 죄 사함 사이에 무언가 시차가 있는 듯 보입니다. 그러나 회개하고 일정한 시간이 지나야 죄 사함을 받을 수 있나요? 그렇지 않습니다. 회개하고 죄 사함을 받으라는 것은 말의 순서일 뿐, 회개하면 이미 용서받은 것입니다. 회개와 죄 사함, 성령을 선물로 받는 것은 모두 동시적인 성령의 역사입니다. 그러므로 '그리하면'이라는 이 말은 '그리고'라고 바꿀 수 있습니다.

'성령의 선물'은 은사가 아닌 성령 자신을 말합니다. 원문을 보면 '성령의 선물'은 단수형으로 되어 있습니다. 만약 선물이라는 말이 복수형으로 기록되었다면 그것은 '은사'입니다. 고린도전서 12장을 보면 성령께서 주시는 다양한 은사들이 나옵니다. 그러나 여기서는 '성령의 선물'이라고 단수로 못 박아 놓았습니다.

하나님께서 주시는 '성령의 선물'은 언제 받을 수 있습니까? 죄를 회개하고 용서받을 때입니다. 성령 받지 못한 사람이 회개하고 중생 받는 역사는 없기 때문입니다. 물 세례는 외적인 표증으로 받는 것입니다. 물로 세례를 받을 때 죄 사함 받은 감격이 크게 따라올 수 있으며 동시에 성령께서 충만하게 역사합니다.

그러나 어떤 경우에는 세례도 받고 죄 용서함을 받았다는 확신도 있지만 성령의 역사가 너무나 메말라 버린 경우에 2차, 3차로 성령께서 그를 강하게 붙드는 은혜가 있을 수 있습니다. 성도들이 그와 같은 은혜 속에서 다시 한 번 깨어난다면 아마 세상이 감당하지 못하는 교회가 될 것입니다. 예루살렘이 감당하지 못한 3,000명이 될 것입니다.

오늘도 계시는 성령의 능력은 절대로 축소되지도, 변하지도 않았습니다. 우리가 순전한 마음으로 믿고 간절히 사모하고, 구하기만 하면 성령은 교회를 통해 초대교회 때와 같이 역사하시고 하나님의 능력을 분명히 나타내시리라 믿습니다.

매력적인 그리스도인이 되다

3,000명이 성령의 충만함을 받았습니다. 성령이 충만하면 무언가 좀 특별한 것이 나타나지 않을까 하는 기대가 우리에게 있지 않습니까? 그런데 그들이 받은 성령 충만의 증거는 특별한 은사로 나타나지 않고 삶으로 나타났습니다. 신앙생활과 일상생활로 성령 충만한 것을 보여 주고 있습니다. 참 아름다운 일입니다.

"그들이 사도의 가르침을 받아 서로 교제하고 떡을 떼며 오로지 기도하기를 힘쓰니라"(2:42).

그들은 사도의 가르침을 받아 말씀에 굳게 섰습니다. 성도 간의 교제에 힘썼습니다. 그리고 떡을 떼며 예수 그리스도의 십자가를 날마다 기억하고 감사했습니다. 또한 쉬지 않고 기도했습니다. 이 네 가지는 초대교회의 성령 충만한 성도들에게 나타난 가장 중요한 신앙생활의 4대 원리입니다.

그들의 모습을 본받아 성령 충만한 사람이 되고 싶다면 자신을 살피는 시간이 필요합니다. 말씀을 사랑하고 말씀에 굳게 서 있는지, 항상 성도와 교제하기를 힘쓰는지, 그리고 성도와 한마음으로 기도하고 떡을 떼며 주의 십자가를 기념하고 있는지를 말입니다.

"날마다 마음을 같이하여 성전에 모이기를 힘쓰고 집에서 떡을 떼며 기쁨과 순전한 마음으로 음식을 먹고"(2:46).

성령 충만한 생활은 증인의 삶입니다. 입으로 예수 믿으라고 전하고 돌아다니지 않아도 이미 삶 자체로 예수 그리스도를 증거합니다. 이것이 그리스도인의 삶입니다. 교회의 지체인 우리가 가정에서나 사회에서나 성령 충만한 생활을 하면 복음을 전할 기회는 자연히 생기고, 우리를 통해 예수에 대해 매력을 느끼는 사람들이 자연히 따라오게 됩니다. 교회가 부흥하게 되어 있습니다. 초대교회가 받은 성령 충만의 증거는 이렇듯 삶의 변화로 나타났습니다.

사도행전 3장

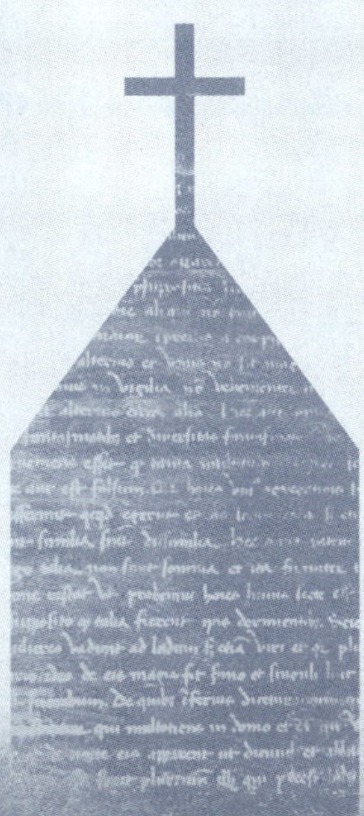

13 구약교회에서 신약교회로(1)

베드로가 이르되 은과 금은 내게 없거니와 내게 있는 이것을 네게 주노니
나사렛 예수 그리스도의 이름으로 일어나 걸으라 하고
오른손을 잡아 일으키니 발과 발목이 곧 힘을 얻고 뛰어 서서 걸으며
그들과 함께 성전으로 들어가면서 걷기도 하고 뛰기도 하며 하나님을 찬송하니

_ 사도행전 3:6-8

사도행전 3장에 나오는 이적 사건을 대하는 태도는 두 가지로 나뉩니다. 하나는 이적을 기록한 목적에 관심을 두는 것입니다. 다른 하나는 자신의 처지와 연관지어 생각하는 것입니다. 후자의 경우 '나도 예수 그리스도의 이름으로 기적을 일으킬 수는 없을까?' '오늘날 교회가 이런 능력을 재현할 수는 없을까?' 하고 생각합니다.

둘 중 어느 한쪽이 잘못되었다고 판단할 수는 없겠지요. 하지만 이 이적을 통해 하나님이 우리에게 주시려고 하는 진리가 무엇인지 주의하는 것이 성경을 대하는 건전한 자세라고 생각합니다.

다시 말하면 성경에 나오는 이적을 놓고 하나님이 무엇을 교훈하시는지를 찾는 데 우선해야지, 그러지 않고 '나도 이적을 한번 행했으면 좋겠다'고 생각하거나 "왜 오늘날 교회에는 이러한 이적이 없느냐? 이적이 없는 걸 보니까 성령의 역사가 죽은 것이 아니냐"는 식으로 판단해서는 안 된다는 것입니다.

"사람마다 두려워하는데 사도들로 말미암아 기사와 표적이 많이 나타나니"(2:43).

하나님께서 초대교회에 특별히 이적을 많이 주신 목적이 있습니다. 그것은 교회가 갓 태어난 특별한 때였기 때문입니다. 초대교회는 그야말로 조그맣고 가물가물한 별과 같았고, 교회를 둘러싼 사회는 드넓고 캄캄한 우주와 같았습니다. 그 작은 교회가 큰 우주를 정복하고 밝게 비추기에는 너무나도 암담했을 것입니다. 수적으로 봐도 도무지 불가능한 일입니다. 이와 같은 일을 예수님께서는 갈릴리의 초라한 어부들에게 맡기고 가셨고, 그들에게 특별한 이적과 권능과 기사를 행하게 하셔서 힘 있게 교회의 기초를 세우게 하신 것입니다.

성령이 강하게 역사하시던 그때 열두 사도와 120여 명의 손에서 나타난 기사와 이적은 헤아릴 수 없이 많았을 것입니다. 그 가운데 이 사건을 특별히 선택해 기록해 두신 이유는 단지 '예수 믿으면 걷지 못하는 자도 걸을 수 있다'는 메시지를 주려는 데 있지는 않을 것입니다. 더 깊은 진리가 그 안에 담겨 있습니다.

일어나 걷고 뛰는 신약교회

이 사건은 구약교회와 신약교회, 또 교회와 세상을 대조하고 있습니다.

구약교회는 어떤 교회였습니까? 마치 성전에 들어가지도 못하고 미문 앉아 있었던 걷지 못하는 자처럼 어떤 면에서는 소극적인 교회였습니다. 하나님의 능력을 잘 체험하지 못하는 교회요, 항상 수동적으로 끌려 가는 교회였습니다.

◀》 그러나 신약교회는 걷지 못하는 자가 벌떡 일어나 성전 안으로 뛰어들어가면서 "할렐루야" 소리친 것처럼 능력을 체험하는 교회요, 능동적인 교회요, 하나님을 찬양하는 교회요, 사람들에게 그리스도를 증거하는 교회입니다.

구약교회는 그림자 교회로 이제 끝났습니다. 성령이 교회에 임하신 다음부터는 구약교회에서 신약교회로, 수동적인 교회에서 능동적인 교회로, 앉아 있는 교회에서 일어나는 교회로, 입 다물고 있는 교회에서 소리치는 교회로, 성전 밖에 있는 교회에서 성전 안으로 뛰어들어가는 교회로 완전히 바뀌었습니다.

이 사건은 또한 교회와 세상의 대조를 보여 줍니다. 걷지 못하는 자는 구제 불능의 죄인을 상징한다고 볼 수 있습니다. 자기 힘으로 걷지도 못합니다. 성전 입구에 앉아 있지만 자기 힘으로 성전 안에 들어갈 수도 없습니다. 그만큼 구제 불능입니다.

누가 죄인입니까? 자기 힘으로 하나님을 찾을 수 없는 사람입니다. 자기 입으로 하나님을 아버지라 부를 수 없는 사람입니다.

걷지 못하는 자처럼 태어날 때부터 구제 불능인 사람입니다. 태어날 때부터 아담의 자손, 죄인입니다.

이와 같은 사람이 드디어 예수 그리스도의 이름으로 벌떡 일어나 성전으로 뛰어들어가면서 할렐루야 찬송할 수 있게 된 것입니다. 다시 말해 일어나 걷고 뛰는 사람은 예수 이름으로 구원받을 수많은 하나님의 백성을 상징한다고 봅니다.

그러므로 이 사건만큼 신약교회를 적나라하고도 분명하게, 그야말로 쉽고도 영감 있게 깨우쳐 주는 본문은 없다고 생각됩니다. 이 사건을 통해 신약교회는 살아 움직이는 교회, 펄펄 뛰는 교회임을 알 수 있습니다. 그래서 저는 이 본문을 참 좋아합니다. 특히 말씀을 사랑합니다.

"은과 금은 내게 없거니와 내게 있는 이것을 네게 주노니 나사렛 예수 그리스도의 이름으로 일어나 걸으라"(3:6).

이 말씀을 읽을 때마다 가슴에서 피가 뛰는 것 같은 느낌이 듭니다. 그야말로 마음속에 새 힘이 솟아오릅니다. 얼마나 기가 막힌 말씀인가요? 이는 신약교회가 갖게 된 능력입니다. 이제 곧 전 세계에 그 모습을 드러낼 신약시대 교회를 보여 주는 말씀입니다.

기도가 뜨거운 교회

신약교회는 나사렛 예수 그리스도의 이름이 역사하는 교회입니다. 신약교회의 특징 중 가장 두드러진 것은 기도하는 교회라는 것입니다.

"제 구 시 기도 시간에 베드로와 요한이 성전에 올라갈새"(3:1).

사도행전에서 '기도'라는 말이 네 번째로 나오는 부분입니다. "오로지 기도에 힘쓰더라"(1:14), "그들이 기도하여 이르되"(1:24), "떡을 떼며 오로지 기도하기를 힘쓰니라"(2:42) 등 사도행전 전체에 '기도'라는 말이 서른두 번 나옵니다.

기도의 영인 성령이 임했기 때문입니다. 그들은 시시하게 기도하지 않았습니다. 뜨거웠습니다. 절실했습니다. 그래서 기도의 능력도 강하게 체험했습니다. 기도의 유익을 확실히 보여 주었습니다. 기도 운동도 일어났습니다. 율법적으로, 누가 강요해서 일어난 것이 아니라 자연스럽게 모이고, 자연스럽게 일어난 운동이었습니다.

사도들은 시간을 정해 놓고 기도했습니다. 베드로와 요한은 제 9시에 기도하기 위해 성전으로 올라갔습니다. 제 9시는 오늘날 시간으로 오후 3시입니다. 또 사도행전 10장 9절을 보면 베드로가 제 6시, 즉 낮 12시에 기도 시간을 정해 놓고 지붕에 올라가 기도하는 모습이 나옵니다. 오후 3시와 낮 12시에 기도한 것은 초대교회 사도들과 신자들이 유대교의 전통을 존중했다는 증거입니다. 유대교에는 저녁과 아침과 정오에 기도 시간이 있었습니다(시 55:17).

3,000명의 초대교회 신자들은 물론 베드로와 요한도 처음에

는 유대교의 전통을 어느 정도 그대로 지키고 있었습니다. 예수 그리스도를 믿자마자 유대교와 아예 손을 끊었겠습니까? 아닙니다. 몇 십 년 동안 그대로 유지되다가 예루살렘이 로마 군대에 함락된 후에야 나뉘게 되었습니다. 유대교와 기독교, 같은 유대인 간에도 대화가 통하지 않을 정도가 되자 완전히 나뉜 것입니다. 그 전까지는 유대교 전통도 지키고 기독교 전통도 지키고, 유대교의 안식일도 지키고 기독교의 주일도 지키는 등 이중생활을 했습니다. 이것은 잘못된 것이 아닙니다. 일종의 과도기적인 생활이라고 볼 수 있습니다. 그 이유는 사도 바울이 잘 말해 주고 있습니다.

> "… 내가 율법 아래에 있지 아니하나 율법 아래에 있는 자같이 된 것은 율법 아래에 있는 자들을 얻고자 함이요"(고전 9:20).

바울의 말처럼 유대인들이 예수 믿고 구원받을 수 있도록 하기 위해 기독교인들도 '율법 아래에 있는 자'처럼 생활했습니다. 그래서 유대교 관습대로 두 사도는 제 9시 기도 시간을 정해 놓고 성전에 올라간 것으로 보입니다.

그러나 이러한 일들은 바울 사도에 이르러서는 반복되지 않습니다. 사도행전이나 로마서 이후 서신서를 보면 특별히 시간을 정해 놓고 기도했다는 기록은 없습니다. 오히려 바울은 '쉬지 말고'(살전 5:17), '항상 성령 안에서'(엡 6:18) 기도할 것을 강조했습니다. 예수님은 어떠셨습니까? 예수님도 물론 유대교의 전통을 지키셨지만 기도 생활에 있어 중요한 원리를 지키셨습니다. 주님은 홀로 있는 시간을 기도 시간으로 사용하셨습니다. 아주 이른 새벽에

(막 1:35), 무리를 보내신 후 홀로 있는 시간에(마 14:23), 혹은 밤이 새도록(눅 6:12), 기도하신 것을 볼 수 있습니다.

시간을 정해 놓고 기도하는 대표적인 예가 우리나라의 새벽기도입니다. 새벽기도는 길선주 목사님의 제창으로 시작되었습니다. 당시 성도들은 개인적으로는 농사일로 내내 쫓기고 있었고, 국가적으로는 일본 제국주의에 점령당하는 위기일발 상황에 놓여 있었습니다. 이러한 배경하에 새벽에 기도하자는 운동이 일어나게 된 것입니다.

우리 선조들은 새벽기도에 참 잘 적응했습니다. 열심을 내어 많이 모였고, 간절히 기도했고, 은혜도 많이 받았습니다. 그러나 여기에 적응하지 못하는 사람들이 있었습니다. 지도자 역할을 하고 있던 외국인 선교사들이었습니다. 선교사들은 새벽기도에 도무지 적응하지 못했습니다. 그래서 성도들로부터 번번이 비난의 화살을 맞았습니다. '새벽기도도 안 나오는 목사는 하나님의 종일 수 없다'는 비판까지 나왔습니다. 이에 대해 어느 선교사가 신학생들 앞에서 이렇게 말했다고 합니다. "여러분, 내가 새벽기도에 나오지 않는다고 해서 믿음 없는 사람이라는 말은 하지 마십시오."

아주 의미 있는 일침이었습니다. 기도 시간을 정해 놓고 실천한다고 교만하게 생각한다든지, 남을 평가하고 비판하는 근거로 삼는다면 차라리 그 계획은 없느니만 못합니다. 싹 지워 버리고, 차라리 기도 안 하는 게 낫습니다.

사실 새벽은 기도하기에 참 좋은 시간입니다. 하루를 시작하기 전에 기도하는 것 자체가 아름다운 일이지요. 그러나 꼭 특정 시간에 얽매일 필요는 없습니다. 새벽기도를 하든, 정해 놓은 시간에 기도하든 중요한 원칙은 쉬지 말고 항상 성령 안에서, 그리고 은밀하게 하는 것입니다.

성도들을 보면 성경은 좀 알고 있는데 기도가 참 서툰 사람이 있습니다. 기도에 너무 힘이 없습니다. 그런 분은 새벽에 나와 기도 연습을 좀 했으면 합니다. ‘연습’이라는 말이 우습지만 기도도 연습이 되어야 합니다. 무슨 연습입니까? 총 쏘는 연습입니다. 영적으로 총 쏘는 연습입니다. 사탄이 영적으로 공격하는데 기도가 안 나오면 어떡합니까? 연습해야 합니다. 기도 안 하면 죽습니다.

14 구약교회에서 신약교회로(2)

베드로가 이르되 은과 금은 내게 없거니와 내게 있는 이것을 네게 주노니
나사렛 예수 그리스도의 이름으로 일어나 걸으라 하고
오른손을 잡아 일으키니 발과 발목이 곧 힘을 얻고 뛰어 서서 걸으며
그들과 함께 성전으로 들어가면서 걷기도 하고 뛰기도 하며 하나님을 찬송하니

_ 사도행전 3:6-8

신약교회의 또 다른 특징은 합심하는 교회, 연합하는 교회입니다. 오순절 다락방에 성령이 임하자 성도들은 한자리에 모여서 말씀을 공부하며, 교제하며, 떡을 떼며, 기도하기에 힘썼습니다. 마음을 합했습니다. 하나가 되었습니다.

베드로와 요한은 참 매력적인 동역 커플입니다. 그들은 사도들 중에 특별히 연합하고 합심해서 하나님의 일을 한 하나의 표본이요, 우리의 역할 모델입니다. 베드로와 요한은 갈릴리에서 고기를 잡던 동업자요, 최후의 만찬을 준비했던 팀이고, 가야바 법정으로 끌려가시는 예수님의 뒤를 따르던 이들이었습니다. 예수님이

돌아가시고 난 뒤 디베랴 바다에 가서 다시 고기 잡을 때도 같이 했던 이들이요, 또 부활하신 예수님께서 그들의 장래 문제를 예언하실 때 서로에 대해 관심을 갖고 주목했던 두 사람입니다.

또한 오늘 본문처럼 기도하기 위해 함께 올라가는 기도 팀이었고, 4장 3절에 기록된 것처럼 감옥에도 같이 들어간 소위 '감옥 팀'입니다. 또 산헤드린 공회 앞에서 재판받을 때 함께 재판받은 동지이기도 합니다. 후에 복음이 사마리아에 전파되고 예루살렘 총회가 그곳에 전권대사를 파송할 때에도 베드로와 요한은 팀을 이뤄 함께했습니다. 가만히 보면 그들은 날마다 붙어 다녔습니다.

차이를 넘어 연합하는 교회

알렉산더 스멜리(Alexander Smellie)라는 학자는 이런 말을 했습니다.

"기독교는 고독하고 개인적인 종교가 아니다. 예수 안에서 가지는 우정, 서로가 마음을 합하는 것은 특별한 가치를 지닌다."

맞습니다. 교회가 제대로 되려면 형제가 서로 동거하고 연합하는 기쁨이 있어야 합니다. 같이 기도하고, 봉사하고, 예배하고, 전도하고, 함께 말씀을 나누어야 합니다. 이렇게 연합하고 함께하는 교회에 능력이 있습니다.

아무리 개인적으로 경건 생활을 철저히 하고 기도도 많이 하고, 전도도 많이 한다 할지라도 다른 사람과 조화를 이루지 못하면 십중팔구 시험에 빠지기 쉽습니다. 교회에 덕을 세우지 못합니다. 그래서 개인 양육과 개인 훈련보다는 그룹 양육과 그룹 훈련이 중요하다고 봅니다.

한 사람을 상대해서 말씀을 가르치고 영적으로 키워 주는 것도 상당히 가치 있는 훈련 방법입니다. 그러나 거기에는 서로가 연합해서 은혜 받는 맛이 없습니다. 어떤 면에서는 너무 편협하고 메마릅니다. 아주 냉랭합니다. 여럿이 한마음 한 팀이 되어 말씀을 배우고, 기도하고 서로 돕고, 봉사하고 전도하면 다른 지체와 자신을 비교해 보며 겸손해지고, 또 서로 자신이 받은 은혜를 나누기 때문에 그만큼 더 풍성해집니다.

베드로와 요한 사이에는 서로 이질적인 요소들이 꽤 많았습니다. 첫째, 성격을 봅시다. 베드로는 어떻습니까? 항상 적극적입니다. 베드로는 원래 주님 앞으로 부름을 받을 때부터 항상 열쇠를 가지고 여는 역할을 했습니다. 모든 것을 시작하는 사람이었습니다. 초대교회가 시작될 때 복음의 포문을 연 것도 베드로였습니다. 또 이적을 베풀 때 못 걷게 된 이를 일으키는 대변인 노릇을 한 사람도 베드로였습니다.

그렇다면 요한은 어떻습니까? 나이가 들어서는 부드럽고 온유해져서 "사랑하는 자들아 우리가 서로 사랑하자"(요일 4:7)고 했지만 처음에는 그렇지 않았습니다. 예수님이 요한에게 지어 주신 별명이 '우레의 아들'인 것을 보면 대충 짐작이 갑니다. 성격이 얼마나 괴팍하고 급했던지 사마리아를 지나갈 때 사람들이 예수님을 영접하지 않으니까 "하늘에서 불을 내리게 하여 그들을 불살라 버릴까요?"(눅 9:54)라고 말할 정도로 마음에서 올라오는 것을 참지 못하는 사람이었습니다. 성격이 굉장히 날카로웠습니다.

주도적인 베드로와 괴팍한 요한이 만났습니다. 이 둘 사이에 조화가 잘 이루어졌겠습니까? 이런 남녀가 부부가 된다면 어떻게 될까요? 아마 그 집안에 접시가 남아나지 않을 것입니다. 그러나 베드로와 요한은 참 희한하게 짝이 잘 맞았습니다. 예수님 안에서 받은 은혜가 있었기 때문입니다.

둘째, 두 사람의 나이를 따져 봅시다. 베드로의 나이는 어느 정도였을까요? 수제자였으므로 나이가 제일 많았을 것으로 추측됩니다. 반면 요한은 예수님께 사랑받는 막내둥이였습니다. 그러니까 베드로와 요한은 나이 차가 상당했을 것입니다.

이렇게 나이 차이가 큰 베드로와 요한이 조화를 이루었다는 것은 무엇을 뜻합니까? 은혜 받은 교회 안에서는 세대 차라는 것이 있을 수 없다는 것입니다. 연세 있으신 분들을 향해 젊은이들을 이해 못하는 '구식'이라고 단정지어 버리며 대화를 기피하는 현상이 오늘날 교회 안에 참 많이 있지 않습니까? 요한은 그런 사람이 아니었습니다. 그리고 새파란 젊은이가 어른 말을 듣지 않는다고 큰 소리로 꾸짖는 장로님들처럼 베드로는 그렇게 하지 않았습니다. 나이 어린 사람과 한 팀이 되었습니다. 서로 보완하는 작업을 했습니다.

셋째, 신앙 성향은 어떠했습니까? 베드로는 "너희 대적 마귀가 우는 사자 같이 두루 다니며 삼킬 자를 찾나니"(벧전 5:8)라고 했습니다. 아주 전투적입니다. 반면 요한은 "사랑하는 자들아 우리가 서로 사랑하자"(요일 4:7)고 말합니다. 두 사도의 서신서를 비교할 때 베드로전·후서는 도전적이요, 요한일·이·삼서는 사색적입니다. 베드로전·후서는 실제적인 말씀이요, 요한일·이·삼서는 신학적이고 조용히 묵상하게 하는 말씀입니다. 이런 점에서 볼 때 두 사람은 신앙적인 성향에서도 차이가 있었던 것을 알 수 있습니다.

교회 안에서 보면 흔히 신앙 성향이 맞지 않는다고 비판하는 사람들이 있습니다. "왜 저분은 날마다 기도도 저렇게 조그맣게 할까? 소리 좀 크게 하지" 혹은 "저 여자는 날마다 새벽기도에 나와서 왜 저렇게 고래고래 소리를 지르고 그럴까? 좀 조용히 기도하지" 하고 비판할 수 있습니까? 그럴 수 없습니다. 기질이 그런데 어떻게 합니까? 받은 은혜가 그런데 어떻게 합니까? 물론 너무 떠드는 사람에겐 다른 사람을 위해 주의는 주어야겠지요.

교회의 어떤 일을 토의할 때도 다양한 모습이 나옵니다. 어떤 사람은 항상 적극적으로 "믿음으로 합시다. 됩니다. 망하든지 죽든지 괜찮습니다. 그저 믿음으로 밀고 나갑시다" 하는 사람이 있는가 하면, "조금 더 생각해 보고 합시다. 좀 더 기도해 보고 하지요" 하고 신중론을 내세우는 사람이 있습니다. 서로 다르지만 모두 받은 은혜대로 이야기하는 것이라 생각합니다.

목사가 성격이 급해서 앉았다 섰다 앉았다 섰다 한다면 반드시 그 교회에는 앉았다 섰다 하는 기질을 꺾을 수 있는 사람이 생깁니다. 사모가 그렇게 할 수도 있고, 부교역자 중 한 분이 그 역할을 할 수도 있고, 아니면 장로 중 한 분이 그런 역할을 해서 목사의 부족한 부분을 채우려고 애쓸 것입니다.

교회에는 이렇게 베드로와 같은 사람, 요한과 같은 사람이 모이게 되어 있습니다. 교회가 바로 되려면 이렇게 다양한 사람들이 만나야 합니다. 골고루 있어야 합니다. 각자의 개성이나 신앙 기질, 받은 은혜를 하나님 앞에 감사하고 잘 유지하되, 공동체에 덕이 되도록 노력해야 하겠습니다. 내가 받지 못한 은혜는 누구한테 받을 수 있습니까? 내 옆에 있는 형제를 통해 받을 수 있습니다. 이것이 교회입니다.

성령의 지시를 포착하는 교회

◀》 마지막으로, 신약교회는 믿음으로 도전하는 교회였습니다. 걷지 못하는 자를 보고 피하지 않았습니다. 문제를 회피하지 않았습니다.

두 사도는 평소 일주일에 몇 번씩 성전을 드나들었을 것입니다. 걷지 못하는 자 역시 수 년 전부터 성전 미문에 앉아 있었습니다. 그렇다면 베드로와 요한이 그를 한두 번 본 게 아니었을 것입니다. 그러나 그들은 걷지 못하는 자를 놓고 무모한 모험을 하지 않았습니다.

성령이 인도하시는 시간이 있습니다. 성령께서 기회를 만들어 주실 때가 있습니다. 우리가 일할 수 있도록 밀어 주실 때가 있습니다. 그때를 잘 포착해야 하며, 그 기회를 놓치지 말아야 합니다. 문제가 있다고 해서 함부로 덤볐다가 나중에는 본인도 힘들어 지치고 다른 사람도 지치게 하는 경우를 자주 봅니다. 베드로와 요한은 그렇게 하지 않았습니다. 성령의 인도를 기다렸습니다. 그들은 그렇게 겸손했습니다.

드디어 성령이 인도하셨습니다. 기회를 주셨습니다. 여러 날 다녀도 대수롭지 않게 보이던 그가 그날따라 유달리 눈에 들어왔습니다. 유달리 그의 내민 손이 보였습니다. 마음이 끌렸습니다. 이 형제를 도와야겠다고 하는 강한 마음이 일어났습니다.

도무지 그냥 지나칠 수가 없었습니다. 그대로 지나가면 성령의 뜻을 거스르는 것 같아 그 자리에 머물러 섰습니다. 그리고 그를 똑바로 쳐다보았습니다.

"은과 금은 내게 없거니와 내게 있는 이것을 네게 주노니 나사렛 예수 그리스도의 이름으로 일어나 걸으라"(3:6).

성령이 그 배후에서 일하셨습니다. 베드로와 요한이 한 것이 아니었습니다.

교회가 문제를 바로 다루며 항상 능력 있게 일하려면 성령의 지시를 잘 포착하는 교회가 되어야 합니다. 성령은 어떻게 기회를 만들어 주시며 어떻게 우리를 인도하십니까? 뜻밖의 어떤 일에 특별한 관심을 갖도록 이끄십니다. 또 피할 수 없는 상황으로 우리를 몰아가십니다. 그리고 내면에 강한 음성을 들려주십니다. 이럴 때 우리는 순종해야 합니다. 그 음성에 순종할 때 성령께서 역사하십니다.

베드로와 요한은 그를 일으키기 위해 사전 계획을 하지 않았습니다. 서로 머리를 맞대고 "그 사람 가만히 두어서 되겠니? 나사렛 예수 그리스도의 이름으로 일어나 걸으라고 한번 해보자!" 이렇게 미리 계획을 짜고 찾아간 것이 아닙니다. 걷지 못하는 자를 한번 고쳐 보자고 계획을 세운 것도 아니요, 무작정 달려들지도 않았습니다.

그래서 신유 집회를 유난히 강조한다든지, 병 고치는 은사를 특별히 강조하는 것은 그다지 바람직하지 않다고 봅니다. 사도행전 안에 신유 집회라는 것이 있습니까? 없습니다. 방언 집회도 없습니다. 은혜로운 신유 집회를 반대하는 것은 아니지만 주객이 전도되어서는 안 된다는 말입니다.

또 하나, 성령이 표면에 나타나지 않았습니다. 본문을 보면 베드로가 성령에 대해 언급하지 않습니다. 누구 이야기만 합니까? 나사렛 예수 그리스도의 이름만 이야기합니다. 성령에 관한 이야기는 없습니다. 방언을 받았느냐, 성령의 역사가 어땠느냐 하는 말은 어디에도 없습니다. 성령은 항상 '예수 그리스도의 이름' 뒤에서 일합니다. 베드로와 요한도 예수 그리스도의 이름 뒤에서 일한 것입니다. 그러므로 성령의 역사를 가지고 쇼를 하듯 인도하는 집회라든지, 성령만 강조하는 집회는 잘못된 집회라고 생각합니다.

오늘날 세상 사람들은 영적으로 하나님 앞에서 걷지 못하는 자입니다. 이들이 교회로 향할 때 한 사람도 빠짐없이 나사렛 예수 그리스도의 이름으로 고침 받을 수 있도록 준비된 교회, 능력을 가진 교회, 항상 깨어 있는 교회가 되기를 주님은 오늘도 원하고 계십니다. 그러한 교회가 되기 위해 베드로와 요한처럼 기도합시다. 서로 마음을 합해 하나가 됩시다. 그리고 문제에 맞서 성령의 인도하심을 따라 도전합시다. 그리하면 초대교회와 같이 하나님의 뜻을 이루는 아름다운 역사가 계속되리라 믿습니다.

사도행전 4장

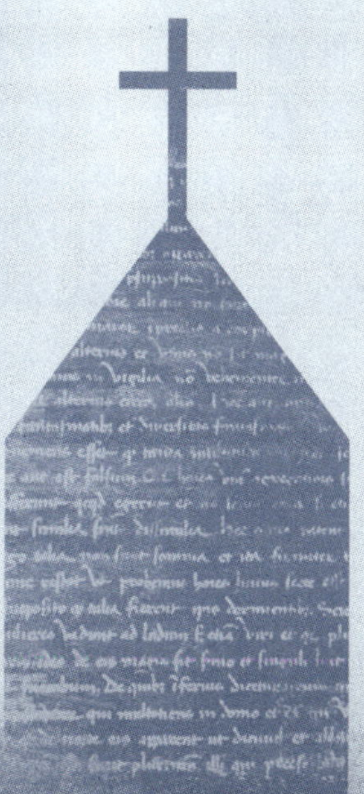

15 성령을 따라 담대히 전하다

이것이 민간에 더 퍼지지 못하게 그들을 위협하여
이 후에는 이 이름으로 아무에게도 말하지 말게 하자 하고
그들을 불러 경고하여 도무지 예수의 이름으로 말하지도 말고 가르치지도 말라 하니
_ 사도행전 4:17-18

베드로와 요한이 기도하러 성전에 올라가다가 나면서 못 걷게 된 이를 만나 나사렛 예수 그리스도의 이름으로 걷게 하였습니다. 성전에 있던 사람들은 걷지 못하는 자에게 일어난 이적을 보고 일제히 몰려들었습니다.

고침 받은 자는 베드로와 요한의 곁을 떠나지 않고 하나님께 찬송하며 영광을 돌렸습니다. 많은 사람들이 호기심과 더불어 놀라움을 감추지 못한 가운데 마음이 활짝 열리게 되었습니다. 그들의 열린 마음을 본 베드로와 요한은 그 순간을 복음을 전할 절호의 기회로 삼았습니다. 그리고 그들에게 하나님의 말씀을 힘 있게

선포했습니다.

베드로가 한창 설교하고 있을 때 제사장들과 성전 맡은 자와 사두개인들이 왔습니다. 그들은 설교하는 베드로를 보고는 몹시 비위가 뒤틀렸습니다. 그들의 마음에는 질투도 있었고, 교리적인 반발도 있었으며, 사도들을 향한 멸시도 있었습니다. '성전 맡은 자'란 요샛말로 하면 치안본부장과 같은 사람입니다. 성전에 항상 많은 사람들이 모이니까 성전의 치안을 담당할 사람이 필요했습니다. 그리고 그 아래로 파수꾼이라 부르는 군졸들이 상당수 있었습니다. 이들은 사도들을 싫어했고 그들을 감금했습니다.

성령이 주시는 내면의 음성

일상생활 속에서 하나님이 우리에게 복음을 전할 절호의 기회를 언제 주실지 예측하기란 쉽지 않습니다.

베드로와 요한도 그 계획을 전혀 알지 못한 채 평소처럼 기도하러 성전에 올라가는 길이었습니다. 그러나 성령께서는 복음 전할 기회를 이미 준비해 놓으셨고, 또 들을 자들도 함께 준비해 놓으셨습니다. 사도들은 성령께서 인도하시는 대로, 준비하신 대로 순종하며 복음을 증거했습니다. 언제라도 성령의 뜻에 완전히 순종할 준비가 되어 있었기 때문에 가능한 일이었습니다.

성령이 말하라고 할 때 언제든지 입을 열 수 있는 준비가 되어 있어야 합니다. 마음속으로는 "야, 이럴 때 전도 좀 해야겠다, 전도 좀 할까" 하는 울림이 있는데 용기가 없어서 순종하지 못하고 그 기회를 잡지 못해 영혼을 놓치는 일이 많을 것입니다.

만약 기도하러 교회에 가는 길에 어떤 사람과 마주쳤다고 합시다. 나는 기도하러 나왔는데 이상하게 그 사람에게 마음이 끌립니다. 그리고 그 사람도 이상하게 무언가 호기심을 가지고 나와 대화하기를 원합니다. 그럴 때 마음속으로 기도해야 합니다. "주님, 내가 이 시간 기도하러 들어가야 합니까, 아니면 이 영혼을 위해 시간을 내어 복음을 전해야 합니까?"

아마 각각의 사정은 다르겠지만 성령께서 자주 우리에게 말씀하실 것입니다. 복음 전하는 것이 곧 기도하는 것이라고 말입니다. 복음을 전하는 시간에는 마음으로 기도하지 않을 수 없기 때문입니다. 말씀을 증거할 때는 누구나 부들부들 떨면서 기도하는 사람이 됩니다. 그럴 때 성령의 음성에 순종하십시오.

그러면 성령은 어떻게 우리가 기회를 포착할 수 있게 하실까요? 성령이 주시는 내면의 음성이 있습니다. 이 음성을 들을 줄 알아야 합니다. 세상살이에 관한 것은 기도하다가 응답을 받았느니 안 받았느니 하는 말은 잘하면서, 어떤 사람에게 복음을 꼭 전해야 한다는 성령의 간절한 요구 앞에서는 "내가 들었다"고 말하는 사람이 별로 없습니다. 확신을 얻었다는 사람도 그다지 많지 않습니다. 그만큼 우리는 이기적인 신앙생활을 하고 있는 것입니다.

성령께 순종하고자 하면 그 음성은 항상 들립니다. 그리고 내가 입을 열 때 성령께서 반드시 도와주십니다.

'말하지 말라'는 위협

두 사도가 복음을 증거하고 있을 때 제사장들과 성전 맡은 자와 사두개인들은 "싫어했다"(4:2)고 나옵니다. 그들이 싫어한 것은 무엇입니까? 사도라고 하는 신분입니까? 사람들이 많이 모인 것입니까? 아니면 걷지 못하는 자가 일어난 이적입니까? 모두 아닙니다. 그들은 사도들이 '말하는 것'을 싫어했습니다. 그 내용이 '예수 그리스도'였기 때문입니다.

> "이것이 민간에 더 퍼지지 못하게 그들을 위협하여 이 후에는 이 이름으로 아무에게도 말하지 말게 하자 하고 그들을 불러 경고하여 도무지 예수의 이름으로 말하지도 말고 가르치지도 말라 하니 베드로와 요한이 대답하여 이르되 하나님 앞에서 너희의 말을 듣는 것이 하나님의 말씀을 듣는 것보다 옳은가 판단하라"(4:17-19).

그들은 사도들에게 교회를 세우지 말라고 위협하지 않았습니다. 사도직을 내버리라고 위협한 것도 아닙니다. 그저 '말하지 말라'고 위협했습니다. '예수의 이름으로 말하지도 말라'고 위협했습니다. 이 말을 들은 베드로와 요한의 반응은 어떠했습니까? 우리가 보고 들은 것을 말하지 않고는 안 되겠다고 단호히 말합니다.

베드로와 요한이 유대교 지도자들에게 미움을 받고 감옥에 갇힌 이유는 전부 '말' 때문입니다. 선행 때문에 그리스도인들이 핍박받은 예는 거의 없습니다. 어떤 사람들은 말로 전도할 필요가 없다, 깨끗하고 모범적인 삶을 통해 자동적으로 전도가 되는 것이라고 말합니다. 천만의 말씀입니다. 그것은 거짓말입니다.

🔊 성경 어느 곳을 보아도 선행이 복음이라고 가르치는 곳은 없습니다.

전도하기 싫어하는 사람들, 전도하는 것이 쑥스럽다고 피하는 사람들, 전도지를 들고 다니면서 뜨거운 마음으로 예수 믿으라고 전하는 사람을 보면 은근히 멸시하는 현대 기독교인들, 그들은 말보다 행동이 더 중요하다고 주장합니다. 물론 일리 있는 말입니다.

그러나 분명한 것은 말이 있을 때 행동이 중요한 것이지 말 없는 행동은 아무 의미가 없습니다. 예수 그리스도의 복음이 입에서 나올 때 행동이라는 것이 중요하고 선한 생활이 필수 불가결한 요소가 되지만, 입이 닫히고 벙어리가 된 후에 선한 행위라는 것은 아무 가치가 없습니다. 그것은 그리스도인이 아니어도 얼마든지 할 수 있는 것이기 때문입니다.

그리스도인의 입에서 나오는 말

믿는 사람의 입에서 나오는 '예수'라는 말, '십자가'와 '부활'이라는 말이 비록 서툴고 어떤 면에서는 논리적이지 않아 보여도 그 말이 얼마나 강한지 핍박을 불러일으키거나 아니면 5,000명을 구원하거나 둘 중에 하나로 나타납니다.

왜 이와 같이 두 가지 양극단의 현상이 일어납니까? 그만큼 능력이 있기 때문입니다. 비 없는 구름처럼 그저 지나가는 말이 아니기에 듣는 자는 구원받을 것이요, 5,000명이 아니라 5만 명이라도 돌아올 것입니다. 그에 반해 듣기를 거부하는 자는 이를 갈고 가슴을 쥐어뜯으며 그 말에 대항할 것입니다. 그리스도인의 입에서 나오는 말은 그 사람의 말이 아니라 하나님의 말씀이요, 능력의 말씀이요, 성령의 말씀이기 때문입니다.

그러니 어느 편을 택하겠습니까? 세상이 싫어하니까 입을 다문 채 복음의 증거를 통해 나타나는 이 놀라운 능력을 맛보지 않고 그냥 평범하게 살고 싶습니까? 나만 구원받으면 된다고 생각합니까? 아니면 세상으로부터 미움도 받고 어떤 때는 멸시도 받고 심하면 핍박도 받지만 한 영혼이라도 그리스도 앞으로 돌아오는 능력을 체험하고 싶습니까? 우리는 양자택일해야 합니다.

지금은 우리가 침묵해서는 안 되는 시기입니다. 아무리 예수 믿는 사람들이 온 사방으로부터 욕을 먹는다 할지라도 할 말은 해야 합니다. 어떤 지도자가 실수했다, 어떤 교회가 부패했다, 기독교인의 반 이상이 썩어서 냄새가 난다 할지라도 썩지 아니한 나머지 사람들은 말해야 합니다. 마지막 때이기 때문입니다.

과거에 복음에 미친 사람을 본 적이 있습니다. 자기 마음에 걸리는 사람은 끝까지 따라가서 전도하는 사람이었습니다. 한번은 전도하고 싶은 사람에게 접근하기가 몹시 힘들어서 굉장히 강하게 도전을 했나 봅니다. 그래서 정신이 돈 사람으로 오해를 받아 강제로 정신병원에 들어갔습니다. 일주일 정도 검사를 받은 결과 '정신 이상 없음'이란 진단이 나왔습니다.

그 사람의 전도 방법에 문제가 있었던 것은 사실입니다. 그러나 우리는 하나님의 뜻을 알 수가 없기 때문에 함부로 판단할 수 없습니다. 구약의 요나더러 세상 사람들은 다 미쳤다고 했습니다. 신약의 세례 요한을 세상 사람들은 이해하지 못했습니다.

그러나 우리는 그들을 통해 하나님이 일하셨다는 것을 압니다. 꼭 점잖은 방법으로만 복음이 전파되는 것은 아닙니다. 어떤 때는 소란스럽기도 하고, 어려움을 겪을 수도 있습니다. 우리는 모릅니다. 중요한 것은 말을 해야 한다는 사실입니다. 말하지 않으면 전도가 아닙니다. 복음이 빠져 있기 때문입니다.

16 사도들, 공회 앞에 서다

**주여 이제도 그들의 위협함을 굽어보시옵고 또 종들로 하여금 담대히 하나님의 말씀을
전하게 하여 주시오며 손을 내밀어 병을 낫게 하시옵고 표적과 기사가
거룩한 종 예수의 이름으로 이루어지게 하옵소서 하더라**

_ 사도행전 4:29-30

사도행전 4장에는 제가 하나님 앞에 항상 불만으로 갖고 있던
문제를 검토하는 데 도움이 된 말씀이 있습니다.

"이튿날 관리들과 장로들과 서기관들이 예루살렘에 모였는데 대제사
장 안나스와 가야바와 요한과 알렉산더와 및 대제사장의 문중이 다
참여하여"(4:5-6).

산헤드린 공회

이튿날 관원과 장로와 서기관들이 예루살렘에 모였습니다. 바로 '산헤드린 공회'였습니다. 이는 유대 나라의 최고 법정이자 종교 지도자들의 모임이었습니다. 여당은 주로 사두개인이었고 야당은 바리새인이었습니다. 이 두 파가 모여서 공회를 구성했습니다. 바리새파에 속한 사람들은 대부분 서기관들이었습니다.

그런데 본문을 보면 산헤드린 공회에 모인 주요 인물 중 대제사장 안나스와 가야바, 요한, 알렉산더와 대제사장의 문중이 나열되어 있습니다. 정확하게 몇 명인지는 알 수 없지만 이들은 지금 요란한 귀족 옷을 입고 아주 거드름을 피우며 재판석에 앉아 있습니다. 자기들 앞에 초라하게 서 있는 두 사도를 멸시하는 눈빛으로 노려보고 있습니다.

이들 중 특히 주목을 끄는 사람은 안나스입니다. 요한복음 18장을 보면 예수 그리스도가 재판 받으실 때 대제사장보다 먼저 나오는 이름이 안나스입니다. 안나스는 주후 6년, 로마제국의 속주인 수리아를 다스리던 구레뇨(퀴리니우스)가 유대 나라의 대제사장으로 임명한 사람입니다. 그러니까 안나스는 로마의 꼭두각시였습니다.

유대 나라는 소위 단일 종교 국가이므로 종교 지도자가 실권을 가지고 있었습니다. 안나스는 예수님이 열 살 되셨을 무렵 대제사장이 되어 약 9년간 유대를 통치했습니다. 그가 물러난 뒤에는 그의 다섯 아들이 차례대로 대제사장 자리를 차지했고, 그것도 모자라 손자와 사위까지 대제사장직을 맡았습니다. 그러니 안나스 가문은 대제사장 문중이라 해도 과언이 아닙니다.

6절에 나온 인물들은 안나스 집안의 사람들입니다. 거의 반세기 이상 부귀영화를 누리면서 제멋대로 악한 짓을 행한 가장 악랄한 집안이었다고 보면 됩니다. 특히 안나스는 대제사장직에서 물러난 뒤에도 계속 막후에서 최고 실력자로 행세했던 것 같습니다.

예수님이 겟세마네 동산에서 체포되어 제일 먼저 끌려간 곳이 어디입니까? 가야바 앞이 아니라 안나스 앞이었습니다. 실제로는 대제사장이 아닌데도 막후에서 가장 실력자로 있었기 때문에 그 사람에게 먼저 데리고 갔던 것입니다. 예수님은 그곳에서 밤새도록 시달린 뒤에야 현직 대제사장인 가야바에게로 끌려가셨습니다.

왜 이리 불공평한가

베드로와 요한이 끌려온 공회도 상황은 마찬가지였습니다. 그런데 여기서 의아한 것이, 예수님을 십자가에 못박아 죽인 이 모든 사람이 건재하다는 사실입니다.

가룟 유다처럼 창자가 터져 죽든지 아니면 하나님의 즉각적인 심판이 있어서 온 가문이 처절하게 멸망 당하면 속이 후련하겠는데, 예수님을 그렇게 잔혹하게 죽인 원흉들이, 부활 승천하신 예수님이 온 세상의 주가 되신 다음에도 여전히 세도를 부리며 호의호식하고 있습니다. 게다가 이제는 예수님의 제자인 사도들까지 세워 놓고 재판하면서 거드름을 피우고 있습니다.

이런 부분을 볼 때 어떻습니까? 이해가 갑니까? 사도들이 만약 우리처럼 믿음이 작았다면 재판석에서 무척 괴로워했을지 모릅니다. '예수님은 이미 승리하셨고 하나님 나라가 이미 임하였는데 왜 저 사람들은 저렇게 건재한가, 예수님 뒤를 따르겠다고 한 나 같은 사람은 왜 이렇게 핍박당하는 위치에 있어야 하는가, 그렇다 면 예수님이 온 우주의 주가 되시고 왕이 되셨다고 하는 것, 하나 님의 나라가 이미 임했다고 하는 것을 어떻게 믿을 수 있을까' 하 고 모순에 빠질 수 있지 않겠습니까? 그러나 사도들은 전혀 그랬 던 흔적이 없습니다. 얼마나 대담합니까? 얼마나 여유만만합니까?

예수를 죽이는 무서운 죄를 범하고도 회개할 생각조차 하지 않는 이들이 건재했다는 사실, 이것을 마음에 담아 두면 좋겠습니 다. 만약 기독교가 현세적인 종교라면 성경에는 절대 이런 본문이 나오지 않을 것입니다. 하나님이 당장 심판하시는 역사가 일어나 야 합니다. 그리고 사도들은 영광 중에 거하며 모든 이에게 존경의 대상이 되어야 합니다.

그러나 그와 같은 상황은 전혀 벌어지지 않았습니다. 이 세상 에서는 기독교를 대적하는 사람들이 건재할 수 있습니다. 교회를 핍박하고 순교의 피를 흘리게 하는 사람들이 장수할 수 있습니다. 오히려 예수를 제대로 믿고 믿음을 지키려고 하는 사람들에게 더 욱 기가 막힌 고난과 역경을 당할 수 있습니다. 이 세상은 예수님 이 십자가에 못 박혀 돌아가신 곳이요, 이 세상은 안나스나 가야바 가 건재할 수 있는 곳입니다.

◀》 이런 의미에서 기독교를 현세주의로 해석하는 것만큼 악한 것은 없습니다. 예수 믿으면 무조건 다 잘되어야 하고, 예수 믿으면 무조건 고난이 당장 사라져야 하고, 예수 믿으면 절대 핍박을 안 받 게 되고, 예수 믿으면 세상 모든 사람에게 존경 받는 사람이 된다고

하는 현세주의적 사고방식은 성경과 거리가 아주 먼 이야기입니다.

오늘날 이와 같은 진리를 계속 강조하는 교회와 목회자들은 말씀을 통해 각성해야 합니다. 기독교는 세상이 싫어하는 종교요, 핍박받는 종교요, 어떤 면에서는 계속되는 고난으로 연단받는 종교이지 이 세상에서 현실적으로 어떤 영광을 누리는 종교가 아닙니다.

만약 이 부분을 믿지 못한다면 예수님을 끝까지 믿을 수 없습니다. 예수 믿는 우리에게 어떤 어려움이 닥친다면 우리는 실망할 것입니다. 낙망하고 예수를 욕하고 돌아설지도 모릅니다.

핍박받는 것이 정상이다

하나님의 자녀들은 세상에서 핍박받는 것이 정상입니다. 잘되는 것만이 정상은 아닙니다. 하나님의 뜻에 따라 잘되는 복을 받을 수도 있지만 안 되는 것도 정상입니다. 왜냐하면 이 세상에서는 하나님의 경건한 백성치고 핍박받지 않은 자가 하나도 없기 때문입니다. 사도행전을 보십시오. 한 사람도 핍박받지 않은 자가 없습니다. 이미 시편 저자는 이 사실을 예언했고 초대교회 성도들은 그 사실을 놀라울 정도로 잘 깨닫고 있었습니다. 다락방에 모인 초대교회 성도들이 베드로와 요한의 문제를 놓고 합심으로 기도할 때 먼저 무엇을 이야기합니까? 시편 2편을 인용합니다.

"또 주의 종 우리 조상 다윗의 입을 통하여 성령으로 말씀하시기를 어찌하여 열방이 분노하며 족속들이 허사를 경영하였는고 세상의 군왕들이 나서며 관리들이 함께 모여 주와 그의 그리스도를 대적하도다 하신 이로소이다"(4:25-26).

초대교회 성도들은 알고 있었습니다. 예수 그리스도라는 이름 때문에 열방이 분노하고 모든 족속이 허사를 경영하고 예수를 무너뜨리기 위해, 교회를 무너뜨리기 위해, 하나님의 백성들을 짓밟기 위해 대적할 것이라는 사실을 잘 알고 있었습니다. 그래서 그들은 이 세상에서 호의호식하기를 아예 기대하지 않았고, 세상 사람들처럼 성공하리라는 생각도 하지 않았습니다. 오히려 예수 믿는 대가로 많은 사람들에게 핍박받으리라는 것을 알고 있었습니다. 이것이 초대교회의 제자들이었고, 이런 사람들이 모인 곳이 예루살렘 교회였습니다.

오늘날 교인들과 얼마나 차이가 있습니까? 무조건 자기 기도대로 응답받기만을 바라고, 자신이 원하는 것을 이루는 수단으로 기독교를 믿으려고 하는 현대 교인들에 비해 초대교회 신자들의 사상이 얼마나 달랐습니까? 그들은 온 세계로부터 빗발치는 모욕을 당할 각오를 하고 있었습니다.

이중 구원을 체험하라

베드로가 나사렛 예수 그리스도의 이름으로 병 고침을 받은 자에 대해 이야기합니다.

"…백성의 관리들과 장로들아 만일 병자에게 행한 착한 일에 대하여 이 사람이 어떻게 구원을 받았느냐고 오늘 우리에게 질문한다면"(4:8-9).

여기서 눈여겨볼 것은 '병 고침을 받았다' 하지 않고 '구원을 받았다'고 표현한다는 것입니다. 10절에서는 "나사렛 예수 그리스도의 이름으로 이 사람이 건강하게 되어"라고 말합니다. '구원 받았다'는 말과 '건강하게 되었다'는 말을 같은 의미로 쓰고 있습니다. 또 12절에서는 "다른 이로써는 구원을 받을 수 없나니 천하 사람 중에 구원을 받을 만한 다른 이름을 우리에게 주신 일이 없음이라"고 주장합니다.

세 개의 절을 비교해 볼 때 혼란이 하나 생깁니다. 베드로는 육신의 병을 고침 받은 것을 구원받았다고 해석하고 있습니다. 이 말씀에 근거해 예수 믿고 병이 나으면 그 사람은 무조건 구원받았다고 말할 수 있을까요? 오늘날 교회 안에서 어떤 사람에게 병 고침 받은 기적이 일어나면 그 사람은 영적으로도 구원받았다고 단정해 버립니다. 그러나 구원은 아무도 장담할 수 없습니다.

여기서 베드로가 말한 구원은 이중 구원입니다. 첫째는 육신의 병에서 구원받는 것, 둘째는 영혼의 죽음에서 구원받는 것, 이 두 가지를 다 본 것입니다. 사도의 눈으로 보았을 때 그것이 아주 분명한 사실이었기 때문에 자신 있게 말할 수 있었습니다.

또 하나, 바울의 예를 들어 보겠습니다.

"루스드라에 발을 쓰지 못하는 한 사람이 앉아 있는데 나면서 걷지 못하게 되어 걸어 본 적이 없는 자라 바울이 말하는 것을 듣거늘 바울이 주목하여 구원 받을 만한 믿음이 그에게 있는 것을 보고 큰 소리로 이르되 네 발로 바로 일어서라 하니 그 사람이 일어나 걷는지라"(14:8-10).

바울은 병자에게 먼저 복음을 전했습니다. 그 사람은 복음을 유심히 잘 들었고, 바울은 그에게 '구원받을 만한 믿음'이 있는 것을 보았습니다. 영적 구원을 먼저 보았습니다. 그러고 나서 바울이 육신의 병에서 구원받기를 선포하자 그가 일어나 걷게 됩니다. 이것도 이중 구원입니다. 영적인 죽음에서 구원받고, 육신의 병에서도 구원받은 것입니다.

베드로의 이적 사건에서는 병 고침이 먼저이고 영혼 구원이 다음에 온 것처럼 보이는 반면, 바울의 경우에는 영혼이 먼저 구원받고 병 고침을 받은 것으로 보입니다. 그 순서야 어찌되었든 사도들이 걸어간 길에는 이와 같이 이중 구원이 한꺼번에 일어나는 경우가 더러 있었습니다.

오늘날은 어떻습니까? 오늘날에도 이런 일들이 종종 있습니다. 그러나 우리가 주의할 것은 병 고침과 영혼 구원을 무조건 동일시해서는 안 된다는 사실입니다. 그것은 위험한 판단입니다. 물론 병이 나았다든지, 어떤 문제를 깨끗하게 해결 받았다든지, 혹은 어떤 위기 속에서 하나님이 살아 계신다는 증거를 크게 체험한 사람에게는 믿음이 자라는 속도가 빠르고, 누구보다도 열정적이고 확신도 강합니다. 이 점은 부인할 수가 없습니다. 그래서 한편으로는 예수를 30년, 40년 믿어도 미지근한 분들은 이런 경험을 한번 했으면 좋겠다는 생각입니다. 신앙이라는 것은 추상적인 것이 아닙니다. 살아 계신 하나님의 실재와 현존, 하나님의 역사를 체험하는 것입니다.

그러므로 우리가 예수 믿고 구원받은 것을 뚜렷하게 남에게 증거할 때 자신이 체험한 증거들이 있다면 훨씬 좋습니다. 그리고 하나님은 그와 같은 증거를 간절히 사모하는 자에게 그것을 주신다는 것도 알아야 합니다. 너무 주지주의로 빠지지 않도록 주의하십시오. 자칫하면 메마른 신앙생활이 되기 쉽습니다.

하나님이 실제로 어떻게 자신을 통해 일하시는지를 다른 사람에게 증거할 수 있을 만큼 생활 속에서 발견하며 사는 사람이라면, 머리로만 예수를 아는 사람보다 훨씬 풍성한 삶을 누리며 성령의 역사를 맛보고 산다고 말할 수 있습니다.

그러므로 '구원'이라는 말을 단순히 천국에 들어간다는 말로만 해석하지 말고 이 세상에서 실제로 살아 계신 하나님을 체험하고 입증할 수 있는 것까지 포함한 이중적인 구원의 의미로 이해할 수 있었으면 합니다.

우리가 말하는 구원이 이런 구원이라면 우리가 전하는 복음의 메시지에 얼마나 힘이 있겠습니까?

사도행전 5장

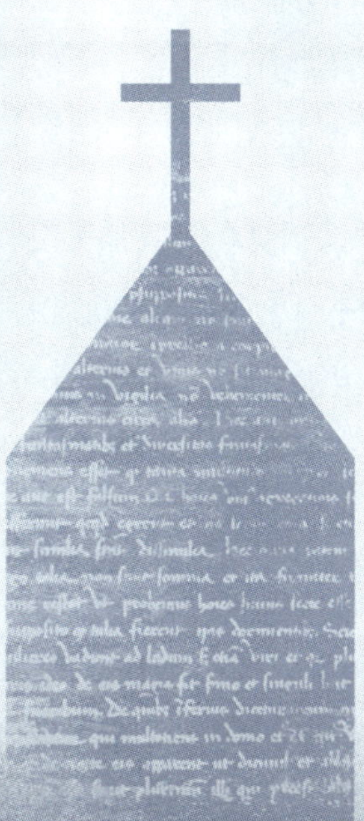

17 교회의 불순물을 제거하다

베드로가 이르되 아나니아야 어찌하여 사탄이 네 마음에
가득하여 네가 성령을 속이고 땅 값 얼마를 감추었느냐
_ 사도행전 5:3

사도행전 2장부터 4장까지는 초대교회의 신혼기라고 생각합니다. 이때의 교회를 통해 우리는 그야말로 이상적인 교회의 모습을 그대로 볼 수 있습니다. '이상적'이라는 의미는 교인 수가 특별히 많다거나 역사와 전통이 빛난다는 의미가 아닙니다. 교회 내에 불순물이 없었다는 뜻입니다. 신앙도 순수하고 교회 구조도 순수하고, 무엇보다도 그 안에 신실한 성령의 역사가 흘러넘치는 것을 볼 수 있습니다.

초대교회의 모습 중에서도 가장 이상적인 교회상은 2장부터 4장까지 나타납니다. 그 기간이 어느 정도였는지는 정확히 알 수 없습니다. 5장을 거치며 예루살렘 교회 전체가 시련을 당하는 때까지 줄잡아 1년 미만 정도가 아닐까 추측할 뿐입니다. 어쨌든 이 짧은 기간에 참 놀라울 정도로 순수한 교회상이 그려집니다. 이때의 모습을 순수한 교회의 원형으로 결정짓는 요소는 무엇일까요?

초대교회가 순수한 이유

이 물음에 서슴지 않고 '성령 충만'이라고 대답하고 싶습니다. 성령 충만은 초대교회를 이해하는 유일한 열쇠입니다. 이것을 제외하고는 사도행전 교회, 특히 초창기의 그 순수한 교회를 전혀 이해할 수 없습니다.

"그들이 다 성령의 충만함을 받고 성령이 말하게 하심을 따라 다른 언어들로 말하기를 시작하니라"(2:4).

바로 여기서부터 사도행전 교회가 세상에 그 모습을 드러냅니다. 성령 충만하여 모인 무리가 성령이 말하게 하심을 따라 다른 방언으로 이야기하며 하나님의 크신 일을 나타내었고, 예수 그리스도가 다시 살아나신 것을 온 천하에 증거합니다. 교회는 이렇듯 성령 충만으로 시작되었습니다.

그후에도 초대교회는 계속하여 성령 충만한 상태에 있었습니다. 산헤드린 공회 앞에 베드로와 요한이 섰을 때 비록 겉으로 보기에는 모든 면에서 열세였지만 하나님께서 그들을 성령 충만하게 하시고 담대히 말하게 해주셨습니다.

또 무리가 함께 하나님 앞에 간절히 기도할 때도 그랬습니다. 세상이 하나님의 복음을 전하지 못하도록 위협하고 핍박했지만, 담대하게 말씀을 증거할 수 있도록 능력을 달라고 빌기를 마치자마자 그 모인 곳이 진동했습니다. 그리고 그곳에 있던 무리가 다 성령 충만하게 되었습니다.

'성령 충만'이라는 특별한 용어는 사도행전 4장에서만 세 번 연속 반복되고 있습니다. 성령 충만이란 무엇입니까? 오순절 불의 혀가 머리 위에서 갈라지는 그런 신기한 역사를 성령 충만이라고 할 수 있을까요? 아니면 기도를 마친 후에 건물이 흔들리는 역사를 성령 충만이라고 할 수 있을까요? 사도행전에 나타난 이상적인 교회가 경험했던 어떤 이적과 극적인 순간은 오늘날과 정도의 차이가 분명히 있습니다. 하지만 '성령 충만'이라는 기본적인 입장에서는 본질적으로 동일합니다.

성령 충만이 무엇인지 규정해 보라고 한다면 두 가지로 말하고 싶습니다. '사로잡힘'과 '절대 복종'입니다. 성령에 사로잡힌 사람, 성령에 사로잡힌 교회를 일컬어 성령 충만하다고 표현합니다. 그리고 성령에 절대 복종하는 사람, 성령에 절대 복종하는 교회를 성령 충만하다고 합니다. 이 두 가지를 제외하고는 저는 성령 충만에 대해 말할 것이 전혀 없습니다.

방언하는 것과 성령 충만과 동일시하면 안 됩니다. 물론 그것이 성령 충만의 한 단면일 수는 있습니다. 그러나 항상 성경에서 말하는 성령 충만의 증거는 성령에 사로잡힌 사람이냐, 성령이 지배하는 대로 복종하느냐 이 두 가지입니다.

성령의 소욕, 육신의 소욕

그렇다면 이것을 우리가 구별할 수 있을까요? 성경에 보면 우리에게는 두 가지 소욕이 있다고 합니다. 하나는 성령의 소욕, 또 하나는 육신의 소욕입니다. 아무리 성령 충만한 사람이라도 두 가지 소욕이 그 안에 공존합니다. 육신을 입고 있는 이상 여기에서 벗어날 사람은 없습니다.

성령의 소욕과 육신의 소욕, 이 두 가지를 놓고 볼 때 어느 쪽에 더 집착하고 있느냐, 자신에게 물어 보십시오. 비록 특별한 체험이 없다고 할지라도 성령에 더 끌리고, 성령의 말이면 무조건 복종하고, 성령의 뜻이면 무조건 따라가려고 하는 자세가 되어 있습니까? 육신의 소욕이 있지만 그것이 자신을 좌지우지하게 하지 않는 사람은 성령 충만한 사람입니다.

살아가면서 어느 쪽으로 더 기울어집니까? 육체가 원하는 대로 기울어집니까? 마음의 욕심대로 자꾸 끌려갑니까? 그러면서 금식하고 괴로워합니까? 그러면서 회개합니까? 회개하고 나서 또 다시 끌려갑니까? 그러면 빈도를 따져 봅시다. 육신 쪽으로 더 자주 끌려간다면 그 사람을 두고 성령 충만이라는 말은 절대 하지 못합니다. 아무리 철야기도를 많이 하고 '주여, 주여' 소리쳐도 실제 생활이 육신의 소욕으로 더 끌려간다면 성령 충만과는 한참 먼 사람입니다.

누구에게나 성령 충만하지 못할 때가 있습니다. 그럴 때는 육신의 소욕으로 끌려갑니다. 밤에 잠자리에 누워서 조용히 생각에 빠질 때 그 생각과 의식의 흐름에 주의를 기울여야 합니다. 아무것도 하지 않고 순수한 자아만 존재하며 어떤 의지도 작용하지 않는 그 시간에 자신의 생각이 어느 쪽으로 흐르고 있는지를 자주 돌아봅시다. 어느 쪽입니까? 성령의 사람은 순수한 자아만 홀로 있는 시간에 무의식의 흐름마저도 성령의 지배를 받습니다.

하나님께서 원하시는 사람은 성령 충만한 사람이요, 하나님께서 원하시는 교회는 성령 충만한 교회입니다. 성령 충만한 사람이 모이는 교회가 성령 충만한 교회입니다. 아무리 교회가 성령 충만을 외쳐도 교회에 나오는 성도 개개인이 성령 충만하지 못하면 그 교회는 성령 충만한 교회가 아닙니다.

내가 성령 충만한 사람인지 아닌지 구별하기는 그렇게 어렵지 않습니다. 성령 충만하냐는 질문에 나는 무슨 체험이 없는데, 다른 사람처럼 불 받은 것도 없는데 하는 식의 이야기는 이제 하지 맙시다. 자기 속에 무엇이 가득 들어 있는지 찾아보면 알 것입니다.

성령 충만은 자주, 가끔, 또는 일생에 한 번 하는 특수한 체험으로 생각할 수 있지만, 그런 체험이 전혀 없는 경우도 있습니다. 에베소서 5장 18절 "성령으로 충만함을 받으라"는 말씀은 특수한 체험을 말하는 것이 아닙니다. 항상 하나님께 찬양하고 감사하고 순종하고, 가정과 일터에서 성실하게 사는 그런 삶 전체를 일컫는 말입니다. 이런 경우에는 매일 기도와 찬양이 흘러 나오고 예배드리는 그 자체가 일상생활이 됩니다.

우리는 어느 쪽을 더 원합니까? 혹시 특별한 체험을 해봤으면 좋겠다고 생각할지도 모르겠습니다. 할 수 있으면 하십시오. 그러나 주의해야 합니다. 성경에 하나님께 성령의 불을 달라고 해서 불 받은 사람이 있는지 찾아보십시오. 아무도 없습니다. 속지 마십시오. 표적과 이적을 구하면 거기에는 사탄의 역사가 침입합니다. 왜냐하면 육신의 소욕이 앞서 있기 때문입니다.

특별한 체험이 우리에게 있을 수는 있습니다. 그러나 그것은 하나님의 주권입니다. 성령께서 하나님의 뜻대로 필요한 사람에게 주십니다. 교회를 위해 주님께서 어떤 이적이 필요하다고 판단하시면 어떤 식으로든 주실 것입니다. 그러나 하나님께서 우리에게 주신 은혜가 족하다 하시면 그것으로 항상 감사하는 우리가 되어야 하겠습니다.

아나니아와 삽비라 사건은 뒤에서 다시 다루겠지만 여기서도 잠시 살펴보겠습니다. 초대교회의 특징을 검토하는 데 중요한 열쇠는 성령 충만입니다. 이러한 관점에서 아나니아 사건을 한번 봅시다.

우리 모두 성경을 읽을 때 느끼지 않습니까? 하나님께서 너무 지나치신 것 같다고 말입니다. 세상에, 땅 좀 팔아서 헌금을 하나도 안 했다면 모르지만, 그중 얼마를 냈는데 하나님께서 어떻게 이렇게 잔인하실 수 있느냐고 말할 수 있지 않겠습니까? 그러나 이 사건에는 우리의 생각과는 다른 차원의 문제가 있습니다.

당시는 교회가 막 탄생한 때였습니다. 씨앗에서 이제 막 싹이 난 것과 같습니다. 그래서 교회는 아주 순수해야 했습니다. 세계를 정복할 겨자씨가 처음부터 썩기 시작한다면 어떻게 되겠습니까?

초대교회 불순물 제거 사건

아나니아와 삽비라 사건에는 초대교회의 순수성을 보존하시려는 하나님의 강한 의지가 들어 있습니다. 아나니아의 잘못은 표면적으로는 돈을 얼마 숨기고 사도를 속인 것 정도로 보이지만, 그 본질은 3절에 나오듯이 성령을 속인 것입니다. 또 그의 아내 삽비라도 남편이 하는 것을 막지 않고 묵인한 잘못밖에 없는 것 같지만 9절에 있는 바와 같이 주의 영을 시험한 죄를 지은 것이었습니다.

아나니아와 삽비라의 행동은 어디까지나 처음으로 교회에 충만하게 임하신 성령에게 도전하는 무서운 범죄행위였던 것입니다. 교회가 순결해야만 예루살렘과 온 유대와 사마리아와 땅끝까지 복음을 전파할 수 있는데, 처음 싹이 날 때부터 성령의 역사를 방해하는 불순물이 교회 안에 조금이라도 끼어 있다면 대단히 위험한 일이 아닐 수 없었던 것입니다. 따라서 이 사건은 개인에 대한 심판이라기보다는 교회를 시험하는 사탄의 역사에 대한 하나님의 단호한 심판이라 볼 수 있습니다.

아나니아와 삽비라가 구원받았느냐, 못 받았느냐 하는 것은 궁금해하지 마십시오. 그것은 하나님만이 아십니다. 하나님의 주권에 달린 문제입니다. 구원받은 사람이라도 하나님의 몸 된 교회를 위해 용납할 수 없다고 생각하실 때는 눈에 보이는 징계와 심판을 하십니다.

여기서 한 가지 꼭 마음에 담아 두어야 할 것이 있습니다. 성령은 그때나 지금이나 대단히 민감하시다는 사실입니다. 우리가 예수 믿고 나서 범하기 쉬운 큰 죄 중에 하나가 성령의 뜻을 자주 소멸하는 것입니다. 성령이 나에게 지금 말씀하시는 것을 깨닫는다면 순종해야 합니다. 이러저러한 핑계 대고 자꾸 미루면 안 됩니다.

왜 대부분의 사람들이 은혜를 받지 못하는지 아십니까? 하나님이 은혜 주시려고 작정하시고 부르실 때 성령의 소욕을 계속 밀어내기 때문입니다. 그 결과 은혜의 자리에서 멀어진 것입니다. 성령께서 어떤 방향으로 우리의 마음을 주관하시든 간에 '이것이 과연 성령께서 하시는 일이다, 성령의 음성이다, 성령 앞에 복종하는 일이다' 하고 판단되면 무조건 순종하십시오.

순도 99.9퍼센트 교회

성령 충만하고 순수한 교회는 몇 가지 특징이 있습니다. 먼저, 하나 되는 데 아주 탁월합니다. 사도행전 2장 46절 '마음을 같이하여'와 4장 32절 '한마음 한 뜻이 되어'는 같은 의미로 초대교회의 아름다운 모습을 잘 보여 줍니다.

성령은 하나 되게 하시는 분입니다. 그렇다면 성령 충만했던 초대교회는 노력하지 않고도 저절로 하나가 되었을까요? 그렇지 않습니다. 만약 그렇게 생각한다면 너무나 순진하고 어리석은 생각입니다.

"모든 겸손과 온유로 하고 오래 참음으로 사랑 가운데서 서로 용납하고 평안의 매는 줄로 성령이 하나 되게 하신 것을 힘써 지키라"(엡 4:2-3).

에베소서 말씀처럼 성령의 하나 되게 하심을 원하는 사람은 겸손해야 하고, 온유해야 하고, 오래 참아야 하며, 사랑으로 용납해야 합니다. 이 네 가지가 하나 되기 위해 힘써 지켜야 할 기본 원칙입니다.

교회 안에서 성령이 하나 되게 하시는 일을 자꾸 방해하는 사람은 이미 성령 충만에서 떠난 사람입니다. 하나 되기 위한 노력이 없는 사람은 아무리 기도 잘하고 아무리 열심이 있다 해도 성령의 뜻을 거스르는 사람입니다. 성령은 교회가 하나 되기를 원하시기 때문입니다.

나 자신이 겸손하지 않으면 하나가 될 수 없습니다. 내가 다른 사람과의 관계에서 온유하지 못하면 안 됩니다. 나와 다른 사람에 대해 오래 참는 노력 없이는 안 됩니다. 사랑으로 덮어 주고 용납하는 마음이 없으면 안 됩니다. 이와 같은 노력 없이는 하나가 될 수 없습니다.

교회가 갖가지 좋은 구실을 들어 싸우고 파벌을 만든다 할지라도 그 구실이 성령의 역사를 앞지를 수는 없습니다. 문제가 되었던 교회들을 보면 아무리 핑계가 있고 정당성이 있다 할지라도 서로 물고 뜯고 싸운 내막이 그대로 폭로될 때 얼마나 비참했습니까? 아무리 겉으로 부흥하는 것 같고 모일 때마다 성령의 강한 역사가 있는 듯해도 관계의 밑바닥에 이미 금이 가 있다면, 사탄이 그 틈을 노려 교회를 어지럽히고 성령의 은혜를 전부 앗아가 버릴 것입니다.

그러므로 마음속에 조금이라도 다른 형제를 비판한다든지, 교회의 여러 가지 문제에 대해 비난하는 경향이 있다면, '아차, 내가 지금 위험하구나. 하나 되게 하시는 성령의 뜻을 거스르는 죄를 범하고 있구나' 하고 분별할 줄 알아야 합니다. 성령 충만한 교회는 하나 되는 데 힘쓸 뿐만 아니라 자기 것을 내어놓고 가난한 자들과 나누어 씁니다. 제 것이라고 움켜쥐는 사람이 없습니다. 제 것으로 생각지 않고 주님의 것으로 생각했습니다. 또한 성령 충만한 교회는 무엇보다 담대한 증인이 됩니다. 사도들은 큰 권능으로 예수 부활을 증거했고 성령 충만한 성도들도 복음을 전했습니다. 오늘날로 치면 목사와 평신도를 가리지 않고 교회 전체가 예수님을 증거하는 담대한 증인이 되었습니다.

이와 같이 성령이 충만한 이상적인 교회는 성령에 순종하며 하나 되는 데 적극적으로 노력하는 교회, 사랑의 봉사를 하는 교회, 담대한 증인이 되는 교회입니다. 이 세 가지가 성령께서 교회를 통해 하고 싶어 하시는 가장 중요한 일들입니다.

18 교회가 크게 두려워하다

아나니아가 이 말을 듣고 엎드러져 혼이 떠나니 이 일을 듣는 사람이
다 크게 두려워하더라 젊은 사람들이 일어나 시신을 싸서 메고 나가 장사하니라
온 교회와 이 일을 듣는 사람들이 다 크게 두려워하니라

_ 사도행전 5:5-6, 11

성령 충만한 교회, 성령 충만한 성도들 사이에서 일어난 아나
니아와 삽비라 사건은 더욱 민감할 수밖에 없었습니다. 그들이 지
은 죄는 성령을 속이고 성령의 역사를 거역한 것이었기 때문입니
다. 성경에서 자주 반복되는 용어에는 늘 주의를 기울여야 합니다.
본문에서는 "이 일을 돕는 사람이 다 크게 두려워하더라"(5:5), "온
교회와 이 일을 듣는 사람들이 다 크게 두려워하니라"(5:11)와 같
이 '두려워하다'라는 말이 반복되고 있습니다. 아나니아가 죽자 그
소식을 들은 자들이 두려워했습니다. 아내 삽비라마저 사도의 발
앞에 쓰러지자 온 교회가 두려워 떨었습니다.

교회와 교회 밖의 모든 사람이 마음에 굉장한 공포감을 느꼈습니다. 이들이 두려워한 것은 과연 무엇이었을까요? 혹시 자신들도 죽을지 모른다는 생각이 들었기 때문일까요? 아니면 비슷한 죄를 범했기 때문에 가책을 받아서였을까요?

그들이 가진 두려움은 세 가지로 요약할 수 있습니다.

첫째는 교회에 임재해 계시는 성령에 대한 두려움입니다. 교회는 사람들만 모여 있는 곳이 아니라는 사실을 그들은 이 사건을 통해 분명히 깨달았을 것입니다. 세상에서 볼 수 없는 굉장한 위엄과 권위를 가진 존재가 교회 안에 계신다는 것을 똑똑히 체험했습니다.

둘째는 사도들에 대한 두려움입니다. 사도들의 권위는 바로 예수님으로부터 받은 권위라는 것을 깨달았습니다. 세상에서는 비록 초라한 경력을 가진 사도들이지만 하나님께서 그들을 높이 들어 사용하셨기 때문에 아나니아 부부는 사도 베드로의 발 앞에서 순식간에 주검으로 변했습니다. 그것을 본 사람들은 하나님의 종에 대한 큰 두려움을 갖게 되었습니다.

마지막으로 죄에 대한 두려움입니다. 죄의 대가는 죽음이라는 것과, 하나님께서는 마음으로 지은 죄, 숨은 죄까지도 다 아시고 심판하신다는 사실을 철저히 깨달았습니다.

물론 자신들도 비슷한 죄를 범한 것이 없나 살피며 겁을 내기도 하고, 그 죄가 비슷한 결과를 가져오지 않을까 하는 두려움도 있었을 것입니다. 그러나 이 사건을 통해 갖게 된 두려움은 분명 하나님이 온 교회를 향해 주신 두려움이었습니다. 때문에 성령에 대한 두려움, 사도들에 대한 두려움, 죄에 대한 두려움이 그들의 마음에 가득했을 것입니다.

어린 교회에 두려움을 주신 이유

왜 하나님께서는 예루살렘 교회에 이처럼 끔찍한 사건을 허락하셔서 온 교회가 큰 공포로 짓눌리게 하셨을까요?

예루살렘 교회는 어린 교회였습니다. 아장아장 걷는 어린아이와 같은 교회였습니다. 이런 어린 교회에 왜 심적으로 부담을 주시면서까지 두려워하게 만드셨을까요?

이 본문을 보면서 어린아이 시절을 생각해 봅시다. 어린아이가 처음 나쁜 짓을 했을 때 부모가 보이는 반응은 자녀의 다음 행동에 큰 영향을 줍니다. 부모가 어떤 태도로 그 문제를 다루며, 얼미니 엄히게 두려움을 심어 주느냐에 따라 나쁜 짓을 다시는 하지 않게 됩니다. 반면, 자녀가 장성한 다음에는 다루기가 대단히 어렵습니다. 심하게 다루면 당장 반발하고 나설 것이고, 나중에는 부모의 가슴에 못질을 할 정도로 고통을 안겨 줄 수가 있습니다. 이미 때가 늦은 것입니다. 그러나 어린아이 때는 부모가 어떻게 다루느냐에 따라 많은 것이 결정됩니다.

하나님께서는 이와 같은 아버지의 심정으로 어린 교회를 엄하게 다스리셨던 것 같습니다. 이제 예수 믿고 사탄의 시험이 무엇인지 조금 알게 된 어린 교회, 자칫하면 죄를 가볍게 여기고 받아들일 수도 있는 그런 교회, 예수 믿고 다 용서받았으니 괜찮다며 낭만적으로 생각할 수 있는 약점을 가진 교회였기 때문입니다.

그래서 하나님은 처음부터 단호하게, 교회가 평생 잊을 수 없도록 하나의 사건을 모델 삼아 죄라는 것이 얼마나 무서운 것인지 가르쳐 주신 것입니다. 성령이 임재하고 계신 교회에 죄가 들어오도록 함부로 용납해서는 안 된다는 사실을 처음부터 엄격하게 가르쳐 주신 것입니다.

이와 같은 예는 구약에서도 볼 수 있습니다. 이스라엘 백성은 애굽에서 종 노릇 하면서 하나님의 계명을 제대로 교육받지 못하고 400여 년을 살아왔습니다. 그러다 해방이라는 것을 맛보고는 아무런 구속 없이 새로운 체제를 가지고 나라를 건설하는 과정에 이르렀습니다. 바로 이때 광야교회를 열어 주셨습니다. 이 어린 광야교회에서도 아나니아 부부와 같은 사건이 일어났습니다. 레위기 10장에 나오는 나답과 아비후의 일입니다.

제사장 아론의 아들 나답과 아비후는 향로를 가지고 들어가 제사를 드렸습니다. 형제는 하나님이 가르쳐 주신 대로 모든 절차를 지키며 정성스레 제사를 드렸을 것입니다. 그런데 불이 나와 그들을 삼키는 일이 벌어졌습니다. 나답과 아비후는 그 자리에서 죽었습니다. 왜 그런 일이 벌어졌을까요?

향로에 담은 불 때문이었습니다. 향로는 하나님 앞에 제사드릴 때 하나님께서 명하신 불을 담는 기구입니다. 그런데 엉뚱한 데서 불을 가져와 그 향로에 담은 것입니다. 아무도 몰랐지요. 당사자들만 알았을 것입니다.

'뭐, 불은 다 같지 않나, 어디에 있는 불을 담아 가든 하나님 앞에 드리는 것이요, 하나님 앞에 드리는 제사인데 하나님이 기쁘게 받으실 것이다'라고 생각했던 모양입니다. 그래서 태연하게 불을 담아 하나님 앞에 제사를 지냈습니다. 다른 것은 전혀 잘못된 것이 없었습니다. 단지 다른 불을 가지고 들어갔다는 것밖에 없었습니다. 그런데 하나님께서는 이 문제를 어떻게 다루셨나요? 그 자리에서 불이 나와 그들을 삼켜 버렸습니다. 하나님께서는 이때도 어린 교회를 굉장히 무섭게 다스리셨습니다.

우리는 이런 사건을 이해하는 데 종종 어려움을 느낍니다. 그러나 이것은 하나님께서 어린 교회와 어린 백성들에게 보여 주신 강한 의지였습니다. 예배와 예배를 드리는 자세에 조금이라도 인위적인 것, 하나님이 말씀하시지 않은 인간적인 것이 내포되어서는 안 된다는 것을 온 교회가 기억하도록 만드신 것입니다.

이와 같은 사건은 아나니아와 삽비라 이후 두 번 다시 일어나지 않았습니다. 신약시대에 많은 교회들이 생겨났지만 헌금을 약간 속였다고 해서 성령께서 생명을 거두어 가시는 일은 일어나지 않았습니다. 아나니아와 삽비라 같은 사람이 전혀 없었기 때문일까요? 아닙니다. 없었을 리가 만무합니다. 분명히 헌금할 때 더러더러 불평하는 사람도 있었을 것이요, 억지로 바치는 사람도 있었을 것이요, 처음에 결심한 것과는 다르게 헌금을 조작해서 낸 사람도 있었을 것입니다. 그러나 주님께서는 아나니아 부부 사건 그 한 번으로 족하다고 생각하신 것입니다. 기록된 이 사건을 읽을 때마다 온 교회가 충분히 교훈을 받을 수 있다고 보신 것입니다. 하나님을 속이지 말라는 교훈 말입니다.

교회는 하나님을 속여서는 안 됩니다. 사람은 속일 수 있어도 하나님은 절대 속이지 못한다는 것을 우리는 이 사건으로 분명히 알 수 있습니다. 뿐만 아니라 교회는 아무리 흔한 일이라 해도 하나님이 미워하시는 죄를 용납해서는 안 된다는 것도 기억해야 합니다.

유익한 두려움 세 가지

하나님은 성도들이 두려움을 계속 갖고 있기를 바라십니다. 왜냐하면 두려움이 있음으로 인해 죄 범함을 예방할 수 있고 하나님께 더 겸손히 순종할 수 있기 때문입니다. 그러므로 이 두려움은 언제나 우리에게 있어야 합니다. 그렇다면 이것은 무엇에 대한 두려움입니까?

첫째로, 성령에 대한 두려움을 가져야 합니다. 우리는 성령에 대해 얼마나 두려움을 가지고 교회에 모입니까? 하나님의 영광을 위해 일한다고 하지만 어느 정도로 그분을 의식하며 일하고 있습니까? 불꽃 같은 눈동자로 우리의 기도, 우리의 찬송, 우리의 마음 깊은 곳까지 쉬지 않고 살피시는 그분을 어느 정도 의식하고 두려워하면서 모이고 흩어집니까?

둘째로, 교회 지도자에 대한 두려움을 가져야 합니다. 과거에는 성도들에게 교회 지도자를 너무 두려운 존재로 인식시켜서 문제가 있었습니다. 오늘날 목회자에게는 신약시대 사도들에게 있었던 그러한 권위는 없습니다. 그러나 한 가지 면에서는 사도들과 동일합니다. 하나님의 말씀을 가지고 교회를 먹이고 지도하고 인도한다는 사실입니다. 사도들이 성도들을 가르쳤듯이 오늘날 목회자들은 성도들을 가르칩니다. 사도들이 교회를 책임졌듯이 오늘날 목회자들은 교회를 책임지고 있습니다. 사도들이 교회를 돌보고 보살핀 것처럼 오늘날 목회자들도 그렇게 합니다.

그러므로 사도들을 통해 말씀하신 하나님은 오늘날 목회자를 통해서도 말씀하실 수 있습니다. 목회자가 근본적으로 잘못되어 있지 않은 이상, 목회자가 하나님의 말씀을 잘못 해석하지 않는 이상, 하나님께서는 교회에 세우신 지도자를 통해 먼저 말씀하십니다. 그러므로 하나님을 두려워하는 경외감을 어느 정도 교회 지도자들에게 갖는 것은 정상입니다.

그러나 요즘 교회는 그렇지 않아 보입니다. 놀라울 정도로 목회자의 말을 우습게 생각합니다. '흥, 내가 이 교회 아니면 예수 못 믿나' 하는 식입니다. 이 교회에서 기분이 안 좋으면 저 교회로 가고, 저 교회 가서도 기분이 안 좋으면 또 다른 교회로 갑니다. 참 안타까운 현실입니다.

미지막으로, 범죄에 대해 두려워할 줄 알아야 합니다. 교회에는 책벌이라는 것이 있습니다. 책벌은 당회가 어떤 신자의 잘못을 공식적으로 징계해야 한다고 판단될 때, 사랑과 두려움으로 그 형제의 영혼과 교회를 위해 예수 그리스도의 이름으로 징계하는 것입니다.

40여 년 전만 해도 이런 것이 책벌의 대상이었습니다. 집사가 담배와 술을 먹는 행동은 어림없는 일이었습니다. 그 사실이 당회에 알려지면 당회가 개인에게 찾아가서 먼저 권면하고, 권면했는데도 끝까지 듣지 않으면 교회에서 공식적으로 징계합니다. 그런 징계를 받은 사람은 다른 교회에도 갈 수 없었습니다. 교회에서 정식으로 교적을 옮겨 주지 않으면 다른 교회에서는 받아 주지 않았기 때문입니다. 그러므로 징계를 받게 된 사람은 교회의 징계를 주님께서 벌하시는 것으로 알고 겸손히 받았습니다. 때문에 모든 성도는 행여나 말씀을 어기며 함부로 살다가 교회로부터 책벌을 받지 않을까 하는 두려움을 가지고 신앙생활을 했습니다.

아나니아 부부에게 느끼는 고마움

하나님께서 아나니아와 삽비라 사건을 통해 우리에게 무엇을 교훈하고 계시는가를 꼭 기억합시다. 성령을 속이지 맙시다. 그리고 항상 두려움을 가지고 신앙생활을 합시다. 목회자도 부들부들 떨어야 합니다. 얼마나 부들부들 떨고 있는지 하나님은 아십니다. 얼마나 마음속으로 떨며 두려워하고 있는지 하나님은 아십니다.

목숨 걸고 복음을 전파한 사도 바울도 그렇게 살았습니다. 아무리 기도 많이 하고, 아무리 성경을 많이 묵상한다고 해도 '절대 성령을 속이지 않았다'고 장담하지 못합니다. 주님이 능력 주시고, 은혜 주셔야만 가능한 일입니다. 그러니 부들부들 떨지 않을 수 없습니다.

성령이 거하지 않아도 교회는 얼마든지 잘되는 것처럼 보일 수 있습니다. 성경 말씀대로 하지 않고 성령을 거역하면서도 얼마나 많은 사람들이 모이며 얼마나 모든 면에서 탁월한 교회가 많은지 아십니까? 타락한 이 세상에서는 똑똑하기만 하면, 인기만 있으면 얼마든지 교회가 커질 수 있습니다. 그러니 사람들이 많이 모이는 교회라고 해서 무조건 성령께서 거하시는 교회라고 착각하지 마십시오.

◀》 어떤 교회가 성령께서 거하시고 함께하시는 교회입니까? 잘못이 있을 때 하나님께서 어떠한 방법으로든 깨우쳐 주셔서 회개하는 교회입니다. 목사가 잘못했을 때 어떤 방법으로든 목사가 깨닫고 회개하도록 하는 교회, 당회가 무엇인가 잘못 판단하고 죄를 범하려 할 때 어떤 방법으로든 깨닫게 하고 두려워 떨게 하는 그런 교회가 성령이 거하시는 교회입니다.

그러나 세상에 나가 나쁜 짓을 많이 해도 오히려 겉으로 볼 때 복이 넘치는 듯 보이는 신자들이 다니는 교회가 있다면, 그곳에 성령이 계신다고 말할 수 없습니다.

아나니아가 다니던 예루살렘 교회에 거하신 성령은 오늘도 한국 교회와 세계 교회에 거하십니다. 두려워합시다. 말씀을 증거하는 지도자들의 입에서 나오는 한마디 한마디를 주님의 말씀으로 알고 두려움으로 받아야 합니다. 범죄에 대해서도 두려워할 줄 알아야 합니다.

아나니아와 삽비라는 오늘 우리를 위해 죽은 것입니다. 우리가 그와 같은 죄를 범하지 않도록 하나님께서 그들을 모델로 만드신 것입니다. 만약 아나니아와 삽비라가 천국에 있다면 우리가 가서 만날 때 뭐라고 말할까요?

"고맙습니다. 당신들 때문에 내가 얼마나 덕을 봤는지 모릅니다. 당신들이 그때 그렇게 희생되지 않았다면 아마 나도 그런 죄를 마음대로 범하다가 심판받았을지 모르는데 덕분에 내가 살았소" 하며 분명히 악수하고 인사할 것입니다.

19 교회에 대부흥이 일어나다

사도들의 손을 통하여 민간에 표적과 기사가 많이 일어나매 믿는 사람이 다 마음을
같이하여 솔로몬 행각에 모이고 그 나머지는 감히 그들과 상종하는 사람이 없으나
백성이 칭송하더라 믿고 주께로 나아오는 자가 더 많으니 남녀의 큰 무리더라
_ 사도행전 5:12-14

예루살렘 교회에 대부흥이 찾아왔습니다. 말 그대로 대부흥
이었습니다. 사도행전 5장 12절 이하를 보면 충분히 짐작할 수 있
습니다. 부흥의 불길이 얼마나 맹렬했는지 사람의 힘으로는 도무
지 막을 수 없는 위력과 두려움이 있었습니다. 또 큰 역사가 있었
습니다.

물론 오순절 성령강림 이후로 부흥은 계속되었지만, 5장 12절
부터 16절까지의 짧막한 말씀은 당시 그들이 체험했던 대부흥이
어떤 것이었는지를 더욱 확실하게 보여 줍니다. 예루살렘 교회에
임한 대부흥의 요소들을 검토해 보고 오늘 우리에게도 이와 같은

부흥이 필요한지, 또 지금 우리가 이와 같은 부흥기에 있는지, 아니면 영적으로 쇠퇴하고 있는 것은 아닌지 검토해 봅시다.

표적과 기사

대부흥의 첫째 요소는 '표적과 기사'입니다. 사도들의 손을 통해 하나님께서 굉장한 이적과 기사들을 일으키셨습니다. 여기에서 주의해야 할 것은 이와 같은 표적과 기사가 사도들의 손에서 일어났다는 사실입니다. 예수를 믿으면 아무나 표적과 기사를 일으킨다는 생각이 잘못임을 알 수 있습니다.

또한 표적과 기사는 하나님이 어떤 목적, 곧 대부흥을 위해 특별히 허락하신 것이지, 기도를 열심히 해서 나타난 것이 아닙니다. 사도들이 자신들의 그림자가 지나갈 때 환자를 낫게 해달라고 기도한 것도 아니었고, 표적을 구하며 금식하고 기도한 것도 아니었습니다.

1919년부터 1921년 사이 하나님께서는 김익두 목사를 특별히 쓰셨습니다. 당시 한일병합으로 민족적 기운이 꺾이고 많은 사람들이 지푸라기라도 잡으려고 발버둥칠 때였습니다. 그때 하나님께서는 그를 통해 간간이 이적 기사를 나타내셨습니다. 경산에 있는 중풍병자를 고친 사건이라든가, 사월리 교회에 혈루증을 앓던 성도를 고친 사건을 통해 성령의 역사를 보여 주셨습니다.

당시 장로교 헌법에는 "금일에는 이적을 행하는 권능이 정지되었느니라"는 조항이 있었습니다. 오늘날에는 사도행전과 사복음서에 나오는 이적 기사가 정지되었다는 뜻입니다. 따라서 이적 기사 운운하는 것은 이미 성경적으로, 교리적으로 금지된 것이었습니다. 그런데 김익두 목사를 통해 이적 기사가 나타나자 결국 1923년 장로교 총회에서는 이 조항을 수정하기로 결의하였습니다. "정지되었다"는 조항을 "지금도 이적 기사가 있을 수 있다"로 고쳤습니다.

대부흥이 찾아올 때 하나님께서 이와 같은 이적 기사를 일으키신다는 사실은 역사가 증언합니다. 이런 의미에서 하나님 말씀에 근거한 이적 기사라면, 그것은 영적 고갈 상태에 빠져 있는 21세기 교회에 주시는 부흥의 계기일 것입니다. 그러므로 이적과 기사를 전적으로 부정해서는 안 됩니다. 겸손하게 하나님의 뜻이 어디에서 역사하는지를 볼 줄 알아야 합니다.

한 가지 기억할 것은 하나님께서는 이적 기사를 함부로 행하시지도 않는 분이요, 그와 같은 은혜를 함부로 주시지도 않는 분이기에 아무나 이적 기사를 행할 수 있다고 착각해서는 안 된다는 것입니다. 이적 기사가 나오는 성경 구절을 근거로 이적을 행하고자 한다면 세상에 병 앓는 사람은 한 명도 없을 것입니다. 믿음 좋은 사람은 아예 죽지도 않을지 모릅니다. 다 자기가 원하는 만큼 살다가 죽을 수 있겠지요. 그러나 하나님은 기독교를 그렇게 우습게 만들지 않으셨습니다. 이적과 기사는 반드시 하나님이 정하신 목적을 이루기 위해 일어나는 것입니다.

이적 기사를 이야기할 때 또 하나 생각할 것이 있습니다. 그것은 귀신들린 사람에 관한 것입니다. 성경을 보면 병든 사람과 더러운 귀신에게 괴로움 당하는 사람이 다 나음을 얻었다고 나옵니다.

귀신과 병의 관계는 오래 전부터 수많은 신자를 혼란에 빠뜨려 왔기 때문에 여기서 간단히 정리해 보는 것이 좋겠습니다.

사도행전 당시 헬라 문화권에 속한 이방 사람들, 또 애굽 문화권에 속한 이방 사람들은 귀신과 병의 관계를 어떻게 생각하고 있었을까요? 놀랍게도 우리나라의 무속신앙, 토속신앙과 별반 다르지 않았습니다. 즉 모든 병이 귀신에게서 온다고 믿었습니다.

죽은 사람의 혼이 떠돌아다니다가 사람에게 붙어서 발병하는 것이라고 믿었습니다. 심지어 몸의 각 부분마다 귀신이 와서 자리 잡고 있다고 생각할 정도였습니다. 이것이 지금으로부터 2,000여 년 전 고대 헬라 문화권에서 살던 대부분의 사람들이 믿고 있던 병에 대한 통념이었습니다.

지금까지 전통적으로 내려오는 우리나라 토속 신앙도 마찬가지입니다. 귀신이 붙었다고 생각합니다. 이런 귀신론과 병에 대한 주견이 언제부터인가 기독교 안에 들어와서 예수 이름으로 귀신 쫓는 일, 병 고치는 일이 공공연히 벌어지고 있습니다.

오래 전 어느 성도의 이야기입니다. 이분의 건강이 좋지 않은 때였는데 소위 '불 받았다'고 하는 어떤 집사가 오더니 안수기도를 해주었다고 합니다. 기도하고 나서 하는 말이 이 집 조상귀신이 붙어서 병이 난 것이라고 하더랍니다. 그리고 그 조상의 죄 때문에 아무래도 이 가정에 우환이 많을 테니까 특별히 기도해야겠다는 말도 했답니다.

이 성도는 그 말을 듣고 마음이 혼란스러워졌습니다. 그러자 믿지 않는 남편이 "그러면 기도니 예배니 할 것 없이 아예 굿을 하자"고 말했다고 합니다. 예수 믿는 사람이 그런 일을 한다면 굿하는 무당이나 다를 바 없습니다.

모이는 열심

예루살렘 교회에 임한 대부흥의 둘째 요소는 '모이는 열심'이었습니다. 기독교 역사를 보면 대부흥기에 나타나는 두드러진 특징 중 하나가 '모이는 열심'입니다.

성도들은 날마다 마음을 같이하여 솔로몬 행각에 모였습니다. 솔로몬 행각은 지붕과 기둥만 있고 벽이 없는 복도인데 예루살렘 성전에서 특별히 사람들이 공적으로 모일 수 있는 곳이었습니다. 믿는 자들이 서로 왕래하고 교제하고 그 안에서 부분적으로 집회도 할 수 있었습니다. 그들은 매일 하나님과 만날 약속을 했고, 어떤 경우에도 이 약속을 어기지 않으며 한마음이 되어 모였습니다.

이 모임은 단순한 모임이 아니었습니다. 공개적으로 모이는 집회였습니다. 그런데 당시 여건상 믿는 자들이 공개적으로 모이는 집회가 가능했겠습니까? 불과 며칠 전에 사도들이 잡혀서 위협을 당하고, 다시는 예수 이름으로 말하지 말라는 경고를 단단히 받고는 겨우 석방되어 나온 형편이었습니다.

그러나 예루살렘 교회는 오히려 핍박이 그들의 목전에 임했음을 확신하고 한자리에 모였습니다. 무서운 핍박 속에서도 복음을 전할 수 있는 담력을 달라고 기도했습니다. 게다가 남들이 볼 수 없는 비밀 장소가 아니라 공공 장소인 솔로몬 행각에서, 그것도 대낮에, 거의 날마다 모였다는 것은 정말 대단한 일이 아닐 수 없습니다. 웬만한 믿음 가지고는 어림도 없는 일입니다.

"그 나머지는 감히 그들과 상종하는 사람이 없으나 백성이 칭송하더
  라"(5:13).

왜 상종하는 사람이 없었을까요? 사람들은 그 모임에 가담하
면 언젠가는 화를 당한다는 것을 알고 있었습니다. 무서운 핍박과
여러 가지 생명의 위협이 닥칠 수 있다는 것을 이미 세상이 다 알
고 있었습니다.

그랬기 때문에 감히 상종하지 못했습니다. 다른 사람들이 감
히 접근도 못하는 상황에서 공공연히 솔로몬 행각에 모여 하나님
을 찬양했던 그 무리들, 그들이야말로 하나님의 특별한 은혜를 입
은 자들입니다. 그들은 말씀을 사모했습니다. 그들은 성령의 능력
이 무엇인지를 알았습니다. 그리스도를 위해서라면 생명이라도 내
어놓고 십자가를 질 각오를 한 사람들이었습니다.

부흥이 무엇입니까? 부흥은 '모이는 열심'입니다.

증거하는 열심

대부흥의 셋째 요소는 '증거하는 열심'입니다. 무엇을 증거합
니까? 예수 그리스도, 바로 복음입니다.

"이르되 우리가 이 이름으로 사람을 가르치지 말라고 엄금하였으되

너희가 너희 가르침을 예루살렘에 가득하게 하니…"(5:28).

베드로와 요한이 두 번째로 재판받을 때의 상황을 보면 당시 예루살렘 교회가 복음 증거에 얼마나 열심을 냈는지 알 수 있습니다. 재판장과 주고받은 말 가운데 '가득하게 하니'라는 재미있는 표현이 나옵니다. 예수 이름으로 전하지도, 가르치지도 말라고 했는데 왜 예루살렘을 온통 예수 이름으로 가득하게 만들어 놓았냐고 합니다. 그들이 얼마나 부지런히, 얼마나 담대하게, 얼마나 뜨겁게, 가는 곳마다 만나는 사람마다 예수 이름을 전했는지 알 수 있습니다.

"믿고 주께로 나아오는 자가 더 많으니 남녀의 큰 무리더라"(5:14).

증거하기에 힘쓰자 양적 부흥의 역사가 예루살렘 교회에 계속되었습니다. 남녀의 큰 무리가 주님 앞으로 나왔습니다. 왜 많은 사람들이 모였습니까? 첫째는 증거하는 사람들이 많았기 때문이요, 둘째는 예수 믿는 사람들을 통해 나타나는 변화가 그들에게 매력적이었기 때문입니다.

아무리 열심히 전해도 먼저 자신에게 매력적인 변화가 없으면 전도가 잘 되지 않는 것을 봅니다. 가정에서도 그렇지 않습니까? 아무리 가족에게 예수 믿자고 수년간 권해도 자신에게 나타나는 어떤 변화로 가족에게 감동을 주지 못한다면 전도의 열매를 맺는 것은 어려운 일입니다.

예루살렘 교회 신자들은 그 수가 비록 오늘날과 같이 많지는 않았지만 세상 사람들이 볼 때 그리스도의 제자로서 변화된 모습이 역력하게 드러났습니다. 그래서 본문 말씀을 보니 그들과 가까이하지 못하고 거리를 두고 있던 사람들까지 그들을 칭송했다고 합니다.

우리 한국 교회는 앞으로도 계속 세계를 향해 복음을 증거해야 합니다. 전파해야 합니다. 말씀을 증거해야 합니다. 하나님 앞에 머리 숙여 이런 기도를 하고 싶습니다.

"주님, 우리 한국 교회 성도들, 절대로 적은 수가 아닙니다. 만약 주님, 우리가 예루살렘 교회의 성도들처럼 그리스도에게 사로잡힌 바 되고 그래서 그들의 인격과 삶이 그리스도를 닮아 변화되어 세상 사람에게 매력과 영향력을 끼칠 수만 있다면 우리나라와 온 세계를 전부 바꿔 놓을 수 있을 것이라고 믿습니다."

특별한 보호와 간섭

대부흥의 마지막 요소로, 하나님의 보호와 간섭하심을 꼽을 수 있습니다.

"대제사장과 그와 함께 있는 사람 즉 사두개인의 당파가 다 마음에 시기가 가득하여 일어나서 사도들을 잡아다가 옥에 가두었더니 주의 사자가 밤에 옥문을 열고 끌어내어 이르되 가서 성전에 서서 이 생명의 말씀을 다 백성에게 말하라 하매 그들이 듣고 새벽에 성전에 들어가서 가르치더니"(5:17-21상).

사도들이 잡혔습니다. 그런데 놀라운 일이 일어납니다. 하나님의 사자가 나타나서 밤에 옥문을 활짝 열고 그들을 강제로 끌어내는 것이 아닙니까? 그러고는 가서 성전에 서서 이 생명의 말씀을 백성들에게 전부 전하라고 명령합니다. 천사의 명령이 얼마나 강력했는지 사도들은 새벽부터 성전에 들어가 생명의 말씀을 증거하는 데 열을 올렸습니다.

아무리 세상 권력이 그들을 붙잡고, 핍박하려 해도 하나님의 특별한 섭리는 그것과는 상관없이 성취되어 갑니다. 그들을 풀어 주고, 그들을 보호해 주고 인도하십니다. 이것이 대부흥기에 나타난 역사입니다. 나중에 이들이 다시 잡혀 들어가 더욱 위험한 지경에 빠지지만 그때도 가말리엘이라고 하는 권위자를 통해 위기를 면하게 됩니다. 하나님의 특별한 보호하심이었습니다.

교회사를 가만히 읽어 보면 하나님께서 은혜를 주시려고 작정하셔서, 그 시대의 어둠을 물리치시며, 썩은 부분을 수술하고 치료하실 때는 위대한 종들을 일으키셔서 특별히 역사하셨던 것을 볼 수 있습니다.

그 기간을 통해 어떤 특별한 계획을 이루시기 위함이 아닌가 생각합니다.

우리는 믿습니다. 만약 오늘날 하나님이 교회를 통해 지역사회, 이 나라, 그리고 세계에 부흥의 역사를 일으키기를 원하신다면, 하나님은 우리를 사용하실 것입니다. 분명히 한국 교회를 사용하실 것입니다. 사용하시는 동안 교회뿐만 아니라 성도들 각 사람

도 지켜 주실 것입니다. 어려운 위험이나 사탄의 교묘한 역사 앞에
서도 우리를 보호해 주실 것입니다.

20 부흥을 주시는 특별한 때

베드로와 사도들이 대답하여 이르되 사람보다 하나님께 순종하는 것이 마땅하니라
너희가 나무에 달아 죽인 예수를 우리 조상의 하나님이 살리시고
이스라엘에게 회개함과 죄 사함을 주시려고 그를 오른손으로 높이사 임금과 구주로
삼으셨느니라 우리는 이 일에 증인이요 하나님이 자기에게 순종하는 사람들에게
주신 성령도 그러하니라 하더라

_ 사도행전 5:29-32

예루살렘 교회에 임했던 대부흥이 오늘날 교회에도 일어나길 원합니다. 그러나 하나님께서 그와 같은 대부흥을 항상 주시는 것은 아닙니다. 기독교 2,000여 년 역사에서 대부흥기라고 할 수 있는 기간은 얼마나 될까요? 대부흥기만 하나로 묶어서 아무리 후하게 계산한다 하더라도 채 100년이 넘지 않습니다. 여기에는 하나님의 특별한 섭리가 있습니다.

새 선교지를 개척할 때

하나님이 대부흥을 일으키실 때는 그 뒤에 숨은 뜻이 있습니다. 첫째는 새 선교지를 개척할 때입니다. 우리나라에 복음이 처음 들어왔을 때 하나님께서 그렇게 하셨고, 중국에 복음이 들어갔을 때도 그렇게 하셨으며, 인디언 세계에도 그와 같은 부흥의 역사를 일으키셨고, 미합중국 개척 당시에도 그러했습니다.

이러한 역사를 가만히 살펴보면 특별히 새 선교지, 교회의 터를 닦는 곳에 하나님이 특별한 부흥을 일으키신 것을 분명히 알 수 있습니다. 이러한 점에서 선교사들은 선교 지역에서 자신을 통해 대부흥의 불길이 일어날 수 있도록 기도해야 합니다. 하나님은 다른 어떤 경우보다 복음이 처음 들어가 터를 닦는 그 지역에 특별한 역사를 일으키시는 것을 기뻐하시기 때문입니다.

한 세대가 영적으로 최악일 때

하나님은 한 세대를 영적인 타락에서 구원하려고 하실 때 대부흥을 일으키십니다. 이럴 때 나타나는 대부흥은 최악의 상태까지 간 다음에 나타나는 것이 일반적입니다. 교회건 사회건 간에 도덕성이 아예 밑바닥에 떨어져서 이제는 희망이 없구나 할 때 생각지도 못한 사람들, 별로 관심도 두지 않던 초라한 사람들을 통해 하나님은 그 시대를 구원하는 대부흥의 역사를 일으키십니다. 가장 대표적인 것이 종교개혁입니다. 이런 관점에서 볼 때 대한민국에 지금 대부흥이 과연 필요하냐고 묻는다면 솔직히 잘 모르겠습니다. 비록 교회가 부패했다 하고 하나님의 종들이 많이 세속화되었다고 비난받지만, 그리고 분명히 비판받아야 하고 욕을 먹어야 하고, 어떤 면에서는 정말 기독교가 타락했을 것이며, 어떤 면에서는 세상 사람들보다 더 악한 면이 없지 않아 있지만, 그러나 지금 이 시대를 종교개혁 당시처럼 그렇게 밑바닥으로 떨어진 시대로 볼 수 있을까요? 존 웨슬리가 살았던 영국처럼 그렇게 영적으로 캄캄한 시대일까요?

하나님께서 '이제 가능성이 없구나' 판단하실 때는 이와 같은 특별한 처방을 통해서 다시 영적으로 각성시키고 일으키실 것입니다.

교회에 큰 핍박이 닥칠 때

또 하나, 교회에 어떤 위기가 닥쳐올 때 그 위기를 극복할 수 있는 능력을 주시기 위해 대부흥을 먼저 일으키시는 사례들이 있습니다. 예루살렘 교회가 그랬습니다. 예루살렘 교회는 두 가지 면에서 적용됩니다. 우선 새 선교지라는 측면에서 대부흥이 분명히 필요했고, 또 하나는 굉장한 핍박을 대비해 하나님의 능력으로 무장시키는 과정이 필요했습니다.

아마 이 대부흥기를 통해 믿는 자들이 영적으로 무장하고 그리스도에게 사로잡힌 바 되지 않았다면 예루살렘 교회는 얼마 후 스데반의 순교와 함께 찾아오게 될 그 무서운 핍박들을 감당하지 못했을지도 모릅니다.

우리나라에도 이와 같은 역사가 있습니다. 바로 1907년에 일어난 일입니다. 하나님께서 성령의 불을 평양에 떨어뜨리시고 모든 사람이 큰 부흥의 역사를 체험한 것입니다. 그 부흥의 불길이 한반도 전체를 휩쓸 때, 그때는 사람들이 왜 하나님께서 그와 같은 부흥을 주시는지 잘 몰랐습니다. 그러나 시간이 흐르고 난 다음에야 비로소 깨달았습니다. 한국교회사학자요 선교사였던 블레어(W. N. Blair)는 이런 글을 썼습니다.

"우리는 한 가지 깨달은 것이 있다. 성령의 세례가 강대한 능력으로 나타나지 않았다면 조선 기독교인들이 저 앞에 가로놓여 있는 시련의 나날들을 극복해 나갈 도리가 없다는 것을 우리는 비로소 깨달았다."

하나님께서는 1907년 그와 같은 굉장한 부흥의 불길을 한국 교회에 부어 주셨습니다. 당시에는 그 뒤에 숨은 하나님의 뜻을 알 수 없었지만 1910년대, 1920년대에 불어닥친 그 무서운 핍박, 일제의 잔인한 횡포를 감당하기 위해서는 교회가 성령의 능력으로 무장해야 했기 때문입니다. 교회의 뿌리가 뽑힐 위험이 있었습니다. 하나님께서는 그 모든 것을 아셨기에 특별한 부흥을 통해 한국 교회를 사전에 준비시킨 것입니다.

하나님을 찬양합시다. 하나님은 항상 여호와 이레의 하나님이십니다. 우리를 위해서 준비하시는 분입니다. 우리가 영적으로 타락하여 깊이 잠들 위기가 되면 하나님께서 성령의 능력으로 다시

부흥의 역사를 일으키십니다. 우리에게 닥칠 어떤 어려움이 있을 때에는 그 어려운 파고를 잘 헤쳐 넘길 수 있을 정도로 우리를 미리 은혜로 준비시키신다는 것을 분명히 믿습니다.

바로 그 은혜가 필요한 때

대부흥 사건을 가만히 묵상하면서 이런 기도를 올립니다.

"주여! 오늘날 대한민국이 이와 같이 물량주의에 빠지고 교회가 세속화되어 가는 마당에 주님, 누구를 통해서든 좋습니다. 사랑의교회를 통해서도 좋고 아니면 다른 교회를 통해서도 좋고, 목사를 통해서도 좋고 아니면 전도사들을 통해서도 좋고, 또 교역자가 하나님의 마음에 들지 아니하신다면 평신도 중에 누구를 사용하셔도 좋습니다. 아무튼 이 대한민국 교회를 쇄신해 주옵소서. 그래서 어딘지 모르게 오염된 우리의 내면을 씻어 주시고, 어딘지 모르게 어두워진 우리의 영안을 다시 한 번 밝혀 주시고, 경건의 모양은 있지만 경건의 능력을 잃어버린 우리를 다시 능력의 세계로 이끌어 주옵소서. 오! 하나님이여!"

대한민국 교회가 좀 더 각성하지 아니하면, 예루살렘 교회처럼 순수하지 못하면, 예루살렘 성도들처럼 그리스도에게 사로잡히지 않는다면 앞으로 점점 거세어지는 이 세속주의의 물결을 감당하기 어려울 것입니다. 물질만능주의와 성적 타락의 거센 물결을 감당하지 못할 것입니다. 세상이 주는 많은 도전을 감당하지 못하고 자신도 모르게 세상으로 빨려들어갈지 모릅니다.

핍박보다 더 무서운 것은 부패입니다. 핍박보다 무서운 것은 세속화요, 윤리적인 타락입니다. 나도 모르게 영적으로 잠들어 버리는 것입니다. 핍박은 오히려 우리를 잠에서 깨워 줍니다. 그러나 세속화라는 이 무서운 유혹은 우리로 하여금 영적으로 병들었으면서도 병들지 않은 것처럼 자신을 가장하도록 만들어 버립니다. 우리에게는 지금 은혜가 필요합니다. 이것은 목사에게도 필요하고 성도에게도 필요합니다. 예루살렘 성도들처럼 성령의 불이 붙어야겠습니다. 예수 그리스도를 따라가며 하나님의 뜻대로 사는 그 생활만으로도 얼마든지 기뻐하고 감사할 수 있는 사람으로 변화되어야 하겠습니다.

사람을 두려워히지 않고, 세상을 부러워하지 않으며, 현세를 안식처로 생각하지 않고 예수 그리스도를 따라 한 발짝 한 발짝이 나그넷길을 걸으며 최후 승리의 그날까지 조금도 주저하지 않고, 뒤돌아보지 않고 걸어가야 합니다.

21 교회의 면모를 갖추다

그들이 날마다 성전에 있든지 집에 있든지
예수는 그리스도라고 가르치기와 전도하기를 그치지 아니하니라
_ 사도행전 5:42

6장 초두에 "그때에 제자가 더 많아졌(다)"는 말씀이 나옵니다. 교회가 양적으로 성장했다는 뜻입니다. 예루살렘 교회가 어느 정도로 양적 성장을 이루었기에 이런 말씀이 기록되었을까요? 사도행전에서 양적인 증가와 관계 있는 구절을 검토해 보면 대강의 수를 짐작할 수 있습니다.

처음 다락방에 모인 수가 남녀를 합해 120명 정도였습니다. 그리고 베드로의 설교를 듣고 하루에 3,000명이 세례를 받았습니다. 이 숫자는 남자만 헤아렸던 것이므로 여자를 합한다면 6,000명에서 7,000명은 되지 않았을까 생각됩니다. 또 5장을 보면 설교를

들고 성전에서 회개하고 돌아온 사람이 하루에 남자만 약 5,000명입니다. 그들에게 딸린 식구들까지 포함하면 어른만 1만여 명으로 생각할 수 있습니다.

5장 14절에 와서는 숫자 세는 것을 아예 중단합니다. 다만 "믿고 주께로 나아오는 자가 더 많으니 남녀의 큰 무리더라"고만 기록되어 있습니다. 헤아리기 힘들 정도로 많은 사람이 모였던 것입니다. 이 모든 수를 합해 보면 예루살렘 교회는 최소 2만 명에서 3만 명으로 성장한 것을 알 수 있습니다. 엄청난 양적 증가입니다.

오늘날과 같이 교회 시설이 제대로 갖추어진 상태에서 성장했다든지, 교회 조직이 제대로 갖춰진 상태에서 성장했다면 괜찮았을 것입니다. 또 교회 역사가 있어서 차근차근 10년, 20년 터를 닦은 뒤 성장했다면 무리가 없었을 것입니다. 그러나 예루살렘 교회는 기껏해야 1, 2년 정도밖에 안 된 짧은 역사를 가진 교회였습니다. 조직도 전혀 없었습니다.

사도들과 교인들, 다른 말로 하면 사도와 제자라는 말 외에는 예루살렘 교회의 구성을 이야기할 다른 용어가 전혀 없을 정도로 갖춰지지 않은 교회였습니다. 게다가 많은 사람들이 성령의 은혜를 받아서 가만히 앉아 있지 못하고 은혜에 들떠 있었습니다. 이런 교회에 2, 3만 명이 모였다고 생각해 보십시오. 그 교회를 다루기가 얼마나 어려웠을까 하는 것은 가히 상상이 가고도 남습니다.

예루살렘 교회는 이미 사도들이 지도할 수 있는 한계를 벗어난 숫자였습니다. 아무리 사도들의 권위가 대단하고 능력이 있었다 할지라도 양적으로 보아서는 이미 한계치를 벗어났다고 말해도 잘못된 것이 아니라고 봅니다.

이상적인 교회 형태

양적으로 비대해진 예루살렘 교회는 어떤 형태로 예배를 드렸을까요? 다시 말해 어떤 교회 형태를 가지고 있었을까요? 성전교회와 가정교회, 즉 성전 모임과 가정 모임 두 가지로 그 형태를 유지하고 있었습니다.

2, 3만 명의 성도들은 예루살렘과 유대 지방으로 흩어져 각 가정에서 모였습니다. 오늘날 우리가 가정에서 구역예배, 다락방 등으로 모이듯이 소그룹 형태로 모였습니다. 그리고 지정된 날에 예루살렘 성전이나 회당에 모여 함께 예배드리고 다시 흩어졌습니다. 참 재미있는 교회 형태입니다.

요즘에도 이런 교회 형태를 추구하는 사람들이 있습니다. 흩어져서 가정에서 소그룹으로 모이고 거기에서 웬만한 일은 다 합니다. 그러면서 한 달에 한 번, 아니면 두 달에 한 번씩 학교 강당이나 체육관을 빌려 집회를 하고는 싹 흩어집니다. 그러니 교회 건물도 짓지 않고, 교회 조직도 만들지 않습니다.

교회가 능력이 있어서 예배당도, 조직도 없이 교회를 운영할 수만 있다면 5,000명이 모이든지 1만 명이 모이든지 전 인원을 15명 안팎의 그룹으로 가정교회를 만들고, 교회 건축에 쓸 재정을 전부 모아 구제와 선교비에 쓸 수만 있다면 굉장하겠지요?

그런데 한 가지 알아 둡시다. 이러한 교회가 참 이상적인 교회 형태 같지만 장기적인 교회 형태는 아닙니다. 무슨 말입니까? 예루살렘 교회는 기껏해야 2, 3년밖에 유지하지 못했습니다. 다 흩어졌습니다. 물론 핍박으로 흩어졌습니다만, 일시적으로는 좋은데 장기화하기는 어려운 형태였습니다.

사람들이 자기 재산을 다 가지고 나와서 서로 나눠 쓰니 얼마나 좋았겠습니까? 그러나 10, 20년 동안 그렇게 할 수는 없습니다. 아무리 믿음이 좋아도, 아무리 성령이 충만해도 안 됩니다. 단기간 동안 그렇게 해보는 것이지요.

우리가 초대교회, 예루살렘 교회와 같이 아주 순진하고 때묻지 않은 형태를 사모하지만, 우리가 유지하고 있는 오늘날의 교회 형태도 하나님께서 주신 것이라고 믿습니다. 복잡한 21세기 사회 속에서 교회가 제 구실을 하기 위해 오늘날 교회에게 주신 하나님의 지혜가 있기 때문입니다. 아무튼 예루살렘 교회는 비대해졌습니다. 그 형태도 특이했습니다.

교회를 움직이는 힘

예루살렘 교회가 가지고 있던 큰 특징은 명령이나 조직, 혹은 어떤 강제성을 가지고 교회가 움직이지 않았다는 것입니다. 성령이 각 개인마다 역사하는 내적인 충동으로 움직이는 교회였습니다. 헌금을 하는 것, 자기 재물을 나누어 쓰는 것, 복음을 전하는 것, 모이기에 힘쓰는 것, 가정에서 떡을 떼며 교제하는 것 등 어느 것 하나 누가 강요하거나 명령해서 하는 것이 아니었습니다. 전부 자발적으로 마음에서 우러나 기쁨과 순전한 마음으로 움직였습니다. 그랬기 때문에 비대해진 교회가 무리없이 은혜롭게 유지될 수 있었습니다.

사실 교회에 명령이 많을수록 그만큼 영적으로 병들었다고 할 수 있습니다. 로마서 이후의 서신서를 가만히 보면 명령이 자주 나오지요? 싸우지 마라, 마음을 같이하고 주를 섬기라, 흔들리지 말라, 기도하라, 다툼이나 허영으로 하지 말라, 거짓말 하지 말라 등 계명 같은 명령이 자주자주 나옵니다. 그 이유가 무엇입니까?

성령의 역사가 자꾸 위축되었기 때문입니다. 한마디로 교회 역사가 흐를수록 어딘가 모르게 순수한 면을 잃어버리고 있다는 이야기입니다. 은혜가 자꾸 떨어지고 있다는 이야기입니다. 서신서에 나오는 교회들을 보면 얼마나 문제가 많습니까?

◀)) 하나님의 백성이 하나님 나라를 위해 일하는 가장 원초적인 힘은 성령께서 마음에 소원을 주실 때 순종하는 것입니다.

"만일 우리가 성령으로 살면 또한 성령으로 행할지니"(갈 5:25).

각 개인이 성령의 은혜를 받아서 남이 시키든 시키지 않든, 명령하든 명령하지 않든 스스로 하나님을 바라보고 주님이 원하시는 일이면 서슴지 않고 하는 그것이 교회의 생명이요, 교회의 능력이요, 교회가 자랑할 수 있는 유일한 원동력입니다. 이것이 희미해질 때 교회에 인위적인 방법이 가해지고 어딘지 모르게 삭막한 분위기가 되어 버리는 것입니다.

교회가 작든지 크든지, 장소가 좋든지 나쁘든지 간에 믿지 않는 형제를 주님 앞으로 인도하는 살아 있는 교회는 양적으로 증가하게 되어 있습니다. 성령의 살아 있는 역사가 교회에 있어야 하

겠습니다. 그러므로 항상 기도합시다. 오늘날 예루살렘 교회와 같
이 성장하는 교회로서 갖춰야 할 부분들, 가져야 할 형태, 또 보이
지 않는 원동력, 이 모든 것이 구비된 교회가 되게 해달라고 기도
합시다.

사도행전 6장

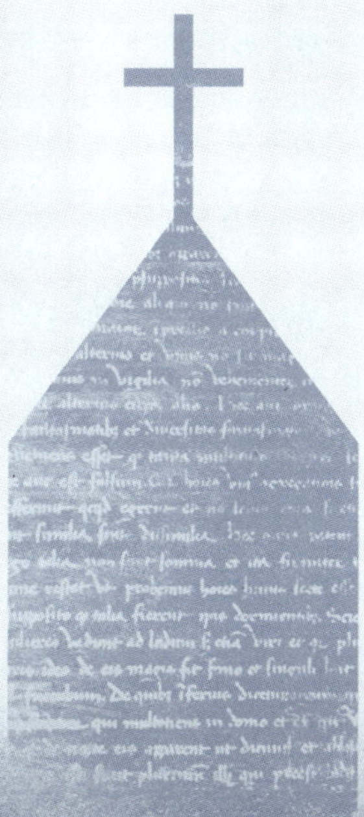

22 교회의 문제에 성령으로 대처하다

열두 사도가 모든 제자를 불러 이르되 우리가 하나님의 말씀을 제쳐 놓고 접대를 일삼
는 것이 마땅하지 아니하니 형제들아 너희 가운데서 성령과 지혜가 충만하여
칭찬받는 사람 일곱을 택하라 우리가 이 일을 그들에게 맡기고 우리는 오로지
기도하는 일과 말씀 사역에 힘쓰리라 하니

_ 사도행전 6:2-4

양적으로 비대해진 예루살렘 교회에 문제점이 드러나기 시작
했습니다. 사실 문제 없는 교회가 없지 않습니까? 사람이 살고, 사
람이 모이는 곳이라면 문제가 생기게 마련이지요. 그렇게 놀랍도록
성령이 임하셨고, 불의 혀같이 임하는 성령을 강하게 받은 성도들이
었지만 숫자가 늘어나니까 교회 안에 문제가 생기기 시작했습니다.

◀) 교회 안에 말썽이 일어나니까 사도들은 '아차!' 하고 깨달았
습니다. 지금까지 기도하는 것과 말씀 증거하는 일을 등한히하고 있
었다는 것을 깨달았습니다. 그리고 재정을 사용해 구제하고 관리하
는 데 시간을 다 빼앗겼다는 것도 깨달았습니다.

사도들이 왜 그랬을까요? 고의로 그랬습니까? 아닙니다. 교회가 너무 비대해지다 보니 일이 많아져서 쫓기기 시작한 것입니다. 급한 일을 먼저 하다 보니 목회자로서, 교회를 맡은 자로서 절대로 양보해서는 안 될 부분을 그만 놓치고 만 것입니다. 사도들도 인간인지라 자기도 모르게 마땅히 서 있어야 할 위치에서 탈선한 것입니다. 이것은 교회가 경계해야 할 가장 위험하고 심각한 문제입니다.

교회가 비대해지면 행정이 비대해지고 관리 문제가 따르고 조직상 목회자에게 요구하는 것들이 자꾸만 늘어갑니다. 그리고 사람이 많아지니 개인적인 요구들이 많아집니다. 또 교회가 성장하면서 대외적인 요구들도 커지게 됩니다. 그래서 이것저것 응하다 보면 목사가 기도와 말씀 보는 것을 등한히하게 됩니다. 자기도 모르게 '바쁜데 뭐 할 수 없지' 생각하며 위안을 삼습니다. 이런 일이 계속되다 보면 예전처럼 하나님 앞에 매달려서 무릎이 아프도록 주님의 이름을 부르며 부르짖는 일이 뜸해지게 됩니다. 하나님의 말씀을 읽으면서 시간 가는 줄 모르고 말씀에 깊이 빠지던 모습도 온데간데없고 겨우 설교 준비하는 것만도 벅찰 지경에 이릅니다. 교회가 비대해지면 여러 가지 위험 요소가 따르는데 이것만큼 무서운 것이 없습니다. 별수 없습니다. 사람은 별수 없어요.

목회의 정도에서 이탈하다

사랑의교회가 1,300명 가까이 모여 예배드릴 때였습니다. 당시 사랑의교회는 서울시내에서 교인 수로 봐서는 그저 중하쯤 되지 않았나 싶습니다. 그런데 교회가 조금씩 소문이 나자 제가 몹시 시달리게 되었습니다. 얼마나 시달렸는지 속이 타들어가는 것 같았습니다.

그런데 그때 무엇을 느꼈는지 아십니까? 마귀가 제 앞에 와서 빙긋이 웃고 있는 것을 느꼈습니다. 마귀가 웃는 모습이 상상이 갑니까? 매력이 있을 것 같아요, 없을 것 같아요? 아주 징그러울 것 같아요? 마귀의 웃는 모습은 그야말로 일품입니다. 그 미소가 얼마나 매혹적이고 아름다운지 하와가 홀랑 빠졌으니까요. 마귀는 와서 기다립니다. '너는 벌써 뻔하다' 하고 씨익 웃고 있습니다.

성도들은 목회자를 위해 기도해야 합니다. 목회자가 기도하는 것과 말씀 전하는 일에 전념할 수 있도록 말입니다. 목회자가 걸어야 할 정도를 이탈하지 않고 더욱 능력 있는 하나님의 종으로 쓰임 받도록 말입니다. 교회가 크든 작든, 일이 많든 적든 목회의 정도는 생명을 걸고 지켜야 합니다. 목회자가 기도 중이거나 설교를 준비하고 있거나 혹은 기도원에 가 있을 때는 섭섭하게 여기기보다는 정도를 가고 있음에 감사해야 합니다.

그러지 않고 "새벽에 뭐하고 이 시간에 기도한다고 저러나" "목사도 낮에는 일해야지 뭐 대단하게 성경 읽는다고 앉아 있나"라는 식으로 판단하면 이것은 마귀의 장단에 춤추는 것입니다. 강단을 맡은 목회자가 24시간 성경 붙들고 기도할 수만 있다면 교회가 살고 성도들이 살아납니다. 그런 예를 하나 들까요?

과거 한국에서 명성이 자자하던 분이 미국 그레이스처치의 존 맥아더 목사를 만나기 위해 면담 요청을 했습니다. 비서가 그분의 명함을 들고 맥아더 목사에게 보여 드렸습니다. 웬만한 사람 같으면 명함을 보고 뛰어나가 맞이했을 것입니다. 보고 있던 성경을 덮어놓고 "아, 이리로 오십시오. 괜찮습니다. 나중에 하지요" 이러지 않겠습니까? 그러나 맥아더 목사는 "안 됩니다. 저는 지금 성경 연구 중입니다. 오늘은 만날 수 없습니다" 하고는 딱 잘라 거절해 버렸습니다.

맥아더 목사는 면담하기 어려운 목사로 소문이 나 있었습니다. 그런데 참 놀라운 것은 맥아더 목사가 그렇게 하나님 말씀 앞에 엎드려서 몸부림을 치니까 강단에서 놀라운 능력이 나타났다는 것입니다. 대다수의 목사들은 이렇게 하기 힘듭니다. 개척교회는 더 어렵습니다. 그러나 맥아더 목사처럼은 못할지라도 기도하는 일과 말씀 전하는 일에 전념하는 원칙에서는 벗어나지 않도록 해야 합니다. 특히 교회가 양적으로 성장할 때 가장 경계해야 할 위험 요소입니다.

목사가 이런 각오를 가지고 양 떼를 위해, 교회를 위해 정도에서 벗어나지 않으려고 몸부림칠 때 손해 보는 게 하나 있습니다. 인간관계에서 손해를 봅니다. 어울릴 사람들과 어울리지 못하기 때문입니다. 친구들도 자주 못 만나고, 모임에도 자주 못 갑니다. 걸려 오는 전화조차 못 받기 일쑤여서 공사를 막론하고 인간관계에 상당히 손해를 봅니다.

그러나 한 가지는 분명합니다. 영적으로 생명을 키우는 일, 보이지 않는 영적 싸움을 위해서는 이런 손해를 감수해야 한다는 것입니다. 만약 목사가 오라는 모임에 다 나가고 만나자는 사람 다 만나면 어떻게 되겠습니까? 하루에 성경 보는 시간이 얼마나 되겠습니까? 어림도 없습니다.

목사가 이러한 손해를 감수하는 이유는 '오로지 기도하는 일과 말씀 전하는 일에 전념하리라' 하는 사도들의 원칙에서 벗어나지 않기 위해서입니다.

파벌이 조성되다

교회가 비대해지면 일어나는 문제가 또 있습니다. 파벌이 조성됩니다. 예루살렘 교회에 무슨 파벌이 있었습니까? 유대파와 헬라파가 있었습니다. 2, 3만 명 모이는 교회에서 유대파, 헬라파 두 파 정도로 나뉘었으니 어찌 보면 참 다행입니다. 유대파는 유대 땅에 살면서 예수 믿은 유대인이고, 헬라파는 유대 땅 밖으로 이민 가서 살거나 그곳에서 태어난 소위 교포 교인들이었습니다.

많은 사람들이 오순절을 맞아 예루살렘에 올라와 하나님 앞에 제사를 드리다가 사도들이 전하는 복음을 듣고 마음이 뜨거워졌습니다. 그리고 예수 그리스도를 믿기로 결단했습니다. 한 번에 3,000명 또 5,000명이 돌아왔습니다. 그들 중 헬라파 신자들은 은혜를 받고 좋아서 집으로 돌아갈 생각을 하지 못했습니다. 사도들이 전하는 말씀이 꿀송이처럼 달고, 예수 믿고 구원받은 것을 생각하니 너무나 기뻤습니다. 예루살렘 교회를 떠나고 싶지 않았을 것입니다. 그래서 집으로 돌아가는 시기를 자꾸만 늦추었습니다. 그러다 보니 돈이 떨어졌고, 나중에는 구제를 받아야 할 사람이 점점 더 많아졌습니다.

그러니 돈 있는 사람들의 부담이 커질 수밖에 없었을 겁니다. 자기 재산을 다 팔아 교포 교인, 즉 헬라파 교인들까지 먹여 살려야 하는 상황이었으니까요. 한 믿음을 가지고, 한 성령 안에서 교회를 이룬 그들이었지만 인간인지라 유대파니 헬라파니 하는 분파가 생겼습니다. 이렇게 지방색이 드러나기 시작하더니 서로 서먹서먹해지고 긴장이 쌓였습니다. 문제가 없을 때는 그런 긴장감이 드러나지 않다가 드디어 폭발했습니다.

구제 문제가 불씨가 되었습니다. 가만히 보니 본토박이 과부들은 한 사람도 빠짐없이 보조를 받는데, 헬라파 과부들은 제대로 혜택을 받지 못했던 것 같습니다. 이 조그마한 것이 불만이 되어 그동안 쌓이고 쌓였던 것이 터져 버렸습니다. 표면적으로는 균등하지 못한 구제가 불씨였지만 사실은 그 밑바닥에 깔린 지방색과 분파 간의 갈등이 요인이었습니다. 교회가 커지면 이런 문제들이 일어날 수 있습니다.

교회도 일종의 사회인데 사람들이 모이는 곳에서 '완전한 일치'라는 것은 사실 불가능합니다. 만약 완전한 일치를 자꾸 추구한다면 아마 나중에는 낙담이 되어 스스로 주저앉아 버리고 말 것입니다. 목사가 만약 교회에 절대로 지방색이 없어야 한다고 가르치고, 절대로 의견 갈등도 없어야 한다고 주장한다면 어떻게 되겠습니까? 전혀 없어야 된다고 하는 '이상론'에 마귀가 뛰어들 수 있습니다.

가장 지혜로운 방법은 사람이 모인 곳이라 그런 문제도 있을 수 있다는 마음으로 내다보며 대비하는 것입니다. 예루살렘 교회처럼 은혜 받은 교회도 이렇게 기가 막힌 파벌이 생겼고, 고린도 교회와 같이 방언하고 은사 받은 교회도 같은 문제를 겪었는데 오늘날 교회 안에서 문제가 전혀 없다고 하는 것은 거짓말입니다. 사소한 싸움이야 교인들 간에 칼로 물 베기입니다. 그럴 수 있습니다. 서로 싸우다가 더 가까워지기도 하니까 말입니다. 서로 갈등하다가 서로 상대를 더 알게 되고 그래서 더 잘 이해하게 될 때도 있습니다. 마음으로는 밉지만 특별히 상대방을 위해서 기도하다 보면 은혜도 받습니다. 그것이 사람 사는 세상 아닙니까?

교회가 비대해지면 마귀가 약한 부분을 공격하며 시험합니다. 그러나 자신에게 약점이 있다는 것을 하나님 앞에 항상 시인하고 "그 약점 앞에 주여, 파수꾼을 세워 주옵소서" 기도하고 깨어 있으면 사탄이 감히 시험하지 못합니다. 내 약한 부분이 무엇인지 알고 그것을 통해 마귀가 시험할 수 있다는 것을 염두에 두고 날마다 기도하면 거기에 빠지지 않습니다.

여러분은 어떤 유형의 사람이 좋습니까? 어떤 유형의 사람이 좀 힘듭니까? 하나님 앞에 기도해야 합니다. "주님, 제가 힘들어하는 그런 유형의 사람을 더 사랑하고 더 포용할 수 있도록 제 마음을 넓혀 주세요" 하고 기도해야 합니다.

교회는 완전할 수 없습니다. 지도자도 완전할 수 없습니다. 잘못이 있을 수 있습니다. 그러나 하나님은 같이 짐을 지라고 했지 비판하고 원망하라고 하시지 않았습니다.

원망하는 마음이 생길 때는 이 말을 꼭 기억하십시오. "마귀가 초인종을 눌렀구나." 그리고 마음의 원망을 꼭 풀어야겠다 싶을 때는 당사자를 직접 찾아가서 마음에 있는 것을 그대로 내어놓고, 동시에 목사나 신앙의 선배를 찾아가서 "사실 이런 문제로 내 맘에 원망이 생기고 마음이 괴로운데 좀 도와 주세요" 하고 도움을 청하십시오.

그런 말을 듣고, 그 아름다운 자세를 보고 굳은 마음이 녹지 않을 사람이 어디 있겠습니까? 대부분이 마음에 원망과 비판이 있는데도 겉으로는 없는 체하고 자꾸 눌러 놓으니까 나중에는 그것이 자기도 모르는 사이에 터져 버리고 마는 것입니다. 벌써 마귀에게 이용당하는 것입니다. 원망을 지나치게 키우면 파벌을 조성하게 되고, 비판의식이 너무 강하면 화목보다는 갈등을 일으킬 수 있다는 것을 잊지 말아야 합니다.

일이 가중되다

교회가 비대해지면 나타날 수 있는 문제가 또 하나 있습니다. 소수에게 일이 가중되는 것입니다. 교회가 커져서 성도가 많아지면 일꾼도 함께 많이 생깁니까? 그렇지 않다는 것은 모두 다 아는 사실입니다. 사람이 많아지는 데 비해 일꾼은 그와 비례하지 않습니다. 그래서 결국 원래 일하던 사람이 더 많은 일을 하게 됩니다.

이것은 예나 지금이나 교회가 지고 있는 무거운 짐입니다. 교회가 성장하는 만큼 일꾼이 늘어나지 않으니 일이 특정 소수에게 가중됩니다. 예루살렘 교회에도 그와 같은 일이 생겼고 사도들은 여러 가지 일로 정신없이 쫓기다가 결국 목회의 정도에서 이탈하고 만 것입니다. 평신도 훈련이 필요한 이유가 여기 있습니다. 일꾼을 키워 각자의 은사대로 일을 골고루 나누자는 것입니다.

성령의 지혜로 대처한 사도들

예루살렘 교회가 비대해지자 사도들이 목회의 정도에서 벗어나고, 파벌이 조성되고, 일이 심하게 가중되었습니다. 예루살렘 교회는 이러한 문제들 앞에 어떻게 반응했습니까?

사도들의 처방을 볼 때 "역시 사도들이야!" 하는 감탄이 나옵니다. 역시 은혜 받은 지도자들입니다. 갈릴리의 그 무식한 어부들이 언제 이렇게 지혜로워졌는지 정말 놀랍고도 부러운 생각이 들 정도입니다.

사도들은 문제를 어떻게 해결합니까? 먼저 문제를 보고 그 원인을 남에게서 찾지 않고 자신에게서 찾았습니다.

"열두 사도가 모든 제자를 불러 이르되 우리가 하나님의 말씀을 제쳐 놓고 접대를 일삼는 것이 마땅히 아니하니"(6:2).

사도들은 문제의 원인을 평신도가 아니라 지도자인 자신들에게서 찾았습니다. 모든 교회의 교역자, 장로들이 이 자세를 평생 잃지 않고 실천한다면 교회는 은혜 받을 것입니다.

둘째, 자신들의 부족했던 점을 공적으로 솔직히 시인했습니다. 그들의 솔직한 고백 앞에 도리어 온 교회가 은혜를 받았습니다. 자기의 잘못을 공적으로 시인하고 성도들에게 문제의 원인을 인식시켰습니다.

셋째, 지혜롭게 대책을 세웠습니다. 평신도 중에 성령과 믿음이 충만한 일곱 명을 뽑아 조금도 미련 없이 교회의 일을 맡겼습니다. 재정 관리를 맡겼습니다. 여기서 재미 있는 것은 일곱 집사들의 이름을 보면 전부 헬라파 사람들인 것을 알 수 있습니다. 토박이 유대파에서 뽑지 않고 원망하고 불평하던 헬라파에서 집사 일곱을 선택했다는 말입니다. 놀라운 일이 아닐 수 없습니다.

 웬만한 은혜가 아니고는 이렇게 못합니다.

헬라파 사람들도 참 은혜롭지만, 집사 직분을 모두 헬라파 사람에게 양보한 유대파 사람들은 정말 놀라운 신앙인이라고 생각됩니다. 사도들이 스스로 잘못했다고 시인하고 나오니까 유대파 사람들은 "아니요, 이거 우리가 뭔가 잘못했어요. 뭔가 잘못된 거예요. 이제 이런 실수가 없도록 헬라파에서 성령과 믿음이 충만한 사람을 뽑읍시다" 하고 의견을 모았을 것입니다. 그러고는 일곱 명을 뽑아서 구제 문제를 다 맡기고 손을 떼 버렸습니다. 놀라운 아량입니다. 그야말로 성숙한 그리스도인의 면모입니다.

이와 같은 교인들이 교회 안에 얼마나 있을까요? 저는 성령과 믿음이 충만한 일곱 집사보다도 그들을 앞에 내세운 유대파 교인들이 더 부럽습니다. 서로 양보하고, 서로 위해 주고, 남을 자신보다 낮게 여기라고 하신 하나님의 말씀대로 사는 놀라운 모습입니다. 아름답습니다. 사도들도 일곱 집사를 선택할 때 유대파 성도들이 원하는 대로 해주었습니다. 자신들의 의견을 내세우지 않았습니다. 그렇게 하라고 했습니다.

사도들이 성령의 은혜로 교회의 문제에 대처하는 모습에서 놀라운 점을 발견할 수 있습니다. 문제의 환부에 손을 대지 않았다는 점입니다. 누가 문제를 일으켰는지 따지지 않았습니다. 누가 왜 구제에 빠졌는지 따라다니면서 책임을 추궁하는 그런 행동은 하지 않았습니다.

어떤 문제는 그 순간에 수술을 해야 될 것이 있지만, 교회 안에서 일어나는 대부분의 문제는 환부에 손을 대지 않는 것이 가장 지혜로운 처리 방법입니다. 그러면 손을 대지 않고 어떻게 해야 할까요? 지도자가 기도와 말씀 전하는 원래의 위치로 돌아가는 것이 근본적이고도 유일한 치료 방법입니다. 지도자가 하나님과 말씀 앞에 기도의 무릎을 꿇어야 합니다. 문제를 일으킨 사람을 위해 기도하고, 교회를 위해 부르짖을 때 교회에 생긴 모든 상처는 아물게 됩니다.

교회는 세상과 다르다는 것을 기억합시다. 성경을 통해 지혜를 배울 때, 그리고 그것을 실천할 때 예루살렘 교회와 같은 멋진 교회가 될 수 있습니다.

23 성령 충만한 집사 스데반

스데반이 은혜와 권능이 충만하여 큰 기사와 표적을 민간에 행하니
이른 바 자유민들 즉 구레네인, 알렉산드리아인, 길리기아와
아시아에서 온 사람들의 회당에서 어떤 자들이 일어나 스데반과 더불어 논쟁할새
스데반이 지혜와 성령으로 말함을 그들이 능히 당하지 못하여

_ 사도행전 6:8-10

일곱 집사가 선택되고 그 일곱 집사 중 대표로 스데반이 등장합니다. 스데반은 특별한 은혜를 받은 평신도 지도자로서 초대교회 역사에 큰 영향을 끼친 인물입니다. 성경이 그의 기사를 길게 다루고, 그의 설교가 베드로의 설교에 버금 가는 비중으로 기록되어 있습니다.

스데반은 성전이 아니라 회당에서 가르쳤습니다. 유대인들이 사는 곳이라면 어디에나 있는 이 회당은 평소에 모여서 율법 공부를 하거나 간단한 예배 의식을 가질 수 있도록 지역마다 만들어 놓은 집합 장소입니다. 당시 교인들은 예루살렘 성전과 회당을 중

심으로 모였습니다. 성전에서 열리는 모임이 전체 집회의 성격이라면, 회당에서 열리는 모임은 성전 모임 후 흩어진 사람들의 소그룹 모임과 같은 것이었습니다. 성전에서는 사도들이, 회당에서는 평신도 지도자들이 말씀을 가르쳤는데 스데반은 평신도 지도자 중 한 명이었습니다.

9절에 '자유민들'이라는 말이 나옵니다. 이 말은 '구레네인, 알렉산드리아인, 길리기아와 아시아에서 온 사람들'과 연결되는 단어입니다. 유대인들 중에는 한때 로마제국의 노예였다가 자유를 얻은 사람들이 많았습니다. 자유민이란 그 사람들과 그들의 자손을 가리키는 말입니다.

당시 예루살렘에는 구레네(시실리아), 알렉산드리아(이집트), 길리기아(터키) 동북부와 아시아(소아시아) 등 사방에서 온 교포 유대인들이 많이 모여 있었습니다. 앞서 선출된 일곱 집사도 교포 유대인 중에서 선출되었던 것을 기억합니다. 그들의 이름을 보면 전부 헬라 문화권 이름입니다. 교포 유대인이었던 스데반도 예루살렘 본토 유대인보다는 자기와 같은 입장에 있는 교포 유대인들을 찾아다니면서 전도하고, 말씀 증거와 이적을 행했던 것 같습니다.

얼굴에 가득한 영광

스데반이 은혜와 권능이 충만하여 큰 기사와 표적을 민간에 행하는 역사들이 일어나는 가운데 드디어 불상사가 터지고 말았습니다. 스데반을 대적하는 사람들이 회당에서 일어났고, 결국 그를 죽음의 자리까지 몰고 가는 사건이 벌어진 것입니다. 그들은 스데반을 유대인의 대법원인 산헤드린 공회에 기소했습니다. 그리고 그를 재판석에 세웁니다.

스데반에게 죄를 뒤집어 씌운 구실을 보면 그 내용이 낯설지 않습니다. '성전을 헐라고 했다. 또 율법이 이제 필요 없다며 율법 무용론을 제기했다'는 거짓 송사를 하고, 거짓 증인들을 끌어들여 스데반이 하지 않은 말까지 증언하게 했습니다. 예수님의 재판과 어쩌면 그렇게 닮았는지 모릅니다. 스데반은 예수님이 재판받았던 바로 그 자리에 섰으며, 기소 이유도, 거짓 증인이 등장하는 점도 예수님의 경우와 꼭 같았습니다.

그런 와중에도 스데반의 얼굴은 천사와 같이 빛났습니다. 놀라운 일입니다. 구약시대에도 이러한 예가 있습니다. 시내 산에서 하나님의 임재를 경험한 모세의 얼굴에 광채가 나서 이스라엘 백성들이 그에게 가까이 가기를 두려워했다고 합니다(출 34:29-30). 반면 오늘을 사는 우리의 얼굴은 어떻습니까? 지금 그런 사람을 찾을 수 있을까요?

스데반을 보며 깊이 묵상하지 않을 수 없는 것이 '충만'이라는 말입니다. 6장 초두를 보면, 스데반을 집사로 선출하기에 앞서 사도들이 '성령과 지혜가 충만한… 사람'을 뽑자고 말합니다. 스데반은 거기에 합격한 사람입니다. 5절에서는 "믿음과 성령이 충만한 사람", 8절에서는 "은혜와 권능이 충만한 사람", 7장 55절에서는 "스데반이 성령이 충만하여"라고 되어 있는 등 스데반에 대해 네 번이나 '충만'이라는 표현을 썼습니다.

그런데 자세히 살펴보면 이 '충만'이라는 말이 조금씩 다른 말과 함께 쓰인 것을 알 수 있습니다. '지혜가 충만하다', '믿음이 충만하다', '은혜가 충만하다', '권능이 충만하다'는 식으로 말입니다. 이것은 모두 같은 이야기입니다. 성령 충만한 사람은 지혜 충만한 사람이요, 성령 충만한 사람은 믿음이 탁월한 사람이요, 성령 충만한 사람은 이적 기사를 행할 수 있는 권능이 있는 사람이요, 성령 충만한 사람은 받은 은혜가 남다릅니다. 성령이 이 모든 것을 다 주관하지 않습니까?

스데반이 집사로 안수받은 것도 성령 충만 때문이었고, 큰 기사와 이적을 행한 것도 성령 충만 때문이었고, 회당에서 논쟁을 벌일 때 자신을 대적하는 사람들이 능히 감당할 수 없을 만큼 대단한 지혜와 능력으로 맞섰던 것도 성령 충만 때문이었습니다. 또 얼굴이 천사와 같이 빛났던 것도, 핍박을 받아 순교하게 된 것도 성령 충만 때문이었습니다. 스데반의 삶을 하나하나 풀어 낼 열쇠는 오직 '성령 충만'뿐입니다.

우리가 지금 대적하고 있는 이 세상, 우리가 정복해야 할 이 세상을 한번 보십시오. 무엇으로 충만해 있습니까? 죄로 충만합니다. 마귀의 능력으로 충만하고, 탐욕과 이기심으로 충만합니다. 세상은 절대 비어 있는 법이 없습니다. 다 충만해 있습니다. 이러한 세상을 향해 복음을 전하려면 우리 속이 텅텅 비어서는 안 됩니다. 우리 자신도 충만해야 합니다. 세상을 이길 수 있는 성령의 능력으로 충만해야 합니다.

이런 본문을 보면서 '왜 나는 스데반처럼 성령이 충만하지 못할까?' 탄식하며 하나님 앞에 부르짖어 본 적이 있습니까? 분명히 그와 같은 경험이 우리들 삶 속에 틈틈이 있어야 합니다. 충만한지 그렇지 않은지는 자신이 가장 잘 알 것입니다. 성령이 얼마나 나를 강하게 사로잡고 일하시는지, 성령이 내 안에서 얼마나 하나님 말씀에 순종하도록 역사하시는지, 성령이 얼마만큼 나를 통해 사랑의 수고를 하게 하시는지, 성령이 얼마만큼 나에게 찬양의 기쁨을 누리게 하시는지 돌아보십시오.

성령 충만한 사람의 특징

19세기 초 미국에서 유명한 부흥 운동을 일으킨 찰스 피니 (Charles G. Finney)는 성령 충만에 대해 매우 강력한 목소리로 많은 사람들에게 도전을 주었습니다. 그는 단적으로 이렇게 이야기합니다.

"못하는 것이 죄인 줄 모르는 현대 교회, 분명히 이것은 병든 교회다. 주님은 살인하지 말라는 명령과 똑같은 권위를 가지고 성령 충만하라고 말씀하셨다. 그런데 살인은 죄인 줄 알면서 왜 성령 충만하지 못한 것은 죄인 줄 모르는가?"

그는 성령 충만한 사람의 특징에 대해 참 재미있는 지적을 했습니다. 학문적으로 쓴 것도, 신학적으로 정리한 것도 아닙니다. 그저 사람들이 쉽게 알아들을 수 있는 평범한 말로 성령 충만의 특징을 이야기했습니다.

첫째, 성령 충만한 사람은 '별난 사람'으로 보입니다. 세상 사람들이 볼 때는 물론, 성령 충만하지 못한 성도들이 볼 때도 별나게 보입니다. 성령 충만하지 못한 사람은 하나님의 말씀에 끌려서 살기보다는 자기 욕심에 끌려 사는 사람입니다. 그런 사람에게 성령의 지배를 절대적으로 받는 사람이 정상으로 보이지 않는 것은 어쩌면 당연한 일인지도 모릅니다.

사도행전 26장의 바울을 보십시오. 가이사랴에서 재판받을 때 쇠사슬을 건 손목을 높이 쳐들면서 "베스도 각하여, 이 손목에 맨 쇠고랑 외에는 당신도 나와 같이 되기를 원합니다"라고 말할 때 베스도 총독이 "바울아, 네가 네 지식이 너무 많아서 미쳤도다"라고 응답합니다. 그러나 바울은 "각하여, 나는 미친 사람이 아닙니다. 미쳐서 하는 말이 아닙니다"라고 분명히 말합니다.

스데반의 경우도 성령 충만하지 못하고 적당히 믿던 그리스도인들, 또는 예수를 모르는 예루살렘에 있는 많은 유대인들이 보았을 때 분명히 별난 사람이었고 어떤 면에서는 제정신이 아닌 사람처럼 보였을 것입니다.

둘째, 성령 충만한 사람은 교회와 세상을 보면서 큰 고통을 느낍니다. 왜냐하면 죄를 그냥 보아 넘기지 못하기 때문입니다. 세상을 볼 때 참을 수 없는 분노를 느낍니다. 예수를 제대로 모르고 성령 충만도 모르는 사람들을 볼 때 바울처럼 마음속에 밤낮없이 고통하는 근심이 있습니다.

스데반에게 이런 고통이 있었기에 가만히 앉아 있지를 못했습니다. 예수를 몰라서 날마다 죽음의 골짜기를 향해 한걸음 한걸음 내딛는 불쌍한 영혼들을 가만히 보고 있을 수가 없었습니다. 그래서 그는 과격하게 도전했던 것입니다.

그러나 성령 충만한 사람의 마음에는 하나님의 평화가 있습니다. 죄에 대해서는 고통스러워하지만 하나님 앞에서는 천국의 평화를 맛봅니다. 천사의 얼굴과도 같았던 스데반의 경우를 보십시오. 그는 전 세계가 자신을 향해 대적한다 할지라도 마음의 평화를 잃지 않았을 것입니다.

하나님이 사용하신다

어떤 사람이 물통에 물을 가득 담아 놓았다면, 그 사람은 반드시 그 물을 쓸 것입니다. 이와 마찬가지로 성령 충만하면 그 사람을 누가 반드시 쓰겠습니까? 당연히 충만하게 해주신 분이 쓸 것입니다. 성령 충만하게 해주신 분은 누구입니까? 하나님입니다. 성령 충만한 사람은 하나님이 반드시 쓰십니다.

그러므로 성령 충만하면 교회에서 직분 맡아 봉사하지 않으면 안 될 것입니다. 회사에서 일하면서도 자신이 만나는 모든 사람에게 예수 그리스도를 전하지 않고서는 못 견딜 것입니다. 나중에는 그야말로 하나님을 향한 마음이 용광로처럼 끓어올라 신학교를 가지 않고는 견디지 못하는 경우도 있을 것입니다. 그 이유가 무엇입니까? 하나님이 쓰시기 때문입니다. 제가 이런 말씀을 드리면 성도들의 반응이 이렇게 나옵니다.

"목사님, 그런 성령 충만 좋기는 해도 나는 그렇게 될까 겁이 나서 성경 공부 열심히 못 하겠어요. 그렇게 푹 빠질까 봐 좀 겁이 나요."

“목사님, 제자훈련 받고 싶기는 한데요, 그러다가 집안일도 돌보지 않고 날마다 성경 들고 돌아다니면 어떻게 해요? 그게 겁이 나서 못 하겠어요.”

이렇게 말하는 분들을 한두 명 만난 게 아닙니다. 이런 분들, 왜 예수를 믿는지 모르겠습니다. 무엇 때문에 교회에 나와 예배드리는지 모르겠습니다. 이왕 믿을 바에는 적당히 믿지 말고 성령 충만한 사람이 되십시오. 그래서 하나님이 우리를 사용하시도록 합시다. 하나님의 손에 딱 잡히면 직장에서나 어디에서나 하나님이 크게 사용하실 것입니다.

참 믿음 좋은 형제를 만난 적이 있습니다. 서울에 소재한 큰 회사에서 이사로 있다가 지방에 사장으로 발령받아 떠나면서 저에게 인사를 왔습니다. 회사에서 그 형제가 끼친 영향은 대단했습니다. 그는 철저한 사람이었습니다. 회장이 주일에 간부회의 나오라고 하면 “주일이라 못 나갑니다”라고 말하고, 꼭 나가야 할 경우에는 주일예배를 마친 뒤에야 나갔다고 합니다. 그것 때문에 회장과 항상 갈등이 있었지만 그런 이유만으로 회사에서 그 사람을 마음대로 처리하지는 못했다고 합니다. 그 형제가 맡은 일을 다른 사람에게 맡길 수 없었기 때문입니다.

너무나 성실하고, 철저하고, 정직했기 때문에 아무리 거슬리게 행동해도 그 사람을 어떻게 하지 못했답니다. 그 회사 안에는 예수 믿는다고 하면서도 급할 때는 예배고 주일이고 다 내버리고 회장 말대로 그저 굽실굽실하는 사람들이 많았겠지요.

그런 그에게도 견디기 어려운 중압감이 찾아왔습니다. 그때 그가 택한 것은 기도였습니다. 40일을 작정하고 매일 오전 6시에 일어나 직장 문제를 놓고 기도했습니다. 그러나 작정한 날이 지나도 아무런 응답이 없었습니다. 그래서 20일을 더 기도했답니다. 그 형제는 하나님께서 인도하시는 대로 사표 쓸 각오도 있었고, 다른 곳으로 인도하신다면 그렇게 따를 준비도 되어 있었습니다. 심지어 그 자리에 눌러 있으라고 하시면 그대로 있을 작정이었습니다. 그런데도 아무런 응답이 없었습니다.

하나님이 어떻게 인도하실까 기다리며 괴로워하고 있는데, 놀랍게도 지방 사장으로 발령이 났습니다. 이사회에서 두 단계 높여 진급을 결정한 것이었습니다.

성령 충만한 사람에게는 하나님이 평범한 일을 통해서도 일하시고, 특별한 일을 통해서도 일하십니다. 우리가 성령 충만하기만 하면 하나님은 학력, 인물, 빈부와 상관없이 우리를 사용하십니다. 청와대의 대통령이 나를 쓰겠다고 불러도 집안일, 회사일 다 제쳐두고 1분도 지체없이 정한 시간에 찾아가겠다며 옷매무새를 단정히하고 법석을 떨 텐데, 만군의 여호와 하나님이 뜻하신 일을 이루려 하실 때 그 일을 할 수 있는 사람이 된다면 얼마나 영광입니까?

성령 충만하기를 원한다면 먼저 회개합시다. 죄를 알고도 회개하지 않으면 성령은 근심하고 탄식할 뿐 절대로 우리 안에 충만하시지 못합니다. 그러므로 진지하게 자신의 죄를 주님 앞에 고백하면서 기도해야 합니다. 말 한마디 잘못한 것도 어떤 때는 성령께서 체크하십니다. 가족에게 잘못한 것도 하나님께서 체크하십니다. 심지어 생각이 이상한 방향으로 돌아간 것까지도 주님 앞에 나와 머리 숙이면 성령께서 체크하십니다. 성령 충만을 사모하십시오. 그리고 간절히 구하십시오. 그럴 때 성령께서 우리에게 역사하십니다.

주 안에서 이미 충만한 우리

예수 믿는 우리는 골로새 교회 교인들처럼 예수님 안에서 충만해졌습니다. 하나님은 이미 우리에게 충만을 허락하셨습니다. 모든 은혜가 우리에게 이미 충만하게 약속되어 있습니다.

> "너희도 그 안에서 충만하여졌으니 그는 모든 통치자와 권세의 머리시라"(골 2:10).

> "우리 가운데서 역사하시는 능력대로 우리가 구하거나 생각하는 모든 것에 더 넘치도록 능히 하실 이에게"(엡 3:20).

예수 그리스도는 우리가 기도하는 것뿐만 아니라 미처 알지 못하고 구하지 못한 것까지 넘치게 주십니다. 하나님이 주시는 충만은 우리의 상상을 초월합니다. 하나님이 주실 때는 차고 넘치게 주십니다. 그분은 원래 충만한 분이시기 때문입니다. 절대적인 주권자요, 온 우주에 충만하신 분, 영광 가운데 충만하신 분입니다.

간혹 이 충만을 어떤 체험이나 감정만 가지고 생각하기 쉽습니다. 물론 기도하거나 찬송할 때 성령이 충만하여 격한 감정을 체험할 수 있습니다. 굉장한 흥분도 따릅니다. 오히려 흥분하지 못하고 냉정한 사람보다는 흥분하는 쪽이 훨씬 낫습니다. 성령 충만은 흔히 감정과 연결되기 때문입니다.

"저 하늘을 보니 하늘이 열리고 예수 그리스도가 하나님 보좌 오른편에 서신 것을 보노라" 하고 하늘을 우러러 외친 스데반처럼, 우리의 심령이 하나님을 바라볼 때 저절로 두 손이 올라가고 소리도 높아지고, 어떤 때는 눈물도 흐릅니다. 이렇게 우리의 심령이 그야말로 천사의 날개를 달고 저 창공을 향해 날아오를 때가 있습니다. 얼마나 영광입니까? 얼마나 멋있습니까?

교회는 감정에 좀 민감할 필요가 있습니다. 너무 메말라 있으면 기도도 맥 빠진 것처럼 합니다. 사실 감정이 메마른 것만큼 괴로운 것이 없습니다. 가정생활, 부부생활, 대인관계, 신앙생활 모두 마찬가지입니다. 감정은 윤활유입니다. 그러나 성령 충만에는 지식적인 측면도 매우 중요합니다.

"…너희가 사랑 가운데서 뿌리가 박히고 터가 굳어져서 능히 모든 성도와 함께 지식에 넘치는 그리스도의 사랑을 알고 그 너비와 길이와 높이와 깊이가 어떠함을 깨달아 하나님의 모든 충만하신 것으로 너희에게 충만하게 하시기를 구하노라"(엡 3:17-19).

바울이 감옥에서 에베소 교회를 위해 기도한 내용입니다. 바울의 이 기도에서 '사랑', '깨달아', '충만'이라는 단어가 놓인 순서에 유의해서 보십시오. 이것은 성령 충만의 전형적인 코스로, 먼저 하나님의 진리, 예수 그리스도와 그분의 사랑에 대한 진리를 알고 깨달을 때 성령 충만해진다는 것을 가르쳐 줍니다.

그러므로 하나님의 말씀을 읽으며 이렇게 기도해야겠습니다.

"주여 이 진리를 더 깊이 알 수 있는 은혜를 주시고, 이 진리를 알면
알수록 더 깨닫는 역사도 주시고, 깨달을 때에 더욱 성령으로 충만
하게 하옵소서."

완전히 채워지지 않고 반쯤 차서 고통당하는 일이 없도록 우
리 모두 성령 앞에 마음을 다해 구합시다. 스데반처럼 성령 충만한
사람이 됩시다. 약간 별나 보여도 좋습니다. 오해받아도 좋습니다.
어떤 면에서는 미친 사람처럼 보일 수도 있겠지만 성령에 사로잡
혀서 일하는 것만큼 보람 있는 것도 없습니다. 성령이 충만하여 성
령이 사용하시지 않으면 안 되는, 오늘 이 시대를 감당하는 하나님
의 그릇이 되어야겠습니다. 이것만큼 귀한 일은 없습니다.

24 목숨 걸고 말하다

스데반이 지혜와 성령으로 말함을 그들이 능히 당하지 못하여
사람들을 매수하여 말하게 하되
이 사람이 모세와 하나님을 모독하는 말을 하는 것을 우리가 들었노라 하게 하고

_ 사도행전 6:10-11

초대교회에 등장하는 인물 가운데 집사 스데반은 예수 그리스도가 유대인들에게 거침돌이 된다는 사실을 가장 잘 입증한 전도자입니다. 스데반은 유대인들의 문제점을 정확히 지적했습니다. 이런 면에서는 사도들보다 오히려 스데반이 탁월했습니다.

스데반은 막연히 '예수 그리스도가 우리의 구원자'라고 전한 것이 아니라, 유대인들의 약점을 들추어 내며 예수 그리스도를 언급했습니다. 베드로는 유대인들에게 "예수님이 우리의 구원자가 되시고, 너희들이 십자가에 못박아 죽인 예수가 부활하셨다"라고 이야기했지만, 스데반처럼 유대인들이 안고 있는 환부를 건드리는

작업은 하지 못했습니다. 그러나 스데반은 접근 방법부터 달랐습니다.

생명을 내건 메시지

아픈 곳을 건드리는 스데반의 메시지는 듣는 유대인들을 도무지 견딜 수 없게 만들었습니다. 이 점이 스데반의 강점인 동시에 약점이었습니다. 유대인들이 깨닫고 복음을 받아들이면 다행인데, 그렇지 않은 경우에는 극심한 반대를 받을 수밖에 없으니 말입니다.

스데반을 보면 참 이상하다는 생각이 듭니다. 스데반처럼 성령이 충만한 사람, 지혜와 믿음과 권능이 충만한 사람이 정확하게 과녁을 맞추었음에도 불구하고 회개하고 돌아온 사람이 왜 단 한 명도 없었을까요? 정말 신기한 일입니다. 아마 하나님의 특별한 섭리가 그 배후에 작용한 것이 틀림없습니다.

대개의 경우, 복음을 전할 때 듣는 사람의 약점을 찌르거나, 숨기고 있는 것을 들추어 내거나, 말하기 꺼려 하는 부분을 이야기하면 비교적 열매가 많지 않습니다. 분명 성령께서 역사하시지만, 오히려 강한 반작용을 일으키기 때문에 회개하고 돌아오는 역사는 조금 덜한 것 같습니다.

그러나 저는 스데반이 사람의 심리를 파악하지 못해서 그런 식으로 전했다고는 절대 보지 않습니다. 스데반이 기독교의 최초 순교자가 된 것은 하나님께서 이미 제물로 받으시기로 작정하신 사람이기 때문입니다. 그의 메시지는 순교자다운 메시지였습니다.

하나님 앞에 자신을 제물로 바친 전도자답게 생명을 내걸고 복음을 선포했습니다. 스데반의 죽음으로, 그가 전한 복음은 상상을 초월하는 큰 열매를 맺게 되었습니다.

직설적인 복음 증거

스데반의 공격적인 모습에서 한 가지 생각할 점이 있습니다. 일단 사람의 심리를 알아야 한다는 점입니다. 믿지 않는 사람을 전도할 때, 평소에 그 사람이 괴로워하고 쑥스러워하는 부분에 가책을 주면서 예수 믿으라고 하면 아마 마음을 열기가 쉽지 않을 것입니다. 오히려 점점 독이 올라 반발심만 커질 것입니다.

어떤 면에서는 사탄이 그런 인간의 마음을 더 적극적으로 활용합니다. 그래서 설교하는 사람이나 전도하는 사람, 가르치는 사람은 복음뿐만 아니라 사람도 잘 알아야 합니다. '어떻게 다가가야 그 사람의 마음 문을 열 수 있을까' 하고 고민해야 합니다. 복음의 능력에 의지해야 하지만 동시에 복음을 들고 나가는 우리 자신도 지혜로워야 합니다. 스데반은 이런 사실을 다 알면서도 성령의 강한 인도에 이끌려 과격한 방법으로 이스라엘 백성에게 복음을 증거했습니다.

◀))) 이처럼 어떤 경우에는 성령께서 우리가 온건한 방법으로 접근하지 못하도록 막으시는 때도 있습니다. 분명히 욕먹을 줄 알고 핍박받을 줄 알고, 분명히 열매보다는 어떤 문제가 일어날 줄 알지만 성령이 마음속에서 그렇게 말하지 않으면 안 되도록 강하게 이

끌고 가실 때가 있습니다. 그 이유가 어디에 있는지 당장은 알 수 없습니다. 그러나 시간이 흐르고 한참 뒤에 보면 성령이 왜 그렇게 하셨는지 깨닫게 됩니다.

과격한 복음 증거로 오히려 핍박이 일어나고 고통이 일어났지만 그로 인해 하나님께서 큰 역사를 이루셨던 적이 여러 번 있습니다. 그러므로 인간의 지혜보다 성령의 인도하심을 더 앞세워야 합니다. 물론 성령께서 온건한 방법으로 인도하실 때는 거기에 순종해야 합니다. 이것이 전도자의 자세입니다.

그러므로 당장 눈앞의 결과를 너무 의식하지 말아야 합니다. 어떤 때는 복음을 전하며 '내가 좀 심하게 말하지 않았나' 싶기도 할 것입니다. '좀 부드럽게 전했으면 좋았을 텐데' 하고 후회가 될 때도 있습니다. 그러나 내 성격보다 성령이 강하게 이끄셔서 그 말을 하도록 하셨다는 확신이 있을 때는 후회하지 마십시오. 하나님이 이 일을 어떻게 인도하시는지, 그 열매를 어떻게 맺으시는지 한번 보시기를 바랍니다.

보이지 않게 역사하시는 성령

우리나라의 경우, 일제강점기 때 신앙을 지키다가 감옥에 들어간 분들이 많습니다. 그들 중에는 온건파도 있었고, 강경파도 있었습니다. 안이숙 사모 같은 분이 온건파에 속합니다. 온건파에 속한 분들은 일단 감옥에 들어가면 시종일관 그 감옥의 질서대로 모범을 보이는 생활을 했습니다. 조사를 받을 때도 상대방이 큰소리로 나오면 겸손하게 가만히 있고, 비위를 가급적이면 건드리지 않으면서 아주 부드럽게 신앙 투쟁을 했습니다. 그런 분들은 대부분 광복 때까지 살아남았습니다.

반면 강경파는 많이 희생되었습니다. 감옥에서 아침부터 큰 소리로 찬송 부르고, 간수가 예배를 금지하면 더 열심히 예배드리고 찬송을 불렀습니다. 그러니 몽둥이로 맞지 않을 수가 없었지요. 신문을 받을 때는 항상 상대방의 가슴을 찌르는 말을 서슴없이 해서 더 모진 고문을 당했습니다. 극단적으로 싸웠습니다.

이렇게 행동한 데에는 성격 탓도 없지는 않았을 것입니다. 받은 은혜 탓도 있었을 것입니다. 그러나 무엇보다 성령께서 보이지 않게 역사하시는 부분이 가장 컸던 것 같습니다. 하나님께서 빨리 받으실 사람은 세례 요한처럼 왕 앞에 가서도 잘못을 지적하다가 목이 날아가는 일이 벌어집니다. 스데반도 "너희는 아브라함의 자손이 아니다"라고 강하게 도전하다가 결국은 순교하고 맙니다.

우리는 이런 것을 가지고 누가 잘했다, 잘못했다 말할 수 없습니다. 하나님은 우리 각자의 개성을 통해 일하시고 또 각자에게 주신 은혜를 따라 영광받으시기 때문에, 스데반이 이렇게 과격한 말로 메시지를 전했다고 해서 그를 향해 '너무 성급했다'거나 '지혜가 없었다'라는 말은 절대 할 수 없습니다. 교역자도 마찬가지입니다. 아주 부드럽고 온건한 교역자가 있는 반면, 매우 날카롭고 강경한 교역자도 있습니다. 그러나 그런 성향을 놓고 사람이 비판할 수는 없습니다. 하나님께서 다 그분의 뜻대로 사용하시기 때문입니다.

신학교 학장을 하신 모 교회 담임목사님 이야기입니다. 그분의 메시지는 정말 신사적입니다. 살을 붙여서 즉흥적으로 하는 이야기도 없이 그저 원고 그대로 차분히 읽습니다. 그저 조용하게 말씀하시고, 장내는 물을 끼얹은 것처럼 조용합니다. '아멘' 소리도 별로 없고, '주여' 하는 소리도 별로 없습니다. 그렇게 9년 정도 조용한 메시지가 이어지자 교회가 안정되고 성도들도 은혜를 많이 받았습니다.

그런데 그 후임으로 오신 목사님은 정반대의 성향을 가지고 있었습니다. 앞에 앉아 있으면 가슴이 조여 올 정도였습니다. 처음에는 교인들이 감당하지 못했습니다. 그러나 나중에는 그 메시지에 익숙해져서 그렇게 하지 않으면 도무지 메시지 같지 않다고 할 정도가 되었습니다. 그러는 동안 교회는 여러 가지로 은혜를 많이 받았습니다. 지나고 보니 하나님께서 역시 목회자의 개성을 통해 메시지 색깔도 조화를 이루도록 하시는구나 하는 것을 깨닫게 되었습니다.

스데반이 전한 메시지는 참 매력적입니다. 오늘날 교회에도 현대판 스데반이 많이 나와야 합니다. 이 세대는 목에 피가 맺히도록 부르짖어도 듣지 않는 세대 아닙니까? 장터에서 피리를 불어도 춤추지 않는 세대가 이 세대입니다. 겉으로는 예수 믿는 것 같고 겉으로는 신앙생활 잘하는 것 같으면서도, 속으로는 절대 순종하지 않는 왕고집이 있어서 성경 말씀까지도 아전인수 격으로 해석하며 스스로 자기 신앙을 변호합니다.

생명 걸고 바른 진리를 전할 수 있는 사람이 나와야 합니다. 생명 걸고 외치다가 죽는 역사가 나타나야 합니다. 그래야만 대한민국이 살 수 있습니다. 교회가 살 수 있습니다. 소리가 낮아도 내용은 칼 같은 말씀이어야 합니다. 날이 무뎌서 도무지 사람들 가슴

을 뚫고 들어가지 못하는 말씀, 사람들 눈치만 보는 그런 강단이
자꾸 많아지면 어떻게 되겠습니까? 결국 나중에 우리 모두 손해를
봅니다.

25 율법과 성전을 재해석하다

거짓 증인들을 세우니 이르되
이 사람이 이 거룩한 곳과 율법을 거슬러 말하기를 마지 아니하는도다
그의 말에 이 나사렛 예수가 이곳을 헐고
또 모세가 우리에게 전하여 준 규례를 고치겠다 함을 우리가 들었노라 하거늘
_ 사도행전 6:13-14

스데반은 절대로 자기 감정에 치우쳐 과격하게 전한 것이 아닙니다. 성령께서 그렇게 하도록 역사하셨고, 거기에는 분명한 목적이 있었습니다. 스데반이 복음을 증거한 뒤 나타난 반응을 보면, 확실히 예수 그리스도의 복음은 유대인들에게 용납될 수 없는 것이었음을 금방 알 수 있습니다. 유대인들은 사람들을 매수하여 스데반이 모세와 하나님을 모독하는 말을 했다고 증언하게 합니다. 거짓 증언의 내용은 13절에 있는 대로 성전(거룩한 곳)과 율법을 모독했다는 것이었습니다. 유대인들은 스데반의 죄목을 그렇게 정했습니다. 성전과 율법, 이것이 왜 예수 그리스도를 증거하는 데 문

제가 되었을까요? 이 부분은 구약과 유대인들을 이해하는 데 핵심
이 되는 중요한 부분입니다.

유대인의 자존심, 율법과 성전

유대인들의 뿌리가 되는 사상은 예나 지금이나 선민의식입니
다. 자신들만이 하나님 앞에 택함받은 민족이라는 의식입니다. 다
른 것은 건드려도 큰 문제가 되지 않지만, 이 선민의식을 건드리면
못 견디는 사람들이 바로 유대 민족입니다. 하나님을 오직 유대인
들만의 하나님이라고 생각했습니다. 하나님이 이방인을 만드신 것
은 유대인들의 종으로 삼기 위해서라는 착각까지 하고 사는 사람
들이 바로 이스라엘 백성입니다.

성경을 보면 유대인들이 분명 잘못 생각하고 있다는 것을 알
수 있습니다. 하나님께서 유대인을 택하셔서 할례를 통해 선민으
로 삼으시고 다른 민족들의 위협에도 불구하고 몇 천 년 동안 존
속시키시며 그 많은 범죄와 악행을 범한 그들에게 인자와 긍휼을
베푸신 이유가 어디에 있습니까? 하나님께서 그렇게 하신 데에는
분명한 목적이 있습니다.

유대인들은 이방인들이 자신들을 위해 봉사해야 하고 종으로
섬겨야 한다고 생각할 뿐만 아니라 자기들은 끝까지 우대를 받아
야 한다고 생각했지만, 하나님은 이방인을 위한 종으로 봉사하라
고 유대인을 선택하신 것입니다. 이유가 완전히 반대입니다.

하나님은 유대인을 통해 율법을 주시고, 유대인을 통해 예수

그리스도를 보내 주시고, 유대인을 통해 복음을 주셔서 유대인의 입과 손으로 그 복음을 이방인들에게 전하게끔 하셨습니다. 결국 모든 민족에게 복 주시기 위해 유대 민족을 하나의 통로로 선택하신 것입니다. 그런데 그들은 하나님의 뜻을 완전히 오해하고 있었습니다. 바로 깨닫는 것이 얼마나 중요합니까? 유대인들은 거꾸로 뒤집어 놓은 것을 진리로 여기는 모순 속에 살았습니다.

선택받은 유대인들에게 율법은 하나님이 주신 유일한 법이었습니다. 그러므로 율법은 영원불멸한 것이며 누구든지 율법에 대해 조금이라도 다른 말을 하면 안 된다고 생각했습니다. 그런데 이런 유대인들에게 스데반이 뭐라고 말합니까? 그들이 지금까지 붙들고 있던 율법을 그런 식으로 해석하면 안 된다고 말합니다.

또 '거룩한 곳'이라 부르는 예루살렘 성전에 대해서는 어떻습니까? 유대인들은 하나님이 오직 이스라엘 백성 가운데에만 거하시고, 특별히 성전에서 드리는 제사만 받으신다고 생각했습니다. 이처럼 율법과 성전은 선민사상을 가진 유대 민족의 긍지를 나타내는 중요한 것이었습니다.

그런데 스데반은 이 성전에 대해서도 다르게 해석합니다. 7장부터 스데반의 설교가 나옵니다. 설교의 요지는 이렇습니다.

"너희들의 조상 아브라함은 율법이 있기 전에 존재한 사람이요, 성전이 있기 전에 하나님 앞에 예배드린 사람이다. 그러므로 너희들이 지금 받들고 있는 율법과 성전을 내세우며 하나님 앞에 선택받았다고 생각하는 것은 잘못된 것이다."

스데반은 또 이렇게 지적합니다.

"하나님은 모세를 통해 유대 민족에게 율법을 주셨지만, 율법 받은 다음부터 오늘날까지 이스라엘 역사를 한번 검토해 보라. 율법을 제대로 지킨 일이 있었느냐? 지금까지 율법을 어기면서 하나님의 진노만 쌓지 않았느냐? 스스로 선민이라고 생각하는 그 자체가 너희의 교만이요 완악함이다. 율법 받은 선민이라고 자랑하는 너희가 그 율법에 따라 너희 죄를 책망하는 선지자들을 어떻게 했느냐? 지금까지 그 의로운 자들의 피만 흘리지 않았느냐?"

스데반은 아주 아픈 곳만 팍팍 찔렀습니다. 유대인들이 오해하고 있는 이 부분이 깨지지 않으면 예수 그리스도를 받아들일 수 없다는 걸 알았기 때문입니다. 선민이라고 하는 교만을 다 내려놓고 주님 앞에 무릎을 꿇지 않고서는, 그리고 그 교만 때문에 하나님의 아들 예수를 십자가에 못박아 죽인 것을 회개치 않고서는 복음이 들어갈 수 없었습니다. 스데반은 또 예수 그리스도를 율법의 완성자라고 주장했습니다. 예수님이 오심으로 율법에 담긴 하나님의 공의를 만족시켰기 때문입니다.

성전과 예수 그리스도의 관계는 또 어떻게 설명합니까?

"돌로 지은 이 건물이 하나님이 계신 성전이 아니라 바로 예수 그리스도가 성전이다. 그러므로 예수님을 마음에 모신 자는 누구나 다 성전이요, 어디에서나 예배드릴 수 있다. 예수님은 죄인을 부르러 오셨다. 아무리 선택받은 아브라함의 자손이라 하더라도 인간은 모두 죄인이다. 예수님은 죄인 된 모든 인류를 위한 구원자이시다. 그러므로 너희도 다른 민족처럼 회개하고 예수 그리스도를 믿어 구원받으라.”

스데반은 유대인들이 목숨 걸고 사수해 온 율법과 성전을 내려놓고 예수 그리스도를 믿고 구원받으라고 도전했습니다. 이러니, 유대인들이 이를 갈며 스데반을 죽이려 했던 것은 불 보듯 뻔한 일이었습니다.

구약에서 예수를 발견하다

스데반이 이처럼 탁월한 설교자가 될 수 있었던 이유가 무엇입니까? 평신도지만 예수 그리스도를 그렇게 정확하게 전달할 수 있었던 이유가 무엇입니까? 논리로 보나, 박력으로 보나, 확신으로 보나 유대인들이 도무지 스데반을 당할 수 없었던 이유는 무엇입니까?

바로 ‘지혜와 성령’으로 말했기(6:10) 때문입니다. ‘성령의 지혜’로 말했다는 뜻입니다.

성령의 지혜를 특별히 받은 사람에겐 세 가지 특징이 있습니다. 하나는 성경 말씀을 매우 잘 알고 있다는 것입니다. 7장 2절부터 보면 스데반이 구약 전체를 훑고 있습니다. 이것은 평소 그가 알고 있는 성경 지식이 남달랐으며 그만큼 하나님의 말씀을 부지런히 상고했음을 보여 줍니다.

성령의 지혜가 있으면 성경 말씀을 부지런히 읽게 됩니다. 공부하게 됩니다. 진리의 말씀을 마음에 새기게 됩니다. 우리는 흔히 성경 지식은 신학생이나 교역자들만 알면 되는 것이고, 평신도는 그저 설교만 들으면 된다고 생각합니다. 여러분은 구약을 어느 정도 알고 있습니까? 신약을 어느 정도 알고 있습니까?

스데반은 구약을 통해 예수 그리스도를 발견했습니다. 반면 수많은 서기관과 바리새인들은 구약을 수천 번이나 읽고도 그 속에서 예수 그리스도를 발견하지 못했습니다. '성령의 지혜'가 없었기 때문입니다. 스데반은 유대인들이 알고 있는 구약에서 예수 그리스도를 발견했기 때문에 담대하게 증거할 수 있었고, 도전하고, 논쟁하고, 변호하고, 설득할 수 있었으며, 결국에는 유대인의 논리를 이길 수 있었습니다.

오늘 이 시대를 위해 예수 그리스도를 증거해야 할 증인인 우리는 어디서 발견한 예수 그리스도를 증거해야 합니까? 구약과 신약에서 발견한 예수 그리스도를 증거해야 합니다. 남에게 막연히 들은 이야기만 가지고는 안 됩니다. 그런 것은 아무 힘이 없습니다.

성령의 지혜는 스데반에게 진리를 깨닫게 해주었습니다. 성경의 내용을 아는 것과 진리를 깨닫는 것은 다릅니다. 스데반의 설교가 담긴 7장을 보면 그가 참으로 기가 막힌 진리를 깨달았음을 알 수 있습니다.

성경의 진리를 깨달으려면 우리 마음이 먼저 청소되어야 합니다. 요즘 현대인들은 마음이 너무 복잡합니다. 상황에 말려서 빙빙 도는 통에 복잡해진 경우가 많습니다. 시시한 것들은 빨리 마음에서 퍼내고 되도록이면 마음을 깨끗하고 고요하게 갖추어서 하나님의 말씀을 읽으십시오. 성령께서 도와주실 것입니다. 우리가 하나님 앞에 구하지 않고는 이런 일이 가능하지 않습니다. 성령께서 깨닫게 해주셔야만 말씀을 깨달을 수 있습니다. 말씀이 전혀 귀에 안 들어옵니까? 마음에 무엇이 가득 찼는지를 먼저 찾아내야 합니다.

복음을 어떻게 적용할 것인가

스데반은 성령의 지혜로 성경을 적절히 적용했습니다. 당시 유대인의 문제점을 잘 찾아내어 예수 그리스도라는 복음으로 사정없이 깨뜨리고 수술했습니다. 주후 1세기 사람인 스데반이 그 시대의 문제점을 하나님의 말씀으로 조명하면서 당대 사람들에게 도전했다면 21세기를 살고 있는 우리는 어떻게 해야 할까요?

현대문명 속에서 자신을 잃어버리고 정신없이 휩쓸려 살아가는 사람들, 그들에게 예수님은 어떤 의미와 어떤 목적을 주실 수 있습니까? 예수 그리스도를 해답으로 제시해야겠는데 어떻게 제시할 것입니까? 우리 자신이 그것을 먼저 알아야 합니다. 깨달아야 합니다. 깨달으려면 성경을 읽으면서 무릎 꿇고 기도해야 합니다.

사마리아 여인에게 예수님은 자신을 '샘물'로 소개했습니다 (요 4:14). 사람들의 눈을 피해 물을 길으러 나온 여인에게 예수님은 '영생하도록 솟아나는 샘물'이었습니다. 그 여인의 필요에 맞게 자신을 제시하신 것입니다. 오늘 우리 주변에 있는 사람들을 한번 봅시다. 사람마다 처한 상황이 각각 다릅니다. 그러므로 성령이 주시는 지혜의 눈으로 한 사람 한 사람을 바라볼 줄 알아야 합니다. 그런 다음 저 사람에게 예수님은 어떤 의미를 갖는지 말씀을 통해 깊이 깨닫고 찾은 뒤 지혜롭게 적용할 수 있는 능력을 받아야 합니다. 이것이 우리가 오늘을 사는 길이요, 21세기를 구원하는 길입니다.

스데반은 경건하다고 자만하던 유대인들에게서 무서운 완고함과 교만, 그리고 하나님을 거역하는 더러운 죄악들을 발견했습니다. 스데반과 같이 우리도 21세기 교회가 안고 있는 문제를 냉철하게 꿰뚫어 볼 수 있어야 합니다. 오늘날 교회가 안고 있는 문제가 무엇입니까? 하나님의 말씀을 가지고 있고 예수 그리스도를 모시고 있다고 하면서도 우리에게 어두운 구석이 있음을 부인할 수 없지 않습니까?

그런데 스데반에게 주신 성령의 지혜가 왜 오늘 우리에게는 없는 걸까요? 평신도 지도자가 절실한 이 시대에 왜 이렇게 성령의 지혜가 결핍되어 있습니까? 언제든 성경을 볼 수 있고, 혼자 깨닫기 힘들 때 참고할 자료도 얼마든지 있으며 또 교회에서 배울 수도 있는데 말입니다.

우리 사회가 악하다고 욕하지 맙시다. 현대인이 악해져서 그렇다고, 현대문명이 너무나 거세게 밀려와서 그렇다고 변명하지 맙시다. 현대문명의 힘이 거센 만큼 하나님은 우리에게 더욱 큰 은혜를 부어 주실 것입니다.

우리는 21세기를 책임진 스데반입니다. 스데반은 성령의 지혜로 성경의 진리를 깨달았습니다. 스데반은 성령의 지혜로 그 진리를 그 시대에 적용했습니다. 너무 정확하게 적용해서 그는 자기 생명을 잃을 정도로 위기를 당했습

니다. 오늘 우리도 죽을 각오, 망할 각오, 손해 볼 각오를 하고 우리
의 말과 태도를 통해 예수 그리스도를 나타냅시다.

사도행전 7장

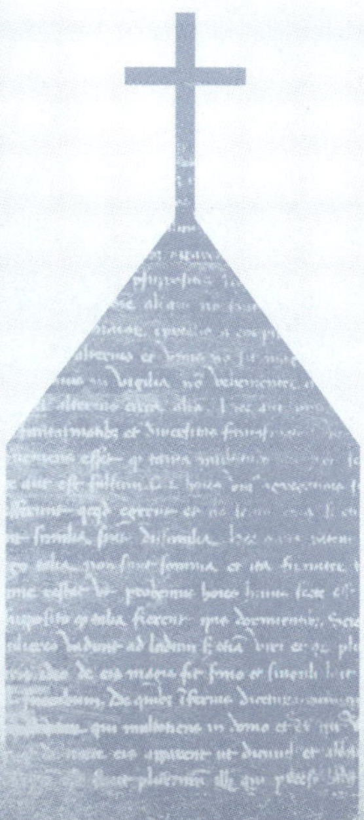

26 '사실이냐'는 질문을 받을 때

대제사장이 이르되 이것이 사실이냐 스데반이 이르되 여러분 부형들이여 들으소서
_ 사도행전 7:1-2상

회당에서 전도하던 스데반이 예수 그리스도를 받아들이지 않는 헬라파 유대인들에게 고소를 당했습니다. 스데반의 죄목은 '모세와 하나님을 모독한 죄'입니다. 재판장인 대제사장은 스데반에게 고소 내용의 사실 여부를 심문했습니다. 정말로 예수가 율법이 잘못되었다고 가르쳤는지, 거룩한 성전을 헐어 버려야 한다고 선동했는지를 물었습니다. 그리고 다시 한 번 이렇게 질문합니다.

"…이것이 사실이냐"(7:1).

이 질문은 낯설지 않습니다. 예수님에게도 똑같이 던져진 질문이었기 때문입니다. 예수님과 스데반이 같은 질문을 받고 각각 어떤 반응을 보였는지 비교해 보면 또 하나의 진리를 발견하게 됩니다.

예수님과 스데반이 보인 태도는 극과 극이었습니다. 예수님은 질문에 아무런 답을 하지 않으신 반면 스데반은 꽤 긴 호흡으로 대답을 합니다. 성경에 기록된 재판석에서의 자기변호 중 아마도 가장 길지 않을까 생각됩니다.

같은 질문, 다른 반응

예수님은 기소 내용이 전혀 근거도 없고 곡해되었음에도 불구하고 대제사장과 빌라도 앞에서 끝까지 침묵하셨습니다. 전혀 자기변호를 하지 않았습니다. 심문하는 자들이 오히려 이상하게 생각할 정도로 침묵을 지키셨습니다. 그 이유가 무엇일까요?

예수님은 하나님의 아들이시기 때문입니다. 하나님의 아들이 인간 앞에서 자기변호를 할 의무는 없습니다. 누구도 예수님께 입을 열라고 명령할 수 없고, 왜 변호하지 않느냐고 따져 물을 수 없습니다. 그런 발언은 피조물이 창조주에게 할 수 없습니다. 재판석에 앉았다고 인간이 예수님보다 높아지는 것이 아니요, 죄인석에 섰다고 해서 예수님이 인간보다 낮아지신 것이 아닙니다. 엄연히 창조주와 피조물, 하나님과 인간이라는 바뀔 수 없는 관계에서 하나님이 인간에게 자기변호를 할 이유가 전혀 없었던 것입니다.

그에 반해 스데반은 말문을 열자마자 일사천리로 조상 아브라함의 역사부터 시작해 창세기, 출애굽기, 레위기, 민수기를 전부 훑고도 모자라 사무엘 상·하, 열왕기상·하까지 언급했습니다.

그가 이렇게 한 이유는 간단합니다. 스데반은 예수님의 증인이기 때문입니다. 예수님의 증인은 예수님에 대한 오해가 있을 때 예수님 편에 서서 진리를 말해야 할 책임이 있는 사람이요, 누군가 예수님의 진리를 왜곡할 때 그것이 사실이 아님을 목숨 걸고 말할 의무가 있는 사람입니다. 스데반은 예수님의 증인이기에 침묵할 수 없었던 것입니다. 고소된 내용이 전부 잘못됐다는 것을 밝히며 거세게 반박할 수밖에 없었습니다. 어떤 면에서는 칼로 찌르는 것과 같은 격렬한 말이 나올 줄 알면서도 성령께 모든 것을 맡기고, 자기 생명을 내놓고 긴 시간 동안 예수님의 편에서 말한 것입니다.

스데반의 이러한 대답은 사실 변호가 아니었습니다. 우리 인간은 아무도 예수님을 변호할 자격이 없습니다. 감히 인간이 어떻게 하나님을 변호합니까? 하나님은 스스로 존재하시는 분이요, 그 존재 자체가 이미 변호가 필요없는 분이기에 인간이 그분을 변호할 이유는 없습니다. 단지 증거하는 것입니다. 보고 들은 대로, 깨달은 대로 스데반은 사실을 이야기한 것뿐입니다.

분명한 '예'와 '아니요'

증인이라면 어떤 상황에서든지 진실을 말해야 합니다. 예수 믿는 사람이 세상에서 예수 그리스도를 증거하는 것은 우리 자신이 예수님께 속한 사람으로서 드리는 신앙고백이자 세상을 향해 외치는 정죄입니다. 그래서 복음을 전할 때 외면하는 사람은 하나님 앞에 죄인이 됩니다.

 교회는 건물이 아니라 세상에 흩어져 사는 모든 하나님의 자녀를 말합니다. 교회인 우리는 스데반처럼 명료하게 대답해야 합니다. 세상 앞에 선 증인으로서 예수 그리스도 편에 서서 그분을 증거해야 합니다. 입을 열어야 할 때 반대로 입을 다무는 일은 없어야 합니다. 어디를 가든지 우리가 누구에게 속한 자인지를 분명히 밝혀야 합니다. 자신을 핍박하는 사람 앞에서도 스데반처럼 확실하게 전해야 합니다.

"오직 너희 말은 옳다 옳다, 아니라 아니라 하라 이에서 지나는 것은 악으로부터 나느니라"(마 5:37).

예수님께서 산상수훈에서 분명히 지적하신 이 말씀에 주의해야 합니다. '예'라고 대답해야 할 때는 분명히 '예' 할 것이요, '아니요'라고 대답해야 할 때는 '아니요' 하라는 말입니다. 예수 그리스도를 증거할 때는 이 둘밖에 없습니다. 절충이나 타협 같은 것은 있을 수 없습니다. 누군가 예수님에 대해 옳게 말할 때는 '옳다'고 말해야 하고, 잘못 말할 때는 '잘못됐다'고 말해야 합니다.

모호한 말은 악한 마음에서 나오는 것입니다. 마음이 더러워져 있다는 이야기입니다. 직장에서 얼마만큼 명료하게 신앙을 고백할 수 있습니까? 다른 사람이 여러분의 신앙에 대해 물을 때 얼마만큼 정확하게 대답합니까? 불행하게도 오늘날 한국 교회 성도들이 하는 말을 들어 보면 '예'인지 '아니요'인지 모호합니다. 분명하지 않습니다.

사업상 술자리에 할 수 없이 끌려가더라도 옆에 앉은 여자에게 "나는 예수 믿는다"고 한마디만 하면 되는데 그렇게 하기가 쉽지 않은 게 현실입니다. 술잔을 들고 어정쩡하게 있습니다. 누가 "교회 나가나 보죠?" 하고 물으면 그냥 씩 웃고 적당히 넘어갑니다. '예'도 아니고 '아니요'도 아닙니다. 이렇게 불분명하게 행동하니까 항상 사탄에게 이용당하는 불행한 사람이 되고 맙니다. 손해는 자신이 봅니다. 모호하게 말하면 내 입만 더러워지고 신앙 상태만 흐릿해지고 나중에는 시험에 들고 맙니다. 어디를 가든지 말은 바로 하십시오.

오늘날에는 신앙 때문에 스데반처럼 재판석에 서고, 생명이 어떻게 될지도 모르는 상황까지 가는 경우는 극히 드뭅니다. 예수 믿는 것을 분명히 밝힌다고 해서 당장 직장이 날아가는 것도 아닙니다. 예수 안 믿겠다고 한마디만 말하면 살려 주겠다는 곤궁에 처한 것도 아닙니다. 우리는 얼마든지 말할 수 있는 자유와 평화를 누리며 살고 있습니다.

이런 상황에서 우리의 신앙고백이 고백답지 못하다면, 그것은 분명히 우리 자신이 영적으로 죽어 있다는 증거입니다. 이러한 상태로는 세상을 이길 수 없습니다. 주님의 증인이 될 만한 자격도 안 됩니다. 성령은 이런 사람을 사용하시지 않습니다. 수만 명의 성도가 있어도 사용하시지 않습니다. 차라리 순진하고 솔직하게 말할 수 있는 어린아이 하나를 통해 영광받으실 것입니다.

교회가 능력이 있는지 없는지는 교인을 보면 알 수 있습니다. 사회 속에 흩어져 살아가는 그들의 입에서 나오는 고백을 들어 보면 알 수 있습니다. 분명한 말 한마디도 하지 못하는 교회라면, 분명한 신앙고백을 하지 못하는 교회라면, 아무리 많은 수가 모여 예배드린다 할지라도 성령의 손에 쓰임받는 교회는 안 될 것입니다. 아무리 하나님의 말씀을 사모하고 잘 받아들여도 생활 터전에서 혹은 생명의 위협을 당할 수 있는 곳에서 예수님 편에 서야 할 때 그 말이 분명하지 않다면, 신앙생활 전체가 분명히 문제를 안고 있다고 볼 수밖에 없습니다.

지금까지 이웃에게 예수 믿는 사람이라는 것을 뚜렷하게 보여 주지 못했다면 회개해야 합니다. 사회생활하면서 예수 믿는 사람이라는 것을 분명하게 고백하지 못하고, 그리스도를 증거하지 못해서 날마다 머뭇거리며 눈치 보는 생활을 했다면 회개와 함께 능력을 구하는 기도를 드려야 할 것입니다.

칼같이 날카로운 메시지

스데반의 분명한 대답 속에는 눈여겨보아야 할 두 가지 논점이 들어 있습니다.

첫째는 "유대인의 조상 아브라함은 유대인과 전혀 다른 사람이었다"는 것입니다. 왜냐하면 유대인들이 자신들은 전부 아브라함의 자손이요 선택받은 백성이라 믿고, 버티고 앉아 있었기 때문입니다. 스데반은 아브라함의 진면모를 보여 주어 아브라함이 그들과는 너무도 다른 사람이라는 것을 입증해야 했습니다.

둘째는 스데반을 잡아 온 사람들이나 스데반을 재판하는 사람들이 아브라함의 자손이 아니라 '사탄의 자손'이라는 것입니다. 아브라함의 자손이라고 자랑하는 유대인들이 사실은 아브라함의 자손이 아니라는 것은 이미 세례 요한도 지적한 바 있습니다.

"속으로 아브라함이 우리 조상이라고 생각하지 말라 내가 너희에게 이르노니 하나님이 능히 이 돌들로도 아브라함의 자손이 되게 하시리라"(마 3:9).

예수님도 이와 같은 내용을 말씀하신 적이 있습니다. 예수님을 일시적으로 믿고 따르던 유대인들이 자신들의 조상은 아브라함이리고 대답하자 예수님은 그들을 책망하셨습니다.

"너희가 아브라함의 자손이면 아브라함이 행한 일들을 할 것이거늘 지금 하나님께 들은 진리를 너희에게 말한 사람인 나를 죽이려 하는도다 아브라함은 이렇게 하지 아니하였느니라"(요 8:39하-40).

심지어 예수님을 거역하는 유대인들에게 '마귀의 자손'이라고까지 말씀하셨습니다.

"너희는 너희 아비 마귀에게서 났으니 너희 아비의 욕심대로 너희도 행하고자 하느니라 그는 처음부터 살인한 자요 진리가 그 속에 없으므로 진리에 서지 못하고 거짓을 말할 때마다 제 것으로 말하나니 이는 그가 거짓말쟁이요 거짓의 아비가 되었음이라"(요 8:44).

육신의 혈통은 아브라함에게 받아 태어났는지 모르지만 그들의 행태는 마귀의 자식들이었습니다. 얼마나 심각한 문제입니까? 스데반의 결론도 예수님의 말씀과 비슷합니다.

"목이 곧고 마음과 귀에 할례를 받지 못한 사람들아 너희도 너희 조상과 같이 항상 성령을 거스르는도다 너희 조상들이 선지자들 중의 누구를 박해하지 아니하였느냐 의인이 오시리라 예고한 자들을 그들이 죽였고 이제 너희는 그 의인을 잡아 준 자요 살인한 자가 되나니"(7:51-52).

여기서 말하는 조상은 누구입니까? 아브라함입니까? 아닙니다. 하나님이 보내신 선지자를 박해하고 죽인 이스라엘 백성들을 말합니다. 결국 스데반이 말하고자 한 것은 "아브라함과 너희는 다르며" 그렇기 때문에 "너희는 아브라함의 자손이라 말할 수 없고 마귀의 자손"이라는 것입니다.

그러니 이 말을 들은 유대인들이 이를 갈지 않을 수가 없었습니다. 그러나 스데반의 날카로운 메시지는 계속됩니다.

27 영광의 하나님을 만나다

우리 조상 아브라함이 하란에 있기 전 메소보다미아에 있을 때에
영광의 하나님이 그에게 보여 이르시되
네 고향과 친척을 떠나 내가 네게 보일 땅으로 가라 하시니
아브라함이 갈대아 사람의 땅을 떠나 하란에 거하다가 그의 아버지가 죽으매
하나님이 그를 거기서 너희 지금 사는 이 땅으로 옮기셨느니라

_ 사도행전 7:2하 - 4

스데반은 유대인들에게 그들이 조상 아브라함을 닮지 않았다고 강하게 도전했습니다. 아브라함의 무엇이 그들과 달랐기에 스데반이 그렇게 말했을까요? 아브라함은 전적인 은혜를 받아 살아 계신 하나님을 대면한 사람으로서 유대인들과 달랐다는 것을 스데반은 지적했습니다. 아브라함은 율법 안에서 배운 '죽은 하나님'이 아니라 살아 계신 하나님을 대면했습니다. 상식적으로 아는 하나님을 믿고 살았던 사람이 아니라 평생 동행할 수 있는 살아계신 하나님을 믿고 살았습니다.

"스데반이 이르되 여러분 부형들이여 들으소서 우리 조상 아브라함
이 하란에 있기 전 메소보다미아에 있을 때에 영광의 하나님이 그에
게 보여"(7:2).

아브라함이 메소보다미아에 있을 때 만난 하나님은 '영광의
하나님'이었습니다. '영광의 하나님'은 저 영광스러운 보좌에 계신
온 우주의 주인이자, 우주 만물의 찬송과 경배를 받으실 유일한 분
이십니다. 이런 하나님에 비해 아브라함은 너무나 비천했습니다.
두 존재는 도무지 만날 수가 없는 상대입니다. 아니, 만나서는 안
되는 상대입니다. 그러나 그 영광의 하나님이 비천한 아브라함을
찾으셨습니다.

빛이 찾아오다

아브라함은 전적으로 수동적이었고, 하나님은 철저히 능동적
이셨습니다. 아브라함이 하나님을 찾아서 만난 것이 아니라 그 반
대였습니다. 그것도 우상숭배 하던 아브라함에게 하나님이 찾아오
셨다는 것은 놀라운 일입니다.

"여호수아가 모든 백성에게 이르되 이스라엘의 하나님 여호와께서
이같이 말씀하시기를 옛적에 너희의 조상들 곧 아브라함의 아버
지, 나홀의 아버지 데라가 강 저쪽에 거주하여 다른 신들을 섬겼으
나"(수 24:2).

여호수아 24장 말씀을 보면 아브라함의 조상들은 우상숭배 하는 사람들이었습니다. 하란 땅에 있을 때 그들은 다른 신들을 섬기고 있었습니다. 아브라함도 예외는 아니었습니다. 아브라함이 다른 친족들과는 달리 우상숭배 하지 않았다는 말은 없습니다. 꼭 같은 사람이었습니다. 이런 아브라함에게 하나님께서는 스스로 낮추시고 찾아와 자신을 나타내셨습니다. '계시'하신 것입니다. 하나님의 '전적인 은혜'입니다. 아브라함은 하나님의 전적인 은혜를 경험한 것입니다. 참 영광스러운 일입니다.

전적인 은혜를 경험한 아브라함에게는 즉각 큰 변화가 일어났습니다. 살아 계신 하나님을 직접 만나고, 그분의 입에서 나오는 말씀을 듣고 나니 사람이 완전히 변했습니다. 어느 정도로 변했습니까? 자신의 든든한 울타리였던 일가친척을 다 버리고 정처 없이 고향을 떠날 정도로 변했습니다. 떠나는 아브라함을 전송하던 사람들은 이미도 "참 불쌍하다, 돌았나 봐, 어디가 잘못됐나 봐" 하고 수군수군했을 것입니다. 또 사람들이 행선지를 물을 때 아브라함은 "글쎄, 나도 잘 몰라요. 그냥 떠나는 거예요" 하고 대답했을지도 모릅니다. 살아 계신 하나님을 만난 아브라함에게 나타난 이런 큰 변화는 어쩌면 당연한 일이었는지도 모릅니다.

스데반을 고소한 유대인들은 살아 계신 하나님을 만나지 못한 자들이었습니다. 만약 그들의 마음이 어린아이와 같아서 하나님의 말씀인 구약을 펴 놓고 무릎 꿇고 하나님께 매달렸다면, 분명히 아브라함이 만난 하나님을 그들도 만날 수 있었을 것입니다. 또 살아 계신 하나님을 만난 사람들이라면 예수님을 십자가에 못 박지도 않았을 것이요, 스데반을 향해서 이를 갈지도 않았을 것입니다. 그

러나 그들은 하나님을 몰라도 너무 몰랐습니다. 그래서 아브라함
과 달라도 너무 달랐습니다.

우리는 어떻습니까? 아브라함의 자손인지 아닌지 한번 점검
해 봅시다. 우리가 하나님을 찾아서 교회에 왔습니까? 아니면 하
나님이 우리를 찾아 오셨습니까? 어느 쪽인지 자신 있게 대답할
수 있나요? 어느 책에서 본 구절이 생각납니다.

"우리가 태양을 보는 것은 태양이 가진 빛 때문에 보는 것이다."

평범한 이야기지만 '계시'를 이해하는 데 대단히 도움이 되는
말입니다. 우리가 태양을 볼 수 있는 것은 내 눈 때문이 아니라 태
양 자체의 빛 때문입니다. 그러므로 태양이 자기를 내보이지 않으
면, 드러내지 않으면 우리의 시력이 아무리 좋다 하더라도 태양을
볼 수가 없습니다. 하나님이 스스로 영광의 자리에서 내려와 우리
에게 자신을 계시하시기 때문에, 그 영광스러운 하나님의 빛 때문
에 우리가 비로소 하나님을 만나고 하나님의 음성을 듣는 것입니
다. 하나님이 보여 주시지 않으면 불가능한 일입니다.

우리가 예수를 믿은 것은 우리가 예수 그리스도를 발견했기
때문이 아닙니다. 하나님이 나를 찾아오셨고 하나님이 나를 발견하
셨고 하나님이 나를 끌어올려 주신 것입니다. 하나님
의 전적인 은혜를 통해 구원받았습니다. 하나님이 찾아
오셨고 그 살아 계신 하나님을 마음에 품고 산다는 점
에서 우리는 아브라함과 꼭 닮았습니다. 예수 그리스도
가 우리 안에 살아 계십니다. 율법 속에서 죽은 하나님

이 아니라 예수 그리스도, 살아 계신 하나님을 만나 그분과 동행하는 아브라함의 후손입니다.

어둠과 결별하다

아브라함은 하나님을 만나자마자 고향을 떠났습니다. 세상과 분리되었습니다.

"무릇 내게 오는 자가 자기 부모와 처자와 형제와 자매와 더욱이 자기 목숨까지 미워하지 아니하면 능히 내 제자가 되지 못하고"(눅 14:26).

아브라함은 이 말씀 그대로 살았습니다. 하나님을 사랑할 것이냐, 고향 땅에 있는 부모와 형제들을 사랑할 것이냐 하는 양자택일의 기로에 섰을 때 그는 두말없이 고향을 버렸습니다. 다 버리고 하나님이 가라 하시는 곳을 향해 꿋꿋이 걸어갔습니다.

하나님을 만난 사람의 삶에는 거룩한 구별, 즉 성별(聖別)이 따라옵니다. 이것을 중생(重生)이라 부릅니다. 우리는 어두움에서 빛으로 나온 사람들입니다. 하나님이 부르셔서 나왔습니다. 사망의 권세 아래에 있던 우리가 생명의 자리로 옮겨갔습니다. 중생을 경험한 것입니다.

누구든지 살아 계신 하나님을 직접 만나서 "나오라"는 음성을 들으면 두말없이 나가게 됩니다. 이전에는 그렇게 소중하던 부모도, 형제도 예수님만큼은 중요하지 않게 됩니다. 이전에는 세상이 그렇게 커 보이고 중요해 보였지만, 하나님을 만난 다음에는 떠나온 고향이 희미해지듯이 다 희미해지는 존재에 지나지 않습니다.

스데반 앞에 있는 유대인들은 이런 아브라함에 비해 너무나 다른 사람들이었습니다. 우리는 어떻습니까? 아브라함과 닮았나요? 정말로 아브라함처럼 세상과 구별된 생활을 합니까? 오직 하나님만 따르지 못하고 가족의 상황에 따라 신앙이 좌지우지되기도 합니까? 아브라함은 그렇지 않았습니다. 오직 하나님만 바라보는 순수한 신앙을 가졌습니다. 이것이 거룩한 분리입니다.

"…누구든지 세상과 벗이 되고자 하는 자는 스스로 하나님과 원수 되는 것이니라"(약 4:4).

생각이나 취미나 인생의 목적이 세상에 그대로 뿌리박혀 있다면, 세상을 바라보며 자신의 어떤 만족을 추구한다면 그 사람은 비록 교회에 다닌다 할지라도 근본적으로 세상과 분리된 사람이 아닙니다. 고향을 떠나지 못한 사람입니다. 그런 사람은 아브라함의 후손이라고 말할 수 없습니다. 하나님을 불러야 할 필요가 있을 때만 신앙인답게 행동하고 다시 되돌아가는 그런 생활, 이것은 신앙 생활이 아닙니다. '구원받을 만한 믿음'을 가진 사람은 아브라함처럼 세상에 둔 미련을 완전히 끊습니다. 마음의 중심을 하나님께만 둡니다.

살아 계신 하나님을 만나고 나면 지금까지 좋았던 것들에 정이 떨어집니다. 이런 변화 없이 어떻게 하나님 나라까지 가겠습니까? 무슨 힘으로 하나님 나라까지 갑니까? 무언가 근본적으로 달라진 게 있으니까 우리가 그래도 저 천성을 향해 한발 한발 내딛는 것 아니겠습니까? 우리의 육신이 이 땅에 발 딛고 서 있는데, 근본적인 마음의 변화 없이 어떻게 이 세상과 구별된 생활을 할 수 있겠습니까? 믿음의 역사는 과거나 오늘이나 변함이 없습니다. 아브라함이 경험했던 믿음의 역사는 오늘 우리에게도 일어날 수 있습니다. 그래서 우리가 아브라함을 '믿음의 조상'이라고 부르는 것입니다.

28 다 버리고 떠나다

아브라함이 갈대아 사람의 땅을 떠나 하란에 거하다가 그의 아버지가 죽으매
하나님이 그를 거기서 너희 지금 사는 이 땅으로 옮기셨느니라
그러나 여기서 발 붙일 만한 땅도 유업으로 주지 아니하시고
다만 이 땅을 아직 자식도 없는 그와 그의 후손에게 소유로 주신다고 약속하셨으며

_ 사도행전 7:4-5

신앙생활을 할 때 어떤 모범을 두고 배울 것이냐, 어떤 것을 표준으로 삼아 비교할 것이냐 하는 물음에 교과서처럼 제시되는 것이 바로 믿음의 조상들의 일생입니다. 특히 아브라함이 걸어간 길이 우리에게 믿음에 관한 모든 것을 가르쳐 줍니다.

아브라함은 살아 계신 하나님을 실제로 만나고 그의 삶 전반에 큰 변화를 경험했습니다. 특히 세상과 구별되는 삶을 살았습니다. 우리가 머리 숙여 하나님 앞에 '아버지' 하고 부를 때 하나님께서는 우리에게 아브라함처럼 세상과 구별된 삶을 살았느냐고 질문하실 것입니다. 만약에 그런 질문이 마음속에 전혀 없다면 제대로

신앙생활하고 있는지 한번 돌아보십시오.

말씀에 순종하려고 친구를 버렸습니까? 버려야 할 때는 버려야 합니다. 말씀에 순종하려고 고향도 떠났습니까? 떠나야 할 때는 떠나야 합니다. 아직도 그것이 안 됩니까? 그렇다면 우리의 믿음은 아직 아브라함과 거리가 멉니다. 말씀 앞에서 '버림'과 '떠남'이 이루어져야 비로소 믿음의 조상 아브라함의 후손이 될 수 있습니다.

장막의 신앙

거룩한 삶을 살기로 각오하고 세상과 구별된 삶을 선택한 아브라함에게 장막생활이 시작되었습니다. 아브라함은 잠깐 여행하는 사람처럼, 하나님께서 약속하신 땅에서 동일한 약속을 받은 이삭, 야곱과 더불어 장막에 거하였습니다.

> "그러나 여기서 발 붙일 만한 땅도 유업으로 주지 아니하시고 다만 이 땅을 아직 자식도 없는 그와 그의 후손에게 소유로 주신다고 약속하셨으며"(7:5).

> "믿음으로 그가 이방의 땅에 있는 것같이 약속의 땅에 거류하여 동일한 약속을 유업으로 함께 받은 이삭 및 야곱과 더불어 장막에 거하였으니"(히 11:9).

아브라함이 살던 당시에도 성을 쌓는 민족이 많았고, 좋은 집과 토지를 소유한 부족도 많았습니다. 아브라함 주변에 있는 사람들은 대부분 그렇게 살았습니다. 그러나 아브라함은 '발 붙일 만한 땅'도 소유한 일이 없습니다. 죽은 아내를 장사 지낼 매장지조차 없었습니다. 헷 족속에게 가서 머리가 땅에 닿도록 절하고 "나는 당신들 중의 나그네요, 우거한 자니 매장지를 나에게 주어 나의 죽은 자를 장사하게 하옵소서" 하고 말할 정도로 가진 땅이 없었습니다.

하나님이 약속하신 땅에 살면서도 자기 것으로 소유한 것이 없었던 것입니다. 오직 하나님이 인도하시는 대로 오늘은 이곳, 내일은 저곳에서 장막을 치고 생활하는 것으로 만족하고 살았습니다. 아브라함은 나그네였기 때문에 어찌 생각하면 특별히 자기 보호를 해야 한다는 강박관념에 사로잡힐 수도 있었을 것입니다. '아, 나는 고향을 떠난 사람이니 내 주변에는 나를 보호해 줄 만한 사람도 없구나! 다른 사람보다 성도 더 튼튼히, 집도 더 크게 지어서 모든 위험으로부터 나를 보호해야겠다'는 생각을 할 수 있었을 것입니다. 그러나 아브라함은 정반대로 살았습니다. 그는 오직 하나님만 붙들었습니다. 다윗은 아브라함의 이러한 심정을 "여호와는 나의 요새시요 내가 피할 반석이시라, 나의 산업과 나의 잔의 소득이시니"라고 시편 곳곳에서 표현했습니다.

하나님만이 그의 요새였습니다. 적군이 쳐들어와도 하나님이 그의 성이요 방패요 피할 바위가 되셨습니다. "발 붙일 만한 땅도 유업으로 주지 아니했다"는 말씀대로 그저 나그네 생활에 필요한 것만으로 만족하는 삶을 살았습니다. 그래서 물질에 애착이 없었습니다. 재산 문제로 조카 롯과 갈등이 생겼을 때 아브라함은 자기 권리를 깨끗이 포기했습니다. 미련 없이 양보하고 롯과는 완전히 반대 방향으로 가면서 오직 하나님만 바라보았습니다. 이것이 아브라함의 장막생활 정신이었습니다.

땅의 복은 못 받아도 좋다

성별된 삶이 되면 모든 마음을 하나님께 두고 사는 사람이 됩니다. 그래서 자신의 보물을 하늘에 쌓게 됩니다. 땅에는 마음을 두지 않습니다. 땅 위에다 무엇을 쌓으려고 하지 않습니다. 땅 위의 무엇에 내 안전을 의뢰하려고 하지 않습니다. 이것이 아브라함이 가르쳐 준 장막생활 정신입니다.

자본주의 사회에서 가장 물들기 쉬운 것이 물질욕, 소유욕 아닙니까? 물질을 얼마만큼 가지겠다는 생각 자체는 나쁜 것이 아닙니다. 내가 노력한 만큼 소유하는 것은 성경적인 원리입니다. 그러나 하나님보다 물질에 더 마음이 끌릴 때는 그 물질은 나를 범죄하게 만드는 마귀의 도구가 됩니다. 장막생활을 하는 사람이라면 그럴 수가 없습니다.

이런 면에서 한국 교회 성도들은 회개해야 합니다. 우리나라에 기독교인이 1,200만이나 되면서도 왜 세상 앞에서 부들부들 떨며 오히려 비판의 대상이 되고 있습니까? 근본적으로 아브라함이 가졌던 장막생활 정신을 우리가 다 잃어 버리고 살아가기 때문입니다. 너무나 세상에 욕심이 많습니다. 물질에서 마음이 떠나야 합니다. 얼마를 소유했든 간에 물질에 속박당하고 물질에 노예가 되면 그는 이미 이 땅에 성을 쌓은 사람이요, 땅 위에 곳간을 지은 사람입니다.

예수 바로 믿고 하나님 나라를 향해 묵묵히 걸어갈 때 물질이 적어서 남에게 멸시 당하지나 않을까 하는 두려움을 갖는 성도들이 많이 있습니다. 그것은 무엇을 의미합니까? 하나님 자녀로서의 긍지가 없어졌다는 이야기가 아닐까요? 물질을 많이 가져서 남에게 대우받는 것이 하나님 자녀로서의 긍지입니까? 예수 잘 믿는데 물질적인 축복이 없는 것같아 부끄럽습니까? 하나님 인도하시는 대로 움직이는 나그네라고 하는 정체성을 상실한 채 이 땅을 영원한 거주지처럼 생각하면서 입으로만 하나님을 부르면 하나님이 은혜 주실 수 있겠습니까? 마음이 땅의 것으로 가득 차 있는데 무슨 은혜가 들어갑니까?

대한민국의 1,200만 성도가 물질에 붙은 마음을 완전히 떼어내고 자유인이 된다면 대한민국에 놀라운 혁명이 일어날 것입니다. 개혁이 일어날 것입니다. 모든 성도가 다 아브라함처럼 장막생활을 각오하고 물질에 묶인 마음이 해방되기만 한다면, 그래서 하나님만 바라보며 하나님 뜻대로 살기 원한다면 대한민국은 달라질 것입니다.

아브라함은 헷 자손, 여부스 자손 등 주변 족속들과 공존하며 살았지만 동화되지 않았습니다. 완전히 다르게 살았습니다. 그래서 주변 사람들도 아브라함은 자신들과 다르다는 것, 구별된 삶을 살고 있다는 것을 모두 인식하고 있었습니다.

믿음의 눈으로 멀리 내다보다

아브라함은 세상과 구별된 삶을 살았기 때문에 시종일관 믿음 하나로 승리할 수 있었습니다. 우리가 '믿음, 믿음' 하지만 마음이 깨끗하지 못하면 그 믿음은 힘이 없습니다.

하나님께서 아들 하나 없는 아브라함에게 "이 땅을 너에게 주고 하늘의 별과 같이 네 자손이 많아지겠다"고 하셨을 때 그는 "아멘" 하고 믿었습니다. 마음이 깨끗하니까 믿을 수 있었습니다. 노년에 간신히 아들 하나 얻어서 금이야 옥이야 키우다가 갑자기 하나님이 바치라고 하셨을 때 어떻게 했습니까? 아낌없이 바쳤습니다. 어떻게 그런 믿음이 가능했겠습니까? 세상과 섞여 흙탕물이 된 마음으로는 어림도 없습니다. 게다가 나그네가 되어 다른 나라에 가서 그 땅에서 400년 동안 종살이 할 것이라는 말씀을 믿음 없이 받아들일 수 있었겠습니까?

아브라함은 평생 아들 이삭 하나 외에는 하나님의 약속이 이루어지는 것을 보지 못했습니다. 마지막까지 보지 못했습니다. 그래서 히브리서 기자는 아브라함에 대해 "멀리 내다보고 죽었다"(히 11:13 참조)는 표현을 썼습니다.

우리도 이런 삶을 살아야겠지만 잘 안 되는 게 현실입니다. 뭔가 눈에 보이지 않으면 그냥 믿음이 사시나무 떨듯 요동합니다. 내가 구한 것이 금방 이루어지지 않으면 믿음의 뿌리가 흔들립니다. 아브라함의 믿음에 비하면 너무나 경박한 믿음이라 하지 않을 수 없습니다.

아브라함은 눈에 보이지 않아도 오직 믿음으로 살았습니다.

하나님께 구했지만 평생 아무것도 받지 못한다고 할지라도 아브라함처럼 끝까지 믿을 수 있겠습니까? 참 놀라운 이야기입니다. 그러므로 스스로 자신의 믿음을 굉장하다고 생각하지 마십시오. 환경이 바뀌거나 어떤 믿음의 시련을 당하게 되면 내 믿음이 어느 정도 견딜 수 있을지 스스로 검토해 보십시오.

아브라함처럼 끝까지 믿음으로 승리하려면 마음의 불순물이 사라져야 합니다. 믿음에 섞여 있는 불순물을 다 걸러 내야 합니다. 불순물이 무엇인지는 우리 자신이 가장 잘 알지 않습니까? 회개하며 하나님 앞에서 걸러 내야 합니다. 어떤 상황에서도 흔들리지 않는 믿음, 아브라함처럼 눈으로 보지 않고도 끝까지 걸어갈 수 있는 믿음을 가져야 합니다. 그 믿음이 없다면 앞으로 우리에게 닥칠 어려움과 시련 앞에서 우리의 믿음은 썩은 울타리처럼 맥없이 쓰러지고 말 것입니다.

29 빈손으로 하나님만 붙들다

여러 조상이 요셉을 시기하여 애굽에 팔았더니 하나님이 그와 함께 계셔
그 모든 환난에서 건져내사 애굽 왕 바로 앞에서 은총과 지혜를 주시매
바로가 그를 애굽과 자기 온 집의 통치자로 세웠느니라
그 때에 애굽과 가나안 온 땅에 흉년이 들어 큰 환난이 있을새
우리 조상들이 양식이 없는지라

_ 사도행전 7:9-11

하나님께서 아브라함에게 예언하신 말씀입니다.

"하나님이 또 이같이 말씀하시되 그 후손이 다른 땅에서 나그네가 되
리니 그 땅 사람들이 종으로 삼아 사백 년 동안을 괴롭게 하리라 하
시고"(7:6).

아브라함의 자손이 다른 땅, 곧 애굽에서 나그네가 되어 400
년 동안 종으로 섬기고 그 땅 사람들에게 괴로움을 당하리라는 내
용입니다. 이 예언은 언제 이루어집니까? 아들 이삭과 손자 야곱

의 대를 지나 4대째에 와서야 비로소 이루어집니다. 바로 요셉의
사건입니다.

> "여러 조상이 요셉을 시기하여 애굽에 팔았더니 하나님이 그와 함께
> 계셔"(7:9).

요셉의 형제들은 요셉을 은근히 시기하고 아니꼽게 생각했습
니다. 아버지의 지나친 편애 때문이기도 했고, 요셉이 다른 형제에
비해 뭔가 남다른 데가 있었기 때문이기도 했습니다. 게다가 배다
른 형제여서 문제가 더 심각했던 것 같습니다. 이유야 어찌 됐든
형제들의 이 '질투'는 하나님의 예언이 성취되는 데 결정적인 열
쇠가 되었습니다. 이와 함께 애굽과 가나안에 든 흉년은, 야곱 일
가를 애굽으로 이주시키는 또 하나의 열쇠가 되었습니다.

하나님이 사용하시는 그릇

이스라엘을 향한 하나님의 원대한 계획은 '질투'와 '흉년' 그
리고 '환난'을 통해 시작되었습니다. 하나님이 왜 이 같은 계획을
가지고 이스라엘을 인도하셨는지는 아무도 알 수 없지만, 분명한
것은 하나님이 이스라엘을 기뻐하셨기 때문이라는 것입니다. 어쨌
든 예언의 성취는 이렇게 좋지 않은 일을 통해 시작되었습니다.

우리는 시기와 질투를 절대 칭찬하지 않습니다. 그것은 마음
이 좁은 사람에게 흔한 감정이요, 결국 자신이 치명적인 손해를 보

고 나서야 막을 내리게 되는 감정입니다. 예수 믿는 사람이 시기와 질투가 많다면 바람직하지 않습니다. 그렇다면 어떻게 이런 악을 통해 하나님의 뜻을 이루셨는지 생각해 보지 않을 수가 없습니다.

요셉을 향한 형제들의 질투는 하나님의 뜻을 이루는 시작이 되었습니다. 그렇다고 형제들의 질투를 정당화할 수 있을까요? 형제들의 질투를 문제의 중심에 두고 보면 사람들의 잘못과 죄악이 오히려 하나님의 뜻을 위해 잘 사용될 수도 있다는 결론에 도달하기 쉽습니다.

관점을 바꾸어서 요셉이라는 하나님의 그릇을 중심에 놓고 봅시다. 그러면 이런 해석이 가능합니다. 하나님이 사랑하시고 사용하시는 사람에게 일어나는 모든 일은 그것이 선이든 악이든 간에, 모두 하나님의 뜻을 이루는 하나의 수단이 된다는 것입니다.

그렇다면 우리 자신은 어떻습니까? 하나님께서 즐겨 쓰시는 그릇이라고 말할 수 있습니까?

"큰 집에는 금 그릇과 은 그릇뿐 아니라 나무 그릇과 질그릇도 있어 귀하게 쓰는 것도 있고 천하게 쓰는 것도 있나니 그러므로 누구든지 이런 것에서 자기를 깨끗하게 하면 귀히 쓰는 그릇이 되어 거룩하고 주인의 쓰심에 합당하며 모든 선한 일에 준비함이 되리라"(딤후 2:20-21).

그렇습니다. 누구든지 하나님이 귀히 쓰시는 그릇이 될 수 있습니다. '누구든지'에는 요셉이나 사도들만 해당되는 것이 아닙니다. 목사나 장로만 해당되는 것도 아닙니다. "누구든지 이런 것에서 자기를 깨끗하게 하면"이라는 말씀은 '죄악과 정욕을 멀리하면' '아브라함처럼 구별된 생활을 하면'이라는 뜻입니다.

 자기를 깨끗하게 하면 주인이 온갖 좋은 일에 요긴하게 쓰는 귀한 그릇이 됩니다. 우리가 하나님이 사용하시는 그릇이라면 우리에게 일어나는 모든 일은 하나님의 뜻을 이루는 하나의 수단이 될 것입니다. 요셉의 인생이 그러했듯이 좋은 일도, 나쁜 일도, 선한 일도, 악한 일도 어느 것 하나 의미 없이 주어지는 일은 없습니다.

형들에게 시기를 받아 노예로 팔려 쇠고랑을 차고 아라비아 사막을 가로질러 갈 때 요셉은 얼마나 기가 막혔겠습니까? 그러나 그 사건은 이스라엘 백성을 애굽에 이주시켜 큰 뜻을 이루겠다고 하신 하나님의 약속을 성취하는 시작이었습니다. 이런 사실을 가만히 생각해 보면 우리에게 일어나는 사건에 대해 좋으냐 나쁘냐를 지나치게 가릴 필요가 없다는 생각을 하게 됩니다.

고난으로 형통하다

좋은 일도 나쁜 일도, 유익도 손해도 모두 그 뜻을 이루시기 위해 하나님께서 사용하십니다. 아마 요셉도 그렇게 생각했던 것 같습니다. 나중에 형들이 와서 얼굴을 들지 못하고 흐느끼며 어찌할 바를 몰라 할 때 요셉은 이렇게 말합니다.

“당신들이 나를 이곳에 팔았다고 해서 근심하지 마소서 한탄하지 마소서 하나님이 생명을 구원하시려고 나를 당신들보다 먼저 보내셨나이다”(창 45:5).

형제들의 질투와 흉년이라는 큰 환난을 통해 하나님의 뜻을 이루어 가신 것처럼, 오늘날 우리 인생에도 반드시 그와 같은 일이 있을 것이라 믿습니다.

만약 ‘합력하여 선을 이루신다’는 원리가 우리 인생에 적용되지 않는다면 ‘범사에 감사하라’는 말만큼 허황된 말은 없을 것입니다. 어떻게 범사에 감사할 수 있겠습니까? 그러나 하나님께서 나를 당신의 그릇으로 택하시고 예수의 피로 깨끗하게 하시고 작은 일에든 큰일에든 사용하신다는 믿음이 있을 때에는, 내게 일어나는 모든 일들 속에서 합력하여 선을 이루어 가시는 하나님을 만나게 될 것입니다. 심지어 손해 보는 일, 상처 입는 일까지도 말입니다.

만약 원리에 근거해서 모든 것을 생각할 수만 있다면 정말 행복한 사람이 될 것입니다. 우리네 삶 가운데는 불평거리들이 많지 않습니까? 어긋나가는 자녀 때문에 고민하는 부모들, 남편 잘못 만나 평생 괴로워하는 아내들, 아내 잘못 만나 고생하는 남편들, 친구 잘못 만나 다시 일어설 수 없을 만큼 피해 보는 이들이 있지 않습니까? 이런 일이 있을 때 이 원리를 기억하십시오.

“나는 하나님이 사용하시는 그릇이다. 그렇다면 이 모든 것도 다 덕이 되게, 은혜가 되게, 하나님의 뜻을 이루도록 사용하실 것이다.” 이렇게 생각할 때 ‘오, 하나님 내가 손해 본 것도 감사합니

다' 하는 기도가 나올 수 있을 것입니다. 믿음의 조상들의 삶이 그
것을 증명하지 않습니까? 그렇게만 사십시오. 그렇다면 인생의 어
려운 문제를 다루는 자세도 달라질 것입니다. 이것이 신자의 생활
입니다.

30 광야 교회의 온유한 지도자

그들의 말이 누가 너를 관리와 재판장으로 세웠느냐 하며 거절하던 그 모세를 하나님은
가시나무 떨기 가운데서 보이던 천사의 손으로 관리와 속량하는 자로서 보내셨으니
이 사람이 백성을 인도하여 나오게 하고 애굽과 홍해와 광야에서
사십 년간 기사와 표적을 행하였느니라

_ 사도행전 7:35-36

7장 38절을 보면 '광야 교회'라는 용어가 나옵니다. 흔히들 교회는 신약시대에만 있고 구약시대에는 없었다고 생각합니다. 그러나 성경을 보면 구약시대 이스라엘 백성들의 모임도 '교회'라고 표현된 것을 알 수 있습니다.

모세 시대의 교회를 놓고 '광야 교회'라는 구체적인 표현을 처음 사용한 사람은 스데반입니다. 왜 광야 교회라고 했을까요? 이스라엘 백성들이 애굽을 나와 40년 동안 하나님 앞에서 연단받고, 배우고, 기다린 곳이 바로 광야였습니다. 스데반은 이스라엘 백성이 광야에서 지낸 생활 전체를 교회 생활로 본 것입니다.

교회가 무엇입니까? 흔히 '택함을 받은 하나님의 백성'을 교회라고 합니다. 이런 의미에서 신약시대의 교회나 구약시대의 교회나 그 본질은 동일합니다. 구약시대 때는 하나님이 택한 이스라엘 백성의 모임이었고, 신약시대 때는 하나님이 택한 하나님의 백성의 모임이기 때문입니다.

단지 한 가지 차이점이 있을 뿐입니다. 구약시대의 교회는 할례로 구별된 아브라함의 혈통을 이어받은 사람들이었습니다. 신약시대 교회는 성령으로 태어나서 성령 충만으로 세상과 구별된 백성들입니다. 간단히 말해 '혈통의 사람들'과 '중생의 사람들'로 나누어 표현할 수 있습니다.

구약 교회는 모세라는 '지도자'와 이스라엘이라고 하는 '회중'으로 구성되어 있었습니다. 사도행전 7장 17절부터 38절까지 모세 이야기가 계속 나오는데, 이것은 이스라엘을 출애굽시킬 지도자에 대한 약속이자 광야 교회 리더십에 대한 이야기입니다. 모세가 어떤 사람이었는지, 또 그의 리더십이 어떤 성격이었는지를 보여 줍니다. 그러고 나서 39절부터 43절까지는 이스라엘 백성에 대한 약속이자 광야 교회 회중에 대한 이야기로 그들의 성향과 모습을 보여 줍니다.

광야 교회 리더십인 모세와 광야 교회 회중인 이스라엘 백성을 각각 한마디로 어떻게 표현할 수 있을까요?

"이 사람 모세는 온유함이 지면의 모든 사람보다 더하더라"(민 12:3).

"너희는 므리바에서와 같이 또 광야의 맛사에서 지냈던 날과 같이 너희 마음을 완악하게 하지 말지어다"(시 95:8).

모세에 대해 성경은 '온유하다'는 표현을 썼고, 이스라엘 백성에 대해서는 '완악하다'는 표현을 썼습니다. 광야 교회는 한마디로 '온유한 지도자'와 '완악한 회중'이라는 어울릴 수 없는 요소로 구성된 교회였습니다. 광야 교회와 관련된 기록이 있는 출애굽기, 민수기, 신명기와 같은 성경은 오늘날 교회에 리더십에 대한 많은 교훈을 줍니다. 온유한 지도자를 통해 참다운 리더십을 배울 수 있을 뿐만 아니라 완악한 교인들을 통해 우리는 그렇게 되지 말아야 하겠다는 살아 있는 진리를 배웁니다.

완악한 회중을 이끄는 온유한 지도자

모세의 온유는 두 가지 뿌리를 가지고 있습니다. 첫째는 하나님의 손에 철저히 자아가 깨지는 훈련을 받은 것입니다. 또 하나는 하나님의 명령으로 지도자의 자리에 섰다고 하는 철저한 소명의식입니다.

모세는 본래 온유한 사람이 아니었습니다. 그는 애굽에서 의기양양한 사람이었습니다. 『교회사』를 쓴 역사가 유세비우스(Eusebius)에 따르면 모세는 왕위를 물려받을 수도 있는 애굽의 왕자였습니다. 그러한 자부심으로 가득했을 모세가 자신의 혈통을 알고 나서는 어떻게 되었습니까?

"나이가 사십이 되매 그 형제 이스라엘 자손을 돌볼 생각이 나더니"
   (7:23).

모세는 자신이 노예 생활을 하는 이스라엘의 혈통이라는 사실
을 알고 나서 자신의 힘으로 동족 이스라엘을 돌봐야겠다고 생각
했습니다. 애굽의 왕자로서 자신이 누리는 모든 특권을 이용해 자
기 민족을 구해야겠다는 사명감에 불타 올랐습니다.

"한 사람이 원통한 일 당함을 보고 보호하여 압제 받는 자를 위하여 원
   수를 갚아 애굽 사람을 쳐 죽이니라"(7:24).

분명 모세는 온유한 사람이 아니었습니다. 그는 무력으로 자
기 백성을 한번 건져 보겠다고 덤볐습니다. 하나님이 보내지 않으
셨는데도 스스로 "나는 이 백성을 구원해야 한다"고 하는 야망에
사로잡혀 있었습니다. 이런 사람은 온유할 수가 없습니다. 자아가
살아 있고, 부르심 없이 자기 스스로 이미 영웅이 되어 버린 사람
은 절대 온유한 지도자가 되지 못합니다.

"나는 그래도 배경으로 보나 여러 가지 재능으로 보나, 이만
하면 목사가 될 만하지 않을까?" 혹은 "이 정도면 교회 장로가 될
자격이 있지 않을까?" 하고 생각하는 사람들이 있습니다. 그러나
제대로 훈련을 받아 깨어지지 않은 사람은 목사가 될 수 없습니다.
장로도 될 수 없습니다. "하나님이 분명히 나를 부르셨다. 그러므
로 내 생명을 걸고라도 이 직분에 충성하리라"고 하는 뜨거운 소
명의식 없이 그저 신학교를 다녔다거나 혹은 교회에서 투표로 뽑

혔다고 해서 교회 지도자가 되는 것이 아닙니다. 그런 사람들 때문에 교회가 어려움에 처하고 시험에 빠지는 것입니다. 하나님은 그런 사람을 쓰시지 않습니다.

자아를 깨뜨리는 훈련

모세를 보십시오. 어리석은 교만으로 으스대다가 어떻게 되었습니까? 하나님은 모세를 단번에 미디안 광야로 몰아넣으셨습니다. 모세는 거기서 40년 동안 하나님의 손에서 자아가 깨어지는 훈련을 받았습니다. 산산조각이 났습니다. 왕자라는 신분, 학문, 과거에 가졌던 황홀한 꿈들이 모두 다 깨어졌습니다. 왕궁에서 배운 모든 것들도 녹이 슬어 버렸습니다. 하나님은 모세가 가진 그런 것들이 필요없었습니다. 결국 미디안 광야에서 모세에게 남겨 주신 것은 온유함뿐이었습니다.

교회의 리더십은 인간적인 것과는 다릅니다. 광야에서 하나님은 모세에게 말없이 끝까지 가르치셨습니다. 나중에 가시떨기 불꽃 앞에서 신발을 벗고 엎드린 그 초라한 모세를 한번 생각해 봅시다. 예전에 왕자 옷을 입고 사람을 쳐 죽이며 지도자 행세를 하던 그 모세와 한번 비교해 보십시오. 우리가 볼 때 광야의 모세는 도무지 지도자 같지가 않습니다. 한 사람의 목자, 초라하고 무능한 사람, 실패자, 좌절에 빠진 한 인간으로밖에 볼 수 없는 모세를 드디어 하나님은 쓰십니다. 이스라엘의 지도자로 애굽에 보내십니다. 온유한 사람이 되었기 때문입니다. 자아가 깨어져 하나님 명령에 따라 움직일 수 있는 아주 온유한 지도자로 변화되었기 때문입니다.

십자가를 끝까지 질 수 있는 능력

◀》 온유에 대한 한 가지 흔한 오해가 있습니다. 온유하다는 것은 부드럽고 상냥하고 친절한 것을 말하지 않습니다. 출애굽기에 나오는 모세를 봅시다. 모세가 상냥하고 부드럽던가요? 예수님도 스스로 온유하고 겸손한 자라고 하셨는데 예수님의 온유가 그렇게 느껴집니까? 그렇지 않습니다. 교회 지도자가 갖는 온유는 교회가 지워 주는 십자가를 끝까지 짊어질 수 있는 능력을 말합니다. 지도자이기 때문에 져야 할 십자가를 끝까지 질 수 있는 능력, 그것이 온유입니다.

예수님은 온유하셨습니다. 그래서 모든 죄인이 주님을 거역하는 것을 끝까지 참으실 수 있었습니다. 모세에게는 완악한 회중이 주는 짐을 감당할 수 있는 능력이 필요했습니다. 하나님은 그 능력을 미디안 광야 40년 동안 키워 주셨습니다. 온유라는 능력이 모세에게 없었다면 광야 교회는 삼분오열이 되어 말할 수 없이 비참한 꼴이 되었을 것입니다.

모세는 끝까지 짐을 짊어졌습니다. 그는 이스라엘의 죄를 한 몸에 지고 호렙산 꼭대기로 올라가 40일 주야를 금식하며, 하나님의 옷자락을 붙들고 매달리며 주께 부르짖었습니다. 이것이 온유입니다. 사람에게 자기 감정을 풀지 않고 악을 악으로 대하지 않는 사람, 하나님이 주신 소명을 위해 자아를 완전히 죽이고 순종하는 사람, 기꺼이 십자가를 지는 사람이 온유한 자입니다.

광야 교회 리더십은 이처럼 철저한 온유로 무장한 리더십이었습니다. 자아를 완전히 장례하고 하나님이 맡기신 양 떼 외에는 생각도 하지 않은 모세의 온유함, 이 능력을 가져야 합니다. 이것은 목사와 장로뿐만 아니라 교회와 세상에서 리더십을 발휘해야 하는 모든 평신도가 다 온유라고 하는 이 능력을 가져야 합니다. 특히 교회 리더십에는 반드시 온유의 능력이 필요합니다. 인간관계에서 생기는 여러 문제들 앞에서 십자가를 지지 못하고 벗어 버리는 사람은 지도자가 아닙니다.

하나님께서 교회마다 이런 온유한 지도자를 주셨으면 좋겠습니다. 교회에 세워지는 지도자들은 온유로 무장한 리더십이기를 바랍니다. 누가 오늘 이 시대에 교회가 져야 할 십자가를 끝까지 질 수 있겠습니까? 부흥하는 교회들이 아무 고난 없이 성장한 것 같습니까? 그렇지 않습니다. 왜 문제가 없고 어려움이 없겠습니까?

형통한 교회들을 보면 공통점이 있습니다. 교회가 주는 십자가를 지는 평신도 지도자들이 많다는 것입니다. 부흥하는 교회 안에는 온유한 사람들, 온유한 지도자들이 많이 있습니다.

반면 좀처럼 부흥하지 못하는 교회를 보면, 십자가를 질 만한 힘이 없는 완악한 교회, 교회의 문제점을 품고 끝까지 인내할 수 없는 교회, 온유가 결여된 교회인 경우가 많습니다. 성경은 가장 강퍅하고 완악한 교인들의 십자가를 짊어진 모세를 '지상에서 가장 온유한 사람'이라 일컫고 있습니다.

31 광야 교회의 완악한 회중

우리 조상들이 모세에게 복종하지 아니하고자 하여 거절하며 그 마음이 도리어
애굽으로 향하여 아론더러 이르되 우리를 인도할 신들을 우리를 위하여 만들라
애굽 땅에서 우리를 인도하던 이 모세는 어떻게 되었는지 알지 못하노라 하고
_ 사도행전 7:39-40

광야 교회의 회중은 완악하고 강퍅한 자들이었습니다. 완악하고 강퍅하다는 뜻이 무엇입니까? 성질이 억세고 고집스럽고 사납다는 것입니다. 그들은 그래서는 안 된다는 것을 알면서도 일부러 마음 문을 닫았습니다. 신명기 15장에는 완악하다는 뜻을 풀어 설명한 예가 나옵니다.

"네 하나님 여호와께서 네게 주신 땅 어느 성읍에서든지 가난한 형제가 너와 함께 거주하거든 그 가난한 형제에게 네 마음을 완악하게 하지 말며 네 손을 움켜 쥐지 말고 반드시 네 손을 그에게 펴서

그에게 필요한 대로 쓸 것을 넉넉히 꾸어주라 삼가 너는 마음에 악한 생각을 품지 말라 곧 이르기를 일곱째 해 면제년이 가까이 왔다 하고 네 궁핍한 형제를 악한 눈으로 바라보며 아무것도 주지 아니하면 그가 너를 여호와께 호소하리니 그것이 네게 죄가 되리라"(신 15:7-9).

'면제년'이란 7년마다 한 번씩 빚을 탕감해 주는 안식년을 말합니다. 면제년이 지난 지 얼마 되지 않아 다음 면제년까지 긴 시간이 남았을 때는 돈을 꾸어 주어도 돌려받을 가능성이 좀 있습니다. 그런데 면제년이 가까운 시점이라면 어떤 상황이 벌어질 수 있겠습니까? 꾸어 간 사람이 배짱을 부리며 잘 갚지 않다가 면제년을 악용할 수도 있지 않겠습니까? 그러니 돈을 꾸어 주는 사람은 "이제 곧 면제년인데 이거 꾸어 주면 십중팔구 떼이겠구나" 하는 마음이 들어 당연히 도와줘야 한다는 것을 알면서도 일부러 자꾸 마음을 닫게 되는 것입니다. 이것이 완악이요, 강퍅입니다.

여기 보니 '마음에 악한 생각을 품(는다)'는 표현이 있습니다. 자꾸 좋지 않은 마음을 품어서 마음을 악하게 만드는 것입니다. 손에다 비유하면 '손을 움켜쥐(는 것)'입니다. 펴야 하는데 자꾸 움켜쥐는 것, 이것을 일컬어 완악하다고 합니다. 광야의 이스라엘 백성이 이렇게 완악했습니다. 그들은 불신앙에 악심을 품어 완악했고, 죄의 유혹으로 인해 완고해졌습니다.

고의로 거절하다

이스라엘 백성이 출애굽을 이끈 모세에게 복종하는 것이 정상입니까, 불복하는 것이 정상입니까? 그들은 복종하는 것이 마땅한 줄 알면서도 "복종하지 아니하고자 하여 거절"했습니다.

"우리 조상들이 모세에게 복종하지 아니하고자 하여 거절하며 그 마음이 도리어 애굽으로 향하여"(7:39).

고의적입니다. 일부러 그러는 것입니다. 몰라서 안 한 것이 아니라 알면서 안 했습니다. 스스로, 일부러, 고의로 마음 문을 자꾸 닫았습니다. 그 결과 어떻게 됐습니까? 광야교회 성도들은 결국 성령을 거역하는 교인들이 돼 버렸습니다. 완악한 성도가 되었습니다.

"목이 곧고 마음과 귀에 할례를 받지 못한 사람들아 너희도 너희 조상과 같이 항상 성령을 거스르는도다"(7:51).

우리의 경우 구제 문제에서 완악해질 수 있습니다. 처음 생각에는 "구제 좀 해야지. 이웃집이 저렇게 고생한다는데 조금이라도 힘이 되어 줘야지" 하다가도, 하룻밤 자고 나면 "이거 주고 나면 내가 꼭 써야 할 때 못 쓰는데" 하는 생각에 마음을 접게 됩니다. 이렇게 자꾸 거절하다 보면 마음이 닫힙니다. 그러다가 나중에는 "가난한 사람들 도와줘도 끝이 없어. 밑도 끝도 없이 항상 도와

줘야 하고 귀찮아 죽겠어. 한 번 도와주면 자꾸 와. 아예 모르는 체 하자"며 완악해져 버리고 맙니다.

죄 문제도 마찬가지입니다. 처음엔 누가 옆에서 "당신 그러면 안 돼요. 회개하셔야죠" 할 때는 "아, 그래야죠. 회개해야죠" 하고 수긍합니다. 그런데 결단하지 못하고 자꾸 넘어가다가 또 누군가가 "예수 믿는다면서 그런 거 해결 안 하고 그냥 넘어가면 안 됩니다" 하고 재차 충고가 반복되면 그만 마음이 안 좋아지게 됩니다. "자기는 뭐 해결 다 했나?" 하면서 마음의 문을 닫아 버립니다. 일부러 닫습니다. 그러다가 때가 지나고 나면 진짜 회개를 못 하고, 회개하지 않는 것을 합리화하고 변명하는 완악한 사람이 되어 버립니다. 결국 완악한 마음은 불순종이라는 자식을 낳습니다. 이스라엘 백성이 광야에서 그랬습니다. 바른 교훈을 배워도 고의적으로 마음을 닫고 불순종하는 사람들이 되었습니다.

영적 교육 부재의 시대

광야 교회 회중은 왜 알면서도 고의로 불순종하는 완악함을 갖게 되었을까요? 영적 교육의 부재에서 그 원인을 찾을 수 있습니다. 광야에서 스러져 간 60만 이스라엘 백성은 애굽에서 나올 때 만 20세 이상인 성인이었습니다. 그들은 애굽에서 노예로 사는 동안 제대로 된 신앙 교육을 받지 못했을 것입니다. 그런 사람들이 갑자기 광야에 나와 교회를 이루었으니 하나님의 명령에 잘 순종할 수 있었겠습니까?

그에 비해 출애굽할 당시 20세 이하였던 사람들과 광야에서 태어난 2세대는 40년 광야 생활 동안 신앙 교육을 철저히 받았습니다. 그들이 요단 강가에서 여호수아를 따라나섰을 때 얼마나 멋진 군대가 되었습니까? 그들은 철저히 순종했습니다. 요단강으로 들어가라면 두말 없이 들어가고, 여리고 성을 일곱 번 돌라면 두말 없이 돌았습니다. 얼마나 철저히 순종하는 사람들이었는지 모릅니다. 광야에서 제대로 교육받았기 때문입니다. 출애굽 제2세대는 광야에서 자신의 부모가 하나님 앞에 불순종하다가 불뱀에게 물려 죽는 것을 보고, 전염병으로 한순간에 몇 천 명이 쓰러지는 비극을 겪고, 그들을 장사지내는 모세의 눈에서 흐르는 눈물을 보며 산 교육을 받았습니다. 1세대와 달리, 이들의 마음은 완악하지 않았습니다.

마음의 완악함을 피하려면 하나님의 말씀으로 계속 교육받아야 합니다. 완악해지기 쉬운 쓴 뿌리를 말씀으로 자꾸 뽑아 내야 합니다. 인간이 얼마나 더럽습니까?

오늘날 대한민국 교회가 왜 썩은 고목처럼 형식만 갖추고 그야말로 생동감 있는 역사들이 일어나지 않습니까? 모세와 같이 온유한 지도자들이 없다는 이유도 있겠습니다. 그리고 교인들에게 영적 교육이 부재하기 때문이기도 합니다. 마음이 스스로 완악해지지 않도록 하나님의 말씀으로 훈련합시다. 깨질 것은 깨지고, 다듬어질 것은 다듬어지고, 채워져야 할 것은 채워져서 오늘날 교회가 광야 교회가 되지 않도록 기도합시다.

32 순교의 피가 흐르다

우리 중에 예수 믿는 젊은이가 자신의 믿음 때문에 돌에 맞아 죽는 장면을 본 사람은 아마 거의 없을 것입니다. '예수 믿는다'는 죄목으로 나무에 묶여 화형당하는 처참한 광경을 목격한 일도 없을 것입니다. 우리는 주님 위해 죽도록 충성하겠다는 찬송을 부르지만, 한 번도 짐승에게 찢겨 순교당하는 그런 장면을 목격한 일도 없고 우리 자신이 그 같은 위험에 처한 일도 없습니다. 그래서 스데반의 순교 이야기는 사실 우리가 읽기에 대단히 부담스러운 말씀입니다.

이 말씀으로 설교 준비를 할 때 수일간 망설였습니다. 저 스스로 자격이 없다고 느꼈기 때문입니다. '스데반의 흉내라도 낼 수 있어야 설교할 텐데, 잘 먹고 잘 입고 편히 자고 조금 걷는 것도 힘들다고 자동차를 타고 다니는 내가, 복음을 위해 돌에 맞아 죽는 스데반의 이야기를 감히 강단에서 할 수 있을까?' 하는 생각이 들었습니다.

이런 말씀은 겸허한 자세로, 회개하는 자세로, 은혜를 사모하는 마음으로 받아야 합니다. 기독교 2,000년 역사 동안 헤아릴 수 없이 많은 순교자들의 거룩한 피가 끊임없이 흘러내렸습니다. 지금도 지구상에는 무명의 남녀노소 신자들이 단지 '예수 믿는다'는 죄목 때문에 자신의 생명을 아낌없이 던지는 거룩한 순교의 광장이 있습니다. 그들은 예수를 위해 자신의 생명을 죽음과 바꾸지 않으면 안 되는 상황에 놓일 때 서슴지 않고 생명을 던지고 있습니다.

그러나 그것을 바라보는 주변 사람들은 "왜 좀 지혜롭지 못할까? 조금만 지혜롭게 대답하면 저런 위기는 면할 수 있을 텐데, 왜 저렇게 극단적인 태도를 취할까?" 하고 순교자의 마음을 이해하지 못합니다. 그래서 순교는 지금 그리스도인들이 기피하는 것이 되고 말았습니다.

기독교는 피의 종교

◀)) 세상이 편해질수록, 환경이 좋아질수록 순교라는 것은 옛날 이야기 속에나 나오는 어떤 사건처럼 들릴 수 있습니다. 그러나 우

리가 기억해야 할 것은 기독교는 '피의 종교'라는 사실입니다. 예수님이 피를 흘려 기독교의 주춧돌을 놓으신 것처럼 오늘 주님을 따르는 하나님의 자녀라면 자의든 타의든 외면할 수 없습니다. 이것이 기독교의 운명입니다. 만약 기독교가 피 흘리기를 거부했다면 오늘날 우리에게 복음이 전파되지 못했을 것이며, 나사렛 예수 그리스도의 능력이 지금처럼 이렇게 우리의 마음을 사로잡을 수 없었을 것입니다. 피 흘리기를 주저하지 않는 그 용기 때문에, 생명을 아끼지 않고 던지는 그 놀라운 믿음 때문에 이 세상은 서서히 서서히 복음으로 물들어 가고 있습니다.

주님은 분명히 사도 요한에게 계시하셨습니다. 이 땅 위에 기독교가 존재하는 한, 피 흘리며 순교하는 일이 끊이지 않는다는 사실을 말입니다. 그러므로 지금도 순교의 피는 흐르고 있습니다. 앞으로도 그럴 것입니다. 과거 하반도에도 수없이 많은 순교의 피가 흘렀습니다. 아마 그것으로 끝이 아닐지도 모릅니다. 언젠가는 또다시 흐를지도 모릅니다. 자자손손 주님이 오시는 그날까지 흐르게 될지도 모릅니다. 기독교가 만약 피 흘리기를 주저한다면 그 생명은 끝날 것입니다.

"다섯째 인을 떼실 때에 내가 보니 하나님의 말씀과 그들이 가진 증거로 말미암아 죽임을 당한 영혼들이 제단 아래에 있어 큰 소리로 불러 이르되 거룩하고 참되신 대주재여 땅에 거하는 자들을 심판하여 우리 피를 갚아 주지 아니하시기를 어느 때까지 하시려 하나이까 하니"(계 6:9-10).

하나님의 보좌 앞 제단 아래에는 '하나님의 말씀'과 '가진 증거'로 인하여 죽임을 당한 사람들이 있습니다. 그들은 믿음을 지키려다가 죽임을 당한 영혼들입니다. 아마 스데반도 그들 중에 있을 것입니다. 그리고 그 영혼들은 오늘날까지 이 제단 앞에서 "오, 거룩하고 참되신 대주재여, 내가 땅 위에서 흘린 피를 언제 신원해 주시려 하십니까? 어서 심판해 주십시오" 하고 부르짖고 있을 것입니다. 바울의 피, 베드로의 피, 야고보의 피, 폴리갑의 피, 이그나티우스의 피, 그 외 수많은 순교자들의 피가 2,000년이 넘도록 이 제단 앞에서 하나님께 부르짖고 있을 것입니다.

우리나라에도 지금까지 이름 없이 빛도 없이 스러져 간 조선 말기의 순교자들, 일제 강점기와 공산주의 아래서 피 흘린 성도들이 있습니다. 그들의 영혼이 오늘도 하나님의 제단 앞에서 기도하고 있습니다. 과연 언제까지 그들의 기도가 계속되고, 순교의 피가 계속 흐를까요?

> "각각 그들에게 흰 두루마기를 주시며 이르시되 아직 잠시 동안 쉬되 그들의 동무 종들과 형제들도 자기처럼 죽임을 당하여 그 수가 차기까지 하라 하시더라"(계 6:11).

흰 두루마기는 예수님의 의의 옷을 상징합니다. 주님이 그들에게 주신 놀라운 의의 생명을 상징합니다. 흰 두루마기를 주시며 '잠시 동안 쉬고 있으라'고 말씀하십니다. 애석하게도 하나님은 '잠시'라고 하십니다. 우리 인간에게는 몇 천 년인데, 하나님은 잠시라고 하십니다. 언제까지입니까? '그 수가 차기까지'입니다.

하나님이 정하신 순교자의 수가 있습니다. 그 수가 얼마인지는 모르겠습니다. 앞으로 순교의 피를 대한민국 교회에서 얼마를 받으실지, 중국에서 얼마를 받으실지, 저 동남아시아에서 얼마나 받으실지 모릅니다.

순교자의 수가 차기까지는 끝없이 끝없이 기독교는 피를 흘리게 되어 있습니다. 우리는 이 사실을 분명히 인식하고 예수 믿어야 합니다. 지금은 우리가 우리의 생명을 주님 앞에 산 제사로 드리고 있지만, 언젠가는 정말 목숨을 제단에 올려놓아야 할 때도 있을 것입니다.

죽을 각오로 살라

사실 순교자의 영광은 아무에게나 주어지는 것이 아닙니다. 하나님께서 특별히 은혜 주신 자에게만 가능한 일입니다. 우리는 비록 이 순교자의 대열에 참여하지는 못할지라도 스데반을 통해 기독교가 피 흘리는 종교라는 사실을 알아야 합니다. 기독교는 생명을 바치는 종교입니다. 예수 믿는다는 말은 나 자신을 완전히 주님께 제물로 바친다는 뜻입니다. 이런 각오로 예수를 믿는다면 두려울 것이 하나도 없습니다. 죽을 각오로 살면 두려울 것이 없습니다.

바른 신앙생활을 하려면 날마다 죽을 각오로 살아야 합니다. 나 자신을 당장 제단에 올려질 순교자의 제물처럼 생각할 때 비로소 순수한 신앙생활이 가능하지, 살겠다고 애를 쓰면 신앙생활이 잘 되지 않는다는 것을 알아야 합니다. 이처럼 스데반의 첫 순교로부터 하나님이 정하신 순교자의 수가 차기까지 우리는 참다운 기독교인이 되기 위해 매일 순교를 각오해야 합니다. 그래야만 신앙의 순수성을 유지할 수 있고, 하나님의 손에 쓰임받을 수 있습니다.

스데반이 죽음으로 내몰린 진짜 이유

스데반은 어떤 이유로 죽었습니까? 이런 질문을 놓고 생각한다는 것이 좀 이상하게 보일지 모릅니다. 그러나 한번쯤 생각해 볼 만한 가치가 있습니다. 7장 54절을 보면 이 사건의 흐름을 대충 짐작할 수 있습니다. 스데반을 세워 놓고 심문하는 사람들, 그리고 그 광경을 지켜보는 군중들, 이들의 심리가 어떻게 흐르고 있습니까?

"그들이 이 말을 듣고 마음에 찔려 그를 향하여 이를 갈거늘"(7:54).

그들이 들은 '이 말'은 세 가지입니다. 첫째 "성전은 이제 하나님이 떠나신 집이다. 그러므로 성전을 우상시하지 말라"는 것이고, 둘째 "너희 조상들과 너희들은 꼭 같다. 너희 조상들이 성령을 거스려 행한 것처럼 너희들도 성령을 거스려 행한다"는 것이며, 셋째 "너희 조상들이 메시아를 예언하는 선지자들을 죽인 것처럼 너희들은 예수 그분을 죽였다"는 것입니다.

이 말은 유대인들의 가슴을 치는 질책이요, 그들의 양심을 찌르는 무서운 정죄였습니다. 아무리 양심이 굳었다 해도 찔릴 수밖에 없는 말입니다. 사탄의 지배를 받고 있던 군중은 스데반을 향해 이를 갈았습니다. 그러나 그 이상의 행동은 하지 못하고 이만 갈았습니다. 스데반이 이쯤에서 입을 딱 다물고 태도를 누그러뜨렸다면 아마 돌에 맞아 죽는 지경까지는 가지 않았을지도 모릅니다. 군중이 그런대로 자제하는 모습을 보였기 때문입니다. 이만 갈고 앉아 있었습니다. 그러니 엄격하게 말하면, 스데반이 죽은 직접적인 원인은 따로 있었다고 할 수 있습니다.

> "스데반이 성령 충만하여 하늘을 우러러 주목하여 하나님의 영광과 및 예수께서 하나님 우편에 서신 것을 보고 말하되 보라 하늘이 열리고 인자가 하나님 우편에 서신 것을 보노라 한대"(7:55-56).

스데반은 이를 가는 유대인들에게 기름을 끼얹는 결정적인 한마디를 더했습니다. 예수님이 살아 계신다고 증거한 것입니다. 예수님을 죽였다고 하는 책망에 대해서는 유대인들도 변명할 여지가 없었습니다. 불과 얼마 전에 죽인 것이 사실이니까요. 그런데 스데반의 입에서 더 이상 참을 수 없는 말이 나온 것입니다. 스데반이 하늘을 우러러 "인자가 하나님 우편에 서신 것을 보노라"고 한 것입니다.

'인자'(人子)라는 말은 누가 가장 많이 사용한 말입니까? 예수님이 평소에 자신을 가리켜 즐겨 사용한 호칭이 아닙니까? 이 말은 성령이 사용하게 하신 것이 분명합니다. 군중이 '인자'라는 말을 들었을 때 신경이 얼마나 날카로웠을지 짐작이 가고도 남습니다. "인자가 하나님 우편에 서신 것을 보노라"는 말은 "너희들이 십자가에 못박아 죽인 예수가 죽은 것이 아니라 지금 저기 하나님 옆에 살아 계신다"는 말로 결국 예수님의 부활을 증거하는 것이었습니다.

이 말을 듣고 사람들은 큰 소리를 지르며 발악했습니다. 마치 귀신들린 사람이 예수님을 보자마자 거품을 입에 물고 법석을 떨었던 것과 꼭 같은 모양입니다. 마귀에게 사로잡힌 인간들이니 예수가 살아 계신다는 말을 듣자 완전히 이성을 잃고 귀를 막은 채 스데반에게 달려들어 돌로 쳤습니다. 예수가 살아 계신다고 증거한 것 때문에 그는 결국 돌에 맞았습니다. 이것이 무엇을 의미하는지 깊이 생각해 보시기 바랍니다.

스데반의 일이 있기 전, 꼭 같은 자리에서 예수님은 '인자가 구름을 타고 오는 것을 보리라'고 증거하셨습니다. 그리고 지금, 스데반은 그 인자가 하나님 우편에 서 계신다고 증거했습니다. 예수님의 증거와 스데반의 증거가 일맥상통합니다. 한마디로 말하면 "예수는 메시아요, 만왕의 왕이요, 하나님이요, 살아 계신 구주"라는 것입니다.

유대교의 지도자들과 폭도들은 더 이상 참지 못했습니다. 우리는 사탄의 본성을 알아야 합니다. 사탄은 예수가 죽었다는 사실까지는 긍정합니다. 그러나 한 발짝 더 나아가면 기를 쓰고 반대합니다. 곧 죽은 예수가 살아서 하늘과 땅의 권세를 가진 메시아요, 왕이요, 구주가 되셨다는 진실은 악을 쓰고 거부합니다. 이것이 사탄의 본성입니다.

33 사울의 가슴에 스데반의 피가 번지다

스데반이 성령 충만하여 하늘을 우러러 주목하여 하나님의 영광과 및 예수께서
하나님 우편에 서신 것을 보고 말하되 보라 하늘이 열리고 인자가 하나님 우편에
서신 것을 보노라 한대…성 밖으로 내치고 돌로 칠새 증인들이 옷을 벗어
사울이라 하는 청년의 발 앞에 두니라

_ 사도행전 7:55-56, 58

부활의 증인이 된다는 것은 순교자가 된다는 것과 같은 의미
입니다. '순교자'와 '증인'은 헬라어 원어 '마르투스'로 같습니다.
예수님이 우리의 구주요, 부활하여 살아 계신다는 것을 증거하는
일은 생명을 거는 하나의 싸움입니다. 예수 믿으라고 권하는 것은
표면적으로는 별일 아닌 것 같지만, 보이지 않는 영적 세계에서는
큰 싸움입니다. 사탄은 그 소리를 죽어도 듣기 싫어합니다. 핍박
때 같으면 당장 달려들어 목을 조를 것입니다. 믿지 않는 사람에게
예수님이 살아 계신 하나님의 아들이요 그분을 믿지 아니하면 멸
망받는다고 전도할 때, 그것은 그 사람을 두고 사탄과 나 사이에

근본적인 싸움이 시작되는 것을 의미합니다. 예수님은 살아 계신 하나님이요 구주이심을 증거하고 있습니까? 그것은 분명 생명을 내놓고 증거하는 것이나 다름없습니다. 죽을 각오를 하고, 예수가 살아 계신다는 것을 증거하는 자를 위해 주님은 오늘도 하나님 우편에 서 계십니다.

보좌에서 일어나 기다리시는 예수님

스데반이 하늘을 바라보았을 때 주님은 보좌에서 일어나 서 계셨습니다. 아우구스티누스는 "예수님이 하나님 우편에 앉아 계신다고 말할 때는 심판자를 의미하고, 서 계신다고 말할 때는 변호자와 중보자를 의미한다"고 해석했습니다. 좋은 해석입니다. 그러나 칼뱅은 "중보자다, 심판자다 그렇게 구분하는 것은 너무 인간적인 생각에서 나온 해석 같다. 예수 그리스도가 서 계시든 앉아 계시든 간에 주님이 하나님 우편에 계신다는 것은 그가 바로 하나님이요, 모든 생사를 주관하시는 주요, 모든 역사의 열쇠를 쥐고 계시는 주권자라는 것을 의미한다"고 주장했습니다.

저는 아우구스티누스의 해석이 좀 더 마음에 듭니다. 서 계신 주님을 발견했을 때 스데반은 큰 위로를 받았을 것입니다. 주님은 복음을 위해 생명을 던지는 스데반을 그냥 앉아서 영접하실 수가 없으셨는지 스스로 일어나 두 팔을 벌리고 맞이하실 준비를 하고 계셨습니다. 기독교 최초의 순교자 스데반을 영접하신 주님이 서 계셨다면, 마지막 수를 채우는 순교자가 하나님 나라에 입성하는 그 순간까지도 주님은 서서 그들을 영접하실 것입니다.

세상이 보기에 순교자는 너무나 비참하고 허무한 인생을 살다 가는 사람일지 모르지만, 하나님 나라에서는 이처럼 놀라운 영광이 기다리고 있습니다. 이것이 순교자가 누리는 영광입니다. 세상에서 아무리 영화롭게 살면 무엇합니까? 고대광실 좋은 집에 살면 무엇하며, 왕좌에 앉아서 세계를 호령한들 그게 무슨 소용입니까? 죽고 나면 모든 것이 꿈같이 지나가고 그다음에는 무서운 심판이 기다리고 있음을 생각해 보십시오. 누가 그 사람을 일컬어 행복하다 말할 수 있으며 성공했다 말할 수 있겠습니까?

그러나 이 세상에서는 스데반처럼 돌무더기에 깔려 죽거나, 베드로처럼 십자가에 거꾸로 못박혀 비참하게 죽거나, 바울처럼 칼날에 목이 날아갈 수도 있지만 그 순간이 지나면 바로 우리 주님이 두 팔 벌리고 서서 영접해 주시는 영광을 누린다고 생각해 봅시다. 그다음에 누릴 영원한 행복과 영광을 한번 상상해 봅시다. 어느 것을 선택하겠습니까? 우리에게는 이런 꿈이 있어야 합니다.

> "주님, 세상적으로 볼 때는 예수 믿는 것 때문에 남에게 멸시도 당할 수 있고, 가난할 수도 있고, 어떤 때는 너무나 초라한 삶을 살게 될지 모르지만, 이런 것들이 끝난 다음 주님 앞에 서는 순간부터 하늘 영광이 나를 둘러싸고 주님의 팔이 나를 안아 주신다면, 땅의 것을 한순간에 다 포기하고도 고난 받기를 택하겠습니다."

미래의 꿈과 영광을 사모하는 간절함을 잃어버린다면 그것은 더는 기독교가 아닙니다. 이미 세속화된 종교입니다. 스데반처럼 돌에 맞아 죽을 만한 그런 위기까지는 아니라 할지라도, 부활의 증인이 되어 욕도 먹고 조롱도 받고, 어떤 때는 물바가지도 뒤집어쓰는 그런 모험도 한번 겪어 봅시다. 부활의 증인으로서 그런 일 당할 각오를 하고, 그것을 오히려 기쁘게 여길 정도로 우리 자신이 내세의 영광을 바라보는 눈이 있다면 세상은 우리를 감당하지 못할 것입니다.

스데반을 거두시고 사울을 그 자리에

스데반이 죽임을 당한 이유와 함께 생각해 볼 것은 스데반을 죽인 사람이 누구인가입니다. 사울과 그의 추종자들이 바로 그 장본인입니다. 사울이 그 일을 지휘하고 있었습니다. 그는 새파란 청년이었습니다. 이스라엘 중의 이스라엘이요, 아브라함의 자손이라 자처하며 스스로 교만한 사람이었고, 가말리엘 문하에서 고등교육을 받은 사람이었으며, 유대교를 위해서는 무슨 짓이라도 할 수 있는 골수분자였습니다.

하나님께서는 유대교의 엘리트 사울과 기독교의 엘리트 스데반을 바꾸셨습니다. 우리 생각 같으면 스데반을 사용하시는 것이 하나님께 더 영광이요, 스데반과 같은 사람이 일을 해야 마땅할 것 같은데, 하나님은 스데반을 싹 거두어 가시고 그 자리에 사울을 세우셨습니다. 그리고 놀라운 역사를 시작하셨습니다. 왜 그렇게 하셨을까요? 하나님의 깊은 뜻을 누가 헤아릴 수 있겠습니까? 그 누가 그 진리의 깊고 오묘함을 헤아릴 수 있겠습니까?

사도행전을 기록한 사람은 사울의 주치의인 누가입니다. 누가는 사울에게 전도받았고 일생 동안 사울을 따라다니며 선교에 동역한 제자였습니다. 스데반이 돌에 맞아 죽는 마지막 장면, 스데반이 마지막까지 예수 그리스도를 증거하던 그 감동적이고 인상적인 장면을 누가는 누구에게 상세히 듣고 기록했을까요? 아마 사울에게서 들었을 것입니다. 사울은 그 사건을 처음부터 마지막까지 생생히 목격했고 그 일을 한시도 잊지 않고 살았던 것 같습니다. 주님을 만나고 복음 전두자가 된 사울이 "나는 죄인 중의 괴수라"고 자주 말했던 것으로 보아 스데반을 죽인 죄인이라는 사실이 그의 가슴 깊이 새겨져 있었던 것 같습니다.

바울이 옥에 갇히고 매를 맞고, 그야말로 조난과 굶주림과 강도의 위험을 당하면서도 모든 쓴잔을 달게 마시며 아무리 무거운 십자가라도 끝까지 지기를 기뻐했던 그 마음 바닥에는, 스데반의 몫까지 감당하겠노라는 강한 책임감이 있었으리라고 봅니다.

순교자의 피는 강합니다. 순교자의 피는 죽어도 소리치고 있습니다. 아벨의 피가 땅에서 하늘을 향하여 소리친 것처럼 스데반의 피는 사울의 가슴속에서 그의 심장 박동과 함께 소리치고 있었습니다. 대한민국 교회가 이처럼 성장한 이유도 순교자들의 피가 오늘도 하나님 앞에서 소리치고 있기 때문입니다.

목숨이여 안녕, 죽음이여 오라

우리는 순교자가 되지는 못한다 할지라도 그 정신만큼은 이어받아야 합니다. 어디를 가든지 사람을 두려워하지 말고 예수 부활의 증인이 되어야 합니다. 날마다 죽기 위해 사는 순교의 정신이 필요합니다. 또한 하나님이 원하시면 순교의 대열에 서겠다는 각오도 필요합니다. 하나님이 받기를 원하시면 아무도 피할 수 없습니다. 반대로 아무리 순교자가 되고 싶어도 하나님이 받지 않으시면 순교자가 될 수 없습니다.

로마시대에 '줄리타'라고 하는 귀족 여성이 있었습니다. 줄리타가 독실한 그리스도인이 되었을 때 황제가 그녀를 불렀습니다. 황제는 줄리타에게 로마 신에게 절하지 않는다면 자신뿐만 아니라 로마 법도, 재판관들도 그녀를 보호해 주지 못하며 결국 생명까지 위험해질 것이라고 경고했습니다. 이에 줄리타는 이렇게 대답했다고 합니다.

"목숨이여 안녕, 죽음이여 오라. 부귀여 안녕, 가난이여 오라."

그녀는 예수 그리스도께 사악하고 불경스러운 말을 하느니 차라리 자신이 가진 모든 것을 다 버릴 각오가 되어 있었습니다. 결국 줄리타는 순교했습니다.

지금 평안하다고 안심하지 맙시다. 안일한 생활만 바라고 어떻게 해서든 그저 무난하게 넘어가기만을 바라는 사고방식으로는 장차 닥칠지 모를 어려운 때를 견뎌 낼 수 없습니다.

그러나 성령은 우리를 썩게 놔 두지 않으십니다. 성령의 능력은 환난 때나 평안할 때나 한결같이 자녀들을 순수하게 보전하십니다. 우리 자신을 그 능력에 맡깁시다. 스데반처럼 성령 충만한 사람이 되면 아무리 세상이 평안하다 할지라도, 줄리타처럼 왕궁에 산다 할지라도 절대 부패하지 않을 것입니다. 스데반처럼 성령 충만한 사람이 되어야 합니다. 의지와 감정으로 예수 믿지 말고 성령의 능력으로 예수 믿게 해달라고 기도합시다.

사도행전 8장

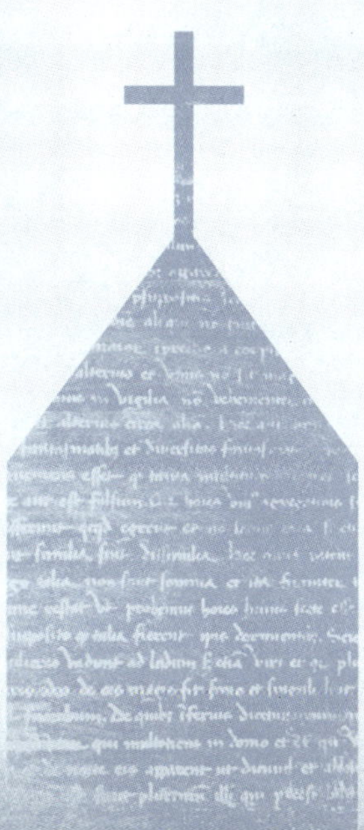

34 교회를 위해 교회를 흩으시다

사울은 그가 죽임 당함을 마땅히 여기더라 그 날에 예루살렘에 있는 교회에
큰 박해가 있어 사도 외에는 다 유대와 사마리아 모든 땅으로 흩어지니라
_ 사도행전 8:1

사도행전 8장은 교회사의 신기원이 담긴 역사적인 페이지입니다. 예수님은 승천하시기 전에 복음이 전파되는 순서를 말씀해 주셨는데(1:8 참조), 그 첫 단계인 '예루살렘'의 복음화는 사도행전 7장에서 마무리 되는 것을 볼 수 있습니다. 8장부터는 제2단계인 '온 유대와 사마리아'에 예수 그리스도의 이름이 증거되는 새로운 기원을 맞게 됩니다. 무대가 예루살렘에서 유대와 사마리아로 넘어가는 것입니다.

그렇다면 어떻게 복음이 땅끝까지 증거될 수 있을까요? 하나님께서는 이것을 천사들에게 맡기지 않으셨고, 어떤 위대한 영물

이나 그룹에게도 맡기지 않으셨습니다. 오직 사람의 입을 통해서, 먼저 들은 자를 통해 전파되게 하셨습니다. 그 외에 다른 길은 전혀 없습니다. 결국 복음은 먼저 받은 사람이 전할 책임을 지는 것입니다.

복음을 가장 먼저 들은 이들은 말할 것도 없이 예루살렘 교회 성도들입니다. 그들은 누구보다도 먼저 예수를 믿고 구원받았습니다. 예수 안에서 변화되어 새사람이 되었습니다. 육신의 정욕으로 살던 사람이 성령의 소욕으로 사는 거룩한 자로 바뀌었습니다. 성품이 바뀌었습니다. 성격도 바뀌었습니다. 생활도 바뀌었습니다. 인생의 목적과 의미도 이전과는 달라졌습니다. 예수 때문에 근본적인 변화가 일어났습니다. 이렇게 복음을 먼저 받은 예루살렘 교회에는 그만큼 무거운 책임이 지워졌습니다. 온 유대와 사마리아와 땅끝을 향해 복음을 들고 가야 할 책임이었습니다.

우리도 마찬가지입니다. 가족 중에 가장 먼저 복음을 받았습니까? 그만큼 무거운 책임이 있다는 것을 알아야 합니다. 왜 그렇습니까? 우리의 입을 통하지 않고서는 가족에게 복음이 증거되지 않기 때문입니다. 우리의 입을 통해 예수가 증거되지 아니하면 우리 부모, 형제, 자녀는 구원을 못 받습니다. 지역에서 어느 교회 성도들이 먼저 복음을 받고 하나님 말씀을 배웠다면 그만큼 책임이 무겁습니다. 소돔 같은 지역을 구원해야 할 책임이 바로 교회 성도들에게 있기 때문입니다. 받았기 때문에 그만큼 책임이 있습니다.

핍박을 통해 흩으시다

예루살렘 교회도 먼저 받았기 때문에 그만큼 책임이 있었습니다. 그런 예루살렘 교회에 스데반의 순교와 함께 무서운 핍박이 가해졌습니다. 이 핍박은 비록 짧은 기간에 자행되었지만 얼마나 거세었는지 갑자기 휘몰아치는 폭풍우처럼 정신을 차릴 수 없을 정도였습니다. 조그마한 핍박이 아니라 '큰 핍박'이었습니다. 3절의 '잔멸할새'라는 표현을 보면 그 정도를 가늠할 수 있습니다. 사울이라는 자가 앞장서서 교회를 뿌리째 뽑아 버리려고 달려들었습니다. 가가호호 수색하며 맹렬한 핍박을 퍼부었습니다.

그러나 예루살렘 교회의 핍박은 길게 가지 않았습니다. 그 핍박에 담긴 하나님의 뜻이 이뤄졌기 때문입니다. 예루살렘 교회에 임한 핍박 이면에는 하나님의 특별한 목적, 분명한 목적이 있었습니다. 그것은 예루살렘 교회를 흩어 버리는 것이었습니다. 3, 4절을 보면 핍박 때문에 일부는 감옥에 끌려들어가 고생하지만, 나머지 사람들은 흩어져서 사방에 두루 다니며 복음을 전한 것을 알 수 있습니다. 하나님이 그들로 하여금 복음을 들고 흩어지게 하신 것입니다. 예루살렘 교회가 흩어진 이 일을 두고 어떤 성경학자들은 이렇게 해석합니다.

"예루살렘 교회 성도들이 은혜 받고 예수를 먼저 믿었으면 그만큼 전해야 할 책임이 있는데도, 날마다 성도들끼리 모여 떡을 떼고 기도하며 흩어질 생각을 하지 않았기 때문에, 하나님께서 핍박이라는 간단한 도구를 통해 흩으신 것이다."

이 해석을 전적으로 받아들이는 데는 무리가 따릅니다. 과연 예루살렘 교인들이 하나님의 뜻을 어기면서까지 그렇게 흩어지지 않으려고 했을까요? 사도들 밑에서 하나님의 말씀을 받고 성령의 특별한 기름 부음을 받아 예수의 제자가 된 사람들이 복음을 땅끝까지 증거하라는 하나님의 뜻을 몰라서 혹은 복음 증거하기 싫어서 그렇게 끝까지 버티고 있었을까요? 핍박이라는 무서운 매를 맞을 때까지 그들이 그렇게 불순종했다는 해석은 조금 지나치다는 생각이 듭니다.

예루살렘 교회 신자들은 복음을 증거하고 싶은 마음이 굴뚝같았습니다. 그들이 얼마나 하나님 말씀을 담대하게 증거하기를 원했습니까? 단지 그들은 아직도 예루살렘에 복음이 더 증거되어야 해서 사마리아나 유대 전체로 나아갈 단계는 아니라고 생각했던 것뿐입니다. 그렇지 않습니까? 인간이니까 하나님의 때를 맞추기가 어떤 때는 어렵습니다.

땅끝까지 흩으시다

우리 역시 복음을 전해야 한다는 불 같은 마음은 있지만 그 적당한 때는 알지 못합니다. 하나님께서 어떤 계시를 통해 움직이게 하실지, 어떤 방법으로 가게 될지는 잘 모릅니다.

예루살렘 교인들도 마찬가지였을 것입니다. 그들이 흩어지지 않으려고 했기 때문에 하나님이 억지로 흩었다고 말하기에는 무리가 있어 보입니다. 하나님이 충성스러운 그들을 흩어 놓는 방법으로 핍박이라는 도구를 사용하신 것뿐입니다. 모든 것을 다 내버리고 뒤도 돌아보지 않고 흩어지게 할 수 있는 가장 좋은 방법이었습니다. 만약 사람들이 서로 "너는 사마리아로 가라", "너는 유대로 가라" 이렇게 의논했다면 시간이 얼마나 걸렸겠습니까? 핍박은 그래서 좋은 방법이었습니다. 핍박은 폭탄처럼 한 번 터뜨리면 싹 흩어 버릴 수 있는 강력한 방법이었습니다. 그렇게 발을 뗀 예루살렘 교인들은 사마리아뿐만 아니라 유대, 그리고 땅끝까지 가게 되었습니다.

> "그때에 스데반의 일로 일어난 환난으로 말미암아 흩어진 자들이 베니게와 구브로와 안디옥까지 이르러 유대인에게만 말씀을 전하는데"(11:19).

스데반의 사건 뒤에 일어난 환난으로 사람들이 흩어져 어디까지 갔습니까? 사마리아에만 간 것이 아니었습니다. 베니게, 구브로, 안디옥까지 갔습니다. 구브로라고 하는 곳은 지금의 터키 아래에 있는 큰 섬입니다. 이방 지역에까지 간 것입니다. 안디옥은 이방 선교의 전초기지가 되었던 곳으로 이곳 역시 이방 땅입니다. 사마리아도 아니고 유대 나라도 아닌 저 바깥 지역까지 사람들이 내려가서 복음을 증거한 것입니다.

얼마나 많은 사람이 흩어졌기에 이렇게 멀리까지 복음이 전파되었을까요? 가만히 생각해 봅시다. 예루살렘에 있는 감옥이 얼마나 컸는지는 모르지만 몇 백 명 들어가면 모든 감옥이 다 차고 말았을 것입니다. 예루살렘에 예수 믿는 사람이 몇 명이었다고 기록되어 있습니까? 2장 40절에서 3,000명 4장 4절에서 5,000명이 믿게 되었으니 최소 8,000명입니다. 이 숫자는 남자들만 헤아린 것이니 그 부인들까지 헤아린다면 1만 명이 훨씬 넘는 사람들이 있었을 것입니다. 그 많은 사람들이 싹 흩어졌으니 복음이 얼마나 세차게 퍼져 나갔을까요? 하나님께서 참 기가 막히게 역사하셨습니다.

흩어짐이 축복의 통로가 되다

핍박은 우리에게 대단히 두려운 것이지만 하나님께는 더 큰 축복을 주시기 위한 통로로 사용되기도 합니다. 역사적으로 대표적인 예를 몇 가지 들 수 있습니다. 흉노족이 로마제국을 침범했을 때 포로로 잡혀간 많은 여자들은 노예와 첩이 되었지만 흉노족과 살면서 예수 그리스도의 복음을 증거했습니다. 그들 때문에 심지어 몽골에까지 복음이 들어갔습니다. 또 한 가지 예를 들면, 로마교회의 핍박을 견디다 못한 청교도들이 아메리카 대륙으로 건너가서 오늘날 세계 선교의 주역인 미국을 세웠습니다. 이것이 다 핍박 때문에 일어난 일입니다.

우리나라의 경우 일제강점기 때 정치적인 핍박, 종교적인 핍박 때문에 쫓기고 쫓겨서 만주로 간 사람들이 있었습니다. 그래서 오늘날 만주에 교회가 얼마나 많습니까? 모두 핍박 때문에 흘러들어간 사람들이 있었기에 이루어진 일입니다.

우리는 가끔 "하나님은 너무 잔인하시다. 어떻게 이런 방법을 통해 복음을 증거하려고 하실까?" 하는 생각을 하게 됩니다. 물론 우리 입장에서 보면 그렇게 볼 수 있지만, 하나님께는 우리와 차원이 다른 지혜가 있다는 것을 기억해야 합니다. 바람이 세차게 불어 민들레 씨앗이 온 사방에 흩어져 싹을 틔우듯, 하나님께서는 그런 방법을 사용하십니다.

물론 핍박은 어디까지나 사탄의 역사입니다. 핍박을 하나님께서 사용하시기는 하지만 핍박의 주도권을 쥐고 있는 세력은 사탄입니다. 핍박이 시작될 때는 사탄이 교회를 이기는 것 같습니다. 스데반을 죽이고, 교회를 잔멸하기 위해 집집마다 뒤져서 예수 믿는 자를 다 끌어내고 교회를 흩어 버릴 때에는 사탄의 앞잡이 노릇을 하던 사울이 승리한 것처럼 보입니다. 그러나 그 이후를 보십시오. 하나님의 지혜를 사탄이 결코 이길 수 없습니다. 상황이 완전히 역전됩니다.

◀》 사탄은 교회를 없애려고 작정하고 핍박했지만 엉뚱하게도 교회는 온 사방으로 흩어져 새로운 교회를 낳았습니다. 예루살렘에만 있던 교회가 온 사방으로 퍼졌고, 그것 때문에 오히려 하나님의 큰 뜻을 성취하는 계기가 되었습니다. 마귀는 그 뜻을 망치려고 달려들었지만 오히려 하나님의 뜻이 성취되었습니다. 또 가장 앞장서서 교회를 핍박하던 사울이 결국 어떻게 되었습니까? 복음을 위해 일하는 사람으로 바뀌었습니다. 하나님의 나라는 반드시 승리합니다.

사탄은 예수를 죽이면 그야말로 하나님의 계획이 완전히 무너질 거라고 생각했지만, 예수 한 분을 죽임으로 온 인류가 구원받는 길이 열렸으니 사탄의 일이 제대로 된 게 무엇이 있습니까? 하나도 없습니다. 많은 순교자의 피가 뿌려지면 교회가 뿌리째 뽑힐 줄 알았습니다만, 엉뚱하게 복음의 역사는 더욱 불과 같이 일어났습니다.

흩어져 썩는 밀알

교회가 해야 할 중요한 일은 복음 증거입니다. 증인이 되는 것입니다. 예수님 때문에 핍박을 받아 모든 것을 잃어버린 자들을 보십시오. 집도 생업도 포기하고 가족이 뿔뿔이 흩어져 나그네가 된 사람들 말입니다. 세상적으로 보면 완전히 패배자가 된 것 같지만, 그들은 가는 곳마다 복음 전하는 일에 열중하는 증인이 되었습니다.

그렇습니다. 우리는 복음 증거하는 일을 최우선에 두어야 합니다. 세상적으로는 성공했지만 행복하지 못하고, 몸은 건강하지만 마음은 병들어 있고, 돈은 벌었지만 삶이 공허한 사람들, 공부는 많이 했는데 인생의 목적과 의미를 찾지 못한 사람들, 겉으로는 허세를 부리지만 속으로는 부들부들 떨고 있는 사람들, 죽음 앞에서 사시나무 떨듯 하는 사람들, 하나님께서는 그들을 구원하시기 원하십니다.

예수 믿고 영원한 생명을 얻었습니까? 그렇다면 복음의 증인이 되어야 합니다. 교회가 이 땅 위에 존재하는 이유는 예수 그리스도를 몰라 영원한 멸망의 자리로 떨어지는 수많은 사람들을 건져 올리기 위함입니다. 초대교회 성도들은 핍박으로 흩어져 나그네가 되어도 복음 전하는 일에 열심이었습니다.

"내가 진실로 진실로 너희에게 이르노니 한 알의 밀이 땅에 떨어져
죽지 아니하면 한 알 그대로 있고 죽으면 많은 열매를 맺느니라"(요
12:24).

예루살렘 교회 성도들은 한 알의 썩는 밀알이 되어 사마리아
에서 수많은 열매를 맺게 됩니다. 유다 각지는 물론이고 구브로와
안디옥에서도 풍성한 열매를 맺었습니다.

35 흩어진 자와 남은 자

사도행전을 읽다 보면 한 가지 이상한 점을 발견하게 됩니다. 하나님이 예루살렘 교회를 흩으시는 중에도 예루살렘을 떠나지 않는 사람들이 있었습니다.

"…교회에 큰 박해가 있어 사도 외에는 다 유대와 사마리아 모든 땅으로 흩어지니라"(8:1).

열두 사도는 핍박 가운데서도 흩어지지 않고 그대로 남아 있었습니다. 이것은 어떤 면에서 해석하기가 퍽 어려운 부분입니다.

이 말씀에 대한 몇 가지 해석이 있습니다.

우선 왜 사도들이 핍박을 받으면서도 예루살렘에 남아 있었나 하는 의문에 대한 해석입니다. 당시 예루살렘 교회 신자들은 본토박이 신자와 교포 신자, 즉 유대파와 헬라파 신자 두 파로 구성되어 있었습니다. 스데반은 그중 교포로 살다가 예루살렘에 온 유대인이었고, 당시 예루살렘에는 교포 신자들이 오순절을 통해 많이 와 있었습니다. 핍박은 이 두 파 중 스데반이 소속되어 있는 헬라파 교인들에게 집중됐습니다. 때문에 유대파 교회에 소속된 사도들에게는 핍박이 미치지 않았을 것이라는 해석입니다. 그래서 사도들이 예루살렘에 남아 있었다고 해석합니다.

그러나 이 해석은 받아들이기 어렵습니다. 왜냐하면 성경에 보면 '사도 외에는 다 흩어(졌다)'고 했는데(8:1) 무슨 헬라파, 유대파가 있습니까? 분명히 다 흩어졌다고 성경은 기록하고 있습니다.

둘째는 사도들의 권위와 덕망이 예루살렘에서 너무나 두드러졌기 때문에 감히 핍박자들이 사도들에게는 손을 대지 못했다는 해석입니다. 이 해석도 받아들이기 어렵습니다. 핍박이 일어날 때 누가 제일 먼저 잡혀 갑니까? 핍박의 역사를 보면 가장 먼저 핍박의 대상으로 삼는 대상은 대부분 지도자입니다. 지도자를 꺾으면 나머지는 흩어지기 때문입니다. 이런 입장에서 볼 때 아무리 사도들의 권위가 대단하고 덕망이 높았다고 할지라도 핍박자들이 사도들에게 손을 대지 않았을 것이라는 생각은 얼른 들지 않습니다. 동의가 안 됩니다.

셋째, 당시 유대인 지도자들 중에서 제일 영향력을 가진 사람은 가말리엘이라고 하는 사람이었습니다. 교법사로 바울의 스승이었던 사람입니다. 그 사람이 특별히 배려를 해서 사도들을 신변을 지켜 주었다고 하는 해석입니다. 그러나 이러한 해석은 도무지 근거가 없습니다.

사도들, 죽기를 각오하고 남다

가장 건전하게 받아들일 수 있는 해석은 사도들이 죽기를 각오하고 예루살렘을 떠나지 않았다는 해석입니다. 사도들이 핍박받지 않았다는 말은 없습니다. 모두 핍박받았습니다. 그리고 그 핍박에 위협을 느낀 신자들이 밤중에 몰래몰래 흩어졌습니다. 그러나 사도들은 예루살렘 교회를 사수하기 위해, 또 감옥에 잡혀 들어간 수많은 남녀 신자들을 생각해서 예루살렘을 떠날 수 없었던 것 같습니다. 그들은 죽을 각오를 하고 남아 있었습니다.

북한에서 한창 공산당의 핍박이 있을 때 많은 신자들, 교회 지도자들이 남한으로 넘어왔지만 "나는 이 교회를 사수하다 죽겠다"며 끝까지 내려오지 않고 결국엔 순교하신 이기선 목사님 같은 분들이 있었습니다. 사도들도 그런 자세로 남아 있었다고 생각합니다. 그렇다고 해서 핍박을 피해 흩어진 사람들이 잘못했다는 것은 물론 아닙니다. 오히려 흩어진 사람들이 하나님의 뜻을 이루는 도구가 되었습니다. 또한 감옥에 들어간 사람들이 흩어진 사람들보다 더 경건했다고 말할 수도 없습니다. 사도들은 자기 양심과 교회를 위해 나름대로 결단을 내렸던 것입니다.

대한민국에 있는 모든 목사가 교회에 어려움이 있을 때 교회를 끝까지 지키고 양 떼를 위해 헌신하는 목자가 되었으면 합니다. 오늘날 목사의 이미지는 자기 가족의 안전이나 자기 자식의 성공, 혹은 자신의 어떤 목적 달성을 위해서 항상 다른 사람보다 한 걸음 앞서 처신하는 사람으로 인식되어 있습니다. 한마디로 영적 권위가 많이 떨어졌습니다. 사도들처럼 자기 생명을 내놓고 교회를 위해 흔들림 없이 지도자의 위치를 지키는 이들이 교회 안에 많이 있어야겠습니다.

전도자 빌립 집사

한 가지 더 생각할 것은 8장 5절에 등장하는 전도자 빌립입니다. 21장 8절을 보면 바울이 빌립에게 '전도자'라는 호칭을 사용한 것을 볼 수 있습니다. 이 사람은 예수님의 제자 빌립이 아니라 일곱 집사 중 한 사람입니다. 그는 스데반처럼 헬라파 신자였습니다. 그리고 집사로서 교회 안에서 자기 역할을 맡았습니다만, 구제하는 일에 머무르지 않고 복음 증거하는 일을 최우선에 두고 살았기 때문에 전도자 빌립이라는 별명을 얻게 되었습니다.

빌립은 일곱 집사가 선택받을 때 이미 성경 6장 3절에 증명되어 있는 바와 같이 세 가지 면에서 탁월한 인물이었습니다. 첫째, 평판이 좋은 사람이었습니다. 예루살렘 교회에서 칭찬 듣는 사람이었습니다. 둘째, 성령의 능력을 가진 사람이었습니다. 빌립이 하는 일에는 큰 열매들이 따라왔습니다. 능력이 있었습니다. 그가 전도하면 사람들이 예수를 믿었습니다. 셋째, 그는 지혜가 충만한 사람이었습니다. 뱀같이 지혜로웠습니다.

예수의 복음을 자신의 생활 속에서 증거하기 원하는 평신도나, 또 빌립처럼 전문적으로 증거하기를 원하는 전도자에게는 '좋은 평판'과 '성령의 능력' 그리고 '지혜' 이 세 가지가 필수 요건입니다. 전도자가 인격이나 삶에 있어서 다른 사람들에게 칭찬과 존경의 대상이 되지 못한 채 예수를 증거할 수 있겠습니까?

성도들의 눈에 목사의 잘못된 부분이 분명 보이는데 목사 입에서 나오는 말씀이 귀에 들리겠습니까? 안 들립니다. 전도자로 서기 위해서는 뼈를 깎는 노력이 수반되어야 합니다. 화내고 싶은 대로 다 내면 그 사람은 예수를 증거하지 못합니다. 봉사하는 일에 몸을 사리면 그 사람은 절대 전도 못합니다. 옆에 있는 가난한 사람을 돕는 일에 한 푼도 내놓지 않고 과연 전도가 되겠습니까?

이웃에 어려운 일이 생겨도 한번 찾아가서 위로할 줄도 모르고 그저 무관심하게 남의 일처럼 생각하는 사람의 입을 통해 그리스도가 증거될 줄 압니까? 장사할 때 한 푼이라도 더 남기려고 거짓말하는 등 양심에 거리끼는 생활을 한다면 전도할 수 있겠습니까?

전도하지 못하는 근본 이유가 무엇입니까? 주님 앞으로 사람들을 인도할 만한 감화력이 없는 이유가 어디에 있습니까? 주변 사람들이 예수 믿는 우리를 보고도 매력을 느끼지 않고 오히려 뒤에서 욕하는 이유가 어디에 있습니까? 스스로 냉정하게 생각해 봅시다.

남들이 꺼리는 곳에 가다

빌립은 남들이 가기 싫어하는 전도지를 택했습니다. 유대인치고 사마리아에 가고 싶어하는 사람은 한 사람도 없었을 것입니다. 복음서에도 나오듯이 사마리아인도 유대인을 싫어하고 유대인도 사마리아인을 개처럼 취급했습니다. 그런 곳으로 전도하러 가야겠다고 생각한 사람은 아무도 없었습니다. 그러나 빌립은 남들이 꺼리는 곳, 전도하기 어렵다고 생각되는 곳을 찾아갔습니다. 그리고 예수를 증거했습니다. 선교지와 전도할 대상을 자신의 기호대로 선택한다면 우리는 한 명도 전도하지 못할 것입니다.

선교를 금지하는 나라에 들어가 목숨 걸고 전할 지도자가 필요합니다. 또 전도받기를 꺼려하는 사람들, 사람 사귀기를 싫어하는 사람들, 사회적으로 평판이 좋지 않은 사람들을 찾아갈 전도자도 필요합니다. 교회는 그렇게 해야 합니다.

사마리아를 찾아간 빌립은 오직 예수만 증거했습니다. 다른 말은 하지 않았습니다. 복음의 증인은 예수 외에 다른 것은 자랑하지 않습니다. 우리 모두 빌립처럼 어디를 가든지 복음의 증인이 되어 큰소리로 나팔 불 수 있다면, 분명히 복음의 역사는 일어날 것입니다.

36 성령세례에 관한 몇 가지 오해

이는 아직 한 사람에게도 성령 내리신 일이 없고 오직 주 예수의 이름으로
세례만 받을 뿐이더라 이에 두 사도가 그들에게 안수하매 성령을 받는지라
_ 사도행전 8:16-17

사도행전 8장은 성경 전체를 놓고 볼 때 조금 어려운 부분입니다. 성경을 연구하는 목사들이나 신학자들 사이에서 이 본문은 항상 섭씨 100도입니다. 논쟁과 토론이 끊이지 않고, 또 그에 대한 여러 견해들이 상충되어 항상 뜨겁게 달궈져 있습니다.

누구든지 이 본문으로 설교할 때는 상당 부분 자신의 신학적 견해와 확신, 또 자기 자신이 체험한 모든 과정을 토대로 나름의 주관적인 해석을 담아서 말하게 된다는 사실을 이해해야 합니다. 다시 말해 교회마다, 목사마다 해석상 차이가 있을 수 있다는 점을 감안해야 합니다. 그러므로 성도들 입장에서도 "이 견해가 옳다"

고 확신하는 방향으로 이 본문을 받아들일 수밖에 없습니다. 그러나 주의할 것은 그 가운데 분명 잘못된 해석이 있다는 사실입니다. 잘못된 몇 가지 해석을 정리하기에 앞서, 본문의 대강을 살펴보겠습니다.

빌립이라는 전도자가 사마리아에 처음으로 내려가서 예수 그리스도의 복음을 전할 때 하나님의 놀라운 능력이 그와 함께하셔서 사마리아에 큰 부흥이 일어났습니다. 많은 사람들이 예수 믿고 돌아와 세례를 받았습니다. 온 성에 큰 기쁨이 충만했습니다. 성령의 능력이 얼마나 강했던지 그 성의 영적 지도자격인 마술사 시몬까지도 형식적으로나마 회개하고 돌아와 빌립의 추종자가 되었습니다.

사마리아의 부흥 소식은 예루살렘에 있는 사도들에게까지 전해졌습니다. 사도들은 이 놀라운 소식에 급히 모여 협의를 하였고, 사마리아에 새로 탄생한 교회를 방문하기로 결정했습니다. 파송된 베드로와 요한은 사마리아 사람들이 은혜받는 것을 보고 하나님을 찬양하며 감사했습니다. 그리고 아주 특별한 사건이 하나 일어났습니다. 바로 성령 사건입니다.

"그들이 내려가서 그들을 위하여 성령 받기를 기도하니 이는 아직 한 사람에게도 성령 내리신 일이 없고 오직 주 예수의 이름으로 세례만 받을 뿐이더라 이에 두 사도가 그들에게 안수하매 성령을 받는지라"(8:15-17).

이 말씀을 보면, 베드로와 요한이 이미 물세례를 받은 이들에게 성령세례를 받게 한 것이 사실입니다. 두 사도가 사마리아인들에게 안수기도를 하자 모두 성령을 받고 하나님께 영광을 돌린 것도 사실입니다. 이 말씀 속에 담긴 하나님의 뜻을 찾는 것은 잠시 뒤로 하고, 먼저 이 본문을 근거로 한 위험스러운 견해들을 살펴보겠습니다.

물세례 따로 성령세례 따로?

첫째, 물세례와 성령세례는 구별된다고 하는 견해입니다. 성부·성자·성령의 이름으로 세례를 받았다 하더라도 2차 성령 체험을 해야만 한다는 것입니다. 2차 성령 체험이 없으면 물로 세례를 받았다고 해도 소용이 없다고 주장합니다. 이것은 근본적으로 잘못된 견해입니다. 성경적이지 못합니다.

세례 요한이 물로 세례를 주면서 '뒤에 오시는 이'는 무엇으로 세례를 준다고 했습니까? 성령으로 세례를 주신다고 했습니다. 예수 이름으로 주는 세례는 성령세례 외에는 없습니다. 만약 예수의 이름으로 주는 세례에 물세례가 따로 있고, 성령세례가 따로 있다고 해석한다면, 예수님이 성령으로 세례를 주시는 분이라고 한 성경 말씀에 위배됩니다. 요한의 이름으로 물세례를 주고, 예수의 이름으로 성령세례를 따로 준다면 말이 되지만, 예수 이름으로 물세례를 주면서 성령세례가 따로 있다고 주장하는 것은 잘못된 견해입니다.

"베드로가 이르되 너희가 회개하여 각각 예수 그리스도의 이름으로 세례를 받고 죄 사함을 받으라 그리하면 성령의 선물을 받으리니"(2:38).

베드로는 예수의 이름으로 세례를 받으라고 했습니다. 그리하면 성령의 선물을 받을 것이라는 말도 했습니다. '그리하면'이라는 말 때문에 세례와 성령의 선물이 별개처럼 보이지만, 세례와 성령의 선물은 동시에 주어지는 것입니다. 베드로의 설교를 듣고 돌아온 3,000명에게 물세례와 성령세례가 별개로 주어졌다는 말은 성경 어디에도 없습니다. 또한 물로 세례를 받은 다음에 성령세례를 받기 위해 따로 어떤 의식을 행했다는 기록도 전혀 없습니다. 그러나 그 3,000명이 모두 성령 충만함을 받았다는 데 이의를 제기하는 사람은 없을 것입니다. 그 3,000명은 세례를 받음과 동시에 성령 충만한 사람들이 되었습니다.

예수의 이름으로 받는 세례는 철저하게 성령세례를 의미합니다. 성부·성자·성령의 이름으로 받는 세례에는 하나님의 모든 약속이 들어 있습니다. '성령을 받는다', '중생한다', '죄 씻음 받는다', '하나님의 자녀가 된다', '한 몸으로 교회의 지체가 된다'는 뜻이  전부 포함되어 있습니다. 이미 그 안에 하나님의 모든 약속이 포함되어 있으므로 물세례와 성령세례를 따로 나눌 수 없습니다.

"우리를 구원하시되 우리가 행한 바 의로운 행위로 말미암지 아니하고 오직 그의 긍휼하심을 따라 중생의 씻음과 성령의 새롭게 하심으로 하셨나니"(딛 3:5).

예수의 피를 상징하는 물을 머리에 뿌리든지, 온몸을 담그는 침례를 하든지, 그 형식이 어떻든지 간에 세례를 베풀 때는 성령께서 역사하십니다. 죄 사함 받은 우리의 부정한 것을 씻어 주시는 작업을 우리 안에서 하십니다. 성령 없는 물세례는 존재하지 않습니다. 성령을 떼어 놓고 물세례만 있다면 아무 의미가 없습니다. 중생도 불가능하고, 죄 씻음도 불가능하고, 하나님의 자녀가 되는 것도 불가능합니다. 물세례를 단순히 하나의 의식으로만 보고 성령세례를 따로 받아야 한다고 주장하는 것은 성경 말씀을 무시하는 잘못된 해석입니다.

안수를 받아야 성령 받는다?

또 하나 잘못된 해석은 '안수'를 성령 받는 수단으로 보는 것입니다. 사도행전에서 성령 받게 하기 위해 안수하는 부분은 이 본문과 19장 6절 두 곳뿐입니다. 안수가 성령 받는 수단으로 등장한 곳은 이 두 곳 외에는 없습니다. 성령은 안수 없이도 모든 믿는 자에게 임하셨습니다. 오순절 마가 다락방에 모인 120명에게도 안수 없이 임했고, 이방인 고넬료에게도 안수 없이 성령이 임했습니다.

성경에 기록되지 아니한 모든 성도가 일일이 다 안수를 통해 성령을 받았다고 한다면 큰일이 벌어질 것입니다. 왜 이것이 문제가 됩니까? 안수를 마치 자신들의 독점물처럼 생각하고 행하는 사람들이 있기 때문입니다. 가톨릭에서는 사도 베드로의 계승자인 교황, 혹은 신부가 안수하는 것을 특별한 권위로 보는 잘못된 해석이 있습니다. 그리고 기독교 일부에서는 성령을 받게 한다는 명목으로 안수를 전문적으로 하는 사람이 있고, 또 반드시 안수를 통해야만 성령이 임한다고 가르칩니다. 그래서 세례식과 성찬식처럼 마치 안수식을 하나의 성례식처럼 행하기도 합니다. 이것은 성경적으로 잘못된 큰 모순이고, 자칫 엉뚱한 방향으로 성도들을 이끄는 잘못된 해석입니다. 성령은 무엇으로 받습니까? 성령을 받는 조건은 하나입니다. 오직 믿음입니다. 오직 예수 그리스도를 믿음으로 성령을 받습니다. 세례 역시 마찬가지입니다. 오직 예수 그리스도를 믿는 것만이 세례의 조건이 됩니다. 학습을 받고 6개월 후에 세례를 받는 것은 교회가 정한 질서일 뿐, 절대적인 성경의 원칙은 아닙니다. 단순히 질서입니다. 믿음 있는 자에게 성령은 역사하시게 되어 있습니다. 만약 그것을 부정한다면 우리는 신약성경을 덮어야 할 것입니다.

안수라는 것은 교회의 의식으로 행할 수는 있지만, 성령이 안수를 통해서만 임할 수 있고 안수받는 자의 능력을 통해서만 성령이 역사한다고 보는 것은 교회에 대한 무서운 영적 독재라 할 수 있습니다. 현대 교회에서 안수 때문에 일어나는 많은 부작용은 순수한 성령의 역사가 아닙니다. 우리는 성령을 가장해서 역사하는 사탄의 세력을 철저히 분석하고, 악한 영과 참된 영을 분별할 줄 알아야 합니다.

방언은 성령 받은 증거다?

또 주의해야 할 잘못된 견해는 성령 받은 증거가 방언이라고 가르치는 것입니다. 이같이 주장하는 사람들은 시몬이 성령 받는 것을 '보았다'는 말씀을 근거로 하여, 그 본 것이 '새 방언'이라고 주장합니다. 사람들이 새 방언을 했기 때문에 시몬이 그것을 보고 성령 받은 것으로 생각했다는 이야기입니다. 이 해석은 옳을 수도 있고 그렇지 않을 수도 있습니다.

사마리아에서 일어난 성령 사건의 특수성을 염두에 둔다면 이 해석은 타당성을 가질 수 있습니다. 오순절 다락방에서 모든 사람이 새 방언으로 하나님을 찬양할 때 성령 강림을 깨달았듯이, 사마리아에서도 같은 일이 반복되었을 것이라는 견해입니다. 그러나 이 해석은 옳은 해석이 아닐 수도 있습니다. 시몬이 '보았다'고 하는 것이 '방언'이라고 성경에 단적으로 기록되어있지 않기 때문입니다. 성령 충만한 증거는 방언이 아닌 다른 것으로도 나타날 수 있습니다.

성경에 성령 받은 사람이 방언을 했다는 기록은 세 곳에 불과합니다. 그것도 사도행전에서만 나타날 뿐입니다. 이렇게 특수하게 나타나는 예를 근거로 하여 성령이 임하는 보편적인 증거를 방언이라고 자꾸 고집하면 '방언이 없으면 성령세례 못 받은 것'이라는 결론이 나고 맙니다. 그러나 아름다운 신앙을 가진 믿음의 사람이나 성령 충만하여 하나님의 이적 기사를 나타내는 큰 인물 중에는 방언이 없는 분도 많습니다. 성령과 방언을 동일시해서는 안 됩니다.

하나님께서 방언을 주셨으면 감사함으로 받을 것이요, 교회의 덕을 세우는 데 사용해야 할 것입니다. 또 자신의 영적 성숙을 위해 하나님 앞에서 더욱 기도의 사람이 되어야 합니다. 방언을 받지 못했다면 하나님께서 주신 다른 은사를 찾아 봉사해야 할 것입니다. 항상 하나님의 은혜 안에서 이것이든 저것이든 감사할 줄 아는 것이 가장 좋은 자세입니다. 방언을 체험한 사람이나 체험하지 못한 사람이나 그 마음에 예수를 따르고자 하는 믿음이 있다면 모두 성령의 사람입니다.

37 사마리아에 성령이 임하시다

예루살렘에 있는 사도들이 사마리아도 하나님의 말씀을 받았다 함을 듣고
베드로와 요한을 보내매 그들이 내려가서 그들을 위하여 성령 받기를 기도하니
이는 아직 한 사람에게도 성령 내리신 일이 없고
오직 주 예수의 이름으로 세례만 받을 뿐이더라

_ 사도행전 8:14-16

앞서 살핀 성령세례에 관한 잘못된 해석을 염두에 두고 이제 이 본문을 어떻게 해석할 것인지 살펴보겠습니다.

사도행전에 기록된 성령세례 사건을 보면, 오늘날 우리가 경험하는 것과는 차이가 있음을 알 수 있습니다. 초대교회, 그야말로 복음의 첫 꽃망울이 터지던 그때, 하나님 나라의 영광이 첫 서광으로 환하게 비치던 그때는 오늘날과 다르게 성령이 임하시는 역사가 계속 눈에 보였습니다. 그런데 사마리아에서는 조금 다른 인상을 주는 말씀이 등장합니다.

"이는 아직 한 사람에게도 성령 내리신 일이 없고 오직 주 예수의 이
   름으로 세례만 받을 뿐이더라"(8:16).

이제까지 세례를 받을 때 함께 임했던 성령이 사마리아에서
는 임하지 않은 것입니다. 예수 이름으로 세례는 받았지만 성령이
임하지 않았습니다. 왜 이와 같은 예외적인 일을 기록하고 있을까
요? 하나님의 어떤 특별한 뜻이 이 예외적인 사건에 작용하고 있
었던 것일까요?

예외적인 사건

성경에 기록된 말씀 가운데 보편적인 일이 어느 곳에서 예외
기 되었을 때는 거기에 분명히 하나님의 특별한 뜻이 있습니다. 이
것이 신학적인 해석이요, 성경적인 해석입니다. 사마리아에서의
예외적인 사건도 마찬가지입니다.

우선 빌립을 통해 세례를 줄 때 성령의 역사가 일어날 수 있었
음에도 불구하고 하나님은 예루살렘에서 사도들이 도착할 때까지
기다리셨던 것을 눈여겨봅시다. 빌립에게 어떤 결함이 있어서였을
까요? 혹은 세례 받는 사람들에게 결함이 있어서였을까요? 그렇지
않습니다. 빌립은 성령의 역사와 무관한 사람이 아닙니다. 뒤에 나
오는 에디오피아 내시 사건을 보면 확실히 알 수 있습니다. 수레를
타고 가며 이사야서를 읽던 내시가 빌립을 통해 예수를 믿고 그리
스도로 고백하게 됩니다. 그리고 물 있는 곳에 이르러 빌립이 베푸

는 세례를 받습니다. 이때 성령이 그들과 함께하셨습니다.

> "둘이 물에서 올라올새 주의 영이 빌립을 이끌어간지라 내시는 기쁘게 길을 가므로 그를 다시 보지 못하니라"(8:39).

세례를 주고 물에서 올라온 빌립을 누가 데리고 갔습니까? 주의 영이었습니다. 빌립은 주의 영이 충만한 사람이었습니다. 성령의 사람인 빌립이 세례를 베풀었을 때 성령이 특별히 임하는 역사가 따르지 않았다면 그것은 말이 안 되는 이야기입니다. 물세례를 주었을 때 어떤 일이 일어났다는 기록은 없지만, 분명히 물세례와 함께 성령세례가 내시에게 역사한 것이 사실이고, 그 결과 내시는 예수 믿은 큰 기쁨을 안고 고국으로 돌아갔습니다.

그런데 사마리아에서는 빌립의 세례에 성령이 임하신 어떤 외적인 증거가 보이지 않습니다. 세례와 성령 임재 이 두 가지는 항상 동시에 일어나는 일이었는데, 사마리아에서는 물세례만 있고 성령 임재의 증거가 없습니다. 이 부분을 어떻게 해석해야 할까요? 완전한 해석은 할 수 없다고 생각합니다. 다만 연구하며 갖게 된 확신을 통해 말씀을 해석해 보려 합니다. 그러나 이 확신 또한 변할 수 있다는 것을 전제해야겠습니다. 왜냐하면 그만큼 어려운 본문이기 때문입니다.

성령의 역사 없는 물세례는 없다

하나님이 특별히 의도적으로 사마리아에서 물세례와 성령세례를 떼어 놓으신 이유는, 앞으로 이 성경을 읽는 모든 교회에게 물세례와 성령세례는 하나요 동시적이라는 것을 강하게 보여 주시기 위해서입니다. 물세례와 성령세례는 따로 구분될 수 없다는 것을 보여 주신 것입니다. 베드로, 요한 두 사도가 사마리아의 이 현상을 보고 '이것은 정상이 아니요, 예외적'이라고 받아들인 것을 보면 알 수 있습니다. 그것은 오늘날도 마찬가지입니다. 물세례와 성령세례가 따로 구분되는 것은 정상이 아닙니다. 하나님께서 이 교훈을 교회에 주시기 위해 사마리아에 예외적인 사건을 허락하셨다고 봅니다.

이것은 마치 어머니가 일부러 음식과 소금을 따로 내놓고 간을 보라고 하는 것과 비슷한 경우입니다. 자녀들은 이때 음식의 맛과 소금은 불가분의 관계가 있다는 걸 배우게 됩니다. 하나님께서 초대교회 여러 사건 중에 유독 이 부분에서만 물세례와 성령세례가 따로 나뉜 것처럼 보이게 하신 이유는 물세례를 받을 때 성령이 임하는 것이 정상이라는 것을 교훈하시기 위해서라고 봅니다. 물세례와 성령세례는 따로 존재할 수 없습니다. 외적으로 보이는 어떤 증거가 있든지 없든지 상관없이, 성부와 성자와 성령의 이름으로 세례를 받아 죄 사함을 얻으며, 중생의 사람이 되며, 교회의 한 몸이 되는 사람에게 성령이 세례와 함께 임하는 것은 분명하다는 것을 이 말씀은 보여 주고 있습니다. 물세례를 받은 사람에게는 이미 성령이 임하신 것입니다.

같은 복음, 같은 성령

하나님께서 사마리아의 성령 사건을 의도하신 이유가 또 하나 있습니다. 사마리아는 복음이 이방으로 전파되는 요충지였습니다. 성령을 받고 큰 권능을 받은 사람들이 예루살렘에서 온 유대를 거쳐 땅끝에 이르기 전에 꼭 거쳐야 하는 관문이었습니다. 유대 나라와 이방 사이를 연결하는 문턱과 같은 역할을 하고 있었습니다.

당시 유대인들은 '사마리아인에게는 구원이 없다'고 생각할 정도로 그 지역 사람들을 무시하고 있었습니다. 10장에 나오는 고넬료 사건에서 보듯이 이방인은 성령의 선물을 받을 수 없다고 생각하고 있었습니다. 그만큼 유대인들은 사마리아인을 향해 높은 벽을 치고 있었습니다. 그러나 하나님께서는 이런 유대인의 생각과는 달리 예루살렘에 주셨던 오순절 사건을 사마리아 신자들에게도 뚜렷하게 나타내 보여 주셨습니다. 그것도 사도 중의 사도로 인정받은 베드로와 요한에게 뚜렷하게 보여 줌으로써 복음 앞에서는 유대인이나 헬라인이나 다 평등하다는 것을 입증해 주셨습니다.

예루살렘에서 예배하는 자나 사마리아 그리심 산에서 예배하는 자나 하나님께 성령 받은 자의 예배는 동일하다는 것을 가르쳐 주셨습니다. 혈통적으로는 유대인이 될 수 없지만 예수의 피로 하나님의 백성이 될 수 있다는 것을 확증해 주셨습니다. 이것이 바로 요엘의 예언처럼 남종과 여종에게, 자녀에게, 늙은이에게, 젊은이에게 골고루 임하게 될 성령의 선물 아닙니까?

"그 후에 내가 내 영을 만민에게 부어 주리니 너희 자녀들이 장래 일을 말할 것이며 너희 늙은이는 꿈을 꾸며 너희 젊은이는 이상을 볼 것이며 그때에 내가 또 내 영을 남종과 여종에게 부어 줄 것이며"(욜 2:28-29).

하나님은 예루살렘 교회, 특별히 사도들에게 복음 앞에서는 모두 평등하다는 것을 교훈하시기 위해 이 사건을 일부러 보여 주신 것입니다. 이런 오순절 체험은 성경 몇 곳에서 다시 반복됩니다. 처음에는 예루살렘에서, 두 번째는 사마리아에서, 세 번째는 이방인 고넬료의 집이 있는 가이사랴에서, 마지막으로 에베소가 있는 소아시아 지역입니다.

성령 체험이 없어도 성경이 확증한다

오늘날에는 왜 세례받을 때 이런 성령의 역사, 눈에 보이는 어떤 증거들이 잘 안 나타날까요? 그 이유는 성경이 완성되었기 때문입니다. 성경이 완성되기 전에는 성령이 세례와 함께 임하신다는 것을 하나님이 눈으로 보여 주시는 것 외에는 다른 방도가 없었습니다. 성도들은 눈으로 보고 어떤 체험을 통해야만 성령이 함께하신다는 것을 믿고 확인할 수 있었습니다.

그러나 성경이 완성된 다음에는 체험이 따르지 않아도 진리를 알 수 있게 되었습니다. 세례받을 때 성령이 함께하시고 성령 받는 역사가 내적으로 일어난다는 것을 성경은 여러 번 증거하고 있습니다. 그러므로 성경을 손에 쥐고 있는 사람에게 눈에 보이는 무언가를 보여 줄 이유는 없습니다. 특별한 이유가 없는 이상 눈에 보이는 증거가 없어도, 귀에 들리는 증거가 없어도 말씀을 통해 성령이 나와 함께하심을 확신할 수 있습니다. 이와 함께 하나님께 어떤 특별한 섭리와 뜻이 있을 때에는, 오늘날에도 세례받을 때 성령이 눈에 보이게 임하시는 역사가 있을 수 있다는 것도 간과해서는 안 됩니다.

38 거짓 믿음이 드러나다

시몬이 사도들의 안수로 성령 받는 것을 보고 돈을 드려 이르되 이 권능을 내게도
주어 누구든지 내가 안수하는 사람은 성령을 받게 하여 주소서 하니 베드로가 이르되
네가 하나님의 선물을 돈 주고 살 줄로 생각하였으니 네 은과 네가 함께 망할지어다
_ 사도행전 8:18-20

마술사 시몬에 대한 이야기가 성경에서 언급된 곳은 본문 말씀 외에는 없습니다. 그래서 시몬이 어떤 인물이었는지, 또 이 본문에 나타났다가 사라진 뒤에 그에게 어떤 일이 일어났는지를 살피기에는 너무나 자료들이 부족합니다.

시몬에 대한 자료가 많든지 부족하든지 간에 한 가지 확실한 것은 시몬은 그다지 좋은 인상을 주는 사람이 아니라는 사실입니다. 역사가들과 교부(教父)들이 말하듯이, 사마리아에서는 예수 믿는 것같이 행세했지만 나중에는 이단이 되어 교회에 해악을 끼친 사람으로 그 생애가 끝났을지도 모릅니다.

사도행전 8장의 두 말씀을 비교해 보면 성령에 사로잡혀서 예수 그리스도의 진리를 전하는 사람 빌립과 악령에 사로잡혀서 이적 기사를 행하고 거짓된 교훈을 전하는 사람 시몬의 차이점이 나타납니다. 모든 영광을 하나님께 돌리느냐 아니면 자기가 취하느냐 하는 차이입니다.

"빌립이 하나님 나라와 및 예수 그리스도의 이름에 관하여 전도함을 그들이 믿고 남녀가 다 세례를 받으니"(8:12).

"그 성에 시몬이라 하는 사람이 전부터 있어 마술을 행하여 사마리아 백성을 놀라게 하며 자칭 큰 자라 하니 낮은 사람부터 높은 사람까지 다 따르며 이르되 이 사람은 크다 일컫는 하나님의 능력이라 하더라"(8:9-10).

빌립은 사마리아에 가서 예수 그리스도만을 증거했습니다. 예수 그리스도만 드러날 때 하나님께서 그에게 능력으로 역사하셨습니다. 그러자 사마리아에 있는 사람들이 예수를 믿고 세례도 받았습니다. 사마리아 성에 큰 기쁨이 충만했습니다.

시몬도 그런 은혜의 역사 속에서 예외는 아니었습니다. 13절을 보면 시몬도 예수를 믿었습니다. 세례도 받았을 뿐만 아니라 그 누구보다 더 열심을 갖고 전도대를 따라다녔습니다. 또 "그 나타나는 표적과 큰 능력을 보고 놀라니라"(8:13) 하는 말씀에서 볼 수 있듯이 시몬은 감격도 잘하는 사람이었습니다. 어떤 기록에는 '원래 눈물이 많은 사람'이라고도 나옵니다.

게다가 마술사라는 그의 경력은 많은 사람들에게 관심의 대상이 되었을 것입니다. 다른 사람도 아니고 마술사가 회개하고 전도자가 되었다고 하니 그 영향력이 얼마나 컸겠습니까? 예수 믿기 전에 악한 일을 했던 사람일수록 예수 믿고 돌아왔을 때 어떻습니까? 감화력이 더 크고, 간증거리가 대단하고, 다른 사람들에게 많은 영향을 줍니다. 그러나 이들 중에는 끝이 좋지 않은 경우가 꽤 있습니다. 가끔 농담 삼아, 혹은 불평 비슷하게 이런 말을 하는 사람들이 있습니다.

"나도 과거에 좀 못된 짓을 많이 했거나 좋지 못한 경력이 있다면 간증을 해도 많은 사람에게 감동을 줄 수 있을 텐데, 예수 믿는 집안에 태어나서 덥지도 않고 차지도 않으니 간증거리가 없네."

단호히 말하건대, 이런 이야기는 절대로 해서는 안 됩니다. 좋지 않은 경력을 가진 사람이 회개하고 새사람이 되면 그만큼 위험 요소가 많다는 것을 알아야 합니다. 마술사 시몬처럼 이런 위험 요소가 있지는 않은지 각자 성령이 조명하시는 은혜 안에서 자신을 한번 비추어 볼 필요가 있습니다.

누구나 이기적인 동기로 시작하지만

마술사라고 하는 시몬의 경력은 빌립의 전도에 쉽게 응할 수 있는 충분한 동기가 되었을 것이라고 봅니다. 마술사는 영적인 면에 상당히 예민하고 밝습니다. 그래서 어떤 사람과 영적으로 대결할 때 자기보다 강한 영력을 갖고 있다 싶으면 상대방에게 쉽게 굴복해 버립니다. 시몬은 성령의 능력을 입고 복음을 전하며 이적 기사를 행하는 빌립을 만나자마자 자기는 도무지 상대할 수 없다는 것을 느꼈을 것입니다. 그래서 쉽게 굴복해 버린 것입니다. 빌립의 능력을 인정한 것입니다.

예수님 당시에도 많은 사람들이 표적을 보고 그분을 믿었습니다. 그런데 예수님은 표적을 보고 믿는 그들의 마음을 꿰뚫어 보시고는 그들에게 몸을 의탁하지 않으셨습니다. 그들을 신뢰하지 않으셨습니다.

"유월절에 예수께서 예루살렘에 계시니 많은 사람이 그의 행하시는 표적을 보고 그의 이름을 믿었으나 예수는 그의 몸을 그들에게 의탁하지 아니하셨으니 이는 친히 모든 사람을 아심이요 또 사람에 대하여 누구의 증언도 받으실 필요가 없었으니 이는 그가 친히 사람의 속에 있는 것을 아셨음이니라"(요 2:23-25).

표적을 보고 예수를 믿는다고 하는 사람들의 믿음은 거짓일 가능성이 많습니다. 또 이들에게는 마음에 근본적인 변화가 일어날 확률이 다른 사람보다 낮습니다. 말세에 사탄이 자기 때가 얼마 남지 않은 것을 알고 더욱 발악하여 이적 기사를 행하면, 근본적인 마음의 변화가 없는 이들은 거기에 쉽게 현혹되어 넘어갈 수밖에 없습니다. 그것은 불 보듯 뻔한 일입니다.

마술사 시몬이 예수를 믿는다고 쉽게 고백하게 된 또 다른 동기는 시몬을 신처럼 떠받들던 사람들이 시몬보다 강한 빌립이 나타나자 전부 그를 따라간 데 있었습니다. 추종자들을 놓치지 않기 위해서라도 그들과 같이 행동하지 않을 수 없었을 것입니다.

이처럼 시몬의 동기와 관심을 살펴볼 때 참 믿음과 거짓 믿음의 한계점을 어느 정도 알 수 있습니다. 우리 모두 예수를 믿게 된 동기가 무엇입니까? 그리고 그 동기가 계속 이어지고 있습니까? 처음에는 좀 이기적인 동기로 예수를 믿게 되었다 하더라도, 얼마 안 가서 처음 동기는 사라지고 새로운 동기로 주님을 따르고 있다면 괜찮습니다. 그런 사실은 분명히 우리가 감사할 내용입니다. 그러나 불순한 동기로 예수를 믿기 시작했고 아직도 그 동기가 변하지 않고 있다면 그 사람의 믿음은 하나님 앞에서 다시 검토받아야 합니다.

6·25 때 교회를 통해 쏟아져 나오는 구호물자 때문에 많은 사람들이 교회에 나왔습니다. 시간이 흐르자 그들 중 상당수는 예수 그리스도를 만나고 변화받았습니다. 그러나 끝까지 변화받지 못한 사람들도 있었습니다. 심지어 예수 이름을 팔면서 고아원 후원금을 착복하고 신앙인의 인격과 삶이 끝까지 정립되지 않은 사람들이 있었습니다. 예수 믿는 동기가 처음부터 끝까지 변하지 않은 것입니다.

일제강점기 때는 독립운동을 하려고 교회에 들어온 사람들이 있었습니다. 그들은 결국 광복 후에 교회를 떠나 버렸습니다. 요즘은 선거철이 되면 입후보자들이 슬그머니 교회에 들어옵니다. 전부 동기가 불순합니다.

처음부터 주님 앞에 나올 때 순수한 동기로 나온 사람은 아무도 없습니다. 모두 자신의 이기적인 동기를 가지고 나오기 마련입니다. 하지만 그런 동기는 말씀 앞에서 반드시 깨어져야 합니다.

믿음의 리트머스, 회개

참 믿음은 두 가지 특징을 보입니다. 바로 '회개'와 '그리스도 중심'입니다. 예수 믿고 수년이 흘러도 회개가 뭔지, 자신이 죄인인지조차 전혀 모르는 사람들이 있습니다. 자신이 죄인이라는 것을 마음속 깊은 데서부터 깨닫지 못하고, 하나님과의 관계를 어둡게 한 모든 잘못된 생활을 회개하는 뜨거운 마음이 생기지 않는다면 그 믿음은 어딘가 문제가 있는 것입니다.

아무리 기뻐하고 감사하고 삶 속에 감격이 넘친다 할지라도, 자신이 죄인이라는 것을 깨닫지 못하고 회개하지 않는다면 아무 소용이 없습니다. 예수 그리스도의 십자가를 발견하면 반드시 내가 그동안 하나님이 미워하시는 생활을 해왔다는 사실을 깨닫지 않습니까? 비록 예수 믿고 모든 죄가 다 깨끗함을 받았다는 것을 확신할지라도 일단 자신이 죄인이라는 것을 깨닫게 됩니다. 내 생활이 너무나 하나님 뜻에 어긋나 있었던 것을 뼈저리게 느끼지 않습니까? 그래서 어떤 때는 하나님 앞에 부끄러움을 느끼기도 하고, 그 일이 다시 반복하면 염치 불구하고 눈물을 흘리며 하나님 앞에 회개하는 것 아닙니까?

이와 같은 근본적인 회개가 없다면 그 믿음은 아직 바로 선 믿음이 아닙니다. 시몬을 보십시오. 회개했다는 말이 어디 있습니까?

사도들이 회개하라고 하는데도 되레 "아이고, 하나님의 벌이 임하지 않도록 날 위해 기도 좀 해주시오"라고 말했습니다. 마술사 시몬은 세례받고 전도도 했지만, 정작 있어야 할 진정한 회개가 없었습니다.

믿음의 리트머스, 예수 그리스도

믿음의 핵심은 항상 '예수 그리스도'입니다. 관심이 지나치게 성령 쪽으로만 기울어져서 예수 그리스도를 잊어버렸다면 이미 탈선한 사람입니다. 물론 성령님도 하나님이십니다. 그러나 성령은 예수 그리스도를 증거하기 위해 오셨습니다. 성령의 은혜를 받은 사람이라면 마음의 중심이 항상 예수 그리스도에게 가 있습니다. 그러나 여기에서 조금이라도 벗어나 그 중심이 다른 쪽으로 쏠려 있다면 그 믿음은 변질된 것입니다.

예수 중심의 믿음, 살아도 주를 위해 살고, 죽어도 주를 위해 죽고, 먹든지 마시든지 무엇을 하든지 주를 위해 해야 합니다. 모든 것이 그리스도 중심입니다. 빌립은 오순절 성령강림을 체험한 사람이지만 사마리아에 가서 다른 소리는 하지 않았습니다. 오로지 예수 복음만 전했습니다. 이것이 하나님 나라까지 가는 가장 안전한 믿음의 방패막이입니다.

성령 체험을 한다면 정말 좋습니다. 병 고침, 얼마나 은혜로운 일입니까? 나를 통해 다른 사람이 큰 은혜를 입는 것도 좋습니다. 그러나 이 모든 것은 일시적이고 부수적인 사건일 뿐입니다. 결국은 예수님만 바라는 믿음만이 우리를 구원에 이르게 합니다. 그런데 시몬에게는 그 믿음이 없었습니다.

사도들이 안수하는 것과 성령이 임하는 것을 본 시몬은 욕심이 났습니다. "빌립이 그렇게 이적 기사를 행한 원천이 여기에 있었구나. 이거 내가 좀 얻을 수 없을까?"라고 은근히 생각했을지도 모릅니다. 그는 돈으로 성령을 사려 하고 했습니다. 시몬(Simon)이라고 하는 이름과 돈(money)이라는 단어를 합성하면 성직을 매매한다는 의미의 'simony'가 됩니다. 목사직을 돈 받고 팔아먹는 사람들, 돈으로 신학교 졸업장 받고 안수받아 목사가 된 사람들은 다 시몬의 후예들입니다.

돈만 있으면 땅에 있는 것이나 하늘에 있는 것이나, 육신의 일이나 영적인 일이나 모든 것을 좌우할 수 있다고 믿는 것은 사탄의 마음입니다. 예수님 앞에 사탄이 나타나서 자기에게 절하라고 하며 내놓은 것이 돈이었습니다. 전 세계의 부를 눈앞에 보여 주며 원한다면 절하라고 했습니다.

오늘날 이단이나 진리를 왜곡해서 가르치는 사람들의 공통점이 무엇입니까? 결국 돈과 결부되는 것 아닙니까? 거룩한 것을 돈으로 다룰 수 있다고 하는 생각, 이것은 철저하게 뿌리뽑아야 할 무서운 악입니다. 그러니 농담으로라도 '돈 없으니 교회도 못 가겠더라'는 말은 하지 마십시오. 우리가 그런 말을 할 때마다 뱀이 혀를 날름거리듯이 사탄이 우리 옆에서 좋아합니다. 설혹 교회가 부패해서 돈 있는 사람만 행세하는 교회로 전락하더라도 하나님의 나라는 그렇지 않다는 것을 확실히 기억하십시오.

성령의 은혜를 맛보고 떠난 사람

베드로와 요한이 안수할 때 일명 '사마리아인의 오순절' 역사가 일어났습니다. 예루살렘에서 일어났던 오순절 성령강림이 사마리아에서도 일어난 것입니다. 새로운 방언을 하고 하나님을 찬양하는 역사가 일어났습니다.

거기에 함께 있던 시몬이 베드로와 요한이 안수할 때 옆에서 구경만 하지는 않았을 것입니다. 시몬의 기질로 봐서는 "나도요!" 하고 머리를 내밀었을 것입니다. 욕심 많은 시몬이 그런 일에 빠질 리가 없습니다. 그렇다면 안수 받은 시몬도 다른 사람들처럼 성령을 체험했을까요?

저는 시몬도 분명히 성령 체험을 했다고 봅니다. 어떻게 성령이 그런 사람에게도 임할 수 있느냐고 이상히 여길 수 있습니다. 그러나 놀라지 마십시오. 구약성경을 보면 성령은 사울 왕에게도 임했습니다. 사울 왕처럼 마음의 중심이 자기 자신을 향한 사람에게도 성령은 임하셨습니다. 이런 사람은 결국 성령의 은혜를 맛보고 떠나는 사람이 됩니다.

"한 번 빛을 받고 하늘의 은사를 맛보고 성령에 참여한 바 되고 하나님의 선한 말씀과 내세의 능력을 맛보고도 타락한 자들은 다시 새롭게 하여 회개하게 할 수 없나니"(히 6:4-6상).

이런 사람이 분명히 있습니다. 그들도 예언할 수 있습니다. 방언할 수 있습니다. 신유의 은사를 행할 수 있습니다. 그러나 이런 사람들은 일시적으로는 은혜에 잠깐 참여하지만 오히려 그것으로 인해 더 무서운 지경에 빠지게 됩니다. 참으로 안타까운 일입니다.

베드로는 마술사 시몬에게 "네 마음에 악독이 가득하고 불의에 매여 있으니 회개하고 주께 기도하라. 혹 마음에 품은 것을 사하여 주실지 모른다"고 말합니다. 그러나 시몬은 회개는커녕 하나님이 벌주신다는 말에 놀라 자신을 위해 기도해 달라고 하면서 정작 자신은 기도 한마디, 회개 한마디 하지 않았습니다. 그리고 성경은 더 이상 시몬에 대해 언급하지 않습니다. 그는 회개하기 좋은 기회를 얻었음에도 불구하고 회개 한 번 하지 않고 성경에서 사라졌습니다.

형제여 내가 어찌할꼬

시몬이 참 하나님의 은혜를 받은 사람이었다면 사도 베드로의 다리를 부여잡고 "형제여 내가 어찌할꼬" 하지 않았겠습니까? 정말 하나님의 은혜를 받은 사람이었다면 그러지 않겠습니까? 성경은 좋은 결과가 따라오면 꼭 이야기하고 넘어갑니다. 그런데 아무 기록 없이 생략된 것을 보면 시몬 이야기의 결말은 불행하게 끝난 것으로 짐작할 수 있습니다.

얼마나 많은 사람들이 이렇게 거짓 믿음을 가지고 교회를 드나들고 있을까요? 겸손하게 주님 앞에서 자신의 믿음을 한번 검토해 봅시다.

◀》 세례받았다고 안심하지 마십시오. 입으로 신앙고백 잘한다

고 자만하지 마십시오. 시몬의 마음에 있던 악독이 우리에게는 없습니까? 다 있습니다. 불의에 매인 사람이 시몬뿐입니까? 우리도 매여 있습니다.

그러나 예수 믿고 십자가를 발견한 다음에는 그 무서운 악의 뿌리가 뽑히고 불의에서 해방됩니다. 진리가 아니면 만족할 수 없고 선이 아닌 것에 관심이 가지 않을 만큼 마음에 변화가 일어난 사람이 진짜 거듭난 사람입니다. 예수 그리스도로 옷 입은 새사람입니다.

이 정도야 스스로 자신을 판단할 수 있지 않습니까? 이 정도야 우리가 성경 앞에 앉으면 성령의 엑스레이로 확실히 들여다볼 수 있지 않습니까? 내가 정말 변화받은 사람인지 아닌지 그 정도쯤은 하나님 앞에 기도로 매달리면 분명히 가르쳐 주십니다. 우리 안에 거하시는 성령은 변화받은 삶이 어떤 것인지 분명히 가르쳐 주시며, 그 증거를 하나하나 열매로 보여 주십니다. 이런 열매가 전혀 없다면 하나님 앞에 기도해야 합니다. 시몬처럼 회개하지 않으면 안 됩니다. 이런 악순환이, 이런 위선적인 신앙생활이 반복되지 않게 해달라고 하나님 앞에 진정으로 기도하면 하나님께서 그 사람을 바꾸어 놓으실 것입니다. 마술사 시몬의 비극이 우리에게 반복되지 않도록 에베소서 말씀에 귀 기울입시다.

"그러므로 내가 이것을 말하며 주 안에서 증언하노니 이제부터 너희는 이방인이 그 마음의 허망한 것으로 행함 같이 행하지 말라 그들의 총명이 어두워지고 그들 가운데 있는 무지함과 그들의 마음이 굳어짐으로 말미암아 하나님의 생명에서 떠나 있도다 그들이 감각 없는 자가 되어 자신을 방탕에 방임하여 모든 더러운 것을 욕심으로 행하되 오직 너희는 그리스도를 그같이 배우지 아니하였느니라 진리가 예수 안에 있는 것 같이 너희가 참으로 그에게서 듣고 또한 그 안에서 가르침을 받았을진대 너희는 유혹의 욕심을 따라 썩어져 가는 구습을 따르는 옛 사람을 벗어 버리고 오직 너희의 심령이 새롭게 되어 하나님을 따라 의와 진리의 거룩함으로 지으심을 받은 새사람을 입으라"(엡 4:17-24).

사도행전 9장

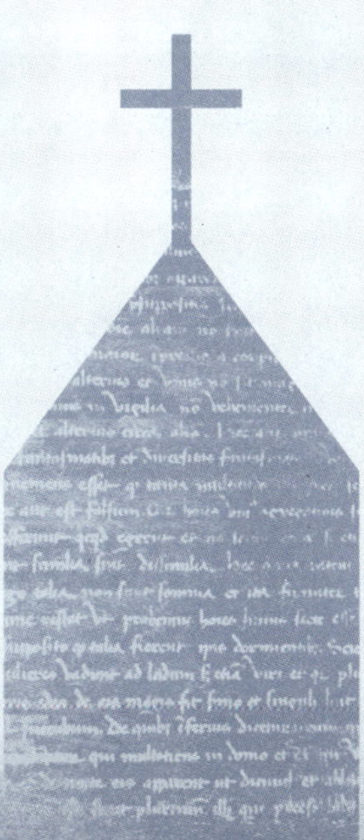

39 회심과 변화

_ 사도행전 9:3-5

사울이 예수 믿고 돌아온 사건은 기독교 역사상 최고의 회심 사건이라 하겠습니다. 이에 비견될 만한 다른 어떤 회심 이야기가 성경에는 없습니다. 그래서인지 사울의 회심 사건은 성경에 반복해서 기록되어 있습니다.

주님을 만나기 전 사울은 예수를 향한 적개심에 가슴이 얼마나 끓어올랐던지 눈에 보이는 대로 그리스도인들을 잡아 옥에 가두고 핍박했습니다. 그러던 중 상당수의 그리스도인들이 예루살렘에서 도피하여 다메섹에 머물고 있다는 것을 알게 되었습니다. 그들을 잡아 오기 위해 먼 거리도 마다하지 않고 다메섹으로 달려

가던 사울에게 참으로 놀라운 일이 일어났습니다. 갑자기 하늘에서 환한 빛이 그를 둘러 비추었습니다. 사울은 그 빛 앞에 한마디 말도 못 하고 그냥 거꾸러졌습니다. 그리고 거기서 주님을 만났습니다.

'회심'(conversion)은 '가다가 돌아선다'는 말입니다. 기독교에서 '회심'이라고 하는 것은 '중생'(rebirth)과는 또 다른 의미를 갖습니다. '회개'(repentance)와도 다릅니다. 회심이라는 말은 우리나라에서는 흔히 쓰지 않는 말입니다. 보통 회개라는 말과 비슷한 의미로 이 단어를 쓰고, 또 어떤 복음주의 단체는 중생과 같은 말이라고 생각하기도 합니다. 그러나 이들 사이에는 차이점이 있습니다.

특별히 사울에게는 중생과 회개의 역사가 한순간에 일어났습니다. 이런 급격한 체험을 일컬어 회심이라고 말합니다. 회심은 마음의 변화인 동시에 외적으로 나타나는 실제적인 생활의 변화, 인격의 변화까지 포함된 것입니다.

진짜인가, 가짜인가

벌코프의 『조직신학』에 따르면 몇 가지 회심의 예가 있습니다. 먼저, 국가적인 회심이 있습니다. 이것은 구약시대에 있던 것으로 이스라엘 백성들이 주로 체험했습니다. 히스기야와 같은 위대한 믿음의 왕이 나왔을 때 전 국민이 우상을 다 내던지고 일제히 하나님 앞에 돌아온 역사가 그 예입니다. 국가적인 회심은, 간혹 그중에 개인적으로 하나님 앞에 변화받은 사람이 있다고 하더라도 대체로 피상적인 돌이킴에 지나지 않았습니다. 이런 것은 하루 아침에 변할 수 있는, 믿을 수 없는 거짓된 회심입니다. 히스기야 왕이 죽고 므낫세라는 악한 왕이 통치를 시작했을 때 온 나라가 한순간에 하나님을 내버리고 우상을 숭배한 것을 보면 알 수 있습니다.

신약시대에는 일시적인 회심이 있었습니다.

"믿음과 착한 양심을 가지라 어떤 이들은 이 양심을 버렸고 그 믿음에 관하여는 파선하였느니라 그 가운데 후메내오와 알렉산더가 있으니 내가 사탄에게 내준 것은 그들로 훈계를 받아 신성을 모독하지 못하게 하려 함이라"(딤전 1:19-20).

후메내오와 알렉산더 같은 사람은 양심을 버리고, 믿음까지 깨어져 결국에는 교회를 떠나 버렸습니다. 일시적으로 회심한 사람들이 보이는 결과입니다. 또 히브리서 말씀처럼 한 번 성령의 은혜와 복음의 은혜를 맛본 사람이 타락해서 이단의 우두머리가 되기도 하고 교회를 핍박하는 자가 되기도 하는 아주 기가 막힌 상황이 벌어집니다. 이런 사람은 일시적인 회심을 한 사람들입니다.

"한 번 빛을 받고 하늘의 은사를 맛보고 성령에 참여한 바 되고 하나님의 선한 말씀과 내세의 능력을 맛보고도 타락한 자들은 다시 새롭게 하여 회개하게 할 수 없나니 이는 그들이 하나님의 아들을 다시 십자가에 못박아 드러내 놓고 욕되게 함이라"(히 6:4-6).

가룟 유다가 대표적인 예입니다. 가룟 유다가 처음부터 악했다고는 보지 않습니다. 일시적으로는 예수님께 감동을 받은 것이 사실이고, 예수님이 메시아라고 하는 나름의 확신도 있었을지 모릅니다. 그러나 결국에는 모든 것이 마귀의 역사로 끝나 버리지 않았습니까? 일시적인 회심이었던 것입니다.

가룟 유다처럼 일시적인 회심을 한 사람에 대해 예수님은 가라지 비유로 교훈을 주셨습니다. 교회 안에는 가라지가 반드시 함께 자랍니다. 일시적으로 회심한 사람이 교회에서 큰 비중을 차지하고 있을 수도 있습니다. 그러나 어떤 핍박이 닥치거나 또 교회가 어떤 큰 십자가를 져야 할 상황이 벌어지면 그 본색이 드러나고 맙니다.

일시적인 이런 회심은 본인에게도 비극이요 교회적으로도 비극입니다. 입으로 '주여, 주여' 하는 일시적인 회심자가 교회 안에 많다면 그 교회의 앞날은 불을 보듯 뻔합니다. 목사도 예외일 수 없습니다. 성도들에게 성경을 가르치고, 그럴듯하게 목회하는 것 같이 보여도 하나님과의 관계에 진실성이 결여되면 목사도 가라지가 될 수 있습니다.

"그러므로 나의 사랑하는 자들아 너희가 나 있을 때뿐 아니라 더욱 지금 나 없을 때에도 항상 복종하여 두렵고 떨림으로 너희 구원을 이루라"(빌 2:12).

구원받았다는 확신도 좋고, 중생하여 하나님의 자녀가 되었다는 확신도 좋지만 그런 확신은 마귀도 얼마든지 할 수 있습니다.

어떤 사람이 끝까지 인내하며 주님의 자녀로 남을 수 있습니까?
겸손한 사람, 하나님과의 사이에 진실성이 있는 사람입니다.

눈에 띄는 변화가 있는가

회심은 신분의 변화를 의미하는 것이 아니라 신앙인으로서 갖
는 모든 조건의 변화를 의미합니다. 그렇다면 논리적으로 중생과
회심 중 어느 것이 먼저일까요? 태어나기도 전에 변화가 일어나지
는 않습니다. 하나님의 씨로 거듭나야 그다음에 그 씨가 자라납니
다. 싹이 틉니다. 줄기가 뻗어올라 옵니다. 요한일서 3장 9절의 말
씀처럼 하나님의 씨가 우리 속에 있으면 절대로 죄를 가까이하지
못합니다. 죄는 하나님을 닮아 가지 못하게 우리를 망쳐 놓기 때문
입니다. 중생이란 죄를 멀리하고 하나님을 닮게 하는 씨앗이 우리
안에 심기는 것입니다. 사람으로 말하면 아기가 태어나는 순간을
중생이라고 합니다.
중생은 대부분 무의식적으로 일어납니다. 자신도 모르게 태
어나는 것입니다. 복음을 전할 때 상대방이 "그래, 나 믿어 볼게"
라고 말하면 벌써 그 사람의 마음에는 하나님의 씨가 떨어져 있는
것입니다. 그리고 자신도 모르게 거듭납니다. 자기도 모르는 사이
에 가치관도 변하고 취미도 변하고 삶의 습관도 변합니다. 이것이
어떤 사람에게는 한순간에 일어나 사람이 싹 달라지기도 합니다.
이것을 일컬어 급진적인 회심이라고 합니다.
반면 소걸음처럼 느릿느릿 변하는 사람도 있습니다. 이렇게

변하는 사람에게 언제 회심했느냐고 물으면 대개 "어, 나 잘 모르겠는데" 하고 대답합니다. 좀 느려서 그렇지 변하기는 변합니다. 이것도 회심입니다. 완만한 회심입니다.

급격하든 완만하든 회심의 공통점은 다른 사람이 인식할 정도의 변화가 있다는 것입니다. 확실히 회심한 사람들은 다른 사람이 보기에도 변화가 있습니다. 그게 진정한 회심입니다. 예수를 믿는다고 고개는 끄덕이는데 가치관도 변하지 않고 생활습관도 변하지 않고 세상을 보는 눈도 변하지 않은 사람은 아직 회심이 안 된 사람입니다.

급진적인 변화에 따른 진통

회심은 중생에 뿌리를 둡니다. 중생이 없는 사람은 회심을 기대할 수 없습니다. 거듭나서 하나님의 씨가 뿌려졌기 때문에 드디어 거기서 자라는 새 생명이 삶의 모든 영역을 변화시키는 것입니다. 그래서 변화가 일어나는 것입니다. 중생은 전적으로 하나님이 역사하시는 영역인 반면, 회심에는 하나님의 역사하심과 동시에 인간이 반응해야 하는 부분이 있습니다. 바로 하나님의 뜻에 동의하여 자신을 그 뜻에 복종시키는 것입니다.

사울이 경험한 회심은 매우 특별했습니다. 다메섹에서 예수님을 만나고 사흘 동안 식음을 전폐한 채 기도했습니다. 그 시간 사울에게는 상당한 진통이 있었을 것입니다.

"내가 지금 진짜 예수를 만난 것인가? 예수가 과연 메시아인가? 내가 예수께 완전히 승복할 것인가, 아니면 지금까지 구약에서 배우고 믿어 온 대로 메시아를 계속 기다릴 것인가?" 사울은 계속 진통했을 것입니다. 그 진통 끝에 사울은 드디어 동의하게 됩니다. 그리고 때마침 찾아온 아나니아의 기도와 함께 성령 충만을 받았습니다. 눈에 덮여 있던 모든 비늘이 벗겨지면서 시력을 회복하고 새사람이 되었습니다.

만약 사울이 끝까지 하나님께 동의하지 않았다면 어떻게 되었을까요? 아무리 하나님께서 변화를 주시려고 해도 회심은 일어나지 않았을 것입니다.

예수 믿은 지 아주 오래 되었는데도 근본적인 변화가 잘 일어나지 않는 것은 성령께 순종하지 않기 때문입니다. 마음속에 무언가 남겨 둔 것이 있어서 버티고, 재고, 비판하며 시간만 보냅니다. 남이 볼 때 교회에 드나드는 것 외에는 예수 믿는 흔적이 도무지 보이지 않는 그런 생활을 10년, 20년 합니다. 진짜 회심을 하려면 하나님께 동의해야 합니다.

회심은 의식적인 것입니다. 이론적으로 보면 단 한 번 변화된 후에 성화(聖化)의 과정으로 들어가는 일 같지만, 경험적으로 보면 반복되는 측면이 있습니다. 우리의 모습을 보면 변화된 후에도 탕자처럼 슬그머니 세상 속으로 미끄러져 갑니다. 그러고는 매맞고 다시 돌아와서 또 변화를 경험합니다. 논리적으로는 맞지 않는 이야기지만, 경험적으로 볼 때 회심은 반복해서 일어납니다. 회심에는 몇 가지 유형이 있는데, 사울처럼 급진적인 회심을 맛보는 경우에는 일반적으로 하나님의 큰 역사가 따릅니다. 하나님께서 어떤 일을 맡기시기 위해 처음부터 강하게 성령으로 이끄시는 것입니다. 그래서 이런 은혜를 받은 사람은 일도 독특하게 합니다.

사울을 봅시다. 하나님께서는 "그가 내 이름을 위하여 얼마나 고난을 받아야 할 것을 내가 그에게 보이리라"(9:16)고 하셨습니다. 특별한 회심 이후 몽둥이를 얼마나 맞았습니까? 돌맹이를 몇 번이나 맞았습니까? 세상에 그 좋은 결혼 한 번 못 해보고 일생을 떠돌이처럼 살면서 굶주리고 헐벗고 태장으로 맞는 날이 계속 이어졌습니다.

오래 믿어 왔지만 변화가 없다면

그런가 하면 말씀을 통한 회심도 있습니다. 이런 회심을 경험하는 분들을 보면 오랫동안 이런 모양 저런 모양으로 교회와 관계를 맺어 왔지만 무언가 마음에 강하게 와 닿는 것이 없어 그저 형식적인 모습만 보입니다. 그래서 신앙생활이나 일상생활이나 별 차이가 없다가 하나님의 말씀을 배우는 어느 순간, 하나님의 말씀을 설교로 듣는 어느 순간, 스스로 하나님의 말씀을 읽는 어느 순간, 하나님께서 마음을 꽉 잡아 주시는 역사가 일어납니다. 그리고 분명히 달라진 모습이 됩니다.

중생은 반드시 회심을 통해 입증되는 것이 좋습니다. 간혹 목회자 가정이나 믿음의 가정에서 성장한 젊은이들을 보면 예수 믿는 생활이 그저 밥 먹는 일처럼 평범한 일이라 어떤 자극도 없고 스스로 깨닫게 되는 일도 드뭅니다. 그냥 이런 게 믿음생활인가보다 하고 미지근하게 살아갑니다. 교회는 이런 성도들이 회심할 수 있도록 인생의 중요한 순간마다 잡아 주어야 합니다. 성도가 회심하지 못하고 회의론자가 되어 교회를 떠나는 것을 방관하면 안 됩니다.

예수를 오래 믿었는데도 사울처럼 완전히 변했다고 자신 있게 말하지 못한다면 하나님 앞에서 내 삶을 진지하게 검토해 보아야 합니다. 회심의 역사가 일어나면 하루 아침에 세상이 달라지는 것을 경험하게 될 것입니다. 또한 하나님이 얼마나 나를 사랑하시는지를 알게 됩니다. 그리고 이미 회심의 경험이 있는 사람은 그 처음 사랑을 잃어버리지 말아야 하겠습니다.

저는 중학교 3학년 때 큰 기쁨에 넘쳐 살았습니다. 성경을 보면 그렇게 좋을 수가 없었습니다. 말씀을 이해할 줄 알았고, 친구들과 어울리면 성경 이야기를 나누고, 어떤 때는 설교도 하면서 주님께 온전히 사로잡혀 살던 그때가 참 좋았던 기억이 있습니다. 그런데 한편으로는 그때를 기억하며 아쉬움을 느낍니다. 왜 목사가 된 다음에는 그처럼 순수한 첫맛이 잘 우러나지 않을까…. 신앙도 많이 자랐고, 성경 지식도 많이 쌓이고, 신학적인 관점도 정립되고, 경험도 많고, 모든 면에서 더 잘 갖추었는데 예수를 발견한 그 기쁨, 변화받은 내 삶이 나의 인격을 통해 드러날 때 느끼던 그 매력을 지금은 느끼지 못하는 것 같습니다. 그래서 어떤 때는 혼자서 참 아쉬워합니다. 하지만 그런 나에게 우리 주님은 나무라지 않으시고 이렇게 말씀하십니다.

"얘야, 너 갓난애일 때 토실토실한 게 좋지, 커서도 그러면 뭐 보기 좋겠니? 마찬가지야. 너, 회심하고 처음 좋아할 때 얼마나 포동포동하고 예뻤니? 그런데 너 지금은 늙지 않았니? 한 가지 분명한 것은 너는 내 자식이란 사실이고, 그 세월만큼 네 믿음은 자란 거야. 기쁨이 없는 것 같아도 잔잔한 기쁨이 네 마음속에 충만하잖니?”

40 전적인 은혜를 부어주시다

사울이 길을 가다가 다메섹에 가까이 이르더니 홀연히 하늘로부터 빛이
그를 둘러 비추는지라 땅에 엎드러져 들으매 소리가 있어 이르시되
사울아 사울아 네가 어찌하여 나를 박해하느냐 하시거늘

_ 사도행전 9:3-4

사도행전 9장은 참 충격적인 말씀 중 하나입니다. 그렇게 기독교를 핍박하던 사울이 한순간에 꺾이는 장면을 이 본문에서 봅니다. 하나님의 능력이 얼마나 위대합니까? 하나님의 뜻이 작용하면 아무리 거세게 하나님을 대항하는 자라도 마치 지푸라기가 꺾이듯 아무 힘없이 거꾸러지는 것을 봅니다. 하나님의 능력 앞에 인간이 얼마나 나약한지, 얼마나 아무것도 아닌 존재인지 여기서 깊이 깨달을 수 있습니다.

바울이 예수 믿고 돌아온 사건을 특징 짓는다면, 첫째로 전적인 은혜에 의한 역사라고 할 수 있습니다. 사울이 한 일은 하나도

없습니다. 오히려 사울은 주님을 거역하기만 했지 자기가 구원받 겠다고 노력하지 않았습니다. 주님을 찾아 헤매지도 않았습니다. 무엇인가 알아보려고 애쓴 것도 없습니다. 전적으로 하나님의 은 혜로 된 것이었습니다.

사울도 그것을 알았습니다. 그랬기에 서신서 여러 곳에서 자 신이 예수 믿게 된 것을 간증할 때 오직 '은혜'라는 말만 사용했습 니다.

> "모든 성도 중에 지극히 작은 자보다 더 작은 나에게 이 은혜를 주신 것은 측량할 수 없는 그리스도의 풍성함을 이방인에게 전하게 하시 고"(엡 3:8).

> "그러나 내 어머니의 태로부터 나를 택정하시고 그의 은혜로 나를 부 르신 이가 그의 아들을 이방에 전하기 위하여 그를 내 속에 나타내 시기를 기뻐하셨을 때에"(갈 1:15-16상).

> "그러나 내가 나 된 것은 하나님의 은혜로 된 것이니"(고전 15:10).

사울은 모든 성도 중에 지극히 작은 자신에게 하나님께서 은 혜를 주셨다고 고백합니다. 받을 자격이 없는 자가 거저 받았다는 말입니다. 또 갈라디아서에서도 은혜로 자신을 부르셨다고 말합니 다. 아무 수고도 공로도 없는데 주님이 일방적으로 자신을 불러서 구원해 주셨다는 것입니다. 그러고는 "아들을 내 속에 나타내시기 를 기뻐하신 하나님"이라고 덧붙였습니다. 예수 그리스도가 그의 안에 나타나 살아 계심을 보게 하신 분은 하나님이지 사울 자신이 노력한 대가가 아니라는 뜻입니다.

그래서 그의 신학을 일컬어 '은혜신학'이라고 합니다. 그의 은혜신학을 그대로 이어받은 성 아우구스티누스와 종교개혁가 루터 역시 은혜를 강조하며 교회사에 큰 발자국을 남겼습니다.

불가항력적인 사건

사울의 회심은 초자연적인 회심이라고 말할 수 있습니다. 하나님은 초자연적인 능력으로 사울을 예수 믿게 끌어들이셨고 이것은 사울에게 불가항력적인 사건이었습니다. 아우구스티누스의 회심도 이와 비슷한 데가 있었습니다. 그는 믿음 좋은 어머니 밑에서 자랐습니다만, 지적 허영으로 똘똘 뭉친 도도하고 교만한 사람이었습니다. 그는 지적 수준이 굉장히 높은 수사학자였지만, 영적으로는 어둠의 구렁텅이에 빠져 있는 젊은이에 불과했습니다.

그러던 어느 날, 밀라노의 한 정원에서 그야말로 내적인 고뇌가 절정에 올랐을 때, 드디어 하나님이 초자연적으로 마치 사울을 부르신 것처럼 아우구스티누스를 부르셨습니다.

사실 그 전까지 아우구스티누스에게는 사전 작업이 있어 왔습니다. 밀라노의 주교인 암브로시우스의 설교에 감동받고, 어머니 모니카의 눈물의 기도가 그의 마음속에 되살아났습니다. 또 키케로와 플라톤의 철학을 깊이 연구한 바 있고 이사야서와 로마서를 탐독하면서 연구하기도 했습니다.

그러나 그것만 가지고는 주님 앞으로 완전히 돌아서지 못했습니다. 밀라노의 한 정원에서 몸부림치면서 자기 죄와 연약함 때문에 고뇌할 때 드디어 "펴서 읽으라, 펴서 읽으라" 하는 주님의 음성이 들렸습니다. 그 음성을 듣고 그가 펴서 읽은 것이 이 말씀입니다.

"또한 너희가 이 시기를 알거니와 자다가 깰 때가 벌써 되었으니 이는 이제 우리의 구원이 처음 믿을 때보다 가까웠음이라 밤이 깊고 낮이 가까웠으니 그러므로 우리가 어둠의 일을 벗고 빛의 갑옷을 입자 낮에와 같이 단정히 행하고 방탕하거나 술 취하지 말며 음란하거나 호색하지 말며 다투거나 시기하지 말고 오직 주 예수 그리스도로 옷 입고 정욕을 위하여 육신의 일을 도모하지 말라"(롬 13:11-14).

아우구스티누스는 지금은 자다가 깰 때가 되었으니 육신의 정욕을 다 벗고 예수 그리스도로 옷 입자는 말씀을 듣고 완전히 새사람이 되었습니다. 한순간의 사건이요, 예측하지 못했던 사건이요, 오직 하나님만이 일하신 사건이요, 사람의 손길 하나 빌리지 아니한 사건이었습니다. 그래서 사울이 하나님의 은혜, 주님의 은혜를 강조한 것처럼 아우구스티누스도 오직 은혜라는 것을 얼마나 강조했는지 모릅니다.

루터도 마찬가지였습니다. 그는 에르푸르트 대학에서 법학과 신학을 공부하던 학생 시절, 여행 도중 천둥을 동반한 폭풍우를 만나 친구가 죽는 일을 당했습니다. 너무나 소름이 끼쳐 자신도 모르게 "성 안나여, 성 안나여 도우소서. 그리하면 내가 수도사가 되겠나이다" 하고 서약했다고 합니다. 당시에는 구교회 풍토였으니 급할 때 예수를 부르지 않고 성자를 불렀습니다.

그 서약으로 그는 법학을 중단하고 아우구스티누스 수도회에 들어가 수도사가 되었습니다. 그러다가 1508년 드디어 '오직 의인은 믿음으로 말미암아 살리라'(롬 1:17)는 주의 음성을 듣고는, 마음을 짓누르던 그 무거운 짐에서 해방되었습니다. 그는 아무 공로 없이 오직 하나님의 은혜로 구원받고 죄 용서받고 예수의 피로 하나님의 자녀가 된다는 데 깊은 감명을 받았습니다. 마침내 그는 1517년 종교개혁을 하는 데까지 이릅니다.

값없이 주시는 은혜

이 세 사람은 생각지도 못한 사건을 통해 구원을 받았습니다. 그들이 끝까지 감사하고 감격한 것은 값없이 주시는 은혜 때문이었습니다. 오늘날 우리는 이 은혜신학을 이어받은 후예라고 할 수 있습니다. 특히 장로교, 그중에서도 특히 개혁신학은 그렇습니다. 오직 은혜로 말미암은 것입니다.

◀» 내가 구원받은 것이 내가 노력했기 때문에, 아니면 내가 다른 사람보다 더 나은 점이 있기 때문에 하나님이 나를 인정해 주셨다고 착각하지 마십시오. 그것은 전적으로 성경과 거리가 먼 생각입니다. 우리에게 선한 것이 있으면 얼마나 있으며, 잘한 일이 있으면 그게 얼마나 대단하며, 자랑할 것이 있다 하더라도 하나님 앞에 그게 무슨 가치가 있겠습니까? 한낱 지푸라기와 같은 것들입니다.

오직 은혜로 사울도 구원받았고, 오직 은혜로 아우구스티누스도 구원받았고, 오직 은혜로 루터도 구원받았고, 오직 은혜로 우리도 구원받았습니다. 값없이 받은 은혜입니다.

완전히 돌아서다

사울은 회심 후 완전히 변화되었습니다. 전혀 다른 것이 섞이지 않았습니다. 우왕좌왕하지 않았습니다. 머뭇머뭇한 일도 없습니다. 한번 변화받자 그것이 얼마나 정확하고 분명했는지 다시는 뒤돌아보지 않았고, 다시는 후회하지 않았고, 다시는 회의하지도 않았습니다. 이것은 아우구스티누스의 생애를 봐도 마찬가지입니다. 루터의 생애를 봐도 마찬가지입니다. 은혜로 구원받았다는 것을 깨달은 위대한 선배들은, 하나님의 자녀가 된 다음에는 두 번 다시 그 사실을 의심하지 않았습니다. 흔들리지 않고 끝까지 하나님의 자녀로 살다가 죽었습니다.

그러나 불행하게도 교회 안에서 보면 예수 믿고 구원받았다며 한참 기뻐하고 좋아하다가 나중에 회의에 빠지는 사람이 있습니다. 또 얼마 지나지 않아 주저앉아 버리는 사람도 있습니다. 얼마나 안타까운 일인지요. 바울은 이런 갈라디아 교인들에게 안타까운 심정으로 말합니다.

"어리석도다 갈라디아 사람들아 예수 그리스도께서 십자가에 못박히신 것이 너희 눈 앞에 밝히 보이거늘 누가 너희를 꾀더냐"(갈 3:1).

주님을 바라보고도 그렇게 주저앉고, 의심하고, 뒤로 빠지고, 세상으로 갔다가 왔다가 합니까? 그것은 진정한 회심이 아닙니다. 회심이라는 것은 완전히 돌이키는 것입니다. 다시는 원래 자리로 돌아가지 않는 것입니다. 우리 주님은 과거를 묻지 않으십니다. 앞으로가 문제입니다.

절대주권자의 선택

사울의 회심 사건에는 하나님의 절대주권이 작용했습니다.

임금들 앞에서나 이방인들, 유대인들 앞에서 예수 그리스도를 전하는 명예로운 직책을 하나님께서는 왜 아나니아가 아닌 사울에게 맡기셨을까요? 어느 모로 보아도 사울은 아나니아와 비교도 안 되는 인물이었습니다. 아나니아는 이미 구원받은 거룩한 성도였습니다. 그에 반해 사울은 살기등등한 핍박자였습니다. 사람이 보기에는 아나니아가 그 명예를 얻어야 마땅해 보이지만 주님은 아나니아를 선택하지 않으시고 이방의 사도로 사울을 선택했습니다.

하나님이 왜 그렇게 하셨는지 모르겠습니다. 절대주권이라고밖에 달리 말할 수 없습니다.

부활 예수를 목격하다

사울의 회심은 예수 부활의 결정적 증거가 된다는 데서 중요한 의의를 갖습니다. 교회사학자 필립 샤프(Pilip Schaff)는 예수님의 부활을 목격한 사도들의 증언과 함께 사울이 다메섹 도상에서 주님을 만난 사건이 예수 부활의 절대적인 증거가 된다고 말했습니다.

사울이 육체의 눈으로 보았는지 영의 눈으로 보았는지는 알 수 없습니다. 사실 그가 육체의 눈으로 보았다고는 말하기 어려울 것입니다. 왜냐하면 주님의 영광을 보고 견뎌 낼 사람이 없기 때문입니다. 주님이 승천하시기 전에는 제자들이 육신의 눈으로 주님을 볼 수 있었습니다. 하지만 승천하신 다음에는 하늘과 땅과 모든 권세를 가진 영광스러운 자리에 앉으셨기 때문에, 인간의 시력으로 예수님을 직접 본다는 것은 태양 열 개를 보는 것보다 어려웠을 것입니다. 그러니 바울이 주님을 보았다고 할 때는 눈으로 본 것 그 이상이라고 생각됩니다.

바울이 회심한 것은 예수 그리스도가 살아 계시다는 것을 입증하는 증거 중의 증거입니다. 마찬가지로 우리가 회심하게 된 것 역시 예수 그리스도가 살아 계시다는 확실한 증거가 됩니다.

41 복음의 그릇으로 택하시다

**주께서 이르시되 가라 이 사람은 내 이름을 이방인과 임금들과
이스라엘 자손들에게 전하기 위하여 택한 나의 그릇이라**

_ 사도행전 9:15

예수님을 만난 사울은 이제껏 자신을 붙들고 있던 모든 의미
와 신념, 신앙과 고집과 분노가 한순간에 꺾이는 것을 경험합니다.
그리고 육체적으로는 눈이 멀어 남의 손에 이끌려 다메섹에 들어
갔습니다.

예수님은 사울에게 자신이 예수라는 것을 가르쳐 주시는 데
그치지 않았습니다. 또한 십자가 앞에 무릎 꿇게 하시는 데 그치지
않았습니다. 예수님은 자신의 계획대로 그를 위해 일하셨습니다.
예수님은 먼저 아나니아라고 하는 제자를 환상 중에 부르셨습니
다. 사울을 찾아가 안수할 것을 명령하셨습니다. 아나니아는 깜짝

놀랐습니다.

사울이 살기등등하여 다메섹으로 향할 때 아마도 그의 손에는 체포자 명단이 있었을 것입니다. 그중에 아나니아는 1순위에 있지 않았을까 생각됩니다. 이것은 어디까지나 추측이지만 약간의 근거는 있습니다. 사도행전 22장을 보면 아나니아는 다메섹에 사는 모든 유대인에게 칭찬받는 자요 율법을 따라 사는 경건한 사람이었습니다. 즉, 사울에게 가장 먼저 희생될 수 있는 위치에 있는 사람이었습니다. 그런 아나니아더러 사울을 찾아가라고 하시니, 그도 사람인지라 당황하지 않을 수가 없었던 것입니다.

아나니아를 설득하시는 예수님

당황한 아나니아에게 주님은 이유를 설명해 주십니다. 예수님의 이 설명은 곧 "아나니아야, 걱정하지 말고 가라"는 뜻입니다. 여기에서 주님의 은혜로운 손길을 다시 한 번 느끼게 됩니다. 주님께서는 사랑하는 자녀에게 무거운 일을 시키실 때 마치 종을 부리듯이 무조건 명령하시지 않습니다.

주님은 어떤 사람을 불러 뜻을 이루고자 하실 때, 부름받은 사람이 준비가 안 되어 있거나 또 주님의 명령을 납득하지 못할 경우 설명해 주시고 납득하도록 기다려 주십니다. 하나님은 우리 인간을 자유의지를 가진 고등동물로 창조하셨습니다. 때문에 무엇이든지 마음에서 우러나와 자원하는 심령으로 하기를 바라십니다. 그래서 아나니아가 납득할 수 있도록 설명하시고, 아나니아 스스로 일어나 사울을 찾아가도록 하신 것입니다.

오늘도 교회 안에서도 주님은 꼭 같은 방법을 쓰신다고 믿습니다. 소를 끌고 가듯 그렇게 억지로 시키지 않으십니다. 어떤 때는 고집을 피우고, 어떤 때는 선뜻 발걸음이 내디뎌지지 않아 괴로워할 때도 주님은 기다려 주십니다. 그분이 뜻하신 곳에 이를 때까지 기다려 주시는 자비로우신 주님, 인자하신 주님, 우리의 처지를 잘 아시는 주님이십니다. 아나니아에게도 그러하셨습니다. 참 놀라우신 주님입니다. 한마디로 '가라'고 하시면 그만일 텐데 긴 설명을 해주셨습니다.

천사 가브리엘이 처녀 마리아에게 나타나서 메시아를 잉태할 것이라고 전하는 대목을 성경은 간결하게 기록하고 있지만, 제가 볼 때는 천사와 마리아 사이에 상당한 대화가 오갔을 것입니다. 그와 같은 일을 단박에 납득할 만한 사람은 하나도 없을 테니 말입니다. 아무리 하나님의 명령이라도 그것은 인간의 상식을 초월한 일이었습니다. 그런데 나중에 보십시오. 마리아가 천사의 말을 납득하고 "주의 여종이오니 말씀대로 내게 이루어지이다" 하고 순종했습니다. 하나님께서 마리아에게 주신 은혜가 아니고서는 그렇게 말할 수 없었을 것입니다.

이런 예수님을 사랑합니다. 우리의 연약한 체질을 아시고, 기다려 주시고, 설득시켜 주시는 우리 주님을 사랑합니다. 귀로 들리는 음성으로 말씀하시지는 않지만 나의 이성과 지성을 통해 받아들일 수 있도록 해주시고, 그다음에 가벼운 일이든 무거운 일이든, 중요한 일이든 사소한 일이든 내게 맡겨 주시는 우리 주님을 찬양합니다.

아나니아의 '형제'가 된 사울

아나니아는 주님의 명령대로 사울에게 갔습니다. 가서 "형제 사울아" 하며 머리에 손을 얹고 "주께서 나를 보내 너로 보게 하시고 성령 충만하게 하신다"고 기도할 때 그 두 사람이 성령 안에서 하나 되는 역사가 일어났습니다.

이 과정을 기록한 본문을 보면 세 가지 용어가 나옵니다. 10절에서 아나니아를 '제자'라 칭하고, 13절에서 '성도'라고 합니다. 그리고 17절에서 '형제'라는 말이 나옵니다. 짧은 본문 안에 제자, 성도, 형제라는 세 가지 명칭이 나옵니다. 아마 당시에 예수 믿는 사람들에게 통용되던 용어가 아니었나 싶습니다.

'제자'라는 말은 헬라어로 '마데테스'인데 이는 '배운다'는 뜻입니다. 무엇을 배우는 것입니까? 스승을 배우는 것입니다. 예수님을 배우는 것입니다. '성도'라는 말은 '하기오스'인데 여러 가지 뜻이 있지만 좀 강한 의미로 '한쪽에 결별을 선언하고 다른 쪽과 교제한다'는 뜻입니다. 성도는 더러운 세상과 결별하고 거룩하신 주님과 교제하는 사람, 주님과 동행하는 사람을 일컫습니다. 또한 '형제'라는 말은 막연한 이웃이 아니라 "네 형제를 위하여 목숨을 버리는 것이 마땅하니라"는 말씀처럼, 특히 신약에서 언급되는 '형제'는 예수의 피로 하나 된 사람, 신앙으로 하나 된 사람을 일컫습니다.

아나니아는 예수님의 삶과 인격을 닮아 가기로 작정한 '제자'였습니다. 그런 그가 경건한 '성도'의 신분으로, 원수 된 사울을 찾아가 '형제여' 하고 부르며 기도해 줄 수 있었던 것은 예수 안에서

만 가능한 드라마, 성령 안에서만 체험할 수 있는 감동입니다.

사울처럼 길에서 만났든지, 성경을 통해 만났든지, 아니면 교회를 오래 다닌 경험을 통해 만났든지 간에, 예수 그리스도를 믿는 사람을 만난다면 누구라도 '형제'라고 부를 수 있는 마음이 우리에게도 있습니다.

내가 택한 나의 그릇이라

사울의 일생을 계획하시고 목적하신 하나님을 생각하면 그저 놀라울 따름입니다.

"주께서 이르시되 가라 이 사람은 내 이름을 이방인과 임금들과 이스라엘 자손들에게 전하기 위하여 택한 나의 그릇이라"(9:15).

주님은 사울에 대한 계획을 아나니아에게 들려 주시며 사울을 가리켜 '나의 그릇'이라고 하셨습니다. 어떤 의미로 '그릇'이라는 표현을 쓰셨을까요? 두 가지 의미가 있다고 봅니다.

첫째, 그릇은 자기 선택권이 없습니다. 주인이 쓰는 대로 그저 사용될 뿐입니다. 사울의 생각은 어떤지 하나님께서는 물어 보시지도 않았습니다. 마치 부엌에 들어가 원하는 그릇을 선택해 마음대로 사용하듯 하나님께서는 사울을 그렇게 택하셨습니다. 하나님의 주권, 하나님이 원하시는 대로 사용하신다는 의미에서 '그릇'이라고 표현하신 것입니다.

둘째, 하나님이 주시는 것을 담는다는 의미에서 '그릇'이라는 말을 쓰셨습니다. 하나님은 질그릇에 보배를 담으십니다. 사울이라는 연약한 그릇에 하늘의 지혜와 보화를 담으셨습니다. 그 선물을 받아 든 사울은 사도 바울이 되어 이방인과 임금들과 유대인들 앞에 나아가 그대로 전해 주었습니다.

아나니아나 바울이나 꼭 같이 하나님 앞에 쓰임 받는 종이었지만 그들을 향한 하나님의 계획은 각각 달랐습니다. 어느 쪽이 더 좋은지 비교할 필요가 없는 것은 하나님이 기뻐하시는 대로 그 두 사람을 사용하셨기 때문입니다.

그릇이 원한다고 큰 그릇이 될 수 없고 그릇이 원한다고 좋은 것을 담을 수 없는 것처럼, 아무리 우리가 바울 되게 해달라고 해도 하나님이 택하지 않으시면 그렇게 될 수 없고, 아무리 우리가 아나니아 노릇만 하겠다고 할지라도 하나님께서 많은 해를 받을 그릇으로 택하셨으면 아나니아처럼 다메섹에 머물고만 있을 수는 없을 것입니다. 하나님이 택하신 대로 일하는 것이 하나님의 백성입니다.

우리 모두 '하나님의 그릇'이라는 소명을 가져야 하겠습니다. 하나님께서 택하시고 사용하시는 그릇이라는 소명 말입니다. 각자 받은 은혜의 분량대로 일을 맡을 때 큰 일이 있고 작은 일이 있을 수 있습니다. 그러나 크든 작든 어느 것은 귀하고 어느 것은 천하다고 하나님은 말씀하시지 않습니다. 집사입니까? 순장입니까? 주일학교 교사입니까? 성가대원입니까? 하나님께서 나를 택하셔서 이 일을 맡겨 주셨다는 사명을 꼭 갖기 바랍니다.

이렇게 사명감과 소명 의식을 갖고 움직일 때는 불평이 없습니다. 힘이 들어도 기쁨으로 감당할 수 있습니다. '나는 이 일을 하도록 택함받은 그릇이기 때문에 이 일을 하는 것이지, 사람이 시켜서 하는 것이 아니다'라는 생각만 있으면 사울처럼 아무리 많은 해를 받아도 끝까지 주님 앞에 성실할 수 있습니다. 그러나 하나님이 택하셨다고 하는 이 확신이 없으면 끝까지 충성하기가 어렵습니다.

하나님께서 사울의 일생만 작정하신 것이 아닙니다. 우리 각자의 일생도 하나님이 작정하셨습니다. 그러므로 어떤 길을 걸어가든지 이것은 내 마음대로 선택해서 가는 길이 아니라 하나님이 계획하시고 목적하신 대로 가고 있다는 확신을 갖기 바랍니다. 이럴 때 우리 인생의 걸음이 우왕좌왕하지 않습니다.

42 스데반의 뒤를 잇다

음식을 먹으매 강건하여지니라 사울이 다메섹에 있는 제자들과 함께 며칠 있을새

_ 사도행전 9:19

사울은 완전히 예수 믿는 사람으로 바뀌었습니다. 성령의 충만함을 받았습니다. 주님의 은혜로 시력을 다시 찾았습니다. 음식을 먹고 육체의 건강도 다시 찾았습니다. 이제는 하나님의 자녀요, 복음의 그릇이 되었습니다. 완전히 바뀌었습니다.

제자들과 교제하다

사울은 다메섹에 있는 제자들과 함께 있는 며칠 사이 확연히 달라지는 모습을 보입니다. 우선, 예수 그리스도를 통해 변화받은 사울은 교제하는 대상이 달라졌습니다. 사울은 이제 더 이상 바리새인이 아니었습니다. 사울의 주변에 있는 모든 교제 대상이 싹 바뀌었습니다. 누구로 바뀌었습니까? 다메섹에 있는 제자들, 예수 믿고 하나님의 거룩한 백성이 된 제자들과 깊은 교제를 나누는 사람이 되었습니다.

구원받은 사람에게 제일 먼저 일어나는 변화는 교제권이 바뀐다는 것입니다. 그렇다고 믿지 않는 사람들과 교제하지 말라는 말은 아닙니다. 다만 그 사람들과는 공유할 수 없는 영적인 깊은 교제를 나눌 수 있는 사람들이 주변에 생긴다는 말입니다.

성도들 간에 깊은 영적인 교제가 이루어지면 자연히 그쪽으로 더 가까워지며 몰입하게 되고, 그에 따라 다른 쪽은 멀어지게 되어 있습니다. 예수 믿고 교회 다닌다고 하면서도 친구는 여전히 옛날 친구 그대로이고, 술잔을 기울이며 기분내는 친구들과 여전히 즐겨 어울린다면 세상과 구별된 그리스도인이라고 말할 수 있을까요?

예수 믿고 교회에 열심히 다니니까 세상 친구들이 많이 떨어져 나갑니까? 그래서 괴로운 마음이 드나요? 사실 아쉬운 마음이 드는 것은 당연합니다. 10년, 20년을 같이한 친구, 흉허물 없이 술한 잔 들면 '만사 오케이'인 그런 친구들이 갑자기 멀어지니 답답하고 외로운 마음도 들 것입니다. 그러나 그 빈 자리에 이미 예수님을 모셨고, 그 친구들 대신 예수 그리스도의 피로 한 형제 된 영적 지체들이 주변에 있다는 걸 기억하십시오. 사울은 세상이 인정하는 탁월한 가말리엘 문하의 바리새인이었지만, 예수 믿고 변화받자 한순간에 주변 사람들이 바뀌었습니다. 내가 정말 예수 믿는 사람이라고 자부하고 싶다면 내 주변에 있는 친구들을 정확하게 선택해야 합니다. 이것이 그리스도인이라는 증거 중의 증거입니다.

스데반과 닮은꼴

예수님을 만나 복음의 증인으로 변화된 사울은 주저하지 않았습니다. 이제까지 자신과 함께 기독교를 핍박해 온 동료들에게 예수 그리스도야말로 하나님이 약속하신 메시아인 것을 전하기 시작했습니다. 사울의 이러한 변화에 놀란 유대인들은 그를 죽이려는 음모를 꾸몄습니다. 사울은 다행히 이 사실을 미리 알고 다메섹에서 탈출하여 예루살렘으로 갔습니다. 예루살렘에 도착해서도 다메섹에서와 같이 예수 그리스도야말로 하나님의 아들이라고 증거했습니다. 그랬더니 그곳에서도 사울을 죽이려는 움직임이 일어났습니다.

짧은 분량의 말씀 안에 다메섹과 예루살렘 두 곳에서 사울을 죽이려고 공모했던 사건이 기록되어 있습니다. 사울이 가는 곳마다 그를 죽이려고 하는 사람들이 생겼습니다. 무조건 만나기만 하면 가만두지 않고 죽여 버리겠다고 하는 무서운 악의를 품은 사람들이 자꾸만 늘어났습니다. 어떻게 사울은 가는 곳마다 이렇게 살기등등한 분위기를 만들었을까 하는 의문이 듭니다. 베드로도 같은 복음을 전했지만 그렇게까지 주변을 거칠게 자극하지는 않았습니다. 다른 제자들 역시 가는 곳마다 예수 그리스도를 전하기는 했지만 그들을 죽이려고 공모하는 사람들은 생기지 않았습니다. 그런데 사울은 가는 곳마다 극단적인 살해 음모에 시달렸습니다. 그 이유가 어디에 있을까 한번 생각해 봅시다.

사울은 두 가지 면에서 다른 사도들과 차이점이 있습니다. 우선, 갑자기 신앙을 바꾸었다는 점입니다. 사울의 급격한 변화는 그때까지 동료라고 생각했던 사람들에게는 큰 배신감을 느끼게 했을 것이고, 동시에 예전에 사울에게 핍박당한 기억이 생생한 사람들에게도 그리 좋은 인상을 주지 못했을 것입니다. 게다가 더 큰 문제는 사울의 전도 방법입니다.

"사울은 힘을 더 얻어 예수를 그리스도라 증언하여 다메섹에 사는 유대인들을 당혹하게 하니라"(9:22).

다메섹에서 전도하던 사울은 사람들이 예수를 그리스도라고 증언했습니다. '증언'한다는 말은 '변론한다'는 말과 같은 단어입니다. 사울은 예수님을 증언하는 과정에서 기어코 상대방을 굴복시켰습니다. 유대인들을 당혹하게 만들었습니다. 이 방법은 굉장히 도전적인 방법입니다. 29절을 보아도 마찬가지입니다.

"또 주 예수의 이름으로 담대히 말하고 헬라파 유대인들과 함께 말하며 변론하니 그 사람들이 죽이려고 힘쓰거늘"(9:29).

예루살렘에서 복음을 전할 때 사울은 주 예수의 이름으로 담대히 말했습니다. 소극적으로 말하지 않았습니다. 남들이 무어라 하든지 말든지 담대하게 전했습니다. 게다가 헬라파 유대인들과 변론까지 했습니다. 상당히 도전적인 모습이 아닐 수 없습니다. 이론적으로 따지는 사람에게는 이론으로 끝까지 대항해서 상대방이 굴복하도록 만들어 버렸습니다. 유대교의 구약을 신봉하는 자에게는 끝까지 구약으로 증명해 가면서 상대방의 말을 꺾어 버렸습니다. 사울은 변론하기를 좋아하고, 증명하기를 좋아하고, 상대방을 굴복시켜야만 직성이 풀리는 전도자였습니다. 그러니 가는 곳마다 원수가 생기지 않을 수 없었습니다.

그런데 사울의 이러한 점이 낯설어 보이지 않습니다. 누구와 닮은 것 같습니다. 누구한테 배운 것 같습니까? 바로 그가 죽인 스데반입니다. 사울의 변론 스타일은 스데반과 꼭 닮아 있습니다.

◀》 사울은 스데반에게서 상당히 깊은 인상을 받았을 것입니다. 별로 지식이 없어 보이는 스데반의 입에서 나왔던 도무지 대항할 수 없는 열변, 구약성경을 통달하며 거리낌없이 하나님의 진리를 선포하던 그 빛나는 자세를 그는 평생 잊을 수 없었을 것입니다.

돌더미 속에서 피투성이가 되어 있으면서도 스데반의 입에서 나오던 그 말을 잊을 수 없었던 것입니다. 사울이 예수 믿고 스데반이 가졌던 믿음 그 자세를 이어받은 다음부터 그의 마음속에는 아마도 이런 각오가 깊이 있지 않았을까 생각해 봅니다.

"나 같은 죄인, 스데반을 죽인 나 같은 죄인, 그가 못다 말한 모든 복음을 내 생명 걸고 끝까지 말하리라."

그래서 사울은 겁이 없었습니다. '죽으면 죽으리라'는 식이었습니다. 변론 스타일도, 거침없는 용기도, 끝까지 인내하는 자세도 스데반과 꼭 닮은꼴이었습니다.

사울이 받은 전도 훈련

우리가 만약 사울의 방법을 따른다면 어떤 결과가 빚어질까요? 가정에서나 회사에서나 한번 물었다 하면 끝까지 놓지 않고, 어느 한편이 꺾여야 비로소 끝을 내는 스타일로 전도한다면 어떻겠습니까? 사울을 생각하며 한 가지 꼭 알아야 할 것은 전도를 어떤 획일적인 방법으로 하겠다고 생각하는 것은 좀 지혜롭지 못하다는 사실입니다. 사울도 사실 시종일관 과격했던 것은 아닙니다. 변화받은 초기의 전도 스타일이 그랬던 것입니다.

성령께서 우리를 사용하실 때 우리의 스타일과 성격을 있는 그대로 사용하시는 것은 사실입니다. 그러나 어떤 환경에서 어떻게 접근할지, 어떻게 복음을 전할지에 대한 모든 것은 성령께서 우리 마음속에 가르쳐 주시는 것이라고 저는 믿습니다. 간혹 너무 지나친 방법으로 복음을 전하는 사람을 봅니다. 그런 사람들은 주변의 권고에도 아랑곳하지 않고 끝까지 그 방법을 고수합니다. 상식이 없어 보이고 교양도 없어 보이지만, 나중에 보면 그 방법이 이기는 경우를 왕왕 보게 됩니다. 결국 하나님의 뜻이 있었다는 것을 긍정하게 됩니다.

또 어떤 경우는 남편의 전도를 위해 기도하면서 너무나 오랜 세월 동안 미지근하고, 소극적인 모습으로 복음을 전하는 것을 봅니다. 그래서 '저래 가지고 남편을 구원할 수 있을까' 의구심이 들기도 합니다. 그러나 결국에는 어깨가 축 처진 남편이 아내를 따라 나오는 걸 볼 때면 '아, 저것도 역시 하나님께서 저렇게 하라고 마음속에 지시하셨구나'하고 깨닫게 됩니다.

하나님의 말씀을 깊이 묵상하고 기도하고 성령의 뜻을 따르려고 하는 사람은 대부분 성령께서 인도하시는 방법대로 전도하게 됩니다. 전도하기에 앞서 그 대상을 놓고 기도하기 시작합니다. 계속 기도하다가 그 사람을 만났을 때 나도 알 수 없는 이상한 반응이 나올 때가 있습니다. 전혀 준비한 것도 아니고, 그렇게 하겠다고 무슨 계획을 세운 것도 아닌데, 사람을 만나자마자 나도 모르게 말이 좀 과격하게 나온다든지, 무언가 생각 밖의 행동이 나타납니다. 그리고 나면 은근히 걱정이 됩니다. "아, 그 사람 마음이 몹시 상했을 텐데 어떻게 하지? 이젠 전도하기 틀렸구나" 하고 말입니다. 그러나 참 희한하게도 강하게 찌른 말이 그 사람을 주님 앞으로 나오게 하는 결정적인 역할을 하기도 합니다. 누가 그렇게 하도록 한 것입니까? 성령께서 우리를 통해 그렇게 인도하신 것으로 저는 믿습니다.

사울도 아마 그랬을 것입니다. 다메섹과 예루살렘에서 보여준 그의 전도 스타일도 성령께서 인도하신 결과일 것입니다. 그런데 특별히 하나님께서 사울로 하여금 처음부터 도전적인 방법으로 복음을 증거하게 하신 것은, 다메섹과 예루살렘에서 누군가를 구원하는 데 목적이 있었던 것은 아닌 듯합니다. 그보다는 사울이란 사람을 이방을 위한 복음의 그릇으로 연단하시려고 하나님께서 그런 방법으로 이끄신 것 같습니다. 그가 가야 할 길에는 무수한 해와 핍박이 기다리고 있었기 때문입니다.

영적 자녀를 낳다

사울이 음모를 피해 다메섹을 탈출하는 장면이 나옵니다. 사
도행전보다는 고린도후서의 말씀이 더 자세하고 실감나게 당시 상
황을 기록하고 있습니다.

> "그 계교가 사울에게 알려지니라 그들이 그를 죽이려고 밤낮으로 성
> 문까지 지키거늘 그의 제자들이 밤에 사울을 광주리에 담아 성벽에
> 서 달아 내리니라"(9:24-25).

> "다메섹에서 아레다 왕의 고관이 나를 잡으려고 다메섹 성을 지켰으
> 나 나는 광주리를 타고 들창문으로 성벽을 내려가 그 손에서 벗어났
> 노라"(고후 11:32-33).

여기서 '아레다 왕의 고관'이라는 표현이 나옵니다. 아레다 왕
은 당시 다메섹 지역을 통치하던 인물로, 아마도 사울을 죽이려고
한 유대인들이 소위 권력을 등에 업고 움직였던 것 같습니다.

그러한 상황에서 사울이 얼마나 어려운 위기를 당했을까 상
상조차 되지 않습니다. 그러나 사랑하는 자를 피신시키지 못할 만
큼 하나님은 무능하시지 않습니다. 때가 되어 부르실 때는 순교하
게 합니다만, 하나님이 쓰시려고 작정하신 일꾼을 사람이 죽일 수
는 없습니다. 사울을 이미 이방에 복음을 증거하는 그릇으로 삼으
시고, 다메섹 도상에서 직접 만나 이끄신 주님께서 그렇게 쉽게 죽
도록 놔두시겠습니까?

사울을 광주리에 담아 성 밖으로 도피시킨 이들이 있었습니다. 그들이 누구입니까? 사울의 제자들입니다. 사울이 다메섹에 얼마 동안 있었는지는 모르지만 벌써 제자들이 생겼습니다. 사울을 통해 예수 그리스도를 만난 사람들입니다.

우리가 세상에서 주의 일을 할 때 마음을 함께할 수 있는 사람은 바로 내가 낳은 사람입니다. 믿음으로 낳은 사람, 복음으로 낳은 사람은 어려운 위기에서도 함께할 수 있습니다.

교회 안에서 외롭지 않게 살려면 전도 많이 하십시오. 장로나 집사라 하더라도, 혹은 교회 안에서 주요한 위치에 있다고 하더라도 영적 자식을 낳지 않고 그대로 한 10년 지나면 그 사람은 어디까지나 외톨이입니다. 복음으로 낳고 기른 영적 자녀가 많을수록 좋습니다. 전도뿐만 아니라 다락방이나 소그룹을 인도할 때 나를 통해 변화받는 사람이 생긴다면 그만큼 서로 영적으로 통하게 됩니다.

교회가 알찬 교회가 되려면 그 교회를 통해 예수 믿은 사람이 많아야 하고, 그 교회를 통해 영적으로 변화받은 사람이 많아야 합니다. 그 교회를 통해 주님과 만난 사람이 많으면 그 교회는 어떤 상황에서도 흔들림이 없을 것입니다. 그러나 남의 집 울타리를 뜯어서 자기 울타리를 삼듯이 남의 교인들을 끌어다가 교회를 채우면 별 의미가 없습니다. 그리고 이왕 교회를 옮긴 성도라면 그 교회를 통해 다시 한 번 영적으로 새롭게 되기를 힘써야 합니다.

43 하나님과 깊이 만나는 시간

여러 날이 지나매 유대인들이 사울 죽이기를 공모하더니…
그의 제자들이 밤에 사울을 광주리에 담아 성벽에서 달아 내리니라
_ 사도행전 9:23, 25

예수 믿기 전 사울은 주님의 교회를 몹시 핍박했습니다. 동족 중 같은 연배들보다 지나칠 정도로 광적인 유대교 신봉자였습니다. 그러나 예수님을 만나고 그의 삶이 송두리째 바뀌어 버렸습니다.

"그러나 내 어머니의 태로부터 나를 택정하시고 그의 은혜로 나를 부르신 이가 그의 아들을 이방에 전하기 위하여 그를 내 속에 나타내시기를 기뻐하셨을 때에 내가 곧 혈육과 의논하지 아니하고 또 나보다 먼저 사도 된 자들을 만나려고 예루살렘으로 가지 아니하고 아라비아로 갔다가 다시 다메섹으로 돌아갔노라"(갈 1:15-17).

이 과정에서 사울은 혈육과 의논하지 않았습니다. 자신보다 먼저 사도 된 자들을 만나려고 선배 찾고 후배 찾고 그러지 않았습니다. 왜 그랬을까요? 그를 부르신 이는 하나님이지 사람이 아니었기 때문입니다. 그는 사람을 찾는 대신 아라비아로 갔습니다. 사울의 여정에서 이 부분은 베일에 가려져 있습니다.

아라비아에서의 3년

사울은 다메섹에서 도망한 뒤 아라비아로 향했습니다. 당시 아라비아는 사람이 살지 않고 유목민만 간간이 지나다니는 아주 고적한 곳이었습니다. 사울은 왜 그런 곳으로 갔을까요? 게다가 3년이나 그곳에 머문 이유는 무엇이었을까요?

사울은 옛날에 자기 조상들이 광야에서 40년을 방황하던 그 코스를 따라서 여행했을지도 모릅니다. 어쩌면 모세처럼 호렙산 꼭대기에서 40주야를 엎드려서 하나님 앞에 몸부림치면서 은혜받기를 갈망하고 능력 얻기를 갈망했는지도 모릅니다. 무엇을 했는지 알 수 없습니다. 아라비아에서 사울이 얼마나 많은 계시를 받고, 얼마나 많은 은혜 속에서 참 하나님의 영광을 영적으로 체험했는지도 알 수 없습니다.

사울의 생애에서 불가사의한 일이 몇 가지 있지만, 아라비아에서 보낸 3년에 대해 성경이 완전히 침묵으로 일관한 것은 정말 불가사의입니다.

아라비아에서의 3년은 쉽게 말해 신학교 3년 기간이 아니었나 생각됩니다. 예수 믿고 영적으로 변화받았고 성령의 충만함을 입어서 아무에게나 가서 생명 내놓고 예수를 증거할 수 있는 사람은 됐지만, 사울에게는 좀더 다져지는 시간이 필요했을 것입니다. 좀더 영적으로 준비하기 위해 3년이라는 시간이 따로 필요하지 않았을까요. 그래서 그는 사람과 접촉도 의논도 않고 아라비아로 들어가 오직 밤낮으로 주님과 만나 주님을 통해서만 깊은 진리를 깨닫고 영적으로 무장했을 것입니다. 그런 시간이 있었기에 기독교의 기본 교리를 집약한 로마서가 나올 수 있었고, 고린도전·후서에서 빌레몬서에 이르기까지 신약성경의 방대한 부분이 그를 통해 완성될 수 있었습니다. 사울이 아라비아에서 받은 모든 계시, 아라비아에서 깨달은 모든 진리, 아라비아에서 만난 예수 그리스도, 아라비아에서 받은 충만한 은혜가 전부 이들 성경에 표현되어 있습니다.

오직 예수, 오직 십자가

아라비아에서 3년을 보내고 돌아온 사울에게는 그야말로 예수 그리스도와 십자가밖에 없었습니다. 그 외에는 아무것도 없었습니다. 성경 어느 곳을 뒤져 보아도 그의 입에서 나온 것은 오직 예수와 십자가뿐입니다. 놀라운 일 아닙니까? 여러 가지 체험을 하고 돌아왔으면 별의별 이야기가 다 나올 것 같은데 말입니다. 이런 사울의 태도는 우리에게 진정한 체험은 예수를 체험하는 것임을 깨닫게 해줍니다.

예수로 충만하지 못한 사람은 쓸데없는 소리를 많이 합니다.

십자가의 놀라운 은혜에 깊이 감격하지 못한 사람들은 다른 이상한 체험을 자꾸 자랑합니다. 예수님의 십자가에 깊이 사로잡히면 꿈과 환상 같은 것은 보지 않아도 그만입니다. 예수님을 만나고 예수님의 깊은 사랑을 깨달으면 다른 말이 나올 틈이 없습니다. 다른 것은 다 부수적으로 여겨지기 때문입니다.

사울은 오직 예수, 오직 십자가, 그것 외에는 생각할 틈이 없었습니다. 목사가 만약 이런 은혜에 사로잡혀 있다면, 성도들도 사울처럼 예수와 십자가 사랑에 사로잡혀 있다면, 성도들의 모임은 그들이 모일 때마다 하나님의 나라가 확장될 것입니다. 그렇지 않으면 성도들의 모임은 그저 집안 이야기나 돌아가면서 하다가 끝나는 모임이 되고 말 것입니다.

우리 모두 아라비아로 돌아갈 필요가 있습니다. 할 일이 산더미처럼 쌓여 있을 때 이리저리 뛰어다니는 것보다 더 중요한 것은 앉아서 생각하는 것입니다. 앉아서 생각하는 시간이 충분하지 못한 사람은 뛰어다니면서 피곤하기만 합니다. 열매가 별로 없습니다. 주님 앞에 엎드려서 기도하는 시간, 그 한 시간이 뛰어다니는 열 시간보다 더 중요합니다. 왜냐하면 그 시간에 가장 중요한 예수와 십자가 사랑을 깊이 체험할 수 있기 때문입니다.

사울은 수십 년을 한결같이 앞에 있는 푯대를 향해 달음박질쳤습니다. 그 힘의 원천은 아라비아에서 받은 은혜가 아닌가 싶습니다. 그 은혜가 너무 커서 남에게 말하지 않았는지도 모릅니다. 하늘에 이끌려 간 이야기를 14년이나 지나서 하는 것을 보면 너무나 큰 체험과 은혜를 경험했기에 가만히 마음속에 담아 놓고 거기에서 나오는 힘으로 오직 예수, 오직 십자가만 전하는 사람이 되었는지도 모릅니다.

주님과 단둘이 만나는 시간

이처럼 주님과 단둘이 만나 보내는 조용한 시간은 굉장히 중요합니다. 우리 모두 너무 바쁘지 않습니까? 그렇게 시간이 빠를 수가 없습니다. 정신이 없습니다. 그래서 참 아쉬운 것은 나 자신에게로 돌아올 수 있는 시간이 너무 없다는 것입니다. 전화 받느라 정신이 없고, 신문 보느라 정신이 없고, 컴퓨터 보느라 정신이 없습니다.

그럼 언제 내가 나 자신에게로 돌아옵니까? 조용히 예수님과 만난 그 자리에서만 돌아옵니다. 비로소 내가 나를 돌아보게 됩니다. 이것이 아라비아입니다. 아라비아의 참 은혜입니다. 좀더 크게 일하고, 좀더 멀리 뛰면서, 좀더 능력 있게 하나님 앞에 영광 돌리기를 원한다면 당장 눈앞에 있는 일들로 흥분하지 말고 사울처럼 느긋하게 아라비아에 가서 3년 정도 머물 만한 배짱도 좀 갖는 것이 좋습니다. 주님과 깊이 만나는 시간을 결코 소홀히 하지 마십시오.

44 핍박 후에 든든히 서다

그리하여 온 유대와 갈릴리와 사마리아 교회가 평안하여 든든히 서 가고
주를 경외함과 성령의 위로로 진행하여 수가 더 많아지니라
_ 사도행전 9:31

사도행전 9장 31절은 가볍게 보아 넘길 수 없는 말씀입니다. 9
장에 이르기까지 어떤 일들이 있었으며, 또 그 배경이나 흐름은 어
떠했습니까? 한마디로 표현한다면 결코 평안한 시대가 아니었습
니다. 그야말로 핍박의 연속이었습니다.

특별히 1장부터 6장 6절까지는 사도들이 두 번이나 감옥에 갇
히는 일이 있었고, 예루살렘 교회는 핍박과 위협 속에서 하나님께
이길 힘을 달라고 기도하는 상황이었습니다. 그런 가운데 나타난
결과가 바로 6장 7절 말씀입니다. 즉, 온 예루살렘에 하나님의 말
씀이 왕성해졌고, 그렇게 기독교를 핍박하던 제사장 무리들이 그

리스도의 복음에 복종하는 역사가 일어났습니다.

그러고 나서 6장 8절부터 9장 30절 사이에 어떤 일들이 일어났습니까? 스데반이 순교했습니다. 순식간에 살벌한 분위기가 되어 버렸습니다. 예루살렘 교회는 핍박자의 손에 완전히 깨지는 비극을 맛보았습니다. 성도들이 삶의 터전을 잃고 온 사방으로 흩어질 수밖에 없는 무서운 시련을 당했습니다. 그런 과정에서 또 어떤 결과가 나왔습니까? 교회가 위축되어 이제는 영 맥을 못추게 되었나요? 아닙니다.

"그리하여 온 유대와 갈릴리와 사마리아 교회가 평안하여 든든히 서 가고 주를 경외함과 성령의 위로로 진행하여 수가 더 많아지니라"(9:31).

온 유대기 복음화되었습니다. 예루살렘 교회가 핍박을 받아 사방으로 흩어지자 온 유대에 교회가 세워졌습니다. 갈릴리와 사마리아에까지 교회가 생긴 것입니다. 9장 31절까지의 기록은 1장 8절 "오직 성령이 너희에게 임하시면 너희가 권능을 받고 예루살렘과 온 유대와 사마리아와 땅끝까지 이르러 내 증인이 되리라 하시니라"고 하신 예수님의 말씀 가운데 사마리아까지 복음화되는 과정을 보여 준 것입니다. 이 과정은 핍박 가운데 이루어졌습니다. 어떻게 그럴 수 있었을까요?

민들레 씨앗처럼

핍박 가운데 교회가 확장되는 것은 하나님의 능력이 아니고서는 불가능한 이야기입니다. 우리는 아직 핍박을 당해 본 경험이 없습니다. 관공서에서 예수 믿는다고 홀대하는 그런 비참한 일을 당해 보지 않았고, 예수 믿는다는 이유 때문에 법적 권리를 빼앗긴 적도 없으며, 누가 위협해도 법적으로 호소할 수 없는 그런 상황에 빠진 일도 없습니다. 그러므로 핍박 가운데 교회가 확장된다는 것이 어떤 것인지 정확히 알 수 없습니다. 그러나 상상은 할 수 있습니다.

핍박 중에는 교회가 위축되기 쉽지, 확장되기는 쉽지 않습니다. 그런데 초대교회는 정반대였습니다. 예수 때문에 고향을 잃고 예수 때문에 뿔뿔이 흩어진 사람들이 가는 곳마다 예수를 전했습니다. 예수 때문에 손해를 보고 생명에 위협을 받으면서도 그 예수를 가는 곳마다 자랑하다니, 사람의 힘으로서는 할 수 없는 일입니다. 예루살렘에 있는 수천 명의 신자들은 마치 바람이 불어 민들레 씨앗이 공중으로 흩어지듯 온 유대와 갈릴리와 사마리아로 흩어져 예수를 이야기했습니다. 예수 때문에 욕을 먹으면서도 예수 이야기를 했습니다.

사도행전의 이런 배경을 생각하면 참 우리의 믿음이 형편없다는 걸 느끼게 됩니다. 예수 믿고 남에게 칭찬 듣고, 예수 믿고 남에게 존경받는다 해도 무언가 좀 힘들면 입을 꽉 다물고 예수 이야기를 도무지 안 하지 않습니까? 예수 때문에 그 어떤 위협도 당한 일이 없지만 이웃 사람들에게 조금 멸시를 받았다고 예수 이야기를 도무지 안 합니다. 그런데 어떻게 집 잃고, 고향 잃고, 가족과 뿔뿔이 흩어진 사람들이 가는 곳마다 예수 이야기를 계속할 수 있었을까요?

이것이 초대교회 정신입니다. 2,000년 동안 피비린내 나는 핍박 속에서도 교회가 성장할 수 있었던 이유입니다. 손해를 보면 볼수록 더 예수를 이야기합니다. 고생을 하면 할수록 더 예수를 자랑하고 사랑합니다. 이것이 신앙의 본질입니다.

핍박 속에 자라난 교회

초대교회는 이렇게 핍박 가운데 성장하고 확장되었습니다. 한국 교회도 마찬가지입니다. 지난 100여 년을 돌이켜 보면 1910년 일제 강점부터 시작해서 광복 후 북한 공산당에게 핍박당한 1950년까지 40년이란 세월 동안 거친 세월을 보냈습니다. 그래서 저는 하나님 앞에 참 마음 뿌듯하게 생각하고 이렇게 고백하곤 합니다.

"하나님, 대한민국 교회는 핍박 한 번 받지 않고 안일하게 자라온 교회가 아닙니다. 대한민국 교회는 비록 역사는 짧지만 말할 수 없는 고통과 억압 속에서 성장했습니다. 그렇기 때문에 뿌리가 있고 사람이 무너뜨릴 수 없는 강한 힘이 그 속에 있습니다."

믿음이 핍박을 통해 꺾였습니까? 아닙니다. 핍박이 심하면 심할수록 교회가 위축되었습니까? 이 또한 아닙니다. 핍박받아 흩어진 사람들이 예수 이야기를 멈추었습니까? 아닙니다. 위대한 우리 선조들의 믿음은 이러했습니다.

그러나 요즘 우리는 편하면 편할수록 더 편하고 싶어하는 경향이 있습니다. 참 이상합니다. 우리 생각에는 시간이 좀 여유로우면 주님을 더 사랑하고, 잘 먹으면 힘닿는 대로 주님 위해 더 힘쓸 것 같은데, 잘 먹고 잘 살수록 더 편한 것을 찾으니 믿음이 점점 병들어 갑니다.

성경을 보면 핍박받아 신앙이 병들었다는 이야기는 한 군데도 없습니다. 대부분이 '평안하고 평안하다' 하는 중에 세상의 욕심과 염려로 마음이 가득해졌고, 결국 영적으로 무너지는 것을 볼 수 있습니다.

하나님께서는 그분의 자녀가 살찌고 배부르도록, 그래서 영적으로 병들도록 그냥 내버려 두시지 않습니다. 평안하다고 주님을 찾지 않으면 그 평안을 가져가 버리십니다. 초대교회 성도들이 핍박 때문에 그만큼 성장했다면 우리는 평안할 때 두 배, 세 배로 성장할 수 있어야 합니다.

자라나 든든히 서다

온 유대와 갈릴리와 사마리아 교회는 이처럼 핍박받는 환경에서 확장되었습니다. 꺾일 것 같지 않던 핍박의 기세가 누그러진 것은 바로 사울이 회심한 때였습니다. 사울이 예수 믿고 변화받아 완전히 돌아서자 핍박의 시대가 끝났습니다. 드디어 교회에 평안이 찾아왔습니다. 평안해진 교회가 든든히 서 갔습니다. 주님을 경외하고 성령의 위로를 받으며 나아가자 믿는 자의 수가 더 많아졌습니다. 참 굉장합니다. 핍박을 견디고 나면 교회는 금방 부흥하게 되어 있습니다. 한국 교회가 8·15 광복 후, 6·25사변 후 그렇게 놀랍도록 성장한 이유도 환난을 잘 이겨 냈기 때문입니다.

핍박 중에 온 사방에 세워진 교회는 개교회 차원에서 보면 아직 성장 이전의 단계에 있었습니다. 복음이 뿌려진 곳마다 그저 조그마한 교회가 하나씩 하나씩 생겼습니다. 그러다가 핍박이 멎고 교회에 평안이 깃들면서 이들이 성장하기 시작한 것입니다. 평화 뒤에 찾아온 교회의 성장은 어느 쪽으로도 치우치지 않았습니다. 든든히 서 갔고(내적인 성장), 그 수가 더 많아졌습니다(외적인 성장). 질적인 것과 양적인 것이 골고루 배합된 균형 잡힌 성장을 한 것입니다.

내적인 성장을 나타내는 '든든히 서 가다'는 헬라어로 '오이코트메어'인데 '집을 세운다'는 뜻입니다. 집을 세울 때 겉으로 보이는 윤곽을 잡는 것은 그다지 어렵지 않은 것 같습니다. 오히려 사람들의 눈에 띄지 않는 속을 갖추는 것이 참 어려운 일 같습니다. 어떤 면에서 교회도 그렇습니다. 내실을 기하는 것이 참 어렵습니다. 아무리 목사가 힘을 다해 수고하고, 밤잠을 안 자고 노력한다 해도 그 노력이 교회를 만드는 것은 아닙니다. 보이지 않는 하나님의 손이 일하셔야 합니다.

온 유대와 갈릴리와 사마리아에 뿌려진 교회의 씨가 양면의 성장을 이룰 수 있었던 이유는 무엇일까요? 주를 경외하고 성령의 위로를 받으면서 살았기 때문입니다. 이 두 가지를 한마디로 묶으면 '하나님 중심의 생활'이라고 할 수 있습니다. 하나님 중심의 생활은 배우지 않고는 알 수가 없습니다. 인간이 본능적으로 알 수 있는 게 아닙니다. 그렇기에 예수님께서 "내가 너희에게 분부한 모든 것을 가르쳐 지키게 하라".(마 28:20)고 당부하신 것입니다. 초대교회가 내실을 잘 다질 수 있었던 것은 말씀을 '가르쳐 지키게 하는' 교육이 잘 되어 있었기 때문입니다.

그렇다면 구체적으로 어떻게 하는 것이 하나님을 경외하는 것일까요? 이것을 알기 전에 먼저 하나님이 어떠한 분인지를 알아야 합니다. 내가 경외해야 할 대상에 대해 잘 모르면서 어떻게 그분을 경외할 수 있겠습니까? 하나님이 어떤 것을 기뻐하시고 어떤 것을 미워하시는지, 하나님께서 우리에게 바라시는 것이 무엇인지는 성경에 낱낱이 기록되어 있습니다.

하나님이 어떤 분인지 알고 난 다음에는 어떻게 행해야 하는지에 대해 배워야 합니다. 어떤 마음을 품어야 하는지, 일상생활 속에서 주님과 어떻게 교제할 수 있는지, 말씀은 어떻게 보고 기도는 어떻게 하는 것이 좋은지 배우고 실천해야 합니다. 배우면서 실천하고, 배우면서 사모하고, 배우면서 순종할 때 우리 삶에 성령의 열매가 풍성해집니다.

작은 예수가 되기까지

하나님 중심의 삶을 사는 개인 열 명이 모이고 스무 명이 모이니 교회 전체가 안팎으로 충실해질 수 있었습니다. 이렇게 계속 배우고 성장하는 것이 가장 이상적입니다. 그런데 이미 어느 정도 과정을 거친 성도들 중에는 다음 단계로 나아가지 못하고 멈추어 있는 경우가 있습니다. 무언가 콱 막힌 것 같습니다. 물론 여러 가지 직분을 맡아 일은 하지만 영적으로는 더 자라지 않는 어린아이처럼 문제가 심각합니다.

제일 무서운 것은 자라지 않고 멈춰 있는데도 계속 자라는 것처럼 행세하는 것입니다. 그러면 독선에 빠지기 쉽고, 도무지 말씀이 들어가지 않는 굳은 마음이 되어 버립니다. 사실 영적으로 가장 굳어 버리기 쉬운 사람이 목회자입니다.

교역자들은 주일에 교인들 돌보고 인사하고 그러다 보면 예배도 제대로 못 드립니다. 이렇게 시간에 쫓기다 보면 말씀 앞에서 자기 자신을 비추어 보며 기도하고 몸부림 칠 시간이 없습니다. 그렇게 한 30년 생활한다고 생각해 보십시오. 기가 막힌 사람이 됩니다. '주여' 하는 말도 별로 없는 것 같고, '아멘' 하는 말도 잘 안 나오는 것 같고, 말씀 앞에 감격하는 모습도 없습니다. 이미 아는 것이 너무 많아서 들어 봐야 다 아는 이야기라고 생각합니다. 이러니 얼마나 불쌍한 사람입니까?

목사만 그런 게 아닙니다. 장로, 권사, 집사도 마찬가지입니다. 잘못하면 이런 모습으로 전락합니다. 그러니 어떻게 하면 어린아이처럼 하나님을 경외하면서 살 수 있을까요? 어떻게 하면 성령의 인도함을 받으며 성령 충만해서 항상 성령과 함께 동행하는 사람이 될까요? 우리 모두에게 던져진 숙제입니다. 일생 풀어가야 할 숙제입니다.

어린아이가 젖을 사모하는 것처럼 말씀 배우는 것을 사모합시다. 듣지 않고, 배우지 않고, 기도하지 않고 무슨 일을 합니까? 내가 자라지 않는데 어떻게 교회가 자라며, 교회가 내적으로 성장하지 않는데 어떻게 이방 사람들을 받아들입니까? 내적으로 예수로 충만하고, 성령의 은혜를 받고 있지 않으면 들어오고 싶어하는 사람도 들어오지 못하게 막는 바리새인과 같이 되고 맙니다.

하나님을 경외하는 어린아이처럼 모여야 합니다. 엎드리면 말씀 앞에서 부들부들 떠는 역사가 나타나야 합니다. 어느 분량까지 성장해야 합니까? 예수 그리스도의 분량에까지 이르러야 합니다. 예루살렘 교회와 유대 교회, 갈릴리 교회, 사마리아 교회가 성장하기 위해 몸부림쳤기 때문에 오늘 우리는 이와 같이 아름다운 유산을 받은 것입니다. 교회가 내적으로 성장하고 외적으로도 성장하기 위해서는 배우기를 사모하고 순종하기를 사모해야 합니다. 그럴 때에만이 하나님을 경외한다고 말할 수 있고, 성령 충만한 사람이라 말할 수 있습니다.

사도행전 10장

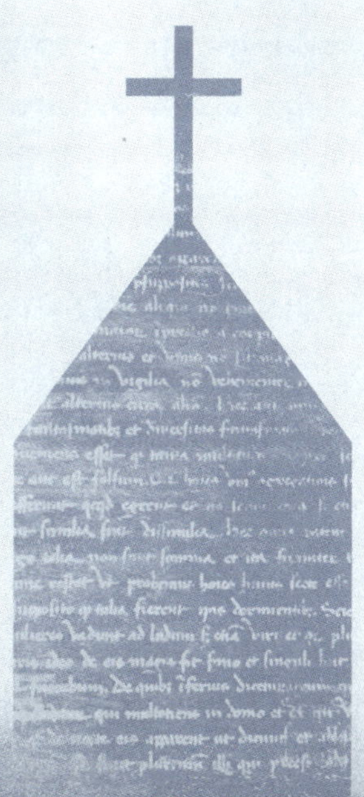

45 땅끝을 향한 문이 활짝 열리다

이르되 유대인으로서 이방인과 교제하며 가까이 하는 것이
위법인 줄은 너희도 알거니와
하나님께서 내게 지시하사 아무도 속되다 하거나 깨끗하지 않다 하지 말라 하시기로
_ 사도행전 10:28

그동안 우리는 온 유대와 갈릴리와 사마리아가 복음의 빛을 보고 교회를 이루어 든든히 자리 잡고 부흥하는 과정을 지켜보았습니다. 그럼 이제 남은 곳은 어디입니까? 하나님의 꿈이요 비전인 인류 구원 프로젝트의 마지막 단계 '땅끝'입니다. 사도행전 10장은 천국의 열쇠를 가진 베드로가 땅끝을 향한 복음의 문을 활짝 여는 장입니다.

'땅끝'으로 표현되는 이방 지역은 크기로 보나 구원 받을 사람 수로 보나 예루살렘과 온 유대와 사마리아를 다 합친 것보다 훨씬 큽니다. 비교가 안 되죠. 어찌 보면 9장 31절까지는 작은 언덕 하나

를 넘은 것에 불과합니다. 이제 제일 큰 산이 눈앞에 있습니다.

이방인 중의 이방인 고넬료

2,000년 이상 계속될 '땅끝' 사역이 사도행전 10장에서 고넬료의 등장과 함께 시작됩니다. 고넬료는 로마 군대에 속한 백부장으로 이탈리아 출신입니다. 백부장은 우리나라로 치면 장교와 같은 신분입니다. 사병은 인종과 혈통에 관계없이 당시 로마제국이 지배하던 지역마다 충성심이 강한 사람들을 뽑아 세웠지만, 장교는 반드시 로마 혈통을 가진 본토인이어야 했습니다. 이들은 로마의 명예와 황제를 위해서라면 목숨이라도 바칠 용기와 충성심을 가진 사람들이었습니다. 또한 어떠한 역경에도 굴하지 않고 전진하는 무서운 사람들로 결속된 집단이었습니다. 그래서 거기 속한 사람이라면 누구나 교만과 긍지가 머리끝까지 찰 수밖에 없었습니다. 고넬료는 바로 그런 신분을 가진 자였습니다.

이렇게 이방인 중의 이방인이라 할 수 있는 고넬료가 바로 이방의 첫 번째 문이 되었습니다. '땅끝' 사역의 첫 수혜자, 첫 열매인 것입니다. 이 이야기가 중요할 수밖에 없는 이유가 여기에 있습니다.

천국의 열쇠를 가진 베드로

사도행전 10장의 기록 한편에는 사울의 이야기가 숨어 있습니다. 하나님의 특별한 섭리 가운데 '이방을 위한 사도'로 선택받은 사울은 안디옥과 다메섹, 예루살렘에서 예수 그리스도를 전했습니다. 그러나 그 대상은 유대인에 한정되어 있었습니다. 아직 이방인들과는 접촉하지 않고 있었던 것입니다. 하나님은 그때까지 사울을 가만히 뒷자리에 두신 채 이방을 위한 사도로 준비시키고 계셨습니다. 또한 사울이 향후 복음을 들고 이방을 향해 나아갈 때 그 길을 막아서는 방해물이 없도록 사전 작업을 하고 계셨습니다. 천국의 열쇠를 쥔 베드로를 통해서 말입니다.

"내가 천국 열쇠를 네게 주리니 네가 땅에서 무엇이든지 매면 하늘에서도 매일 것이요 네가 땅에서 무엇이든지 풀면 하늘에서도 풀리리라 하시고"(마 16:19).

베드로는 예수님께 천국의 열쇠를 받은 사람입니다. 열두 사도 중 수제자인 이유도 있겠지만, 하나님께서 베드로에게 맡기신 특별한 역할이 있었기 때문입니다. 베드로는 예루살렘에 교회가 세워질 때 복음의 열쇠로 문을 열었습니다. 베드로의 첫 설교로 3,000명이 세례 받고 예루살렘 교회가 탄생한 것입니다. 사마리아에서도 마찬가지였습니다. 빌립이 전도를 하긴 했지만, 성령이 임하셔서 사마리아 교회와 예루살렘 교회가 하나인 것을 입증한 사건이 바로 베드로의 안수기도로 이뤄졌습니다.

하나님은 이렇듯 이방에 대해 닫혀 있던 복음의 문을 여실 때 그 문을 열 수 있는 열쇠를 베드로에게 주셨습니다. 이방을 위한 사도는 사울이었지만, 이방의 문을 여는 역할은 베드로에게 맡기셨던 것입니다.

이렇게 보면 베드로는 참 출세한 인물이란 생각이 듭니다. 고기 잡는 어부가 하나님의 부름을 받아 이렇게 기막힌 역할을 했으니 말입니다. 배운 지식이 많았겠습니까? 히브리어나 제대로 읽고 쓸 줄 알았을까요? 기껏해야 아람어 정도만 깨쳤을 것입니다. 신약성경의 베드로전·후서를 보면 지적이기보다는 투박한 느낌이 들고, 글솜씨도 별로 없어 보이기도 합니다.

인간적으로 볼 때 베드로는 사도 바울과 비교가 안 되는 사람입니다. 그런데도 하나님이 그런 베드로를 들어 영광의 자리에 올려놓으신 것을 보면 어떤 면에서는 불공평하다는 생각도 듭니다. 하지만 한편으로는 하나님의 은혜가 무엇인지 깊이 깨닫게 됩니다. 우리가 다른 사람보다 잘나서 예수 믿고, 구원받고, 복을 받는 것은 아니지 않습니까? 만약 그렇게 생각한다면, 그것은 은혜를 아예 모르는 것입니다. 받을 만한 자격이 전혀 없는 사람에게 하나님이 주신 것이 은혜이기 때문입니다.

천국에서 베드로는 아마도 문 앞자리에 앉아 있지 않을까 싶습니다. 천국에 들어가는 사람마다 베드로를 보고 "저 사람처럼 아무 자격 없는 내가 하나님의 은혜로 여기 오게 되었구나" 하는 생각을 할 것이니 말입니다.

유대인과 이방인 사이의 벽

예루살렘과 유대 교회 사이에는 아무런 문제가 없었습니다.

같은 유대 민족이기 때문입니다. 예루살렘과 갈릴리 교회 사이에도 문제가 없었습니다. 비록 갈릴리가 유대의 변두리 지역이라 사람들이 천대하긴 했지만 혈통으로는 한 민족이요, 한 백성이기 때문에 전도하는 데 큰 어려움이 없었습니다.

그러나 사마리아는 문제가 달랐습니다. 그들은 순수 혈통을 가진 유대인이 아니었습니다. 그것이 유대와 사마리아를 가르는 높고 견고한 벽으로 작용했습니다.

> "그때에 너희는 그리스도 밖에 있었고 이스라엘 나라 밖의 사람이라 약속의 언약들에 대하여는 외인이요 세상에서 소망이 없고 하나님도 없는 자이더니"(엡 2:12).

유대인들이 이방인을 얼마나 천대했을지 짐작이 가지 않습니까? 그들은 이방인을 메시아와 관계없는 사람, 언약의 울타리 밖에 있는 사람으로 여겼습니다. 유대인에게 이방인은 소망이 없고 형편없는 사람이었습니다. 이렇듯 전도자가 전도 대상자를 아예 개처럼 취급했으니 제대로 전도가 이뤄졌을 리 만무합니다. 그 벽을 허물기가 여간 어려운 것이 아니었습니다.

유대인들은 이방인에게 복음을 전하는 것이 하나님의 뜻이자 예수님의 명령인 것을 잘 알고 있었지만, 얼른 나서지를 못했습니다. 유대와 이방 사이의 벽은 그만큼 높았습니다. 그러나 하나님은 인간의 생각이 어떠하든 하나님의 구원 계획대로 유대인과 이방인 사이의 벽을 헐기로 작정하셨습니다.

"이제는 전에 멀리 있던 너희가 그리스도 예수 안에서 그리스도의 피로 가까워졌느니라 그는 우리의 화평이신지라 둘로 하나를 만드사 원수 된 것 곧 중간에 막힌 담을 자기 육체로 허시고 법조문으로 된 계명의 율법을 폐하셨으니 이는 이 둘로 자기 안에서 한 새 사람을 지어 화평하게 하시고 또 십자가로 이 둘을 한 몸으로 하나님과 화목하게 하려 하심이라"(엡 2:13-16상).

하나님의 꿈은 크게 두 가지로 볼 수 있습니다. 첫째는 유대인과 이방인을 하나로 만드는 것이고, 둘째는 사람과 세상 만물을 하나님을 화목하게 하는 것입니다. 이 두 관계를 예수 그리스도 안에서 완전히 하나 되게 하는 것이 하나님의 목적입니다. 이 고귀한 꿈을 위해 자신의 아들까지 아낌없이 내어주셨을 뿐만 아니라 오늘도 우리의 죄를 갚지 않으시고 오래 참으시며 부르실 자들을 부르고 계십니다. 베드로와 같은 무식한 사람도 불러 사용하셨고, 바울과 같은 '죄인 중의 죄인'도 불러 쓰셨습니다. 하나님은 오늘도 이 일을 이루기 위해 일하고 계십니다.

하나님은 뜻을 온전히 이루시기까지 일하실 것입니다. 예수님도 말씀하셨습니다. "내 아버지께서 이제까지 일하시니 나도 일한다"(요 5:17)고 말입니다. 그러니 우리도 일해야 합니다.

인간과 인간 사이에, 하나님과 인간 사이에 화목함이 없으면 전쟁과 미움, 갈등과 고통은 계속될 것입니다. 그러나 우리에게는 희망이 있습니다. 주님이 계획하신 일들이 착착 이루어지고 있기 때문입니다. 바울이 에베소서를 기록할 때만 해도 그 활동 범위가 얼마나 제한적이었습니까? 지도를 펴놓고 보면, 바울이 활동한 곳은 터키와 그리스 그리고 로마였습니다. 결국 지중해 연안만 빙빙 돌았을 뿐입니다. 그러나 오늘날 예수 그리스도의 복음이 어떻게 퍼져 나가고 있습니까?

아무리 세상의 죄악이 하나님을 대적해도 하나님의 역사는 계속해서 이루어지고 있습니다. 바울이 기뻐하며 이제는 하나님께서 "하늘에 있는 것이나 땅에 있는 것이 다 그리스도 안에서 통일되게"(엡 1:10) 하시고, 이방인과 유대인을 하나 되게 하시는 이 놀라운 역사가 이루어지고 있습니다.

벽을 허물기로 작정하신 하나님

사도행전 9장에서 베드로는 욥바에 와 있었습니다. 욥바는 구약에 나오는 선지자 요나 이야기의 배경이기도 합니다.

구약시대에 하나님이 이방인인 니느웨 사람들을 구원하기 위해 유대인인 요나를 불러 복음을 전하라고 하신 일이 있습니다. 그때 요나의 생각은 하나님의 생각과 달랐습니다. 그래서 욥바에 와서 배를 타고 도망을 가 버렸습니다. 하나님은 유대인과 이방인이 하나 되는 꿈, 아브라함에게 약속하신 '온 족속이 복을 받으리라'는 그 놀라운 꿈을 이루고자 하시는데 선지자 요나는 '싫다'고 한 것입니다.

하나님께서는 베드로가 요나처럼 도망가지 않도록 특별한 은혜를 주셨습니다. 환상을 보여 주신 것입니다. 베드로는 기도하는 중에 보자기가 하늘에서 내려오는 환상을 보았습니다. 그 보자기 안에는 율법에서 먹지 말라고 한 부정한 짐승들로 가득했습니다. 그리고 하늘에서는 그것들을 잡아먹으라는 음성이 들렸습니다.

베드로 역시 처음에는 순종하지 못했습니다. 아니, 순종할 수가 없었습니다. 예수님의 수제자로 은혜 받은 사람이요, 성령 충만을 받은 사람이지만 그도 별 수 없는 유대인이었던 것입니다. 이런 베드로의 모습을 보며 한 가지 깨닫는 바가 있습니다. 성령 받고, 은혜 받고, 남보다 특별한 체험이 있으면 개인의 사고방식이나 습관 같은 것도 금방 바뀔 것 같지만, 실상은 그렇지가 않다는 것입니다. 고질적인 것이 여전히 남아 있습니다.

베드로도 마찬가지였습니다. 십자가를 보고, 부활을 보고, 성령 충만을 받고, 하나님의 놀라운 계시를 깨닫고, 사마리아에서 자신을 통해 하나님이 어떤 놀라운 일을 행하셨는지 다 알고 있었지만, 그의 첫 반응은 "못 먹겠습니다"라는 불순종이었습니다.

그러나 하나님은 자비하셔서 세 번이나 보자기를 오르내리셨습니다. 그냥 '이 놈!' 한마디 해버리면 끝날 텐데 말입니다. 하나님은 베드로가 알아들을 때까지 세 번이나 "베드로야, 먹어라. 내가 깨끗하다 하는 것을 네가 왜 속되다고 하느냐? 먹어라" 말씀해 주셨습니다.

베드로는 고넬료의 집에 가서야 비로소 깨달았습니다. 자신이 속되다고 먹지 않은 그 짐승들은 이방인을 의미한다는 것을, 그리고 하나님께서 잡아먹으라고 하신 뜻은 이제는 이방인을 속되다 하지 말라는 말씀이라는 것을 깨달았습니다.

구약의 요나는 불순종했지만 신약의 베드로는 순종했습니다.

우리도 순종해야 합니다. 하나님이 깨끗하다고 하셨는데 스스로 속되다 구별하고 은근히 마음을 닫아 버리는 대상이 있지 않습니까? 가난한 자나 부자나 똑같이 관심을 표현하고 기도해 주어야 합니다. 그런데도 좀 지위가 있고 부자라고 하면 한 번이라도 더 관심이 가고, 그렇지 않은 사람에게는 관심을 덜 가지는 경우가 있습니다. 자신도 모르게 그렇게 되는 수가 있습니다. 그렇다면 결국은 하나님과 상관없는 일이 됩니다.

예수님 당시에 율법사와 바리새인들이 그런 짓을 하다가 결국 주님께 무어라 야단맞습니까? "너희들이 천국 문에 버티고 서서 들어올 사람도 못 들어오게 한다"고 하셨습니다. 하나님은 다 들어오라고 하시는데 율법사와 바리새인들이 문 앞을 막아서고 있는 형국이었습니다. 그들은 이방인과 유대인을 가려냈습니다. 율법을 지키는 사람과 못 지키는 사람을 가려냈습니다. 얼마나 무서운 일입니까?

베드로는 "내가 깨끗하게 한 것을 네가 속되다고 하지 말라"는 말씀에 순종했습니다. 그 일로 베드로는 예루살렘 교회에 돌아와 유대인 동료들에게 공격을 받았습니다. 유대인이면서 이방인의 집에 가서 함께 먹고, 그들 집에 머물며 하나님의 말씀을 전했다고 비난받았습니다. 그러나 베드로는 일일이 해명하지 않았습니다. 수석 사도로서의 명예나 자신의 입장을 내세우기보다 하나님 명령에 순종했습니다. 그리하여 마침내 이방인에게 복음의 문이 열렸습니다. 막힌 담이 허물어졌습니다.

우리도 이방인이었습니다. 무할례당이었습니다. 그리스도 밖에 있었습니다. 아무 기업이 없는 사람이었습니다. 하나님께서는 우리에게 이 아름다운 복음을 은혜로 주셨습니다. 하나님의 뜻, 온 우주를 하나 되게 하시려는 그 뜻이 이루어질 때 영원한 평화가 이루어집니다. 영원한 행복이 찾아옵니다. 하나님은 그 행복, 그 평화를 우리에게 주시려고 오늘도 교회를 통하여, 우리를 통하여 일하기 원하십니다.

46 경건한 자 고넬료, 구원받다

베드로가 입을 열어 말하되 내가 참으로 하나님은 사람의 외모를 보지 아니하시고
각 나라 중 하나님을 경외하며 의를 행하는 사람은 다 받으시는 줄 깨달았도다
_ 사도행전 10:34-35

신약의 고넬료를 소개하는 부분은 구약의 인물 욥을 소개하는
부분과 비교가 됩니다. 욥의 경우는 그의 경건 생활, 즉 신앙 인격과
삶을 먼저 말씀하신 뒤 재산과 자녀, 직업과 가정을 소개한 반면, 고
넬료의 경우는 그의 직업을 먼저 소개합니다. 성경을 보다가 어떤
때는 이런 것에서도 무언가 깨달음을 얻게 되는 경우가 있습니다.

욥은 자유업을 가진 사람이었습니다. 또 그는 족장의 위치에
있었으므로 누구의 간섭도 받지 않았습니다. 그리고 부유했습니
다. 이런 여건에서는 마음만 먹으면 하나님을 섬길 수 있고, 또 자
기가 원하는 대로 신앙생활을 하며 가정을 이끌 수 있습니다. 욥이

하나님 앞에 의롭고 경건했지만, 이런 배경을 볼 때 상대적으로 그렇게 대단해 보이지 않습니다.

그에 비해 고넬료는 남의 수하에 있는, 그저 군대 내에서 중대장 정도의 사람이었습니다. 서열이 분명하고 상하 구별이 엄격한 체제에서 지위가 그리 높지 않았기에 하나님을 바로 섬기며 경건하게 살기엔 어려운 환경이었습니다. 그러나 고넬료는 하나님 앞에 경건하게 살았습니다.

우리는 이런 고넬료를 보며 신앙과 직업의 관계를 생각해 보지 않을 수 없습니다. 신앙생활이 직업에 영향을 줍니까, 아니면 직업이 신앙생활에 영향을 줍니까? 어느 쪽이 정상일까요?

신앙이라는 '발', 직업이라는 '구두'

신앙생활을 남달리 열심히 하는 사람을 볼 때, 그 사람이 별로 직업에 매이지 않고 마음대로 할 수 있는 여유를 가진 자라면 "그러면 그렇지. 그러니까 그렇게 열심이지. 시간도 되고 물질도 있고"라는 생각을 합니다. 그런데 그 사람의 직업이 군인이라는 말을 들으면 어떤 생각이 듭니까? 시간적으로 쫓기고 조직에 매인 생활을 하는 사람이 교회에 충실하려고 애쓰는 것을 보면 '아, 정말 믿음이 좋구나' 하고 감명을 받을 것입니다.

오늘날 성도들의 직업은 이루 말할 수 없이 다양합니다. 그중에서도 일반적인 상식으로는 도무지 신앙생활을 제대로 할 수 없는 직업을 가진 분들이 어떻게든 바로 살아 보려고 몸부림치는 모습을 볼 때가 있습니다. 그런 분들을 보면 자연히 고개를 숙이게 됩니다.

우리 마음속에는 바로 직업이 신앙을 좌우한다는 생각이 잠재해 있습니다. "직업 때문에 내 신앙이 자라지 않는다, 직업 때문에 신앙생활 바로 못 하겠다, 직업이 이러니 내가 어떻게 하나님을 바로 섬길 수 있겠는가, 하나님도 이런 내 사정 잘 아시겠지" 하며 조금만 열심을 내면 할 수 있는 것도 아예 덮어 놓고 안 하는 경우가 많습니다. 직업이라는 발에 신앙생활이라는 구두를 신기려고 애쓰지 마십시오. 신앙생활이라고 하는 발에 직업이라는 구두를 맞추어야 합니다. 어떤 직업을 가졌든지 내 신앙에 걸맞게 판단하고 분별하고 최선을 다하는 모습이 있어야 합니다.

'믿는 것 따로, 행하는 것 따로'인 삶을 살고 있지 않습니까? 하나님을 옆으로 밀쳐놓고 자기 마음대로 살면서 직업이나 직장 핑계를 대는 것은 아닙니까? 만약 아무리 노력해도 말씀대로 사는 것이 도무지 불가능한 직업이라면 어떻게 해야 합니까? 직업을 바꾸어야 하지 않겠습니까? 그럴 때 하나님이 굶어 죽게 놔두시겠습니까? 직업을 바꾼다고 해서 그 사람이 패배자가 되도록 내버려두실까요?

"하나님, 예수 안 믿을 때는 이런 직장에 만족했지만, 예수를 믿고 보니 아침부터 저녁까지 제가 해야 하는 일 하나하나가 양심에 가책이 느껴지고, 제 손이 더러운 죄악으로 시커멓게 물들어 가는 것을 보면서 어떻게 이 일을 계속할 수 있겠습니까? 하나님 앞에 기도하고 싶어도 하루 종일 제 입으로 내뱉은 죄악 때문에 어떻게 입을 열어 회개해야 할지 모르겠습니다. 이곳을 떠나지 않으면 이런 생활에서 벗어날 수 없으니 하나님, 어떻게 해야 합니까?"

하나님 앞에 이렇게 기도해 봅시다. 흙탕물에 들어가면서 자꾸 발이 더러워진다고 불평만 하는 것은 지혜롭지 못합니다. 하나님은 흙탕물에서 나와 씻고 맑은 물로 들어가라고 하십니다.

아주 큰 술집을 경영하면서 예수를 믿게 된 분이 있습니다. 다행히 교회에 잘 적응하고 예배도 열심히 드리게 되었습니다. 그러나 신앙이 조금씩 자랄수록 자꾸 마음에 걸리는 것이 생겼습니다. 처음에는 아마도 "많이 벌어서 십일조만 잘하면 되겠지"라고 생각했는지 모릅니다. 그러나 그것은 자기 합리화일 뿐이라고 성령께서 강하게 도전하셨습니다. 그분은 결국 신앙이라는 발에 직업을 맞춰 신는 결단을 내리게 되었습니다.

로마제국의 군인이라는 직업 자체가 죄입니까? 아닙니다. 로마 감옥을 지키는 간수의 일이 죄입니까? 아닙니다. 간수가 회개했을 때 바울은 그에게 직업을 바꾸라고 하지 않았습니다. 예수님도 삭개오의 집에 하나님의 구원이 임하였다고 크게 축복하신 다음에 그에게 직업을 바꾸라고 하지 않으셨습니다.

삭개오는 여리고 성의 세무서장이었습니다. 당시 세관은 백성들에게 세금을 거두어 로마 정부에 바치는 일을 했는데, 대개 세리들은 '면허증을 가진 강도'라 불렸습니다. 그러나 세리라 하더라도 부정직한 모습을 버리고 양심적으로 일한다면 그 직업을 통해 오히려 하나님께 영광을 돌릴 수 있습니다. 자신의 직업 때문에 신앙생활이 제대로 안 된다고 생각하기 쉬운데 실은 직업 탓이 아닙니다. 고넬료가 이 교훈을 우리에게 똑똑히 보여 줍니다.

하나님을 경외하며 이웃을 구제하고

백부장이라고 하면 100명의 군인을 거느린 지휘관으로 포악하고 인정사정없는, 전통적인 로마 군대를 이끄는 장교입니다. 기독교 신앙과는 전혀 어울리지 않는 직업이었다고 할 수 있지요. 그런데 고넬료를 한번 보십시오. 얼마나 기가 막힙니까. 고넬료는 '경건한 사람'으로 일컬어집니다.

우리는 '경건'이라는 말을 좀 막연하게 사용합니다. 하나님 앞에 기도하고 성경 묵상하는 시간인 'Quiet Time'을 흔히 '경건의 시간'이라고 부릅니다. 이 때문에 경건의 의미가 좁아진 것 같습니다. 'Quiet Time'은 경건의 일부일 뿐입니다. 그렇다면 경건이란 무엇일까요? 여러 참고 서적을 조사하고 성경을 연구하면서 다음과 같은 결론을 내렸습니다.

"경건이란 하나님의 법을 어기지 않기 위해 깨어서 주의하는 마음가짐 또는 그러한 생활이다."

바꾸어 말하면, 하나님의 뜻에 어긋나지 않으려는 마음 자세가 바로 경건이라고 하겠습니다. 고넬료가 언제 어디서 하나님을 알고, 믿게 되었는지는 잘 모르겠습니다. 그러나 하나님을 알고 나서부터 그의 마음은 변화되었습니다. 하나님의 법도에 어긋나지 않으려는 마음이 간절했습니다. 비록 군인이고, 남의 수하에 있었지만 하나님의 법도대로 살아보겠다고 하는 마음이 그 중심에 확고히 자리 잡고 있었습니다. 그래서 하나님은 그를 '경건하다' 하신 것입니다.

고넬료의 경건은 마음에만 머물지 않았습니다. 하나님을 향해서는 경외함으로, 이웃을 향해서는 구제함으로 표현되었습니다.

"그가 경건하여 온 집안과 더불어 하나님을 경외하며 백성을 많이 구제하고 하나님께 항상 기도하더니"(10:2).

프랑스의 종교개혁자 칼뱅은 이런 고넬료를 보고 "최선을 다해 십계명을 지킨 사람"이라고 칭송했습니다. 하나님을 경외한 그의 모습은 하나님을 향한 제1계명부터 제4계명을 지키려 한 삶이고, 백성을 구제한 모습은 이웃을 향한 제5계명부터 제10계명을 지키려 한 삶이었기 때문입니다.

경외란 헬라어로 '율라베이스'로 '두려움'과 '사랑'이라는 두 단어가 복합된 말입니다. 두려워하면서 사랑하는 경우가 있을까요? 바로 어린 자녀가 부모를 대할 때의 마음입니다. 혼자 힘으로 살 수 없는 어린아이가 자기를 보살피고 보호해 주는 부모에게 느끼는 감정이 바로 두려움과 사랑 아닙니까?

행함과 진실함으로 사랑하라

예수님은 제1계명부터 제4계명을 다음과 같이 한마디로 요약하셨습니다.

“네 마음을 다하고 목숨을 다하고 뜻을 다하고 힘을 다하여 주 너의
하나님을 사랑하라”(막 12:30).

하나님께 대한 사랑은 경외입니다. 그러나 요사이 우리가 말하는 ‘하나님을 사랑한다’는 표현에는 낭만적인 요소가 지나치게 많이 섞여 있습니다. 사람들이 너무 똑똑해져서 그런가 봅니다. 옛날 사람들은 좀 무식했습니다. 어떤 면에서는 참 단순한 어린아이와 같았기 때문에 ‘하나님을 향한 사랑’은 정말 두려운 마음으로 애정을 쏟는 사랑이었습니다. 하나님을 하나님의 위치에 그대로 모시면서 인간으로서 할 수 있는 최선을 다하는 그런 사랑이었습니다.

그러나 오늘날 우리는 하나님을 끌어내려서 인간인 우리와 비슷한 수준에 놓고 사랑한다고 말합니다. 거기에는 두려워하는 마음이 없습니다. 하나님이 두려운 줄 모르니 사랑의 하나님만 믿고 제 마음대로 죄를 짓습니다.

초신자들은 하나님을 사랑한다는 것이 낭만적인 사랑을 말하는 것인지, 두려움과 사랑이 함께 있는 경외함을 뜻하는 것인지 구별하지 못합니다. 그래서 하나님은 그들의 마음을 다 받아 주십니다. 그러나 성경을 알 만큼 알고 하나님이 어떤 분인지 깨달은 사람이 계속 낭만적으로 하나님을 사랑한다고 말하는 것은 문제입니다. 그런 사람의 삶에는 ‘순종’이 결핍되어 있을 것입니다.

할아버지 수염을 잡고 흔드는 아이가 할아버지 말을 잘 듣습니까? 할아버지를 사랑한다고 소리쳐도 할아버지 말에는 순종하지 않습니다. 자기 마음에 들면 순종하고, 자기 마음에 들지 않으

면 제멋대로 행동합니다.

하나님을 사랑한다고 아무리 큰소리쳐도 경외함에서 나오는 사랑이 아니면 말씀에 순종하는 삶은 불가능합니다. 하나님이 그 사랑을 정말 받으실까요? 이웃에 대한 사랑도 마찬가지입니다. 구체적인 실천 없이 막연한 동정으로 끝나 버릴 때가 얼마나 많습니까? 고넬료처럼 자기 주머니를 털어 이웃을 구제하는 사랑의 표현이 우리에게 얼마나 있나요?

"그가 우리를 위하여 목숨을 버리셨으니 우리가 이로써 사랑을 알고 우리도 형제들을 위하여 목숨을 버리는 것이 마땅하니라 누가 이 세상의 재물을 가지고 형제의 궁핍함을 보고도 도와 줄 마음을 닫으면 하나님의 사랑이 어찌 그 속에 거하겠느냐"(요일 3:16-17).

우리는 예수 그리스도의 십자가 앞에서 하나님의 사랑을 깨달았습니다. 이것으로 우리가 사랑을 알게 되었고 우리도 형제를 위해 목숨을 버리는 것이 마땅한데, 형제의 궁핍함을 보고도 마음을 닫아 버린다면 하나님의 사랑이 어찌 그 속에 거한다고 장담하겠습니까?

"자녀들아 우리가 말과 혀로만 사랑하지 말고 행함과 진실함으로 하자 이로써 우리가 진리에 속한 줄을 알고 또 우리 마음을 주 앞에서 굳세게 하리니"(요일 3:18-19).

말과 혀로만 하는 사랑은 성경이 말하는 사랑이 아닙니다. 행함과 진실함이 있어야 진정한 사랑입니다. 진실한 마음으로 사랑을 행할 때 우리가 진리에 속한 사람, 하나님께 속한 사람인 것을 확신할 수 있습니다.

핍박을 이기는 경건의 능력

고넬료는 하나님을 두려워하면서 사랑했습니다. 그래서 그는 구체적으로 사랑을 실천했습니다. 가만히 생각해 보면 고넬료는 핍박도 꽤 받았을 것 같습니다. 디모데후서 3장 12절에 "무릇 그리스도 예수 안에서 경건하게 살고자 하는 자는 박해를 받으리라"는 말씀이 있지 않습니까? 군대 안에서 혼자 그렇게 시간 맞춰서 하나님께 기도하고, 모든 것을 하나님 중심으로 살려고 애쓰는 일이 그리 쉽지만은 않았을 것입니다.

같은 장교들끼리 이해가 되었을까요? 동료들에게 따돌림 받았을 수도 있고 '너는 왜 로마인이면서 유대인의 종교를 믿느냐? 왜 로마의 신들을 버리고 하나님이라는 신만 따른다고 하느냐?' 하는 비난과 함께 진급하는 데에도 상당한 제약을 받았을 가능성이 있습니다.

어쩌면 고넬료의 군 생활은 그리 길지 않았는지도 모릅니다. 이건 추측입니다만, 그가 가족과 함께 성령 충만을 받고 예수 그리스도가 구원자인 것을 확신하고 얼마 지나지 않아 자신의 출신지인 로마로 돌아가 로마 교회의 중요한 일꾼이 되었을 수도 있습니다.

세상 사람들은 우리가 하나님 중심으로 살려고 애쓰는 것을 별로 좋아하지 않습니다. 직장에서 그렇게 한번 해보십시오. 분명히 핍박이 옵니다. 따돌림과 비웃음을 당할 것입니다. 그러나 우리가 예수 믿고 달라진 것이 무엇입니까? 과거에는 사람 중심으로 살았지만 이제는 하나님 중심으로 살려는 것이요, 이제는 하나님 뜻에 순종하여 사랑을 행하면서 살려는 것 아닙니까? 그러므로 핍박을 받아도 우리는 하나님을 경외하며 살아야 합니다.

경건 생활이 그저 예배드리는 것으로 끝나지 않기를 바랍니다. 말세의 교회는 경건의 위기를 당한다고 성경은 분명히 예언하고 있습니다. 예수를 믿는다고 교회에 나와 예배를 드리지만 경건의 모양만 있지 경건의 능력은 없는 이들이 실제로 많습니다. 이것이 말세에 교회의 모습입니다. 고넬료 같은 사람을 찾기가 점점 어려워집니다.

고넬료처럼 날마다 기도에 힘쓰고 사랑을 실천한다면 주변 사람들이 영향을 받을 것입니다. 생각지도 않던 사람들이 예수 믿고 돌아오게 될 것이고, 생각지도 않던 가정이 치료를 받게 될 것이며, 세상 사람들이 교회에 관심을 갖게 될 것입니다.

그러나 경건의 모양만 갖춘 교회에는 이런 능력이 나타나지 않습니다. 중생의 역사가 일어나지 않습니다. 회개하는 역사가 일어나지 않습니다. 가정이 변화되지 않습니다. 예수 믿은 지 10년이 되어도 속사람이 변화되지 않습니다. 경건의 능력이 없어서 그렇습니다.

하나님은 '경건하게 살아라. 내가 너를 통해 일하고 싶으니 경건의 능력을 받아라'고 말씀하시는데, 우리는 하나님의 뜻과 상관

없이 살아갑니다. 주일 예배 빠지지 않는 것만으로 만족하고 그 이상은 생각하지 않습니다. 말씀대로 한번 살아 보겠다는 의지도 별로 없습니다. 자신의 생활을 한번 돌아보십시오. 경건의 능력이 나타나지 않는 무력한 일상만 반복하고 있진 않습니까?

사도행전 11장

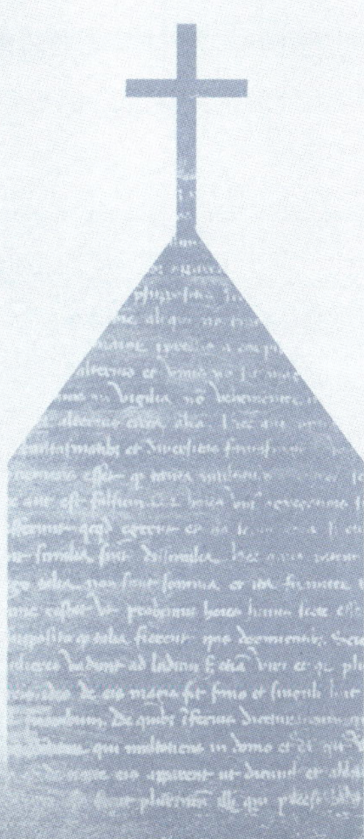

47 유대와 이방의 벽을 허무시다

그들이 이 말을 듣고 잠잠하여 하나님께 영광을 돌려 이르되
그러면 하나님께서 이방인에게도 생명 얻는 회개를 주셨도다 하니라

_ 사도행전 11:18

사도행전 11장에는 예루살렘으로 돌아온 베드로가 그간의 일을 보고하는 장면이 나옵니다. 예루살렘 교회의 할례파 신자들은 베드로의 행적에 몹시 못마땅한 마음을 갖고 있었습니다.

다행히 베드로가 왜 고넬료 가정을 방문하게 되었으며, 거기서 복음을 전할 때 어떤 일이 일어났는지 차근차근 설명하고 난 뒤에야 그들이 납득을 하고 하나님께 영광을 돌렸지만, 그런 결과를 얻기까지 사도 베드로는 큰 곤욕을 치러야 했습니다.

11장 1절에 나오는 '이방인들도'라는 말에 주목해 봅시다. 사도행전의 큰 고비를 넘기는 데 핵심이 되는 말입니다. "이방인들

도 하나님 말씀을 받았다”는 소식을 들은 유대인들은 그 사실을
도무지 인정할 수가 없었습니다. 선택받은 민족은 자신들뿐이라고
굳게 믿고 있던 유대인들에게 이방인 가정의 구원 소식은 큰 충격
인 동시에 약간의 거부감과 서운한 감정을 일으켰습니다. 이런 복
잡한 심경이 깔려 있는 구절이 바로 1절입니다.

> “유대에 있는 사도들과 형제들이 이방인들도 하나님의 말씀을 받았
> 다 함을 들었더니”(11:1).

복음이 유대인에서 이방인에게로 넘어가는 길목에 있는 순간
입니다. 그런데 안타깝게도 여기서 하나님의 뜻과 사람의 뜻이 불
협화음을 내는 것을 봅니다. 유대와 이방 사이에 있는 높고 견고한
벽 때문이었습니다. 11장은 바로 하나님께서 이 벽을 무너뜨리는
과정을 기록하고 있습니다.

할례파 그리스도인들

2절에 나오는 ‘할례자들’은 어떤 사람들이었을까요? 왜 ‘할례
자들’이라는 별명이 붙게 되었을까요? 예루살렘에서 예수 믿고 돌
아온 수많은 유대인들이 모두 할례 받은 자들이었는데 왜 교회 안
에 할례파라는 무리가 따로 생긴 것일까요? 이유가 있습니다.

> “하나님의 말씀이 점점 왕성하여 예루살렘에 있는 제자의 수가 더 심

히 많아지고 허다한 제사장의 무리도 이 도에 복종하니라"(6:7).

여기 나오는 '허다한 제사장의 무리'는 바리새인들을 말합니다. 이들은 유대교에서도 아주 골수분자들이었지요. 무서울 만큼 율법을 철저히 지키는 사람들이었습니다. '할례파'는 이들을 가리키는 말로, 할례의 중요성을 집요하게 강조했기 때문에 붙여진 별명이었습니다. 할례파 사람들은 복음의 능력으로 회개하고 하나님께 돌아왔지만, 교회에 들어와서는 그들만의 그룹을 형성했습니다.

과거 어떤 분야에 몸담고 있었고, 또 어떤 학문에 젖어 있었는지가 신앙을 가진 후에도 그 사람의 성향과 사상의 흐름에 큰 영향을 미칩니다. 예수를 믿고 은혜를 받았는데도 과거의 뿌리가 잘 안 뽑히는 사람들이 있습니다. 유교나 불교 전통에 깊이 잠겨 있던 사람들이 교회에 나오면 그것을 완전히 버리기까지 시간이 걸립니다. 샤머니즘이나 동양철학의 사고방식이 자신도 모르는 사이에 문득문득 나타납니다. 이런 사람들이 한꺼번에 몇 십 명, 몇 백 명씩 교회에 들어왔다고 칩시다. 그들끼리 하나의 세력을 형성할 수 있지 않겠습니까?

바리새인들이 회개하고 돌아온 것은 감사한 일이었지만, 이들이 예루살렘 교회뿐 아니라 훗날 바울이 세운 이방 교회에까지 상당한 피해를 입히는 하나의 불씨가 된 것은 매우 안타까운 일입니다.

과거에 구원파에서 아주 핵심 일꾼이었던 여러 가정이 한꺼번에 사랑의교회로 옮겨온 일이 있습니다. 이단에서 나와 예수를 바로 믿게 된 건 정말 다행이지만 그들은 과거의 악습을 버리지 못했습니다. 매사에 기성 교회를 비판했습니다. 그동안 기성 교회의 잘못된 점만 들어와서 어느 것도 좋게 보지를 못했습니다. 보는 것마다 눈에 거슬리고 비판거리가 되었던 것입니다.

예수 믿고 성령의 은혜 안에서 자아가 깨어진 사람이라 하더라도 잘 고쳐지지 않는 부분이 있습니다. 그만큼 악의 뿌리는 독한 데가 있습니다.

마음에 숨은 동기

예루살렘 교회의 할례파 신자들의 마음속에는 율법에 대한 미련이 아직 남아 있었습니다. 그 미련 때문에 복음이 그들의 마음 깊숙이 파고들지 못했습니다. 그것은 다음과 같은 트집을 잡는 것으로 드러나곤 했습니다.

"이르되 네가 무할례자의 집에 들어가 함께 먹었다 하니"(11:3).

고넬료 가정에 다녀온 베드로에게 할례파가 트집 잡은 것은 정작 할례 문제가 아니었습니다. 베드로가 할례 받지 못한 자들과 함께 먹은 일을 문제 삼았습니다. 차라리 고넬료가 할례 받지 않은 것을 지적했다면 그래도 좀 나았을 것입니다.

할례 받지 못한 이방인의 집에 유대인이 들어가서 함께 먹는 것이 죄일까요? 창세기부터 출애굽기, 레위기, 민수기, 신명기를 다 뒤져 보아도 그런 말씀은 없습니다. 그러면 할례파는 왜 이런 트집을 잡았을까요? 도대체 할례 받지 않은 자들과 함께 먹어서는 안 된다는 법은 어디서 나왔을까요?

성경에도 없는 법을 만들어 낸 것은 바로 유대인의 조상, 바리새파 선조들입니다. '유전'(遺傳)이라 부르는 이 법은 유대의 율법 학자들이 구약성경의 율법에 기초하여 그때그때 필요에 따라 해석해 만든 규칙입니다. 인간이 만든 법이지요. 할례파 신자들은 베드로가 인간의 유전을 지키지 않았다며 신랄하게 비판한 것입니다. 할례파 유대인들은 자신들의 전통에 대한 우월감에 빠져 조금이라도 그 법을 어기는 사람이 있으면 무조건 비판했습니다. 특히 할례 받지 못한 사람은 인간 이하로 취급했습니다. 예수 믿고 성령 받았다는 사람들의 마음속에도 이러한 우월감이 그대로 도사리고 있었다는 사실을 주의해야겠습니다.

또 한 가지 생각할 것은, 할례파의 행위가 분파로 이어졌다는 점입니다. 그들이 교회 안에서 트집을 잡은 것은 성경이 아니라 유전에 저촉되는 문제였습니다. 이런 사소한 것을 문제 삼는 사람들끼리 뭉쳐서 하나가 되면 나중에는 좀 더 그럴듯한 명분을 내세우게 됩니다. 쉽게 말해 교리적인 문제를 들고 나와 분파 행위를 한다는 것입니다. 할례파의 경우도 그러했습니다.

> "바리새파 중에 어떤 믿는 사람들이 일어나 말하되 이방인에게 할례를 행하고 모세의 율법을 지키라 명하는 것이 마땅하다 하니라"(15:5).

'바리새파 중에 믿는 어떤 사람들'은 할례파를 말합니다. 그들의 주장은 "아무리 예수 믿어도 그것만 가지고는 구원받지 못한다. 이방인들도 할례 받고 율법을 지켜야 구원 받는다. 그러니 이방인들이 예수 믿고 돌아오면 반드시 할례를 줄 것이요, 반드시 율법 지키라고 명하라"는 것이었습니다. 사소한 트집거리가 쌓이고 쌓여 교리 논쟁으로 이어진 것입니다.

 인간의 유전에서 시작해 교리로 비화시키며 대립하게 된 할례파 사람들의 마음에는 사실 숨은 동기가 있었습니다. 예나 지금이나 교회 안에 일어나는 분쟁에는 숨은 알맹이와 겉으로 나타난 껍데기가 다르다는 것을 발견합니다.

할례파 분쟁의 알맹이는 그들의 우월감과 교만이었습니다. 이방인을 은근히 멸시하고 싫어하는 태도, 할례 받지 못한 사람을 부정하다고 비판하는 자세, 이런 것들이 그들의 감춰진 속내였습니다. 이와 같은 입장을 좀 더 합리화하고 논리적으로 주장하기 위해 겉으로 내놓은 것이 교리적인 문제였습니다.

한국 교회는 지금까지 너무나 많은 분열을 겪어 왔습니다. 왜 이렇게 계속 핵분열하듯 분파와 분쟁이 일어났을까요? 알맹이는 뭐고 껍데기는 무엇입니까? 겉으로는 교리의 차이를 말하지만 깊이 들여다보면 다른 것이 있습니다. 교권을 잡으려는 인간의 욕심, 지방색, 증오, 질투, 이해관계, 말하기도 민망한 치졸한 동기들이 가슴속에 숨어 있는 것을 봅니다. 교단도, 지역 교회도 분쟁이 있는 곳은 다 똑같습니다.

저는 분명히 믿습니다. 싸움 많이 하는 교회, 싸움 많이 하는 교단은 성령의 역사를 제한한다는 것을 말입니다. 이런 교회와 교단은 금이 간 독과 같습니다. 물이 금방 차는 것 같지만 하룻밤만 지나면 싹 빠져 버립니다. 다툼이 있는 교회에 가 보면 설교 시간에 울기도 잘 울고, 어떤 때는 굉장히 은혜가 있는 것처럼 보입니다. 그러나 시간이 흐르고 보면 그 울음도 다 헛것이요, 그 회개도 다 헛것이요, 물이 다 빠지고 남은 빈 독처럼 텅 비어 있습니다.

교회 안에서 내 편, 네 편 만들고 다닙니까? 지연이나 학연으로 모여 은근히 단체행동을 하고 있습니까? 자신이 옳다는 인정을 받으려고 교회를 비판하고 다른 교인들의 동조를 구합니까?

우리는 말씀 앞에서 마음에 쌓인 모든 찌꺼기, 자칫 숨은 동기가 될 수 있는 찌꺼기, 다른 사람을 해치고 교회 안에 분쟁을 일으킬 수 있는 찌꺼기를 완전히 씻어 내야 합니다. 교회가 하나 되는 데 방해가 될 수 있는 개인의 습관이나 집단의 전통이라면 과감히 버릴 수 있어야 합니다. 성령을 근심케 만드는 찌꺼기들이 굳어지지 않도록 항상 기도하고 주의합시다.

아름다운 사도 베드로

베드로는 지금 예루살렘 교회 앞에서 비난을 받고 있습니다. 인간의 법을 내세워 사도를 비난하는 할례파가 베드로 앞에 의기양양하게 서 있습니다. 이런 상황에서 베드로가 어떤 태도를 보였는지 주의 깊게 살펴봅시다.

먼저 베드로는 자신을 비난하는 자들의 연약함을 나무라지 않았습니다. 나무라지 않았다는 것은 참 중요합니다. 특별히 교회에서 중요한 역할을 담당하고 있는 평신도 지도자들과 교역자들에게 굉장히 중요한 자세입니다. 자기가 잘못하는 줄도 모르는 사람을 나무라면 역효과가 납니다. 이런 사람은 온전히 성령이 주시는 지혜를 의지하며 조심스레 다룰 수밖에 없습니다.

둘째로 베드로는 비난하는 자들을 향해 변론하지 않았습니다. "아니, 할례 받지 못한 집에 들어가면 어때? 성경에 그런 말이 있나?" 하고 따지고 들려 했다면 얼마든지 그럴 수 있었습니다. 그러나 베드로는 일절 그런 말을 하지 않았습니다. 변론하지 않았습니다. 사실 교회 안에서 토론이나 변론을 하는 것은 무익합니다.

셋째로 베드로는 자기 권위를 가지고 누르지 않았습니다. 사실 베드로의 권위는 대단했습니다. 예수님의 수제자 아닙니까? 오늘로 말하면 교회 전체의 교황에 해당하는 최고의 권위를 가지고 있었습니다. 그 권위로 "야, 내가 알아서 한 일인데 너희가 무슨 잔소리냐?"라고 말한다. 해도 아무도 뭐라 하지 못했을 것입니다. 그러나 베드로는 절대 자신의 권위로 누르려 하지 않았습니다. 권위로 누르는 대신 어떻게 했습니까? 사실 그대로 자세히 설명해 주었습니다. 변론도 아니요, 권위적인 위압도 아니었습니다.

베드로의 이런 자세는 우리에게 교훈하는 바가 큽니다. 일반적으로 사람들은 자기와 대등한 관계에 있는 사람과 무슨 문제가 있을 때는 설명을 아끼지 않습니다. 상대방을 이해시키고자 노력합니다. 그러나 자기보다 좀 낮은 사람, 대수롭게 보이지 않는 사람에게는 어떻습니까? 되도록이면 설명을 생략해 버리고 그냥 적당히 한마디로 끝내 버리고 싶어합니다.

대표 사도라는 엄청난 권위를 가진 베드로가 할례파 몇 사람한테 트집 잡히고, 해명까지 할 필요가 있었겠습니까? 하지만 베드로는 자초지종을 설명해 줍니다. 납득이 되도록, 오해가 풀리도록, 그들이 하나님께 영광 돌리는 자리까지 가도록 인내심을 갖고 이끌어 주었습니다.

다른 사람과 불편한 감정이 생겼다든지 오해가 생겼다든지 할 때 변론은 절대 하지 말기를 바랍니다. 특히 과거에 어떠했는지 들추지 말고 그저 사실을 그대로 이야기해 주고 서로가 납득할 수 있는 방향으로 끌고 가려고 기도하면서 노력해야 합니다. 이것이 베드로가 우리에게 가르쳐 준 아름다운 자세입니다.

최고의 권위, 최후의 결정

이런 베드로에게도 절대 양보할 수 없는 한 가지가 있었습니다. 그것은 '하나님이 시키는 대로' 했다는 점입니다.

"그런즉 하나님이 우리가 주 예수 그리스도를 믿을 때에 주신 것과 같은 선물을 그들에게도 주셨으니 내가 누구이기에 하나님을 능히 막겠느냐 하더라"(11:17).

기가 막힌 말씀입니다. "내가 누구이기에 하나님이 시키시는 일을 안 된다고 할 수 있으며, 하나님이 직접 하시는 일을 막을 수 있겠느냐? 나는 하나님이 시키는 대로 했을 뿐이다"라고 베드로는 분명하게 말합니다. 또한 베드로는 또 이 모든 것이 절대 거짓이 아님을 증명하기 위해 고넬료 집에서 증인 여섯 명을 데리고 왔습니다. 사람들이 그의 말을 의심하지 않고 받아들일 수 있도록 미리 준비했습니다. 당시 헬라 문화권에서는 일곱 명의 증인만 있으면 완전무결한 진실로 인정받을 수 있었기에, 고넬료 집에서 데려온 여섯 명의 증인과 베드로 자신이 증인이 되어 이 일을 증거한 것입니다.

"나는 하나님이 하시는 일을 막을 수 없는 사람이다. 하나님이 말씀하시는 대로 했다"는 베드로의 말은 "최고의 권위는 하나님께 있다"는 진리를 선포한 것입니다. 아무리 교회가 소란하고 복잡해도 이것은 하나님이 시키시는 일이요, 하나님이 원하시는 뜻이라는 사실만 분명해지면 반대하던 사람들도 그 뜻에 동의하게 됩니다. 이것이 한 성령을 마시고 한 몸을 이룬 교회의 진면목입니다.

그런데 문제는 어떻게 하면 "이 일은 분명히 하나님의 뜻이다, 이렇게 하는 것이 하나님이 기뻐하시는 일이다" 자신 있게 말할 수 있느냐는 것입니다. 베드로는 환상을 보았고, 하늘의 소리를 들었고, 또한 '가라' 하시는 성령의 명령을 들었습니다. 또 하나님이 고넬료에게 직접 성령을 부어 주시는 역사를 똑똑히 목격한 사람들이 있었기 때문에 아무도 부인할 수 없었지만, 지금은 그때와는 다릅니다.

그러므로 어떤 문제를 놓고 서로 의견이 다를 때 이것이 과연 하나님의 뜻이라고 분명하게 내세울 수 있을 만큼 그 뜻을 분명하게 붙잡는 것은 정말 어려운 일입니다.

1980년대 중반, 사랑의교회 예배당을 건축할 때 본당을 지하로 넣어 화제가 된 일이 있습니다. 상업지역의 소란함으로부터 교회를 지키고, 교회가 주변 주거지역에 끼칠 수 있는 불편을 최소화하자는 의도가 반영된 설계였습니다. 그러나 당시만 해도 예배실을 땅 속에 집어넣은 교회는 우리나라는 물론 전 세계적으로도 찾아볼 수 없어 이런 시도는 그야말로 모험이었습니다.

다행히 건축 설계를 맡은 분이 지하 교회 아이디어에 대단한 호감을 보였습니다. 사실 그가 믿지 않는 사람이요, 교회를 설계해 본 일이 한 번도 없다는 점이 긍정적으로 작용했던 것 같습니다. 만약 믿음 좋은 건축가였다면 교회에 대한 고정관념 때문에 고개를 내저었을지도 모를 일이지요. 아무튼 설계 사무소로부터 한번 시도해 볼 만한 작품이라는 통보를 받은 건축위원회는 교인들에게 이 사실을 알리고 의견을 물었습니다. 놀랍게도 아무도 반대하는 사람이 없었습니다.

우리 교회를 보고 반해 버린 어느 목회자가 자기 교회 신축을 앞두고 예배실을 지하에 넣자는 제안을 했다가 교회 안에 찬반 의견이 갈렸다고 합니다.

"땅 밑에는 술집이나 좀 으슥한 것들만 들어가는 것 아닙니까? 예배당이 왜 땅 밑으로 들어갑니까? 하나님의 전인데 제일 높은 자리에 올려 놔야지." "교회가 지하로 들어가면 공간을 활용할 수 있고 잡음도 적어 주변 사람들도 교회 때문에 피해를 덜 보지요. 냉난방비도 절약할 수 있고, 얼마나 좋아요? 그러니까 지하로 들어갑시다."

이럴 때 과연 어느 것이 하나님의 뜻이라고 분별할 수 있겠습니까? 교회에 갈등이 생길 때, 성도들 간에 의견 대립을 보일 때 과연 어느 것이 하나님의 뜻이라고 확신할 수 있을까요? 이런 애매모호한 문제들로 교회 안에 분쟁이 일어납니다. 성령님께서 그저 한마디만 해주시면 깨끗하게 모두 순종할 텐데 성령님은 절대 그렇게 하지 않으십니다.

이런 상황에서 우리에게 필요한 것은 겸손입니다. 내 생각만 성령의 생각이라고 주장하는 자세를 취하면 안 됩니다. 아무도 하나님 뜻을 100퍼센트 안다고 말할 수 없기 때문입니다. 계속 그 문제를 놓고 기도하면서 하나님이 어떤 방향으로 성도들의 마음을 끌고 가시는지 지켜보아야 합니다.

하나님은 교회를 당신의 피로 값을 치르고 사셨기 때문에 결코 그냥 내버려 두지 않으십니다. 분명히 하나님께서 이끌어 가고자 하시는 방향이 있습니다. 우리에게는 하나님 뜻에 순종하겠다는 겸손한 마음만 있으면 됩니다.

48 이방인으로 이방 교회를 세우시다

**그 중에 구브로와 구레네 몇 사람이 안디옥에 이르러
헬라인에게도 말하여 주 예수를 전파하니
주의 손이 그들과 함께 하시매 수많은 사람들이 믿고 주께 돌아오더라**

_ 사도행전 11:20-21

스데반의 순교 이후 시작된 핍박으로 예루살렘 성도들은 사방으로 흩어졌습니다. 어떤 사람은 배를 타고 구브로라는 섬으로 들어갔고, 어떤 사람은 육로를 따라 북상해서 안디옥에 이르렀습니다. 안디옥은 지중해 연안 북서쪽에 위치했던 이방 도시입니다. 주전 300년에는 시리아의 행정수도였고, 사도행전 당시인 주후 1세기에는 로마와 알렉산드리아에 이어 로마제국에서 세 번째로 큰 대단한 도시였습니다. 그러나 안디옥은 성적 타락으로 얼룩져 있는 곳이기도 했습니다. 도덕적으로 타락한 이런 곳에 이방의 첫 교회가 세워졌다니 놀라울 따름입니다.

안디옥은 자유도시였습니다. 다양한 국적과 혈통을 가진 사람들이 모인 일종의 국제도시로, 유대인들끼리 모여 사는 마을이 있었습니다. 핍박을 피해 안디옥에 도착한 유대인들은 동족이 살고 있는 마을로 가서 예수 그리스도를 증거했습니다. 비록 복음은 유대인 동족들을 향해 선포되었지만 말씀은 날선 검이 되어 그 틈에 끼어 있던 이방인들의 마음도 움직이기 시작했습니다. 바로 몇 명의 구브로와 구레네 출신 사람들이 복음을 듣게 된 것입니다. 예수를 믿게 된 이들은 복음을 혼자 가지고 있지 않고 전하기 시작했습니다.

안디옥에 이르러 헬라인에게도 예수를 전파하기 시작했습니다. 무명의 헬라인이 자기와 꼭 같은 헬라인에게 복음을 증거한 것입니다.

사실 유대인이 유대인에게 '나사렛 예수가 우리의 구원자'라고 전하기는 쉬웠을 것입니다. 유대인들은 메시아가 오기만을 수천 년간 기다려 왔기 때문입니다. 복음을 들은 유대인들은 "우리가 기다리던 메시아가 이미 왔단 말인가? 그분이 나사렛 예수란 말인가? 아, 그렇다면 내가 그분을 믿어야겠다"라고 생각했을 것입니다. 반면 유대교 신앙이나 구약에 대한 상식이 전혀 없는 이방인에게 예수가 메시아라는 것을 증거하기란 대단히 어려웠을 것입니다. 과거 우리나라에 들어온 선교사들이 불교나 유교에 심취해 있던 우리 조상들에게 예수를 전할 때 얼마나 어려움을 겪었습니까? 무명의 헬라인들에게 복음을 전할 때도 같은 어려움을 겪었을 것입니다.

그럼에도 불구하고 다행히 인간이라면 누구나 가지는 한 가지 공통점이 있었습니다. 수많은 잡신을 섬기는 헬라인들이 애타게 찾던 것이 바로 '생의 의미'였습니다. 이 문제는 복음을 먼저 들은 몇몇 헬라인이 다른 헬라인에게 예수를 전할 수 있는 접촉점이 되었을 것입니다.

교회를 세운 무명의 이방인들

이방인에게 복음을 전한 이방인에게 '개척자'라는 이름과 상을 주고 싶지만 성경은 그들의 이름조차 밝히고 있지 않습니다. 어떤 면에서는 가장 큰 상을 받아야 할 개척자들을 무명으로 기록한 이유는 무엇일까요? 물론 13장 1절을 보면 구브로 출신의 루기오라는 사람이 안디옥 교회 지도자로 나오고 그가 개척자 중 한 명이었을 가능성이 대단히 크지만, 일단 그들이 처음 등장하는 11장 20절에서 이름을 밝혀 놓지 않았다는 것은 어떤 뜻이 있을 것입니다.

사실 이 세상의 명성이라는 것은 참 허무한 것입니다. 유명한 사람은 어떤 면에서는 무명한 사람보다 더 불행합니다. 유명이라는 것이 그리 오래가지 못하기 때문입니다. 명성에 매달릴수록 인간은 초라하고 불쌍해집니다. 그리고 정상에 오른 사람일수록 인생의 허무함과 허탈감을 더 크게 느끼게 됩니다. 성경이 그것을 가르쳐 주고 있습니다. 실제 우리의 경험으로도 충분히 알 수 있는 진실입니다.

이 세상에서 유명해지는 것, 이름을 알리는 것이 모두 자랑스러운 일 같지만, 그 명성을 잘 관리하지 못하면 혹은 그 명성에 걸

맞은 인격을 갖추지 않는다면 금세 비참한 지경에 이르고 맙니다.

세계적인 스타였던 어떤 분의 간증을 읽은 적이 있습니다.

> "한창 이름을 날릴 때는 거리에서 사람들이 나를 쳐다봐 주지 않으면 그렇게 기분이 나쁠 수가 없었다. 모두 나를 쳐다봐 줘야 기분이 좋았고, 그렇지 않을 때는 몹시 마음이 상했다. 방에 혼자 있을 때는 거울 앞에서 여러 가지 표정과 몸짓을 지어 보이는 연습을 하기도 했다. 언제나 사람들이 나를 보고 있다는 생각을 하며 그런 연습을 했던 것 같다."

얼마나 불쌍한 사람입니까? 정상에 서서 늘 다른 사람을 의식하던 그에게 복음이 들어가자 대변화가 일어났습니다. 그는 이후 철없이 잘난 척하던 과거를 생각하면 얼굴이 금세 붉어진다고 고백합니다.

하나님은 어지간해서는 명성이라는 것을 우리에게 주시지 않습니다. 빌리 그레이엄 목사는 명성보다 인격이 훌륭한 분입니다. 그는 전 세계에 많은 유력자들을 친구로 두고, 수많은 정치 지도자들과 접촉하고, 수많은 사람들에게 영향력을 끼친 사람입니다. 그런 그가 어떻게 몇 십 년을 한결같은 성실로 주님의 일을 할 수 있었을까요? 어떻게 그 명성이 조금도 흐트러지지 않을 수 있었을까요? 만약 그가 세상 권력에 조금이라도 아부를 한다든지 항상 자신의 명성을 의식하고 살았다면 몰락하고 말았을 것입니다.

빌리 그레이엄 목사처럼 명성을 잘 감당할 수 있는 사람에게는 하나님께서 명성을 주실 것입니다. 그러나 백에 아흔아홉은 명성을 감당할 만한 인격이 못 됩니다. 목회자들 중에도 무명으로 실패하는 경우는 드뭅니다. 주로 명성을 얻은 목회자가 몰락하기 쉽지요. 자신이 감당할 수 있는 이상의 명성을 얻기 때문입니다.

그래서 성경에는 오히려 무명으로 잠깐 등장했다가 소리 없이 사라지는 그런 이름들이 많습니다. 그러나 하나님은 그들의 이름을 기억하시고 하나님 나라에서 별과 같이 영원토록 빛나게 하실 것입니다.

"지혜 있는 자는 궁창의 빛과 같이 빛날 것이요 많은 사람을 옳은 데로 돌아오게 한 자는 별과 같이 영원토록 빛나리라"(단 12:3).

주의 손이 함께 하시매

교회를 개척하는 이들의 마음에는 간절한 소원 두 가지가 있습니다. 첫째는 개척하는 일에 하나님의 손이 함께해 주시기를 바라는 것입니다. 또 하나 간절히 원하는 것은 개척한 교회가 모범적으로 성장하는 것입니다. 안디옥의 개척자들에게 주의 손이 함께하신 것과 또 그들의 소원대로 교회가 성장했던 것은 기가 막힌 축복이 아닐 수 없습니다. 그렇다면 하나님이 함께하신다는 증거는 무엇일까요? 바로 복음의 열매입니다.

"주의 손이 그들과 함께 하시매 수많은 사람들이 믿고 주께 돌아오더라"(11:21).

주의 손이 안디옥의 개척자들과 함께하셔서 수많은 사람들이 주께 돌아왔습니다. 전도의 열매가 놀랍게 나타난 것입니다. 믿지 않는 수많은 사람이 복음을 듣고 변화받아 교회에 모인다면 이것은 사람의 일도 아니요, 악령의 역사도 아니요, 오직 하나님만이 하실 수 있는 성령의 역사입니다. 안디옥 교회에 이와 같은 역사가 일어난 것입니다.

지금 속한 교회의 과거와 현재를 돌아봅시다. 하나님의 손이 함께하셨습니까? 함께하셨다는 증거가 있습니까? 예수를 흐릿하게 믿던 사람이 변화받아 새 사람이 된 것도 그 증거가 되겠지만, 그보다 더 좋은 증거는 예수 믿지 않던 사람들이 얼마나 와서 예수 믿고 새 사람이 되었느냐 하는 것입니다.

믿음의 터 다지기

안디옥에 예수 믿는 이방인들이 많다는 소문을 들은 예루살렘 교회는 바나바를 보내 소문의 진상을 확인합니다. 착한 사람, 성령과 믿음이 충만한 사람 바나바가 이방인 신자들을 보고 기뻐하며 권면하니 큰 무리가 더해졌습니다. 바나바는 이들에게 하나님의 말씀을 가르치고 양육할 지도자가 필요하다고 판단했습니다.

"바나바가 사울을 찾으러 다소에 가서 만나매 안디옥에 데리고 와서 둘이 교회에 일 년간 모여 있어 큰 무리를 가르쳤고 제자들이 안디옥에서 비로소 그리스도인이라 일컬음을 받게 되었더라"(11:25-26).

대부분의 개척 교회가 사람들이 조금 모였을 때 실패하는 이유는 안디옥 교회의 모범을 따르지 않기 때문인 것 같습니다. 성도들에게 말씀을 철저하게 가르쳐서 믿음의 기초를 닦아 주어야 합니다. 그리고 어떻게 사는 것이 주님 뜻대로 사는 것인지 말씀으로 확실히 정립해 주어야 합니다.

그러나 많은 목회자들이 이 부분을 등한시하는 것 같아 걱정이 됩니다. 심방하는 데 시간을 다 보내 버리지는 않습니까? 한 번이라도 더 찾아가서 인간적인 정을 나누고 오면 교인들이 교회에 남아 있을 것이라고 생각하지는 않습니까?

인간의 정만큼 얄팍한 것은 없습니다. 서로 정이 끈끈한 것 같고 무언가 통하는 것이 있어 보여도 조그마한 문제 하나만 생겨도 당장 돌아설 수 있는 것이 인간의 정입니다. 정으로 묶을 수는 없습니다. 그럼 무엇으로 묶어야 합니까? 하나님의 말씀을 가르치고 배우는 일로 함께 해산의 수고를 겪어야 합니다. 그래서 새 생명이 태어나는 역사가 일어날 때, 해산한 자와 태어난 자 사이에 끊을 수 없는 사랑이 생깁니다.

심방이 필요없다는 말은 결코 아닙니다. 지난 120년간 한국 교회가 이만큼 부흥한 요인 중의 하나가 심방이었다는 것은 다들 잘 알고 있습니다. 그러나 한 가지 분명한 것은 심방이 양육은 아니라는 사실입니다. 공동체로 모여서 강해설교를 듣고 또 소그룹으로 모여 성경공부와 묵상, 나눔을 통해 말씀을 배우지 않으면 영적으로 자라지 않습니다. 영적 성장은 교역자가 심방한다고 이루어지는 것은 아닙니다.

양육에 힘쓴 안디옥 교회는 나중에 어떤 교회로 성장합니까? 구제하는 교회, 이방 선교를 제일 먼저 시작한 교회, 가장 모범적인 교회가 되었습니다. 우리 역시 안디옥 교회의 모범을 따라야 합니다.

하나님께서 한국 교회를 축복해 주셨습니다. 이렇게 은혜를 주신 이유는 하나님 나라의 일을 시키기 위해서입니다. 교회는 성도들을 선교사로 내보내고, 정치가로도 내보내고, 경제인으로도 내보내고, 군인으로도 내보내고, 과학자로도 내보내야 합니다. 각 분야에서 하나님의 자녀답게 시대의 사명을 감당할 수 있는 그리스도의 제자를 양육해 내는 산실이 되어야 합니다.

조용히 교회들을 보면 떠오르는 생각이 있습니다. "하나님께서 이제 우리 한국 교회에 무슨 일을 시키실까? 하나님이 하라고 하실 때 참 기쁨으로 감당할 수 있을까? 만일 지기 어려운 십자가를 지게 하시면 과연 잘 감당할 수 있을까?" 하는 생각입니다.

세상에서 하나님의 일을 하기란 정말 쉽지 않습니다. 고통과 눈물 없이는 할 수 없는 것이 하나님의 일입니다. 그렇기에 주님도 이 세상에서 하나님 나라의 일을 하실 때 통곡하며 하셨고, 핍박을 견디며 하셨습니다. 교회가 하나님의 사랑을 받은 자들로서 하나님이 시키시는 일을 하기를 원한다면 십자가도 져야 할 것입니다. 안디옥 교회가 할 수 있었다면 오늘날 한국 교회도 반드시 할 수 있습니다.

49 믿음과 착한 양심을 가진 지도자

바나바는 착한 사람이요 성령과 믿음이 충만한 사람이라
이에 큰 무리가 주께 더하여지더라
_ 사도행전 11:24

안디옥 교회는 무엇보다도 지도자의 모범이 돋보이는 교회입니다. 안디옥 교회의 지도자 바나바는 착한 사람이요, 성령과 믿음이 충만한 사람이었습니다. 한 사람의 지도자를 말하고 있는 11장 24절이 제 마음을 꽉 붙잡고는 쉽게 놓아 주지를 않습니다.

이것을 단순히 목회자에게만 해당되는 말씀이라고 생각하고 넘어갈 수도 있겠지만, 목회자에게 해당되는 것이면 평신도 지도자들에게도 해당되는 것이요, 또 평신도 지도자들에게 해당되는 것이면 지금은 지도자가 아닐지라도 앞으로 성장하여 지도자가 될 성도들에게도 해당되는 이야기라고 생각합니다. 또 더 넓은 의미

에서 모든 성도에게 다 해당되기도 합니다. 교회 지도자의 됨됨이
에 따라 성도들의 됨됨이가 어느 정도 결정되기 때문입니다.

자연 인격과 신앙 인격

바나바는 성경에서 착한 사람, 성령과 믿음이 충만한 사람이
라고 소개됩니다. 착한 사람과 성령의 사람, 이 둘을 구별할 수 있
을까요? 사람들은 대체로 착한 사람과 성령이 충만한 사람은 꼭
같다고 생각합니다. 착하면 성령 충만하고, 성령 충만하면 착하다
고 생각하는 것이지요. 저는 이 둘을 '자연 인격'과 '신앙 인격'으
로 구분해서 이야기하고 싶습니다.

문제는 두 인격이 일치하지 않는 사람이 많다는 데 있습니
다. 어떤 사람은 성령 충만하긴 한데 착하지 않습니다. 있을 수 있
는 일입니다. 반대로 사람은 굉장히 착한데 믿음은 너무나 약할 수
있습니다. 교회 지도자의 경우, 성령 충만하고 믿음은 굉장히 좋아
보이지만 사람 됨됨이가 착하지 못하다면 문제가 더 심각할 수 있
습니다.

자연 인격이라는 것은 선천적인 기질과 후천적인 영향으로 형
성됩니다. 그런 만큼 자라난 환경이나 교육 수준이 상당히 중요하
게 작용합니다. 물론, 신앙생활을 통해 영적으로 은혜를 받고 새
사람이 되면 많이 바뀌는 부분도 있습니다.

하지만 자연 인격이 갖는 개성은 잘 바뀌지 않는 것 같습니다.
500명의 성도가 있으면 500개의 개성이 있다고 보면 틀림없습니

다. 그래서 신앙은 좋지만 착하다고 말할 수 없는 인품도 있고, 또 특별히 영적인 능력은 있는데 그 됨됨이나 인격은 신뢰할 수 없는 지도자도 있습니다.

착한 양심을 가진 지도자

사도 바울은 젊은 지도자 디모데에게 보낸 편지에서 다음과 같이 권면합니다.

"믿음과 착한 양심을 가지라…"(딤전 1:19).

디모데처럼 훌륭한 젊은이에게 굳이 이런 충고를 할 필요가 있었을까요? 믿음이 좋으면 당연히 착한 양심을 가지고 있을 것이요, 성령 충만을 체험한 사람이라면 보나마나 깨끗한 양심을 가졌을 텐데 말이지요. 그럼에도 불구하고 바울이 디모데에게 이런 조언을 했다면, 오늘날 우리에게는 얼마나 더 필요한 조언이겠습니까?

순진한 성도들은 은혜만 받으면 모든 것이 다 완벽할 거라고 생각합니다. 목사의 경우 설교를 아주 잘하면 다른 면도 완벽할 거라는 착각을 합니다. 어떤 사람이 무슨 체험을 했다고 하면 그 사람이 완전한 사람이 된 것으로 오해합니다. 어떤 부흥사가 한 주일 동안 은혜를 많이 끼치고 돌아가면 그가 하늘에서 내려온 천사인 줄로 착각합니다.

천만의 말씀입니다. 오늘날 말씀은 은혜롭게 전하면서도 인격적인 면에서는 신뢰를 받지 못하는 목회자들이 있습니다. 설교자이기 전에 착한 사람이라는 인정을 받을 수 있느냐, 성령 충만한 사람이라는 말을 듣기 전에 착한 사람이라는 말을 들을 만큼 그렇게 살고 있느냐 하는 것이 사실 설교자에게 가장 무거운 짐입니다.

한 교회에서 10년, 20년, 심지어는 종신토록 목회하는 사람에게 가장 중요한 것은 강단 목회가 아니고 인격 목회입니다. 한 주간 정도 부흥회를 인도하고 가는 사람은 얼마든지 은혜를 끼치고 갈 수 있습니다. 설교자는 한두 시간 정도는 쉽게 설교할 수 있고, 성도들은 그 설교를 들으면서 은혜를 받을 수도 있습니다. 그러나 오랜 세월을 함께 지내다 보면 설교자의 삶과 인격이 성도들에게 자연스럽게 드러나게 되고, 이 부분에서 실패하면 강단에서 그 어떤 천사 같은 말을 해도 아무 소용이 없습니다. 그러니 착한 사람이라는 말이 얼마나 중요합니까?

성경은 바나바를 가리켜 '완벽한 사람'이라고 말하지 않습니다. 다만 착하고 양심적인 사람이라고 했습니다. 자신의 부족함을 솔직히 시인할 수 있는 사람이요, 부끄러움을 무릅쓰고 하나님과 사람 앞에 고백할 줄 아는 사람이요, 자신의 약함을 인정할 줄 아는 사람이라는 말입니다. 성령께서는 바나바와 같은 착한 양심을 가진 사람을 기쁘게 사용하실 것입니다.

하나님의 일꾼이 되기 원한다면 성령 충만한 것, 믿음 좋은 것만 생각해서는 안 됩니다. 그것은 기본이니까요! 목사 되는 사람치고 믿음 안 좋은 사람이 어디 있습니까? 목사 되는 사람치고 성령의 은혜를 모르는 사람이 어디 있겠습니까? 우리가 자칫 등한시할 수 있는 것이 '착한 양심'입니다. 각자 이 부분을 놓고 스스로 살피며 기도해야 합니다.

동역하는 지도자

자연 인격과 신앙 인격이 잘 갖추어진 바나바로 인해 "큰 무리가 주께 더하여"졌습니다. 좋은 인격을 가지고 좋은 믿음을 가진 지도자가 있는 교회는 생명의 역사도 풍성합니다. 교회가 영적으로 부흥하는 데 지도자의 책임이 크다는 것이 안디옥 교회의 이야기에서 발견할 수 있는 진실입니다.

바나바가 인격적으로 얼마나 멋진 사람인지 알 수 있는 장면이 뒤이어 나옵니다. 큰 무리가 주께 더하여지는 복을 맛본 바나바는 어떤 모습이었습니까? "예수를 믿는 자들이 많이 생겼구나. 이제 이만하면 됐어" 하며 자족하는 마음을 가졌나요? 아닙니다. 바나바는 사울을 찾으러 급히 다소로 갔습니다.

그가 사울을 찾으러 간 이유는 자신의 한계를 잘 알았기 때문입니다. 갑자기 교회가 커지고 많은 사람들이 몰려와 지도자인 바나바를 기대에 찬 눈으로 바라보았습니다. 그러나 바나바는 그들 앞에서 자신이 대단한 사람인 양 으스대거나 대접받으려 하지 않았습니다. 오히려 이 많은 무리를 어떻게 말씀으로 가르칠까 고민하여 자기보다 더 나은 지도자를 찾아 나섰습니다.

'나 혼자서는 안 돼, 내가 아무리 성령 충만하고 착하다 해도 이렇게 몰려드는 많은 사람을 혼자서 양육할 수는 없지' 하는 마음으로 사울을 찾아 다소로 내려갔습니다. 자신의 한계를 인정할 줄 아는 정직한 사람입니다.

이렇게 결단을 내리는 것이 쉬운 것 같아 보여도 지도자의 입장에서는 대단히 어려운 일입니다. 교인이 많이 모일수록 '나 때문에 많이 모이는 것이다' 하는 생각이 은근히 듭니다. 그러면서 스스로 마음이 자꾸 높아집니다. 자기가 없으면 이 교회는 안 되고, 자기가 없으면 이 양 떼가 다 굶어 죽고, 다 흩어질 것이라고 착각합니다. 지도자가 빠지기 쉬운 함정입니다.

양 떼를 생각해서 '나는 부족한 사람이야. 나 혼자선 안 돼. 동역자가 필요해' 하는 생각으로 먼 길을 찾아 나설 만큼 솔직 담백한 지도자가 된다는 것은 참으로 어렵습니다.

바나바가 사울을 찾으러 갔다는 구절에서 '찾는다'는 말의 원어를 살펴보면 단순히 어떤 곳을 방문했다는 뜻이 아닙니다. 소재지가 불분명한 사람을 찾아 헤매러 갔다는 뜻입니다.

당시 사울의 근황은 어떠합니까? 그는 복음을 힘써 전하다가 유대인들에게 거부당하고 생명의 위협을 느껴 잠시 고향에 내려가 있었습니다. 사울의 가문은 철저한 바리새파였으니 아마 고향에 내려가서도 마음 편히 쉬지 못했을 것입니다. 오히려 문중의 질타를 받고 일가친척들의 핍박에 시달렸을 것입니다. 어쩌면 문중에서 쫓겨나 정처 없이 떠돌면서도 동족에게 복음을 전하려고 애쓰던 중이었는지 모릅니다. 이런 사울을 찾아 나섰으니 바나바로서는 쉽지 않은 여정이었을 것입니다. 교회의 유익을 위해 몸소 다소로 내려간 바나바를 보며 저는 그 인격에 감탄을 금할 수가 없습니다.

지도자는 항상 자신의 한계를 잘 알고 있어야 합니다. 그리고 필요할 때는 언제든지 동역자를 찾아 나설 수 있어야 합니다. '나 아니면 안 된다, 나 아니면 이 일 못한다' 하는 사고방식으로 일하지 않기를 바랍니다. 형제와 동역하는 것이 성령이 일하시는 방법입니다.

바나바는 동역자를 찾아오되 자기보다 월등히 나은 사람으로 데려왔습니다. 사실 여러 면에서 바나바는 사울을 따라잡을 수 없었습니다. 사울은 유대교의 상류 지식층인 가말리엘 문하에서 율법을 배운 그야말로 엘리트 중의 엘리트였습니다. 가문으로 보나 학식으로 보나, 당시 유대교 최고 지도자인 대제사장이 인정한 사람이었습니다.

그것을 알면서도 바나바가 자기보다 월등히 나은 사람을 동역자로 초청할 정도면 그의 인격을 짐작할 수 있지 않습니까? 지도자에게 이런 관용이 있다면 주님께서 그 교회를 얼마나 귀하게 사용하시겠습니까?

50 비로소 그리스도인이라 일컬어지다

바나바가 사울을 찾으러 다소에 가서 만나매
안디옥에 데리고 와서 둘이 교회에 일 년간 모여 있어 큰 무리를 가르쳤고
제자들이 안디옥에서 비로소 그리스도인이라 일컬음을 받게 되었더라

_ 사도행전 11:25-26

다소에서 사울을 찾아 데려온 바나바가 우선으로 한 일은 '가르치는 일'이었습니다. 두 지도자는 1년간 예수를 믿기로 작정한 사람들에게 하나님의 말씀을 부지런히 가르쳤습니다. 그도 그럴 것이 당시 안디옥 교회에는 말씀에 허기증을 가진 이방인들이 대부분이었습니다.

사울이 한번 성경을 펼쳐 들고 가르치기 시작하면 새벽이 되어서야 끝이 났습니다. 요즘 우리로서는 도저히 상상할 수 없는 일이지요. 그들은 그렇게 말씀 속에 깊이 잠겼습니다. 가르치는 사람이나 배우는 사람이나 말씀 안에 풍덩 빠졌습니다. 이 정도

열심으로 1년간 가르치고 배웠으니 그 내용과 깊이는 아마 대단했을 것입니다. 안디옥 교인들은 이렇게 배웠습니다. 이렇게 훈련받았습니다. 말씀 교육을 통해 예수 그리스도를 닮아 가기에 힘썼습니다.

가르쳐 지키게 하라

우리 주님도 세상에 계실 때 많은 무리에게는 주로 설교를 하시고, 소수의 제자들에게 질문과 토론으로 가르치시지 않았습니까? 설명하고, 질문하고, 대답해 주시면서 제자들이 하나님 나라의 백성으로 살아가는 데 꼭 필요한 진리들을 가르쳐 주셨습니다.

또한 승천하시면서 남기신 말씀을 보십시오. "너희는 가서 모든 민족을 제자로 삼아 아버지와 아들과 성령의 이름으로 세례를 베풀(라)"에서 끝나지 않고, "내가 너희에게 분부한 모든 것을 가르쳐 지키게 하라"까지였습니다(마 28:19-20상). 대단히 어려운 말씀입니다. 가르치는 것으로 끝내기란 쉬운 일이지만 그것을 지키게 하는 것은 참 어렵습니다.

'지키게 하라'는 것은 '훈련시키라'는 말입니다. 훈련이란 배운 것을 그대로 생활에 적용할 수 있도록 구체적으로 지도하는 것을 말합니다. 주님은 제자들에게 서로 가르치고 배운 것을 지킬 수 있도록 도우라고 하신 것입니다. 사도 바울도 이렇게 권면했습니다.

"그리스도의 말씀이 너희 속에 풍성히 거하여 모든 지혜로 피차 가르치며 권면하고 시와 찬송과 신령한 노래를 부르며 감사하는 마음으로 하나님을 찬양하고"(골 3:16).

여기서 '너희'는 누구를 가리킵니까? 목회자입니까? 평신도입니까? 골로새 교회의 성도들입니다. 마찬가지로 오늘날 우리에게도 '너희 속에' 하나님의 말씀이 풍성히 거하도록 하라고 권면합니다. 우리 속에 하나님의 말씀이 풍성히 거하여 많은 것을 깨닫게 되면, 그 말씀을 통해 우리가 기쁨을 느끼고, 그 말씀을 통해서 우리의 생활이 바뀔 수 있습니다.

그러니 먼저 말씀을 부지런히 배워야 합니다. 그렇게 배우면 하나님의 말씀이 내 안에 풍성히 거합니다. 그것을 가지고 피차 가르치는 것입니다. 서로 가르치고, 서로 돕고, 서로 붙들어 주라는 말입니다. 이렇게 피차 가르치고 권면하는 공동체가 될 때에 그 모임에서 찬미와 감사와 찬양이 나옵니다. 그 안에서 드디어 말에나 일에나 하나님 아버지께 영광을 돌리는 아름다운 코이노니아(κοινωνία)로, 조화와 선한 뜻이 다스리는 이상적인 사회가 이루어집니다.

반대로, 열심히 배우지 않으면 마음에 말씀이 풍성히 거하는 일이 일어나지 않을 것이요, 마음에 말씀이 풍성히 거하지 않으면 피차 가르치고 싶어도 가르치지 못할 것이요, 피차 가르치지 못하면 하나님을 찬양하고 하나님 앞에 영광 돌리는 공동체를 체험할 수 없게 됩니다. 그러니 배우고 가르치는 일이 얼마나 중요합니까? 이방 교회의 첫 열매인 안디옥 교회가 이 일의 모범이 되었습니다.

마음에 말씀을 가득 담아야

한국 교회 초창기 모습도 마찬가지였습니다. 성도들이 배우는 일에 얼마나 부지런했는지 모릅니다. 사경회도 요즘 같지 않았습니다. 강사는 성경을 펴놓고 칠판에 써 가면서 정신없이 가르쳤습니다. 듣는 성도들은 연필을 들고 받아 적느라 정신이 없었습니다. 연필이 좋기나 했나요? 조금만 쓰면 뚝 부러지고, 뚝 부러지고, 그러면 칼로 깎아 가며 썼습니다. 또 종이는 어땠나요? 시커먼 갱지라 잘 적히지도 않았고, 행여 글씨를 잘못 써서 지우개로 지울라치면 찢어지기 십상이었지요. 그래도 다들 한 자도 놓치지 않으려고 정신없이 받아 적었습니다. 게다가 그 시절 어른들이 글이나 제대로 알았나요? '가갸거겨' 겨우 배워서 그냥저냥 그어 대는 수준이었지만 부끄러움을 무릅쓰고 그저 열심히 쓰고, 열심히 배우던 사람들이 비로 우리 신앙의 선조들입니다.

그들은 어느 지역에서 사경회가 열린다는 소식이 들리면 일주일이건 열흘이건 농사일, 집안일 제쳐 두고 30-40리 길도 마다 않고 달려갔습니다. 한국 교회의 초창기 모습이 그랬습니다. 그런 밑바탕이 있기에, 그것이 거름이 되어 오늘날 한국 교회가 이렇게 성장할 수 있었습니다.

그런데 그 후손인 우리는 지금 어떤 모습입니까? 말씀을 배우는 일에 얼마나 게으릅니까? 설교도 좀 딱딱하게 하면 재미가 없다며 하품을 합니다. 그나마도 주일 설교 한 번 듣는 것으로 그만인 경우가 대부분이지요. 그러고는 교회가 이렇다느니 저렇다느니 비판만 합니다.

말씀을 배워야 합니다. 하나님의 말씀이 우리 마음에 풍성히 거할 때까지 배워야 합니다. 배워야 묵상할 수 있습니다. 배워야 말씀을 사모하게 됩니다. 배우기를 싫어하면 말씀 묵상도 안 됩니다. 성경을 읽을 때도 형식적으로 읽습니다. 이런 것들은 우리 자신에게 아무런 유익도, 삶의 변화도 주지 못합니다.

하나님의 말씀이 우리 마음에서 메말라 버리면 서로 권면하는 일이 사라집니다. 성도 간에 서로 관심도 없고 마음이 사나워지고 냉랭해집니다. 그런 교회는 피아노 반주에 맞춰 목소리로 '할렐루야'를 부를 수는 있겠지만 영혼의 울림으로 터져 나오는 찬송은 부를 수가 없습니다.

배우기를 사모하는 자에게는 하나님께서 그 마음에 성령의 감동을 가득 담아 주십니다. 우리 마음에 말씀이 풍성해지면 만나는 사람마다 말씀을 나누게 됩니다. 서로 말씀을 주고받으면서 깨닫고 권면하며 하나님의 은혜에 젖어들게 됩니다. 어려운 일을 당한 성도를 만나면 자기도 모르게 같이 손잡고 기도하게 됩니다. 기도할 때 하나님이 부어 주시는 은혜를 체험하면 어느새 찬양이 터집니다. 이것이 코이노니아입니다. 이것이 믿는 자들의 모임입니다.

그리스도인이라는 별명

안디옥 교회가 얼마나 잘 가르치고 얼마나 잘 배웠는지는 세상이 평가했습니다.

"…제자들이 안디옥에서 비로소 그리스도인이라 일컬음을 받게 되었
더라"(11:26).

안디옥 교회가 잘 가르치고 잘 배우니까 세상 사람들에게 '그리
스도인'이라는 별명을 얻었습니다. '기름 부음을 받은 사람' '그리
스도를 닮은 사람'이라는 뜻입니다. '작은 예수'라고 할 수 있지요.

우리가 하나님의 말씀을 배워서 얼마나 그리스도를 닮은 사
람이 되었는지 확인하려면 어떻게 해야 합니까? 교회 안에서 묻거
나 거울 앞에서 자신을 쳐다보고 물어볼 필요가 없습
니다. 세상에 나가서 사람들이 나에 대해 어떻게 말하
는지를 들어 보면 가장 정확하게 알 수 있습니다.

안디옥 교회는 '그리스도인'이라는 별명, 그리스
도를 닮은 사람들이라는 평가를 얻는 데 성공했습니
다. 그 세속적인 도시에 사는 사람들이 믿는 자들에게 그리스도인,
작은 예수란 이름을 붙여 주었다니 이것이 진짜 성공 아닙니까?

오늘날 우리도 교회 밖에 있는 사람들에게서 "예수 닮았구
나!" 하는 말을 듣는다면, 남편이나 아내가 그렇게 말한다면, 직장
동료가 그렇게 말한다면 그 인생은 성공한 인생입니다.

세상 사람들이 우리를 향해 하는 말은 우리 신앙의 모습을 비
추어 주는 거울입니다.

51 예언하는 은사, 말씀을 깨닫는 은사

그 중에 아가보라 하는 한 사람이 일어나 성령으로 말하되
천하에 큰 흉년이 들리라 하더니 글라우디오 때에 그렇게 되니라
_ 사도행전 11:28

사도행전 11장 말미에는 사도행전에서 처음으로 '예언하는 은사'가 등장합니다. 초대교회에 있던 여러 가지 성령의 은사들 중에서도 예언의 은사는 좀 특별했습니다. 이 은사를 가진 사람은 상당히 많은 사람들에게 존경을 받고 높이 평가 받았습니다. 또 '어떤 은사보다도 예언하기를 힘쓰라'고 한 사도 바울의 말을 문자적으로 해석한다면, 예언의 은사는 당시 교회 안에서 상당한 부분을 차지하고 있던 것으로 보입니다.

그도 그럴 것이 초대교회 당시는 아직 신약성경이 완성되지 않았고, 사도행전이나 서신서는 아예 없던 때이지요. 그러니 그 시

절 성도들은 순전히 구약성경과 사도들의 입에서 나온 말씀만 가지고 신앙생활을 할 수밖에 없는 형편이었습니다. 그래서 이 시기에는 하나님께서 교회 안에 특별히 진리를 깊이 깨닫는 사람들을 일으키시고, 또 말씀에 근거해서 앞으로의 일을 예언하게 하셨습니다.

그런데 이렇게 중요한 은사였음에도 불구하고 사도행전에는 그 실례가 그다지 많지 않다는 것이 좀 이상하게 생각됩니다. 무슨 이유가 있을까요?

사도행전에 나오는 예언들

사도행전에 나타난 예언의 실례는 세 개밖에 없습니다. 11장에 등장하는 선지자 아가보가 사도행전에서 두 번 예언을 했습니다. 하나는 글라우디오 황제 때 일어난 흉년에 대해 예언한 것이고, 또 하나는 예루살렘으로 올라가는 바울에게 한 예언입니다. 아가보는 바울의 띠를 가져다가 자기 손발을 꽁꽁 묶고 "성령이 말씀하시되 예루살렘에서 유대인들이 이같이 이 띠 임자를 결박하여 이방인에게 넘겨 주리라"(21:11)고 예언했습니다.

아가보는 특별히 예언의 은사를 가진 사람이었음에 틀림없습니다. 그러나 그 내용을 살펴보면 사도행전의 핵심 사건에 영향을 미칠 만한 예언을 한 경우는 거의 없습니다. 또 다른 예언자들도 마찬가지입니다. 전도자 빌립 집사의 네 딸도 예언자로 소개되어 있지만 그들이 무슨 예언을 했는지는 성경에 전혀 나오지 않습니다.

사도 바울도 예언을 한 적이 있습니다. 사도행전 27장에 나오는 대로 죄수의 신분으로 로마 황제에게 재판을 받으러 가는 길에 한 예언입니다. 바울은 죄수들을 인솔하는 지휘관에게 "지금 우리가 출항하면 반드시 폭풍을 만나서 생명의 위협까지 받을 수 있으니 지금 출항하지 말자"고 권합니다. 그러나 지휘관은 바울의 예언을 묵살했고, 선장과 선주의 말을 따라 항해를 계속했습니다. 결국 배에 타고 있던 사람들은 2주간이나 폭풍 속에서 생사를 넘나들어야 했습니다.

사도행전에 기록된 예언을 들여다보면 한마디로 사도행전 안에 있는 극적인 사건들과는 별로 관계가 없고, 오히려 중요해 보이지 않는 부분에서만 예언이 나오는 것을 알 수 있습니다.

예를 들면, 스데반의 순교나 그 순교로 인해 예루살렘 교회에 무서운 핍박이 임하리라고 예언한 사람은 없었습니다. 교회를 박해하던 사울이 하나님의 부르심으로 거꾸러져 사도가 되리라는 예언을 한 사람도 없었습니다. 베드로와 사도들이 투옥되었을 때 천사가 와서 옥문을 열어 주리라고 예언한 사람도 없었습니다.

이런 점들을 보면 당시 예언은 상당히 제한적인 은사였고, 성령께서 크게 쓰시지 않은 은사였다는 것을 알 수 있습니다.

제한적인 은사

사실 앞날을 내다보는 예언의 은사만큼 인간이 감당하기 어려운 은사도 없습니다. 인간은 깨어지기 쉬운 질그릇에 불과합니다.

그래서 너무 큰 것을 받으면 쉽게 망가져 버립니다.

예언의 은사를 받은 사람이 그것을 성숙하게 감당하지 못하면 '점쟁이'가 되고 맙니다. 마귀의 도구가 되고 맙니다. 예언을 받다가 성령이 침묵하시면 잠잠히 견디지 못하고 이내 마귀에게 호소하는 것이 인간입니다. 무언가를 알아맞히려고 몸부림을 치다 보면 마귀에게 이용당할 수밖에 없습니다. 요즘도 이런 예가 얼마나 많습니까? 기가 막히게도 십자가를 세워놓고 점을 치는 곳이 있을 정도입니다.

기독교 2,000년 역사를 돌아보면 예언의 은사를 가지고 교회에 대단한 기여를 한 인물은 한 사람도 없습니다. 예언을 한답시고 교회 밖에서 이단 행세를 하다가 쓰러진 사람들은 있을지 몰라도, 면면히 흐르는 기독교의 원 물줄기에는 어디를 보아도 예언의 은사로 하나님의 뜻을 이루었다는 인물은 찾을 수가 없습니다.

이야기의 요지는 이것입니다. 예언의 은사가 없다는 말이 아닙니다. 예언의 은사는 있지만, 성경적으로 보나 역사적으로 보나 특별한 경우가 아니면 성령께서 잘 허락해 주시지 않는 제한적인 은사라는 것입니다. 더욱이 신구약 성경이 완성된 오늘날에는 더더욱 예언의 의미가 미미하다고 말할 수 있습니다.

말씀을 깨닫는 은사

만약 예언의 은사가 있다면 제일 먼저 알아내고 싶은 사실은 얼마나 살 수 있는지와 주님이 언제쯤 오시는지 이 두 가지가 아닐까요? 인간이 얼마나 간사합니까? 은사가 있으면 엉뚱한 것만 알려 하고, 자꾸 남의 속을 들여다보려 하지 않을까요? 인간이 얼마나 추합니까? 그러니 하나님께서 그런 능력을 아무에게나 허락해 주실 리 없습니다.

지금은 예언 대신 하나님의 말씀이 대치되었다고 해도 틀린 말이 아닙니다. 예언의 은사는 하나님의 말씀을 깊이 깨닫는 은사라고 해석해도 전혀 잘못이 없습니다.

오늘날 우리는 성경을 읽으면서 하나님의 말씀을 깨닫게 됩니다. 말씀을 깨달아 알 때 비로소 하나님의 뜻에 대한 윤곽도 잡을 수가 있습니다. 또 말씀에 비추어 앞날을 내다볼 수 있는 눈도 열립니다.

그래서 이 세대가 어떻게 될까, 말세는 어떤 모양으로 펼쳐질까, 예수 그리스도가 재림하실 시기는 어느 정도 무르익어 가고 있는가, 오늘날 그리스도인들에게 사탄이 어떤 부분을 집중적으로 공격하고 있는가 하는 것들을 성경을 통해 하나하나 깨칠 수 있다면 그 사람은 분명 예언의 은사를 받은 자라고 말해도 됩니다.

이 얼마나 큰 은사입니까? 얼마나 귀한 예언입니까? 그 이상 귀한 예언이 어디 있겠습니까? 그런 의미에서 저는 사도 바울이 한 말을 다시 한 번 되풀이하고 싶습니다.

"사랑을 추구하며 신령한 것들을 사모하되 특별히 예언을 하려고 하라"(고전 14:1).

52 그리스도인의 구제 원칙

**제자들이 각각 그 힘대로 유대에 사는 형제들에게 부조를 보내기로 작정하고
이를 실행하여 바나바와 사울의 손으로 장로들에게 보내니라**

_ 사도행전 11:29-30

아가보의 예언대로 흉년이 들었습니다. 글라우디오는 주후 41
년부터 54년까지 로마제국을 지배한 황제인데 참 복이 없는 사람
입니다. 그가 다스리는 동안 로마제국 곳곳에서 흉년이 끊이지 않
아 민심이 무척 소란했기 때문입니다. 그런 때에 왕좌에 있었으니
얼마나 가시방석 같았겠습니까?

특히 안디옥보다 예루살렘이 있는 유대 지역이 더 극심했던
것 같습니다. 유대에 사는 형제들이 자신들보다 훨씬 더한 고난을
당한다는 소문이 들리자 안디옥 교회에서는 구제 운동이 일어났습
니다.

그런데 하나님은 왜 하필이면 그리스도인들이 많이 사는 유대 나라에 극심한 흉년이 들도록 내버려 두셨을까요? 예수 믿으면 만사형통한다는 철학을 가진 사람들이 보면 도무지 이해할 수 없는 본문입니다. 베드로와 사도들이 있는 그 지역, 성령 충만을 받아서 핍박을 무릅쓰고 예수 그리스도를 증거하는 제자들이 가득한 땅이 아닙니까?

사실 예수 믿는다고 해서 꼭 만사가 형통한 것은 아닙니다. 예수 믿는 사람은 병에 안 걸립니까? 예수 믿는 사람에게는 전쟁도 피해 갑니까? 예수 믿는 사람에게는 물질적으로 손해 보는 일도 전혀 없습니까? 만약 그럴 것이라고 기대한다면 성경을 전혀 모르는 것이고, 하나님을 너무 모르는 것입니다.

자신에게 고난이 많다 싶을 때 주님이 얼굴을 돌리셨다고 생각하지 마십시오. 성령 충만하여 이적과 기사를 행하는 사도들에게도 흉년으로 굶주리는 일이 있었다는 사실을 기억합시다. 때로 하나님은 우리에게 필요하다면 사망의 골짜기를 지나가게 하신다는 것을 알아야 합니다. 동시에 우리가 감당하지 못하는 것은 하나님께서 미리 막아 주신다는 사실도 굳게 믿어야 합니다.

영적 가족을 먼저 돕는다

예루살렘 교회가 흉년으로 고생할 때 안디옥 교회에서 구제금을 보내기로 한 이유는 두 가지 정도로 생각해 볼 수 있습니다. 첫째는 복음의 빚을 졌다는 마음으로 구제금을 보냈을 것입니다.

사울이 권면했습니다. "안디옥 교인들아, 너희는 값으로 따질 수 없는 복음을 유대인 형제들에게 받았는데 그들이 곤궁할 때 물질적으로 돕는 것은 당연히 해야 할 일이다"라고 말입니다(고후 8-9장 참조).

이것은 교회와 교회 사이에만 적용되는 것이 아닙니다. 개인 사이에도 얼마든지 적용됩니다. 우리 각자에게는 예수를 믿도록 도와준 믿음의 선배들이 있습니다. 예수 믿도록 이끌어 준 사람, 내 영혼이 거듭나도록 해산의 수고를 아끼지 않은 형제자매가 만약 어려움에 처한다면 다른 누구보다도 발벗고 나서서 도와야 하지 않겠습니까?

안디옥 교회가 구제금을 보낸 또 다른 이유는 다음의 원칙 때문이었을 것입니다.

"그러므로 우리는 기회 있는 대로 모든 이에게 착한 일을 하되 더욱 믿음의 가정들에게 할지니라"(갈 6:10).

그리스도인들이 이 세상에서 구제하고 도울 일은 참 많습니다. 그러나 우선할 것은 믿는 자들끼리 돕는 일입니다. 믿는 형제들을 돕지 못하는데 어떻게 믿지 않는 이웃을 도울 수 있겠습니까? 성경을 가만히 들여다보면 신약교회가 했던 대부분의 구제는 교회 내에서 이루어진 것을 알 수 있습니다. 즉, 믿는 사람이 믿는 사람을 도와주는 구제였습니다. 교회가 교회 밖에서 벌어진 일에 특별히 구제를 했다든지, 교회 밖에 있는 불쌍한 자들을 위해 구호물자를 모았다든지 하는 기록은 성경 어디에도 보이지 않습니다.

왜 그랬을까요?

 신약교회는 세상에 대해서는 항상 복음 증거하는 것을 우선순위로 두었습니다. 그에 반해 교회 안에서는 사랑의 봉사에 우선순위를 두었습니다. 구제가 복음 증거에 앞설 수 없고, 또 교회 내의 구제가 교회 바깥의 구제보다 앞설 수가 없습니다. 이것이 성경의 질서이고 순서입니다.

그러므로 구제나 어떤 사회운동을 너무 앞세우는 것은 어떤 면에서 성경적이지 않을 수 있습니다. 어떤 성도들은 특별히 구제에 관심이 많아서 십일조를 구제금으로 내거나 개인적으로 남을 돕는 일에 씁니다. 그러면서 스스로 선한 일을 많이 한 것처럼 생각하고 헌금을 제대로 했다고 착각합니다.

구제 헌금 하는 두 가지 방법

신약교회는 구제금을 모을 때 두 가지 방법을 사용했습니다. 하나는 특별한 명목 없이 그냥 하나님 앞에 드리는 것이었습니다. 사도행전 4장에서는 바나바를 비롯한 예루살렘 성도들이 자기 재산을 팔아 사도들의 발 앞에 두는 장면이 나옵니다. 사도들은 성도들이 자유롭게 헌금한 것을 각 사람의 필요에 따라 나누어 주었습니다. 하나님의 뜻에 맞게 적절히 사용한 것입니다.

또 다른 방법은 안디옥 교회나 소아시아 교회들처럼 특별한 목적을 두고 헌금을 모아 구제비로 사용한 경우입니다. 이런 경우

명목이 분명하니까 다른 데 쓸 수가 없습니다. 하나님 앞에 구제비라고 헌금을 했으면 오직 그 목적에만 써야 합니다.

오늘날에는 일반적으로 첫째 방법을 많이 사용합니다. 성도들이 십일조도 드리고 주일헌금, 감사헌금도 드립니다. 하나님 앞에 드리고 싶은 만큼 자원하는 마음으로 합니다. 교회는 적정한 선을 정해 구제비와 선교비로 사용합니다. 그러면 모든 성도가 구제에도 동참하고, 선교에도 동참한 것이 됩니다.

사도행전 12장

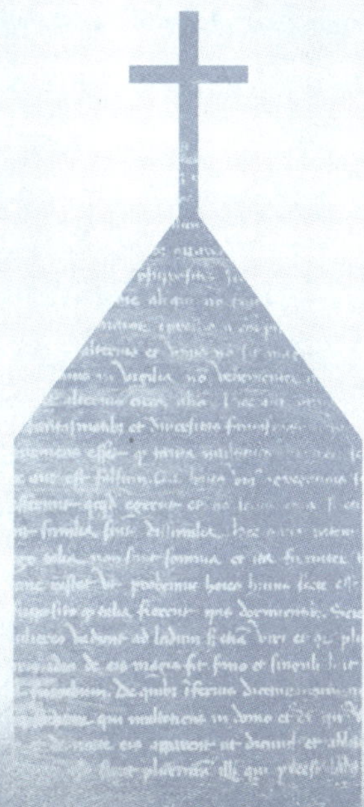

53 핍박자의 칼날이 부러지다

**그때에 헤롯 왕이 손을 들어 교회 중에서 몇 사람을 해하려 하여
요한의 형제 야고보를 칼로 죽이니**

_ 사도행전 12:1-2

사도행전 12장을 읽다 보면 마음속에 격분이 일기도 하고 한 편으로는 우울하기도 합니다. 이 세상은 참 요지경인 것 같습니다. 하나님의 사람이 있는가 하면 사탄의 자손이 있고, 마땅히 선한 사람이 승리를 해야 할 것 같은데 오히려 무참히 희생당하는 그런 모순이 성경에도 그대로 나타나고 있습니다.

12장 사건은 세상에서 얼마든지 일어날 수 있는 이런 비극의 서두에 지나지 않습니다. 야고보가 피를 쏟고 죽은 이후 얼마나 많은 그리스도인들이 피를 쏟게 됩니까? 얼마나 많은 피가 이 땅 위에 무참히 쏟아졌는지 모릅니다.

오늘날까지도 의로운 자들이 흘린 피가 하늘에 사무치도록 울부짖고 있습니다. 하늘 보좌에 계신 하나님께서 "더 이상 들을 수 없다. 이제는 참을 수가 없어. 이들의 하소연을 더 이상 듣고만 있을 수가 없다!" 하시며 벌떡 일어나시는 그날이 바로 이 세상의 종말입니다.

헤롯의 가문은 저주받은 가문입니다. 하나님과 원수 된 집안입니다. 헤롯 1세 헤롯 대왕은 아기 예수를 죽이려고 베들레헴에 있는 그 죄 없는 아기들을 눈 하나 깜짝 않고 몰살한 아주 지독한 왕이었습니다. 아버지의 피를 그대로 이어받은 헤롯 2세 헤롯 안디바는 자기 딸 앞에서 체면을 세우느라 당대의 의인 세례 요한의 목을 친 고약한 사람입니다. 이들의 피는 헤롯 3세 헤롯 아그립바 1세에게도 그대로 흘렀습니다.

헤롯 3세는 사도 야고보를 단칼에 날려 버리고는 그것도 모자라 베드로까지 죽이겠다고 감옥에 보냈습니다. 헤롯 3세는 유대인들에게 인기를 끌어 보겠다는 정치적 야심을 가진 사람입니다. 의인의 피를 흘리고서도 일말의 가책이나 두려움조차 없었습니다. 세상 기준으로 볼 때는 권력을 잡았으니 성공했다고 할 수 있고, 사치를 누렸으니 호강했다고 할 수 있을지 모르지만, 그들에게 주어진 권력과 지위, 영화는 하나님 나라를 해치고 핍박하는 도구였습니다.

첫 순교자 야고보

이런 헤롯 3세의 탐욕에 희생당한 야고보는 어떤 사람이었나요? 예수님이 야고보와 요한 형제에게 "나를 따라오라" 하실 때 '그들이 곧 배와 아버지를 버려두고' 주님을 따랐다고 합니다(마 4:21-22 참조). 형제는 예수님의 부르심에 주저 없이 자신의 소유를 던져 버릴 수 있는 용기와 능력을 가진 젊은이들이었습니다.

사실 야고보는 동생 요한의 그늘에 가려 빛을 보지 못한 형입니다. 형제라고 해서 다 비슷한 건 아니지 않습니까? 어떤 때는 형이 동생보다 좀 못할 때도 있고, 그래서 동생이 형보다 더 주목받는 경우도 있습니다. 이들 형제가 그랬던 것 같습니다. 동생 요한이 예수님께 더 인정을 받았습니다. 사복음서나 사도행전을 보면 예수님의 열두 제자 중 요한과 베드로의 이야기는 많이 나오지만, 요한의 형 야고보의 이야기는 그다지 자주 등장하지 않습니다.

야고보는 동생 요한을 질투하거나 불평할 수도 있었겠지만, 성경에는 그런 불평의 흔적이 전혀 없습니다. 오히려 항상 동생과 짝이 되어 다니기를 조금도 주저하지 않았고, 사람들이 자기를 인정하든 안 하든 예수님의 제자 된 그 자체로 만족하며 변함없는 믿음으로 주님을 따랐습니다. 사도행전에서 베드로와 요한이 투옥당한 일이 두 번 나오는데 그때마다 야고보가 예루살렘 교회를 이끄는 지도자 역할을 했을 것입니다.

어떤 학자들은 베드로와 요한이 옥에 갇힌 밤에 기도하던 모임을 인도한 것도 야고보였다고 봅니다. 사도행전 4장에는 그 사건과 관련된 아주 유명한 기도문이 나옵니다. 석방된 베드로와 요한이 돌아오자 거기 모인 사람들이 크게 기뻐하며 큰 소리로 합심기도를 합니다.

"대주재여 천지와 바다와 그 가운데 만물을 지은 이시요…주여 이제도 그들의 위협함을 굽어보시옵고 또 종들로 하여금 담대히 하나님의 말씀을 전하게 하여 주시오며 손을 내밀어 병을 낫게 하시옵고 표적과 기사가 거룩한 종 예수의 이름으로 이루어지게 하옵소서"(4:24-30).

이 기도가 끝나자 "모인 곳이 진동하더니 무리가 다 성령이 충만하여 담대히 하나님의 말씀을 전하"(4:31 참조)였습니다. 야고보는 드러나지 않게 섬기다가 열두 사도 중 처음으로 순교의 자리에 앉는 영광을 얻었습니다.

예수님과 살로메가 나눈 대화가 떠오릅니다. 가만히 눈을 감고 요한과 야고보의 어머니 살로메, 그 여인을 생각해 봅니다. 아주 복스럽고 예쁘고, 무엇보다 자녀들을 향한 열정과 사랑이 남다른 어머니였을 것입니다. 그래서 살로메는 아마도 예수님이 예루살렘에 가서 잘되면 누구보다도 자기 아들들을 잘 봐주지 않을까 기대했을 것입니다. 그녀는 확답을 얻어 놓으려고 예수님을 찾아가 부탁했습니다.

"나의 이 두 아들을 주의 나라에서 하나는 주의 우편에, 하나는 주의 좌편에 앉게 명하소서"(마 20:21).

예수님이 대답하셨습니다.

"너희는 너희가 구하는 것을 알지 못하는도다 내가 마시려는 잔을 너

희가 마실 수 있느냐…너희가 과연 내 잔을 마시려니와”(마 20:22-
23상).

의롭게 산다는 것

예수님은 야고보의 장래를 내다보고 계셨던 것 같습니다. 결
국 야고보는 열두 제자들 중 순교의 면류관을 제일 먼저 받았습니
다. 성도에게 최고의 명예는 순교 아닙니까? 아무나 하는 것이 아
니죠. 원한다고 되는 것도 아니고, 원하지 않는다고 찾아오지 않는
것도 아닙니다. 하나님이 주시기로 작정한 자에게만 허락하시는
영광입니다.

가룟 유다와 사도 요한을 제외한 나머지 사도들은 모두 야고
보의 뒤를 이어 순교자가 되었습니다. 베드로와 안드레와 시몬은
십자가에 달려 죽었습니다. 베드로는 예수님처럼 바로 달려 죽을
수 없다며 거꾸로 매달려 죽었습니다. 안드레는 예수님과 같은 십
자가에 달려 죽을 수 없다고 하며 엑스(X)자 십자가에 달렸습니다.
시몬도 십자가에서 죽었습니다. 마태와 야고보는 칼에 죽었고, 작
은 야고보는 톱에 켜서 죽음을 당했습니다. 유다는 화살에 맞아 죽
었습니다. 빌립은 참수형을 당했고, 도마는 창에 찔려 죽고, 바돌
로매는 산 채로 가죽이 벗겨져 죽었습니다. 그들은 지금 금 면류관
을 쓰고 예수님의 보좌 좌우편에 앉아 있을 것입니다.

“그 성의 성곽에는 열두 기초석이 있고 그 위에는 어린양의 열두 사

도의 열두 이름이 있더라"(계 21:14).

새 예루살렘 성곽에는 머릿돌이 열두 개가 있는데, 그 머릿돌 열두 개 하나하나에는 예수님의 열두 사도의 이름이 적혀 있습니다. 물론 가룟 유다 대신 맛디아라는 이름이 새겨져 있을 것입니다. 이 영광스러운 죽음의 첫 테이프를 야고보가 끊은 것입니다. 주님이 마시는 잔을 마시고 주님의 오른편에 앉는 영광을 얻은 것입니다.

기독교 역사는 피의 역사입니다. 기독교는 피의 종교입니다. 지금까지 피 흘림 없이 기독교가 자란 역사는 없습니다. 복음 때문에 피 흘린 적이 없는 지역에는 교회가 잘 자라지 않습니다. 한국 교회가 이만큼 부흥한 것도 우리 선조들이 피를 흘렸기 때문입니다.

우리도 그들의 뒤를 따라야 합니다. 하나님이 우리의 종말을 어떻게 계획해 두셨는지는 아무도 모르지만 우리는 살아도 주를 위해 살고 죽어도 주를 위해 죽기를 각오해야 합니다. 언제 죽어도 죽는 것이 인생 아닙니까? 몇 년 더 산다고 해서 무슨 특별한 것이 있고, 남들보다 조금 먼저 간다고 해서 대단히 손해 볼 것이 뭐 있겠습니까? 그저 하나님이 살게 하신 만큼 살다가 오라 하시면 끝나는 것이 이 땅의 삶 아닙니까! 잠시 머물렀다 거두어들이는 장막생활입니다. 한 번뿐인 인생, 또 누구나 한 번은 맞게 될 죽음 앞에서 우리도 야고보처럼, 스데반처럼, 이름 없이 빛도 없이 스러져 간 이 땅의 순교자들처럼 죽을 각오로 삽시다.

오늘날 그리스도인들이 왜 약하다는 소리를 듣습니까? 잘 죽어 보겠다는 의욕이 없기 때문에 속물이 되어 버렸습니다. 복음을 모르던 우리 선조들은 비록 유교 사상에 젖어 있었지만 오히려 지금의

우리보다 더 정신 똑바로 차리고 잘 죽어야겠다는 생각
을 많이 했습니다. 더럽게 사는 것보다도 깨끗하게 죽
기를 원했고, 의를 위해 죽기를 바랐습니다. 의롭게 죽
기 위해 의롭게 살려고 노력했습니다.

그런데 오늘 우리에게는 그런 뜨거운 열정과 희망
이 없습니다. 개처럼 살아도 그저 오래, 병들지 않고 행복하게 살기
만 바라고, 그러다 결국 허망하게 죽습니다.

옥에 갇힌 베드로

야고보의 죽음 이후 베드로마저 체포되었습니다. 베드로가 체
포되는 과정에서 마음을 끄는 세 장면이 있습니다. 하나는 감옥에
서 아주 태평스럽게 잠자고 있는 베드로의 모습이고, 또 하나는 감
옥 밖에서 밤잠을 자지 아니하고 모여서 간절히 기도하는 성도들
의 모습입니다. 그리고 마지막은 천사가 내려와서 베드로를 끌고
나가는 모습입니다. 마치 드라마틱한 영화의 한 장면 같습니다.

"헤롯이 잡아 내려고 하는 그 전날 밤에 베드로가 두 군인 틈에서 두
쇠사슬에 매여 누워 자는데"(12:6상).

지금 베드로가 목전에 두고 있는 상황은 어떻습니까? 감옥에
갇혀서 사형을 하루 앞둔 시점입니다. 사형 집행 전날인데 어떻게
맘 편히 드러누워 잘 수 있었을까요? 혈혈단신 같으면 그럴 수 있을

지 모르겠지만 베드로에겐 가족도 있었습니다. 나중에 선교하러 다닐 때 가족을 데리고 다녔다는 기록이 있습니다. 게다가 당시 예루살렘에는 베드로를 지지하는 성도들이 수천 명도 더 있었습니다.

베드로의 추종자들이 감옥을 부수고 들어올지도 모른다는 두려움 때문에 헤롯은 베드로를 쇠사슬로 묶고, 군인 둘을 좌우에 붙이고, 문 밖에는 파수꾼들을 줄줄이 세워 놓았습니다. 그런 상황에서 베드로는 천하태평으로 잠을 자고 있었습니다. 얼마나 깊이 잠들었는지 천사가 와서 옆구리를 쳐서 깨울 정도였습니다. 참 축복입니다. 우리는 언제쯤 이 같은 평안에 사로잡힐 수 있을까요?

"아무 것도 염려하지 말고 다만 모든 일에 기도와 간구로, 너희 구할 것을 감사함으로 하나님께 아뢰라 그리하면 모든 지각에 뛰어난 하나님의 평강이 그리스도 예수 안에서 너희 마음과 생각을 지키시리라"(빌 4:6-7).

베드로도 사람인데 아무래도 염려는 되었겠지요. 그래서 잠자기 전에 이렇게 기도하며 하나님께 모든 염려를 다 맡겨 버렸을 것입니다.

"오, 하나님 아버지, 주를 위해서 쇠사슬에 매일 수 있게 해주심을 감사합니다. 살든지 죽든지 모든 것을 주님께 맡깁니다. 내 생명이 주님 손에 있습니다. 가정도 교회도 다 주님 손에 있사오니 저는 아무 것도 염려하지 않겠습니다."

베드로는 모든 염려를 감사함으로 하나님께 아뢰고 눈을 감았을 것입니다. 하나님은 그런 그의 눈꺼풀을 살짝 덮어 주시고, 마음에 염려되는 것을 하나하나 다 흩어 버리시고는 푹 잠들 수 있는 은혜를 주셨습니다. 이런 평안을 맛본 적이 있나요? 평안은커녕, 베드로가 겪은 위기와는 비교도 안 될 만큼 작고 사소한 염려와 고통 때문에 잠을 이룰 수 없는 경우가 많지 않습니까. 그럴 때 베드로처럼 일어나서 기도합시다.

"오, 하나님 아버지, 아버지께 다 맡깁니다. 다 맡깁니다. 제게 잠을 좀 주세요. 사랑하는 자에게 잠을 주신다고 하셨는데 저에게 잠 좀 주세요."

베드로에게 주셨던 그 평안을 가지고 이 세상을 살 수 있다면 얼마나 행복할까요?

핍박자의 칼날은 부러지고

한편, 교회 밖에서는 베드로를 위해 성도들이 간절히 기도하고 있었습니다.

"이에 베드로는 옥에 갇혔고 교회는 그를 위하여 간절히 하나님께 기도하더라"(12:5).

그들의 간절한 기도는 기가 막히게 응답되었습니다. 천사가 내려와서 베드로를 깨워 가지고 감옥 밖으로 끌고 나갔습니다.

오늘날 우리도 고난당하는 성도를 위해, 위험에 처한 선교사를 위해 간절히 기도해야겠습니다. 우리의 기도를 하나님이 들으시고 놀랍게 역사하실 것입니다. 우리가 어떤 사람을 위해 구체적으로 기도할 때 하나님께서는 우리의 기도를 들으시고 그 사람에게 구체적으로 역사하신다고 믿습니다.

이제 헤롯이 야고보를 죽인 이야기로 시작된 12장이 어떤 결말을 맺는지 봅시다.

"헤롯이 영광을 하나님께로 돌리지 아니하므로 주의 사자가 곧 치니 벌레에게 먹혀 죽으니라 하나님의 말씀은 흥왕하여 더하더라"(12:23-24).

헤롯이 죽었습니다. 세상의 권력자는 갔습니다. 야고보는 하나님 나라에서 별과 같이 빛나는 사람이 되었습니다. 이 세상에서 먼저 죽느냐 나중에 죽느냐, 편히 죽느냐 괴롭게 죽느냐 하는 것보다 더 중요한 것이 이것입니다. 최후의 심판대 앞에서 하나님께 인정받는 사람이 되느냐, 헤롯처럼 영원히 수치스런 이름을 남기고 사라지느냐 하는 것입니다. 당장은 교회가 괴로움을 당하고 약자의 자리에 서 있는 것 같지만 결국에는 핍박자의 칼날이 부러지고 하나님의 말씀은 반드시 흥왕합니다. 반드시 승리합니다.

사도행전 13장

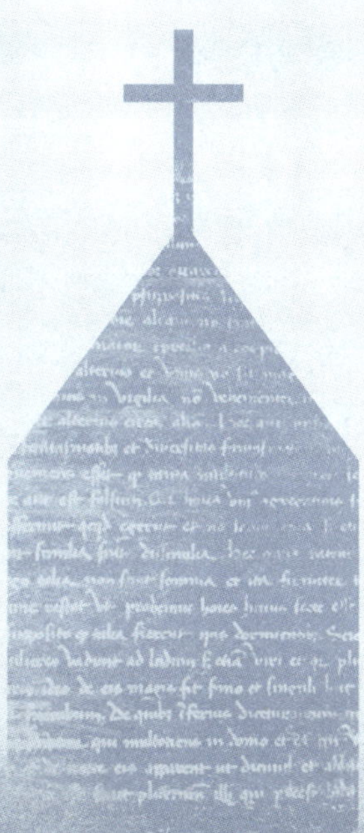

54 이상적인 팀워크를 이루다

안디옥 교회에 선지자들과 교사들이 있으니
곧 바나바와 니게르라 하는 시므온과 구레네 사람 루기오와
분봉 왕 헤롯의 젖동생 마나엔과 및 사울이라

_ 사도행전 13:1

교회를 향한 성령의 시선은 안디옥 교회에서 잠시 예루살렘 교회로 옮겨 갔다가 사도행전 13장부터 다시 안디옥 교회로 돌아옵니다.

안디옥 교회에는 선지자들과 교사들이 있었습니다. 성경은 그 중에서도 바나바, 시몬, 루기오, 마나엔, 사울 등 다섯 명의 지도자를 주목하여 언급합니다. 이 본문을 보며 '이상적인 팀워크'라는 말이 떠올랐습니다. 한 가지 목적을 위해 팀을 이루어 교회를 섬기는 아름다운 교역자 상이 눈앞에 그려집니다.

이들 중에서도 바나바는 부요한 가정에서 자란 탓인지 특별

히 모난 데가 없고 사람들을 아우르는 포용력이 있었습니다. 그의 개성과 신앙 인격을 이모저모 뜯어 보면 안디옥 교회 지도자 팀을 인도할 자격이 충분한 사람이었습니다. 그렇다고 바나바에게 부족한 점이 전혀 없었다는 것은 아닙니다. 그에게도 동역할 사람들이 절실했습니다. 자신의 부족함을 솔직히 인정하고 다른 형제들에게 기꺼이 도움을 받으려는 자세가 그를 더욱 포용력 있는 인물로 만들었을 것입니다.

하나님의 교회는 세상에서 가장 값지고 존귀합니다. 주님이 자신의 피로 사서 세우신 것이기 때문입니다. 우리 중 아무도 교회를 위해 단 한 방울의 피도 흘리지 않았습니다. 그러므로 우리에게는 하나님의 교회를 어지럽힐 권리가 없습니다. 특히 교회의 지도자들은 교회를 섬길 때 부들부들 떨며 행여나 자신의 결점이 하나님의 교회에 걸림돌이 되지 않을까 두려워하며, 다른 형제들의 도움을 받아 최선을 다하겠다는 마음을 가져야 합니다. 이는 교회를 대하는 모든 성도가 가져야 할 마음 자세이기도 합니다.

다양성의 힘

바나바 다음에 나오는 사람은 '니게르라 하는 시므온과 구레네 사람 루기오'입니다. 이들은 아프리카 출신으로 보이는데, 사실 이러한 조건은 그때나 지금이나 별로 좋은 배경이 아니었습니다. 그런데 이런 사람들이 안디옥 교회의 지도자가 되었습니다. 이것이 하나님 나라의 모습입니다.

마나엔은 '헤롯의 젖동생'이라고 소개됩니다. 헤롯이 누구입니까? 예수님을 죽이려고 달려들던 헤롯, 세례 요한의 목을 잘라 쟁반에 담아오라고 한 그 헤롯입니다. 안디옥 교회의 지도자 마나엔은 헤롯과 어린 시절을 같이 보낸 사이입니다. 젖동생이라는 것은 유모의 젖을 먹고 같이 자란 형제를 말합니다. 그러니까 마나엔의 어머니는 헤롯의 유모였던 것 같습니다.

마나엔과 헤롯, 두 사람은 어릴 때는 한솥밥을 먹고 자랐지만 몇 십 년 세월이 흐른 후 그들의 인생은 엄청나게 달라졌습니다. 한 사람은 하나님 나라의 원수가 되었습니다. 당대에 가장 악한 이름이 되었습니다. 반면 다른 한 사람은 천국의 일꾼이 되었습니다. 이 땅에 하나님 나라를 개척해 나가는 안디옥 교회의 지도자가 되었습니다.

어린 자녀들이 상에 둘러앉아 있는 것을 보면, 그 모습이 비슷한 것 같으면시도 다르고, 성격도 각양각색 아닙니까? 똑같은 부모 아래서 똑같이 교육받지만 서로 다른 모습으로 자라나는 것을 봅니다. 심지어 극과 극이 되기도 합니다. 그러니 자녀를 위해 부모가 기도하지 않을 수 있겠어요? 12장 끝에서 헤롯의 종말을 보고 13장 초두에 나온 마나엔을 생각하니 마나엔의 영광은 더욱 돋보입니다.

사울에 대해서는 우리가 이미 잘 알고 있습니다. 엄격한 바리새 교육을 받은 바리새파 출신입니다. 날카로운 지성인이었습니다. 바나바, 시므온, 루기오, 마나엔, 사울 등 안디옥 교회의 다섯 지도자는 이처럼 다양성을 띠고 있었습니다. 배경이 달랐고, 신분이 달랐으며, 교육 수준도 달랐습니다. 아주 다른 다섯 사람이 한 팀이 되어 안디옥 교회를 이끌었습니다. 참 멋있습니다.

하나님 나라의 일을 할 때는 단일성보다는 다양성을 갖는 것이 더 큰 힘을 발휘합니다. 어떤 사람도 자신과 같지 않다고 전제하고 다양한 사람들을 포용하며 한 팀이 되어 하나님 나라를 향해 달릴 때, 바로 그때 하나님의 능력이 나타나 사람의 힘으로 할 수 없는 일들을 가능하게 하십니다.

가르치기에 힘쓰는 교회

안디옥교회 지도자들의 명칭은 선지자와 교사였습니다. '선지자'는 구약시대의 개념으로서 예언과 선포를 담당했던 하나님의 사람이었습니다. 예언과 선포는 그 의미가 다릅니다. 세례 요한의 경우를 보면 그 차이를 쉽게 알 수 있습니다.

"내 뒤에 오시는 이는 나보다 능력이 많으시니 나는 그의 신을 들기도 감당하지 못하겠노라 그는 성령과 불로 너희에게 세례를 베푸실 것이요 손에 키를 들고 자기의 타작마당을 정하게 하사 알곡은 모아 곳간에 들이고 쭉정이는 꺼지지 않는 불에 태우시리라"(마 3:11-12).

"그 때에 세례 요한이 이르러 유대 광야에서 전파하여 말하되 회개하라 천국이 가까이 왔느니라 하였으니"(마 3:1-2).

첫 번째 인용한 말씀은 예언입니다. 예수 그리스도가 오시면 그와 같은 역사가 일어난다는 것을 예언한 것입니다. 두 번째 말씀 '…회개하라 천국이 가까이 왔느니라'는 선포입니다. 자신이 말하고 있는 그 시간, 그 장소에 있는 사람들에게 하나님의 뜻을 전하는 것입니다. 다시 말해 예언과 선포는 설교와 교육에 해당한다고 할 수 있습니다.

선지자가 담당했던 두 가지 기능 중에 예언하는 것은 세례 요한에 이르러 끝났습니다(마 11:13 참조). 구약의 예언이 예수 그리스도를 통해 완전히 성취됐기 때문입니다. 그래서 예언과 선포 중 예언에 비중을 더 많이 두었던 구약의 선지자와는 달리 신약의 세례 요한을 보면 예언이 아닌 선포에 많은 비중을 두었습니다. 베드로가 오순절 설교에서 '자녀들은 예언할 것'(2:17 참조)이라고 한 것은 앞날에 대해 점을 친다는 이야기가 아니라, 이미 이루어진 하나님의 예언을 선포하는 말씀의 도구가 될 것이라는 이야기입니다.

선지자와 교사로 통칭되어 불렸던 안디옥 교회 지도자들은 그 명칭에서 알 수 있듯 전파하는 교회요, 가르치는 교회의 지도자들이었습니다. 설교와 교육, 또 설교와 훈련에 중점을 두고 은사를 다양하게 받은 지도자들이었다는 것을 알 수 있습니다.

이는 참 놀라운 일이 아닐 수 없습니다. 어떻게 당시에 설교와 교육 중심의 목회를 했을까요? 더 쉬운 길이 있었는데도 말입니다. 은사 집회 중심의 목회를 할 수도 있지 않았을까요? 오히려 당시에는 아주 바람직하다 여겨졌을지도 모릅니다. 당시엔 구약 외에는 기록된 성경이 전혀 없었기 때문입니다. 성경이 없으니까 은사를 중심으로 은사집회를 하는 것이 훨씬 더 바람직하다는 생각이 주류를 이루었을 것이라는 생각이 듭니다. 게다가 그때는 성령의 역사가 대단히 직접적이고, 체험적이지 않았습니까? 성령의 역사가 온 교회에 강하게 역사하셨습니다. 그저 교회 안에 들어가서 성도들과 한자리에 앉으면 자신도 모르게, 몸이 떨릴 정도로 성령의 역사가 강했던 시대입니다. 안디옥 교회라고 예외가 아니었겠죠.

또 축복 성회 중심의 목회도 쉬웠을 것입니다. 성도들 대부분이 가난하고 억눌려 있는 사람들이었습니다. 그러나 그 모든 것을 뒤로하고 하나님의 말씀을 중심으로 예수가 구원자 되심을 철저히 가르치고, 그리스도를 통해 우리가 어떤 은혜를 받았는가를 가르치고, 어떻게 하면 그리스도인으로서 바른 삶을 살 수 있는가를 가르쳤습니다.

> "그러므로 너희는 가서 모든 민족을 제자로 삼아 아버지와 아들과 성령의 이름으로 세례를 베풀고 내가 너희에게 분부한 모든 것을 가르쳐 지키게 하라 볼지어다 내가 세상 끝 날까지 너희와 항상 함께 있으리라 하시니라"(마 28:19-20).

바나바를 포함한 다섯 지도자는 마태복음의 이 말씀을 안디옥 교회에 그대로 적용했습니다. '가르쳐서 지키게 하라'는 말씀에 순종했습니다.

합심기도의 힘

2절을 보면 '주를 섬겨 금식할 때에'라는 말이 나옵니다. 가르치기에 힘쓰는 교회 지도자들이 빠지기 쉬운 약점이 있다면, 그것은 기도와 성령의 역사에 소극적으로 반응하는 것입니다. 그런데 안디옥 교회는 그러지 않았습니다.

> "주를 섬겨 금식할 때에 성령이 이르시되 내가 불러 시키는 일을 위하여 바나바와 사울을 따로 세우라 하시니"(13:2).

'주를 섬겨'라는 말은 하나님께 예배 드리는 것으로 해석할 수도 있고, 교회를 섬기는 것으로 볼 수도 있습니다. 원어 자체가 약간 애매한 말입니다. 그러나 3절에서 '금식하며 기도하고'라는 말로 표현이 반복되고 있는 것을 보면 안디옥 교회 지도자들은 주님을 섬기면서, 기도하면서, 성령의 은혜를 깊이 체험하는 그런 팀이었음을 짐작할 수 있습니다.

안디옥 교회의 다섯 지도자는 합심기도를 통해 영적으로 결속되어 있었습니다. 서로 자기가 더 잘났다고 하며 각자 마음대로 하는 그런 지도자들이 아니었습니다. 금식하고 기도하면서 하나가 되는 일에 열정을 쏟았습니다.

사도행전 1장부터 13장까지 우리는 교회가 합심해서 기도하는 것을 많이 보았습니다. 1장에서 120명이 다락방에 모여 합심기도하는 중에 새 일꾼을 세우고, 2장에서는 말씀을 읽고 기도하는 중에 오순절 성령이 임하셨습니다. 4장에서는 감옥에 갇혔다

풀려 나온 베드로와 요한을 가운데 두고 성도들이 한목소리로 하나님께 찬양과 기도를 드리는 장면도 있습니다. 6장에서는 예루살렘 교회에 일곱 집사를 세우고 난 뒤, 사도들이 오로지 기도하는 일과 말씀 사역에 힘쓰는 장면이 나옵니다. 또 12장에서 베드로가 다시 옥에 갇혔을 때 교회가 한자리에 모여 밤새 기도하는 장면이 나옵니다. 드디어 13장, 안디옥 교회 지도자들이 하나가 되어 금식하며 기도하고 성령의 지시에 순종하는 모습을 보입니다.

교회 안에서 다양한 지체가 하나 됨을 이룰 수 있는 가장 확실한 길이 있다면, 그것은 한마음으로 기도하는 것입니다. 합심해서 기도하는 자리를 만드는 것, 이것이 교회가 하나 되는 지름길입니다. 합심기도는 중보기도입니다. 합심기도 시간은 자신을 위한 기도보다는 남을 위한 중보기도에 초점이 맞춰집니다. 내 옆에 있는 사람, 어려움이 있는 사람, 자리에 함께하지 못한 사람 등 서로를 위해 기도하는 것이 합심기도의 특징입니다.

평안의 줄로 묶인 교회

바나바, 마나엔, 시므온, 루기오, 사울 이렇게 다섯 지도자가 조그마한 다락방에 둘러앉아 합심하여 금식하며 기도했다고 합시다. 그 기도는 어떤 기도였을까요? "너는 내 기도해라. 나는 네 기도할게" 혹은 "너는 네가 좋아하는 사람 위해서 기도해라. 나는 내가 좋아하는 사람 위해 기도할게"라고 했을까요?

다섯 교역자가 한자리에 모여 드린 기도는 서로를 위한 진심

어린 기도였을 것입니다. 아무리 의견 대립이 있었다 할지라도, 아무리 성격 차이가 있었다 할지라도 그 시간만큼은 자신이 아닌 다른 사람을 위해 간절한 기도를 올렸을 것입니다. 그러면서 인간관계에서 생길 수 있는 찌꺼기가 다시 한 번 깨끗이 정리되고, 일체감을 가지고 서로를 섬기고자 하는 역사가 일어났을 것입니다.

교회 안에서 인간관계가 삐뚤어지는 이유는 어떤 조직이나 행사를 중심으로 사람을 묶어 놓으려고 하기 때문입니다. 할 수 없어서 회장, 부회장, 총무 등을 세워 놓지만 사실 가장 이상적인 공동체는 조직 자체가 없는 것입니다. 필요하면 모두 회장 역할을 하고, 필요하면 다 총무 역할을 하는 것입니다. 교회의 조직은 그저 흩어져 무너져 내리지 않을 정도로만 존재하는 것이 좋습니다. 어떤 형식이나 틀이 아닌 모인 사람들 자체의 응집력으로 하나 될 수 있어야 합니다. 그 비결이 바로 합심기도입니다.

사랑의교회 초창기를 돌이켜볼 때 가장 소중한 기억은 장로들과 순장들이 모여 기도하는 시간을 갖던 것입니다. 일주일에 단 한 번이었지만, 함께 모여 교회를 위해 한마음으로 기도했습니다. 또 옆 사람을 위해 기도해 주었습니다. 그렇게 기도할 때마다 하나님께서 우리를 얼마나 강하게 묶어 주셨는지 모릅니다. 공간이 좁아서 바닥에 촘촘히 둘러앉아 같이 말씀을 읽고 은혜를 나누고 손잡고 기도하던 장면이 그려집니다. 교회가 커지고 공간도 넓어지면서 이런 풍경은 아련한 추억이 되었습니다.

분명히 말씀드릴 수 있는 것은 이것입니다. 교회 일 하느라 뛰어다닐 때 자꾸 요란한 소리가 나면 그 자리에 조용히 앉으십시오. 일하면서 서로 하나 되지 못해 잡음이 계속 나면 다 그만두고 조용히 앉아 기도하십시오. 하나 되기를 간구하는 기도의 자리를 만드십시오. 일은 안 해도 됩니다. 안디옥 교회 지도자들처럼 금식하며 기도하는 현장을 만든다면 그 안에서 하나 되지 못할 이유가 무엇이 있겠습니까? 하나 되게 하시는 성령의 능력이 교회 위에 있는데 왜 안 되겠습니까?

뛰어다니는 것보다 앉아 있는 것이 훨씬 더 하나님 앞에 귀할 때가 있습니다. 합심하여 기도하는 그 조용한 시간에 성령의 더 큰 역사가 나타나는 것을 볼 수 있습니다. 우리는 다 부족합니다. '형제여, 당신이 나를 도와주지 않으면 나 혼자서는 안 됩니다' 하는 겸허한 마음이 필요합니다. 이런 마음으로 안디옥 교회 지도자들이 금식하고 기도할 때 성령께서 말씀하셨습니다. '내가 불러 시키는 일을 위하여' 바나바와 사울을 따로 세우라고 명령하셨습니다.

기도를 게을리 하는 사람, 기도를 잘 안 하는 사람, 그리고 기도가 막혀 있는 사람은 영적으로 크게 손해 보는 사람입니다. 오순절 성령이 임하시는 첫 시간부터 함께 모여 오로지 기도에 힘쓰는 무리에게 성령이 임하셨음을 기억합시다. 그리고 기도하는 사람들에게 임한 성령의 교통하심은 이 세상 끝날까지 계속될 것입니다.

55 성령의 뜻을 헤아리다

주를 섬겨 금식할 때에 성령이 이르시되
내가 불러 시키는 일을 위하여 바나바와 사울을 따로 세우라 하시니
_ 사도행전 13:2

성령께서 과연 어떠한 방식으로 안디옥 교회에 말씀하셨을까 하는 것은 상상하기 어렵습니다. 당시 예언의 은사를 가진 선지자들의 입을 통해 말씀하시지 않았나 싶습니다. 그러나 오늘날에는 이렇게 직접적으로 말씀하시는 경우가 드뭅니다. 거의 없다고 봐야 할 것 같습니다. 그렇다면 하나님은 오늘날 우리에게 어떻게 말씀하실까요?

하나님의 뜻을 알려야 되는데, 초대교회 때처럼 직접적으로 말씀하시지 않으면 교회가 어떻게 알 수 있을까요? 구체적인 사안을 놓고 어떤 결정을 내려야 할 때 하나님의 뜻이 어디에 있는지

우리가 어떻게 알 수 있습니까? 당회로 모였을 때, 순장들이 모였을 때 "이것이야말로 성령의 뜻이다"라고 어떻게 분별합니까?

성령이 이르시되

신앙생활과 목회생활을 해오면서 확신하는 원칙이 하나 있습니다. 성도들이 한마음이 되어 모이고, 기도하면서 하나님의 뜻을 찾고 하나님의 일을 위해 이야기하는 그 자리에는 반드시 성령도 함께하신다는 사실입니다.

성령이 함께하시지 않는다면 우리가 모임을 시작할 때 기도할 필요도 없지요. 문제를 가지고 서로 의논하다가 답이 잘 안 나올 때 왜 합심해서 기도하자고 합니까? 왜 며칠 더 연기해서 기도해 본 뒤 다시 모이자고 합니까? 성령께서 그 자리에 함께하시기 때문에 그렇게 할 수 있습니다. 이렇게 성령이 함께하시는 모임이라면 그 자리에 분명 성령의 도구로 사용되는 사람이 한둘은 꼭 있기 마련입니다. "이것이 성령의 뜻이다" 하고 말할 수 있는 어떤 도구가 그 안에 있습니다. 성도가 한마음으로 모이면 성령의 뜻을 말하는 자가 나오게 되어 있고, 그 사람의 말에 이상하게도 모두 "과연 그렇구나!" 하고 동의하게 됩니다.

우리 가운데 한 성령이 거하시기 때문에, 각자의 마음에 성령께서 역사하시기 때문에, 내가 설혹 다른 의견을 냈다 하더라도 다른 사람의 의견을 듣고 보니 "저것이 과연 옳구나", "저것이 과연 하나님이 기뻐하실 일이구나" 하고 자기도 모르게 어느새 동의가

됩니다. 성령의 뜻이 드러나면 모든 사람이 한마음으로 동의하게
됩니다.

저는 이 사실을 믿습니다. 이런 원리가 없다면 교회 안에서 이
루어지는 많은 일들이 무의미해져 버립니다. 성령의 역사하심은
분명합니다. 어떤 경우에는 자그마한 어린아이의 입을 통해서도
말씀하실 수 있습니다. 그 아이의 말에 온 교회가 동의하고 기뻐한
다면 그것은 성령의 말입니다.

성령의 역사는 성도의 모임 가운데 드러나기 때문에 요즘에는
투표라는 제도도 많이 사용합니다. 성령 충만한 성도들만 모였다
면 따로 투표가 필요 없습니다. 순수하고 이상적인 교회라면 누군
가 어떤 의견을 내놓았을 때 모두 한결같이 "아멘" 하고 받아들일
것입니다. 그러나 지상교회는 그 정도로 순수하지 못합니다. 혼
탁한 부분이 있습니다. 또 성령의 뜻을 거역하고 교회를 어지럽
혀 무너뜨리려고 하는 사탄의 도구가 섞어 있을 수 있습니다. 그
래서 성령의 뜻이 어디에 있는지 보기 위해 성도들이 모여 투표
를 합니다.

그러나 안타까운 것은 이 투표까지도 타락해 버렸다는 사실입
니다. 교회가 너무 세속화되어 버린 게 아닌가 생각됩니다. 성령의
뜻이 누구를 통해, 어떻게 나타날지 때로는 참 헷갈릴 때가 있습니
다. 교회에서 이루어지는 투표에서 공작을 하는 사람도 있고, 선거
운동을 하는 사람도 있고, 별의별 장난을 다 합니다. 또 그렇게 한
사람이 당선되는 것을 보면 참 한심하다는 생각이 듭니다.

골방의 기도, 다락방의 기도

성령의 뜻을 헤아리며 그 뜻대로 교회를 섬기기 원하십니까? 그렇다면 많이 기도하십시오. 그리고 하나가 되십시오. 사사로운 감정을 품거나 형제와 담을 쌓지 마십시오. 그러면 영적으로 크게 손해 봅니다. 자신에게도 대단한 손해이고, 교회에도 큰 손해입니다. 만일 여러분이 교회에서 어떤 책임을 맡고 있는데 기도도 하지 않고 옆 사람과도 막혀 있다면 성령께서 여러분을 통해 일하실 수가 없습니다.

또한 성령의 뜻을 알고자 한다면 혼자 기도하는 골방보다는 여러 명이 함께 기도하는 다락방이 훨씬 낫습니다. 합심해서 기도하고, 합심해서 서로의 생각을 나누는 그 시간이 혼자 기도하는 것보다 훨씬 더 잘 알 수 있습니다.

권력이 커지면 부패합니다. 교회에도 이 말이 적용됩니다. 교회 지도자가 힘이 커지면 독재를 하게 되어 있습니다. 자기 힘이 크니까 다른 사람과 의논을 안 합니다. 자기 원하는 대로, 자기 생각대로 밀고 나갑니다.

골방의 결단은 다락방의 결단보다 성령의 뜻에 가깝지 못할 때가 많습니다. 성경은 교회를 가리켜 '주님의 몸'이라고 말합니다. 교회는 다양한 지체들이 모여서 이루는 것이지 특정한 한 사람으로 가능한 모임이 아닙니다. 어떤 문제가 생겼을 때, 혼자 골방에서 기도하는 것도 필요하지만 마음이 통하는 형제들과 같이 기도하는 것도 필요합니다.

다락방에 모여 합심해서 기도할 때 성령의 도구가 되어 말할 줄 아는 은혜도 필요하고, '이것이 성령의 음성이구나' 하고 들을 줄 아는 은혜도 필요합니다. 다른 형제들의 견해를 들으면서 하나님의 뜻이 어디로 흐르고 있는지 분별할 줄 아는 경청의 은혜, 이것이 참 중요합니다.

안디옥 교회의 다섯 지도자는 이 두 가지 은혜가 있었기 때문에 '성령이 이르시되' 할 때 모두 한마음으로 순종할 수 있었습니다.

56 바울에게 임한 성령 충만

바울이라고 하는 사울이 성령이 충만하여 그를 주목하고
_ 사도행전 13:9

선교사는 성령이 택한 사람이어야 하고, 성령이 보낸 사람이어야 합니다. 신약에 나온 최초의 선교사 파송 전례가 그랬기 때문입니다. 성령이 바나바와 사울을 선택하시고 안디옥 교회는 그들을 선교사로 파송하게 되었습니다. 성령이 부르고 보내시는 것은 일반 소명에도 적용이 되지만, 특별 소명에는 더욱 확연히 드러납니다.

바나바와 사울의 경우는 특별 소명에 해당합니다. 안디옥 교회 교인이 몇 백 명이었는지, 몇 천 명이었는지는 모르지만, 그들이 모두 바나바와 사울처럼 파송을 받은 것은 아닙니다. 그러므로 기독교 역사가 계속되는 한, 선교사에게는 "성령이 나를 불렀습니다. 성령이 보내서 갑니다. 성령이 보내서 여기에 왔습니다" 하는 분명한 고백이 있어야 합니다.

성령의 부르심과 인도하심

오늘날 한국 교회에서 선교의 열기가 대단히 강한 것에 대해 하나님께 감사를 드립니다. 과거 영국과 미국에서 불붙었던 선교의 열정이 한국 교회에 전달이 되어 하나님께서 우리를 통해 마지막 뜻을 이루기 기뻐하신다는 것을 볼 때마다 얼마나 마음이 벅차고 감격스러운지요. 아무것도 내세울 것 없고, 아무것도 수출할 것 없는 박토에 세워진 나라지만, 120년 전에 우리가 전해들은 그 복음이 이제는 30배, 60배, 100배의 열매를 맺어 젊은이들이 선교에 대한 꿈을 꾸고 하나님 앞에 기도하는 일들이 이곳저곳에서 일어나고 있습니다.

그러나 좋은 일에 사탄의 시험이 따르는 것처럼, 선교지로 가는 이들 가운데 어떤 이는 인간적인 욕심으로 나아가는 사람도 있습니다. 그러므로 교회는 대단히 주의해야 합니다. 선교사로 가겠다고 해서 무조건 교회가 파송해 주어서는 안 됩니다.

한국의 선교 역사는 대략 100년이지만 젊은이들이 해외선교에 열정을 갖게 된 것은 불과 30년 안팎입니다. 많은 선교사들이 지금도 정글의 위험 속에서, 문화와 언어가 다른 원주민들 틈에서, 가난한 나라에서 함께 헐벗고 굶주리며 복음을 전하고 있습니다만, 몇몇 사람들은 부끄러운 자취를 남겨 놓았습니다.

선교하러 간다고 해놓고는 막상 너무 힘드니까 어디론가 도망가 버리고, 선교를 위해 공부하러 가서는 좀 수월한 길을 찾아 돌아오는 사람들도 없지 않아 있습니다. 이들은 성령을 근심되게 할 뿐만 아니라 그들을 보내고 기도한 교회의 뒤통수를 치는 것이나 다름없습니다.

그러므로 한국 교회는 선교사를 파송할 때 과연 성령이 불렀느냐, 과연 성령이 보내었느냐 하는 것을 철저히 확인해야 합니다. 또한 최고의 지도자가 될 만한 사람, 최고의 수준을 가진 사람들을 아낌없이 보낼 수 있도록 기도해야 하겠습니다.

우리는 다음 말씀에서 안수와 소명의 관계를 생각해 볼 수 있습니다.

"주를 섬겨 금식할 때에 성령이 이르시되 내가 불러 시키는 일을 위하여 바나바와 사울을 따로 세우라 하시니 이에 금식하며 기도하고 두 사람에게 안수하여 보내니라"(13:2-3).

안수가 먼저입니까, 소명이 먼저입니까? 성령이 부른 사람을 안수했지, 안수를 했기 때문에 성령이 부른 것이 아닙니다. 안수가 곧 소명은 아니라는 말입니다.

안수라는 것은 성령께서 부른 사람을 공적으로 확인하는 하나의 의식에 지나지 않습니다. 또한 부름 받은 사람의 입장에서는 성령이 자신을 불렀다는 것을 확실히 고백하는 기회입니다. 목사나 장로로 안수 받는 것도 마찬가지입니다. 안수를 받았기 때문에 소명을 받은 것이 아니라 소명을 받았기 때문에 안수를 받는 것입니다.

바나바와 사울이 성령의 보내심을 받았습니다. 실루기아로 내려가서 배를 타고 구브로 섬으로(지금의 사이프러스 섬) 갔습니다. 구브로는 밤빌리아(지금의 터키) 바로 아래에 있는 섬으로, 바나바의 고향이기도 합니다. 그들은 구브로 섬의 동쪽 끝에 위치한 살라미에서 복음을 전파한 후 섬을 가로질러 남서쪽으로 내려가 그 섬의 수도인 바보 항에 이르렀습니다. 그곳에서 총독 서기오 바울에게 하나님의 말씀을 전했습니다. 그리고 나서 바나바 일행은 배를 타고 밤빌리아로 건너갔습니다.

여기에는 우리가 전도나 선교를 계획할 때 참고할 만한 원리가 있습니다. 전도 대상을 정할 때 지연이 있는 곳, 연고가 있는 곳을 먼저 고려하라는 것입니다. 우리가 전도를 하고 싶다면 어디부터 살펴뵈야 합니까? 내가 잘 아는 곳, 나와 가까이 지내는 사람들 아닙니까? 하나님께서는 언제나 가까운 곳부터 시작하도록 하셨습니다.

> "두 사람이 성령의 보내심을 받아…살라미에 이르러 하나님의 말씀을 유대인의 여러 회당에서 전할새…"(13:4-5).

살라미에 이른 전도자들은 누구에게 먼저 복음을 전했습니까? 회당에 들어가서 유대인을 먼저 상대했습니다. 비교적 접근이 쉬운 회당이라는 장소와 환경을 이용해 복음을 전했습니다.

전도자에게 임한 성령 충만

전도를 하려고 하면 사탄의 역사가 필연적으로 따릅니다. 사탄은 전도하는 자를 쫓아다니는 버릇이 있습니다. 그래서 전도하러 나갈 때 무방비 상태로 가면 오히려 영적으로 크게 손해를 보고 돌아오는 수가 있습니다.

"아, 내가 주님을 위해 이렇게 복음을 들고 나가는데, 감히 사탄이 나를 시험하겠느냐?" 하고 제법 용기를 내어 나갑니다. 하지만 사탄의 방해는 그렇게 단순하지가 않습니다. 아주 간교하게 끼어듭니다.

바나바와 사울이 전도할 때도 예외는 아니었습니다. 구브로 섬의 총독 서기오 바울에게 하나님의 말씀을 전할 때 유대인 거짓 선지자가 방해를 했습니다.

"이 마술사 엘루마는(이 이름을 번역하면 마술사라) 그들을 대적하여 총독으로 믿지 못하게 힘쓰니"(13:8).

성령 충만한 바울은 그를 주목하여 꾸짖습니다.

"이르되 모든 거짓과 악행이 가득한 자요 마귀의 자식이요 모든 의의 원수여 주의 바른 길을 굽게 하기를 그치지 아니하겠느냐"(13:10).

바울은 엘루마에게 '모든 거짓과 악행이 가득한 자', '마귀의 자식', '모든 의로운 일에 원수가 된 사람'이라고 호통을 쳤습니다.

복음 전도를 방해하는 자의 실체는 이렇게 악합니다.

전도할 때 복음을 반대하는 사람을 가볍게 여기면 안 됩니다. 이들은 고의로 복음을 반대하고 거역하며, 나중에는 전도자를 핍박하기도 합니다. 사탄은 이런 사람들을 사용하여 전도자의 피를 흘리고, 모든 것을 잃게 만들기도 합니다.

그러나 사탄의 방해에 누가 맞서 역사합니까? 성령께서 바울에게 충만히 임하셨습니다. 위험을 무릅쓰고 헌신하는 그곳에 서 있는 자를 성령께서 지체 없이 사로잡으시며, 충만하게 역사하십니다. 안일한 자리에서 그저 자기 한 몸 편한 것만 생각하고, 복음과 교회를 위해 그 어떤 희생이나 수고가 없는 사람은 성령 충만을 기대해서는 안 됩니다. 몸으로 섬기는 봉사는 하지 않으면서 날마다 기도만 즐기고 있는 사람도 마찬가지입니다.

성경을 보십시오. 언제, 누구에게 성령이 충만히 임합니까? 주님의 영광을 위해 희생하는 현장에서 최선을 다하는 그때, 성령이 그를 사로잡습니다. 그러므로 봉사하지 않는 사람은 성령 충만을 체험하기 어렵습니다.

이름과 리더십이 바뀌다

여기서 중요한 대목이 나옵니다. 사울의 이름이 바울로 바뀝니다.

"바울이라고 하는 사울이 성령이 충만하여 그를 주목하고"(13:9).

이후부터 사울은 '바울'이라는 이름으로 계속 불리게 됩니다. 왜 갑자기 이렇게 이름이 바뀌게 되었을까요? 어떤 사람은 이렇게 이야기합니다. "사울이 변하여 바울이 된 것이다. 예수 믿기 전에는 사울이었으나 예수 믿고 바울이 된 것처럼, 우리도 예수 믿고 변화 받자"고 말입니다. 그러나 이것은 잘못된 해석입니다. 바울은 안디옥 교회에서도 '사울'이었고, 예루살렘 교회에서도 '사울'로 불렸습니다.

사울은 유대식 이름이고, 바울은 로마식 이름입니다. 바울이 지금 어느 지역으로 들어갔는지 먼저 확인해 봅시다. 팔레스타인을 떠나서 안디옥을 거쳐 헬라 지역으로 들어갔습니다. 헬라 지역 사람들에게 '사울'이라는 유대식 이름은 굉장히 어색하게 들렸을 것입니다. 그래서 '바울'이라는 로마식 이름으로 바꾸게 된 것입니다.

당시 헬라 지역에서 이민 생활을 하던 유대인들은 자녀에게 두 개의 이름을 지어 주는 전례가 있었습니다. 생후 8일 만에 받는 할례식에서 유대식 이름을 지어 주고, 9일째에 로마식 이름을 지어 주었습니다. 바울도 마찬가지였을 것입니다. 바울이라는 이름은 '작은 자'라는 뜻입니다. 아주 겸손한 이름입니다. 그래서 "나는 바울입니다" 하는 것은 곧 "나는 소인입니다"라는 말과 같습니다.

사실 13장 9절에서는 사울의 이름이 바울로 바뀐 것보다 더 중요한 사건이 있습니다. 마술사가 복음 증거를 방해하자 사울에게 성령이 충만히 임했고, 그러면서 전도단의 리더십이 바뀐 것입니다. 이전까지는 바나바가 리더였습니다. 이름을 나열할 때 '바나바와 사울'이라고 나온 것을 보면 그렇습니다. 그러나 13장 9절부터 바나바는 뒤로 물러나고, 바울이 리더십을 갖고 일행을 인도하게 됩니다. 13절을 보면 아예 바나바의 이름은 나오지 않습니다.

성령이 바나바에게 임하지 않고 바울에게 역사하신 그때를 기점으로 리더십이 바뀐 것입니다. 이것은 하나님의 뜻이었습니다. 하나님께서 이방의 그릇으로 택하신 사람은 바나바가 아닌 바울이었기 때문입니다. 그러므로 하나님께서 당신의 의도대로 리더십을 옮기신 것이라 볼 수 있습니다. 여기서 두 사람의 우애는 논할 것도 없습니다. 바나바가 깨끗이 하나님의 뜻에 복종하고 바울을 도와 전도 여행을 계속한 것을 보면 알 수 있습니다.

교회 안에는 성령께서 세우시는 리더십이 있습니다. 물론 인간적으로 리더가 되고 싶은 마음에 그저 애써서 리더가 되는 사람도 있지만, 일반적으로 교회 안의 리더십은 성령께서 세우십니다.

인간적인 마음으로는 당연히 비교가 됩니다. 내가 잘못된 것도 없고, 못난 것도 없는데 왜 교회에서는 항상 나보다 저 사람이 인정을 받을까 하는 생각에 시험이 들 수도 있습니다. 그러나 우리는 겸손해야 합니다. 성령께서 쓰시는 사람이 분명하다면 우리는 복종해야 합니다. 그것이 성령께 복종하는 것이요, 교회의 질서에 복종하는 것이요, 자신이 은혜 받는 길입니다. 바나바처럼 말입니다.

57 전도자에게 고난과 능력을 주시다

바울과 및 동행하는 사람들이 바보에서 배 타고 밤빌리아에 있는 버가에 이르니
요한은 그들에게서 떠나 예루살렘으로 돌아가고

_ 사도행전 13:13

바울과 바나바 일행의 1차 전도 여행은 주후 46년에서 48년까지 약 2년 동안 진행된 것으로 보입니다. 예수님이 승천하시고 약 15년 후의 일입니다.

"그들은 버가에서 더 나아가 비시디아 안디옥에 이르러 안식일에 회당에 들어가 앉으니라"(13:14).

14절 말씀을 주의 깊게 살펴봅시다. 버가에서 출발하여 비시디아 지방의 안디옥이라는 성에 이르렀다는 짤막한 말씀은 우리에

게 상당히 중요한 진리를 알려줍니다. 적어도 세 가지 사실 때문에 그렇습니다.

첫째는 "마가 요한이 버가에서 왜 갑자기 중도 하차하고 말았는가?" 하는 것입니다. 마가가 떠나 버린 해안 도시 버가에서는 도대체 어떤 일이 있었는지, 그리고 전도단 일행은 왜 버가를 황급히 떠나 비시디아 안디옥으로 이동했는지 의문을 갖게 됩니다.

둘째는 "바울 일행이 왜 버가와 그 주변 지역인 밤빌리아 지방에서는 전혀 전도하지 않았을까?" 하는 것입니다. 우리 생각에는 버가에 상륙했으면 그 지역 일대를 복음화하고 그후에 다음 지역으로 이동하는 것이 자연스러워 보입니다. 우리나라로 말하자면, 인천에 상륙했으면 경기도 지역에서 어느 정도 복음을 전한 다음 강원도로 넘어가야 마땅합니다. 그런데 왜 인천에 상륙해서 경기도는 건너뛰고 바로 강원도 태백으로 직행했을까요?

셋째는 더 쉬운 코스들이 있는데도 불구하고 태백산맥을 타고 산 속에 있는 어느 도시를 찾아가듯, 하필이면 소아시아에서 여행하기 제일 험난한 길을 택했을까 하는 것입니다. 비시디아 안디옥은 해발 1,200m나 되는 높은 고원지대로, 지형이 험준하고 강도가 출몰하기도 하여 상당한 고생을 각오하지 않고는 들어설 수 없는 곳이었습니다.

이 세 가지 측면을 고려해 볼 때 무언가 곡절이 있었구나 하는 추측을 하지 않을 수 없습니다.

병을 얻은 바울과 좌절한 마가

바울이 나중에 갈라디아 지방에 편지를 썼습니다. 갈라디아 지방은 바울 일행이 복음을 전하지 않고 건너뛴 버가와 해안 지역을 가리킵니다. 그곳에 편지를 쓰면서 바울은 '내가 너희를 처음 만났을 때 너희가 시험에 들 수 있을 정도로 나에게 어떤 육체적인 결함이 있었다'고 했습니다. '그런데도 너희는 나를 천사와 같이 맞이해 주었다'는 말이 있습니다(갈 4:13-14 참조). 버가에서 있었던 일을 말하는 것 같습니다.

이 말씀을 근거로 추측해 볼 때, 바울 일행이 버가에 도착하자마자 해안 도시 특유의 습기와 기후 때문에 바울의 몸에 심각한 이상이 생긴 것으로 보입니다. 보통 기후와 풍토가 맞지 않아 생기는 병은 그 지역을 빨리 벗어나야 나을 수 있습니다.

그래서 일행은 가능한 한 빨리 그 지역을 벗어나야겠다는 판단을 했을 것입니다. 그리고는 바울의 병세를 호전시키기 위해 습기가 적고 공기도 쾌적한 고원지대인 비시디아 안디옥으로 속히 이동한 것이라고 보는 견해가 일반적입니다.

그런데 고원지대로 가는 그 길은 어떤 위험을 당할지 알 수 없는 난코스였습니다. 게다가 병자를 데리고 산맥을 넘어가야 하니 이런 현실 앞에 누가 가장 좌절을 했겠습니까? 수행원인 마가 요한입니다. 그래서 그는 적당한 구실을 찾아 예루살렘으로 돌아가 버리고 말았습니다.

바울이 얼마나 서운했는지 두고두고 이 일을 잊지 못했습니다. 사실 그렇지 않았겠어요? 수종자로 데리고 간 사람이, 가장 가까이에서 그 어려운 고비를 함께 넘겨 주리라 믿었던 사람이 자기가 병들어 있을 때 포기하고 떠나 버렸으니 그 마음에 얼마나 상처를 입었겠습니까? 그러니 바울이 오랫동안 마가를 용서하지 못한 것도 우리는 이해할 수 있을 것 같습니다.

은혜를 감당할 사람

주를 위해 나선 여행에서 왜 이 같은 악조건이 처음부터 따랐을까요? 하나님의 영광을 위해 누구보다 뜨거운 마음으로 헌신하려는 자의 앞길에 왜 이 같은 난제들이 겹겹이 쌓일까요?

하나님의 뜻은 뒤로 미루고 자기가 원하는 대로 살아도 별 어려움 없이 사는 사람이 많은데, 남은 생애를 바쳐 헌신하겠다고 출발한 바울에게 왜 이런 일이 생긴 걸까요? 더욱이 성령의 부르심을 따라 출발한 전도 여행길인데 하나님은 왜 건강을 지켜주지 않으신 걸까요? 바울과 같은 입장에 놓인다면 혼란에 빠지지 않을 사람이 누가 있겠습니까.

마가 요한을 책망만 할 수는 없습니다. 그에게도 젊은 패기가 있고, 그야말로 '나를 위해 십자가에 못박히신 예수 그리스도를 위해서 내 젊음을 불태우리라' 하는 뜨거운 열정이 있었을 텐데, 그런 열정으로 헌신했으면 적어도 시작이 순조롭기를 기대하지 않았을까요? 어찌 보면 버가에서 일이 꽉 막히는 것을 보고 그 마음에 동요가 일어난 것은 당연해 보입니다. 아직 경험이 많이 부족한 젊은이였으니까요.

여기서 우리는 하나님의 어떤 숨은 뜻이 있지 않나 생각하지 않을 수 없습니다. 바울은 어느 누구와도 견줄 수 없이 중요한 일을 맡았습니다. 하나님이 마땅히 천사를 시켜서 일하시든지 아니면 당신 스스로 하셔야 할 일을 연약한 인간에게 맡기셨으니 바울이 그 큰일을 감당하기 위해서는 엄청난 은혜가 필요했습니다. 잘못하면 질그릇처럼 깨져 버릴 위험이 있었기 때문입니다. 그래서 하나님은 그 위험을 고난을 통해서 막으셨습니다. 바울의 말을 들어 보십시오.

"형제들아 내가 그리스도 예수 우리 주 안에서 가진 바 너희에 대한 나의 자랑을 두고 단언하노니 나는 날마다 죽노라"(고전 15:31).

바울이 왜 죽습니까? 누가 죽이는 것입니까, 아니면 스스로 죽는 것입니까? 따지고 보면 하나님이 죽이는 것입니다. 하나님께서는 날마다 바울이 자기 발로 일어서지 못하도록 그를 눌렀습니다. 살 소망이 없을 만큼 큰 고통 가운데서 바울은 드디어 하나님의 능력, 하나님의 은혜를 받아 다시 살아났습니다. 그 은혜가 클수록, 하나님이 맡기시는 일의 무게가 무거워집니다. 이것이 하나님의 독특한 방법입니다.

어떤 사람은 한평생 건강 문제로 씨름하기도 하고, 또 어떤 사람은 어려운 환경 때문에 진통하기도 합니다. 심지어 어떤 사람은 하나님이 그 가족을 먼저 불러 가셔서 크게 절망하는 중에 하나님을 만나기도 합니다.

내게 능력 주시는 자 안에서

이렇듯 하나님이 고난을 허락하시는 이유는 우리가 하나님의 능력으로 일하게 하시기 위함입니다. 사람의 힘으로 하지 않고, 하나님의 능력만 갖고 일하도록 하시기 위함입니다. 자신의 건강을 믿습니까? 자신의 지식을 믿습니까? 자신의 결백을 믿습니까? 하나님은 우리가 자기 자신을 믿는 어떠한 근거도 남겨 두지 않도록 철저히 파헤쳐 버리십니다. 다 비워내 버리고, 텅텅 빈 항아리가 된 다음에 하나님의 능력으로 가득가득 채워 주시기 위해서입니다. 자기 자신은 없고, 하나님이 전부라는 공식이 언제든지 적용되도록 하나님의 사람들을 다루십니다. 바울은 이것을 알았습니다. 그래서 일평생 자신에게 닥친 그 어떤 어려움에도 하나님을 원망한 적이 없습니다.

이쯤 되면 우리 가운데 한둘은 "오 주여, 쓰임받지 않아도 좋사오니 제발 그런 고난은 나에게 없게 해주십시오" 하는 염원이 생길지도 모르겠습니다. 걱정 마십시오. 하나님은 그런 시시한 기도를 하는 사람은 사용하지 않으십니다.

하나님이 교회에서 누구를 쓰실지, 누구에게 중요한 일을 맡기실지는 아무도 모릅니다. 누구에게 가장 귀중한 역할을 맡기실까요? 하나님이 쓰시는 사람들을 가만히 보면, 남모르게 연단 받은 기간이 있었던 것을 볼 수 있습니다. 이들은 고난을 통해 믿음에 붙어 있던 불순물이 깨끗이 제거되어 순금처럼 정제된 사람들입니다.

우리는 흔히 빌립보서 4장 13절 말씀을 잘 알지도 못한 채 암송합니다. "내게 능력 주시는 자 안에서 내가 모든 것을 할 수 있느니라" 하셨는데, 그러면 언제 능력을 주신다는 말입니까? 사실 이 말씀 앞에 더 중요한 말씀이 있습니다.

"나는 비천에 처할 줄도 알고 풍부에 처할 줄도 알아 모든 일 곧 배부름과 배고픔과 풍부와 궁핍에도 처할 줄 아는 일체의 비결을 배웠노라"(빌 4:12).

언제 능력을 주십니까? 내가 비천에 처할 때입니다. 또 언제 주십니까? 내가 풍부에 처할 때입니다. 배부르고 배고플 때, 풍부와 궁핍에 처할 때입니다. 이건 도무지 생활에 안정이 없습니다. 이런 것이 고난입니다.

일평생 가난하게 산다면 그것은 고난이 아닙니다. 왜냐하면 그런 생활이 몸에 익어서 아주 자연스러워지기 때문입니다. 오히려 그런 사람은 단칸방에 살다가 갑자기 50, 60평 아파트에 들어가면 적응을 못 합니다. 바울은 가난했다 부했다, 비천했다 높아졌다 하는 식의 도무지 안정이 안 되는 환경에서 연단을 받으며 진리를 깨달았습니다.

고난이 없는 자리라면 하나님의 능력을 체험할 수 없습니다. 하나님의 능력이 필요하지 않는 자리에서 어떻게 그 능력을 체험할 수 있겠습니까?

요지는 이것입니다. 누구나 말 못할 자신만의 고난이 있습니다. 예수를 믿는데도 잘 풀리지 않는 인생의 문제도 있습니다. 또 예수 믿고 모든 것이 잘 되리라고 생각했는데 오히려 더 악화되어

가는 것을 경험하고 있는지도 모릅니다. 그럴 때 하나님의 비밀스런 뜻이 그 고난 가운데 들어 있음을 기억합시다. 그리고 이렇게 기도합시다.

"하나님 아버지, 제가 당신이 원하시는 일을 할 수 있도록 하기 위해 이런 연단을 주시는 것이면, 하나님이 원하시는 수준이 될 때까지 저를 연단시켜 주소서. 그리고 하나님이 '이제 됐다' 하실 정도가 되었을 때, 제가 일생 동안 하나님께 영광 돌릴 수 있는 귀한 일을 저에게 맡겨 주시옵소서."

반짝반짝 빛나는 믿음

주를 위해 일하려고 하면 많은 어려움이 생깁니다. 그것이 부담스럽습니까? 그러면 도망가면 됩니다. 이 교회가 싫으면 저 교회로 가고, 저 교회가 싫으면 또 다른 교회로 가면 됩니다. 어떤 일을 맡았다가 힘들면 그만두고 또 다른 쉬운 일을 맡으면 그만입니다. 그러나 마가 요한 같은 이런 태도로 어떻게 주님 앞에 설 수 있겠습니까? 바울처럼 자기 몸에 병이 나도, 여행 코스가 험난해도, 하나님의 일을 하는 이상 도중에 절대로 포기하지 않고, 목숨 걸고 끝까지 이 길을 가리라는 자세가 필요합니다.

예수를 믿는데도 고난이 찾아옵니까? 의미 있는 고난입니다. 기도하고 말씀대로 살려고 애쓰는데도 고난이 몰려옵니까? 의미 있는 고난입니다. 낙망하지 마십시오. 낙망할 이유가 하나도 없습니다.

언제 믿음이 반짝반짝 빛나겠습니까? 고난 속에 있을 때입니다. 연단받을 때입니다. 간증하는 분들을 가만히 보십시오. 그들의 믿음이 언제 반짝반짝 빛났습니까? 남편이 실직당할 때, 갑자기 생활이 불안정하게 변할 때, 자녀에게 문제가 생겼을 때, 건강을 잃었을 때 주님과 더 가까워졌다는 것을 수도 없이 듣지 않았습니까? 아직 믿음이 신통치 않다면, 크고 작은 고난을 통해 강도 높은 믿음을 갖기 바랍니다. 고난을 통해 순도 높은 믿음을 가지도록 주님의 이름으로 축언합니다.

하나님은 절대로 우리를 어리석게 다루시지 않습니다. 하나님이 우리를 얼마나 사랑하십니까?

"여인이 어찌 그 젖 먹는 자식을 잊겠으며 자기 태에서 난 아들을 긍휼히 여기지 않겠느냐 그들은 혹시 잊을지라도 나는 너를 잊지 아니할 것이라 내가 너를 내 손바닥에 새겼고 너의 성벽이 항상 내 앞에 있나니"(사 49:15-16).

그분의 사랑이 얼마나 큰지요. 그런데 하나님이 손가락 끝으로 살짝 튀기기만 해도 금방 사라져 버릴 고난들이 왜 계속 우리에게 남아 있습니까? 왜 하나님이 그 고난을 거두시지 않습니까? 왜 우리의 기도를 속히 이루어 주시지 않습니까? 무언가 더 크고 비밀스런 은혜를 주시기 위한 하나님의 계획 가운데 우리가 서 있음을 잊지 마십시오. 우리를 향한 하나님의 생각은 평안이요, 재앙이 아닙니다. 우리에게 미래와 희망을 주시는 것입니다(렘 29:11 참조).

58 거절하는 유대인, 기뻐하는 이방인

바울과 바나바가 담대히 말하여 이르되
하나님의 말씀을 마땅히 먼저 너희에게 전할 것이로되
너희가 그것을 버리고 영생을 얻기에 합당하지 않은 자로 자처하기로
우리가 이방인에게로 향하노라
_ 사도행전 13:46

바울과 바나바가 안식일에 비시디아 안디옥에 있는 회당에 들어갔습니다. 회당에 들어가 앉아 있던 바울 일행에게 말할 기회가 주어졌습니다. 이 장면은 당시 유대의 문화적 배경을 알면 좀 더 쉽게 그림이 그려집니다.

회당에서 열리는 집회는 먼저 하나님께 찬양 드리고, 구약성경 두 곳을 낭독하는 순서로 진행되었습니다. 율법서 중에서 한 곳과 선지서 중 한 곳을 차례로 읽습니다. 그러고 나서 집회에 참석한 사람들 가운데 유명한 사람이나 특별 방문한 손님, 그리고 특

별히 할 말이 있다고 요청하는 사람들 중 회당장이 적절한 사람을 선택해 말할 기회를 줍니다. 발언할 기회를 얻은 사람은 낭독한 말씀에 대한 해석이나 교훈을 나누기도 하고, 자신의 생각을 연설하기도 했습니다.

비시디아 안디옥의 회당이 얼마나 컸는지는 모르지만 수십 명 정도는 모여 있지 않았나 싶습니다. 그런데 뒤에 앉은 바울과 바나바가 아무래도 좀 낯선 손님 같고, 또 무엇인가 할 말이 있어 보여서 회당장이 이들에게 기회를 준 것 같습니다.

"형제들아 만일 백성을 권할 말이 있거든 말하라 하니"(13:15하).

회당에서 말할 기회를 얻다

바울은 가는 곳마다 회당의 전통을 잘 이용했습니다. 이번에도 기다렸다는 듯이 '일어나 손짓을 하며' 청중에게 복음을 전하기 시작합니다.

바울과 바나바가 전도할 때 성령은 항상 누구에게 더 강하게 역사했습니까? 바울입니다. 왜냐하면 이방 지역은 바울의 '교구'이기 때문입니다. 다락방이나 주일학교, 교회의 어떤 부서에서 일을 할 때 자신에게 기회가 주어지고 '내가 해야 되겠다' 하는 마음이 일어나면 성령께서 나를 사용하신다고 믿고 자신 있게 하십시오. 큰일이나 작은 일이나 하나님은 일을 맡기실 때 절대 혼동하지 않으십니다.

또 어떤 사람이 일을 하도록 하나님께 허락을 받았으면 모두 그 사람의 권위에 순종해야 합니다. 바나바는 하나님의 뜻에 순종했습니다. 아무리 나이가 많아도 바울을 따르고, 순종하고, 협조했습니다.

교회 안에서 이 같은 질서를 지킬 때 얼마나 수준 높은 영성이 필요한지 모릅니다. 사탄은 어떻게 해서든 이런 영적 질서를 깨뜨리려고 합니다. 인간적으로 보면 어디까지나 바나바가 선임자요 윗사람이기에 바울이 대표로 나서서 말하는 것은 어찌 보면 기분 상할 일입니다. 만약 바나바가 화를 내며 "왜 네가 자꾸 나가니? 내가 나가서 말할 수도 있는데, 기회가 올 때마다 너만 나서니?" 하며 옥신각신 싸웠다고 상상해 보십시오. 이 얼마나 추태입니까? 그러나 바나바는 성령이 누구를 지목하고 계신지 분명히 알았고 질서에 따랐습니다. 바나바가 순종한 대상은 바울이 아니라 성령이었습니다.

바울이 회당 안을 메운 사람들을 쓱 훑어 보니 두 종류의 사람들이 앉아 있었습니다. 복음을 전하기에 앞서 그 대상을 파악한 것입니다. 상대를 파악하는 것은 중요합니다.

바울은 청중을 의도적으로 구분했습니다. '이스라엘 사람들'과 '하나님을 경외하는 사람들'로 나누었습니다. '이스라엘 사람들'은 이방 지역에 흩어져 사는 유대인 교포들을 부르는 말이고, '하나님을 경외하는 사람들'은 이방인이면서도 유대교로 개종한 사람들을 의미합니다. 당시 유대인 회당에는 이렇게 두 부류의 사람들이 섞여 있었습니다. 이방인이라도 할례를 받고 몇 가지 절차만 거치면 유대인과 함께 살 수 있었고, 하나님 앞에 예배드릴 수 있는 사람으로 인정받았습니다.

바울은 이스라엘 사람들이 복음을 거의 믿지 않으리라는 것을 예측하고 있었습니다. 뿐만 아니라 오히려 강한 반대가 일어나리라는 것도 미리 알고 있었고, 만약 믿는 사람들이 나온다면 이방인 출신의 유대교인 가운데서 나오리라고 보았습니다. 그래서 처음부터 청중을 두 부류로 나누어 선을 그어 놓고 이야기한 것입니다. 굉장한 전략입니다. 바울은 이후에도 일부러 유대인과 유대교를 믿는 이방인 간에 갈등을 일으켜 싸움을 붙이는 전략을 썼습니다.

메시아가 이미 오셨다

바울이 설교를 얼마나 많이 했을까요? 가는 곳마다, 도시마다, 회당마다, 심지어 로마 감옥에서까지 얼마나 많은 메시지를 전했겠습니까? 그러나 성경에 그 내용이 처음부터 끝까지 온전히 기록된 것은 그가 안디옥 회당에서 전한 이 첫 메시지뿐입니다. 이후의 설교들은 이 메시지와 대동소이하지 않을까 생각됩니다.

바울이 어떠한 호흡으로 메시지를 전했는지 간단히 살펴보겠습니다. 바울은 우선 구약사를 요약했습니다. '구약 역사는 분명한 목적이 있다'는 것을 말하기 위해서입니다. 그 목적은 무엇일까요?

"하나님이 약속하신 대로 이 사람의 후손에서 이스라엘을 위하여 구주를 세우셨으니 곧 예수라"(13:23).

구약 역사는 완성되었습니다. 예수 그리스도가 이 땅에 오심으로써 하나님의 약속이 실현된 것입니다. 사실 이 메시지는 회당에 앉아 있는 유대인들을 강하게 찌르는 말이었습니다. 유대인들은 아직도 메시아를 기다리며 모세오경과 선지서를 읽고 있었기 때문입니다. 아마도 바울이 보기에 그들은 얼굴에 수건을 쓰고 있는 사람처럼 답답해 보였을 것입니다.

바울이 말합니다. "예수라는 분이 오셨는데, 그는 다윗의 씨에서 난 자요, 하나님께서 보내 주겠다고 약속하신 인류의 메시아이시다. 구약은 이 메시아를 우리에게 보내주기 위한 하나의 채널로서 수천 년간 이어 내려왔지만 이제 예수 그리스도가 오셨으니 구약은 완성되었다. 이제 구약은 그만 보고, 오신 메시아 예수를 바라보라!"는 뉘앙스가 메시지에 강하게 담겨 있습니다.

구약은 이미 달성된 역사의 기록입니다. 그렇다면 신약은 어떤 목적을 가지고 있을까요? 그것은 비로 예수 그리스도의 재림과 함께 이뤄질 재림하실 예수 그리스도를 바라보고, 그분을 통해 이뤄질 하나님 나라를 대망하는 것이 목적입니다. '주후 몇 년' 하면서 이어 온 이 역사가 그러합니다. 기독교는 윤회설처럼 끝없이 무의미하게 반복되는 역사가 아닙니다. 분명히 끝이 있고 목적이 있습니다.

세상 사람들과 예수 믿는 사람들의 차이점은 역사를 보는 눈이 다르다는 것입니다. 세상 사람들은 역사란 흐르고 흘러 그저 옛일이 다시 반복될 뿐, 어떤 정착점이 있는 것이 아니라고 생각합니다. 반면 그리스도인은 목적의식을 가지고 사는 사람입니다.

입시를 준비하는 학생에게는 합격이라는 분명한 목표가 있습니다. 생활 패턴이 완전히 달라집니다. 뚜렷한 목표가 눈앞에 있고, 그것을 이루기 위해 몸부림칩니다. 어떤 때는 잠도 잘 못 자고, 먹고 싶어도 못 먹고, 놀고 싶어도 못 놉니다. 아무리 하고 싶은 것이 있어도 참습니다. 길을 가면서도 무언가 외우느라 입을 중얼중얼 합니다. 자세가 다릅니다.

믿는 사람과 안 믿는 사람의 삶도 당연히 다릅니다. 믿는 사람은 주님이 오실 것을 기다리는 사람이요, 세상의 종말이 온다는 것을 알고 있는 사람입니다. 그날에 세상이 분명히 심판받을 것도 확신하고 있습니다. 그러니 어떻게 세상 사람들처럼 살겠습니까? 잠자는 것이, 먹고 즐기는 모습이 어떻게 세상 사람과 같겠습니까?

그리스도인이라고 하면서도 목적의식이 분명하지 않다면 신앙생활은 짐이 될 뿐입니다. 무슨 재미로 신앙생활 합니까? 남들처럼 즐기면서 살고 싶은데 무엇 때문에 말씀대로 살겠다고 애를 쓰겠습니까? 그러니 믿음이 없이, 확신 없이 신앙생활 하는 사람만큼 피곤한 사람도 없을 것입니다.

예수가 바로 그 메시아다

바울은 그의 메시지에서 먼저 구약이 완성되었음을 선포하고, 뒤이어 예수 그리스도 바로 직전에 세례 요한이 예수님을 증거했다는 사실을 이야기합니다. 바울이 이 이야기를 특별히 한 이유가 있습니다. 당시 세례 요한이 워낙 유명했기 때문에 이방에 있는 유대인들과 유대교를 믿는 사람들이 그와 관련된 소문을 들었고, 많은 사람들이 세례 요한이 메시아가 아닌가 착각했기 때문입니다. 바울은 세례 요한이 누구인지 분명히 말했습니다. 세례 요한 스스로 "나는 그리스도가 아니요 내 뒤에 오시는 이가 있는데 그분이 그리스도라"(13:25 참조)고 말한 것을 입증했습니다. 그러고 나서야 바울은 복음의 핵심을 그들에게 전하기 시작했습니다.

> "예루살렘에 사는 자들과 그들 관리들이 예수와 및 안식일마다 외우는 바 선지자들의 말을 알지 못하므로 예수를 정죄하여 선지자들의 말을 응하게 하였도다"(13:27).

참 기가 막힌 말씀입니다. 예수 그리스도가 오셨고 또 하나님이 예수님을 통해 구원의 말씀을 우리에게 보여 주셨지만, 그러나 예루살렘에 사는 자들과 관원들, 즉 유대인들은 성경을 많이 알고 외웠어도 선지자의 말을 알지 못했습니다. 유대인들이 성경을 얼마나 많이 외웁니까? 웬만한 것은 다 외울 정도로 어릴 때부터 훈련합니다. 그러니 그 내용을 얼마나 철저히 알겠습니까? 그런데도 선지자들의 말을 알지 못했다니 기가 막힐 따름입니다.

읽어도 모르는 말씀이 있습니다. 외워도 모르는 말씀이 있습니다. 교회 나와서 말씀을 듣는다고 다 아는 것도 아니요, 성경을 펴 놓고 읽는다고 다 아는 것도 아니요, 외운다고 그 말씀을 다 아는 것도 아닙니다. 당시에 비하면 오늘날 우리는 훨씬 낫습니다. 성령이 우리 안에서 깨닫게 하시기 때문입니다.

유대인들은 성경의 내용을 다 암기하다시피 했지만 그 말씀의 진수를 몰랐습니다. 말씀의 깊은 진리를 몰랐습니다. 선지자들의 글을 알지 못했다는 것은 예수 그리스도에 대해 전혀 몰랐다는 이야기입니다. 유대인들은 '주여, 주여' 하며 안식일마다 말씀을 외웠지만 구약을 바로 이해하지 못했기 때문에 예수를 알 수가 없었습니다. 그러한 무지 때문에 그들은 예수를 십자가에 못박아 죽이고 만 것입니다. 그렇지만 하나님은 절대로 패배하시는 법이 없습니다. 하나님은 그를 죽은 자 가운데서 살리셨다고 했습니다.

"하나님이 죽은 자 가운데서 그를 살리신지라"(13:30).

바울이 전한 메시지는 상당히 논리적입니다. "유대인들이 몰라서 예수를 죽였지만 하나님은 절대로 패배하시지 아니하며 거기에 굴복하시지 않고 그를 죽음에서 일으켰다"면서 "그리고 죽음에서 예수님이 일어나신 다음에 그의 사랑하는 제자들에게 여러 날 보이셨고 그 제자들은 가는 곳마다 예수님이 살아나셨다는 것을 증거하는 증인이 되었다"고 말합니다. 그다음 32절 이하에서는 예수님이 죽음 가운데서 부활하신 것은 즉흥적으로 생긴 일도 아니요, 우연하게 일어난 사건도 아니라 구약에서 하나님이 예언한 그대로 이루어진 사실이라는 것을 성경을 들어 논증합니다. 41절까지 말씀을 살펴보면 바울은 일곱 번이나 구약을 인용했습니다. '시편에서 이렇게 말씀하시기를', '선지자에게 이렇게 말씀하시기를', '주님께서 이렇게 말씀하시기를', '다윗을 통해서 이렇게 말씀하시기를' 하며 성경을 인용하면서 하나님께서 말씀하신 그대로 예수 그리스도가 부활하시고 살아나셨다는 논증을 펼칩니다.

논증을 하는 바울의 모습을 한번 그려 봅시다. 당시의 성경은 두루마리 형태였습니다. 그러므로 말씀을 찾아내는 것은 요원한 일이었을 것이며, 그러므로 인용한 성경 구절은 그가 전부 다 외운 말씀이었을 것입니다. 바울이 그 날카로운 눈매를 가지고 사람들을 꿰뚫어 보면서 예수님의 십자가와 부활을 전합니다.

> "자, 구약에 이렇게 말씀하지 않았느냐? 말씀대로 예수 그리스도가 장사 되었다가 살아나셨다. 다윗의 입을 통해서 하신 말씀을 보라. 내가 사랑하는 자를 썩지 않게 하시겠다고 하신 말씀이 누구를 가리키냐? 다윗이 아니다. 예수 그리스도다. 예수님이 살아나셨다"(13:34-37 참조).

그리고 예수님의 십자가와 부활을 전한 다음 결론을 맺습니다.

> "다윗은 당시에 하나님의 뜻을 따라 섬기다가 잠들어 그 조상들과 함께 묻혀 썩음을 당하였으되 하나님께서 살리신 이는 썩음을 당하지 아니하였나니 그러므로 형제들아 너희가 알 것은 이 사람을 힘입어 죄 사함을 너희에게 전하는 이것이며"(13:36-38).

바울은 37절까지 구약의 역사를 배경으로 예수 그리스도를 쭉 설명하고는, 이렇게 소개한 예수 그리스도가 우리와 무슨 관계가 있는지를 '그러므로' 이후에 설명합니다. 그리고 전하고자 하는 복음은 바로 이것이라 하며 "모세의 율법으로 너희가 의롭다 하심을 얻지 못하던 모든 일에도 이 사람을 힘입어 믿는 자마다 의롭다 하심을 얻는 이것이라"고 말합니다.

바울은 율법에 정통한 자였습니다. 율법에 대해 분명하고도 너무나 잘 알고 있었기 때문에 더 힘 주어 말했을 것입니다. 그는 아무리 율법을 지켜도 의롭다 함을 받을 수 없다 하는 것을 분명히 이야기합니다. 그의 메시지에 반박할 사람은 한 명도 없었습니다. 왜냐하면 율법은 아무리 지키려고 해도 지키지 못할 뿐 아니라, 오늘은 지킨다 하더라도 내일은 장담할 수 없기에 자기가 용서받았다는 확신이 전혀 안 생기기 때문입니다. 유대인들도 율법의 이와 같은 속성에서 자유롭지 못했습니다. 바울은 유대인의 이 부분을 찔렀습니다.

"너희가 아무리 율법을 성전에서 외우고 읽고 그대로 지킨다고 하지만, 그 율법 때문에 너희들이 의롭다 함을 받은 일이 있느냐? 한번도 없지 않으냐? 그러므로 예수 그리스도를 믿으라. 그리하면 너희의 모든 죄가 사함을 받을 것이요 하나님 앞에 의롭다 함을 얻을 것이라."

바울은 아마도 이런 형태로 메시지를 전하지 않았을까 생각됩니다. 그리고 이 말씀을 하고 나서 침묵한 것 같습니다. 사람들을 가만히 쳐다보고 있었을지도 모릅니다.

말씀을 마친 바울의 눈에 비친 사람들은 두 부류였습니다. 말씀을 듣고 깨달은 사람과 그렇지 않은 사람들이었습니다. 성령께서 구원하기를 기뻐하신 사람의 마음은 환히 열려 마음 깊숙한 곳에서 고백이 흘러나왔을 것입니다. "아, 예수님이 메시아로 오셨구나. 이때까지 우리가 모르고 있었구나. 그 메시아가 오셨다면 그 메시아는 나의 죄를 용서하실 수 있는 분이구나. 내가 그분을 믿어야 되겠다." 굉장히 얼굴에 진지한 모습이 나타났을 것입니다.

　반면 회당장을 포함해 일부 유대인들은 피식피식 웃으면서 옆 사람과 무엇인가 속닥거리고 받아들이지 않는 기색이 역력했을 것입니다. 그래서 바울은 그들을 향해 경고의 말씀을 전했습니다.

　"그런즉 너희는 선지자들을 통하여 말씀하신 것이 너희에게 미칠까 삼가라"(13:40).

　"이 말씀을 멸시하는 사람들, 하나님의 말씀을 멸시하는 사람들은 나중에 하나님의 심판이 너희에게 임하리라"는 선지자의 글을 인용해 분명한 경고를 합니다. 바울은 복음을 가지고 사람들에게 절대로 아부하지 않았습니다. 행여나 믿을까 싶어서 벌벌 떠는 사람도 아니었고, 믿도록 하느라 감언이설로 설명하는 사람도 아니었습니다. 오직 "예수 믿으라. 그리하면 너희가 죄 사함을 받을 것이다. 믿지 아니하면 심판이 임할 것이다"고 엄숙하게 경고했습니다. 복음을 증거하는 자에게는 이와 같은 긍지와 권위가 있어야 합니다. 전도는 세상 사람들에게 아부하는 것이 아닙니다. 세상 사람들의 비위를 맞추는 것은 더더욱 아닙니다. 예수 그리스도의 십자가와 부활, 그분이 바로 우리의 구원자라는 것을 전하고, 그것을 믿지 않으며, 자신이 책임져야 된다는 것을 분명히 밝히는 것입니다.

하나님을 찬송하고 다 믿더라

바울의 설교는 베드로의 설교와 닮았습니다. 베드로도 처음에는 구약의 역사를 들어 설명했고, 이어서 "너희가 몰라서 예수 그리스도를 십자가에 못 박았지만 하나님이 그를 다시 살리셨다"고 선포했습니다. 그리고 '이 일에 우리가 증인'이라고 증언했습니다.

성령은 두 가지 말을 하지 않습니다. 성령이 말씀하게 하실 때는 전하는 자들이 제각각 지적 수준도 다르고, 문화적 배경도 달라 여러 가지 면에서 차이가 있어도 핵심 메시지는 꼭 같습니다. 베드로가 전하든 바울이 전하든, 구브로에서 전하든 안디옥에서 전하든 복음은 꼭 같습니다.

복음은 항상 하나입니다. 오늘도 성령은 수천, 수만의 성도들 마음속에서 살아 역사하십니다. 그들이 같은 복음을 말하게 하십니다. 그 성령을 찬양합시다. 같은 말을 하게 하시는 성령이 교회 안에 거하심을 찬양합시다.

"너희는 거룩하신 자에게서 기름부음을 받고 모든 것을 아느니라"(요일 2:20).

성령이 깨닫게 하시면 우리는 다 알 수 있습니다. 우리를 하나 되게 하시는 성령의 역사, 같은 말을 하게 하시는 역사가 얼마나 감사한지요. 주도 하나요, 하나님도 하나요, 세례도 하나요, 믿음도 하나요, 교회도 하나입니다. 성령께서 우리를 하나 되게 하시기 때문에 오늘 우리가 함께 기뻐하고 함께 찬양할 수 있는 것입니다.

바나바나 바울이나 베드로나 다른 것이 하나도 없었습니다. 마음속에 성령이 계시나요? 바울의 메시지가 참 진리라 여겨집니까? 그렇다면 바울의 마음에 역사하신 성령이 오늘 우리 마음에도 역사하고 계십니다. 이 성령은 세상 끝 날까지 교회를 떠나지 않고 우리를 하나 되게 하실 것입니다.

바울의 설교가 끝나자 사람들이 몰려와 다음 안식일에도 말씀을 전해 달라고 부탁했습니다. 심지어 바울과 바나바의 숙소까지 따라와 그들은 장시간 토의를 했던 것 같습니다. 그리고 그들이 믿었습니다. 복음의 능력은 정말 대단합니다. 회당에서 복음을 들은 사람들은 한 주간 동안 가만히 있지를 못했습니다. 온 성을 다니면서 사방에 소문을 퍼뜨렸습니다. 그 결과 '그다음 안식일에는 온 시민이 거의 다 하나님 말씀을 듣고자' 회당에 모였습니다. 그 성의 규모가 어느 정도였는지는 잘 모르지만 회당이 꽉 차고도 넘쳤을 것입니다.

그래서 바울이 다시 한 번 복음을 증거하는데 이번에는 반대가 일어납니다. 유대인들이 시기가 가득해서 바울의 말을 반박하고 비방했습니다. 그러자 바울은 유대인과 이방인 사이에 싸움을 붙이는 전략을 사용합니다.

"바울과 바나바가 담대히 말하여 이르되 하나님의 말씀을 마땅히 먼저 너희에게 전할 것이로되 너희가 그것을 버리고 영생을 얻기에 합당하지 않은 자로 자처하기로 우리가 이방인에게로 향하노라"(13:46).

유대인들이 반대를 하고 일어나니까 "우리가 너희에게 복음을 전하고 싶지만 너희가 거부하니까 우리는 이제 이방인에게로 간다"고 한 것입니다. 이방인들은 좋아했지만 유대인들은 화가 치밀어 올랐습니다.

이 말을 듣고 기뻐한 이방인들에게는 하나님을 찬송하는 역사와 복음을 믿게 되는 놀라운 일들이 벌어졌습니다. 복음의 능력이 이렇습니다. 우리가 증거하는 말이 어떤 때는 서툴 수 있고, 어떤 때는 마음만큼 다 말하지 못해 아쉽고 안타까울 수도 있지만, 그런 중에도 예수 그리스도의 이름이 누군가의 마음에 콱 들어가 박혀 굉장한 일이 벌어집니다. 안 믿을 것 같은 사람이 믿고 돌아옵니다.

 우리는 복음의 능력을 짐작할 수가 없습니다. 그러니 복음을 전할 때 주저하지 마십시오. 복음은 잠자던 사람을 일으킵니다. 죽은 자를 살립니다. 어두운 마음에 빛을 비추어 줍니다. 예수 그리스도의 십자가와 부활, 누구든지 그를 믿으면 죄 사함 받는다고 하는 이 자유의 선언, 믿기만 하면 하나님의 자녀가 된다고 하는 영광스러운 축복이 바로 복음입니다. 이 복음이 단단한 돌 같은 마음을 깨뜨리고 들어가기만 하면 그 사람 속에서 새 창조와 기적의 역사가 일어납니다. 이 능력은 오늘도 교회 안에 있습니다.

바울에게 역사한 그 능력이 오늘 우리에게도 역사합니다. 우리가 복음을 전할 때는 이처럼 사람들이 변화되는 역사도 있지만, 동시에 강한 반대와 비방을 일삼는 사람도 나타납니다.

교회는 그들이 던지는 돌멩이를 맞아야 합니다. 교회가 잠잠하면 돌멩이가 날아오질 않습니다. 복음의 능력이 강하게 나타나면 반대자도 강하게 나타날 수밖에 없습니다. 반대가 많이 일어난다는 것은 그만큼 복음이 강력하다는 것입니다.

사
도
행
전
14
장

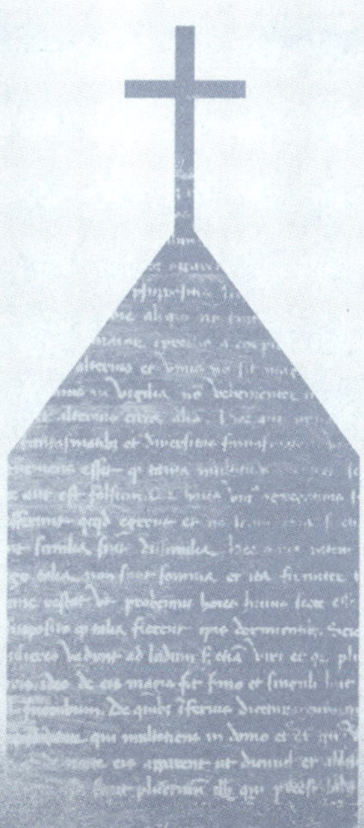

59 구약을 모르는 이방인에게 전도하다

이르되 여러분이여 어찌하여 이러한 일을 하느냐 우리도 여러분과 같은
성정을 가진 사람이라 여러분에게 복음을 전하는 것은 이런 헛된 일을 버리고
천지와 바다와 그 가운데 만물을 지으시고 살아 계신 하나님께로 돌아오게 함이라

_ 사도행전 14:15

바울의 1차 전도 여행, 즉 소아시아에서의 선교가 막바지에
이르렀습니다. 루스드라는 이 여행의 종착점과도 같습니다. 루스
드라에서 돌이켜서 이제까지 걸어온 길로 되돌아가 다시 더베를
지나 고향을 향해 가는 코스가 시작되었기 때문입니다.

바울이 루스드라에서 걷지 못하는 자를 고친 사건은 베드로가
성전 미문에 앉은 걷지 못하는 자를 고친 사건과 비교가 됩니다.
베드로가 예루살렘 성전 미문 앞에서 만난 사람은 믿음이 전혀 없
는 사람이었습니다. 돈만 구하는, 전혀 준비가 안 돼 있는 사람이
었습니다. 그 사람을 하나님이 고치신 것입니다. 그러나 루스드라

에서 만난 사람은 바울이 설교하는 것을 듣고 있었습니다.

> "바울이 말하는 것을 듣거늘 바울이 주목하여 구원 받을 만한 믿음이
> 그에게 있는 것을 보고"(14:9).

바울이 어디서 설교를 했는지는 모르지만 상당히 많은 사람들이 모여 있었던 것 같습니다. 아마도 도심의 어떤 광장이나 시장이 아니었을까 생각됩니다. 왜냐하면 이 사람도 보나마나 구걸을 하고 있었을 테니까요. 이 사람이 마침 바울과 시선이 잘 마주칠 수 있는 지점에 앉아 있었던 것 같습니다.

루스드라에서 일어난 기적

설교를 하는 바울의 눈길이 자꾸만 걷지 못하는 사람에게 갔습니다. 이것도 성령의 역사입니다. 성령께서 베드로와 요한의 시선을 미문에 앉은 걷지 못하는 자에게로 갑자기 집중시켜서 가던 길을 멈추게 한 것처럼, 성령이 바울의 마음을 지배했습니다. 그 사람이 설교를 아주 귀담아듣는 것을 보니 그 마음에 성령이 일하고 계신다는 사실을 직감적으로 알 수 있었습니다. 그래서 바울이 '구원 받을 만한 믿음이 그에게 있는 것을 보았다'고 한 것입니다.

바울이 사람을 꿰뚫어 보는 신통한 능력이 있었던 것은 아닙니다. 전도를 할 때나 설교를 할 때나 또는 성경 공부를 할 때 자주 느끼는 것이 있습니다. 특별히 그 시간에 마음을 여는 사람은 금방

알아볼 수 있습니다. 하나님께서 저 사람의 마음에서 일하시는구나 하는 것을 느낍니다.

바울은 그 사람의 그 눈동자, 그 표정, 그 간절한 모습에서 구원 얻을 만한 믿음이 있는 것을 보았습니다. '구원받을 만한 믿음'이라는 표현이 마치 영혼의 구원을 얻을 만한 믿음인 것같이 보이지만 실제 원문은 '고침을 받을 만한 믿음'입니다. 그를 본 바울이 무슨 설교를 했는지는 모르겠습니다. 예수 그리스도가 이 세상에 오셔서 갖가지 병든 자들을 고치시고 죽은 자를 살리시며 바다를 잔잔케 하신 내용이었는지도 모릅니다. 그 사람은 그 메시지를 들으며 "아, 예수님이 나에게 오시면 나의 이 병을 고칠 수 있겠구나" 하는 어떤 강한 확신을 가졌을 것임이 분명합니다. 그리고 바울은 그의 확신 속에서 병 고침을 받을 만한 믿음이 있는 것을 보았을 것입니다. 그는 큰소리로 말했습니다. "네 발로 바로 일어서라"고 말입니다.

바울과 베드로가 걷지 못하는 자를 일으킨 두 사건에서 볼 수 있듯이 성경에는 믿음이 있어서 고침을 받는 경우와 믿음이 없는데도 고침을 받는 두 가지 유형이 나옵니다. 왜 하나님께서는 믿음이 없는 경우에도 고치시는 걸까요? 그 대답은 3절입니다.

> "두 사도가 오래 있어 주를 힘입어 담대히 말하니 주께서 그들의 손으로 표적과 기사를 행하게 하여 주사 자기 은혜의 말씀을 증언하시니"(14:3).

두 사도가 복음을 전할 때 하나님께서 그들의 손으로 표적과 기사를 행하게 하여 주셨다는 것은, 하나님의 말씀이 더 잘 증거될 수 있도록 표적과 기사가 도구로 사용됐다는 뜻입니다.

걷지 못하는 자가 고침을 받자 희한한 일이 벌어졌습니다. 온 장안에 있는 사람들이 모여 바울과 바나바를 신처럼 모시기 시작했습니다. 처음에 두 사도는 무슨 일이 벌어지고 있는지 제대로 알지 못했습니다. 원주민의 말을 알아듣지 못했기 때문입니다. 당시 사람들은 자기 지방 말과 공용어인 헬라어 두 가지를 사용했습니다. 그러니 자기들끼리 나누는 일상적인 대화는 자기 고장의 말로 하지 않았겠습니까? 사람들이 하는 말을 못 알아듣다가 가만히 보니 자기들을 신처럼 떠받들어 제사를 지내려는 것을 보고서야 깜짝 놀라게 되었습니다.

이 사건에서 참 재미있는 것은 그들이 바나바를 제우스로, 바울을 헤르메스로 지칭했다는 것입니다. 제우스는 헬라 최고의 신이었고, 헤르메스는 그의 아들로 전령사 역할을 했습니다. 자기 아버지 앞에서 말하는 자요, 선포하는 역할을 하는 신이 헤르메스였습니다. 사람들은 아마도 기회가 있을 때마다 말하는 바울을 보고는 바나바의 대변자로 알았던 모양입니다. 이와 더불어 바나바가 바울보다는 풍채가 훨씬 좋았던 것 같습니다. 말 안 하고 가만히 있어도 사람들에게 은근히 좋은 인상을 주었던 것 같습니다. 사람들은 "야, 저 사람은 정말 제우스 신 같구나" 하고 느꼈을 것입니다.

영광은 하나님의 것

"두 사도 바나바와 바울이 듣고 옷을 찢고 무리 가운데 뛰어 들어가
　서 소리 질러"(14:14).

사람들이 모여들어 제사를 지내려고 할 때 바나바와 바울의
태도를 보십시오. 얼마나 당황합니까? 옷을 찢고 군중 속으로 뛰
어 들어갔습니다. 적극적으로 말렸습니다. 걷지 못하는 자를 고친
신이 바울입니까? 그렇지 않습니다. 하나님입니다. 두 사도가 알고
그랬든 모르고 그랬든 하나님께서 받으셔야 할 영광을 자신들이
받는다면 그것은 하나님 앞에 큰 죄가 되었을 것입니다. 그래서 바
울과 바나바는 옷을 찢고 뛰어 들어가 말렸습니다.

예수님께서 가르쳐 주신 주기도문의 마지막을 떠올려 봅시다.
나라와 권세와 영광이 누구에게 있습니까? 그리고 언제 있습니까?
'아버지께' 그리고 '영원히'입니다. 이것은 하나님의 자녀들이 항
상 지향해야 할 최고의 삶입니다. 내가 전도해서 아무리 많은 사람
이 구원을 받았다 해도 영광은 하나님께 돌려야 합니다. 수많은 표
적과 기사가 내 손을 통해서 나타난다 할지라도 영광은 하나님의
손에 드려야 합니다. 만약 그렇게 안 되면 바울처럼 자기 옷을 찢
어야 합니다.

하나님께서 은혜를 주셔서 교회가 크게 부흥하고 또 그 교회
를 통해 하나님의 일이 온 사방에 퍼질 때, 그 교회 담임 목사가 너
무 호화로운 대접을 받고 하나님처럼 떠받들리는 인상이 풍긴다면
참 큰일입니다. 모든 영광은 하나님께 돌아가야 하는데 인간이 부

각된다면 문제가 심각합니다. 이것은 교회에도 불행한 일이요, 그 자신에게도 불행한 일입니다.

◀)) 우리는 모두 작은 일에든, 큰일에든 쓰임을 받고 있습니다. 하나님께 돌려야 할 영광이 조금이라도 내게 온다고 느껴질 때는 옷을 찢을 각오를 해야 합니다. '오직 영광은 하나님께'라는 정신이 없다면 하나님 나라의 일을 할 자격이 없습니다. 자신이 무엇을 좀 했다고 대우받기를 바란다든지, 마땅히 자신이 그 대가를 받아야 될 것처럼 거드름을 피운다면 그는 일할 자격이 없는 사람이요, 차라리 일하지 않는 것이 더 나을지 모릅니다.

바울과 바나바를 보십시오. 그렇게 하나님 앞에 쓰임 받는데도 얼마나 기가 막힌 수모를 당합니까? 그 모든 눈물과 고통은 하나님만이 위로해 주실 수 있습니다.

구약을 모르는 이들에게

바울이 전한 이 메시지는 이전과는 전혀 다른 독특한 메시지입니다. 그도 그럴 것이 마구 악을 쓰고 고함을 치며 전하는 메시지였기 때문입니다. 제사를 막으며 사람들을 뜯어 말리며 전하는 메시지였습니다. 게다가 그 대상 또한 특별했습니다.

지금까지 성경에 나타난 바울의 공식적인 메시지의 대상은 정통 유대인과 유대교로 개종한 이방인들이었습니다. 그들은 어느 정도 바울과 배경이 같고 말이 통하는 사람들이었습니다. 그러나 이날 바울 앞에 선 사람들은 이방 종교를 믿는 이교도들이었습니다.

성전이나 회당에서 메시지를 전할 때는 주로 무엇부터 시작했습니까? 이스라엘 역사 곧, 구약을 인용했습니다. 유대인에게 메시아를 보내 주겠다는 하나님의 약속이 있었음을 말하고, 그 메시아가 바로 나사렛 예수 그리스도라는 것을 입증했습니다. 그분을 믿어야 죄 사함 받고 의롭다 함을 받을 수 있다는 메시지였습니다. 그런데 루스드라에서 전한 메시지는 전혀 다릅니다.

"이르되 여러분이여 어찌하여 이러한 일을 하느냐 우리도 여러분과 같은 성정을 가진 사람이라 여러분에게 복음을 전하는 것은 이런 헛된 일을 버리고 천지와 바다와 그 가운데 만물을 지으시고 살아 계신 하나님께로 돌아오게 함이라"(14:15).

메시지 내용이 왜 이렇게 달라졌나요? 대상이 구약의 하나님을 모르는 사람들이었고 우상 숭배에 빠져 있는 사람들이었기 때문입니다. 그래서 바울은 창조주 하나님에 관한 이야기부터 시작했습니다.

"너희가 하늘을 보지 않느냐? 이 하늘을 지으시고 때를 따라 비를 내리시는 분이 있다. 그리고 너희에게 음식을 주어 배불리 먹게 하시고 기쁨을 주시는 분이 있는데 그분이 바로 하나님이시다. 하나님을 믿으라. 이 하나님께로 돌아오라."

바울은 누구나 쉽게 이해하고 공감할 수 있는 이야기부터 시작했습니다. 사람들의 눈에 보이는 자연환경을 가지고 눈에 보이지 않는 하나님의 존재를 설명합니다.

이교도들을 대상으로 한 바울의 설교는 17장에 한 번 더 나옵니다. 지금 이 메시지와 아주 유사합니다. 이들 메시지의 특징은 첫째, 창조주의 존재를 알려 주고 둘째, 이방인들이 날마다 누리는 좋은 것들이 다 창조주 하나님으로부터 온 것임을 알려 줍니다. 셋째, 그러나 사람들이 하나님을 몰라서 헛된 신을 숭배하고 있으니 넷째, 이제 그것을 버리고 살아 계신 하나님께로 돌아와야 한다고 말합니다.

다른 종교를 믿는 사람들에게, 기독교 상식이 전혀 없는 사람들에게 어떻게 접근해서 복음을 전할 것인가 하는 것은 많이 연구해야 될 과제입니다. 선교학에서는 두 가지 견해가 항상 대립했습니다. 무조건 선포해야 한다는 주장과 대화를 통해 부드럽게 전해야 한다는 주장입니다. 어느 쪽이 좋다, 나쁘다 할 수는 없습니다. 우리나라의 경우를 생각해 볼까요? 불교와 유교 문화에 젖어 있던 우리 조상들에게 서양 선교사가 와서 복음을 전할 때, 또 먼저 믿은 자가 믿지 않는 자에게 전도할 때 어떤 스타일이었습니까? 일방적인 선포였습니다. 무조건 예수 믿으라고 했습니다. 성경을 주면서 읽으라고 했습니다. 이런 것을 보면 우리나라 사람들은 참 순수했던 것 같습니다. '예수 천당 불신 지옥'이라는 선포만 듣고도 마음이 찔려 믿겠다고 하는 사람들이 있었으니 말입니다.

선포는 상대방을 이해하고 설득하는 데 목적을 두지 않습니다.

"나는 너희와 변론할 필요가 없다. 인류의 구원자는 오직 예수 그리
스도 한 분뿐이요, 하나님만이 천지 만물의 주인이시니 너희는 무조
건 회개하고 하나님께로 돌아와야 한다."

너희 종교가 어떻다느니, 너희가 믿는 구원자는 어떤 존재인
지 한번 들어 보겠다 하는 마음이 전혀 없습니다. 무조건 진리만
선포할 따름입니다.

원탁의 대화

1938년 「타임」지가 선정한 '세계에서 가장 위대한 선교사' 스
탠리 존스(E. Stanley Jones)는 '원탁의 대화'로 유명합니다. 그는 자기
집에 둥근 탁자를 준비해 놓고 유명한 힌두교도들을 초청하여 원
탁에 둘러앉아 자유로운 분위기로 신앙 문제를 토론했다고 합니
다. 다음은 그가 남긴 글의 한 부분입니다.

"누구든지 이 자리에서는 완전한 자유인입니다. 우리는 한곳에, 한
가족처럼 둘러앉아 있습니다. 자, 각자 편안한 마음을 가지십시오.
그리고 한 사람, 한 사람의 말을 경외하는 마음으로 듣기 바랍니다.
이제 자유롭게 이야기하십시오."

이렇게 하여 원탁의 대화가 시작되었다고 합니다. 스탠리 존
스 선교사는 이런 식으로 선교를 했습니다. 그는 상대방의 견해를

긍휼의 마음으로 이해하려는 노력을 기울였습니다.

만약 불교를 믿는 사람을 만났다고 한다면 우리가 상대하는 것은 불교가 아니라 불교를 믿는 한 영혼입니다. 우리는 그 영혼을 상대하는 것이고, 그 영혼을 구하기 위해 그 사람의 종교 문제를 다루는 것이지, 우리가 직접 어떤 종교와 맞서 싸우는 것이 아닙니다. 그러니 한 영혼을 불쌍히 여기는 마음으로 상대를 보아야 합니다. 만약 내가 이 사람의 입장에 있었다면 나도 이런 종교를 믿었을 것이라는 전제를 가지고, 내가 이해할 것이 있으면 이해하려고 노력해 보겠다는 태도로 대화하는 것이 중요합니다. 이것이 스탠리 존스의 선교 방식입니다.

스탠리 존스는 또 이런 말을 남겼습니다.

"이 회담에 참가한 모든 사람은 시간이 얼마 지나지 않아 곧 예수 그리스도께서 그 자리에서 벌어지는 모든 상황의 주인이시라는 것을 느끼지 않을 수 없었다. 그렇게 된 것은 누가 큰소리로 주장을 해서가 아니요, 어떤 영리한 옹호자의 변론을 통해 어느 한쪽의 논리가 정복을 당해서도 아니었다. 단지 예수님 자신이 스스로 갖고 계신 권위와 인격, 그분의 놀라운 사역이 그 시간, 그 자리에 앉아 있는 모든 사람의 마음을 압도했기 때문이다."

한번은 원탁의 대화가 마무리될 즈음 힌두교를 믿는 변호사 한 명이 일어나더니 테이블에 놓인 화병에서 꽃 하나를 뽑더랍니다. 그러고는 예수를 믿는 형제 발 앞에 내려놓고는 그 발을 만지며 "내가 보니 당신은 하나님을 발견했군요. 당신이야말로 나의 선생입니다”라는 고백을 했다고 합니다.

루스드라에서 이교도를 상대로 메시지를 전한 바울의 경우, 선포 방식이긴 했지만 대상을 고려하여 접근 방법을 달리했다는 점을 기억합시다. 그들이 사용하는 단어를 써서 그들이 이해할 수 있는 수준으로 메시지를 전했습니다.

그렇다면 오늘날 우리가 타종교에 심취해 있는 사람과 대화할 때 어떻게 하면 좋을까요? 일단 한번 그 사람이 믿는 것이 무엇인지 귀기울여 들어 볼 필요가 있습니다. 그 사람이 무엇을 믿고 있는지, 무엇을 바라고 있는지, 왜 그것을 믿으려고 그렇게 애를 쓰는지 이해하려는 마음으로 들어 볼 필요가 있습니다. 가만히 듣다 보면 결국은 그것이 아무것도 아니라는 사실을 발견하게 됩니다. 그러면 그다음에 내가 믿는 예수 그리스도와 그것이 어떻게 다른지 비교하면서 이야기를 해나갈 수 있습니다. 이것이 대화입니다.

전도할 때, 특히 다른 종교에 깊이 빠져 있는 사람을 보면 마음에서부터 거부반응이 먼저 일어나 “너는 예수를 안 믿으니까 나하고 상대할 수 없어” 하고 그냥 무조건 꽉 눌러 버리려는 자세를 취하진 않습니까? 전도가 될 리 만무하지요.

사월초파일을 지날 때마다 착잡한 심경을 갖게 됩니다. 진지한 표정으로 염주를 쥐고 불상 앞에 절하는 부인들의 얼굴이 텔레비전 화면에 비칠 때면 더욱 그러합니다. 얼마나 절실하고 얼마나 답답하면 돌멩이 앞에서 저럴까 하는 생각이 듭니다. 아마도 몰라서 그러는 거겠죠. 이제 그런 사람을 만나면 ‘네 종교가 옳은가, 내 종교가 옳은가’ 다투지 말고, 왜 그렇게 그 불상 앞에 가서 마음을 토하며 빌고 절하는지 그 이야기를 들어보길 바랍니다. 한 번에 대화가 끝나지 않아도 괜찮습니다. 몇 번이고 만나 그 사람의 이야기를 들어 보십시오.

하나님이 살아 계시는 이상, 아무것도 아닌 우상을 믿는 사람 앞에서 우리가 수모를 당할 리 없습니다. 패배할 리 없습니다. 자신만만하게 다 들어 주고, 동정할 것은 동정해야 합니다. 그리고 상대방을 위해 주려는 마음으로 다가간다면 언젠가는 그들에게도 예수 그리스도가 들어갈 수 있도록 문이 열릴 것입니다. 그렇게 뜨겁고 충만했던 바울도 함부로 무모하게 말하지 않았던 것을 기억합시다.

60 돌더미에서 바울을 일으키시다

제자들의 마음을 굳게 하여 이 믿음에 머물러 있으라 권하고
또 우리가 하나님의 나라에 들어가려면 많은 환난을 겪어야 할 것이라 하고
_ 사도행전 14:22

바울의 메시지에도 불구하고 루스드라에서는 도무지 전도의 열매가 보이질 않았습니다. 오히려 안디옥과 이고니온에서 온 유대인들이 루스드라 사람들을 선동해서 바울을 돌로 치는 사태가 발생했습니다. 얼마 전까지 바울을 신으로 모시려 했던 사람들이 이제는 그를 돌로 쳐서 길바닥에 쓰러뜨린 것입니다. 그러고는 바울이 죽은 줄 알고 성 밖으로 끌고 가 내버렸습니다. 행여나 바울이 로마 시민권을 가진 사람이면 불법 타살이 되어 법적으로 문제가 되지 않을까 해서 감쪽같이 현장을 수습한 것입니다.

큰 은혜가 임한 다음에는 마귀의 큰 시험이 따라옵니다. 큰 이

적을 행하여 신으로 오해받을 정도로 대단한 존재가 된 바울을 이렇게 사정없이 치는 것을 보면 사탄이 얼마나 잔혹한지, 얼마나 섬뜩한지 짐작이 갑니다.

"유대인들에게 사십에서 하나 감한 매를 다섯 번 맞았으며 세 번 태장으로 맞고 한 번 돌로 맞고 세 번 파선하고 일 주야를 깊은 바다에서 지냈으며"(고후 11:24-25).

고린도후서에서 바울이 한 번 돌로 맞았다고 말한 것이 바로 이 사건입니다. 사람들이 돌로 어떻게 때렸을지 상상이 됩니까? 아마도 손에 잡히는 대로 집어 들고 바울을 향해 내리쳤을 것입니다. 사도 바울의 몸이 얼마나 만신창이가 되었을까요? 바울이 "이후로는 누구든지 나를 괴롭게 하지 말라 내가 내 몸에 예수의 흔적을 지니고 있노라"(갈 6:17)고 말한 것을 보면 아마 온 몸이 상처와 흉터로 얼룩졌을 것입니다.

돌더미에서 일으키시다

그런데 이 사건을 통해 놀라운 일이 벌어졌습니다. 성 밖으로 바울을 끌어다 내팽개친 폭도들이 모두 사라지자 제자들이 나타났습니다.

"제자들이 둘러섰을 때에 바울이 일어나 그 성에 들어갔다가 이튿날 바나바와 함께 더베로 가서"(14:20).

이 제자들은 누구일까요? 바울이 소란 통에 전한 메시지를 듣고 예수를 믿게 된 사람들이 아니겠습니까? 성령의 역사가 너무나 강해서 그 자리에서 예수 그리스도를 따르게 된 사람들입니다. 더 놀라운 것은 이들 가운데 바로 바울의 수제자가 될 디모데가 있다는 것입니다. 나중에 바울이 '내 아들아, 내 아들아' 하게 될 디모데를 바로 여기서 얻은 것입니다.

그리고 또 하나의 기적이 일어납니다. 죽었다고 생각될 정도였던 바울이 돌더미에서 일어나 성으로 들어가는 이변이 일어났습니다. 게다가 이튿날에는 바나바와 함께 더베로 갔다고 성경은 기록하고 있습니다. 그리고 더베에서 복음을 전하자 많은 사람들이 회개하고 돌아와서 그곳에 교회가 생기는 놀라운 역사가 일어났습니다. 하나님께서 바울을 돌너미에서 일으키신 기적입니다.

더욱 놀라운 사실은 바울이 다시 루스드라와 이고니온과 안디옥으로 갔다는 것입니다. 바울을 돌로 쳐 죽이라고 선동하던 자들이 바로 안디옥과 이고니온에서 온 사람들 아닙니까? 그런데도 바울은 다시 그곳으로 간 것입니다. 이 얼마나 대단한 열정과 용기인지요.

"내가 달려갈 길과 주 예수께 받은 사명 곧 하나님의 은혜의 복음을 증언하는 일을 마치려 함에는 나의 생명조차 조금도 귀한 것으로 여기지 아니하노라"(20:24).

이 말은 바울이 그저 하는 말이 아니었습니다. 죽기를 각오하고 충성하는 바울의 모습을 볼 때마다 그저 얼굴이 화끈화끈 달아오르지 않습니까? 우리 중에는 예수님 때문에 돌멩이 한 번 맞아 본 사람이 없습니다. 예수님 때문에 뺨 맞고 기절한 사람도 없을 것입니다. 그럼에도 우리는 조금만 힘들면 상을 찌푸리고, 조금만 두려우면 뒤로 물러나 변명하기에 급급합니다. 사람들이 인정해 주면 충성하고, 인정 해 주지 않으면 금세 털썩 주저앉아 버리는 게 우리의 모습입니다. 바울처럼 될 수는 없지만 제자로서 최소한의 결의와 용기는 있어야 될 것입니다.

사람들의 칭찬이 있든 없든, 몸에 상처가 있든 없든, 위험을 당할지도 모를 상황일지라도 성령께서 명령 하시면 어떤 희생을 무릅쓰고라도 순종하겠다는 뜨거움이 필요합니다. 지금 우리는 얼마나 이기적인 신앙생활을 하고 있습니까?

마음을 굳게 하여 머물러 있으라

더베나 루스드라나 안디옥에 있는 신자들은 이제 갓 믿게 된 초보 신앙인들이었습니다. 그런데도 바울은 그들에게 솔직하게 말합니다.

"제자들의 마음을 굳게 하여 이 믿음에 머물러 있으라 권하고 또 우리가 하나님의 나라에 들어가려면 많은 환난을 겪어야 할 것이라 하고"(14:22).

무리 가운데 뽑힌 사람들이었지만 그들 또한 초보 신자인 것은 마찬가지였습니다. 그래서 이들은 바울과 함께 '금식 기도하며'(23절) 하나로 뭉쳐 서로 의지하며 교제했을 것입니다. 그 성에서 극소수에 불과했고, 예수 믿는다고 언제 돌멩이를 맞을지, 어떤 고난을 당할지 모를 상황이었지만 그들은 장로로서 맡은 일에 충성을 다했습니다. 바울이 두 번째 전도 여행에서 다시 이곳을 찾았을 때 그들의 신앙이 얼마나 잘 자라고 있었는지 모릅니다. 믿음의 선배들은 이렇게 살았습니다.

예수 믿으면 복 받는다, 예수 믿으면 가정의 골치 아픈 문제들이 모두 해결된다, 예수 믿으면 건강이 좋아진다는 식으로 현혹하지 않았습니다. 복음은 솔직해야 합니다. 예수 믿는 길은 좁은 길이지 넓은 길이 아닙니다. 그러나 오늘날 교회가 좁은 길을 가르치지 않아 많은 신자들이 착각을 합니다.

갓 태어난 어린 신자, 아무것도 모르는 신자, 잘못하면 주저앉을지도 모르고 안 믿겠다고 돌아설지도 모를 사람들에게 바울은 분명히 말했습니다. 처음부터 단단히 무장시켰습니다. 그리고 그들 가운데 어떤 대가를 치르더라도 이 복음, 이 믿음을 놓지 않겠다고 하는 몇 사람을 뽑아 각 교회의 장로로 세웠습니다.

복음을 바로 깨달읍시다. 넓은 길로 주님을 따라가겠다는 안일한 생각은 하지 맙시다. 대우받으며 믿겠다는 생각도 하지 맙시다. 예수 믿으면 이 땅에서 복 받고 만사형통할 것이라 기대하는 미련한 그리스도인이 되지 맙시다. 예수 믿는 길은 죽도록 충성하는 길이요, 좁은 길이요, 환난을 각오해야 할 험난한 길입니다.

사도행전 15장

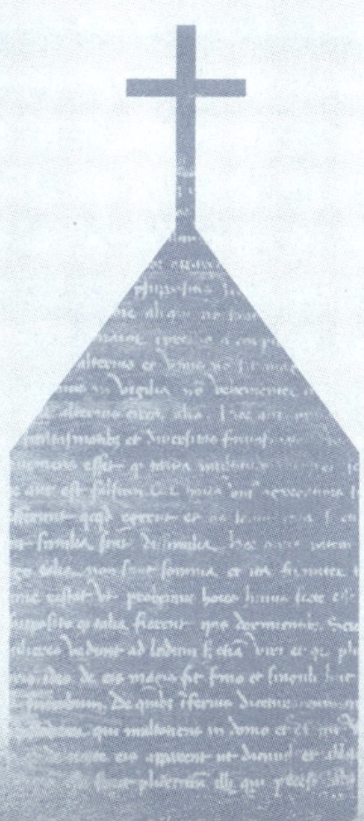

61 교리 논쟁이 일어나다

어떤 사람들이 유대로부터 내려와서 형제들을 가르치되
너희가 모세의 법대로 할례를 받지 아니하면 능히 구원을 받지 못하리라 하니
바울 및 바나바와 그들 사이에 적지 아니한 다툼과 변론이 일어난지라

_ 사도행전 15:1-2상

성경에 기록된 범위 안에서 안디옥 교회의 절정기는 14장 끝 부분인 것 같습니다. 교회가 영적으로 충만하고 양적으로도 성장한 가운데 기도로 보낸 두 선교사가 사역을 마치고 돌아온 시점입니다. 온 교회가 얼마나 은혜 충만했을까요? 바울이 상처투성이의 몸으로 복음을 전하고 많은 사람을 제자 삼았다는 선교 보고를 할 때 온 교회가 그야말로 감동과 뜨거운 열정으로 확 달아올랐을 것입니다.

목회자의 입장에서는 교회가 너무 소란해도 걱정이고 너무 평안해도 걱정이 됩니다. 교회가 너무 소란스러우면 출혈이 있고, 반

대로 너무 조용하면 방심하게 되기 때문이지요. 그래서 교회는 좀 시달릴 때도 있어야 하고, 은혜 충만할 때도 있어야 하고, 고통스러울 때도 있어야 하며, 환희에 찰 때도 있어야 합니다.

흔히들 천국 갈 때까지 날마다 '할렐루야' 하고 그저 은혜 충만하면 좋겠다는 생각을 하지 않습니까? 그런데 그렇지 못한 것이 현실입니다. 우리의 믿음이 시험받는 때가 있습니다. 고난으로 다져지는 때가 찾아옵니다. 항상 지치고 피곤하고, 그야말로 기도 안 하면 안 될 정도로 어려운 상황을 만날지도 모릅니다. 사실 이것이 교회가 살아남는 길입니다. 어려울수록 우리는 하나님께 매달리게 되고 하나님의 은혜가 아니고는 아무것도 할 수 없음을 깨닫게 됩니다.

'어떤 사람들'의 시험

바나바와 바울이 전도하러 나가 있는 동안 안디옥 교회가 기도를 꽤 했으리라고 봅니다. 교회에서 중요한 역할을 하던 두 지도자를 파송했으니 교회가 얼마나 깨어 기도했겠습니까? 다행히 그들의 선교활동은 성공적이었고 안디옥으로 돌아와 제자들과 은혜를 나누며 오래 머물렀습니다.

얼마 동안인지는 모르겠지만, 선교 활동을 일단락 짓고 취하는 휴식이었으니 바울과 바나바는 마음을 좀 놓고 긴장을 풀었을 수도 있고 교회 또한 크게 다르지 않았을 것입니다. 별일이 없는 조용한 시간이 오랫동안 계속되었습니다. 그러는 사이 시험이 들어왔습니다. '어떤 사람들'의 시험입니다.

> "어떤 사람들이 유대로부터 내려와서 형제들을 가르치되 너희가 모
> 세의 법대로 할례를 받지 아니하면 능히 구원을 받지 못하리라 하
> 니"(15:1).

도대체 '어떤 사람들'은 정말 어떤 사람들이었을까요? 5절을
보면 예루살렘에서 '바리새파 중에 어떤 믿는 사람들이 일어나' 이
방인도 할례 받아야 한다고 주장하는 모습이 나옵니다. 바리새파
가 주장하는 이 내용은 '어떤 사람들'의 주장과 일치합니다. 이것
을 볼 때, 안디옥 교회에 내려온 '어떤 사람들'은 바리새파 출신의
그리스도인들이라는 것을 쉽게 짐작할 수 있습니다.

바리새파 하면 철저한 유대주의자 아닙니까? 이들은 예수 믿
고 변화는 받았지만 바울만큼은 아니었던 것 같습니다. 이들이 주
장한 교리는 이렇습니다.

> "유대인이 아닌 이방인이라도 예수 믿고 교회에 들어오면 반드시 할
> 례를 받아야 한다. 그리고 유대인이 지키는 모든 율법을 준수해야
> 한다. 그래야만 구원 받을 수 있다."

유대인들은 원래 이방인을 개처럼 여기고 형편없이 취급했습
니다. 얼마나 교만합니까? 그런데 예수를 믿고 교회에 들어와 보
니 이방인도 있고 유대인도 있는데, 점점 이방인이 많아지니까 상
대적으로 위축감을 느끼기 시작했습니다. 그러니 이방인과 유대인

을 구별 짓고자 하는 사람들이 교회 안에서 고개를 들기 시작했습니다. 그 주동 인물이 바리새파 신자들이었습니다. '어떤 사람들'이 보기에 이방인들은 할례도 없고 율법도 없는 자들이요 윤리적인 수준도 낮아서, 비록 믿음으로 구원을 얻는다고는 하지만 이방인의 믿음과 유대인의 믿음에는 차이가 있다고 생각했습니다. 그런 이유로 유대인으로서의 체면을 지키려고 이방인 신자들과 높이 담을 쌓았던 것입니다. 이런 과격한 유대인 신자들은 교회 안에서 점점 거북한 존재가 되어갔습니다. 그들이 교회 안에서 얼마나 큰 걸림돌이었는지 보여 주는 좋은 예가 있습니다.

믿음이냐 할례냐

갈라디아서 2장을 보면 베드로가 안디옥 교회를 방문하는 장면이 나옵니다. 안디옥 교회는 이방인이 많은 교회 아닙니까? 그런데 그곳에 대사도인 베드로가 방문했습니다. 온 교회가 얼마나 환영하고 감사했겠습니까? 게다가 베드로는 안디옥에 있는 이방인 신자들과 어울려 자연스럽게 교제하고 음식도 나누어 먹었습니다. 사실 베드로는 10여 년 전에 고넬료 집에서 하나님이 이방인 가정에 성령을 주시고 구원을 베푸신 것을 보았기 때문에 유대인이건 이방인이건 허물없이 대할 수 있었습니다.

그런데 이때 예루살렘에서 내려온 '어떤 사람들'이 베드로를 정면으로 문책합니다. "당신이 유대인으로서, 또 사도 중의 사도로서 체면이 있지, 어떻게 이방인들과 그렇게 허물없이 교제할 수 있느냐?” 하고 따져 물었던 것입니다. 나중에는 베드로가 아주 난처한 지경이 되었습니다. 그래서 그렇게 가까이 지내고 식사도 함께 하던 안디옥 교회 이방인들과 거리를 두고 피하려 했습니다.

바울이 보니 이건 도무지 용납할 수가 없는 일이었습니다. 그래서 사람들이 있는 앞에서 베드로를 면책했습니다. 베드로가 얼마나 호되게 당했는지 모릅니다.

"그러므로 나는 그들이 복음의 진리를 따라 바르게 행하지 아니함을 보고 모든 자 앞에서 게바에게 이르되 네가 유대인으로서 이방인을 따르고 유대인답게 살지 아니하면서 어찌하여 억지로 이방인을 유대인답게 살게 하려느냐 하였노라"(갈 2:14).

'어떤 사람들'은 대사도인 베드로가 난처해할 정도로 교회 안에서 골칫거리였습니다. 이들의 말을 들으면 일리가 있는 것 같고, 그렇다고 그대로 따르자니 교회 안에 문제가 생길 게 뻔했습니다. 이들의 말을 따르자니 교회의 하나 됨이 깨어지고, 무시하자니 유대인 신자들의 반발이 거세게 일어날 것은 자명한 일이었습니다.

'어떤 사람들'은 예수를 구원자로 믿는 것은 틀림없었지만, 유대교의 구습을 버리지 못해 자꾸 율법을 들고 나왔습니다. 그렇다고 그들을 이단이라 단정하고 내쫓을 수는 없지 않았겠습니까?

역사적으로 보면 언제나 이와 비슷한 일이 늘 있는 것을 봅니다. 이단이라고 단정하기는 곤란하지만, 복음의 순수성을 위협하는 존재들이 있습니다. 바울은 이들을 '다른 복음'이라고 일컬으며 저주를 받을 것이라고 했습니다. 처음에는 별 다를 바 없어 보이지만 나중에 점점 본 믿음에서 탈선하는 것을 봅니다. 그래서 교회를 분열시키는 요인이 되고 맙니다.

교리 논쟁에서 감정 대립으로

한국 교회 안에도 이와 비슷한 경우가 얼마나 많습니까? 이단이라고 규정하기는 어렵고, 이단이 아니라고 포용하면 복음이 변질될 확률이 높은 묘한 사람들이 있습니다. 그들도 예수를 믿음으로 구원받는다고 확실히 말합니다. 교회가 이런 자들을 포용하다 보면 안디옥 교회처럼 소란해질 수 있습니다.

그런데 안디옥 교회를 보니 '어떤 사람들'을 지나치게 용납한 것은 아닌가 하는 의구심이 듭니다. 1절을 보면 그들이 형제들을 가르치는 일을 하도록 허용했습니다.

"어떤 사람들이 유대로부터 내려와서 형제들을 가르치되…바울 및 바나바와 그들 사이에 적지 아니한 다툼과 변론이 일어난지라 형제들이 이 문제에 대하여 바울과 바나바와 및 그 중의 몇 사람을 예루살렘에 있는 사도와 장로들에게 보내기로 작정하니라"(15:1-2).

결국 바울 및 바나바와 '어떤 사람들' 사이에 상당한 '다툼'과 '변론'이 일어났습니다. '변론' 앞에 '다툼'이란 말이 나옵니다. 이것은 분명 공식적인 교리 논쟁이 아니라 노골적인 감정 대립이 있었음을 보여 줍니다.

교회 안에서 교리적인 논쟁이 일어나면 서로 감정이 날카로워집니다. 감정적으로 날카롭게 대립하다 보면 성도 간에 사랑이 식습니다. 사랑이 식으면 분위기가 냉랭해집니다. 그리고 여기저기서 저혈압 증세가 나타나다가 온 교회가 마비되어 버립니다.

시작은 교리 논쟁에서 출발합니다. 교리가 잘못되었다면 논쟁할 만하죠. 변론하는 것이 당연하다는 생각이 듭니다. 옳고 그른 것을 따져야 한다는 명분이 생깁니다. 그러나 지역 교회 안에서 교리 논쟁을 하는 것은 백해무익한 일입니다. 지역 교회는 교리 논쟁을 할 곳이 아닙니다. 교리 논쟁은 교회 지도자들이 모여서 할 일입니다. 지역 교회는 그 교회 지도자가 인도하는 대로 따라가는 것이 맞습니다. 지역 교회 안에서 평신도들끼리, 혹은 교역자들끼리 교리 논쟁이 일어나면 결국에는 사탄에게 승리를 안겨 주는 비극이 벌어지기 때문입니다.

신앙의 동질성

교회는, 특히 지역 교회는 항상 교리가 통일되도록 하고 신앙의 동질성이 흐트러지지 않도록 철저히 감독해야 합니다. 신앙의 동질성이란 교회 지도자의 신앙관이나 교리적 관점이 성도들의 신앙관과 일치하는 것을 말합니다.

이런 의미에서 사랑의교회가 중요하게 여기고 지켜 온 원칙이 있습니다. 제자훈련을 거치지 않은 사람은 절대 다락방 순장으로 파송하지 않는다는 원칙입니다. 먼저 제자훈련을 통해 그 사람의 신앙관을 철저히 점검 받게 합니다. 그 사람이 다른 교회에서 어떤 훌륭한 신앙관을 갖고 있었다 할지라도 일단 사랑의교회에 들어오면 우리 교회 지도자가 어떤 신앙관을 갖고 있는지, 어떤 면을 특히 중시하는지를 배우는 과정을 밟습니다. 동질화 과정입니다.

그렇게 제자훈련을 받고, 사역훈련을 거치게 되면 서로 눈동자만 쳐다보아도 통할 만큼 투명한 관계가 됩니다. 제자훈련을 마쳤는데도 옛날 습관을 못 고치는 분이 있으면 가서 정중히 인사하고 "그만두어 주십시오" 하고 말할 수밖에 없습니다. 그런 분들은 자신에게 맞는 교회를 찾아가야 됩니다. '어떤 사람' 노릇을 하게 해서는 안 됩니다.

이와 더불어 사랑의교회는 어느 교구나 다락방 모임에서 어떤 낯선 사람을 데려다 놓고 비공식적으로 기도회나 성경공부 하는 것을 절대 허용하지 않습니다. 같은 이유에서입니다. 또 성도들이 어디에 가서 무엇을 배우든 그건 자유이지만, 그 내용이 자칫 위험하다 싶으면 목사가 찾아가서 권면합니다. "지금 배우는 것을 중단하시고 우리 교회 안에 있는 교육 프로그램을 먼저 배우십시오." 목사의 권면을 따르면 사랑의교회 교인이 되는 것이고, 그렇지 않다면 자기 신앙에 맞는 교회를 찾아가서 거기서 조화를 이루고 신앙생활을 하는 것이 마땅합니다.

교회의 체질이라든지 신앙의 색깔은 목회자를 따라가게 되어 있습니다. 만약에 경건 생활을 깊이 추구하는 목사를 만나면 성도들도 경건 생활을 중요하게 여기게 됩니다. 사랑의교회는 하나님의 은혜를 더 많이 강조합니다. 오직 은혜로만 구원받고, 은혜로만 하나님 앞에 나아갈 수 있는 것이지, 아무리 수준 높은 경건생활을 한다 할지라도 그 자체는 내세울 만한 것이 못 된다는 것을 너무나 뼈저리게 느꼈기 때문입니다. 그래서 예배 순서라든지 격식을 차리는 부분은 그다지 강조하지 않습니다. 그렇다고 해서 교회의 격식을 잘 갖추고, 여러 가지 의식을 진지하게 다루는 목사가 잘못됐다고 생각하지는 않습니다. 각자 받은 은혜가 다르기 때문에 차이가 있는 것입니다.

그러므로 각자 자신의 신앙 기질에 어느 것이 맞는지를 알아야 합니다. 신앙의 배경이 달라서 하나 되지 못하고 서로 이질감을 느낄 수 있기 때문입니다. 그러나 어느 교회에 적을 두고 거기서 신앙생활을 하기로 결심했다면 그 교회 지도자가 인도하는 방향으로 신앙의 동질성을 맞추어 가십시오. 이것이 하나님의 교회를 섬기는 바른 자세입니다.

62 예루살렘 회의로 모이다

**사도와 장로들이 이 일을 의논하러 모여 많은 변론이 있은 후에
베드로가 일어나 말하되 형제들아 너희도 알거니와**

_ 사도행전 15:6-7상

교회가 어느 정도 실력 있는 교회냐, 질적으로 얼마나 좋은 교회냐, 교회에 성숙한 자들이 얼마나 있느냐, 지도자가 어느 정도 탁월한 사람이냐 하는 것은 언제나 문제가 있을 때 확연히 드러납니다. 조용할 때는 모릅니다. 비행기가 잘 날아갈 때는 기장의 실력을 가늠할 수 없습니다. 그러나 비행기에 어떤 사고가 나면 바로 알 수 있습니다. 기장이 얼마나 탁월한가, 승무원이 얼마나 잘 훈련되어 있는가, 거기에 덧붙여 승객들이 얼마나 침착하게 승무원의 지시를 잘 따르는가가 나타납니다. 교회도 마찬가지입니다.

위기의 순간에 드러난 안디옥 교회의 성숙도는 정말 수준급

이상입니다. 개척된 지 얼마 되지 않은 교회가 심각한 갈등을 겪는다고 하면, 반드시 그 교회는 치료하기 어려운 깊은 상처를 입을 확률이 대단히 큽니다. 교회가 쪼개져 나가든지, 일부분이 아예 탈락을 하든지 하는 아주 비극적인 상황이 되겠지요. 그런데 안디옥 교회는 어땠습니까?

안디옥 교회는 무조건 바울이 옳다고 하지 않았습니다. 바나바가 맞는 말을 했다고 하지도 않았습니다. 그렇다고 예루살렘에서 내려온 '어떤 사람들'을 지지하는 것도 아니었습니다. 어느 누구의 말도 지지하지 않았습니다. 대신 문제를 묶어서 예루살렘 사도들과 장로들에게 가져가자는 결정을 내렸습니다. 얼마나 지혜로운 처신입니까? 이런 결정이 내려지자 바울 및 바나바와 유대에서 온 어떤 사람들은 더 이상 대립할 필요가 없게 되었습니다. 이편저편 가를 필요도 없게 되었습니다. 교인들더러 내가 옳다, 네가 옳다 할 필요도 없게 되었습니다. 안디옥 교회는 문제를 들고 예루살렘으로 향했습니다. 가서 사도들과 장로들의 판단을 받아 가부간 결정을 하자는 데 의견을 모았습니다.

교회의 질서를 존중하다

예루살렘의 사도들과 장로들은 남다른 권위를 가지고 있었습니다. 15장 28절을 보면, 예루살렘 총회에서 사도들과 장로들이 모여서 내린 결정 사항에 대해 뭐라고 말합니까? '성령과 우리'가 결정했다고 합니다. 어떻게 사도들과 장로들이 모여서 결정해 놓고는 그것을 성령의 결정이라고 단언할 수 있을까요? 어떻게 성령께서 결정하셨다고 말할 수 있을까요? 그들에게 영적 권위가 있었기 때문입니다. 성령은 교회에 직분을 주셨습니다. 사도도 성령이 세우셨고, 장로도 성령이 세우셨습니다. 특별히 사도는 예수님이 불러서 하나님 나라의 기초석으로 삼은 특별한 존재였습니다. 하나님께서는 그들에게 특별한 권위, 아무도 침범할 수 없는 특별한 권위를 주셨습니다. 안디옥 교회는 그 권위에 복종하기로 결정한 것입니다. 영적 질서를 아는 교회였습니다.

더 큰 권위에 호소하기로 하자 안디옥 교회가 잠잠해졌습니다. 분열의 위기를 넘긴 것입니다. 성령이 하나 되게 하신 이 평안을 아주 기가 막히게 지켰습니다. 오늘날 한국 교회가 이만한 수준이 되는지는 아직 잘 모르겠습니다.

지역 교회 안에도 질서가 있습니다. 목회자가 있고 장로가 있고, 직분을 맡아서 봉사하는 성도들이 있습니다. 하나님께서는 교회와 교회 사이에도 질서를 주셨습니다. 교단이 있고, 교단 안에 총회가 있고 지역 노회가 있습니다. 그래서 지역 교회가 스스로 해결할 수 없는 문제는 지역 노회로 가지고 갑니다. 거기서 목사들이 모여 의논하고 협의합니다. 노회 수준에서 감당하지 못하면 총회로 가져가서 다루게 됩니다. 그러나 오늘날 이 질서가 다 깨졌다는 사실에 탄식하지 않을 수 없습니다. 영적 권위가 다 무너졌습니다. 노회가 명령하는 것을 지역 교회가 듣지 않습니다. "내가 이 노회에 붙어 있을 이유가 뭐냐, 나는 다른 데로 간다" 하고는 가 버립니다. 얼마나 무질서해졌는지 모릅니다.

지역 교회 안에서도 영적 질서를 지키는 것이 참 어렵습니다.

예를 들어 다락방에서 성경공부를 할 때 순장이 어떤 이야기를 합니다. 그러면 다락방에 들어온 지 얼마 안 된 분 혹은 다른 교회에서 여러 가지를 많이 배우고 오신 분이 가만히 들어 보고 자기 생각과 다른 것을 발견합니다. 그래서 이 말로 반박하고 저 말로 반박하다가 나중에는 분위기가 좀 묘해집니다. 순장도 천사가 아닌 이상 참다못해 상한 감정을 드러냅니다.

지혜로운 순장 같으면 "우리가 여기서 이런 문제를 가지고 서로 갈등하고 마음에 금이 가서는 안 되지요. 이 문제를 다룰 수 있는 목사님께 물어 봅시다. 거기서 해답을 얻읍시다" 하면 끝나는 겁니다. 만약에 그걸로 만족하지 못하고 당장 이 자리에서 결론을 맺자고 계속 따지면 어떻게 할까요? 그 사람은 교회를 사랑하지 않는 사람입니다. 과연 성령의 은혜를 받고 사는 사람인지 의심할 수밖에 없는 사람입니다.

그러면 그런 사람은 다락방에서 어떻게 다루어야 합니까? 갈등을 일으킨다고 해서 곧바로 "당신은 질서 의식이 없으니 나가십시오"라고 말할 수 없습니다. 참고 기다려 주어야지요. 그리고 계속 기도해 주어야지요. 그러면 처음에는 혼자 다 아는 것처럼 문제를 끄집어내다가 시간이 흐를수록 자신이 너무나 부족하다는 걸 느끼게 됩니다. 성령이 그 사람 마음에 역사하시면 겸손해집니다. 그렇게 되면 자기도 모르게 과거 한때 잘못하던 것을 깨닫게 되고, 스스로 제자훈련도 받고 사역훈련도 받고 순장까지 됩니다.

순장이 되어 새 다락방을 맡았는데 이전의 자기와 꼭 같은 사람이 다락방에 있습니다. 그러면 어떤 마음이 들까요? "아이구, 그저 내가 뿌린 씨 내가 거두는구나"라는 생각이 들 것입니다. 그렇게 되면 그 사람을 얼마나 잘 이해하고 잘 참아 줄 수 있겠습니까?

교회 안의 평신도 모임에서 까다로운 교리 문제가 나오면 그 자리에서는 왈가왈부하지 않는 것이 좋습니다. 안디옥 교회가 보여 준 모범을 따르십시오. 내 편, 네 편 가를 필요도 없고, 옳다 그르다 정죄할 것도 없이 그대로 목사에게 가져가면 간단합니다. 목사의 답을 듣고 각자 마음에 계신 성령께서 깨닫게 하시는 대로 순종하면 됩니다.

바울과 바나바를 보십시오. 얼마나 겸손합니까? 바울도 사도입니다. 바울도 계시를 받은 사람이요, 주님을 직접 본 사람이요, 모든 면에서 어느 누구에게도 뒤지지 않는 실력자이지만, 열두 사도와 자신을 비교하지는 않았습니다. 바울은 안디옥 교회가 이 문제를 들고 사도들에게 가겠다고 결정했을 때 거기에 복종했습니다. 이것이 성령 받은 사람의 태도입니다. 얼마나 멋있어요! 하나 되는 것을 지극히 사랑하는 마음이 돋보입니다.

"평안의 매는 줄로 성령이 하나 되게 하신 것을 힘써 지키라"(엡 4:3).

그런데 오늘날 교회 안에는 이 말씀을 아주 우습게 생각하는 사람들이 있습니다. 그래서 마음대로 패거리를 만들고 마음대로 행동하는 사람들이 있습니다. 이런 사람들 때문에 교회가 진통을 겪는 것입니다. 그런 사람은 마지막 때에 하나님의 책망을 면할 수 없습니다. 물론 교회 안에서 크고 작은 문제가 얼마든지 일어날 수 있습니다. 인간들이 모였으니까요. 그럴 때마다 안디옥 교회를 생각합시다. 말씀을 통해 성령께서 교회에 지혜를 주실 것입니다.

자유 토론과 만장일치

예루살렘 총회에 안디옥 교회의 문제가 상정되었습니다. 총회가 문제를 다루는 과정을 한번 봅시다. 성경 안에서 최초로, 또 유일하게 남아 있는 회의 기록 자료가 바로 이 부분입니다.

“사도와 장로들이 이 일을 의논하러 모여 많은 변론이 있은 후에 베드로가 일어나 말하되 형제들아 너희도 알거니와 하나님이 이방인들로 내 입에서 복음의 말씀을 들어 믿게 하시려고 오래 전부터 너희 가운데서 나를 택하시고”(15:6-7).

예루살렘 총회로 사도와 장로들이 모였습니다. 사도는 예수님이 직접 세우신 제자들이요, 장로는 예루살렘 교회가 세운 평신도 대표들이었습니다. 요즘 교회로 치면 목사들과 투표로 뽑은 장로들이 당회를 구성하는 것과 비슷한 형식이었겠지요.

7절을 보면 문제를 다루는 첫 장면이 나옵니다. 먼저 ‘많은 변론’이 있었습니다. 그다음에 사도의 대표로 베드로가 일어나서 견해를 말합니다. 그리고 12절, 온 무리가 가만히 안디옥에서 대표로 온 바나바와 바울이 전하는 그동안의 상황을 들었습니다. 베드로의 견해가 옳고 그른지 검토하기 위해서였습니다. 다시 말해 베드로의 견해가 성령이 뜻하시는 바와 일치하느냐를 분별했습니다. 그다음에 누가 일어납니까? 장로들의 대표로 야고보가 일어나 견해를 피력했습니다. 이 과정을 전부 거치고 나서야 그 자리에 있던 지도자들이 드디어 하나의 합일점을 찾게 되었습니다. 의견 일치를 본 것입니다.

너무나 멋진 장면 아닙니까? 예수 믿는 사람은 회의도 잘해야 합니다. 들을 줄도 알고 말할 줄도 알아야 합니다. 그런데 우리나라 사람들의 약점이 남의 말을 잘 들을 줄 모른다는 것입니다. 자신의 의견은 잘 주장하지만 남의 말은 듣지를 못합니다. 의견 대립이 있을 때 서로의 견해를 들어보고 어느 것이 옳은지 분별하고 인내와 존중하는 마음이 필요한데, 우리는 흔히 내 말을 상대방이 듣지 않으면 나를 반대하는 사람으로 낙인 찍고 맙니다. 그래서 토론이 되지 않습니다. 성령의 사람에게는 듣는 은사가 있습니다. 가만히 들으면서 분별하고, 기도하면서 그 의미를 깨닫고 상대방의 의중을 읽고, 그래서 무언가 성령이 주시는 지혜로운 말로 대답하는 은사가 있습니다.

변론이라는 것은 자신의 주장을 관철하는 것이 아닙니다. 성령의 뜻이 어디 있는지 잘 모르니까 대화를 나누는 과정에서 하나님이 어느 것을 옳다고 판단하시는지 살펴보자는 자세입니다. 이것은 다른 사람의 말을 존중할 때, 상대방의 말을 이해하려고 노력하는 마음이 있을 때 가능한 자세입니다. 그러지 않고 이미 내 마음에 결정한 사항을 끝까지 밀어붙이겠다는 자세로 회의를 진행하면 전혀 결론이 나지 않습니다. 그냥 싸우다가 갈라서는 수밖에 없습니다.

안디옥 교회의 문제는 더욱이 교리 논쟁이 아닙니까? 믿음으로 구원받는다는 것은 너무나 자명한 사실입니다. 이것은 어찌 보면 변론할 거리가 아닙니다. 그런데도 베드로를 위시해서 모든 사도와 장로가 인내하며 변론했습니다. 얼마나 본받을 만한 태도인지요. 여기에는 자유 토론 원칙이 적용됩니다. 교리를 놓고 자유 토론한다는 건 어려운 일이지만 당시엔 교리가 거의 정립돼 있지 않았기 때문에 이런 자유 토론이 불가피했습니다.

교리가 무엇입니까? 교리의 원뜻을 알면 참 재미있습니다. 영어로 말하면 'It seems to me…, 나에게 무엇무엇 같다'라는 뜻입니다. '나에게 그런 것처럼 보인다. 내 생각에는 그런 것 같다'는 말입니다. 교리라는 것은 하나님의 진리에 대한 나의 견해이자 내가 선택한 확신이라고 할 수 있습니다. 그러니 사람마다 성경을 보고 느끼고 받아들이는 면에서 약간 차이가 있을 수 있지 않겠습니까?

사도들이 믿음으로 구원을 얻는다는 명백한 사실을 놓고도 왜 변론을 했을까요? 아무리 자신이 옳다고 생각하더라도 은혜 받은 다른 형제들이 어떤 생각을 하는지, 자신과 생각이 같은지 아닌지 들어보는 것이 마땅하다고 생각했기 때문입니다. 또한 "우리가 한 다락방에서 성령 충만을 받았는데 같은 성령을 받았다면 진리에 대한 견해도 일치할 것이다"라고 확신했기 때문입니다. 그래서 들어본 것입니다.

들어봤더니 베드로의 견해와 바울 및 바나바의 증언과 야고보의 견해가 일치했습니다. 한 성령께서 주신 깨달음이라는 것이 그야말로 명백해졌습니다. 그래서 그들은 많은 변론을 하고도 결국은 모두 옳다고 생각한 방향으로 결정을 내렸습니다. 결론은 무엇입니까? '오직 구원은 믿음으로 얻는 것이지 율법으로 얻는 것이 아니다'라는 것입니다.

교회 안에서 회의할 때에는 언제든지 이 자유 토론의 원칙을 적용하십시오. 당회가 모였을 때에도 중요한 문제는 모두 마음껏 이야기하게 해야 합니다. 옳은 소리든 그른 소리든, 반대 의견이든 찬성 의견이든 무조건 모두 다 말할 자유가 있습니다. 이것을 존중하지 않으면 벌써 문제입니다. 우리나라 민주주의가 아직 성숙하지 못해서 괴로움을 당할 때도 있지만 교회 안에서까지 한 사람의 말, 한 사람의 인격을 무시하는 그런 일은 절대 없어야 합니다. 진정한 총회는 자유 토론과 만장일치제였습니다. 베드로와 야고보로부터 모든 사도와 장로에 이르기까지 전원 일치해서 결정하고 나면 거기에 아무도 이의를 달지 않았습니다.

그리스도인의 관용

사실 교리 문제에서 전원 일치가 되지 않으면 참 큰일입니다. 행정적인 문제는 견해 차이가 있으면 투표와 다수결로 결정하면 되지만, 교리 문제는 다수결로 결정할 문제가 아니기 때문입니다.

안디옥 교회와 같은 문제가 오늘날 교회 안에서 생긴다면 과연 어떨까요? A 목사와 B 목사가 각각 '구원'에 대해 설교할 때 A 목사는 믿음으로 구원을 얻는다고 하고, B 목사는 할례를 받아야 구원을 얻는다고 설교한다고 합시다. A 목사가 강단에서 "오직 믿음으로 구원 받습니다. 아멘입니까?" 하고 설교할 때 성도들은 "아멘" 합니다. 그런데 B 목사가 강단에 올라와 설교할 때 "믿음으로 구원받는 것이 사실이지만 꼭 할례도 받아야 합니다" 하고 강조하면 성도들은 또 "아멘" 합니다. 이런 상황이 벌어지면 교회는 둘

중 한쪽의 견해를 선택해야 합니다.

그런데 놀랍게도 안디옥 교회에는 두 견해가 공존했습니다. 분명히 바리새파 교인들은 예수를 믿고 난 후에도 반드시 할례를 받아야 한다며 끝까지 고집하고 있었습니다. 그런데도 그들을 이단이라고 정죄한 사람이 없습니다. 베드로도 그들을 정죄하지 않았고 바나바와 바울도 그랬습니다. 우리가 볼 때는 뭔가 잘못된 것 아닌가 싶기도 합니다.

그러나 유대교 배경을 가진 사람들은 이미 할례를 받은 자들이어서 바리새파 교인들이 할례를 고집하는 것을 충분히 이해할 수 있었습니다. 바울이 권면한 것처럼 믿음이 연약한 자들을 판단하지 않고 있는 그대로 받아들였습니다. 상대방을 이단이라고 정죄하지 않았습니다. 이와 같은 관용은 오늘 우리에게도 참 절실합니다.

성도 중에 꼭 세례를 받아야 구원을 얻는다고 주장하는 사람이 있다고 합시다. 아무리 예수를 믿는다고 입으로 시인한다 할지라도 세례를 받지 않으면 구원 못 받는다고 주장하는 사람이 있을 때, "당신은 좀 이단 같다"고 정죄하면 안 됩니다. 그럴 때는 "아, 그런가요? 그 부분에 대해 우리 함께 생각해 봅시다" 하고 말하는 것이 좋습니다.

또 어떤 성도가 꼭 방언을 받아야 구원받은 것이라고 주장한다면, 그걸 놓고 꼭 이단이라고 정죄할 필요는 없습니다. 방언이 얼마나 좋으면 그렇게 말하겠습니까? 그런 경우에는 "동의는 안 되지만, 그렇게 생각하는 사람도 있구나" 하는 마음으로 하나 되는 것이 좋습니다. 이렇게 보면 아무리 교단이 달라도 그리스도 안에서 한 형제요, 지역 교회가 제각각 나뉘어 있어도 근본 교리가 아주 잘못되지 않은 이상 모두 한 가족, 한 형제자매라 인정할 수 있습니다.

사도행전 16장

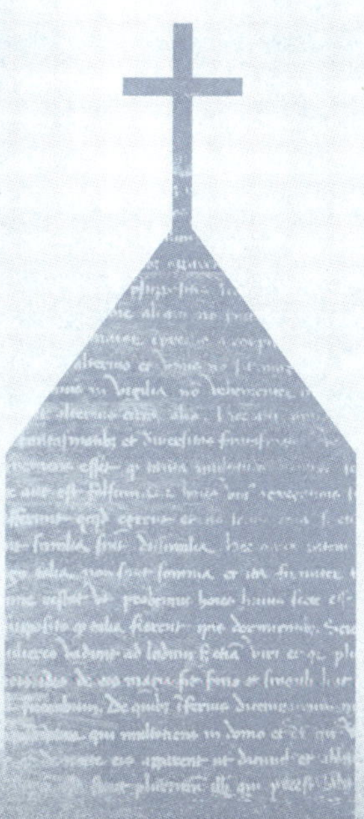

63 바울을 따라 복음에 참여하다

**바울이 그를 데리고 떠나고자 할새 그 지역에 있는 유대인으로 말미암아 그를
데려다가 할례를 행하니 이는 그 사람들이 그의 아버지는 헬라인인 줄 다 앎이러라**

_ 사도행전 16:3

바울이 2차 전도 여행을 시작하며 더베와 루스드라를 다시 방문했습니다. 더베와 루스드라가 어떤 지역입니까? 1차 전도 여행 때 걷지 못하는 자를 일으킨 이적 때문에 신으로 추앙받을 뻔하다가 복음을 전한다는 이유로 돌에 맞아 성 밖으로 버려진 경험을 한 곳입니다.

이곳을 다시 찾은 바울은 놀라지 않을 수 없었습니다. 그렇게 힘들게 뿌린 씨앗이 자라나 교회라는 열매를 맺고 있는 모습을 본 것입니다. 전도자에게 아마 이것만큼 뿌듯하고 감격스러운 일은 없을 것입니다.

안식년을 맞아 귀국한 선교사들 중에는 몇 달 지나지 않아 다시 선교지로 돌아가고 싶어 못 견디는 분들이 있습니다. 국내에서 좀 편히 쉴 수 있는데도 굳이 마다하고 선교지로 속히 돌아가려고 합니다. 그동안 뿌려 놓은 복음의 씨앗들이 잘 자라고 있는지, 땀과 눈물로 키운 교회가 제대로 성장하고 있는지에 온통 마음이 가 있기 때문입니다.

바울은 혹독한 박해를 받으며 전도한 지역에 교회가 자라고 있다는 것만으로도 감격스러웠지만, 또 하나 그를 감동시킨 것이 있었습니다. 더베와 루스드라를 처음 방문했을 때만 해도 소년이었던 디모데가 어느덧 스물을 갓 넘긴 청년이 되어 있었던 것입니다. 바울이 디모데를 보니까 무척이나 마음에 들었습니다. 그래서 전도자가 되기에는 아직 나이가 어리다는 것도, 그가 할례를 받지 않은 남자라는 것도 아랑곳하지 않고, 무조건 자기 사람으로 끌어들였습니다.

하나님 나라의 계승자

하나님 나라의 일은 한 사람으로 완성되지 않습니다. 계승되어야 합니다. 그러려면 후계자들이 계속 자라나야겠지요. 그러니 좋은 인재가 있으면 값을 묻지 말고 데려와 키워야 합니다. 디모데처럼 비록 나이는 어리지만 그 인격이나 신앙이 돋보이는 젊은이가 복음을 위해 헌신하겠다고 하면 교회가 키워 주어야지요.

지금 한국 교회가 겪는 문제 중의 하나가 인재를 키우지 않는

다는 것입니다. 인재나 후배를 아낄 줄 모르는 이런 잔인한 풍토
는 아마 세계 어느 나라에도 비길 데가 없을 것입니다. 한 사람의
먼 장래를 내다보고 5년, 10년씩, 그야말로 불평 없이 투자할 만한
그런 인내심을 가진 교회가 얼마나 될까요? 사역자가 소신껏 일할
수 있도록 믿고 기다려 주며 최선의 배려를 베푸는 교회가 얼마나
될까요?

덩치로는 세계가 인정하는 한국 교회지만 인재다운 인재가 어
디 있습니까? 신학자다운 신학자가 얼마나 있으며, 설교자다운 설
교자가 몇이나 됩니까? 도무지 키워 놓지를 않아서 그런 것입니
다. 인재가 자랄 수 있도록 교회가 밑거름이 되어 주지 않았습니
다. 젊은이가 똑똑해서 무얼 좀 하려고 하면 기성세대에 대한 반발
이나 대항으로 생각하고는 정치적으로 눌러 버리고, 실력을 갈고
닦을 수 있도록 도와주지 않는 것이 현실입니다. 우리에게는 인재
를 발견할 줄 아는 눈도 필요하고, 한번 인정했으면 끝까지 믿어
줄 줄 아는 신뢰도 필요합니다. 바울과 디모데를 보십시오. 바울은
일평생 디모데를 믿고 지지해 주었고 디모데도 바울을 떠나지 않
았습니다.

영국의 어느 조그마한 마을에 교회가 하나 있었는데 1년간 열
심히 전도하고 목회를 했는데도 구원 받은 사람이 단 한 명뿐이었
다고 합니다. 그것도 10대 소년이었답니다. 목사는 큰 실의에 빠져
"원, 세상에 이렇게 무력한 목회를 해가지고 내가 어떻게 주님 앞
에 설 수 있을까?" 하며 탄식했다고 합니다.

그런데 이 교회를 통해 예수를 믿게 된 그 소년이 누구인 줄
아십니까? 바로 아프리카 선교의 터를 닦은 로버트 모파트(Robert

Moffat, 1795-1883)였습니다. 그는 인종 차별이 심한 남아프리카공화국에 들어가 복음을 전한 최초의 선교사입니다. 그의 사위 역시 아프리카 선교에 헌신한 선교사로 영국이 자랑하는 데이비드 리빙스턴(David Livingstone, 1813-1873) 선교사입니다. 리빙스턴을 키운 사람이 바로 모파트였지요. 그러니 보세요, 비록 어린 소년 하나가 돌아온 것이지만 그가 자라서 하나님의 나라를 위해 얼마나 위대한 일을 했는지를 말입니다. 사람이 많다고 모두 하나님 나라의 일꾼인 것은 아닙니다. 주님의 손에 붙들린 소수의 사람이 결정적인 역할을 한다는 것을 꼭 기억합시다.

젊은이들을 눈여겨봅시다. 그들과 대화도 자주 못 나누고 또 깊이 교제할 기회가 없더라도 결코 그들을 무심하게 보아 넘기지 말아야 하겠습니다. 지금 교회 안에서 어떤 사람이 자라고 있는지 알 수 없습니다. 지금 하나님께서 누구를 향해 어떤 계획을 품고 계시는지는 우리가 알 수 없지만 분명 교회를 통해 하나님 나라의 재목감을 키우고 계시리라 확신합니다.

디모데를 키운 8할

디모데는 유대인 어머니의 영향을 받아 어릴 때부터 성경을 알았습니다. 바울이 목회 초년생 디모데에게 이렇게 권면한 것을 보면 알 수 있습니다.

"그러나 너는 배우고 확신한 일에 거하라 너는 네가 누구에게서 배운 것을 알며 또 어려서부터 성경을 알았나니 성경은 능히 너로 하여금 그리스도 예수 안에 있는 믿음으로 말미암아 구원에 이르는 지혜가 있게 하느니라"(딤후 3:14-15).

어머니의 신앙이 자녀에게 미치는 영향력이 얼마나 대단한지요. 신앙적인 면에서 아버지의 영향을 받았다는 사람은 별로 보지 못했습니다. 대부분 어머니의 영향을 받습니다. 그러니 지금 자녀를 기르고 있는 어머니들이 얼마나 위대한 일을 하고 있습니까!

유대교 전통을 따라 성경을 배운 디모데가 어떻게 예수를 믿고 복음 사역에 헌신하게 되었는지에 대해서는 전혀 기록이 없습니다. 그래서 어떤 학자들은 이렇게 추측합니다.

"디모데의 중생이야말로 부지불식간에 일어난 중생이다. 헬라인이었던 아버지를 일찍 여읜 디모데는 유대인인 외조모 로이스와 어머니 유니게 밑에서 자라 어릴 때부터 성경을 배웠을 것이다. 로이스와 유니게는 바울의 전도로 예수를 믿게 된 경건한 부인들로 '거짓이 없는 믿음'을 가진 자들이었다(딤후 1:5 참조). 디모데는 이런 분위기 속에서 자연스럽게 복음을 받아들였기 때문에 어떤 큰 변화나 결정적인 계기가 없이도 영적으로 거듭날 수 있었을 것이다."

디모데는 이렇게 특별한 체험 없이도 철저한 믿음과 헌신의 사람이 될 수 있었고, 그의 삶에는 하나님께 받은 뜨거운 소명이 절절히 배어 있습니다.

“나의 교훈과 행실과 의향과 믿음과 오래 참음과 사랑과 인내와 박해를 받음과 고난과 또한 안디옥과 이고니온과 루스드라에서 당한 일과 어떠한 박해를 받은 것을 네가 과연 보고 알았거니와 주께서 이 모든 것 가운데서 나를 건지셨느니라 무릇 그리스도 예수 안에서 경건하게 살고자 하는 자는 박해를 받으리라”(딤후 3:10-12).

십대 시절 디모데는 바울이 고난당하는 것을 보고 자랐습니다. 바울이 낯선 땅에 와서 복음을 전하다가 어떤 핍박을 받고 죽을 고비를 넘기며 교회를 세웠는지 다 보았다는 말입니다.

“네가 다 보지 않았느냐? 그 가운데서 복음이 어떻게 뿌려지고 자라났는지도 네가 다 보지 않았느냐? 또한 주께서 이 모든 박해 가운데서 나를 건지셨다는 것도 네가 알지 않느냐?”

바울은 여기서 그치지 않고 디모데에게 그리스도 예수 안에서 경건하게 살고자 하면 박해를 받을 것이라고 단언합니다. 그러니 디모데가 “나도 바울처럼 복음을 위해 살겠다”고 다짐하며 마냥 그 길이 평안하리라 기대하지는 않았을 것입니다. 남에게 대접받고 칭찬받는 인생은 꿈도 꾸지 않았을 것입니다. 오히려 언젠가는 자신도 바울처럼 돌멩이에 맞을 것이요, 갖은 위협과 고난에 희생당할 수도 있다는 각오를 했을 것입니다.

복음에 참여한다는 것

바울은 디모데를 데리고 떠나기에 앞서 그에게 할례를 행했습니다. 평소의 바울 같으면 하지 않을 행동이어서 이 대목은 잘 이해가 되지 않습니다. 구원은 할례나 율법 준수가 아니라 오직 믿음으로 받는다는 주장으로 유대인들의 반감을 샀던 바울이 아닙니까? 이 진리를 위해 목숨까지 걸고 싸우던 바울인데 왜 갑자기 자신의 제자에게 할례를 행한 것일까요?

> "바울이 그를 데리고 떠나고자 할새 그 지역에 있는 유대인으로 말미암아 그를 데려다가 할례를 행하니 이는 그 사람들이 그의 아버지는 헬라인인 줄 다 앎이러라"(16:3).

이것은 아직 복음을 알지 못하는 유대인들을 의식해서 한 행동입니다. 하나님의 일꾼은 믿음이 약한 형제들을 배려하기 위해 종종 하지 않아도 되는 일을 해야 할 때가 있습니다. 또 전도의 문을 넓히기 위해 때로는 자기 소신을 굽히고 마음에 없는 일을 하게 될 때도 있습니다.

> "내가 모든 사람에게서 자유로우나 스스로 모든 사람에게 종이 된 것은 더 많은 사람을 얻고자 함이라…내가 여러 사람에게 여러 모습이 된 것은 아무쪼록 몇 사람이라도 구원하고자 함이니 내가 복음을 위하여 모든 것을 행함은 복음에 참여하고자 함이라"(고전 9:19-23).

바울은 자유인이었습니다. 타인이 원하는 대로 해줘야 할 의무가 전혀 없는 사람이었습니다. 그런데도 바울은 스스로 모든 사람에게 종이 된다고 말합니다. 유대인들이 꼭 할례를 행해야 한다고 주장하니까 할례를 행하고, 유대인들이 꼭 안식일을 지켜야 된다고 하니까 그들과 함께 있을 때는 안식일도 지켰습니다. 마치 율법 아래 있는 자처럼 행동했습니다. 단 한 명이라도 더 복음을 듣게 하려고 그랬던 것입니다.

디모데는 할례와 무관한 헬라인 자손입니다. 비록 어머니가 유대인이긴 하지만 어린 자녀에게 할례를 고집하지는 않았던 것 같습니다. 그런데 이제 바울을 따라 복음 전도자로 나서려니 할례 문제가 걸린 것입니다. 예수 믿고 구원받은 디모데에게 할례는 받아도 그만, 안 받아도 그만이지만 아직 복음을 모르는 유대인들에게는 할례가 대단히 중요한 문제였습니다. 무할례자라고 하면 아예 마음 문을 닫고 복음을 듣지 않으려 할 수도 있기 때문에 바울은 차라리 디모데에게 할례를 행하는 것이 낫다고 판단했을 것입니다.

자기 마음에 있는 일만 하는 것이 꼭 바람직하다고 할 수는 없습니다. 비록 그것이 내가 싫어하는 일이라 할지라도 죄가 아니고 형제들에게 유익이 된다면 기꺼이 따라 주는 것이 그리스도인다운 모습입니다. 내가 원하지 않는 일은 절대 하지 않겠다는 태도는 이기주의 아닙니까? 교회에 덕이 된다면 자신의 소신을 굽힐 줄 아는 것이 교회와 성도를 사랑하는 길입니다.

64 바울의 길을 성령이 막으시다

**성령이 아시아에서 말씀을 전하지 못하게 하시거늘 그들이
브루기아와 갈라디아 땅으로 다녀가 무시아 앞에 이르러
비두니아로 가고자 애쓰되 예수의 영이 허락하지 아니하시는지라**

_ 사도행전 16:6-7

"하나님의 말씀이 점점 왕성하여 예루살렘에 있는 제자의 수가 더 심히 많아지고 허다한 제사장의 무리도 이 도에 복종하니라"(6:7).

"그리하여 온 유대와 갈릴리와 사마리아 교회가 평안하여 든든히 서 가고 주를 경외함과 성령의 위로로 진행하여 수가 더 많아지니라"(9:31).

"이에 여러 교회가 믿음이 더 굳건해지고 수가 날마다 늘어가니라"(16:5).

사도행전상에서 바울은 이러한 결론적인 말을 자주 합니다. 6장에서 예루살렘 교회에 대하여 말한 다음, 9장에 이르러 유대나라와 갈릴리와 사마리아 지역에서의 사역이 마무리된 것처럼 결론을 남기고, 16장에 와서는 아시아 지역에서의 선교 사역이 어느 정도 마무리되었다고 결론짓습니다. 한 지역을 마무리 지은 것입니다.

사도행전에 나타난 이와 같은 결론적인 말씀을 보면 성경은 교회의 질만 이야기하지 않습니다. 질적으로 든든히 서 가는 동시에 양적으로도 불어나는 사실을 꼭 지적합니다. 꼭 질과 양을 같이 표현합니다.

하나님 나라의 부흥에 있어 질적인 것과 양적인 것, 내적인 것과 외적인 것은 빼놓을 수 없는 두 가지 요소입니다. 질이 좋습니까? 양이 반드시 따라옵니다. 양이 좋습니까? 질이 반드시 따라옵니다. 양적으로 전혀 늘어나지 않는데 질만 좋은 교회가 있습니까? 또는 질적인 면은 좋은데 양적으로 늘지 않는 교회가 있습니까? 성경을 너무 모르고 하는 소리입니다.

그렇다면 '질이 좋다'는 것은 무엇을 의미합니까? 16장 5절 말씀처럼 '믿음이 더 굳건해'진다는 말입니다. 하나님의 진리의 말씀을 전적으로 신뢰하는 신앙의 도가 약하지 않고 튼튼하다는 말입니다. 이것은 하나님의 말씀을 배우고 깨닫는 것이 계속 축적될 때 일어나는 일입니다. 자연적으로 나타나는 일이 아닙니다.

"여러 성으로 다녀 갈 때에 예루살렘에 있는 사도와 장로들이 작정한 규례를 그들에게 주어 지키게 하니"(16:4).

"우상의 제물과 피와 목매어 죽인 것과 음행을 멀리할지니라 이에 스
스로 삼가면 잘되리라…"(15:29).

바울이 여러 교회를 다니면서 가르치고 격려할 당시 이미 예
루살렘 총회에서는 몇 가지 중요한 원칙을 정해 놓았습니다. 성경
에서는 '작정한 규례'라고 표현하고 있습니다. 우상의 제물과 피와
목 매어 죽인 것은 먹지 말고, 음행하지 말고 등 몇 가지 정해 놓고
지키라고 했습니다. 바울이 이방 교회를 다니면서 이 규례를 가르
칠 때 이제까지 아무 가책 없이 먹던 사람들이 갑자기 그것을 실
천하려 하니 얼마나 어려움이 많았겠습니까? 그러나 바울은 교회
에 철저히 가르쳐 주었습니다. 교리를 적당히 양보해 가면서 가르
치지 않았습니다. 오늘날 교회에서 사람들이 듣기 싫어하는 것, 딱
딱한 것, 사람들에게 별로 즐거운 마음을 주지 않는 교리 같은 것
은 가급적이면 말하지 아니하고 사람들이 즐기고 좋아하는 그런
메시지만 전하는 것과 비교되지 않습니까? 바울은 그런 얄팍한 행
동은 하지 않았습니다. 교리를 값싸게 팔아넘기고 사람들이 좋아
하는 메시지만 전하지 않았습니다. 그런 철저한 가르침에도 교회
는 점점 부흥했습니다. 하나님 말씀의 능력입니다.

바울의 유럽행

소아시아의 교회들이 부흥하자 바울은 소아시아 북부로 가려
는 계획을 세웠습니다. 그런데 이 길을 성령이 막았습니다.

"성령이 아시아에서 말씀을 전하지 못하게 하시거늘 그들이 브루기아와 갈라디아 땅으로 다녀가 무시아 앞에 이르러 비두니아로 가고자 애쓰되 예수의 영이 허락하지 아니하시는지라"(16:6-7).

성령이 '말씀을 전하지 못하게' 했다고 합니다. 전도를 못 하도록 막은 것입니다. 이럴 때도 있나요? 이럴 때도 있습니다. 그렇다면 왜 막았을까요? 아마도 하나님 보시기에 이제 소아시아는 바울이 다니며 전도하지 않아도 교회를 통해 자연적으로 복음이 퍼져 나갈 만큼 성장했기 때문인 것 같습니다. 그래서 복음이 더 필요한 곳으로 바울을 강제로 이끌어 가신 것입니다. 바울은 성령의 인도를 받아 유럽으로 넘어갔습니다.

바울의 유럽행을 보며 이런 궁금증이 생깁니다. 어떤 중대한 결정을 내려야 할 때 하나님의 뜻을 어떻게 분별할 수 있을까 하는 것입니다. 또 그것이 성령이 '하지 말라'고 하신 것인지 사탄의 방해인지 어떻게 구별할 수 있을까요?

바울은 성령이 허락하는 것과 허락하지 않는 것을 구별했고, 사탄이 훼방하는 것도 분명히 알았습니다.

"그러므로 나 바울은 한번 두번 너희에게 가고자 하였으나 사탄이 우리를 막았도다"(살전 2:18).

사도행전 21장에서 예루살렘에 올라갈 때도 마찬가지였습니다. 바울의 내면에서는 성령이 '예루살렘으로 가라'고 가르쳐 주시는데, 성령의 감동을 받았다고 하는 형제들은 '거기 가면 결박당하

고 이방인의 손에 넘겨질 테니 가지 말라'고 울며불며 야단이었습
니다. 바울은 그들의 말을 듣지 않고 '죽을 각오를 하고 가겠다'며
고집했습니다. 바울을 사랑하는 사람들의 입을 빌려 사탄이 자신
이 가야 할 길을 막는 줄 알았기 때문입니다.

사탄의 방해냐 성령의 저지냐

사실 사탄의 훼방은 눈치 채기 쉽습니다. 사탄은 주로 외부적
인 상황을 이용해서 방해합니다. 내면에 성령이 인도하신다는 확
신과 평안이 있는데 외적으로 자꾸 가로막는 일이나 반대하는 목소
리가 있습니까? 그러면 십중팔구 사탄의 역사입니다. 기도하는 사
람, 말씀 안에 거하는 사람이라면 이 정도는 금방 알 수 있습니다.

사실 분별하기 어려운 것은 성령이 막으실 때입니다. 바울의
경우, 아시아 북부로 가서 전도하겠다는 계획은 결코 나쁜 것이 아
닙니다. 복음을 모르는 곳에 가서 전도하는 것은 하나님의 뜻에 합
당한 일이니까요. 그런데 마음에 확신이 서지 않고, 평안이 없고,
노력에 비해 도무지 결과가 신통치 않다 할 때는 하나님께서 막는
것으로 보면 좋습니다.

내적으로 '해야 된다'는 확신을 도무지 갖지 못할 때, 그때가
성령이 막으시는 때가 아닌가 생각합니다. 그럴 때는 자꾸 불안하
고 자신감이 없어지고 왠지 하나님 뜻에 일치하지 않는 것 같고,
아무것도 할 수 없을 것 같은 그런 답답한 마음이 들기도 합니다.
이런 경우 사탄의 시험이라기보다 내 안에 거하시는 성령께서 그

일을 하지 않도록 몰고 가신다는 결론을 내릴 때가 많습니다. 이 것이 공식이라고 단정할 수는 없습니다만 제 경우는 종종 그랬습니다.

어느 선교사가 어느 지역에 파송되어 수년 동안 전도를 했는데 도무지 열매가 보이지 않았다고 합니다. 그렇게 고생만 하다가 결국은 포기하지 않으면 안 될 지경에 이르러 선교지를 옮기게 되었습니다. 그런데 지역을 옮기고 나서부터 사역의 열매가 풍성하게 나타나기 시작했다고 합니다. 이런 경험을 하고 지난 세월을 돌이켜보며 그는 스스로 이런 결론을 내렸습니다.

"아, 내가 처음에 들어간 지역은 하나님이 허락하시지 않은 곳인데 내 욕심으로 들어간 거였구나. 지금 사역하는 이곳은 하나님께서 처음부터 원하셨는데 내가 싫어서 선택하지 않은 곳이었어. 그래서 수년 동안 아까운 시간만 허비했구나!"

교회를 개척하는 목사도 마찬가지입니다. 어느 지역에 교회를 개척했는데 성도는 모이지 않고 계속 시험과 어려운 일만 생깁니다. 하나님의 일을 하면서 기도하지 않은 것도 아니고 노력하지 않은 것도 아닌데 말입니다. 그럴 때는 성령이 허락하시지 않은 일을 사람의 욕심으로 하려고 한 것은 아닌지, 그래서 하나님이 막으시는 것이 아닌지 생각해 보아야 합니다. 만약 그 어려움들이 사탄이 훼방하는 것이라면 왜 하나님이 도와주시지 않겠습니까? 하나님이 실패하실 분입니까? 우리가 하나님의 뜻대로 움직이려고 하는데 계속 사탄에게 몰리게 놔두시겠습니까? 그렇지 않습니다.

성령이 주시는 열매

🔊 저는 성령이 허락하시는 일은 형통한다고 확신합니다. 성령이 하시는 일에 하나님의 축복이 따르는 것이 정상입니다. 그렇게 혹독한 핍박과 시련 속에서도 바울의 사역과 열매가 풍성했던 이유가 무엇입니까? 성령이 이끄신 일이기 때문입니다.

소아시아에서는 성령이 더는 전도하지 못하게 하셨기 때문에 바울이 브루기아와 갈라디아 땅을 두루 다녀도 열매가 없었습니다. 그러나 두들겨 맞고 감옥에까지 들어간 빌립보에서는 복음의 열매가 맺혔고 감옥에서 풀려 나와서도 그 열매가 풍성했습니다. 어떤 악조건 속에서도 하나님이 함께하신 일에는 반드시 역사가 나타났고 열매가 있었습니다. 그러므로 하나님의 도우심이 없고 수고한 만큼 열매가 맺히시 않는다면 성령이 막으시는 일이 아닌가 점검해 보아야 합니다. 하나님 앞에 가서 기도하십시오. 주님의 뜻이 아니면 다른 길을 열어 달라고 기도해야 합니다.

하나님은 우리를 그렇게 억지로 끌고 가서 궁지에 빠뜨리는 분이 아니십니다. 우리 하나님이 얼마나 자비로운 분입니까? 우리 하나님이 얼마나 능력이 많습니까? 얼마나 은혜가 풍성한 분입니까? 그분 앞에 나가서 다시 여쭈어 봅시다. 자기 아들을 아끼지 아니하시고 우리를 위해 내어 주신 하나님이 어찌 우리의 갈 길을 인도해 주시지 않겠습니까?

65 복음이 유럽으로 넘어가다

두아디라 시에 있는 자색 옷감 장사로서 하나님을 섬기는 루디아라 하는 한 여자가
말을 듣고 있을 때 주께서 그 마음을 열어 바울의 말을 따르게 하신지라
_ 사도행전 16:14

아시아에서 전도하는 것을 막으신 성령은 바울에게 환상을 보여 주셨습니다. 마게도냐 사람 하나가 서서 바울에게 도와 달라는 청을 하는 환상이었습니다. 환상을 본 바울은 하나님이 마게도냐 사람들에게 복음을 전하라고 하신 것이라 확신했습니다.

"바울이 그 환상을 보았을 때 우리가 곧 마게도냐로 떠나기를 힘쓰니 이는 하나님이 저 사람들에게 복음을 전하라고 우리를 부르신 줄로 인정함이러라"(16:10).

이제 바울 일행은 드로아에서 배를 타고 유럽으로 향합니다. 아시아와 유럽은 지중해와 흑해를 잇는 좁은 해협을 사이에 두고 나뉘어 있는데, 그 해협이 약 200킬로미터 정도입니다. 그들은 아시아의 드로아에서 배를 타고 출발해 이튿날 유럽의 네압볼리에 도착했습니다. 사도행전 20장 6절을 보면 이 길을 거꾸로 오는 데 닷새나 걸렸다고 나옵니다. 그러니 첫 항해는 말 그대로 순풍에 돛을 단 듯 날아갔다고 보면 될 것입니다.

바울이 유럽행을 결정하기 전의 상황과 한번 비교해 봅시다. 7절을 보면 무시아 앞에서 비두니아로 가고자 애썼지만 길이 열리지 않았습니다. 그 마음이 얼마나 답답했을까요? 결국 계획했던 길을 포기하고 성령의 인도를 따라가니 바닷길이 환히 열렸습니다. 이런 경험을 해본 성도들은 아마 그 기쁨과 감격이 얼마나 클지 짐작이 될 겁니다. 이것이야말로 하나님의 자녀가 이 땅에서 누릴 수 있는 기쁨이요 행복입니다. 하나님이 나를 향해 특별한 계획을 세워 두시고 내 삶을 한 걸음 한 걸음 인도하고 계신다는 사실을 깨달을 때 마음 가득히 차오르는 평안과 감사가 있습니다.

간절한 기대와 소망을 따라

바울이 전도 여행길에 당했던 현실적인 어려움들을 따져 보면 오늘날에 비해 몇 배로 고생스러웠을 것입니다. 사도행전 20장에 나오는 여정, 곧 드로아에서 네압볼리까지 닷새가 걸린 일에 대해 바울은 고린도후서에서 이렇게 말합니다.

"여러 번 여행하면서 강의 위험과 강도의 위험과 동족의 위험과 이방
인의 위험과 시내의 위험과 광야의 위험과 바다의 위험과 거짓 형제
중의 위험을 당하고 또 수고하며 애쓰고 여러 번 자지 못하고 주리
며 목마르고 여러 번 굶고 춥고 헐벗었노라"(고후 11:26-27).

육신의 피곤은 물론이고 생명의 위험도 마다하지 않고 복음
전하기에 힘쓴 바울은 또 이렇게 고백합니다.

"나의 간절한 기대와 소망을 따라 아무 일에든지 부끄러워하지 아니
하고 지금도 전과 같이 온전히 담대하여 살든지 죽든지 내 몸에서
그리스도가 존귀하게 되게 하려 하나니 이는 내게 사는 것이 그리스
도니 죽는 것도 유익함이라"(빌 1:20)

오늘날 목사를 위시해서 많은 사역자들이 피곤을 무릅쓰고 어
떤 때는 쉬지도 못하고 일하는 경우가 많습니다. 그러나 그런 상황
을 바울처럼 기쁘게 받아들이는 사람은 그렇게 많지 않은 것 같습
니다. 바울을 보면 우리는 주를 위해 산다는 말을 함부로 할 수가
없습니다. 무엇을 해놓고 주를 위해 헌신했다고 하겠습니까? 무엇
을 했다고 주께 충성했다고 하겠습니까? 그저 조그마한 것을 해
놓고도 굉장한 것을 한 것처럼 교만한 마음을 갖고 공로의식에 사
로잡히기도 합니다.

영적 기준을 높이 잡으십시오. 믿음의 선배들이 주를 위해 어
떻게 살다 갔는지 살펴보기 바랍니다. 교회가 영적 기준을 낮추면
얼마 지나지 않아 세상과 다를 바 없어집니다. 영적 생활에 있어서

표준을 높이 세우고 그 지점에 이르려고 할 때 교회가 부패하지 않습니다.

주님이 다시 오실 때가 얼마 남지 않았는데 우리는 몸을 지나치게 사리고 있습니다. 주를 섬긴다고 하면서 내 몸이 피곤하지 않을 정도로만, 내 생활에 방해가 되지 않는 범위 내에서만 하겠다고 생각합니다. 참 부끄러운 모습입니다.

저는 바울에게 머리를 숙입니다. 바울과 함께 이름 없이 빛도 없이 충성한 전도자들에게 머리를 숙입니다. 2,000년 기독교 역사 속에 숨은 보석처럼 박혀 있는 무명의 그리스도인들에게 머리를 숙입니다. 그들은 힘겨운 삶 속에서도 자신의 전부를 주님께 드린 위대한 성도들입니다. 또한 대한민국에 복음을 전하기 위해 목숨 걸고 달려와 준 선교사들, 예수 이름을 부르며 십자가를 진 선배 목사님들, 평신도 전도자들께 진심으로 머리를 숙여 경의를 표합니다.

유럽 선교의 초라한 시작

바울 일행은 마게도냐 지방의 첫 성 빌립보에 도착해 며칠을 머물렀습니다. 빌립보는 대단히 큰 성입니다. 그리고 자유도시였습니다. 로마 정부의 지배를 받았지만 대단히 좋은 도시였습니다.

바울의 전도 스타일은 이미 보았듯이 어느 도시에 가든지 먼저 유대인을 상대로 복음을 전하고, 회당을 근거지로 했습니다. 그런데 빌립보에서는 아무리 찾아도 회당이 보이지 않았습니다. 유대인이 별로 없었기 때문입니다. 클라우디스 황제가 로마에서 유대인들을 전부 쫓아낼 때에 빌립보도 같은 정책을 따라 유대인들을 다 축출해 버린 것입니다. 소수의 유대인 여인들만 남았든지 아니면 헬라인이면서도 유대교로 개종한 경건한 사람들이 살았을 뿐 유대인은 별로 없었습니다. 그래서 회당이 없었던 것입니다.

바울과 그의 동료들은 안식일날 회당을 찾으려고 노력했지만 찾지 못했습니다. 그런데 수소문해 보니 문 밖 강가에 주일이 되면 여인들이 모여 기도를 한다는 소문을 들었던 것 같습니다. 강가에 기도처가 있는가 하여 그들이 찾아갔다고 했습니다. 강가에 도착한 일행은 몇 명의 여인들이 모여 유대교 의식을 따라 예배를 드리는 모습을 보았습니다.

"안식일에 우리가 기도할 곳이 있을까 하여 문 밖 강가에 나가 거기 앉아서 모인 여자들에게 말하는데"(16:13).

이 말씀에서 '우리'는 사도행전을 기록한 바울의 주치의인 누가, 바울, 그리고 바울이 안디옥 교회에서 데리고 온 실라와 디모데 이렇게 네 사람을 말합니다. 그들은 여자들과 앉아 말을 했습니다. 바울과 그 동료들은 아마도 여인들에게 자신들을 하나님의 말씀을 가르치는 선생이라고 소개했을 것이고, 여인들은 말씀을 부탁했을 것입니다. 바울 일행은 돌아가면서 말을 한 것 같습니다. 그리고 토론을 했는지도 모릅니다. 대화를 했는지도 모릅니다. 네 명의 전도자와 몇 명인지 모를 여자들이 둘러앉아 어떤 주제를 놓고 바울이 이끄는 대로 서로 이야기를 주고받은 것 같기도 합니다.

바울과 함께 간 동역자들이 이 여인들을 얼마만큼 성의 있게 대했는지 모릅니다. 사실 바울로서는 지금 대단히 큰일을 시작한 것입니다. 이 일은 유럽 선교의 시작이었습니다. 유럽에 건너와서 드디어 하나님의 복음을 전하는데 그 첫 대상이 초라한 여자 몇 명이었습니다. 몹시 초라한 시작입니다. 그 대상이 여자들이어서 무시할 수도 있었을 것입니다. 수가 작아서, 남자가 없어서 안 되겠다고 포기할 수도 있었습니다. 게다가 회당이 아닌 강가 모래 바닥에 둘러앉아 전도할 수밖에 없는 너무나 초라한 환경이었습니다. 이런 곳에서 무슨 선교냐 하고는 무시할 수도 있었을 것입니다.

인간인지라 시험 받을 수 있지 않겠습니까? 좀 더 큰 사람, 큰 대중을 놓고 일하고 싶은 욕심, 좋은 장소에서 남자 몇을 불러와서 시작하고 싶은 마음도 들 수 있었을 텐데 그들은 그렇게 하지 않았습니다. 그 대상은 부인들이었지만 둘러 앉아 진지하게 복음을 전했습니다. 16절부터 이후의 말씀을 보면 알 수 있습니다. 바울 일행은 안식일에만 강가를 찾지 않고 그날로부터 시작해 여러 날 동안 찾아갔습니다.

지금 우리가 대하고 있는 이 말씀은 기독교가 아시아에서 유럽으로 넘어간 시점을 기록한 것으로, 오늘날 기독교적인 유럽 문명이 탄생된 계기가 됩니다. 강가에서 남자 서너 명하고 여자 몇 명이 둘러앉아 무엇인가 이야기를 주고받는 모습을 보면서 저것이 앞으로 20세기에 기독교 서구 문명을 꽃피우기 시작하는 하나의 출발점이 될 것이라고 어느 누가 상상이나 했겠습니까? 아시아를 앞지르고 아프리카를 앞지르고 모든 세계 문명을 앞질러서 세계를 지배할 수 있는 문명이 지금 이곳에서 일어나고 있다고 누가 상상이나 했겠느냐 말입니다. 온 세계를 복음화시키는 큰 불꽃이 보이지 않는 저 조그마한 데서 점점 피어오르리라는 것을 그 시간 강가를 지나가는 사람들 중에 어느 누가 상상이나 했겠습니까?

너무나 위대한 일이 너무나 초라한 데서 시작되었습니다. 그러나 바울을 위시한 하나님의 종들은 환경이 초라하다고 그 일에 태만하지 않았고 사람 수가 적다고, 여자들만 모였다고 그 일을 등한시하지 않았습니다. 최선을 다했습니다. 오늘날 교회도 이런 점을 배워야 합니다. 하나님 나라를 위한 일들은 경중을 따질 수가 없습니다. 또한 작은 일에 충성할 때 큰 일을 맡을 수 있다는 사실을 알아야 합니다.

> "임금이 대답하여 이르시되 내가 진실로 너희에게 이르노니 너희가 여기 내 형제 중에 지극히 작은 자 하나에게 한 것이 곧 내게 한 것이니라 하시고"(마 25:40).

하나님의 이 음성에 가책되는 부분이 있다면 회개해야 합니다. 과거에 상대방이 보잘 것 없어 보이는 사람이라고, 환경이 별 볼 것이 없다고 해서 적당히 하고 넘어간 적은 없는지, 교회에서 주님의 일을 하면서도 나에게 주어진 사명이 다른 형제들과 비교해 너무나 초라하고 인정받지 못하는 것 같아 불평하며 적당히 하고 넘어가는 일은 없었는지 깊이 생각합시다. 사소하고 하찮게 보이는 일에 주의해야 합니다. 누구든지 큰 일에는 실수하지 않습니다. 항상 영적으로 실수하는 부분은 작은 일입니다. 더욱이 교회가 대형화된 오늘을 살고 있는 성도들이 자칫 빠질 수 있는 위험은 작은 일, 하찮게 보이는 일에 주의하지 못하고 최선을 다하지 못해서 큰 것까지 망치는 것입니다. 주님의 뜻에 합당하게 되기를 원한다면 사소한 것, 보잘 것 없는 것, 작은 것, 남이 주의하지 않는 데서 중요한 보석을 골라 낼 줄 아는 그런 눈이 있어야겠습니다.

첫 열매가 된 루디아

바울과 선교사들이 부인 몇 사람을 대상으로 강가의 모래 바닥에 앉아 대유럽 선교를 시작하면서 그들에게 무엇을 기대했을까요? 평범한 사람에게서 비범함을 발견할 줄 안다면 그보다 더 멋진 일은 없을 것입니다. 바울은 강가에 앉아 있던 여인들 중 유럽 신교의 첫 열매가 될 루디아를 발견했습니다.

루디아는 소아시아에 있는 두아디라 성 출신으로 자색 옷감을 파는 상인이었습니다. 당시 자색 옷은 왕족이나 귀족들이 주로 입는 고급 옷감이었으니 루디아는 제법 부유한 사업가였던 것 같습니다. 그녀가 바울 일행에게 자기 집에 와서 유하라고 간청한 것을 봐도 그렇습니다. 그때나 지금이나 장정 넷에게 선뜻 숙식을 제공할 정도면 형편이 어느 정도 되어야 가능하지 않습니까?

그녀는 이방인이지만 '하나님을 섬기는' 사람이었습니다. 루디아가 신앙생활을 하는 데 유리한 점이 있었다면 남편이 없었다는 것입니다. 14-15절을 보면 사업을 꾸리며 집안의 주인 역할을 하고 있습니다. 혼자 사는 것이 신앙에 도움이 될까요? 그렇습니다. 전심으로 주님을 바라볼 수 있도록 그 마음이 준비가 되기 때문입니다.

바울이 말한 것처럼 '어떻게 하면 남편을 기쁘게 할까, 어떻게 하면 남편의 비위를 맞출까' 하는 생각에 자꾸 마음이 갈리는 사람보다 '예수님이 나의 남편이요 예수님이 나의 소망'이라 여기는 사람이 아무래도 신앙생활을 잘합니다. 봉사도 참 열심입니다. 그래서 우리 주님이 그들에게만 주는 특별한 위로가 있는 것을 자주 보았습니다. 하나님은 참 공평하십니다. 땅의 것을 조금 덜 가지는 대신 영적인 것을 더 많이 주시니 말입니다.

반면 루디아의 신앙에 지장을 줄 만한 요소는 직업과 재산이었습니다. 큰 사업을 벌일 만큼 능력도 있고 재산도 있었으니 자기 자신을 믿고 자기가 가진 것을 의지하기 쉬웠을 것입니다.

"강가에서 여자들끼리 모여서 기도하는 게 뭐 그리 대단한 일인가? 한 번쯤 안 가도 그만이지. 안식일이라고 모일 만한 회당이 있나, 신앙을 이끌어 줄 지도자가 있나? 사업이나 열심히 해서 돈 좀 더 버는 게 낫지."

이런 식으로 마음이 기울어질 수도 있지 않겠습니까?

그러나 루디아를 보십시오. 안식일마다 기도하러 강가에 나갔습니다. 일상적으로 반복되던 그 시간 그 자리에 마침내 하늘의 복이 쏟아져 내렸습니다. 예수 그리스도를 만나는 기적이 일어난 것입니다. 유럽에서 제일 먼저 예수를 믿게 되는 영광을 얻었습니다. 빌립보 교회의 개척자가 된 것입니다. 성실하게 주님 앞에 나아가면 언젠가는 하나님이 준비하신 큰 은혜를 받을 것입니다.

교회 안에는 두 부류의 신자가 있습니다. 하나님이 마음을 열어 주셔서 중생한 사람이 있고, 혹은 자기가 억지로 열어서 중생한 체하는 사람이 있습니다.

하나님이 마음을 열어 주신 사람은 섬기기를 좋아합니다. 자신의 형편이 어떻든지 간에 예수 안에서 형제들을 섬기는 일에 항상 기쁨으로 나서게 됩니다. 하나님이 그 마음에 풍성한 은혜를 주시기 때문입니다. 반대로 중생한 척하는 사람은 예수를 믿는다고 하면서도 항상 이기적이고 섬기기를 싫어합니다. 예수 그리스도의 사랑과 은혜를 제대로 모르기 때문입니다.

교회 안에서 서로 섬겨야 할 일이 많고, 교회 밖으로도 손을 내밀어 붙들어 주어야 할 사람들이 정말 많습니다. 하지만 억지로는 안 됩니다. 아무리 교회가 전도와 구제를 많이 한다 해도 성도들의 마음이 예수 그리스도의 은혜에 완전히 사로잡히기 전에는 잘 안 됩니다.

하나님이 마음을 열어 주신 루디아는 섬김의 본을 보였습니다.

"그와 그 집이 다 세례를 받고 우리에게 청하여 이르되 만일 나를 주 믿는 자로 알거든 내 집에 들어와 유하라 하고 강권하여 머물게 하니라"(16:15).

루디아의 가정은 이후 빌립보 교회의 모태가 되었습니다. 섬김의 은사를 받은 루디아 때문일까요? 빌립보 교회 또한 섬기는 일에 앞장서는 교회가 되었습니다. 한 사람이 바로 서니까 교회의 전통이 바로 선 것입니다. 그래서 빌립보 교회는 바울에게 큰 위로가 되는 교회, 바울이 끝까지 신뢰하는 교회라는 칭송을 받게 되었습니다.

66 점치는 귀신 들린 여종을 만나다

우리가 기도하는 곳에 가다가 점치는 귀신 들린 여종 하나를 만나니
점으로 그 주인들에게 큰 이익을 주는 자라
_ 사도행전 16:16

회당이 없던 빌립보에서 바울 일행은 매일 강가의 기도처로
나가 복음 전하기에 전력을 쏟았습니다. 그런데 예측하지 않은 일
이 일어났습니다. 점치는 귀신 들린 여종 하나가 바울 일행을 따라
다니며 고래고래 소리를 지르는 것입니다.

귀신 들린 사람이 소리를 지르면 얼마나 섬뜩한지요. 사복음
서를 보면 귀신 들린 사람들이 예수님을 만날 때마다 천지가 떠나
갈 듯한 비명을 질렀던 것을 볼 수 있습니다. 이 여자도 아마 비슷
한 증세가 아니었나 생각됩니다. 이 귀신 들린 여종은 팀의 리더인
바울에게 집중적으로 달려들어서 그를 방해하고 소리 쳤습니다.

“…이 사람들은 지극히 높은 하나님의 종으로서 구원의 길을 너희에
게 전하는 자라…”(16:17).

이 거리 끝에서 저 거리 끝까지 따라다니며 소리소리 지르니
바울로서는 대단히 곤란한 상황이 되었습니다. 여러 날을 시달리
던 바울이 견디다 못해 귀신을 쫓아내는 역사를 일으켰습니다. 그
결과 여종은 귀신에게서 풀려났지만, 여종의 주인들은 돈벌이할
길이 막히자 화가 잔뜩 났습니다. 그들은 바울과 실라를 붙잡아 광
장 법정으로 끌고 갔습니다.

“…이 사람들이 유대인인데 우리 성을 심히 요란하게 하여 로마 사람
인 우리가 받지도 못하고 행하지도 못할 풍속을 전한다…”(16:20-21).

바울과 실라는 여기서 평생 잊지 못할 태장을 맞았습니다.

점치는 것은 귀신의 일

성도들 중에도 다급한 일이 닥치면 점을 한번 쳐볼까 하는 유
혹을 받는 이들도 없지 않아 있을 것입니다. 심지어 점치는 게 습
관이 되어 때마다 일마다 점을 보러 다니는 이들도 있을 것입니다.
점치는 것은 인간이 알지 못하는 일을 미리 알려주는 초자연
적인 능력입니다. 그런데 이 일은 귀신이 하는 일입니다. 역대하
33장 6절을 보면 므낫세가 범한 죄들이 나옵니다.

"…또 점치며 사술과 요술을 행하며 신접한 자와 박수를 신임하여 여
호와 보시기에 악을 많이 행하여 여호와를 진노하게 하였으며"(대
하 33:6)

점치는 것이나 요술하는 것이나 신접하는 것이나 무당을 신임
하는 것은 모두 하나님이 싫어하시는 일입니다. 하나님 보시기에
악한 일이며, 하나님을 진노하게 한다고 성경은 말합니다.

대표적인 예가 이스라엘의 초대 왕 사울의 일입니다(삼상 28:3-
25 참조). 블레셋 군대가 쳐들어오자 다급해진 사울 왕은 예전에 자
기가 이스라엘 땅에서 쫓아냈던 신접한 여인을 찾아갔습니다. 죽
은 사무엘 선지자를 불러내 자신이 어떻게 해야 할지 물어보려고
한 것입니다. 놀랍게도 사무엘의 영이 땅에서 올라와 하나님의 뜻
을 한 번 더 말해 줍니다.

그런데 이것은 순전히 사탄의 역사입니다. 신접한 여인이 부
른 영은 죽은 사무엘의 영이 아닙니다. 사탄이 사람들을 현혹하는
하나의 수단이지요. 우리는 모두 사실 영계에 대해 무지합니다. 좀
안다고 해도 얼마나 알겠습니까? 영계의 일은 인간에게 매우 취약
한 부분입니다. 그래서 자칫 유혹을 받기 쉽습니다.

사탄 혹은 귀신이 점치는 능력을 가지고 있고, 그래서 사람이
혹할 만한 어떤 이야기를 할 수는 있습니다. 그것도 상당히 잘 알
아맞힐 수 있습니다. 거짓 사무엘의 영이 사울 왕에게 하나님의 뜻
을 그대로 말했습니다. 또 귀신 들린 자가 예수님을 만났을 때도
주저하지 않고 '하나님의 아들'이라고 말했습니다. 본문에서 귀신
은 사도 바울이 '구원의 길을 전하는 자'라는 것을 다 알고 있지

않습니까? 다 압니다.

그러나 아무리 귀신이 우리의 장래를 점치고, 또 사람들이 솔깃할 만한 말을 한다 해도 귀신이 그렇게 하는 목적, 악령이 그렇게 하는 꿍꿍이는 따로 있습니다.

> "악한 자의 나타남은 사탄의 활동을 따라 모든 능력과 표적과 거짓 기적과 불의의 모든 속임으로 멸망하는 자들에게 있으리니 이는 그들이 진리의 사랑을 받지 아니하여 구원함을 받지 못함이라"(살후 2:9-10).

말세에 사람들을 유혹하는 악한 자들은 '사탄의 활동을 따라 모든 능력과 표적과 거짓 기적'으로 행한다고 합니다. '능력, 표적, 기적' 이 세 단어는 원래 메시아를 언급할 때 주로 나오는 표현입니다. 말세에 나타나는 악령의 역사가 얼마나 강한지, 마치 하나님의 아들이 행하는 것과 흡사해 보인다는 말입니다. 그러나 명백히 다른 점은 악령의 역사는 '거짓 기적'과 '불의의 모든 속임'이라는 것입니다. 사탄의 목적은 사람을 속이는 데 있습니다. 속여서 파멸시키는 것 외에는 없습니다.

예수 이름으로 점친다?

예수 안 믿는 점쟁이가 귀신의 힘을 빌려 이런 일을 행하면 사탄의 속임수라는 것을 쉽게 알 수 있는데, 문제는 성령의 이름으로 혹은 예수의 이름으로 점을 치는 것은 분별하기가 쉽지 않다는 사실입니다. 예수 믿는 신앙 안에 점을 치는 것과 비슷한 기능은 절대 용납할 수 없습니다. 기도를 100번 했든 금식을 40일 했든 간에 점치는 일로 사람을 유혹하는 것은 사탄의 역사지 절대 성령의 역사가 아닙니다.

> "여호와께서 말씀하셨다고 하는 자들이 허탄한 것과 거짓된 점괘를 보며 사람들에게 그 말이 확실히 이루어지기를 바라게 하거니와 그들은 여호와가 보낸 자가 아니라 너희가 말하기는 여호와의 말씀이라 하여도 내가 말한 것이 아닌즉 어찌 허탄한 묵시를 보며 거짓된 점괘를 말한 것이 아니냐"(겔 13:6-7).

하나님을 빙자해서 환상을 보았다 하고 점괘를 말하는 자는 거짓 선지자입니다. 그들은 여호와의 이름을 들먹여 거짓을 믿게 합니다. 우리 주님이 다시 오시면 이런 자들은 빗자루로 쓸 듯 완전히 쓸어버릴 것입니다.

> "내가 또 복술을 네 손에서 끊으리니 네게 다시는 점쟁이가 없게 될 것이며"(미 5:12).

주님이 오실 때가 가까워지면 사람들이 예수의 이름으로 죄를 범합니다. 그들은 주님께 이렇게 외칠 것입니다. "주여, 우리가 길에서 주의 이름으로 귀신을 쫓아내며 주의 이름으로 일을 하지 않았습니까? 그런데 왜 우리를 모른다고 하십니까?" 그러면 주님은 이렇게 말씀하실 것입니다. "불법을 행한 자들아, 내게서 물러가라"(마 17:22-23 참조).

성령의 역사와 점치는 역사를 착각하는 것은 그야말로 하나님의 이름을 모독하고 성령의 역사를 왜곡하는 것입니다. 성경 어디에 한 사람을 앉혀 놓고 당신 사업 잘되겠다, 안 되겠다, 당신 아들 합격하겠다, 안 하겠다, 당신 뱃속에 있는 애가 아들이다, 딸이다 하고 점치는 내용이 있습니까? 점치는 것은 귀신의 일입니다.

아무리 우리 앞길이 불투명하고 사방에 문이 굳게 잠긴 것처럼 답답한 상황이라 할지라도 점치는 사람을 찾아가서는 안 될 일입니다. 어찌할 바를 모를 때일수록 하나님과 직접 만나려고 애쓰고, 말씀을 통해 주님이 깨닫게 하시는 진리를 붙들려고 노력해야 합니다. 이런 노력을 기울이는 것이 정 힘들다면 하나님이 환상과 꿈을 통해서라도 직접 보여 주시기를 기도하십시오. 왜 하나님의 자녀가 귀신에게 가서 물어야 합니까?

겁에 질린 귀신

귀신 들린 여종이 바울과 실라를 보고 그들이 어떤 사람인지 소리치며 공개한 이유는 무엇일까요? 이러한 현상은 복음서에서도 흔히 볼 수 있습니다. 귀신 들린 사람이 예수님을 만나 견디지 못하고 소리를 지르면서 '하나님의 아들'이라고 고백한 일도 있습니다. 성경은 마지막 날 예수 그리스도의 보좌 앞에 가면 모든 죄인이 자기 입으로 자기 잘못을 자백한다고 합니다. 묻지도 않았는데 벌벌 떨며 다 말한다는 것입니다. 무언가 도무지 숨길 수 없는 압박감을 받는 것입니다.

우리는 영계에 대해 잘 모릅니다. 하지만 분명한 것은, 예수 믿는 사람들이 예수의 이름으로 모여 무슨 일을 시작하려 하면 귀신들이 못 견뎌 한다는 것입니다. 귀신 들린 여종은 바울을 '지극히 높은 하나님의 종'이라고 정확하게 밝혀 주었습니다. 이것은 사탄이 예수 믿는 사람을 보면 그가 하나님께 속한 자라는 신분을 정확히 알아챘다는 사실을 말해 줍니다. 우리가 신분에 걸맞게 하나님께 충성한다면 마귀는 감히 우리를 건드리지 못합니다. 그러나 우리가 하나님의 자녀답게 행동하지 않으면 사탄은 여지없이 그 사람을 유혹해 냅니다.

바울은 귀신 들린 여자가 소리치는 것을 금했습니다. 구원의 길을 전파하는 사람이라고 선전해 주는데 왜 못하게 막았을까요? 예수님도 자신을 하나님의 아들이라고 소리치는 귀신에게 입을 다물라고 명령하셨습니다. 왜 그랬을까요?

복음을 전파하기 위해 사탄의 도움을 받을 이유가 전혀 없기 때문입니다. 하나님의 아들, 존귀하신 예수 그리스도의 이름이 마귀의 입을 통해 증명될 필요도 없습니다. 아무리 마귀가 옳은 말을 한다고 해도 그 마음의 동기는 속이는 것이요, 유혹하는 것이기 때문에 우리가 거기에 이용당해서는 안 됩니다.

귀신 들린 자가 예수의 이름을 찬송한다 할지라도 성령은 오직 한 가지 방법밖에 사용하지 않습니다. 꾸짖습니다. 입 다물라고 꾸짖는 것 외에는 없습니다. 하나님은 사탄의 입을 통해 영광 받지 않으십니다. 아무리 바른 말이라도 사탄의 입에서 나오는 말로는 하나님의 역사가 이루어지지 않습니다.

감옥을 뒤흔든 찬송

귀신 들린 여종에게서 귀신을 쫓아낸 바울과 실라는 그 여종의 주인들에게 잡혀 법정으로 끌려갔습니다. 거기서 매를 많이 맞고 깊은 감옥에 갇혔습니다. 한밤중이 되어 바울과 실라가 기도하고 하나님을 찬송하자 그 소리를 죄수들이 들었습니다.

> "한밤중에 바울과 실라가 기도하고 하나님을 찬송하매 죄수들이 듣더라"(16:25).

매를 맞아도 그분 앞에 경배하고 아무리 어려운 역경 가운데 있다 하더라도 하나님 앞에 찬양하고 기도하는 것이야말로 인간이 해야 할 가장 소중한 일임을 모든 죄수 앞에 보여 주었습니다.

우리가 찬양하는 모습을 통해 모든 인생은 찬양할 의무가 있다는 것을 알려 주고 있습니까? 우리가 수시로 기도하는 모습을 통해 기도가 얼마나 거룩한 행위인지 보여 주고 있습니까? 그들은 감옥에서 그 일을 행했습니다. 삶 전체가 감옥에 갇힌 것처럼 최악의 상황이라 하더라도 하나님 앞에 기도하고 찬양하십시오. 그것이 하나님의 능력을 부르는 역사입니다. 우리 삶을 옥죄고 있는 감옥 문을 활짝 여는 일입니다.

바울과 실라가 억울하게 매를 맞고 감옥에 들어갈 때 이들의 모습은 어땠을까요? 결코 서두르지 않았습니다. 왜 그러냐고, 억울하다고 항의하지도 않았습니다. 매를 때리면 맞고, 감옥에 넣으면 들어가고 그냥 전부 다 맡겨 버렸습니다. 그 이유가 어디 있습니까? 생명의 주인이신 주님께 삶을 다 맡겨 놓았기 때문입니다. 우리 인생의 모든 것을 다 주님께 맡기고 나면 안달할 것도 없고 불평할 것도 없습니다. 그저 편안한 마음으로 따라가는 겁니다.

바울과 실라는 하나님께서 왜 자신들을 감옥에 넣으셨는지 그 이유를 알지 못했습니다. 그러나 거기에는 하나님의 뜻이 있다고 믿었기에 두 사람은 밤중에 기도하고 찬양했습니다. 하나님의 자녀에게 뜻 없이 일어나는 일은 없습니다. 우리 삶을 향한 하나님의 선한 목적과 뜻이 반드시 있고, 그 때문에 일어나는 일들만 있습니다.

바울과 실라는 찬양하고 기도했습니다. 몇 시간이 지나지 않아 하나님이 뜻하신 바가 드러났습니다. 바로 그 감옥의 간수와 그의 가족이 구원받은 일입니다.

상상해 보십시오. 바울이 매를 맞고 감옥에 들어왔을 때 기도하고 찬송했다고 했습니다. 아마 감옥이 울리도록 큰 소리로 불렀나 봅니다. 주위에 있던 죄수들이 찬송 소리를 들었다고 했으니까요. 이때 갑자기 큰 지진이 나서 옥 터가 움직이고 감옥문이 다 열렸습니다. 자다 깬 간수는 옥문이 열린 것을 보고 죄수들이 도망한 줄 알고 크게 당황했겠지요. 죄수들을 지키는 책임을 다하지 못했다는 생각에 간수는 칼을 빼어 자결하려 했습니다. 이때 바울이 크게 소리를 질러 간수를 말렸습니다.

"…네 몸을 상하지 말라 우리가 다 여기 있노라…"(16:28).

이 소리에 놀란 간수는 등불을 들고 감옥 안으로 뛰어 들어가 벌벌 떨며 바울과 실라 앞에 엎드렸습니다.

"…선생들이여 내가 어떻게 하여야 구원을 받으리이까…"(16:30).

간수는 바울과 실라에게 복음을 듣고, 그 밤에 두 전도자를 자기 집으로 데리고 갔습니다. 두 전도자의 매 맞은 자리를 씻겨 주고, 음식까지 후하게 대접했습니다. 그리고 바울의 선포대로 그와 그의 온 가족이 구원을 받는 역사가 일어납니다.

"이르되 주 예수를 믿으라 그리하면 너와 네 집이 구원을 받으리라"
(16:31).

하나님은 놀라우신 분입니다. 그분은 고난을 통해서도 이렇게 엄청난 일을 이루십니다. 우리는 예수 그리스도께 속한 사람입니다. 귀신 들린 여종이 소리친 것처럼 우리는 하나님의 종입니다. 그러므로 하나님은 그분이 원하시는 대로 우리를 사용하십니다.

어떤 때는 좋은 일로 우리를 사용하시지만, 어떤 때는 피하고 싶은 고난을 통해서도 하나님께서는 당신의 목적을 이루십니다. 선하신 목적을 이루십니다. 그러므로 어떤 상황에 처하든지 바울과 실라처럼 하나님께 다 맡깁시다. 이렇게 산다면 얼마나 평안하고 의연할 수 있을까요? 또 조급하게 안달하는 사람들을 이끌어

줄 수도 있을 겁니다. 하나님께서 이런 자들을 통해 더 큰 일을 이
루실 것입니다.

사도행전 17장

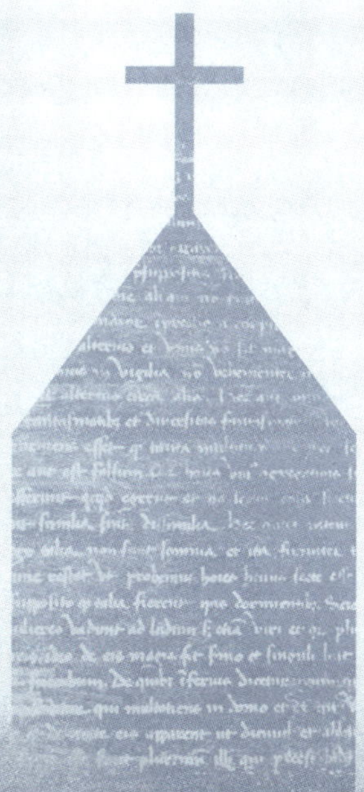

67 간절한 마음으로 말씀을 받다

베뢰아에 있는 사람들은 데살로니가에 있는 사람들보다 더 너그러워서
간절한 마음으로 말씀을 받고 이것이 그러한가 하여 날마다 성경을 상고하므로
_ 사도행전 17:11

바울 일행은 빌립보를 나와서 데살로니가까지 약 68마일을 걸어갔습니다. 68마일이면 거의 100킬로미터입니다. 이들의 여정은 한 도시에서 복음을 전하다가 핍박을 받으면 다음 도시로 옮겨 가는 그런 방식이었습니다. 다행히 당시 로마 제국이 닦아 놓은 도로가 있어 그 길을 따라 움직였던 것 같습니다. 지도상으로 보면 빌립보와 데살로니가, 베뢰아는 거의 일직선상에 위치해 있습니다.

"그들이 암비볼리와 아볼로니아로 다녀가 데살로니가에 이르니 거기 유대인의 회당이 있는지라"(17:1).

1절에서 유심히 볼 것은 "암비볼리와 아볼로니아로 다녀가"라는 부분입니다. 이 두 곳은 지도상에 나타나지 않을 정도로 작은 도시였습니다. 그런데 왜 이 두 곳에서는 전도를 하지 않고 그냥 지나갔을까요? 작은 성이든, 큰 성이든 구원받아야 할 영혼들이 분명히 있을 텐데 말입니다.

전략적 접근

바울 일행이 암비볼리와 아볼로니아를 그냥 거쳐 간 데는 두 가지 이유를 생각해 볼 수 있습니다. 하나는, 이 성들이 빌립보처럼 회당이 없는 도시이기 때문입니다. 주로 회당을 전도의 거점지로 삼고 복음을 증거하던 바울 일행은 빌립보에서 회당이 없어 고전한 경험이 있습니다. 그래서 데살로니가에 이르러 회당을 발견하고는 그리로 들어간 것이 아닌가 생각됩니다. 또 하나는 지정학적인 이유에서였을 것입니다. 이왕 복음을 전할 바에는 거점이 될 만한 곳에 먼저 전해서 그 주변으로 퍼져 나가게 하는 것이 좋지 않겠습니까? 연못 중앙에 돌멩이를 던지면 연못 전체로 물결이 고루 퍼져 나가는 것과 같은 이치입니다.

마게도냐로 건너온 바울 일행은 어느 성에서 복음을 전해야 그 지역 전체에 영향을 줄 수 있을지 전략적으로 고민했을 것입니다. 그래서 데살로니가에서 복음을 전하면 자연스럽게 암비볼리와 아볼로니아로 확산될 것이라고 생각했던 것입니다. 그 근거는 데살로니가전서 1장에서 찾을 수 있습니다.

"그러므로 너희가 마게도냐와 아가야에 있는 모든 믿는 자의 본이 되었느니라 주의 말씀이 너희에게로부터 마게도냐와 아가야에만 들릴 뿐 아니라 하나님을 향하는 너희 믿음의 소문이 각처에 퍼졌으므로 우리는 아무 말도 할 것이 없노라"(살전 1:7-8).

바울의 짐작이 맞았습니다. 데살로니가 교회의 믿음이 마게도냐와 아가야뿐만 아니라 각처에 두루 소문이 나서 믿는 자의 본이 된 것입니다. 데살로니가에 뿌린 복음의 씨앗이 자라 바울이 복음을 전하지 못하고 지나간 도시에까지 복음이 확산된 것입니다. 오늘날에도 전도를 하든 교회 개척을 하든 이런 전략을 무시할 수 없습니다.

사실 사랑의교회를 시작할 때 이런 면을 전혀 생각지 못했습니다. 강남을 택한 이유도 그저 처음에 함께 시작한 성도 몇 분이 강남에 사셨기 때문입니다. 그런데 어느 때쯤 와서 가만히 보니 하나님께서 교회에 하시는 일들이 심상치 않아 고민이 되기 시작했습니다. 저는 아주 작은 꿈을 가지고 섬기고 있었는데 이렇게 소극적으로 해서는 하나님 앞에 죄송할 것 같다는 생각이 들었습니다. 시간이 흐를수록 이런 부담감은 커져만 갔습니다. 지역적으로 봐도 그렇고, 교인들의 성향을 봐도 그렇고, 또 그때까지 한국과 미국 한인 교회에 퍼져 있는 소문을 보아도 그렇고, 정말 사랑의교회가 무언가 모범을 보이지 않으면 안 되겠구나 하는 것을 뒤늦게 깨달았습니다.

데살로니가 교회는 그 지역 전체를 위해 하나님이 주신 어떤 역할을 감당하지 않으면 안 되는 그런 상황에 있었습니다. 바울은 그것을 알았습니다. 가장 영향력을 줄 수 있는 곳에 먼저 투자하고 강조하라는 이 원리는 평신도 훈련에서도 적용됩니다.

사랑의교회에서 실시하고 있는 제자훈련은 원한다고 모든 사람이 받을 수 있는 훈련이 아닙니다. 훈련받을 대상을 모집할 때는 여러 가지 자격을 따집니다. 나이 제한도 있고, 소명의식이 있어야 하고, 목회자와의 단독 면담을 통과해야 훈련을 받을 수 있습니다. 훈련을 받기도 전에 꽤 괴롭힌다는 생각이 들 정도로 까다롭습니다. 그러나 교회 입장에서 볼 때는 소수의 사람을 키우고 그 사람을 통해 영향력을 미치는 부분을 고려하지 않을 수 없습니다.

영혼은 다 평등하고, 가치 있고, 모두 다 관심의 대상이 되지만 하나님의 법칙을 보면 큰 영향력을 끼칠 수 있는 사람에게 먼저 투자하고, 큰 영향을 끼칠 수 있는 지역에 먼저 복음을 투입하는 것이 맞습니다. 바울이 빨리 로마에 가야 되겠다, 빨리 스페인에도 가야 되겠다고 간절하게 사모했던 이유도 다 이런 전략 때문이었습니다.

그래서 저는 뒤늦게나마 사랑의교회가 데살로니가에 있었던 교회처럼 하나님 앞에 쓰임 받는 데 중심이 되는 역할을 감당하기를 기도했습니다. 그것이 하나님께 영광이요, 성도에게는 삶의 의미와 보람이 될 것이라고 확신했기 때문입니다.

뜻을 풀어 증명하다

바울은 데살로니가 회당에 들어가 말씀을 전했습니다.

"바울이 자기의 관례대로 그들에게로 들어가서 세 안식일에 성경을 가지고 강론하며 뜻을 풀어 그리스도가 해를 받고 죽은 자 가운데서 다시 살아나야 할 것을 증언하고 이르되 내가 너희에게 전하는 이 예수가 곧 그리스도라 하니"(17:2-3).

이 부분에서 '강론하며', '뜻을 풀어', '증언하고'라는 몇 개의 단어를 봅시다. 바울은 성경을 가지고 첫째로 강론했습니다. 이 강론한다는 말에는 뒤에 나오는 '뜻을 푼다'는 의미가 포함되어 있습니다. 바울은 둘째로 증명했습니다. 그리고 결론을 내렸습니다.

바울은 복음의 뜻을 풀어서 완전히 납득이 되도록 증명해 주고 정확하게 결론을 맺는 방법으로 회당에서 유대인들에게 복음을 전했습니다. 바울이 이렇게 말씀을 전하는 방법은 예수님의 방법과 똑같습니다. 예수님도 가버나움 회당에 들어가서 이사야서를 강론하실 때 이 방법을 사용하셨습니다. 메시아에 관한 성경을 펴 놓으시고는 그것을 전부 읽고 나서 구약에서 하나님이 예언하신 메시아가 어떤 분인가를 함께 연구해 보자 하시고는 구약을 잘 아는 유대인들을 앉혀 놓고 메시아의 인격, 메시아의 죽음, 메시아의 부활, 메시아의 고난의 의미 등 메시아와 관련된 것들을 하나하나 구약을 통해 입증하셨습니다. 그러고 난 다음에는 그 메시아가 누구이신가 결론을 내렸습니다. 바로 나사렛에서 나신 예수 그리스도라고 말입니다.

뜻을 풀어 증명하고, 논증하고, 그다음에 결론을 내리는 이 방법은 참 중요합니다. 성도들은 대부분 성경을 보며 무조건 감정적인 충족만을 느끼려고 애쓰는 경우가 많습니다. '아, 기쁘다', '아,

그것 재미있구나', '야, 그것 참 위로가 되는구나' 하는 식으로 말입니다.

그러나 지성을 이용해 냉정히 뜻을 파악하고, 논리적으로 정리해서 확신을 얻는 전반 부분이 생략되면 안 됩니다. 목사님들도 이런 면을 너무나 등한시하는 경향이 있습니다. 한마디로 말해서 뜻을 풀어 먼저 이해를 시켜야 합니다. 이해가 되면 생각이 바뀌지 않습니까? 생각이 바뀌면 자연히 감정이 나타나게 됩니다. 미웠던 사람을 이해하게 되면 '아, 저 사람은 미워할 사람이 아니라 좋은 사람이구나' 하고 생각이 바뀌고 마음에 사랑하고자 하는 감정이 나타나게 되는 것입니다.

먼저 생각을 바꾸어야 합니다. 생각을 바꾸기 위해서는 뜻을 풀어 증명하고 해석해 주는 단계가 앞서 필요합니다. 그것이 전제가 된 다음에 '기쁘다', '흐뭇하다', '감사하다'는 감정적인 반응이 나와야 합니다. 그러나 그렇지 않은 경우가 더 허다합니다. 설교자도 어떻게든 사람들의 감정적인 욕구를 충족해 주겠다는 조급함으로 간증 예화를 들어가며 성도들을 웃기고 울리다가 나중에 성경 몇 마디 하고는 설교를 끝내 버리는 경우가 있습니다. 그런 것은 은혜가 아닙니다. 날마다 밑 빠진 독에 물 붓는 식입니다.

감동을 받기 전에 먼저 우리 자신의 생각을 바꾸도록 노력해야 한다는 것을 다시 한 번 기억합시다. 이해하면 감정은 자연히 따라오는 것입니다. 하나님의 말씀이 좀 어려운 것 같아도 깊이 이해하고 깨달으면 감격은 뒤따르게 되어 있습니다. 박수 치지 말라고 해도 찬송할 때 자신도 모르게 박수를 칩니다. 웃으라고 하지 않아도

얼굴이 환하게 밝아집니다. 그것이 바른 은혜요, 하나님 말씀의 정도를 걸어가는 사람입니다. 그렇지 않고 생각은 바뀌지 않았는데 감정만 불러일으키려고 하는 것은 참 천박한 방법입니다.

성경을 읽을 때도 그런 유혹을 받습니다. 마음이 착잡하고 답답하고 답이 안 나올 때, 말씀을 놓고 조용히 읽고 연구하고 뜻을 생각하려고 하기보다는 시간을 투자하지 않고, 어떻게 하든지 한 절을 읽어서 혹 들어오는 곳을 찾으려고 정신이 없지는 않습니까? "내가 너를 사랑하노라. 두려워 말라, 무서워 말라. 내 오른손으로 너를 붙들리라"는 말씀만 가지고 그저 감정 충족만 하려고 애를 씁니다.

간절함으로 받고

바울 일행은 데살로니가에서 또다시 핍박을 받아 베뢰아라는 도시로 갔습니다. 베뢰아는 데살로니가에서 약 50마일 떨어진 곳입니다. 베뢰아에도 역시 회당이 있었고 바울 일행은 그곳에 들어가 말씀을 전했습니다.

> "베뢰아에 있는 사람들은 데살로니가에 있는 사람들보다 더 너그러워서 간절한 마음으로 말씀을 받고 이것이 그러한가 하여 날마다 성경을 상고하므로"(17:11).

참 묘한 말씀입니다. 베뢰아 사람은 데살로니가에 있는 사람들보다 더 너그러웠다고 합니다. 이 성경을 데살로니가 교인들이 안 읽었기에 망정이지 읽었다면 얼마나 화가 났을까요? 성경상에 두 곳을 나란히 비교하며 어느 것이 덜하다, 못하다 말한 예는 이 부분밖에 없습니다. 이 성경을 기록한 누가가 바울을 따라다니면서 양쪽 도시의 교인들이 얼마나 차이가 많이 났으면 이렇게 노골적으로 비교를 했을까요?

베뢰아 사람들이 데살로니가에 있는 사람들보다 왜 더 너그러워 보였을까요? 우선 베뢰아 사람들은 바울이 전하는 말씀을 사모하고 알고자 하는 간절함이 있었기 때문입니다. 진리를 알려고 간절히 사모하는 사람과, 전하니까 할 수 없이 듣는 사람을 놓고 볼 때 어느 쪽이 더 너그러워 보이겠습니까?

설교를 듣는 성도들을 보아도 그런 마음이 듭니다. 설교를 듣고 있는 성도들의 눈동자와 얼굴, 표정을 보면 그저 전하니까 듣는 사람인지, 말씀을 알고 싶어서 듣는 사람인지 다 알 수 있습니다. 후자의 경우는 눈동자가 반짝반짝 하며 듣습니다. 대인관계에서도 어떤 대화를 나눌 때 상대방의 말에 귀를 기울이고 고개를 끄덕끄덕 하면서 눈동자를 마주보고 관심을 깊이 갖는 사람과, 대화가 언제 끝나나 하는 표정을 지으면서 건성으로 듣는 사람을 비교해볼 때 어느 쪽이 더 너그러워 보입니까? 관심 있게 들어 주고 마음을 열고 받아 주는 사람이 훨씬 더 너그러운 사람입니다. 하나님 앞에서도 마찬가지입니다.

게다가 베뢰아 사람들은 말씀을 듣는 데서 끝나지 않고 후속 작업을 했습니다. 그들은 바울로부터 예수 그리스도에 대해 듣고 난 후에는 날마다 성경을 뒤져 가면서 바울이 전한 말씀과 성경을 비교하며 상고했고, 또 회당에 모여서 검토해 보고 질문도 했습니다. 이렇게 해서 그들 나름대로 다시 한 번 터를 다지는 일을 했습니다. 베뢰아 사람들이 데살로니가 사람들보다 너그러웠다는 것은 곧 더 지적인 사람들이었다는 뜻입니다.

무엇인가 듣고 그것을 들은 것으로 만족하지 않고 자기 나름대로 다시 확인하려고 하는 사람은 상당히 지적인 사람입니다. 그런 사람들은 데워지는 데 좀 시간이 걸립니다. 늦습니다. 베뢰아 사람들이 그런 사람들이었습니다. 그들은 지성을 이용해 진리를 스스로 확인하기 전에는 완전하게 받아들이지 않겠다는 약간의 경계심을 가지고 있었을 것입니다.

그리스도인들이 베뢰아 사람들의 이런 태도를 본받았으면 좋겠다는 생각을 합니다. 즉흥적인 것이 좋을 때도 있습니다. 전하는 사람을 그대로 신뢰하고, 비판 없이 받아들이고 반응하는 것도 어느 면에서는 좋습니다. 그러니 감정이 빨리 동하는 사람은 빨리 식습니다. 반면 데워지는 것이 늦더라도 차분히 말씀을 가지고 정리를 해가면서 자기 나름대로 확신을 얻는 사람은 어지간해서 잘 식지 않으며, 잘 움직이지도 않고 변하지도 않습니다. 참 고상한 모습입니다.

'이것이 그러한가'

오늘날 너무나 많은 사람들이 너그럽지 못한 태도로 설교를 듣고 성경을 대합니다. 연구하는 자세가 없습니다. 시간을 투자하지 않습니다. 조금만 어려우면 못 듣겠다고 고개를 흔들어 버립니다. 사탄은 언제나 우리를 향해서 하와에게 한 질문을 그대로 던집니다. "하나님이 정말 이 선악과를 먹지 말라 하더냐? 하나님이 정말 염려하지 말라고 하더냐? 야, 그것은 교회에서나 하는 이야기야. 어떻게 인간인데 염려를 안 하겠니?"라고 말입니다.

왜 하나님이 주신 우수한 지능을 사용하지 않습니까? 왜 성경을 검토하고 연구하는 열심이 없습니까? 말씀을 통해 은혜를 깨달은 그리스도인이 열심만 있다면 참 많은 면에서 성장할 것입니다. 설교를 듣고 그 말씀을 스스로 확인할 때까지 다시 한 번 씨름하는 그런 모습이 필요합니다. 반추가 무엇입니까? 소가 풀을 뜯고 나서 조용한 시간이 오면 우물우물 다시 씹는 것을 반추한다고 그럽니다. 반추하는 것과 같이 성경을 새김질합시다. 이것이 베뢰아 사람들의 태도였습니다.

듣는 데서 끝나지 말고 확인합시다. 확신이 설 때까지 확인합시다. 확신이 선다면 그 말씀은 우리에게 찬송이 됩니다. 기도 제목이 됩니다. 그것이 나에게 무기가 되어서 남이 약할 때 도와줄 수 있는 하나의 자료가 됩니다. 또한 마귀를 쫓는 성령의 검이 됩니다. 우리 자신이 확신하는 말씀이 아니라면 아무 쓸모가 없습니다. 성경을 아무리 들고 다녀도 베뢰아 사람처럼 스스로 확인하고, 확신하고, 꼭 쥔 말씀이 아니고는 어떤 상황에서도 쓸모가 없습니다.

너그럽게 깊이 말씀을 확인하고 연구하는 자세가 결여된 곳에는 아주 얄팍한 반응을 보이는 사람들이 많습니다. 즉흥적으로 반응하고 자신의 상식으로 비판하고, 자기 기분에 따라 말하는 사람들이 많습니다. 그래서 데살로니가 회당 안에는 바울을 핍박하는 유대인들이 있었습니다. 반면 베뢰아에서는 어떠했습니까? 사람이 너그러울 때는 그런 야비한 태도를 취하는 사람이 훨씬 더 적습니다.

교회가 말씀에 대해 너그러워지면 야비한 행동을 하는 사람들이 많지 않습니다. 그만큼 진지하고 그만큼 성숙해 있기 때문입니다. 오늘날 교회들이 이렇게 말씀을 너그럽게 대한다면 데살로니가에 있던 일부 유대인들처럼 그렇게 과격하게 감정적으로 말하는 사람이 생겨나지 아니할 것입니다. 은혜롭게 심사숙고하고 모든 면을 포용하고 이해하려는 너그러운 자세를 가진 그리스도인들이 많을 때 교회는 더욱더 은혜를 수용할 수 있고, 많은 사람에게 유익을 줄 수 있습니다.

68 철학자의 도시에서 변론하다

바울이 아덴에서 그들을 기다리다가 그 성에 우상이 가득한 것을 보고
마음에 격분하여 회당에서는 유대인과 경건한 사람들과
또 장터에서는 날마다 만나는 사람들과 변론하니

_ 사도행전 17:16-17

베뢰아 사람들은 데살로니가 사람들보다 너그러웠지만 그곳
에서도 역시 핍박은 일어났습니다. 바울은 베뢰아를 떠날 결심을
하고 아덴으로 향했습니다. 아덴은 그리스 아테네를 말합니다. 바
울이 아덴으로 들어갈 때는 혼자였습니다. 디모데와 실라는 베뢰
아에 남아 있다가 나중에 아덴으로 왔고, 바울은 이들을 다시 각각
데살로니가와 빌립보로 보냈습니다.

아덴은 지금까지 바울이 말씀을 전해 온 도시들과는 근본적으

로 다른 특색이 있었습니다. 바울이 아덴에 대한 정보를 전혀 몰랐을 리 없지만, 막상 들어가 보니 생각보다 더 독특한 면을 갖고 있었을 것입니다.

당시만 해도 아덴은 경제적으로나 정치적인 면에서 고린도보다 못했지만, 예술과 학문으로는 유럽 전역에서 앞선 도시였습니다. 바울 당시의 아덴은 이미 찬란한 그리스 문화의 중심지로서 1,200여 년의 역사를 가지고 있었습니다. "로마가 비록 정치적으로는 헬라를 정복했을지 모르지만 문화적으로는 헬라에 패배했다"는 유명한 말이 있을 정도로 헬라의 아덴 문화는 세계적이고 또 인류 역사에서 볼 때 영구 불멸한 문화입니다. 아덴은 또한 고대의 문화가 그렇듯이 문화와 예술이 종교와 불가분의 관계에 있었습니다. 그래서 우상과 신전, 신화 같은 예술 작품들이 많았습니다. 특히 아덴은 모든 것을 신으로 보는 범신론이라는 신관을 가지고 있었습니다. 이런 신관을 가지고 있는 아덴이었으니 그 도시가 어떠했을까요? 역사가들은 아덴을 이렇게 묘사했습니다.

"아덴에 있는 우상의 수는 헬라 전역에 있는 우상의 수보다도 더 많다."

"바울이 들어간 아덴이라는 곳은 도시 전부가 신에게 드리는 하나의
제단이다."

아덴에 우상이 가득했다는 사실은 성경뿐만 아니라 역사가들의 말을 통해서도 확인할 수 있습니다. 그러나 실제적으로 어느 정도로 우상이 많았고, 어느 정도로 제단이 많았으며, 신전이 많았는

지는 상상조차 할 수 없습니다.

도시를 한 바퀴 둘러본 바울은 수많은 우상과 신전을 보고 견디지 못할 만큼 분노했습니다. 눈 뜨고 볼 수 없는 현상 앞에서 견딜 수 없는 의분을 느꼈습니다. 그것은 하나님의 자녀만이 느낄 수 있는 의분이었습니다. 영적으로 깨어 있는 사람만이 느끼는 분노입니다. 이 분노는 하나님 편에 서서 바로 살려고 하는 사람들이 세상을 볼 때 느끼는 것입니다.

만약 바울이 대한민국에 온다면 어떤 마음을 갖게 될까요? 크고 작은 십자가가 하늘을 물들일 만큼 교회가 많습니다. 그렇지만 우리는 십자가 아래 어두운 곳이 얼마나 부패하고 있는지를 알아야 합니다. 요란한 유흥가의 불빛을 보면 마음에 분노가 일어나야 합니다. 그러나 우리는 오히려 그런 현상을 당연한 것처럼 그냥 넘어갑니다. 감각이 무뎌졌습니다. 아덴에서 바울이 느꼈던 분노가 우리 마음에 일어난다면 우리는 도전할 것입니다. 복음을 가지고 정복하려고 하는 의욕을 가질 것입니다.

이런 분노가 우리 마음에 없다면 우리는 이미 싸울 자세를 완전히 포기한 사람이나 다름없습니다. 바울처럼 변론은 하지 못하더라도 하나님 앞에 소리 내어 부르짖는 불 같은 마음이 있어야 하겠습니다. 모든 그리스도인이 이와 같은 분노를 가지고 사회 구석구석에 들어가서 무엇인가 좀 바꾸어놓겠다는 생각을 가지고 일하고 말을 한다면, 그리고 행동한다면 사회는 변화될 것입니다. 바울의 분노가 우리 마음에도 심기기를 바랍니다. 성령님께서 우리 마음에 이 분노의 불길을 일으켜 주시기를 바랍니다.

철학자들에게 전도하다

아덴에서 바울의 전도 방법은 두 가지였습니다. 회당에 들어가서는 유대인을 만나서 전도하고, 장터로 달려가서는 날마다 만나는 사람과 변론하는 방법으로 전도했습니다.

"회당에서는 유대인과 경건한 사람들과 또 장터에서는 날마다 만나는 사람들과 변론하니"(17:17).

바울이 장터에서 만난 전도 대상자는 소위 지성인들이었습니다. 에피쿠로스와 스토아 철학자들이었습니다(17:18). 그들은 너무나 유식해서 자신의 지적 수준에 못 미치는 것에는 아예 관심도 두지 않았고, 무언가 배울 것이 있거나 새로운 것이어서 들을 만하디 싶을 때에만 귀를 기울였습니다.

에피쿠로스 철학자들은 무신론자들로, 쾌락을 최고선으로 여기는 자들이었습니다. 쾌락을 누릴 수만 있다면 어떤 수단과 방법도 정당화했습니다. 영혼은 물질이고, 사람이 죽으면 모든 것이 무로 돌아간다고 생각했기 때문에 사후 심판이나 내세는 믿지 않았습니다. 한마디로 현세주의자들이었습니다. 한편 스토아 철학자들은 범신론자들이었습니다. 그들은 영혼도 물질이라고 생각해 사람이 죽으면 그 영혼은 기운처럼 날아가서 신적인 존재인 이성과 하나가 되어 버린다고 보았습니다. 이성을 최고의 도덕적인 판단 기준으로 삼고 이성을 따라서 생각하고 추구하면 완전해질 수 있다고 믿었습니다.

향락주의로 흐른 에피쿠로스 철학자와 또 이성으로만 판단하는 스토아 철학자들 앞에 바울이 섰습니다. 신(神)관도 다르고, 세계관도 다르고, 가치관도 다릅니다. 생의 목적도 다릅니다. 그러나 바울은 이들을 외면하지 않았습니다. 하나님의 진리를 그들에게 심어 주기 위해 끝없는 변론도 사양하지 않았습니다. 이런 바울에게 아덴의 지성인들이 매력을 느꼈습니다. 그래서 그들은 바울을 아레오바고로 데려갔습니다.

"그를 붙들어 아레오바고로 가며 말하기를 네가 말하는 이 새로운 가르침이 무엇인지 우리가 알 수 있겠느냐"(17:19).

아덴은 아크로폴리스와 아고라 두 곳을 중심으로 도시가 형성되어 있습니다. 그리고 그 가운데 지역을 '아레오바고'라고 했습니다. 우리나라로 말하면 광화문 네거리 정도가 될 것입니다. 거기에는 지성인들이 모여 하루 종일 철학적인 문제를 가지고 토론하고 변론하고 웅변으로 발표하는 광장이 있었습니다. 바울이 드디어 그들과 함께 앉았습니다.

한번 생각해 봅시다. 만약에 우리가 예수 믿는 사람으로서 이렇게 쟁쟁한 지성인들이 모인 장소에서 복음을 전해야 되는 기회가 주어진다면 어떻게 하겠습니까? 이런 상황에 놓인다면 누구나 긴장할 것입니다. 바울도 조금 긴장한 것 같습니다. 바울의 메시지를 가만히 들여다보면 '예수'라는 단어는 한 번도 등장하지 않습니다. '십자가'라는 말도 안 나옵니다. 아주 묘하게 끌고 갑니다. 어떤 학자들은 32절에 나오는 이유 때문에 설교가 중단되어 그렇다고 봅니다.

"그들이 죽은 자의 부활을 듣고 어떤 사람은 조롱도 하고 어떤 사람은 이 일에 대하여 네 말을 다시 듣겠다 하니"(17:32).

바울의 메시지를 사람들이 조롱하고 비웃고 아주 우습게 생각했던 모양입니다. 그래서 말을 계속할 수 없는 상황이 되었던 것 같습니다. 그래서 복음을 전할 수 있는 기회를 놓쳤다고 해석하는 사람이 있습니다. 상당히 일리가 있는 이야기입니다. 그러나 그 전까지의 내용을 보면 바울이 복음을 전할 기회를 놓쳤다기보다는 아덴에서는 좀 다른 형태로 메시지를 전한 것으로 보입니다. 철학적으로 접근했던 것입니다.

지성인들과 함께하는 분위기에서 예수를 전하려고 할 때 자칫하면 유혹에 빠집니다. 신학교를 갓 졸업한 때인 것 같습니다. 서울대 의대 교수들과 학생들의 모임에 초청을 받은 일이 있습니다. 한번 생각해 보십시오. 이제 겨우 신학교 나온 풋내기 전도사가 굉장한 지성인들 앞에 서야 하는 상황이었습니다. 무엇을 어떻게 해야 하나 고민 고민하다가 책을 잔뜩 쌓아 놓고는 좀 유식하다는 말들을 뽑아, 듣기에 유치하지 않을 정도로 문장도 좀 만들고, 지성인들 수준에 맞도록 손질하고 다듬고 밤새도록 법석을 떨었습니다. 준비된 것을 읽어 보니 유명한 사람들 이름도 나오고 제법 그럴싸해 보였습니다. 이 정도면 그 모임의 참석자들이 귀를 기울여 주겠구나 하고 갔습니다. 갈 때도 얼마나 긴장을 했겠어요? 집에서 몇 번을 읽어 보면서 외우고 했습니다.

드디어 설교를 하러 단상에 올라갔습니다. 그런데 도무지 입이 열리지 않았습니다. 눈앞이 캄캄해졌습니다. 청중이 듣는지 마는지 도대체 분간도 안 되고, 마음은 답답하고, 나중에는 부끄러워서 쥐구멍에라도 들어가고 싶은 심정이었습니다. 한 20분 땀을 뻘뻘 흘리면서 준비한 원고를 다 읽었습니다. 얼마나 속이 상하던지요. 그저 소박하게 예수를 전하면 될 텐데 제가 인간적인 생각을 앞세우다 함정에 빠진 것이었습니다.

한국 교회는 한때 지성인들을 무시하고 지내 왔습니다. 상대하기가 거북하니까 말입니다. 그들을 위한 어떤 준비도 없고, 그들을 꼭 구원해야겠다는 절실한 마음도 없이 오히려 지성인들이야말로 구원받기 어려운 존재라고 생각했습니다. 아직도 상당수의 교회 안에서는 지성인들을 위한 어떤 대비책이 없는 것을 봅니다. 공부를 많이 한 분들, 철학적이고 약간 회의적이면서 좀 까다로운 그런 사람들이 교회에 들어오면 대부분 따돌림을 받게 됩니다. 그래서 아직도 많은 지성인들이 교회 밖에 있습니다.

교회는 책임의식을 느껴야 합니다. 예수님이 죄인들을 찾아왔고, 천한 자들을 찾아왔기 때문에 우리가 낮은 자, 죄인들을 찾아가는 것도 하나님이 기뻐하는 일이겠지만, 물질이든 지식이든 무언가 좀 가진 사람들을 외면하고 지나가서는 안 됩니다. 그들도 복음이 필요한 사람들입니다.

실패한 메시지, 성공한 메시지

아덴에서 전한 바울의 전도가 성공이냐 실패냐에 대해서는 두 가지 견해가 맞서고 있습니다.

먼저 성공했다고 보는 편은 사람들이 얼마나 예수 믿고 돌아왔느냐 하는 것처럼 눈에 보이는 것으로만 성공의 여부를 따질 수 없다는 전제를 갖고 봅니다. 바울이 아덴에 심어 놓은 복음이 나중에 어떤 역할을 했는지 사실 우리는 잘 모릅니다. 17장 34절을 보면 몇 사람이 그와 가까이 했다고 합니다. 이 말은 풀로 붙였다는 것과 같은 뜻으로, 어느 정도로 바울에게 매력을 느끼고 찰싹 달라붙었으면 풀로 붙여 놓은 것같이 친해졌다는 표현을 했을까요? 그리고 그들은 바울이 전하는 복음을 믿었습니다.

그중에는 아레오바고 관원인 디오누시오가 있었습니다. 그는 아레오바고의 열두 재판관 중의 한 사람이었습니다. 다마리라는 여자도 있었습니다. 재판관들과 자리를 함께한 여성이라면 적어도 아덴의 지도급 인물임이 분명합니다. 디오누시오와 함께 다마리라는 여성이 예수 믿고 돌아왔다는 것은 바울의 메시지가 일단 성공한 것이라고 보는 견해에 큰 역할을 합니다.

반대로 바울이 실패했다고 하는 사람들의 견해는 이렇습니다. 우선 바울의 메시지 자체가 무엇인가 좀 부족하다고 말합니다. 바울이 아덴에서 나와 고린도에 왔을 때 고백한 말을 보면 알 수 있습니다.

"형제들아 내가 너희에게 나아가 하나님의 증거를 전할 때에 말과 지혜의 아름다운 것으로 아니하였나니 내가 너희 중에서 예수 그리스도와 그가 십자가에 못 박히신 것 외에는 아무 것도 알지 아니하기로 작정하였음이라"(고전 2:1-2)

아덴에서 돌아온 바울은 고린도에서 개척하며 이런 의미심장한 말을 했습니다. 고린도에서의 이 고백이 아덴에서 선교한 것과 별로 관계가 없으면 연결할 필요가 없지만, 아덴의 선교를 실패했다고 보는 사람들은 이 고백에서 아덴에서 메시지를 잘못 전한 것을 후회한 흔적을 발견한다고 봅니다. 그리고 바울이 실패했다고 보는 사람들은 여기서 세례 받았다는 말이 없다는 것과, 교회가 설립되었다는 말이 전혀 없는 것을 또한 그 근거로 삼고 있습니다. 차라리 바울이 좀 덜 지성적이었다면 아덴에서 성공했을 것이라는 말도 합니다. 오히려 워낙 지성인이었기 때문에 상대에 맞섰고, 그러다가 바울이 실패했다고 말합니다.

어떤 면에서는 그렇습니다. 전도를 하든지 또 목회를 하다 보면 아주 유식한 사람에게는 아주 무식한 목사가 통할 때가 있습니다. 지식 수준이 높은 교인들이 많이 모이는 곳에 또 수준급의 학위를 가지고 있는 목사가 들어가면 좋은 점도 있지만 대부분 너무 이론적이고, 냉랭하고, 서로 재다 보니 교회에 활기가 없습니다. 차라리 약간 무식한 목사가 들어가서 체면이고 뭐고 일단 들으라 하는 식으로 복음을 전하면 오히려 그 메시지가 사람을 붙들고 역사를 일으킵니다.

복음을 전하는 사람이 지식으로 전해야겠다는 유혹을 받으면 실패합니다. 그러므로 말씀을 가지고 있는 사람은 항상 소박한 복음에 의지해야지 자기의 어떤 지성에 의지를 하게 되면 복음이 약화되어 버릴 위험이 대단히 많습니다. 다루기 거북한 사람을 만난다면 무슨 철학적인 이론으로 맞서려고 하지 말고 소박한 예수 그리스도와 십자가로 맞서야 합니다. 그럴 때 그 사람의 마음속에서 역사가 일어납니다.

너희가 알지 못하는 신

바울이 전한 메시지의 주제는 '알지 못하는 신'이었습니다. 그리고 접촉점은 종교성이었습니다. "아, 여러분들 보니까 종교성이 대단히 많군요" 하며 인정해 주고 이야기를 꺼냈습니다. "천지와 우주를 만드신 신께서는" 하고 서두를 꺼냅니다. 메시지의 흐름을 보면 무언가 겨냥을 하고 흐르는 것을 읽을 수가 있습니다. 바울의 메시지는 잘못된 것이 아니었습니다. 그의 메시지는 간단했습니다.

"너희들이 알지 못하는 신을 내가 이야기해 주마. 그 신이 누구냐 하면 창조주다. 창조한 다음 이 우주를 붙들고 이 우주를 지탱해 나가시는 섭리자요 통치자다. 하나님은 우주를 만드신 분이기 때문에 우주 속에 그의 모습이 나타나 있고, 그분은 우리와 가까이 계신다. 그러나 아덴 사람들아, 너희는 종교성이 대단히 많은데도 이때까지 그 하나님을 찾지 못했구나. 고작 찾은 것이 알지 못하는 신이냐? 고작 찾은 것이 돌로 만들어 놓은 우상인가?"

바울의 메시지 배후에는 굉장히 비판하는 투의 뜻이 숨어 있습니다. 아덴 사람들이 모르는 것을 이제 가르쳐 주겠다는 그의 의지가 담겨 있습니다.

"이는 정하신 사람으로 하여금 천하를 공의로 심판할 날을 작정하시고 이에 그를 죽은 자 가운데서 다시 살리신 것으로 모든 사람에게 믿을 만한 증거를 주셨음이니라 하니라"(17:31).

'정하신 사람'이란 예수 그리스도를 말합니다. 바울은 심판 받지 않기 위해서는 예수를 믿으라고 말합니다. 부활하신 예수 그리스도를 믿으면 너희들도 부활한다고 말입니다. 그러고 나서 바울의 메시지가 끊겨 버렸습니다. 사람들이 듣지 않고 조롱하고 비웃었기 때문입니다.

아덴에서의 바울의 메시지와 선교는 그렇게 성공한 편은 아니라고 생각합니다. 어떤 면에서는 바울의 기대에 못 미쳤다고 생각합니다. 그리고 메시지도 강하게 전달하지 못했다는 데 어느 정도 동의를 합니다.

그러나 성공 여부와 관계없이 아덴에서 전한 바울의 메시지는 상당히 고백적입니다. 아덴 사람들은 '알지 못하는 신'이라고 막연히 표현했지만, 바울은 마치 하나님을 옆방에 가서 금방 보고 나온 사람처럼 조금도 주저 없이 말했습니다.

우리도 지성인들과 이야기할 때 바울처럼 우리 자신이 믿음으로 분명히 본 예수 그리스도를 자신 있게 말할 수 있어야 합니다.

그분만이 우리의 구원자라는 것을 조금도 의심하지 않고 말할 수 있을 때 회의적인 생각으로 왔다 갔다 하는 지성인들이 매력을 느끼게 됩니다. "저 사람은 지식도 별로 없는데 어떻게 하나님에 대해 저렇게 자신 있게 말할까? 무엇인가 있지 않을까? 나는 지금까지 공부

를 해왔어도 아직 확증을 못 하고 있는 이 사실을 어떻게 저 사람은 저렇게 자신 있게 말할 수 있을까?"하고 도전을 받게 될 것입니다.

지성인이라고 해서 그 사람에 맞춰 하나님의 개념을 애매하게 표현하지 말고 바울처럼 분명하게 표현해야 합니다. 그러면 듣는 사람이 그 말씀 앞에 사로잡힐 수가 있습니다.

또한 우리가 메시지를 전하다 보면 어떤 경우는 아덴에서처럼 신통치 않은 결과를 가져올 수도 있습니다. 믿는 사람이 별로 나타나지 않는 것 같고, 우리의 말에 귀를 기울이는 것 같지도 않고, 결과적으로 사람들이 비웃고 돌아서고, 그래서 우리 자신이 무능하게 느껴지며 좌절감을 느낄 수도 있습니다. 그러나 그것을 단순히 실패라고 결론 내릴 수는 없습니다. 하나님의 역사는 금방 눈에 보이는 어떤 것을 가지고 평가할 수 없기 때문입니다.

설혹 실패했다고 해도 우리는 거기서 좌절할 필요는 없습니다. 메시지를 전할 때 모든 사람이 100퍼센트 구원 받고 돌아와야 한다는 법은 성경에 없습니다. 열 번 전해서 아홉 번 실패하더라도 한 번을 통해 하나님의 역사는 일어날 수 있습니다. 하나님의 역사는 전체적으로 보아야 합니다. 실패는 실패 그 자체에서 끝나는 것이 아니라 계속적인 발전과 전진의 한 과정인 것을 기억합시다.

바울이 아덴을 속히 떠난 이유

18장에서 바울은 활동 무대를 아덴에서 고린도로 옮겨 갑니다. 바울이 거쳐 간 도시 중에서 핍박이 없었던 유일한 도시가 바

로 아덴입니다. 핍박이 없었기 때문에 상당 기간 그곳에서 활동했
으리라 기대되지만, 이상하게 바울은 서둘러 그 도시를 떠났습니
다. 왜 핍박도 없는 아덴을 떠나 고린도로 자리를 옮겼을까요?

바울은 이유 없이 선교지를 함부로 옮기는 사람이 아니었습니
다. 그의 생각에 지성인들만 모여 있는 지역은 당시의 선교 전략지
로는 마땅하지 않다고 판단한 것 같습니다. 하나님의 복음이 전파
되려면 이론을 좋아하는 사람도 필요하고, 실제적인 것을 좋아하
는 사람도 있어야 합니다. 양자가 혼합된 사회에서 복음이 폭발할
때 다방면으로 급속히 전달되고, 효과적으로 전달될 수 있습니다.
성향이나 직종이 한 가지로만 구성되어 있는 사회라면 이렇게 큰
일을 감당하기는 어렵습니다.

오늘날 일본의 그리스도인들은 지적 수준이 대단히 높습니다.
신학생들의 학문적 수준은 말할 것도 없고 평신도들도 꽤 어려운
책들을 읽고 토론하는 모임을 갖습니다. 수적으로는 우리나라와
비교가 안 되지만 일본 기독교계에서 출판하는 책은 한국의 신학
생들이 소화하기 어려울 정도로 수준이 높습니다. 그렇게 지적 수
준이 높습니다. 그러나 실제적으로 복음이 전파되고 확장되는 부
분에서는 우리나라를 따라오지 못하는 게 사실입니다.

사랑의교회를 개척하면서 처음부터 염두에 둔 것이 있습니다.
너무 지성인들만 모이는 교회가 되지 않았으면 하는 것이었습니
다. 캠퍼스 선교만 잘해서 대학생들만 가득 모이는 교회라든지, 명
문 고교 출신들만 가득 모이는 교회, 'SKY 마크'를 단 사람만 교회
지도자가 되는 교회는 원하지 않았습니다. 하나님 나라가 힘차게
뻗어 나가려면, 하나님 나라의 일을 감당하려면 구성원도 다양하

게 모여야 제격입니다.

아파트 주민들만 많이 모이는 교회도 원치 않았습니다. 그래서 서초동을 좋아했습니다. 개척할 당시에는 주택도 있고 아파트도 있고, 상업지구도 있고 주거지역도 있고, 또 유흥가도 있는 반면 점잖은 곳도 있고, 전부 섞여 있었기 때문에 좋아했습니다. 교통은 조금 안 좋고 시끄럽기는 했지만, 가난한 사람도 있고 잘사는 사람도 있고, 그렇게 다양한 사람들이 모일 수 있어서 좋았습니다.

다양한 사람들이 복음을 받아들이면 그 복음이 미치는 영역 또한 폭넓어집니다. 저는 바울이 아덴을 속히 떠난 이유가 이런 생각과 연관이 있지 않았나 생각해 봅니다.

교회가 주님의 손에 제대로 쓰임 받기 원한다면 다양한 사람들을 전도해야 합니다. 꼭 나와 같은 성향을 가진 사람, 생활수준이 비슷한 사람, 학력이 비슷한 사람만 상대하려고 하지 마십시오. 교회가 위치한 곳을 중심으로 그 주변을 하나님이 주신 선교 지역으로 여기고 전하는 것이 좋습니다.

다양성을 지닌 교회는 어떤 말씀이 이 사람에게는 전혀 영향이 없더라도 저 사람에게는 영향을 미치고, 또 어떤 날은 그 반대의 상황이 되어서 각자 은혜 받은 대로 상호 보완을 이루게 됩니다. 만약 부족함이 없이, 세상에서 실패를 모르고 산 사람들만 모인 교회가 있다고 하면 주님이 주시는 위로가 무슨 소용이 있겠습니까? 은혜가 은혜인 줄도 모르게 될 것입니다.

주님의 교회는 마치 다양한 꽃이 모여 아름다운 색이 조화를 이루는 화원과도 같습니다. 화려한 장미도, 소박한 풀꽃도 한데 어우러져 제 몫의 아름다움을 발하며 하나님의 정원을 이룹니다.

사도행전 18장

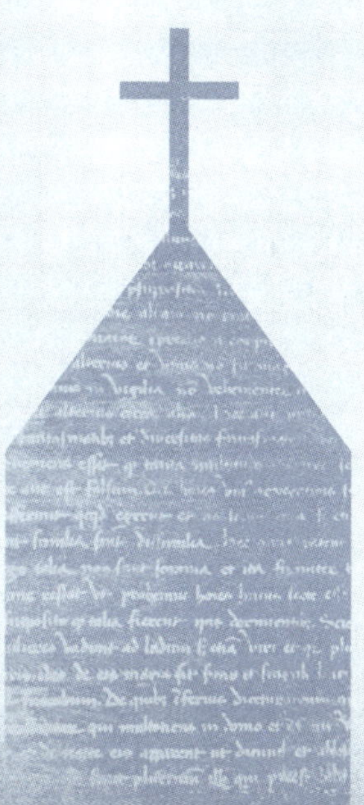

69 영적으로 캄캄한 도시에서 위로를 받다

밤에 주께서 환상 가운데 바울에게 말씀하시되
두려워하지 말며 침묵하지 말고 말하라 내가 너와 함께 있으매
어떤 사람도 너를 대적하여 해롭게 할 자가 없을 것이니

_ 사도행전 18:9-10상

아덴을 떠난 바울은 남서쪽으로 80킬로미터 지점에 위치한 고린도 성으로 갔습니다. 고린도는 아덴과 매우 대조적인 도시입니다. 아가야 지방의 수도이자 상업과 무역이 발달한 항구도시로, 지도상 '개미허리'에 위치해 있던 고린도는 동방과 로마를 이어 주는 역할을 하며 동서 문화의 혼합을 이루고 있었습니다.

특히 신전이 많기로 유명한 곳이었는데 신전에는 소위 '신성한 창녀'라 불리는 매춘부 1,000여 명이 상주했고, 신전을 찾는 남자들은 이들과 육체적인 관계를 맺는 것이 곧 신과 접촉하는 것이라고 여기는 신앙을 가지고 있었습니다. 그러니 도시 전체가 성적

으로 얼마나 문란했겠습니까? 이런 고린도를 빗대어 당시에 회자되는 말이 있었습니다. '코린티아조마이'(Korinthiazomai)라는 말인데, 원래 의미는 '고린도인이 되다'이지만 그보다는 '성적으로 방탕하다'는 뜻으로 통용될 정도로 고린도는 악명을 떨치고 있었습니다.

바울은 이렇게 타락한 도시를 선교 거점 지역으로 삼았습니다. 아마도 여러 가지를 고려해 볼 때, 이곳에 복음의 씨를 뿌리면 상당한 파급 효과를 얻을 수 있을 것이라 판단한 것 같습니다. 이곳에서 그는 데살로니가 교회에 보내는 편지(데살로니가전·후서)를 썼고, 이후에 다시 방문했을 때는 그 유명한 로마서를 썼습니다.

두려워 떠는 바울

고린도를 향해 발걸음을 옮긴 바울은 드디어 무시무시한 마귀의 도성을 대적해야만 했습니다. 바울은 스스로 상당히 위축되어 있었습니다. 특히나 고린도 사람들은 그에게서 '말이 신통치 않다'는 인상을 받았습니다. 아덴에서만 해도 '말쟁이'라는 말을 들었는데 말입니다. 고린도의 여건이 주는 위압감 때문이었던 것 같습니다. 바울은 기도하는 사람이요, 영적으로 상황을 분별할 줄 아는 눈을 가진 사람이요, 마귀의 세력이 그를 향해 어떻게 엄습해 오는지도 잘 아는 사람이었습니다. 그러나 고린도에서만은 퍽 약한 사람으로 보였습니다.

"내가 너희 가운데 거할 때에 약하고 두려워하고 심히 떨었노라"(고
전 2:3).

복음으로 정복하기 위해 고린도로 들어간 바울을 생각해 볼
때 얼마나 대조적인 말씀인지 모릅니다. 상대는 무시무시한 거인,
지옥의 사신처럼 보이는 고린도였지만, 정복자로 들어간 바울의
자세와 입장은 그에 비해 너무나 초라했습니다. 그는 심히 떨었고,
두려워했습니다. 전도하기가 몹시 힘들 것이라는 부담감 때문에
위축될 대로 위축되었을 것입니다. 그러나 아이러니하게도 바울의
그 자세는 승리할 수 있는 비결이 되었습니다.

영적으로 거인을 정복할 수 있는 능력은 자신감을 갖는 사람
을 통해 나타나는 것이 아니라 자신이 아주 약함을 알고 부들부들
떠는 사람을 통해 나타납니다. 이것은 영구불변의 진리입니다. 전
도자는, 또 복음을 가진 교회는 혈과 육의 싸움을 위해 몸부림치는
것이 아니요, 보이지 않는 정사와 권세, 보이지 않는 이 어두움의
세상 주관자들과 하늘에 있는 악의 영들과 대결하기에 혈과 육으
로 싸우는 사람입니다. 보이지 않는 영계의 싸움에서 혈과 육은 의
미가 없습니다. 그러므로 성령의 능력만이 고린도와 같은 무서운
악의 세력을 꺾을 수가 있습니다.

그렇다면 언제 성령이 우리를 통해서 강하게 역사하실까요?
스스로 부들부들 떨 때만이 가능합니다. 경험의 머리를 들지 말아
야 합니다. 성경을 많이 안다고, 신앙의 경력이 많다고 머리 들지
말아야 합니다. 겸손해야 합니다. 낮아져야 합니다. 오직 하나님의
능력만을 기다려야 됩니다. 그럴 때만이 성령이 나를 손에 쥐고 사

용하십니다. 성령의 손에 잡히지 않을 만큼 강하고 크면 성령께서 능력 있게 일하시지 못합니다. 바울은 고린도에서 부들부들 떨었기 때문에 성공할 수 있었습니다.

첫 번째 위로

영적으로 캄캄한 고린도 앞에서 부들부들 떠는 바울에게 하나님은 세 가지 선물을 준비해 주셨습니다.

"아굴라라 하는 본도에서 난 유대인 한 사람을 만나니 글라우디오가 모든 유대인을 명하여 로마에서 떠나라 한 고로 그가 그 아내 브리스길라와 함께 이달리야로부터 새로 온지라 바울이 그들에게 가매"(18:2).

첫 번째 선물은 아굴라 부부입니다. 아굴라와 브리스길라는 원래 로마에 살던 유대인이었지만, 황제 글라우디오가 로마에서 유대인을 추방하자 고린도로 이민 오게 되었습니다. 역사가 수에토니우스의 기록을 보면, 당시 유대인들이 로마에서 '그리스도'라는 이름으로 계속 소란을 피웠기 때문에 추방령이 내려졌다고 합니다. 이렇게 '그리스도' 때문에 핍박을 받아 생활 터전을 잃어버린 아굴라 부부는 고린도에서 전도자 바울과 만나게 됩니다.

요즘이야 길에서 예수 믿는 사람을 만나도 그다지 반가워하지 않지요. 해외에서 우연히 교포들 중에 믿는 사람을 만나도 옛날처럼 그렇게 부둥켜안고 좋아하지 않습니다. 요즘엔 교인들이 하도 많아서 그런지 만나도 귀한 줄 모르고, 반가운 줄을 모릅니다. 그러나 바울 당시에는 신자들끼리 서로 만난다는 것, 복음 때문에 핍박받는 사람들끼리 만난다는 것만큼 가슴 벅차고 눈물겨운 일이 없었을 것입니다.

바울은 아굴라 부부 덕분에 그 삭막한 고린도에서 의지하고 머물 곳을 얻게 되었습니다. 하나님이 바울을 위해 아굴라 부부를 예비해 놓으셨던 것입니다. 할렐루야! 정말 놀라운 하나님의 섭리입니다. 바울이 아굴라 부부를 만나고 얼마나 용기를 얻었을까요? 서로에게 얼마나 힘이 되었을까요? 그 마음속에 얼마나 감사가 넘쳤을까요? 세 사람이 만났을 때 얼마나 큰 기쁨으로 충만했을까 생각해 봅니다.

신약성경에서 가장 이상적인 부부를 꼽는다면 아굴라와 브리스길라 부부가 아닌가 싶습니다. 믿음 좋고, 말씀을 잘 알고, 헌신할 줄 아는 뜨거운 마음도 있었습니다. 그래서인지 일생 동안 바울과 교제가 끊어지지 않은 것을 바울 서신서에서 볼 수 있습니다.

"바울은 더 여러 날 머물다가 형제들과 작별하고 배 타고 수리아로 떠나갈새 브리스길라와 아굴라도 함께 하더라"(18:18상).

이들 부부는 고린도에서 바울과 생업을 같이하며 전도하다가 바울이 핍박을 받아 에베소로 쫓겨 갈 때 함께 짐을 싸서 따라나섰습니다. 바울보다 먼저 고린도에 정착해 살면서 어느 정도 자리도 잡히고 안정을 누렸을 텐데 이렇게 선뜻 바울과 함께 떠나는 것이 결코 쉬운 일은 아니었을 것입니다. 그들은 한마디로 이 세상의 나그네였습니다. 여기서 살든, 저기서 살든 그런 것은 중요하지 않았습니다. 복음을 위해 할 수 있는 일이라면 뭐든 하자는 마음이었습니다.

하나님은 이처럼 기가 막힌 사람들을 로마에서 불러내셔서 고린도에 먼저 자리를 잡게 하시고는 바울을 만나게 하셨습니다. 이 얼마나 놀라운 은혜인가요. 사역자에게 있어 사람과의 만남이 주는 신비로움은 말로 다 표현할 수가 없습니다.

평신도들도 마찬가지입니다. 내가 누구라고 해도 알아주는 사람도 없고, 어느 교회 집사라고 해도 인정해 줄지 안 해줄지 모릅니다. 그런 상황에서 이웃에게 다가가 예수 이름으로 봉사하고 복음 증거하고자 할 때 당연히 두렵기만 할 것입니다. 떨릴 수밖에 없습니다. 그럴 때 마음속에 꼭 확신하십시오. 반드시 나와 뜻을 같이하고 함께 기도하고 함께 복음을 위해 수고할 형제자매 한두 명은 하나님께서 예비해 주실 거라는 사실을 말입니다.

그리스도인으로서 사업을 한다든지 직장생활을 할 때 이렇게 기도하지 않습니까. 이 사업을 통해, 이 직장에서 하나님의 영광을 위해 일할 때 나와 뜻을 같이하고, 함께 손잡고 기도하고 움직일 수 있는 믿음의 형제자매를 만나도록 말입니다. 여호와 이레의 하나님께서 준비하실 것입니다. 하나님은 우리가 만나야 할 사람까지도 간섭하시고 예비하시는 분이십니다.

두 번째 위로

브리스길라와 아굴라 외에도 하나님이 바울을 위해 준비해 주신 것이 또 있습니다.

"실라와 디모데가 마게도냐로부터 내려오매 바울이 하나님의 말씀에 붙잡혀 유대인들에게 예수는 그리스도라 밝히 증언하니"(18:5).

바울이 홀로 아덴에 들어갈 때를 기억해 봅시다. 바울은 그때까지 함께 다니던 디모데와 실라를 각각 데살로니가와 빌립보로 보내 그곳 교회를 돌아보게 하고 성도들의 소식을 가져오게 했습니다. 이 두 사람이 이제 고린도에 있는 바울에게 돌아왔습니다.

데살로니가 교회로 갔던 디모데는 굉장한 희소식을 전해 줍니다. 핍박 가운데 복음을 받은 데살로니가의 성도들은 바울이 떠난 후 얼마나 신앙생활을 잘했는지 믿는 자의 본이 되어 마게도냐 지역 일대에 소문이 자자하다는 것입니다. 뿐만 아니라 떠난 바울을 그리워하며 바울을 위해 기도하는 든든한 후원자가 되었다는 소식까지 있었습니다. 바울이 얼마나 기뻐하고 감사했는지 성경에 잘 나타나 있습니다.

"이러므로 형제들아 우리가 모든 궁핍과 환난 가운데서 너희 믿음으로 말미암아 너희에게 위로를 받았노라 그러므로 너희가 주 안에 굳게 선즉 우리가 이제는 살리라 우리가 우리 하나님 앞에서 너희로 말미암아 모든 기쁨으로 기뻐하니 너희를 위하여 능히 어떠한 감사로 하나님께 보답할까"(살전 3:7-9).

눈물과 땀으로 뿌린 씨앗이 결실한다는 소식만큼 기쁜 소식은 없고, 변함없는 사랑으로 기도하고 그리워한다는 말만큼 사역자들에게 용기와 격려를 불러일으키는 것은 없습니다. 사역자들에게 필요한 것은 돈이 아닙니다. 눈물로 뿌린 복음의 씨가 무럭무럭 자라나 아름다운 열매를 맺는 것입니다. 성도들이 말씀대로 살고자 애쓰고 변함없는 사랑으로 교제한다는 것만큼 기쁜 소식이 없습니다.

반면 사역자의 마음을 제일 괴롭히는 것을 꼽으라면 두 단어로 말할 수 있습니다. 하나는 '실패' 또 하나는 '배신'입니다. 그야말로 젊음을 바치고 혼신의 힘을 다해 섬기던 교회에서 모든 것을 잃고 그 자리를 떠나야 하는 일들이 비일비재합니다. 그 마음을 누가 이해하겠습니까? 그뿐만이 아닙니다. 사랑으로 양육하던 성도들이 등을 돌리고 떠나는 것을 볼 때 사역자들의 마음은 칼로 찌르는 것 같은 아픔을 느끼게 됩니다. 그러나 바울은 이런 배신을 당하지 않았습니다. 디모데가 가져온 데살로니가 교회의 소식에 큰 위로를 받았습니다.

한편 빌립보에서는 무엇이 왔습니까? 실라가 빌립보 성도들이 보내는 선교비를 받아 왔습니다. 그래서 실라와 디모데가 돌아온 후부터 바울 일행은 복음 전하는 일에만 전념할 수 있었습니다. 빌립보 교회는 참 인정이 많은 교회입니다. 바울이 그렇게 고생하는 것을 알고는 사람만 가면 선교비를 부쳐 보냈습니다. 바울이 데살로니가에서 사역할 때도 그랬고, 고린도로 옮기자 또 부쳐 보냈고, 나중에는 로마에 가 있을 때도 그랬습니다. 그러니 바울이 얼마나 힘을 얻었겠습니까?

고린도에서 하나님이 준비하신 이러한 위로들을 보면서 한 가지 분명한 진리를 꼭 기억했으면 합니다. 하나님 나라를 위해 수고하는 것이 어떤 때는 몹시 지치고, 어떤 때는 시험과 환난도 많고, 어떤 때는 성공의 가능성도 보이지 않을지라도, 그런 때일수록 하나님이 준비하시는 은밀한 위로가 있다는 것을 기억합시다. 디모데의 위로, 실라의 위로, 데살로니가 교회의 위로, 빌립보 교회의 위로가 있다는 것을 기억합시다.

하나님의 나라와 하나님의 의를 먼저 구하십시오. 무엇을 먹고, 무엇을 입을까, 또 어떻게 살까 하는 것은 하나님께서 해결해 주실 것입니다. 하나님 중심으로 살려고 노력하면, 무슨 직업을 가졌든지 어떤 현장에서 일을 하든지 간에 보이지 않는 하나님의 위로가 반드시 있습니다.

세 번째 위로

주님께서 바울을 위해 준비하신 세 번째 위로는 바로 예수님 자신이었습니다. 예수님이 밤중에 환상 가운데 나타나신 것입니다. 바울이 선교 여행을 할 때 예수님이 특별히 환상 중에 나타나신 경우가 몇 번 있습니다. 우리 생각 같으면 바울 같은 사람에게는 예수님이 날마다 나타나실 것 같은데 성경에 기록된 것은 세

번밖에 없습니다. 고린도에서 부들부들 떨고 있을 때, 예루살렘에서 잡혀 있을 때, 그리고 풍랑을 만나 망망대해에서 2주 동안 헤맬 때입니다. 그때 예수님은 바울에게 오셔서 특별히 위로해 주셨습니다. 이런 위로만 있다면 어떤 상황에서도 우리는 좌절하지 않을 수 있습니다.

> "밤에 주께서 환상 가운데 바울에게 말씀하시되 두려워하지 말며 침묵하지 말고 말하라 내가 너와 함께 있으매 어떤 사람도 너를 대적하여 해롭게 할 자가 없을 것이니 이는 이 성중에 내 백성이 많음이라 하시더라"(18:9-10).

예수님의 위로는 바울을 일으켜 세웠습니다. 담대하게 했습니다. 그 마귀의 도성에서 바울은 더 이상 떨지 않았고, 성령을 의지하며 복음을 전했을 뿐만 아니라 1년 6개월을 머물며 하나님의 말씀을 가르치게 되었습니다.

70 고린도 선교가 대성공을 거둔 이유

또 회당장 그리스보가 온 집안과 더불어 주를 믿으며
수많은 고린도 사람도 듣고 믿어 세례를 받더라
일 년 육 개월을 머물며 그들 가운데서 하나님의 말씀을 가르치니라
_ 사도행전 18:8,11

고린도는 정복하기 어려운 죄악의 도성이었습니다. 바울이 부들부들 떨 정도였고, 그런 바울을 하나님께서 특별히 위로하실 만큼 힘든 도시였습니다. 그런 곳에서 바울이 안식일마다 회당에서 강론할 때 '예수는 그리스도'라고 밝히 증언하자 유대인들의 반발이 거세졌습니다. 어떻게 나사렛 예수가 메시아가 될 수 있냐며 바울이 전도하지 못하도록 방해했습니다. 결국 바울은 그들을 향해 옷을 털며 이렇게 말합니다.

"…이르되 너희 피가 너희 머리로 돌아갈 것이요 나는 깨끗하니라 이

후에는 이방인에게로 가리라 하고"(18:6).

옷을 터는 행위는 '이제 나는 너희에 대해 더 이상 책임이 없다'는 뜻입니다. 복음을 거부한 대가는 고스란히 그들 자신에게 돌아갈 것이라는 말입니다. 이것은 신약에서 예수님이 제자들을 보내실 때 하신 말씀이며, 그보다 앞서 구약에서 하나님이 에스겔 선지자를 보내실 때 일러 주신 말씀이기도 합니다.

"가령 내가 악인에게 이르기를 악인아 너는 반드시 죽으리라 하였다 하자 네가 그 악인에게 말로 경고하여 그의 길에서 떠나게 하지 아니하면 그 악인은 자기 죄악으로 말미암아 죽으려니와 내가 그의 피를 네 손에서 찾으리라 그러나 너는 악인에게 경고하여 돌이켜 그의 길에서 떠나라고 하되 그가 돌이켜 그의 길에서 떠나지 아니하면 그는 자기 죄악으로 말미암아 죽으려니와 너는 네 생명을 보전하리라"(겔 33:8-9).

그러므로 가족 중에서 믿지 않는 식구가 있는데도 평생 예수 믿으라는 말 한마디 하지 않고, 그 영혼에 전혀 관심이 없다면 그 사람은 가족에 대한 책임을 다하지 못한 사람입니다. 하나님이 그 책임을 물으실지 모릅니다. 가족에게 욕을 먹어가면서, 핍박받아가면서 예수를 전했는데도 안 믿었을 때에는 그 책임은 믿지 않는 그 사람이 지게 될 것입니다.

교회도 마찬가지입니다. 교회는 그 지역의 핏값을 감당해야 합니다. 주변에 어떤 사람들이 사는지, 그들이 얼마나 악한 자들인지는 문제가 될 수 없습니다. 문제는 우리 자신이 그들에게 얼마나 전했느냐, 그들에게 복음 들을 기회를 얼마나 주었느냐, 믿지 않는 것이 하나님 앞에 죄라는 것을 깨닫게 하는 데 우리가 책임을 다 했느냐는 것입니다. 성도들이 입 다물고 자기들만 교회에 드나들다가 끝난다면 하나님은 그 지역 사람들의 핏값을 교회에 물으실 것입니다. 그때 무어라 대답하겠습니까? 바울처럼 자신 있게 옷을 털어 버릴 수 있습니까? 그렇지 않을 것입니다.

생활터전 위에서 전한 복음

고린도에서의 선교는 대성공을 거두었습니다. 18장 8절을 보면 회당장 그리스보가 온 집안과 더불어 예수를 믿었고, 수많은 고린도 사람들이 복음을 듣고 믿어 세례를 받았습니다. 이 사실은 바울에게 큰 힘이 되었을 것입니다. 지금까지 바울이 복음을 전하면 많은 사람들이 '좋았다'는 말은 있어도 이곳처럼 복음을 듣고 믿어 세례까지 받았다고 정확히 기록된 경우는 거의 없습니다.

고린도 선교가 이렇게 성공할 수 있었던 이유는 바울의 영적 자세 때문입니다. '복음 외에 다른 말은 하지 않겠다. 오직 예수 그리스도의 보혈의 능력을 의지할 뿐이다'라는 각오가 있었기에 하나님께서 책임져 주신 것입니다. 이렇게 영적인 부분과 아울러 실제적인 요인도 있었습니다. 농부가 아무리 최고로 좋은 씨앗을 고르고 준비했다 해도 토양을 검토하고 때를 따라 적절한 방법으로 가꾸는 전략이 없으면 그 농사는 실패한다는 것을 우리는 너무나 잘 압니다. 하나님 나라의 일도 크게 다르지 않습니다. 실제적인 전략에서 실패해 버리면 제대로 열매를 맺을 수 없습니다. 세상에서 이루어지는 일이기 때문에 그렇습니다. 그렇다면 바울의 전략은 무엇이었을까요?

학자들에 따르면 당시 고린도 시 인구는 약 70만 명이었다고 합니다. 그런데 그중 60만 명에 가까운 사람이 노예 아니면 노예 출신의 하류 계급이었다고 합니다. 고린도 시에는 분명 이들이 살고 있는 마을이 형성되어 있었을 것입니다. 로마에서 추방되어 나온 브리스길라와 아굴라 부부가 고린도에 도착했을 때 어디에 자리를 잡았을지 생각해 봅시다. 그들은 아마도 가난한 사람들이 사는 마을에 들어갈 수밖에 없었을 것입니다. 그리고 그곳에 정착하여 작은 점포를 하나 차려놓고 텐트 만드는 일을 시작했을 것입니다. 고린도에 들어와 아굴라와 브리스길라를 만난 바울 또한 그들 틈에 기거했을 것입니다.

우리 자신이 바울이 되어 하나님의 말씀을 가지고 고린도에 왔다고 생각해 봅시다. 브리스길라와 아굴라와 함께 가난한 사람들과 자리하고 있다고 생각해 봅시다. 그들과 함께 일하고 어울리고, 아침저녁으로 때마다 마주칩니다. 그들의 세계를 눈으로 보고 귀로 듣고 몸으로 부딪히며 살아갑니다. 가난하고 못 배운 사람들, 과거에 노예생활로 마음에 상처 입은 사람들이 수두룩했을 것입니다. 바울이 이런 사람들과 생활했다면 분명 이들을 위해 복음을 전했을 것입니다. 이렇게 같은 생활터전 위에서 복음을 전하는 것은 굉장히 유리한 점이 많습니다. 실제적으로 아주 최선의 전략입니다.

　지금의 유흥가 일대도 전도 전략상 두 가지로 접근해야 한다고 봅니다. 하나는 전문적인 전도자가 파고 들어가는 것입니다. 얼굴 붉히지 않고 술집에 들어갈 수 있고, 종업원을 만나서 대화할 수도 있는 대담한 전문가가 있어야 합니다. 이 일은 열매가 있든 없든 교회가 지원해야 할 부분입니다. 또 하나 좋은 방법은 믿음 좋은 성도가 이런 지역에 어떤 직종을 찾아서 들어가는 것입니다. 이것이 바로 아굴라와 브리스길라 그리고 바울이 취한 전도 방식이었습니다.

　우리나라의 대표적인 유흥가인 강남 일대에 사는 성도들이라면 좀 더 생각해 볼 문제가 있습니다. 자꾸만 유흥가가 많아지고 그 종사자들이 아파트를 점유해 들어오고 있습니까? 그래서 아파트 값이 떨어질까 봐, 또 아이들이 영향을 받을까 봐 발을 동동 구르며 떠날 생각만 하고 있지는 않습니까?

　교회를 생각하지 않고, 하나님의 뜻은 생각하지 않고 그저 더 좋은 곳으로 자꾸 옮기는 사람들은 문제가 있습니다. 죄악이 가득한 지역일수록 믿음 좋은 사람들이 더 많이 들어와 살아야 합니다. 그래야만 그 지역 사람들이 구원받을 수 있습니다. 신앙 좋은 사람들이 파고들어서 상점을 열고 생활터전을 일구며 말씀대로 살아야 하나님의 나라가 그곳에 펼쳐질 수 있습니다. 자꾸 짐 싸서 도망만 다녀가지고는 그들에게 복음을 증거할 수 없습니다.

　아굴라 부부를 통해 하나님은 바울의 사역을 인도하셨습니다. 그래서 바울은 그런 사람들의 생활 속에 같이 젖어들면서 그들의 고통을 이해했습니다. 그 인생의 밑바닥을 들여다보면서 날마다 눈물로 기도하며 그들에게 사랑을 공급했을 것입니다. 그러면서 하나님께서 언젠가 그들의 마음을 열고 복음을 받아들일 수 있는 기회를 만들어 주실 거라고 확신했을 것입니다.

우리 주님은 창기와 세리를 부르셨습니다. 의인은 예수님과 아무 관계가 없습니다. 이렇게 가난한 자들의 세계에 자리를 잡고 복음을 증거한 것은 바로 예수님의 전략입니다. 우리 주님은 하늘 보좌에 앉아 계신 채로 우리를 내려다보며 '다 내게로 오라'고 하시지 않았습니다. 우리 주님은 신의 모습 그대로 내려오셔서 죄 많은 인간들을 부르시지 않았습니다. 예수님은 가장 천한 모습으로 인간 세상에 오셨습니다. 우리를 만나고, 우리와 함께 한숨 쉬며, 우리와 함께 통곡하고, 우리의 무거운 죄 짐을 거두어 친히 십자가에 달리시면서 우리의 영혼을 하나님 앞으로 인도하셨습니다. 이것이 주님의 방법입니다.

성도들 가운데 특히 어렵고 가난한 사람, 힘없고 상처 많은 사람들과 어울려 살아가는 분들이 있습니까? 그런 분들은 아굴라요, 브리스길라입니다. 또한 바울입니다. 여러분이 접촉하는 사람마다 하나님이 구원하기 원하신다는 것을 꼭 기억합시다. 그들의 세계에 파고들 수 있는 여건을 주신 이유를 아침마다 기도하면서 찾아야 합니다. 왜 하나님이 나를 이런 곳에서 일하게 하시는지 물어야 합니다.

가난한 자를 위한 복음

또 생각할 것은 전문 사역자들이 유흥가에 들어가서 한 사람이라도 건져내 올 때, 교회는 그들이 자립할 수 있도록 끝까지 책임지고 보살펴 주어야 한다는 것입니다. 교회에 이런 대책이 없으면 안 됩니다.

◀》 몸 팔고 살던 사람들이 예수 믿고 돌아오면 누가 그들을 돌봐 주어야 합니까. 오늘날 교회들을 가만히 보면 실질적인 문제에는 책임을 지지 않으면서 예수 믿으라는 말만 하고 다닙니다. 바울이 그랬겠습니까. 바울 당시 교회는 일단 예수 믿고 공동체에 들어오면 다함께 나누어 먹었습니다. 내 것, 네 것 할 것 없이 다 나누어 먹었습니다. 나누어 먹다가 굶어 죽는 한이 있더라도 다 같이 나누어 먹었습니다. 예수 믿고 그리스도인이 되면 먹을 것이 없어서 고민

한다든지, 무슨 일을 하면서 살까 하는 걱정은 안 했습니다. 모두가 다 한 몸, 한 공동체가 되어서 그 사람을 교회가 책임졌습니다.

미국에 가면 온통 침례교 교회들입니다. 우리나라에서는 장로교가 우세하지만, 미국에서 장로교는 영향력이 없습니다. 이렇게 미국의 장로교가 실패한 이유가 있습니다. 미국의 장로교는 지식인, 고소득층을 향해 복음의 포문을 열었습니다. 그래서 장로교 교인이라고 하면 벌써 어느 정도 수준 높은 사람으로 인식될 정도였습니다. 한동안은 장로교가 상당히 실력 있는 교단으로 한 시대를 이끄는 지도자적 역할을 하고 있다고 생각되었습니다.

반면 침례교는 정반대로 남부 흑인들 사이에서 시작해 가난한 사람들의 세계로 파고들어 갔습니다. 그들 중에는 은혜 받고 주님을 위해 일하고 싶어도 가난해서 신학 공부를 하지 못하는 사람들이 많았습니다. 그때 몇몇 목사들이 모여 그들에게 안수하고 평신

도 지도자로 세우는 일을 했고, 그들은 곧 복음을 들고 가난한 사람, 소외된 사람들이 있는 곳으로 파고들었습니다. 그렇게 100여 년이 흐른 뒤에 상황이 어떻게 되었는지 아십니까? 미국의 침례교인은 1,000만 명이 훌쩍 넘은 반면, 장로교는 말라 빠진 오렌지처럼 쪼그라들었습니다. 교인들이 오순절 교회로, 복음주의 교회로, 혹은 침례교회로 옮겨가 버린 것입니다.

우리나라에서 오순절 교단이 전도를 시작할 때 어디서 시작했습니까? 부자 동네에서 시작했나요? 그렇지 않습니다. 서대문구 녹번동 그 가난한 동네, 천막 쳐 놓고 먹을 것이 없어 날마다 길바닥에서 하루벌이 하는 사람들 사이에서 시작된 것이 오순절 운동이었습니다.

어느 정도 소득이 있고 지적 수준이 높은 분들이 모인 지역의 교회는 늘 한 가지 고민을 안고 있습니다. 왜냐하면 복음은 가난한 자들의 것이기 때문입니다. 성경이 말하는 가난이라는 것은 꼭 심령이 가난한 것만 의미하지는 않습니다. 복음은 심령이 가난할 뿐만 아니라 실제로 가난한 사람들에게 강합니다. 그러므로 교회가 정말 부흥하고 하나님의 역사를 강하게 체험하려면 가난한 사람들이 많이 들어와야 합니다. 부자와 가난한 자가 섞여야 됩니다. 고린도 교회에도 회당장이 노예 출신들과 한 무더기가 되어 주님의 몸 된 교회를 이루었습니다.

우리 한국 교회가 바로 되려면 공부 많이 한 사람들만 들어와서는 안 됩니다. 부자들만 들어와서는 더더욱 안 됩니다. 오히려 길에서 헤매는 사람들, 시장에서 함지 놓고 하루 벌어 먹고사는 사람들이 와야 합니다. 그런 사람들이 우리 옆에 앉아서 은혜 받고 눈물을 흘리며 그리스도를 영접하고 그 상한 마음을 위로받는 것을 볼 때 우리의 마음이 얼마나 뜨거워지겠습니까? 이렇게 서로가 하나가 되면 교회에 힘이 생깁니다. 고린도 교회가 그런 교회였습니다.

머물러 말씀을 가르치다

고린도 교회에 참 귀한 일이 일어났습니다. 소위 성령 운동이 일어났습니다. 바울을 통해 세워진 교회가 많지만 소위 성령 운동의 모델이 된 교회는 고린도 교회뿐입니다. 다른 교회는 그렇게 요란하지 않았습니다. 오순절 성령에 대한 연구를 하는 학자들에 따르면 일반적으로 생활수준이 높고 학식이 높은 사람들에게서는 성령 운동이 잘 안 니타난다고 합니다. 대체로 고통 받고 상처 입고 그야말로 인생의 밑바닥까지 떨어져 신음하고 몸부림치는 사람들의 세계에 성령 운동이 많이 일어나는 것을 봅니다.

고린도 교인들이 그랬습니다. 가난한 사람들, 고통받는 사람들, 사회에서 천대받는 사람들이었기 때문에 예수를 만나고 나니 가슴에 불길이 활활 타올랐습니다. 지적인 이해는 모자랐을지 모르지만, 감정적인 면에서는 굉장히 뜨거웠습니다. 고린도 교회가 이런 면에서 좀 특별했습니다. 그러나 감정적인 면에서 강하고 지적인 부분이 부족한 성도들에게는 더욱 말씀을 잘 가르쳐야 할 필요가 있습니다. 그래야 흔들리지 않는 믿음을 가질 수 있기 때문입니다. 그래서 바울이 어떻게 했나요?

"일 년 육 개월을 머물며 그들 가운데서 하나님의 말씀을 가르치니라"
 (18:11).

'가르쳤다'는 말은 대단히 중요한 말입니다. 이것은 예수 안 믿는 사람들에게 전도하는 것과는 다른 의미로, 성경 말씀을 구체적으로 가르쳤다는 뜻입니다. 핍박이 일어나 갑작스럽게 고린도를 떠나기 전까지 바울은 그 어느 때보다 열심히 가르쳤던 것으로 보입니다. 조용히 눈을 감고 인생의 밑바닥을 헤매는 사람들로 가득한 고린도의 모습을 그려 봅시다. 그곳에서 복음을 들고 가난한 사람들과 어울려 그들의 가슴을 향해 예수 그리스도의 사랑을 전하던 아굴라와 브리스길라, 그리고 바울의 모습을 상상해 봅시다. 이 세상에 어떤 위로도, 기댈 곳도, 하소연할 곳도 없는 사람들, 태어났으니 죽지 못해 살아가는 사람들과 함께 울고 웃으며 복음을 전하던 그들을 생각해 봅시다. 우리 또한 뜨거운 사명감으로 그러한 삶을 살 수 있기를 바랍니다.

71 지도자 바울의 진면목

바울은 더 여러 날 머물다가 형제들과 작별하고
배 타고 수리아로 떠나갈새 브리스길라와 아굴라도 함께 하더라
바울이 일찍이 서원이 있었으므로 겐그레아에서 머리를 깎았더라

_ 사도행전 18:18

바울이 2차 전도 여행을 마치고 3차 전도 여행을 시작하는 분기점에 와 있습니다. 바로 앞서 바울은 고린도에서 교회를 개척하여 1년 반 동안 많은 심령이 하나님 앞으로 돌아오는 놀라운 역사를 체험했습니다. 그러나 하나님의 나라가 흥왕하자 마귀의 시험과 질투도 극에 달해 결국에는 핍박이 일어났습니다. 바울은 재판을 받는 상황까지 끌려갔다가 겨우 풀려났고, 회당장 소스데네는 예수 믿는다는 이유로 사람들 앞에서 구타를 당했습니다.

이제까지 바울은 전도를 하다가 핍박이 일어나면 그곳을 피해 다른 곳으로 옮겨갔던 것을 볼 수 있습니다. 이것을 보고 '핍박을

피해 도망 다니다니, 바울도 별수 없었구나' 하고 쉽게 생각할 수도 있을 것입니다. 아마 바울은 핍박이 일어나면 그것을 마치 다른 도시로 가라는 하나님의 사인으로 보지 않았나 싶습니다.

그런데 사도행전 18장을 보면 고린도에서만큼은 금방 피하지 않은 것을 볼 수 있습니다. 여러 날을 고린도의 형제들과 더 머물렀다고 나옵니다. 그러니까 이제까지와는 다른 행동을 하고 있는 것입니다. 그러므로 그 이유가 무엇일까 생각해 볼 필요가 있습니다.

목자의 담대함

핍박이 일어났을 때 바울이 보인 반응은 자신의 안전이나 평안을 위한 것이었다기보다는 자기를 통해 예수 믿고 구원 받은 사람들과 갓 태어난 어린 교회에 미칠 영향을 위한 것 같습니다. 자신이 남아 있음으로 믿음의 형제들과 교회가 더 큰 핍박에 휘말릴 위험이 있으면 일단 스스로 피했던 것입니다. 그렇게 함으로써 양 떼를 안전하게 지키려 한 것이 틀림없습니다. 그런데 고린도에서는 자기가 피하지 않고 당장 떠나지 않아도 교회에 직접적인 위험이 없을 것이라는 판단이 섰던 것입니다. 떠날 시기를 정하기까지 형제들과 함께 여러 날 더 머물렀습니다.

목자는 항상 양 떼 앞에서 담대함을 보여 줄 수 있어야 합니다. 어려움 앞에 동요하지 않는 침착한 모습을 보여 주어야 합니다. 목자는 양 떼의 생명에 위협이 가해질 때는 자기 생명을 주저

없이 바치되, 오로지 자기 생명만을 위해 함부로 움직여서는 안 됩니다. 바울은 영적 지도자로서 이것을 하나의 원칙으로 삼았던 것 같습니다. 좀 힘들고 고통스럽고 두려울 때 자신의 안일만을 위해 모두 접고 훌쩍 떠나 버린다든지, 그 상황을 피해 버리거나 그대로 주저앉아 버리는 것은 지도자로서 해서는 안 되는 선택입니다.

어려운 일이 생겼습니까? 가정에서, 직장에서, 안팎으로 궁지에 몰리는 괴로운 일이 생겼습니까? 그럼에도 불구하고 흔들리면 안 된다는 성령의 음성을 듣고 있습니까? 담대해야 합니다. 꿋꿋해야 합니다. 어떠한 희생을 치르더라도 헌신하겠다는 자세를 유지해야 합니다.

이것이 지도자의 자세입니다. 다른 사람을 지도한다는 것이 얼마나 무거운 짐인지요. 피해야 할 때가 있는가 하면 끝까지 버텨야 할 때가 있고, 생명을 아껴야 할 때가 있는가 하면 생명을 기꺼이 버려야 할 때가 있고, 위험을 보고 앞장 서 나아가야 할 때가 있는가 하면 제일 뒤에 숨어 있어야 할 때가 있습니다. 바울은 무모하게 자기 생명을 던지지 않았습니다. 그때그때 상황에 맞게 하나님이 어떻게 인도하시느냐 살피고, 양 떼를 위해 어떻게 행동해야 할지 판단하며 움직였습니다. 목회자나 순장이 아니어도 우리는 모두 먼저 믿은 자로서 예수 갓 믿은 어린 신자에게 선배 역할을 하게 됩니다. 그럴 때 바울이 취했던 이런 태도와 원칙을 배울 필요가 있습니다.

양 떼를 향한 지극한 사랑

바울이 2차 전도 여행을 한 기간은 대략 3년 정도입니다. 18장 18절부터는 2차 전도 여행의 마지막 단계로, 모교회인 안디옥 교회로 돌아가는 과정을 기록한 것입니다. 이 말씀을 읽노라면 그가 얼마나 양 떼를 사랑했는가를 엿볼 수 있습니다. 우선 바울은 고린도에서 겐그레아로, 겐그레아에서 에베소로 갔습니다. 유럽 선교를 마무리하고 겐그레아를 거쳐 소아시아로 건너 온 것입니다. 에베소에서도 오래 머물지 않고 다시 가이사랴와 예루살렘으로 가서 교회의 안부를 물은 다음 드디어 안디옥 교회로 돌아왔습니다. 이렇게 해서 2차 전도 여행이 끝이 납니다.

그러나 바울은 얼마 있지 않아 안디옥을 떠나 1, 2차 때 전도했던 갈라디아 교회로 다시 갑니다. 브루기아 땅을 차례로 다니며 개척해 놓은 교회들을 돌며 모든 제자를 굳건하게 했습니다.

"얼마 있다가 떠나 갈라디아와 브루기아 땅을 차례로 다니며 모든 제자를 굳건하게 하니라"(18:23).

3년이나 수고하고 고향으로 돌아왔으니 한동안 푹 쉴 만도 한데, 양 떼를 너무 사랑하는 마음에 견디지 못하고 또 떠난 것입니다. 이러한 바울의 심정은 다른 곳에서도 찾아 볼 수 있습니다.

"내가 예수 그리스도의 심장으로 너희 무리를 얼마나 사모하는지 하나님이 내 증인이시니라"(빌 1:8).

"우리가 이같이 너희를 사모하여 하나님의 복음뿐 아니라 우리의 목
숨까지도 너희에게 주기를 기뻐함은 너희가 우리의 사랑하는 자 됨
이라"(살전 2:8).

우리가 신앙생활을 하다 보면 가족을 제외하고 누구를 가장
사랑하게 됩니까? 아주 남남이면서도 내 사랑과 관심이 제일 많이
가는 사람은 바로 내가 전도해서 예수 믿은 사람입니다. 영혼의 자
식이기 때문에 그렇습니다. 나보다 나이가 많아도 그 사람은 내 자
식입니다. 영적 자식입니다. 영적으로 낳은 자녀는 애착이 갑니다.
사랑하게 됩니다. 떠나 있으면 보고 싶어집니다.

바울에게 있어 소아시아와 유럽에 있는 여러 교
회는 그야말로 특별했습니다. 그들은 매를 맞아가면서
낳은 영적인 자녀요, 수모를 받아가면서 얻은 영적인
자녀요, 어떤 때는 돌멩이를 맞아 사경을 헤매면서 낳
은 영적인 자녀요, 굶주림과 헐벗음도 개의치 않고 고

통당하며 낳은 영적 자녀들입니다. 그러니 그들을 향한 마음이 얼마
나 지극했겠습니까? 자신의 생명과도 같았을 것입니다.

영적인 지도자는 양 떼를 사랑합니다. 어떤 때는 가시 노릇 하
는 사람이 있고, 어떤 때는 귀찮게 구는 사람이 있고, 마음이 안 가
는 사람도 있고 별의별 사람이 다 있습니다. 그렇다면 더더욱 자신
을 괴롭게 하는 사람을 위해 먼저 기도해 봅시다. 제일 미운 사람
을 위해 기도해 주고, 그다음에는 가시 노릇하는 사람을 위해 기도
합시다. 그러다 보면 마음이 가고 애정이 가고 나중에는 그 자매,
그 형제의 문제가 해결되어 정말 서로 사랑하게 될 날이 올 것입

니다. 사랑해야 영적으로 서로에게 깊은 역사가 일어납니다.

바울에게서 볼 수 있는 지도자의 면모 중 하나는 자기를 돌아보지 않는 헌신입니다. 바울은 3년간 전도하다가 돌아왔습니다. 돌아오는 길이 2,000킬로미터 정도 되었으니 휴식이 무척이나 필요했을 것입니다. 게다가 바람을 이용한 범선을 타고 지중해를 가로질러 갔다고 생각해 보면, 도대체 얼마가 걸렸을지, 얼마나 힘들었을지 짐작이 됩니다. 그런 어려운 항로를 거쳐 겨우 돌아왔는데 바울은 쉴 겨를도 없이 다시 선교지로 돌아갔습니다.

"나는 이제 너희를 위하여 받는 괴로움을 기뻐하고 그리스도의 남은 고난을 그의 몸 된 교회를 위하여 내 육체에 채우노라"(골 1:24).

바울은 어떤 어려움이 있어도, 얼마나 고되고 피곤해도 주님의 몸 된 교회들과 양 떼를 위해 그 모든 고통을 감수하겠다는 마음을 갖고 있었습니다. 참된 지도자의 모습입니다. 자기 안일만을 생각하는 사람은 지도자가 아닙니다. 편한 것만 따지는 사람은 지도자가 아닙니다. 선한 목자는 양들을 위하여 목숨을 버린다(요 10:11 참조)는 말씀처럼 바울은 그런 사람이었습니다.

바울은 또한 어린 영혼의 안전과 영적 건강을 염려하는 사람이었습니다. 18장 23절을 보니 교회를 차례차례 다니면서 모든 제자를 굳건하게 했다고 합니다. 이 말은 '붙들어 세워 준다'는 뜻입니다. 바울처럼 훌륭한 지도자가 있을 때는 신앙생활을 잘했지만 바울이 떠나 버리고 핍박까지 일어나자 어린 신자들은 금방 소심해지고 약해질 수밖에 없었습니다. 믿음이 자란 사람도 있었겠지만 형편없이 약해진 사람도 많았을 것입니다. 바울은 그게 염려스러웠습니다. 바울의 이런 마음은 그의 서신서에도 잘 나타납니다.

"이러므로 나도 참다 못하여 너희 믿음을 알기 위하여 그를 보내었노니 이는 혹 시험하는 자가 너희를 시험하여 우리 수고를 헛되게 할까 함이니"(살전 3:5).

바울은 어린 신자들의 신앙이 약해 쓰러질까, 믿음이 약해 병들지는 않을까 염려했습니다. 그래서 주야로 심히 간구했고 그들의 부족한 믿음을 온전케 하려 애썼습니다.

목자와 양 떼의 신뢰 관계

바울과 교회의 관계에서 지도자와 교회, 즉 양 떼 간에 형성된 깊은 신뢰 관계를 봅니다. 바울과 교회들은 서로 믿었습니다. 바울이 세운 교회는 철저하게 바울을 신뢰했고, 바울은 양 떼를 철저히 신뢰했습니다.

오늘 교회 지도자와 교인들 사이에 이 신뢰가 많이 약화된 것을 봅니다. 서로 비위에 안 맞으면 목회자는 금방 짐을 싸고, 교인들은 목회자를 쫓아내기도 합니다. 또 어떤 목회자는 몸 담고 있는 교회에서 특별히 희망이 안 보인다고, 또는 몇 사람 안 되는 교인들을 위해 평생을 바칠 필요가 있을까 하는 의구심이 들어 이 핑계 저 핑계를 대며 교회를 떠납니다.

목회자는 고생이 되면 같이 고생하고, 위험을 당하면 같이 위험을 느끼고, 하나님이 부르면 같이 간다는 이런 심정을 가지고 있어야 합니다. 그렇기에 목회자는 교인들에게 의혹을 받을 만한 여자를 남겨 두어서는 안 됩니다. 목회를 하고 양 떼를 위해 헌신하기를 원한다면 다 포기해야 합니다. 한국 교회가 잃어버린 신뢰를 회복하기 위해서는 바울처럼 양 떼를 위해 생명을 내놓을 수 있는 목회자들이 많이 나와야 합니다. 또한 첩첩이 쌓인 어려움과 근심에 짓눌리며 이 시대를 살아가는 성도들에게 바울처럼 믿음을 심어 줄 수 있는 목회자가 나와야 합니다.

감사의 표현, 나실인 서원

18장 18절에는 바울의 여정 중 좀 특별한 대목이 있습니다. 바울이 일찍이 서원한 것이 있어서 그 서원을 따라 머리를 깎았다는 것입니다. 서원한다는 것은 '성별한다, 구별한다'는 뜻입니다. 서원은 어디까지나 율법적인 것이요, 구약시대에 구약 백성들이 했던 것입니다. 그런데 왜 바울이 서원을 했을까요?

칼뱅은 바울이 가지고 있던 원칙을 지키기 위해 서원했다고 봅니다. 바울의 중심은 한 사람이라도 더 구원하는 데 있었고, 이를 위해 어떠한 대가라도 치르겠다는 것이었습니다.

"유대인들에게 내가 유대인과 같이 된 것은 유대인들을 얻고자 함이요 율법 아래에 있는 자들에게는 내가 율법 아래에 있지 아니하나

율법 아래에 있는 자같이 된 것은 율법 아래에 있는 자들을 얻고자
함이요”(고전 9:20).

칼뱅의 견해를 바탕으로 본문을 해석한다면, 바울이 유대인들
을 만나기에 앞서 그들과 대화를 원만히 풀어가기 위해 그들처럼
머리를 깎고 서원한 것으로 해석할 수 있습니다. 이러한 해석은 바
울이 어떤 유대인들과 관계가 있었다는 기록이 있으면 간단한데,
그 뒤에 전혀 유대인과 관계가 있다는 내용이 나오지 않아 모호합
니다. 단지 에베소 회당에 들어가서 유대인들과 변론했다는 것 외
에는 유대인과 어떤 특별한 관계를 가졌다는 말이 없습니다. 그러
므로 갑자기 유대인들을 의식해 머리를 깎았다고 보는 것은 근거
가 빈약해 보입니다.

또 다른 학자는 바울이 받은 은혜에 감사를 표하기 위해서였
다고 해석합니다. 바울이 고린도에 1년 반 동안 머물며 교회를 개
척해 나갈 때 특별한 은혜를 받았기 때문이라는 것입니다. 그래서
고린도를 떠나면서 특별히 서원 기간을 정해 머리를 깎았고, 그 기
간 동안 헌신하는 예를 드렸다고 해석합니다. 저는 이 해석을 더
좋아합니다. 바울은 유대교에서 자란 사람 아닙니까? 유대교에 있
을 때 자신을 구별하던 습관대로 머리를 깎고 주님께 헌신한 것이
아닌가 생각됩니다. 이 두 가지의 해석 중 어떤 것이 옳다, 그르다
단언할 수는 없습니다. 성경에 답이 없기 때문입니다.

민수기를 보면 ‘나실인의 서원’이 나옵니다(민 6:1-4 참조). 나
실인의 서원은 자기 몸을 구별해서 여호와께 특별히 드리는 하나
의 의식입니다. 이 의식은 어떤 것을 요구합니까? 포도주와 독주

를 멀리하라고 했습니다. 포도주의 초나 독주의 초뿐만 아니라 포
도즙도 마시지 말며 생포도나 건포도도 먹지 말라고 했고 포도나
무의 소산은 씨나 껍질도 먹지 말라고 했습니다.

예나 지금이나 인생에서 술 마시는 것 빼면 정말 살맛이 없다
고 하는 사람들이 많습니다. 술맛을 아는 사람들은 부인 없이는 살
아도 술 없이는 못 산다고까지 말합니다. 게다가 유대인들은 일상
에서 포도주를 음료수로 마셨습니다. 하루 종일 노동하고 피곤해
진 몸을 이끌고 가정에 돌아오면 식구들과 둘러앉아 향기로운 포
도주를 마시며 그날의 피곤을 풀었습니다. 그러니 스스로 얼마의
기간을 정해 놓고 포도주를 멀리하는 이 서원은 유대인들에게 대
단한 각오를 요하는 것이었습니다.

포도주를 금하는 것과 함께 지켜야 했던 또 다른 의식은 머리
를 깎지 않는 것과 시체를 가까이하지 않는 것이었습니다. 부모나
형제자매가 죽었다 해도 예외가 아니었습니다. 자기 몸을 구별하
여 하나님께 드리는 표가 그 머리에 있고, 자기의 몸을 구별하는
모든 날 동안에는 여호와께 거룩한 자이기 때문입니다(민 6:8 참조).

민수기 6장에 기록된 나실인의 서원과 비교해 보면 바울 당시
에는 다른 규칙이 더해집니다. 한 번 서원하면 30일간 해야 했고,
민수기에는 없는, 고기를 금하는 규칙도 나옵니다. 포도주와 함께
고기도 일절 먹지 않는 것입니다. 세상에서 먹고 즐길 만한 것은
전부 끊어 버린 것입니다.

바울이 나실인의 서원을 따랐든, 아니면 유대교의 관습대로
머리를 깎았든 사실 그것은 큰 의미가 없습니다. 우리의 마음을 깊
게 두드리는 것은 하나님께 받은 은혜에 감사하기 위해 자신을 구

별해 드린 바울의 마음입니다.

오늘 우리에게도 일시적인 나실인의 생활이 있어야 하겠습니다. 주기를 정해도 좋지만, 성령께서 마음에 소원을 주실 때에는 언제라도 자신을 구별해서 주님 앞에 드리는 시간이 참 필요합니다. 여러 가지 고난에서 건져 주시고 보호해 주신 것을 알았을 때 그 은혜에 감사하는 마음으로 자신이 즐기던 것을 다 내려놓고 기도와 말씀으로 주님과 깊은 교제를 나누며 찬양하는 시간이 필요합니다.

우리는 평탄한 생활 속에서도 하나님의 은혜에 감사하다는 말뿐, 정작 그 은혜를 받으면서도 자신을 특별히 드리고자 하는 아름다운 모습을 보이지 못합니다. 흔히 문제가 터졌을 때만 이런 구별된 시간을 갖게 되지요. 갑자기 병이 났을 때 궁여지책으로 나실인이 됩니다. 또 갑자기 사업의 위기를 만났다거나, 자녀의 입시를 앞두었을 때 금식을 하곤 합니다. 그러나 하나님은 작은 일이든 큰 일이든 감사하고 그 은혜를 생각할 때마다 너무나 감격스러워 나실인의 서원을 하는 것을 몇 배로 더 기뻐하십니다. 하나님의 은혜가 귀해서, 하나님의 사랑이 감사해서 자신을 드리는 우리가 됩시다. 먹고 마시며 즐기는 것을 끊고, 주님과의 관계에 방해되는 것들을 물리치고, 조용히 마음을 드리는 나실인의 생활을 한다면 더 깊고 높고 크신 하나님을 경험하게 될 것입니다.

사도행전 19장

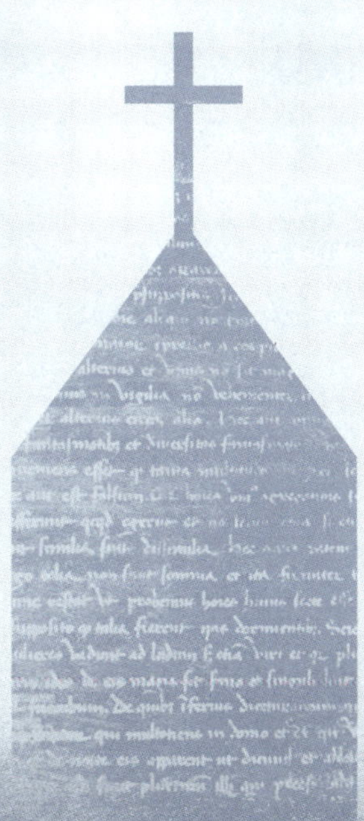

72 예수 믿는 것과 성령 믿는 것

**이르되 너희가 믿을 때에 성령을 받았느냐 이르되
아니라 우리는 성령이 계심도 듣지 못하였노라**

_ 사도행전 19:2

바울은 3차 전도 여행길에서 고린도와 윗지방인 터키를 거쳐 터키 남단의 에베소를 다시 찾았습니다. 이것은 두 번째 정식 방문으로 그는 여기서 2년 반 이상을 체류하게 됩니다.

바울은 에베소에서 열두 명의 '어떤 제자들'을 만났습니다. '제자'란 당시 예수 믿는 사람들을 지칭할 때 일반적으로 통용되던 말입니다. 바울은 그 제자들에게 전에 없던 질문을 던졌습니다. "너희가 믿을 때에 성령을 받았느냐?" 에베소의 제자들은 "우리는 성령이 있다는 말도 못 들었고 성령의 이름도 듣지 못했다"고 대답했습니다. 한마디로 백지 상태였습니다. 이 대답을 들은 바울은 좀 어이가 없다는 듯이 "그럼 너희가 무슨 세례를 받았느냐"고 다시 물었습니다. 그랬더니 그들은 "요한의 세례를 받았다"고 대답했습니다.

바울이 준 세례

제자들과의 짧은 문답식 대화 후 바울은 요한이 준 세례의 의미를 설명해 주었습니다. 요한은 자신 뒤에 오시는 이, 즉 예수 그리스도를 증거하기 위해 세례를 베풀었고, 그 뒤에 오신 이가 바로 예수 그리스도이며 우리는 그분을 믿어야 한다는 것을 증거했습니다. 이 말을 들은 제자들은 성부와 성자와 성령의 이름으로 세례를 받았습니다. 성경에는 주 예수의 이름으로 세례를 받았다(19:4-5 참조)고 기록되어 있지만 통상적으로는 삼위일체의 이름으로 세례를 주었습니다. 그런데 바울이 제자들에게 세례를 주면서 안수할 때 어떤 일이 일어났습니까? 오순절 예루살렘에서와 같이 '불의 혀' 같은 것은 없었지만 방언과 예언이라는 성령의 표적이 나타났습니다.

대단히 짧은 말씀이지만 정말 어려운 부분입니다. 이 말씀에 대한 해석은 아주 대조적입니다. 먼저 장로교 성경 해석에 있어서 표준이자 정석인 칼뱅의 해석을 살펴보겠습니다. 그는 소위 제자들이라고 하는 사람들은 이미 세례 요한의 세례를 받았기 때문에 세례를 또 받을 필요가 없는 사람들이었다고 해석합니다. 그들은 이미 예수 믿은 사람들이었다는 것입니다. 단지 성령을 너무 몰라서 성령의 사람이 되게 해달라고 기도해 준 것뿐이며, 바울이 주 예수 그리스도의 이름으로 다시 세례를 주었다고 하지만 실제는 이 사람들이 세례 받은 것이 아니라고 주장합니다.

칼뱅의 해석은 대단히 어색합니다. 왜냐하면 성경에 분명히 세례를 받았다고 기록되어 있는데 그것이 세례가 아니라고 하니 너무나 인위적인 해석이라고밖에 볼 수 없습니다. 성경 해석의 정석으로 통하는 분도 이런 본문에 와서는 좀 힘들어 하는 것 같습니다. 그러나 그것은 사실 정상입니다. 어느 누구도 66권에 적힌 하나님의 말씀 전부를 완전하게 해석할 수는 없기 때문입니다. 아무리 훌륭한 인물이라 해도 성령께서 열어 주지 않는 진리가 있기 마련입니다.

오순절 계통에서는 칼뱅의 해석과는 대조적인 입장을 보입니다. 이 열두 명의 제자는 예수를 믿은 사람들이고 물세례도 이미 받은 사람들이라고 봅니다. 그러나 그들에게는 성령세례가 꼭 필요했기 때문에 2차 성령세례를 받도록 바울이 기도해 주었고, 그들이 성령세례를 받은 것이라고 해석합니다. 그러므로 모든 그리스도인은 비록 성부·성자·성령의 이름으로 물세례를 받았다 할지라도 반드시 2차 성령세례를 받아야 하고, 성령세례를 통해 방언도 하고 예언도 하는 은사를 체험해야 한다는 것입니다. 만약 그런 체험이 없다면 그 사람은 구원받았다고 할 수 없는 불확실한 신자라고 정의를 내립니다.

같은 말씀을 가지고도 이처럼 대조적인 해석이 나오니 성경말씀이 얼마나 어려운지요! 본문을 좀 더 정확하게 이해하기 위해서는 액면 그대로 검토하되, 이 기록된 본문 배후에 숨어 있는 대화의 흐름이라든지, 감정의 변화라든지, 또 당시 상황을 염두에 두는 것이 꼭 필요합니다. 여기서 중요한 것은 바울이 그들에게 왜 이렇게 이상한 질문을 던졌느냐는 것입니다.

만약 교회 다니는 사람에게 "예수 믿고 성령 받으셨어요?" 하고 묻는다면 그런 질문을 하는 숨은 뜻이 무엇이겠습니까? 그 사람의 믿음을 의심하는 것입니다. 믿음과 성령은 언제든지 하나입니다. 믿을 때 성령이 그 사람에게 임하시고, 성령이 임하지 않으면 예수를 주라 시인하지 못합니다. 성령이 임하기 때문에 믿음을 갖게 되는 것입니다. 물세례는 자신이 믿음과 동시에 성령 받았다는 것을 외적으로 확증하는 것입니다.

그러니 "너희가 믿을 때에 성령을 받았느냐" 하는 말은 "당신 믿음이 진짜입니까, 가짜입니까" 하고 묻는 것이나 다름없습니다. 이 질문은 어떤 면에서 상대방에게 상당히 불쾌감과 모욕을 주는 말이 될 수도 있습니다. 그렇기에 바울은 지혜롭게 질문을 던진 것입니다.

믿는다는 것은 성령 받았다는 것과 같은 의미입니다. 제자들이 바울의 질문에 "우리는 믿을 때 성령 받은 사람이요, 성령을 받은 사람이기 때문에 예수를 믿습니다. 이것을 하나님께 감사합니다" 하는 정도의 대답을 할 수 있었다면 바울의 염려는 괜한 것이 되었을 것입니다. 그런데 역시 영적 직관력이 있는 바울인지라 상대방의 영적 상태를 어느 정도 파악했던 것입니다. 그래서 그들을 테스트한 것입니다. 아니나 다를까 바울이 의심한 대로였습니다. 성령이 있다는 말도 못 들었다고 그들은 대답합니다. 이때는 이미 오순절 성령이 임하고 대략 7, 8년 후입니다. 그러니 에베소 교회를 다니고 물세례를 받았다는 사람이 성령을 모른다는 것은 말도 안 되는 이야기입니다. 그런데 그들은 성령에 대해 전혀 몰랐습니다.

교회 안에는 이런 엉터리들이 가끔 있습니다. 사마리아에서 빌립이 전도할 때 가장 떠들썩했던 사건이 무엇입니까? 사마리아에서 점쟁이로 유명한 마술사 시몬이 예수를 믿겠다고 따라나선 것입니다. 하던 일을 전부 다 접고 빌립을 따라다니면서 세례도 받고, 전도도 하고, 믿는 사람들과 교제도 하고, 제자로서 할 것은 다 했습니다. 그런데 베드로가 와서 보니 시몬은 마음에 악독이 가득하고 아무것도 바뀌지 않은 사람이었습니다. 교회 안에 이런 사람이 있을 수 있습니다. 본문에 나오는 '어떤 제자들'은 마술사 시몬과 별반 다를 것이 없습니다.

> "바울이 이르되 요한이 회개의 세례를 베풀며 백성에게 말하되 내 뒤에 오시는 이를 믿으라 하였으니 이는 곧 예수라 하거늘 그들이 듣고 주 예수의 이름으로 세례를 받으니"(19:4-5).

바울이 하는 말을 가만히 봅시다. 성령세례를 설명하고 있습니까, 아니면 복음을 전하고 있습니까? 복음을 전했습니다. 왜 그랬겠습니까? 그들은 성령도 모르는 사람들, 예수 이름도 모르는 사람들, 너무나 기초가 없는 사람들이었기 때문입니다.

19장 4-5절에서 바울은 '성령세례'라는 말은 하지 않았습니다. 오로지 예수를 믿어야 한다는 것만 이야기했을 뿐입니다. 이 말을 듣고 그들은 주 예수의 이름으로 세례를 받았습니다. 예수님이 구원자라는 것을 고백하고 드디어 예수님을 믿게 되었습니다. 이들이 세례 받을 때 성령 받은 것은 오늘날 우리가 예수 믿을 때 성령 받는 것과 다른 것이 없습니다. 다른 것이 있다면, 그들에게는 성령 받은 외적인 표시인 예언과 방언이 있었다는 정도입니다.

그러므로 이 본문을 가지고 칼뱅의 해석대로 바울이 세례를 주지 않았다고 부정하는 것은 부자연스러운 주장입니다. 또한 오순절 계통의 해석대로 세례를 받은 사람이라 해도 성령세례를 다시 받아야 한다는 근거도 없습니다. 이 두 가지 모두 적절하지 않습니다.

성령세례와 은사 체험

열두 명의 제자는 분명 세례를 받았고, 예수를 믿었고, 동시에 성령을 체험했습니다. 그들이 받은 세례는 소위 2차 성령세례가 아니었습니다. 성령세례라는 말은 함부로 쓰면 안 됩니다. 성경상에서 물세례는 곧 성령세례입니다. 물세례는 성령세례의 상징입니다. 다시 말해, 성령세례를 받았다는 것을 외적으로 표하는 것이 물세례입니다. 그러므로 이 두 개를 별개의 것으로 나누어 말하면 안 됩니다.

사도행전을 보면 성령세례를 받은 사람들이 다 방언한 것도 다 예언한 것도 아닙니다. 받았는지 안 받았는지도 모르게 조용히 받는 사람들도 있습니다. 성령세례는 다른 말로 하면 예수 믿을 때 성령이 우리에게 임하는 것을 이야기합니다. 이것은 체험적일 수도 있고, 아닐 수도 있습니다. 그러니 한 번 세례 받은 사람은 다시 성령세례를 받겠다고 몸부림칠 필요가 없습니다. 또 다른 성령세례를 구하는 것은 잘못하면 마귀에게 시험당하는 빌미가 되고 맙니다.

이와 함께 주의할 것은, 성경에 나오는 몇 가지 특수 사례를 일반적으로 적용하는 것은 대단히 위험한 일이라는 것입니다. 몇 가지 실례를 들어보겠습니다. 바울이 다메섹 도상에서 누구를 만났습니까? 예수 그리스도를 만나 거꾸러지고 새 사람이 되었습니다. 그렇다면 이 사건을 두고 누구든지 진짜 예수 믿고 회개하려면 바울과 같은 체험을 해야 한다고 말할 수 있습니까? 그렇게 주장할 수는 없습니다. 누구도 그렇게 주장해서는 안 됩니다. 그런데 성경을 잘 모르는 성도들은 그렇게 주장하는 사람 앞에 가면 또 그게 진리인가 싶어 자신에게 그런 체험이 없는 것을 탄식하고 안절부절못합니다.

에베소 사건도 마찬가지입니다. 에베소 사람들이 물세례를 받을 때 성령이 임하셔서 방언도 하고 예언도 했으니 우리도 다 이렇게 되어야 성령 받은 사람이라고 한다면, 그것은 성경의 원칙을 무시하는 해석입니다. 성령의 특별한 역사는 전적으로 하나님이 주시는 것입니다. 성령이 주시는 것입니다. 주시면 감사한 것이요, 안 주셔도 감사한 것입니다. 외적으로 보이는 표적이 없다고 불안해 한다든지 성령을 의심한다면 그것은 성령에 대한 모욕입니다.

"우리가 세상의 영을 받지 아니하고 오직 하나님으로부터 온 영을 받았으니 이는 우리로 하여금 하나님께서 우리에게 은혜로 주신 것들을 알게 하려 하심이라"(고전 2:12).

우리는 세상의 영을 받지 아니하고 하나님으로부터 온 영, 곧 성령을 받았습니다. 이는 하나님께서 우리에게 주신 모든 은혜를 알게 하려고 주신 것입니다.  성령 앞에 감사해야 할 것이 얼마나 많은지요. 성령의 은혜를 받았기 때문에 우리가 예수를 알게 되지 않았습니까. 성령의 은혜를 받았기 때문에 우리가 십자가의 도를 깨닫지 않았습니까. 성령 때문에 우리가 하나님의 놀라운 약속, 구원의 선물을 받지 않았습니까. 성령 때문에 오늘도 우리는 하나님의 자녀인 것을 확신하고 살아갑니다. 성령 때문에, 우리가 구하는 것을 하나님이 들으실 줄 믿고 날마다 기도합니다.

이 모든 은혜를 받았는데 지금 눈에 보이는 어떤 표적이 없다고 불만스러워 한다든지, 성령이 함께하시지 않는 것처럼 생각한다든지, 성령을 불신하는 것은 그야말로 성령을 모독하는 행위입니다. 영적 체험이 있든지 없든지 이미 예수 믿는 나에게 성령이 함께하신다는 것을 확신합시다.

성령의 역사인지 분별하라

사탄은 순수한 영적 체험을 모방합니다. 무시무시한 일입니다. 성령이 주시는 것 외에도 얼마든지 방언 같은 현상이 일어날 수 있습니다. 다른 종교에서도, 심지어는 정신병동에서도 방언 현상은 얼마든지 나타난다는 사실을 마음에 두기 바랍니다.

만일 이런 외적 표적이 성령이 주신 것이라면 그 결과는 성경적이어야 합니다. 분명히 그는 하나님을 찬송할 것입니다. 그것은 성령 받은 사람들의 공통점입니다. 에베소서 5장 18절 이하에 성령 충만한 사람들을 보면 모두 하나님을 찬양합니다. 사도행전 2장을 보아도 성령 충만한 사람들은 하나님의 크신 일을 찬양합니다. 찬양이 넘칩니다. 또한 예수 그리스도를 자랑하고 예수 그리스도를 드러냅니다. 왜냐하면 성령은 진리의 영이기 때문입니다.

또한 성령이 주신 표적이라면 자기를 선전하지 않습니다. 정말 성령의 은혜를 받은 사람은 자기를 숨깁니다. 자신의 체험도 가급적 숨기려 할 것입니다. 오직 하나님만 영광 받으시도록, 예수 그리스도만 높입니다. 또한 참다운 성령의 은혜를 받은 사람은 겸손하고 온유합니다. 하나님이 주시는 성령의 충만함을 받을 때에는 서로 순종하게 됩니다. 서로 순종하여 교회에 덕을 세웁니다. 성령이 주신 은혜로 방언하고 기뻐하는 사람들에게는 이 같은 특징이 있습니다. 그렇지 않다면 일단 경계해야 합니다. 경계해야 할 몇 가지 경우를 살펴보면 이렇습니다.

먼저, 성령의 체험을 했다고 해서 자신만이 완전한 경지에 도달한 것처럼 행세하고 성령을 독점한 것처럼 말하는 사람이 있습니다. 이러한 사람은 자신만 천국을 누리고 천국의 기쁨을 맛보는 것처럼 행세합니다. 이런 사람을 보면 의심해야 합니다. 하나님은 교만한 자를 가장 미워하시기 때문입니다. 거룩한 성령이 충만히 임한 사람에게 교만이 번뜩인다는 것은 상상도 못할 이야기입니다. 일단은 의심해 보아야 합니다. 사도 요한은 "영을 다 믿지 말고 오직 영들이 하나님께 속하였나 분별하라 많은 거짓 선지자가 세상에 나왔음이라"(요1 4:1)고 했습니다. 우리는 분명히 분별할 수 있습니다.

둘째는 다른 사람들을 내려다보면서 지배하려고 드는 사람이 있다면 그 사람이 무슨 대단한 체험을 했든지 간에 일단 의심해야 합니다. 예를 들면 자신이 기도하면서 신비한 체험을 하고 능력을 받았으니 무슨 일이 있으면 자기에게 와서 물어보라고 한다든지, 사람들을 찾아다니면서 안수기도해 주겠다고 한다든지, 아니면 사람들 간에 생기는 사사로운 문제를 놓고 이래라저래라 명령한다든지 하는 사람들이 있습니다. 그러나 참다운 성령의 역사는 순종과 섬김에 있습니다. 성령 충만하신 예수님도 종으로서 겸손하게 섬기는 모습을 보이셨습니다. 이래라저래라 명령하는 지배자가 아니었습니다. 그 원칙에서 어그러지는 것은 성령의 역사라고 할 수 없습니다.

셋째로 다른 사람에게 자기가 체험한 일을 꼭 같이 하도록 강요하는 사람들을 조심해야 합니다. 성경은 모든 사람이 성령의 은사를 동일하게 받는다고 하지 않았습니다. 여러 가지 은사 중에서 성령이 기뻐하시는 대로 각 사람에게 주신다고만 했을 뿐입니다(고전 12:4-11 참조). 그러므로 '내가 받았으니 너도 받아라' 하는 것은 비성경적입니다.

이렇게 자기 체험을 다른 사람에게 강요하는 것은 성령의 주권을 침해하는 행위입니다. 은사를 주고 안 주고는 성령의 뜻에 달린 것이지, 사람에 있지 않습니다. 이런 사람들은 또한 상대를 실족하게 하는 우를 범합니다. 믿음이 약한 사람들이 은사를 받기 위해 애를 쓰다가 원하는 대로 받지 못하면 실족하지 않겠습니까.

또 하나 선을 그어야 할 것이 있습니다. 신앙과 생활이 일치하지 않는 사람의 경우입니다. 믿음도 좋아 보이고 성령의 은사를 받았다고 굉장히 들떠 있는데 그 사람의 가정생활, 직장생활, 대인관계를 보면 참 기가 막힌 사람들이 있습니다. 성경에서는 가정을 등한시하는 사람은 성령의 사람이라고 하지 않습니다. 자기 생활에 충실하지 않은 사람은 성령의 사람이라고 말하지 않습니다. 그리고 주님의 말씀에 철저하게 복종하는 삶이 없는 사람, 말로만 떠들고 다니는 사람을 성령의 사람이라고 하지 않습니다.

마지막으로, 어떤 사람이 은사를 받았다고 하면서 다른 형제에게 봉사를 했는데 결과가 나쁜 경우입니다. 예를 들어 병자를 위해 기도해 주었는데 그만 병자에게 악령이 들어가 더 나빠졌다든지 정신적으로 이상해져 버렸다든지 하는 일이 일어나면 일단 그 사람은 의심해야 됩니다.

마귀는 간교해서 우리가 영적으로 어지간히 예민하지 않으면 구별할 수 없습니다. 결론적으로 말씀드립니다. 체험 그 자체는 절대 나쁜 것이 아닙니다. 체험할 수만 있다면, 다시 말해 성령이 체험을 주시면 감사하게 받으십시오. 그러나 체험이 없다면 없는 대로 겸손하십시오. 체험이 있는 사람을 시기한다든지 무조건 비판하는 것도 죄가 됩니다. 성령 받은 사람은 체험이 있어도 성령의 사람이요, 체험이 없어도 성령의 사람입니다. 시기할 것도 없고, 비판할 것도 없습니다.

참고로, 성령의 체험은 주로 기질과 관련이 있다는 것을 알아두는 것이 좋습니다. 우리가 아무리 예수를 잘 믿어도 타고난 기질은 잘 안 바뀝니다. 그런데 일반적으로 성령의 체험에 민감한 기질이 있습니다. 이런 기질 때문에 남다른 체험을 할 수 있습니다. 그리고 성령께서도 그런 기질을 가진 사람에게 은사를 주셔서 하나님이 영광 받으실 어떤 일을 시키실 때가 있습니다. 그러나 성령은 냉정한 사람을 붙들고 일하기도 하시고, 다혈질적인 사람을 붙들고 일하기도 하십니다. 성령의 역사는 굉장히 폭이 넓고, 하나님의 역사는 다양합니다.

73 두란노 서원에서 하나님 나라를 말하다

에베소에 사는 유대인과 헬라인들이 다 이 일을 알고 두려워하며
주 예수의 이름을 높이고 믿은 사람들이 많이 와서 자복하여 행한 일을 알리며…
이와 같이 주의 말씀이 힘이 있어 흥왕하여 세력을 얻으니라

_ 사도행전 19:17-18,20

바울이 에베소를 처음 방문한 때는 2차 전도 여행을 거의 마치고 고향으로 돌아가는 길목에서였습니다. 더 오래 있기를 청하는 에베소 사람들에게 '하나님의 뜻이면 너희에게 돌아오리라'는 약속을 남기고 떠났던 바울은 3차 전도 여행에서 에베소를 다시 찾게 됩니다.

다시 찾은 에베소에서 바울은 회당에 들어가 석 달 동안 담대히 하나님 나라에 관해 가르치다가 상황이 여의치 않자 제자들을 따로 세우고 두란노 서원으로 옮겨 두 해 동안 강론했습니다. 이렇게 두란노 서원을 중심으로 복음이 힘 있게 퍼져 나갔고, 아시아

에 사는 자는 유대인이나 헬라인이나 다 주의 말씀을 들었습니다 (19:10). 동시에 하나님은 어떤 깊은 뜻을 가지고 바울의 손으로 놀라운 능력까지 행하게 하셨습니다.

성령의 역사가 강하게 일어나면 사탄의 방해도 그만큼 격렬해지는 것을 우리는 성경을 통해 누누이 보아 왔습니다. 에베소에서도 복음이 흥왕하자 사탄의 영역에 속한 사람들이 들고 일어나 소요를 일으켰습니다. 이것이 19장에서 벌어진 일의 대강입니다.

바울의 꿈, 하나님 나라

바울이 에베소에서 가르친 대주제는 '하나님 나라'입니다. 흔히들 하나님 나라라고 하면 항상 보이지 않는 저 너머의 세계로 알고 있습니다만 교회가 이 세상에서 가장 중요하게 가르치고 배워야 할 것이 바로 하나님 나라입니다.

하나님 나라는 원래 예수님이 가르치신 첫 주제입니다. 이 세상에 처음 모습을 드러내셨을 때 "회개하라 천국이 가까이 왔느니라"(마 4:17 참조)고 하셨고, 부활하신 후 40일 동안 가르치신 대주제도 하나님 나라(행 1:3 참조)였습니다.

성경을 가르치고 배울 때 제일 먼저 다룰 것이 '예수 그리스도'입니다. '예수 그리스도'를 하나의 국가 혹은 공동체로 바꾸면 바로 '하나님 나라'가 됩니다. 그래서 하나님 나라에 대해 강론했다고 하면 하나님 나라의 왕이신 예수 그리스도에 대해 강론했다는 말과 같습니다.

하나님 나라라는 주제가 얼마나 광대하고 깊은지 바울이 회당에서 3개월 동안 이 문제만 가지고 강론했고, 회당을 나와 두란노 서원으로 옮겨가서도 2년간이나 가르쳤습니다. 바울이 쓴 로마서를 비롯해 여러 서신서를 보면 하나님 나라에 대한 그의 깨달음이 얼마나 심오한지 알 수 있지 않습니까? 강론이란, 어떤 주제에 대해 논리적으로 깊이 있게 다루고, 참여한 모든 사람이 함께 생각하며 동참하도록 이끄는 하나의 교수 방법입니다. 그러므로 회당과 두란도 서원에서 하나님 나라에 대해 강론했다는 것은 그저 30, 40분짜리 설교 수준이 아니었다는 말입니다.

사실 하나님 나라는 어려운 주제입니다. 그러나 에베소에서 바울은 예수를 갓 믿은 사람들에게 이렇게 쉽지 않은 주제를 놓고 오랜 시간 가르쳤습니다. 바울은 은혜 받은 사람이요, 하나님 나라에 완전히 매료되어 눈앞에 보이는 그 영원한 나라를 위해 어떻게 살아야 할까 하는 이야기로 시긴 가는 줄을 몰랐을 것입니다.

◀ 오늘날 교회와 얼마나 대조적입니까? 현대 교회가 주로 다루는 주제는 무엇입니까? 정작 알아야 할 예수 그리스도와 하나님 나라는 경시하고 개인의 평안과 문제 해결에 더 큰 관심을 갖는 경향이 많지 않습니까? 제 진단이 맞다면, 이것은 정말 심각한 문제입니다.

영원한 나라에 대한 꿈이 살아 있으면 자신이 지금 하고 있는 일에 대한 권태증이 생기지 않습니다. 왜 그렇습니까? 그 일이 영원히 지속될 것이 아니라는 것을 알기 때문에 그렇습니다. 가정에 어떤 문제가 있어도 이길 수 있는 힘이 있습니다. 더 큰 것을 보고 있기에 그렇습니다. 더 큰 것이 있는 사람은 작은 것에 연연하지 않고 담대할 수 있습니다. 큰 것이 없으면 작은 것이 큰 것처럼 부각됩니다. 우리에게 진정 하나님 나라의 꿈이 있습니까?

두란노 서원이 텅 비는 시간에

바울이 먼저 회당에서 석 달 동안 하나님 나라에 대해 열심히 가르쳤지만 듣지 않는 사람은 끝까지 듣지 않았습니다. 성경은 이들을 가리켜 '마음이 굳었다'고 표현했습니다. 돌멩이처럼 단단한 마음이었습니다.

이렇게 마음이 굳은 사람은 성령님도 어떻게 할 도리가 없습니다. 바울처럼 능력 있는 하나님의 종도 어떻게 할 도리가 없습니다. 그래서 바울은 그들을 떠났습니다. 부지런히 가르쳐 주어도 끝까지 마음을 안 열면 그 책임은 본인이 져야 합니다. 유대교가 예수 그리스도를 메시아로 인정하지 않으니까 바울이 회당에서 물러나 장소를 두란노 서원으로 옮겼습니다. 두란노 서원은 두란노라는 유명한 철학자가 자기 생도들에게 강론하기 위해 만든 곳으로 일종의 학원 같은 곳이었습니다. 바울이 이런 장소를 어떻게 얻을 수 있었는지 참 궁금합니다.

터키 지역의 낮 시간은 무척이나 덥습니다. 기록에 따르면 터키가 있는 소아시아 지역은 아침 7시나 9시부터 11시까지 수업을 하고, 11시부터는 휴식시간에 들어가 식사를 하고 1시쯤 되면 모두 낮잠을 잔다고 합니다. 그렇게 자고 일어나면 일이 바로 손에 안 잡히니까 결국 오전 11시부터 오후 4시까지는 일이 제대로 되지 않는다고 합니다. 이러한 배경을 놓고 볼 때 두란노 서원도 오전 11시 이후에는 비었을 거라 짐작할 수 있습니다.

학자들에 따르면, 바울은 오전 11시부터 오후 4시까지 서원이 비는 시간을 이용해 가르쳤다고 합니다. 바울은 다른 사람들이 일하는 오전 7시부터 11시까지는 남들처럼 똑같이 일을 하다가 오전 11시부터 오후 4시까지는 회당에서 말씀을 강론하고, 그다음에 좀 쉬다가 밤 시간대에 또다시 일터로 돌아가 텐트를 만들며 생활한 것 같습니다. 그렇게 생계를 꾸려가면서 하나님의 나라를 2년 3개월 동안 강론한 것입니다.

바울이 택한 시간, 또 바울을 찾아온 사람들이 강론을 들은 시간을 눈여겨볼 필요가 있습니다. 그 시간은 대부분의 사람들이 휴식을 취하는 시간, 제일 힘들고, 덥고, 졸리고, 피곤하고, 가장 능률이 오르지 않는 시간입니다. 세상 사람들이 쉬는 시간, 세상 사람들이 끼리는 시간을 이용해 말씀을 배우려고 심혈을 기울였습니다. 이런 시간에 말씀을 전하려고 주의 종들은 잠을 설쳤으며 쉴 틈 없이 움직였습니다.

중국의 문이 열리기 전 공산 치하에서 목숨을 걸고 믿음을 지켰던 신자들이 어떻게 했습니까. 하루 종일 노동하고 소양교육까지 받은 후에 집에 돌아와서는 그야말로 만사 다 제치고 자야 할 시간에 이불을 뒤집어쓰고 라디오를 틀었습니다. 라디오에서 나오는 하나님의 말씀을 또박또박 받아 적으며 그 말씀을 마음에 담고, 외우고, 기도하던 신자들이 한두 명이 아니었습니다. 옛 소련의 그리스도인들도 비슷했습니다. 하루 종일 공장에서 일하고 집에 돌아온 뒤 남들이 한참 밥 먹고 TV 보는 시간을 이용해 몇몇이 모여

기도하고 서로 격려하고, 하나님의 말씀 한마디라도 더 나누는 등 그야말로 가물거리는 신앙의 등불이 꺼지지 않도록 노력했습니다. 이것이 기독교입니다.

기독교는 시원한 에어컨 바람을 맞으며 걸어오지 않았습니다. 기독교는 가장 좋은 시간, 가장 능률이 오르는 시간을 골라 하나님의 말씀을 배웠기 때문에 이만큼 뿌리를 내린 것이 아닙니다. 가장 어려운 시간에, 가장 힘든 여건을 무릅쓰고 일어섰습니다. 그런데 오늘날 우리의 모습은 어떻습니까. 하나님의 말씀을 배우려면 에베소 사람들처럼 남들이 자는 시간, 남들이 쉬는 시간을 이용하지 않으면 안 됩니다. 말씀을 배우고 싶으면 TV 보는 시간을 빼야 합니다. 기독교는 한가한 사람들이 믿는 종교가 아닙니다. 배우고자 하는 열정, 가르치고자 하는 열정으로 뙤약볕 아래에서도 선포되는 것이 하나님 나라입니다. 세상 지식을 위해서도 땀 흘리기를 마다하지 않는데 영혼을 살리는 문제를 두고 어떻게 시간 날 때만 적당히 할 수 있겠습니까. 어떻게 하나님 나라를 세워 갈 수 있겠습니까.

바울의 손수건과 앞치마

사도행전에서 중요한 두 인물은 베드로와 바울입니다. 이들에 관한 기록을 보면 비슷한 점이 많습니다. 베드로와 바울 모두 걷지 못하는 자를 일으켰고, 귀신을 쫓아냈으며, 각각 마술사와 대결했습니다. 또 두 사람 모두 죽은 자를 살렸고, 감옥에 갇혔다가 기적적으로 구출됩니다. 정말 비슷합니다. 성령께서 이들의 능력과 이적 기사를 비슷비슷하게 엮어 말씀을 기록하신 것을 볼 때 과연 이들처럼 능력을 체험하고 행사하며 산 사람이 역사상 몇이나 될까 생각하게 됩니다.

흔히들 '믿는 대로 되리라' 해놓고는 자신이 바울 수준이나 되는 것처럼 착각을 합니다. 그러나 믿음은 그렇게 허황한 것이 아닙니다. 특별한 능력은 하나님의 섭리에 따라 그분이 주시는 것입니다.

"하나님이 바울의 손으로 놀라운 능력을 행하게 하시니 심지어 사람들이 바울의 몸에서 손수건이나 앞치마를 가져다가 병든 사람에게 얹으면 그 병이 떠나고 악귀도 나가더라"(19:11-12).

정말 희한한 일들이 일어났습니다. 바울의 손수건을 갖다가 얹기만 해도 병든 사람이 낫는 역사가 일어났습니다. 도대체 어떤 손수건이었기에 이런 일이 일어난 걸까요?

여기서 저는 재미있는 상상을 합니다. 바울이 두란노 서원에서 가르칠 때 땀이 얼마나 흘렀겠습니까. 선풍기도 없는 곳에서 열을 내며 가르칠 때 사용하던 손수건이 아니었을까요. 그 손수건에서는 아마도 퀴퀴한 냄새가 났을 것입니다. 그런데 그것으로 병자가 나았다니 얼마나 기가 막힌 역사입니까. 어떤 사람의 손에서 기적이 일어납니까? 주님의 영광을 위해서, 하나님의 나라를 위해서, 말씀을 위해서 땀 흘린 사람의 손에서 능력이 일어나지 않겠습니까.

이적과 기사를 경험한 에베소 사람들의 반응은 놀라웠습니다.

"믿은 사람들이 많이 와서 자복하여 행한 일을 알리며 또 마술을 행하던 많은 사람이 그 책을 모아 가지고 와서 모든 사람 앞에서 불사르니 그 책값을 계산한즉 은 오만이나 되더라"(19:18-19).

예수 믿은 사람들이 와서 자복하는 회개의 역사가 일어났습니다. 과거에 마술을 행하던 사람들이 예수를 믿고도 집에다 몰래 두고 틈틈이 보던 마술책을 전부 가지고 나와 불살랐습니다. 성경은 이런 현상을 '말씀이 흥왕하여 세력을 얻은' 것으로 표현합니다.

아무리 강하고 놀라운 이적 기사가 일어나도 이적 기사가 앞장서면 안 됩니다. 성령이 일을 하셔도 말씀을 앞세워 일하시기 때문입니다. 이 말씀은 누구입니까? 하나님 나라에 관한 말씀은 곧 예수 그리스도의 말씀입니다. '주의 말씀'이 힘이 있어서 흥왕하여 세력을 얻었다고 했지, 이적 기사 때문에 세력을 얻었다고 하지 않았습니다. 이적 기사가 아니라 '주의 말씀'을 드러내는 것이 하나님 나라의 법칙입니다.

에베소 성에 소란이 일어난 것도 무엇 때문입니까? 이적 기사 때문입니까? 아닙니다. 23절을 보면 "이 도로 말미암아 적지 않은 소동이 있었으니"라고 성경은 분명히 밝히고 있습니다. '이 도'(the Way)는 예수 그리스도를 가리키는 것입니다. 예수님이 스스로 "나는 길이요 진리요 생명"이라고 말씀하지 않았습니까.

에베소에서 예수 그리스도에 관한 말씀이 얼마나 힘이 있었는지 우상 만드는 사람들이 모여 다음과 같이 증언했습니다.

"이 바울이 에베소뿐 아니라 거의 전 아시아를 통하여 수많은 사람을 권유하여 말하되 사람의 손으로 만든 것들은 신이 아니라 하니 이는 그대들도 보고 들은 것이라"(19:26).

하나님의 말씀이 에베소뿐만 아니라 소아시아 전역에 퍼져 영향을 끼쳤습니다. 그 영향으로 우상 만드는 사람들의 사업이 안 될 정도가 되었으니 두란노 서원에서 했던 강론이 얼마나 능력 있었는지 가히 짐작이 갑니다. 그래서 어떤 학자는 이렇게 말합니다. 요한계시록에 나오는 아시아 일곱 교회가 완전히 뿌리를 내리고 든든히 선 것은 두란노 서원의 강론이 시작된 이후부터라고 말입니다. 그만큼 막강했습니다.

복음으로 승리하다

복음이 흥왕한 곳 어디서나 그랬듯이 결국 에베소에서도 큰 소란이 일어났습니다. 신상을 조각하는 데메드리오라는 사람이 바울이 전하는 복음 때문에 자기 사업이 불리해지는 것을 보고 사람들을 선동해 소란을 일으킨 것입니다. 경제적 이해관계 때문에 개인적으로 소송하여 바울을 옥에 가둔 경우는 있지만, 이렇게 같은 업종의 사람들이 결속해서 집단적으로 일어난 사건은 아마 이것이 처음인 것 같습니다.

예수 믿지 않는 사람들의 마음을 지배하고 있는 우상은 무엇입니까? 맘몬, 즉 돈이라는 신입니다. 맘몬을 모시고 사는 사람은 조금이라도 돈을 잃게 되면 견디질 못합니다. 돈을 좋아하는 인간의 마음을 사탄이 얼마나 교묘하게 이용하는지 모릅니다. 사탄은 이렇게 경제적인 문제를 가지고 사람들을 미혹하고 시험합니다. 그렇게 해서 사람들의 마음을 사로잡은 뒤, 복음을 방해하고 교회를 핍박하고 하나님의 일을 가로막습니다.

그러므로 예수 믿는 사람들은 경제적인 부분에서 더욱 깨끗하고 정직해야 합니다. 또한 초연할 줄 알아야 합니다. 양보도 할 수 있어야 하고, 어떤 때는 손해 볼 줄도 아는 용기가 필요합니다. 세상에 복음을 전하고 그들에게 하나님 나라를 가르쳐 주어야 할 중차대한 책임을 지고 있는 우리는 달라야 합니다.

복음 사역은 많은 경우, 경제적 이해관계로 도전을 받습니다. 복음이 들어가면 우상과 관계된 업종이 자연히 퇴보하게 되고, 주류 판매자나 유흥업소가 분명히 손해를 보게 되어 있습니다. 바울은 에베소에서 우상을 만드는 업종에 종사하는 사람들을 찾아가서 그만두라고 소리치지 않았습니다. 우상을 다 부숴 버리자고 선동하지도 않았습니다. 조용히 예수 그리스도만 증거했습니다. 결국 어떻게 되었습니까? 말씀의 능력 앞에 우상이 깨어지기 시작했고, 우상과 연관된 업종이 힘을 잃기 시작했습니다.

우리는 복음만 전하면 됩니다. 괜히 마을에 있는 산당을 찾아가서 불 지르고 부수다가 잡혀가는 그런 어리석은 짓은 하지 않는 것이 좋습니다. 폭력으로 맞선다고 해서 이기는 것이 아닙니다. 오직 복음으로만 이길 수 있습니다.

사도행전 20장

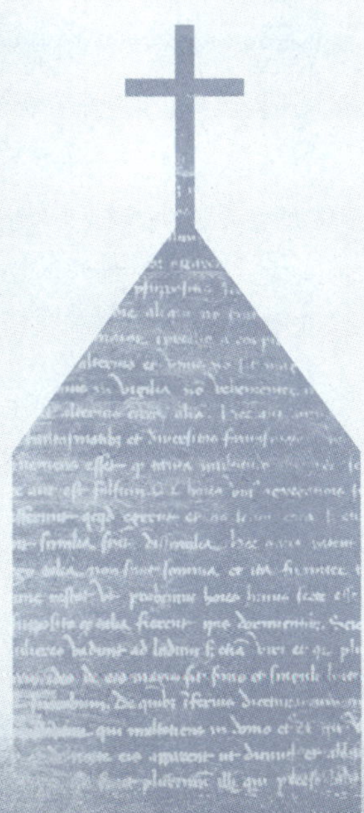

74 로마를 향한 직로를 막으시다

그 주간의 첫날에 우리가 떡을 떼려 하여 모였더니 바울이 이튿날 떠나고자 하여
그들에게 강론할새 말을 밤중까지 계속하매

_ 사도행전 20:7

바울은 에베소의 소요가 그치자 그곳을 떠나 마게도냐와 아가
야를 거쳐 예루살렘으로 가기로 작정했습니다.

"소요가 그치매 바울은 제자들을 불러 권한 후에 작별하고 떠나 마게
도냐로 가니라 그 지방으로 다녀가며 여러 말로 제자들에게 권하고
헬라에 이르러"(20:1-2).

여기서 '권하고'라는 말은 '파라칼레오'라는 헬라어로 '간곡
하게 타이른다, 간절하게 알아듣도록 말한다'는 뜻입니다.

목회자의 권면, 성도 간의 권면

초대교회의 모습을 들여다보면 두 가지 형태의 권면이 있습니다. 목회자가 양 떼에게 하는 권면과 성도 간에 하는 권면입니다. 특별히 목회자의 권면에 대해 성경은 이렇게 전합니다.

"그러므로 우리가 그리스도를 대신하여 사신이 되어 하나님이 우리를 통하여 너희를 권면하시는 것 같이 그리스도를 대신하여 간청하노니…"(고후 5:20).

목회자가 양 떼에게 하나님의 말씀으로 권면하는 것은 그리스도를 대신하여 권면하는 것이라고 말합니다. 바울은 그레데 섬에서 목회하는 디도에게 권면하기를 가르쳤습니다.

"미쁜 말씀의 가르침을 그대로 지켜야 하리니 이는 능히 바른 교훈으로 권면하고 거슬러 말하는 자들을 책망하게 하려 함이라"(딛 1:9).

"너는 이와 같이 젊은 남자들을 신중하도록 권면하되"(딛 2:6).

"너는 이것을 말하고 권면하며 모든 권위로 책망하여 누구에게서든지 업신여김을 받지 말라"(딛 2:15).

하나님 말씀을 잘 깨우치고 지키게 하는 것, 젊은이들에게 신중하도록 권하는 것, 또 잘못된 길로 간 사람을 권위로 책망하는 것 등이 목회자로서 권면해야 하는 내용입니다.

그렇다면 성도 간의 권면에는 어떤 것이 있을까요?

"그러므로 피차 권면하고 서로 덕을 세우기를 너희가 하는 것같이 하
라"(살전 5:11).

"그리스도의 말씀이 너희 속에 풍성히 거하여 모든 지혜로 피차 가르
치며 권면하고 시와 찬송과 신령한 노래를 부르며 감사하는 마음으
로 하나님을 찬양하고"(골 3:16).

"오직 오늘이라 일컫는 동안에 매일 피차 권면하여 너희 중에 누구든
지 죄의 유혹으로 완고하게 되지 않도록 하라"(히 3:13).

특히 히브리서의 말씀은 권면의 시점을 아주 강한 어투로 강
조하고 있습니다. 형제 가운데 누가 죄의 유혹을 받아 반복해서 죄
를 짓고 있다면, 마음이 돌처럼 굳어져 양심의 가책도 없어지기 전
에 권면하라는 것입니다. 언제 권면하라고 했습니까? 바로 '오늘
이라 일컫는 동안'입니다. 내일로 미루지 말고 오늘이라는 이 시간
에 소망을 잃어버리는 위기에 빠지지 않도록 서로 붙들어 주라는
말입니다.

권면이라는 것은 대부분 쓴 약입니다. 그러나 이 쓴 약을 나를
위해 주는 것이라 믿고, 목회자가 그리스도를 대신하여 전하는 하
나님의 말씀이라는 믿음으로 받는다면 그것은 대단히 유익한 약
이 됩니다. 그러나 불행하게도 현대 교회에서 목회자의 간곡한 권

면은 점점 사라지고 있습니다. 현대 심리학의 영향을 받아서 그런지 권면 대신 '상담'이란 용어를 많이 씁니다. 좋은 상담자의 모습은 어떤 말을 해주기보다는 내담자의 이야기를 끝까지 들어주는 것 아닙니까. 그래서 심리학의 영향을 받은 목회자들이 분명히 책망할 것이 있는 성도를 앞에 두고도 그저 그 사람의 변명, 그 사람의 형편, 그 사람의 입장에서 들어주느라 시간을 다 써 버립니다. 그러고는 기도해 주고 돌려보냅니다. 참 안타까운 모습입니다.

목회자의 권면과 함께 성도 간의 권면도 중요합니다. 성도 간 함부로 남의 일을 놓고 이래라저래라 하는 것이 아닙니다. 그 형제가 무언가 명백하게 잘못된 길로 가고 있을 때, 그를 뜨겁게 사랑하는 마음으로 권면해야 하는 것입니다. 이렇게 권면할 수 있는 준비된 성도들이 있는 교회라면 그 교회는 삽니다. 서로 붙들어 주기 때문에 삽니다. 그러나 형제가 영적으로 병들어 있다는 것을 알면서도 간절한 마음으로, 아끼는 마음으로, 안타까운 마음으로 충고하는 사람이 아무도 없다면 교회 안에 계시는 성령께서 분명히 탄식하실 것입니다.

로마서의 탄생

예루살렘으로 가는 여정에서 바울은 헬라에 이르러 석 달을 머물렀습니다. 헬라는 고린도와 아덴이 있는 아가야 지방을 말합니다. 성경학자들은 바울이 고린도에서 머문 것으로 추정합니다. 고린도는 아가야의 수도로 그 지역에서 가장 큰 도시였고, 바울이

1년 반 이상 사역했던 곳이기 때문이지요.

그렇다면 바울은 고린도에서 석 달 동안 무엇을 했을까요? 그는 바로 여기서 로마서를 기록했습니다. 하나님은 바울에게 다른 일거리를 주시지 않고 잠시 머물러 조용히 묵상하며 말씀을 기록하게 하셨습니다. 헬라에 머물렀던 바울을 보면 하나님이 쓰시는 도구는 가만히 앉아 있어도 하나님의 일을 한다는 것을 알게 됩니다. 눈에 드러나게 뛰어다니지 않아도, 무언가 특별히 하는 것이 없어 보여도 하나님의 일을 하고 하나님의 손에 쓰임 받는다는 사실을 알게 됩니다. 고린도에서 바울이 보낸 3개월은 만고불변의 진리인 로마서를 우리에게 남겨 준 고귀한 시간입니다.

가끔 이런 생각을 합니다. '만일 성경에 로마서가 없다면 얼마나 많은 혼란이 일어날까?', 또 '예수 그리스도의 십자가 공로가 과소평가될 위험은 얼마나 클까?' 로마서가 있어서 우리는 흔들림 없는 구원의 확신을 가질 수 있습니다.

사실 바울은 로마로 가기를 몹시 원했습니다. 로마는 당대 최대의 국제도시요, 로마 황제가 있는 도시니까 그곳에 가서 복음을 전하면 파급 효과가 대단히 클 것이 확실했기 때문입니다. 또 거기서 한걸음 더 나아가 스페인까지 가서 복음을 전하겠다고 꿈꾸고 있었습니다. 로마서 15장을 보면 "내가 너희에게 여러 번 가려고 했지만 길이 막혔도다. 그러나 내가 꼭 가기를 원한다. 그리고 내가 스페인까지 가서 복음을 전할 계획인데, 가는 길에 너희에게 들러서 은혜를 받고 너희의 전송을 받아 스페인까지 가기를 원한다"(롬 15:22-24 참조)고 기록하고 있습니다.

결국 바울은 고린도에서 로마서를 써 보내고 난 뒤 나중에 예루살렘에서 잡혀 2년간 감옥 생활을 하다가 죄수의 몸으로 드디어 로마로 가서 황제 앞에 서게 됩니다. 바울의 계획과는 달랐지만 하나님의 놀라운 섭리로 결국 로마행이 이루어진 것입니다.

고린도에서 로마서를 완성한 바울은 이제 수리아로 향합니다. 유월절에 맞춰 예루살렘에 가기 위해서였습니다. 당시 어지간한 유대인이라면 다들 유월절을 지내기 위해 예루살렘으로 가지 않았습니까? 바울도 그때를 기해 예루살렘 교회를 방문하려고 한 것 같습니다. 처음에는 가까운 뱃길로 가려고 했으나 바울을 해하려고 공모하는 유대인들이 있어 육로를 따라 가게 되었습니다. 바울이 그렇게 육로를 따라 소아시아로 넘어갈 때 동행한 사람들이 있었습니다.

그들은 일곱 교회 대표들이었습니다. 당시 예루살렘은 기근으로 고생하고 있었고, 그 소식을 들은 교회들은 예루살렘 성도들을 돕기 위해 정성껏 구제금을 모았습니다. 그 구제금을 전달하기 위해 교회 대표들이 바울과 동행한 것입니다. 당시 교회는 정말 순수하고 뜨거웠습니다. 예루살렘 지역의 교회가 기근으로 고통한다는 소식에 소아시아와 유럽의 교회들은 멀리 떨어져 있으면서도 그 아픔을 같이 느꼈습니다. 우리는 모두 한 교회라는 생각이 굉장히 강했습니다. 얼마나 부러운 모습인지 모릅니다.

오늘날 교회들에 이러한 '한교회 의식'이 있는지 모르겠습니다. 교단이 다르고, 지역적으로 서로 연관이 없어도 참 예수 그리스도가 영광 받으시는 교회라면 어느 한 교회가 고통당할 때 함께 고통하면서 기도하는 교회가 되었으면 합니다. 그런 교회들이 될 때 하나님께서 얼마나 기뻐하실까요?

예루살렘으로 가는 여정에 드로아에서 이레를 머물게 되는데 거기서 재미있는 사건이 하나 벌어집니다. 유두고 사건입니다.

강론하는 열심, 듣는 열심

초대교회의 예배 모습을 보면 밤 시간에도 사람들이 모였습니다. 특별히 이 시간대에는 노예 신분인 사람들이 주를 이뤄 모였을 거라 생각됩니다. 하루 종일 주인에게 시달려 일하던 사람들이 말씀 듣겠다고 와서 앉았습니다. 모인 곳은 조그마한 방으로 3층이었습니다. 아래층은 다른 층보다 아마도 더 더웠을 것입니다. 게다가 밤이었으므로 횃불 같은 것 아니면 등잔불 같은 것으로 불을 밝혔을 것이고, 그래서 방 안은 연기가 자욱하고 사람들의 코가 금방 까매지는 상황이었을 것입니다. 공기가 탁한 것은 이루 말할 수 없었겠죠. 유두고는 아마도 잠도 올 것 같고, 공기도 텁텁하고 해서 바람이 선들선들 들어오는 창문에 걸터앉아 말씀을 듣겠다고 생각한 모양입니다.

그러나 창문 쪽은 아무래도 강론하는 사람 쪽에선 거리가 먼 곳이요, 바깥으로 정신이 자주 쏠릴 수 있는 자리입니다. 예배 시간에 보면 졸기 쉬운 자리가 있습니다. 그러니 졸지 않으려면 자리를 잘 잡아야 합니다. 가급적이면 앞자리, 또 사람들의 눈이 제일 많이 오고가는 자리에 앉으면 어지간히 피곤해도 꾸벅꾸벅 졸 수가 없습니다.

사실 유두고가 졸음을 이기지 못해 떨어진 데는 바울의 책임도 있습니다. 너무 설교를 오래 했기 때문입니다. 그래서였을까요? 바울이 내려가서 살려 주었습니다. 자기 책임이라고 하면서 말입니다. 나중에 바울은 자기 동행자들은 먼저 배로 보낸 후 자신은 나중에 육로로 이동합니다. 그 이유 중에 하나는 유두고가 완전히 회복되는 것을 보고 떠나기 위해서였습니다. 자기 책임이 있다고 생각했던 것 같습니다.

유두고의 사건에서 하나 느낄 수 있는 것은 강론하는 자나, 듣는 자나 얼마나 열심이었나 하는 것입니다. 내일 떠나야 할 사람이 날이 새는 줄도 모르고, 한쪽에 사람이 사고가 나서 죽어가는 그런 상황에서도 하나님의 말씀을 가르치려고, 또 그 말씀을 들으려고 얼마나 열심이었나요. 이 놀라운 성령의 불길 때문에 이 비천한 노예들을 통해서 로마가 복음 앞에 정복당한 것입니다. 아무것도 아닌 것 같은 사람들, 힘 없고 가치가 없어 보이는 사람들을 하나님이 들어 사용하셨습니다.

그들이 가진 그 능력이 어디서 나왔을까요? 하나님의 말씀을 사모하는 그들의 열심에서입니다. 그 갈급한 영혼을 위해 피곤한 것도, 무더운 것도, 공기가 탁한 것도, 잠이 오는 것도, 내일 길을 떠나야 할 것도 개의치 않고 하나님의 말씀을 가르치던 바울과 같은 위대한 종들 때문에, 성도들 때문에 복음이 그처럼 활활 타오를 수 있었다는 것을 잊어서는 안 됩니다.

또한 유두고처럼 졸더라도, 피곤하더라도, 그 자리를 떠나고 싶지 않아 끝까지 버티고 앉아서 말씀을 들으려고 하는 사람들이 있는 이상 교회는 병들지 않습니다. 사람이 창에서 떨어져 목숨이 끊어지는 것 같은 위기를 당하는 사건을 보고도 다시 올라가 하나님의 말씀을 듣고, 또 올라가서 성만찬을 나누고, 서로 헤어지기 싫어서 날이 새기까지 한 자리에 붙어 있던 그 위대한 사랑, 그 위대한 열정, 그 위대한 정신이 오늘날도 살아 있다면 교회는 병들지 않을 것입니다. 성령이 주시고, 말씀이 우리 마음속에 일으키는 이 놀라운 불꽃은 세상의 어떤 세력도 끌 수 없습니다.

유두고의 사건이 주는 긍정적인 교훈이 있습니다. 얼마나 피곤했겠습니까? 밤중 내내 설교하면 졸지 않을 사람이 누가 있겠습니까? 그 자리에서 유두고만 졸았겠어요? 아닙니다. 바람이 드는 창가에서도 졸았는데, 한가운데 앉아 후텁지근한 공기를 마시고 있던 사람들이 졸지 않았을 리가 없습니다. 그러나 바울은 졸고 있는 것을 알면서도 말을 그치지 않았습니다. 그는 불타는 마음으로 잠결에라도 들으라고 외쳤습니다. 하나님의 종들에게 이와 같은 열정이 남아 있다면 오늘 문제가 아무리 많다고 할지라도 두려울 것이 없습니다. 하나님의 말씀을 향한 열정이 유두고와 거기에 참석했던 모든 사람의 가슴속에 있었던 것처럼 오늘날 성도들에게도 있다면 하나님 나라는 완성될 것이요, 하나님의 영광은 드러나고 말 것입니다. 초대교회의 아름다운 이 열정을 이어받는 교회들이 많아졌으면 좋겠습니다.

75 에베소를 향한 바울의 고별 설교

바울이 밀레도에서 사람을 에베소로 보내어 교회 장로들을 청하니
_ 사도행전 20:17

사도행전 20장 17-35절은 에베소 교회를 향한 바울의 고별 설교입니다. 이 본문은 사도행전에 기록된 설교들 중 신자를 대상으로 한 유일한 설교입니다. 여러 의미를 따져보기에 앞서 이것이 바울의 고별 설교라는 점이 가슴을 울립니다.

에베소 교회가 어떤 교회입니까? 에베소의 회당에서 복음을 전하던 바울은 유대인들의 반대로 두란노 서원으로 옮겨 밤낮없이 말씀을 가르쳤습니다. 그 말씀의 능력이 얼마나 강했던지 에베소뿐만 아니라 아시아 지역 여러 곳까지 복음이 전파되지 않았습니까? 에베소는 바울이 전도한 도시 중에 가장 오랜 시간 머문 곳이

기도 합니다. 그만큼 에베소가 선교 거점지로 중요했기 때문으로 보입니다.

3년이라는 기간 동안 교회를 세워 목회를 하던 바울은 대소란이 일어나자 자신이 떠나는 것이 교회에 유익하다고 판단했습니다. 바울은 떠나기 전에 지도자로서 역량이 있다고 생각되는 사람 몇을 세워서 교회를 감독하게 했습니다. 그리고 그들에게 마지막 당부의 말을 남깁니다.

예루살렘을 향해 가던 바울은 아시아에서 지체하지 않기 위해 에베소를 들르지 않고 지나가기로 작정했습니다. 오순절 안에 예루살렘에 도착하기 위해 급하게 가고 있었기 때문입니다. 바울은 에베소를 들르지 않는 대신 에베소에서 약 30마일 떨어진 밀레도라는 곳에서 사람을 보내어 에베소의 장로들을 초청했습니다. 그리고 마지막 고별설교를 했습니다. 바울의 뭉클한 마음을 읽을 수 있는 설교입니다.

이 고별 설교를 보면 바울이 3년 동안 에베소에서 목회하면서 얼마나 깨끗하고 진실하게 사역했는지를 볼 수 있습니다. 그는 그 교회의 장래를 염려하며 자신이 할 수 있는 모든 최선의 권면을 하고 있습니다. 이 설교는 목회자들에게 부러움과 한편으로는 두려움을 불러일으키는 설교입니다. 사람은 끝맺음이 좋아야 합니다. 마지막을 어떻게 잘 하고 떠나느냐, 또 떠날 때에 정리를 어느 정도로 은혜롭게 하느냐가 얼마나 중요한지 바울을 통해 더 깊게 깨닫게 됩니다.

성령에 매임을 받다

바울이 예루살렘으로 가는 이유 중에 하나는 그가 개척한 교회들이 모은 구제헌금 때문이었습니다. 이 구제헌금은 유대 나라 지역에 든 심한 기근으로 예루살렘 교인들이 고생하고 있다는 소식을 들은 소아시아와 유럽의 교회들이 모은 것이었습니다.

> "보라 이제 나는 성령에 매여 예루살렘으로 가는데 거기서 무슨 일을 당할는지 알지 못하노라"(20:22).

예루살렘으로 가는 바울의 심경이 심상치 않았음을 볼 수 있습니다. 바울의 마음에는 가야 된다는 강박관념이 강하게 작용했습니다. 그는 그것을 '성령에 매여'라고 표현했습니다. 이 말은 '성령의 인도하심을 받아', '마음속에 하지 아니하면 안 된다는 음성이 있어서'라는 말로 바꾸어 써도 무방합니다.

바울이 느낀 것은 신자들이 가끔 느끼는 내면의 강박관념과 같았습니다. 바울은 그것을 뿌리칠 수가 없었습니다. 마음속에서 예루살렘에 가지 않을 수 없다는 어떤 음성이 있었습니다. 그러므로 그는 마치 배가 바람에 밀려서 바다를 미끄러져 나가듯이 자신의 힘이 아니라 보이지 않는 힘에 이끌려 예루살렘을 향해 가고 있었던 것입니다. 그런데 주변의 반응은 어떠했습니까? 지역에서든, 교회에서든 예루살렘에 간다는 말을 듣는 사람마다 성령의 말이라며 그곳에 가면 투옥된다, 굉장한 환란을 당한다고 만류했습니다. 바울은 만류하는 이들의 말을 부인하지 않았습니다. 오히려 예루살렘에서 자신이 어떤 일을 당할지에 대해 성령이 형제들을 통해 가르쳐 주시는 것으로 받아들였습니다.

바울의 마음을 움직이는 것은 누구입니까? 성령입니다. 바울에게 말씀하시는 성령님은 예루살렘으로 가야 된다는 강박관념만 주셨지 무슨 일이 일어날 것인가에 대해서는 가르쳐 주지 않았습니다. 오히려 바울이 아니라 제3자인 형제들을 통해 바울이 핍박당할 것이라는 사실을 가르쳐 주셨습니다. 이 두 개를 놓고 보면 분명한 사실이 나옵니다. 바울은 반드시 예루살렘에 가야 되며, 그곳에 가면 다시는 돌아오지 못하는 몸이 된다는 것입니다.

그런데 여기서 바울의 마음속에서 역사하시는 성령은 가라 하시고, 다른 형제들을 통해서 말씀하시는 성령은 가지 말라고 하셨다니 이렇게 상반된 것이 모두 성령의 음성이었을까요? 아닙니다. 그러면 형제들이 말하는 성령의 말씀이란 무엇이었겠습니까? 그것은 성령의 음성이 아니라 바울을 사랑하는 사람들의 인간적인 정입니다. 마치 예루살렘을 향해 가는 예수님을 베드로가 막았듯이 말입니다. 다른 사람의 입을 통해 들려오는 하나님의 뜻은 불순물이 끼일 가능성이 대단히 많다는 것을 알아야 합니다. 가장 정확한 것은 내 마음속에 주시는 성령의 음성입니다.

🔊 순수한 하나님의 뜻을 찾을 수 있습니까? 기도하지 않으면 안 됩니다. 또한 우리 마음속에 인간적인 관계라든지 이해관계, 감정적인 문제를 완전히 제거하기 전에는 하나님의 뜻을 찾는다는 것은 모래밭에서 바늘을 찾는 것과 마찬가지입니다. 아니 결코 찾아

낼 수가 없습니다. 인간에게는 불순물이 많습니다. 바울의 친구들은

그렇게 은혜 받고 성령 충만한 사람들이었지만, 한편은 성령의 뜻을 바로 이야기했고, 또 다른 한편은 자기들 마음대로 이야기했습니다. 그러나 바울은 속지 않았습니다. 정확하게 성령의 음성을 붙잡았습니다. 자기가 하고 있는 생각이 성령이 주셨음을 알았습니다. 그래서 그는 예루살렘을 향해 전진했습니다.

로마가 아닌 예루살렘으로

바울이 꼭 예루살렘을 가야 했던 문제를 놓고 찾아볼 말씀이 있습니다. 로마서 15장입니다. 로마서는 바울이 예루살렘을 향하기 전에 로마의 성도들에게 보낸 서신입니다. 때문에 로마행을 미루고 예루살렘으로 향했던 바울의 심정이 그대로 나타나 있습니다.

"형제들아 내가 우리 주 예수 그리스도와 성령의 사랑으로 말미암아 너희를 권하노니 너희 기도에 나와 힘을 같이하여 나를 위하여 하나님께 빌어 나로 유대에서 순종하지 아니하는 자들로부터 건짐을 받게 하고 또 예루살렘에 대하여 내가 섬기는 일을 성도들이 받을 만하게 하고"(롬 15:30-31).

성령의 음성을 정확히 알고 그 음성을 따르던 바울에게도 마음에 불안감이 있었습니다. 예루살렘에서 무슨 일이 일어나리라는 것을 예감하고 있었던 것입니다. 그러니까 자기를 위해 기도해 달라고 부탁한 것입니다.

바울은 마음에 불안이 있었지만 가는 발길을 멈추지 않았습니다. 가라고 하는 성령의 음성 때문이었습니다. 또한 하나님이 예루살렘을 통해 로마와 스페인으로 복음을 들려 보내게 하실 것을 알고 있었기 때문입니다. 그래서 그는 그 고난의 길을 말없이 순종하며 갔습니다.

하나님의 종들에게는 가끔 이와 같은 성령의 음성이 들립니다. 사람이 이해할 수 없는 성령의 음성입니다. 사람의 판단으로는 갈 수가 없는 길인데 성령이 밀어 넣으실 때가 있습니다. 이럴 때는 순종하는 도리밖에 없습니다. 사랑의교회를 개척할 때도 꼭 같은 심정이었습니다. 아내도 반대하고, 주변에 있는 사람들도 반대하고, 누구 하나 개척하는 걸 좋아하는 사람이 없었습니다. 나이 마흔에 개척한다니까 모두 고개를 절레절레 흔들었습니다. 그리고 유학까지 갔다 와서 그 어려운 개척을 시작한다니까 다들 정신 나갔다는 생각을 했습니다. 미국에서 교포 교회를 하는 성도들은 나를 보고 측은하다는 듯 말하곤 했습니다.

하나님의 일을 위해 뛰는 사람들의 마음에는 가끔 사람들이 이해하지 못하는 성령의 음성이 있습니다. 나를 밀어붙이는 음성이 있습니다. 그 성령의 음성은 내가 도무지 바꿀 수가 없습니다. 내 마음에 있는 음성을 내가 지워 버릴 수가 없습니다. 아무리 고생스럽게 보여도, 아무리 어려운 길이 앞에 있어도, 하나님이 명하시는 뜻이라고 생각할 때는 되돌아설 수가 없습니다.

그러므로 하나님의 음성이 마음에 있을 때는 순종해야 합니다. 목사뿐만 아니라 평신도 지도자들도 가끔 교회를 위해 십자가를 질 때도 있고, 교회를 위해 어려운 짐을 홀로 져야 될 때도 있습

니다. 마음속에서 성령이 주시는 음성이 있습니다. "네가 져라, 교
회를 위해 져라, 교회를 위해 네 재물을 희생해라, 교회를 위해 그
비난을 그대로 받아라, 괜찮다." 성령이 주시는 음성이라면 그 일
이 자신에게 손해를 끼칠지라도 바울처럼 그대로 순종하는 자세가
있어야 됩니다. 하나님의 사람이라면, 목회자라면, 신자라면 그래
야 합니다.

76 자신의 목회를 돌아보다

오매 그들에게 말하되 아시아에 들어온 첫날부터 지금까지
내가 항상 여러분 가운데서 어떻게 행하였는지를 여러분도 아는 바니
곧 모든 겸손과 눈물이며 유대인의 간계로 말미암아 당한 시험을 참고 주를 섬긴 것과
유익한 것은 무엇이든지 공중 앞에서나 각 집에서나 거리낌이 없이
여러분에게 전하여 가르치고
유대인과 헬라인들에게 하나님께 대한 회개와
우리 주 예수 그리스도께 대한 믿음을 증언한 것이라

_ 사도행전 20:18-21

하나님의 판단과 사람의 공증

바울의 이 고별 설교는 목회자들에게 가장 많이 와 닿는 말씀인 것 같지만, 성도들에게도 중요한 의미가 있습니다. 목회자를 좀 더 깊이 이해하는 데 도움이 될 수 있고, 또 목회자를 도와서 평신도 지도자, 주일학교 교사 등 다른 이들을 양육하는 사람들은 꼭 알아두어야 할 중요한 원리가 이 말씀 속에 들어 있기 때문입니다. 그러므로 이 본문은 교역자뿐만 아니라 성도들에게도 필요한 말씀입니다.

바울은 3년 동안 에베소에서 목회를 했습니다. 개척 목회였습니다. 그가 목회를 바로 했는지, 아니면 바로 하지 못했는지에 대해서는 물론 주님이 말씀하시고 판단하실 부분입니다. 당연히 그럴 수밖에 없습니다. 그러나 바울은 참 중요한 말씀 하나를 했습니다. 그는 자신이 목회한 모든 과정과 결산을 놓고 주님의 판단만을 기다린 것이 아니었습니다.

> "오매 그들에게 말하되 아시아에 들어온 첫날부터 지금까지 내가
> 항상 여러분 가운데서 어떻게 행하였는지를 여러분도 아는 바니"
> (20:18).

바울이 아시아에 들어온 것은 3년 전인지, 4년 전인지 정확히 알 수 없습니다. 목회는 3년 했지만 바울이 에베소 성도들을 만나기 전까지 시간이 있기 때문입니다. 하여튼 3년 이상의 기간 동안 그는 지금까지 자신이 에베소 성도들에게 항상 어떻게 행했는지를 성도 자신들이 알고 있다고 말합니다.

바울의 이 말은 참으로 중요합니다. 목회를 잘했느냐 못했느냐, 교역자와 성도들이 참으로 교회를 위해 바로 충성하고 바로 헌신했느냐 하는 것은 주님 앞에 가서 판단 받을 일이지만, 세상에서도 이 사실을 공증할 수 있는 사람들이 있다는 것입니다. 성도들은 목사가 목회를 잘했는지 못했는지 평가할 자격도 없고, 판단해서도 안 된다고 주장하는 목사는 교만한 사람입니다. 분명히 바울은 자신이 어떻게 목회했는지 처음부터 마지막까지 성도들이 다 알고 있다고 했고, 거기에 덧붙여 성도들에게 증인이라는 말까지 했습

니다. 목회자의 목회 내용은 양 떼들이 정확하게 안다는 것입니다. 양 떼를 속이는 목회는 있을 수가 없다는 말입니다. 바울은 이 점을 분명히 했습니다.

바울은 자신의 목회에서 다음 세 가지를 에베소 교인들이 알고 있다고 이야기했습니다. 첫째 목회를 양심적으로 했는지, 둘째 바른 목회를 했는지, 셋째 바른 인간관계를 맺었는지입니다. 교회에서 일하는 사람은 바울이 말한 이 세 가지를 항상 기억하고 주의해야 됩니다. 양심껏 목회하고 있습니까? 올바른 사역, 즉 할 일을 바로 하고 있습니까? 사람과의 관계에서 깨끗합니까?

겸손한 목회

대부분이 알다시피 한 교회에서 목회한다는 것은 주님 앞에서 영광스러운 직분입니다. 감히 인간이 어떻게 그런 영광스러운 일을 할 수 있겠습니까? 그러나 또 다른 측면으로 볼 때는 세상에서 가장 어려운 일 중의 하나가 아닌가 합니다. 바울은 자기 양심을 놓고 이야기했습니다. 어떻게 목회를 했는지 말입니다.

"곧 모든 겸손과 눈물이며 유대인의 간계로 말미암아 당한 시험을 참고 주를 섬긴 것과"(20:19).

19절의 말씀을 보면 놀라지 않을 수가 없습니다. 성도들이 목회자가 모든 겸손으로 목회하고 있다고 다 인정할 수 있을까요? 목사가 정말 눈물로 목회하고 있다는 것을 다 인정할 수 있을까요?

목회를 하는 데 있어, 교회를 지도하는 데 있어 제일 어려운 것이 겸손입니다. 목사라는 위치는 하나님의 말씀을 가지고 가르치고 늘 앞에서 지도하고, 때로는 명령하고 책망하는 위치에 있는 사람이기 때문에 자기도 모르게 교만에 빠질 위험 요소를 늘 갖고 있습니다. 설혹 스스로는 겸손하다고 할지라도 그 겸손이 불완전하면 오히려 교만하다는 말을 듣기가 쉽습니다. 그러므로 겸손하려면 바울이 말한 것처럼 철저하게 겸손하든지, 아니면 포기하든지 해야지 어중간한 겸손을 가지고는 교만하다는 말로 평가를 받고 맙니다.

"유익한 것은 무엇이든지 공중 앞에서나 각 집에서나 거리낌이 없이 여러분에게 전하여 가르치고"(20:20).

흔히 교인들 생각에는 겸손한 목사라 하면 말소리도 조용하고, 항상 웃고, 절대 꾸짖지도 않는 분이라 생각합니다. 그러나 20절 말씀을 보면 참 흥미 있는 말이 나옵니다. '거리낌 없이'란 말입니다. 바울은 유익한 것이면 무엇이든지 공중 앞에서나 각 집에서나 거리낌 없이 가르치고 전하였다고 했습니다. 거리낌이 없이 했다는 것을 보니 바울은 절대로 우리가 생각하는 것처럼 고분고분하고 부드럽게 항상 웃는 스타일이 아니었던 것 같습니다.

◀)) 목사가 제일 하기 어려운 일이 있다면 바로 거리낌 없이 가르치는 것입니다. 정말 어렵습니다. 사람 의식하지 않고, 환경 의식하지 않고 하나님의 말씀이기에 어떤 때는 냉혹하게, 어떤 때는 엄하

게, 어떤 때는 솔직하게 꺼리지 않고 말한다는 것은 목사로서는 어려운 부분입니다. 그렇게 해야 될 위치에 있으면서도 제일 하기 어려운 부분입니다. 그러나 바울은 양심적으로 목회했습니다. 무엇이든 유익하다고 생각한 것은 그 사람이 그 자리에서 상처를 입든지, 그 자리에서 받아들이지 못하더라도, 자칫 오해하고 마음의 문을 닫는 일이 생기더라도 상관하지 않고, 꺼리지 않고 말했습니다. 바울의 겸손은 절대로 우리가 생각하는 그런 겸손의 이미지가 아니었습니다.

진정한 겸손이란 무엇일까요? 진정한 겸손은 하나님을 두려워하는 마음으로 일관하는 자세입니다. 사실 주님의 일을 하는 사람이 목사든, 평신도든 간에 그 일을 맡긴 분은 주님 아닙니까? 내가 내 일을 하는 것이 아닙니다. 그러니 내게 자랑할 것이 하나도 없는 것입니다.

겸손해지기 위해서는 시종일관 하나님을 두려워하는 마음을 간직하고 살아야 합니다. 바울이 말하는 것처럼 날마다 부들부들 떨어야 하고, 날마다 죽어야 합니다. 바울은 양심적으로 말했습니다. "나는 시종일관 겸손했다"고 말입니다. 이러한 바울의 모습은 목회자뿐만 아니라 모두가 배워야 합니다. 이것을 배우지 못하면 우리는 성령의 도구라고 말할 수 없습니다. 겸손하지 못한 사람은 성령의 도구가 아닙니다.

"젊은 자들아 이와 같이 장로들에게 순종하고 다 서로 겸손으로 허리를 동이라 하나님은 교만한 자를 대적하시되 겸손한 자들에게는 은혜를 주시느니라"(벧전 5:5).

허리를 동이는 것은 띠입니다. 띠는 그 사람의 인품을 마지막으로 매듭지어 주는 장신구로서 중요한 역할을 합니다. 아무리 그 사람이 믿음 좋고, 성경 지식이 탁월하고, 남을 잘 가르치고, 모든 면에서 능력이 있고 은사가 있다 할지라도 겸손이 없으면 마치 좋은 옷을 입고도 허리띠를 매지 아니한 사람과 똑같습니다. 나중에는 망신을 당하고 곤란한 상황에 빠지기도 합니다.

교회의 모든 교역자, 평신도 지도자들은 겸손하지 않으면 제대로 목회할 수 없습니다. 그러나 만약에 조금이라도 목사가 겸손하지 않은 것이 틀림없다고 생각되면 충분히 기도한 후에 충고하는 것이 좋습니다. 이것이 서로를 위한 방법입니다.

눈물과 인내로

바울은 또한 눈물로 목회했다고 말합니다. 바울은 세 부류의 사람들로 인해 눈물을 흘렸습니다.

먼저 불신자들 때문에 눈물을 흘렸습니다(20:19). 또한 문제를 자주 일으키는 신자들 때문에 눈물을 흘렸습니다.

"내가 마음에 큰 눌림과 걱정이 있어 많은 눈물로 너희에게 썼노니 이는 너희로 근심하게 하려 한 것이 아니요 오직 내가 너희를 향하여 넘치는 사랑이 있음을 너희로 알게 하려 함이라"(고후 2:4).

불신자들을 향해 눈물을 흘리는 것은 자연스러운 일입니다.

그러나 사실 교역자의 입장에서 제일 안 되는 것이 문제 일으키는 신자를 놓고 눈물을 흘리는 것입니다. 고의적으로 사탄의 도구가 되어 교회 안에서 여러 가지 문제를 일으키는 신자는 사람들의 마음부터 먼저 상하게 하기 때문에 그런 사람을 생각하면 좀처럼 눈물이 나지 않습니다. 인간적인 마음으로는 원망이 먼저 앞서고, 대적하고 싶은 마음이 앞서지, 바울처럼 눈물을 흘리고 그 사람을 위해 기도하며, 권면하는 것은 어렵습니다. 솔직한 고백입니다.

> "내가 여러 번 너희에게 말하였거니와 이제도 눈물을 흘리며 말하노니 여러 사람들이 그리스도의 십자가의 원수로 행하느니라"(빌 3:18).

바울이 또 눈물을 흘린 대상이 있었습니다. 그리스도의 십자가의 원수로 행하는 사람들, 즉 완전히 이단으로 돌아선 사람들, 교회를 완전히 떠나 복음을 팽개쳐 버린 사람들입니다. 이러한 배교자들을 놓고 바울은 눈물을 흘렸습니다. 이 눈물도 쉬운 눈물이 아닙니다. 영혼을 정말 사랑하는 뜨거운 사람이 아니면 흘리지 못할 눈물입니다.

바울은 정말 위대한 목회자입니다. 그는 위대한 선교사일 뿐만 아니라 위대한 목회자입니다. 왜냐하면 눈물이 있었기 때문입니다. 믿지 아니하는 자들을 향해서도, 교회 안에서 거치는 돌의 역할을 하는 사람들을 놓고도, 교회를 등지고 예수를 저버리고 떠나는 사람들을 놓고도 눈물을 흘릴 줄 알았기에 그렇습니다.

오늘날 목사들이 목회 위기를 당하는 이유가 어디 있을까요?

눈물이 메말랐기 때문 아닐까요? 영혼 하나하나를 놓고 흘리는 눈물이 메마르지는 않았습니까? 교회는 이렇게 눈물이 메마른 목회를 하는 현장이 되어서는 안 됩니다. 목사를 포함한 모든 교역자는 물론, 장로들까지도 양 떼를 위해 무릎을 꿇고 약한 자를 위해 눈물 흘리고, 교회를 떠난 사람을 놓고도 눈물 흘리는 뜨거운 마음이 있어야 합니다. 그런 마음이 있는 교회라면 날로 하나님의 축복을 받을 수 있습니다. 눈물이 마른 곳에서는 생명이 싹트지 않습니다. 잘 우는 것도 은사입니다.

바울은 원래 태생이 냉정한 사람이었습니다. 사실 바울처럼 찔러도 피 한 방울 안 나올 것 같은 사람이 또 누가 있습니까? 바울처럼 눈물이 없는 삶도 없습니다. 바울이 기록한 서신만 보더라도 그가 얼마나 날카로운 사람이었는지 알 수 있습니다. 그러나 그도 결국에는 눈물을 흘렸습니다. 그것도 마를 새가 없이 흘렸습니다. 은혜 받았기에 가능한 일이었습니다. 바울이 우리 주님의 눈물을 이어받은 것처럼, 오늘 교회 지도자들도, 또한 교회에서 영적 사역에 동참하고 있는 평신도들도 바울의 눈물을 이어받아야 하겠습니다.

바울이 양심적으로 목회했다고 하는 또 하나의 이유는 인내입니다. 오래 참는 것은 대단히 중요합니다. 평신도 사역을 하는 분들을 보아도 인내할 줄 아는 분이 사역을 잘하는 것을 봅니다. 인내하지 못했다면 얼마 안 있어 그만두었어야 할 일을, 인내했기 때문에 열매가 따라오는 것을 많이 보았습니다. 그러나 여러 가지 어려운 문제가 생길 때 그 고비를 인내하지 못해 뿌려 놓은 씨앗의 열매를 거두지 못하는 안타까운 장면 또한 자주 보게 됩니다. 목회에서도 마찬가지입니다.

"내가 달려갈 길과 주 예수께 받은 사명 곧 하나님의 은혜의 복음을 증언하는 일을 마치려 함에는 나의 생명조차 조금도 귀한 것으로 여기지 아니하노라"(20:24).

바울처럼 주님의 교회를 위하여, 이웃에 있는 형제들을 위하여 참으로 영적 지도자로서 쓰임 받기를 원한다면 그가 했던 결심이 우리에게도 필요합니다. 소명의식이 필요합니다. 주님의 일을 위해서는 생명을 조금도 귀한 것으로 여기지 않았던 바울의 그 자세를 닮아야 합니다. 이 말씀은 바울 같은 사람에게만 적용되는 것이 아닙니다. 주님 앞에 부름 받고 하나님의 영광을 위해서 소명 받은 모든 그리스도인에게 적용되는 말씀입니다.

주님께서는 에베소 교회를 향해 말씀하셨습니다. 죽도록 충성하라고 말입니다. 죽도록 충성하는 것은 자기 생명을 조금도 귀한 것으로 여기시 않고, 주님 영광 위해 희생히려고 하는 자에게만 가능한 이야기입니다. 바울과 같이 겸손과 눈물과 인내를 가지고 죽기까지 충성하기를 원하는 영적 지도자들이 되기를 원합니다. 지도자가 되기 위해 노력하라는 말도 당부드리고 싶습니다. 어떤 형태로라도 다른 형제를 영적으로 도와주는 사람이 되십시오. 눈물을 흘릴 줄 아는 영적 지도자가 되십시오. 그것이야말로 참으로 영광스러운 일입니다.

77 에베소 교회를 말씀에 맡기다

지금 내가 여러분을 주와 및 그 은혜의 말씀에 부탁하노니
그 말씀이 여러분을 능히 든든히 세우사
거룩하게 하심을 입은 모든 자 가운데 기업이 있게 하시리라
_ 사도행전 20:32

성령이 세우신 감독자

세월이 흐를수록 교역자와 교회에서 중요한 직분을 맡은 사람들을 과소평가하는 경향이 두드러지고 있습니다. 평신도들의 수준이 그만큼 높아졌다고 긍정적으로 받아들일 수도 있겠지만 그만큼 교역자들의 권위가 땅에 떨어졌다는 말도 됩니다. 그래서 어떤 극단적인 상황에서는 교역자가 필요 없다는 말까지 나오고, 교역자를 너무 쉽게 내보내는 교회도 있습니다. 그 이유가 어디 있든 성경적인 입장에서 보면 비극이라 하지 않을 수가 없습니다.

"여러분은 자기를 위하여 또는 온 양 떼를 위하여 삼가라 성령이 그
들 가운데 여러분을 감독자로 삼고 하나님이 자기 피로 사신 교회를
보살피게 하셨느니라"(20:28).

바울이 에베소 교회의 지도자인 장로들을 앞에 놓고 한 이 말
씀은 교회 지도자와 양 떼와의 관계, 또 교회 지도자의 권위, 교회
지도자의 중요성 등을 충분히 검토할 수 있는 좋은 근거가 된다고
봅니다.

교역자는 성령이 세운 교회 지도자입니다. 일단 교회 감독자
로 세움을 받은 목사나 장로는 이미 성령께서 세운 사람이라고 우
리는 믿음으로 받아들입니다. 성령으로 세운 사람은 절대로 교회
에 해를 끼치지 않습니다. 그럼에도 교회에 해를 끼치는 지도자와
장로가 있다면 그런 사람을 과연 성령이 세웠다고 말할 수 있을까
요? 아닙니다. 인간적인 수단과 방법으로 목사, 장로가 된 사람도
많습니다. 안수받았다고 해서 무조건 다 성령이 세웠다고 말하면
그것은 착각입니다.

좋은 나무는 그 열매를 보면 안다고 하신 것과 같이 과연 하
나님이 세운 목사인지, 장로인지를 보려면 끝을 봐야 합니다. 열
매를 보면 알 수 있습니다. 양 떼를 위해 헌신하고 주님 앞에 바로
충성한 사람이면 성령이 세운 사람입니다. 반면 교회에 거치는 돌
이 되고, 남의 믿음을 끌어내리고, 교회를 혼란스럽게 하는 사람
은 성령이 세운 사람이 아닙니다. 어떻게 성령이 그런 사람을 세
우겠습니까?

성경이 장로들을 존경하고, 젊은이들에게 겸손하게 순종하라

고 한 이유가 있습니다. 왜 그럴까요? 장로가 잘나서 그럴까요? 아닙니다. 사람은 잘난 것이 없습니다. 꼭 같은 인간일 뿐입니다. 냄새 나는 부분도 있고, 결점도 많습니다. 그럼에도 성경은 그들을 존경하라고 한 이유가 있습니다. 그 사람을 교회 감독자로 세운 성령 하나님 때문입니다. 하나님께서 세운 사람을 함부로 대할 수가 없다는 것입니다. 이것이 이 본문이 주는 중요한 의미입니다.

한번 생각해 봅시다. 성경은 교회를 가리켜 하나님이 자기 피로 사신 것이라고 말하고 있습니다. 이것은 예수 그리스도가 십자가에 죽으시고 인류를 위해, 교회를 위해 모든 죗값을 지불하셨다는 의미입니다. 예수님이 십자가에 죽으셨기 때문에 비로소 교회가 지상에 탄생할 수 있었습니다. 하나님께서 자신이 지불할 수 있는 최대치를 지불하신 것입니다. 이것은 다른 어떠한 말로도 표현할 수가 없습니다. 하나님이 자기 피를 주고 샀다는 말씀에서 우리가 무슨 말로 그 값을 표현할 수 있겠습니까? 그러니 하나님께는 교회만큼 귀한 존재가 없습니다. 전 재산을 털어서 산 보석이 있다면 그 보석만큼 자신에게 귀한 것이 또 어디 있겠습니까? 값이 지불된 액수가 크면 클수록 그 값을 치른 당사자에게는 굉장히 중요한 가치를 지니게 되는 것입니다.

지도자의 직분

하나님께서 자기 피를 주고 교회를 샀다는 것은 하나님께 교회보다 더 중요한 것은 없다는 뜻입니다. 이처럼 중요한 교회를 맡을 감독자라면 하나님께서 절대로 아무렇게나 세우지 않으실 것입니다. 맡기신 다음에도 인간의 수단과 방법을 사용해 마음대로 하게 내버려 둘 리도 만무합니다. 그러므로 교회를 맡은 감독자가 제대로 자신의 사역을 감당하지 못한다면 교회를 눈동자같이 지키시는 하나님께서 분명히 개입하십니다.

따라서 일단 교회 지도자는 평신도와 직분상 구별된다는 것을 먼저 기억해야 하겠습니다. 신분상의 차이는 없다 하더라도 하나님께서 주신 직분상의 차이는 있습니다. 하나는 감독자요, 하나는 양 떼입니다. 이 두 관계를 혼동하면 안 됩니다. 목사에게는 성도들에게 없는 것이 하나 있습니다. 장로들에게도 평신도들이 갖고 있지 아니한 중요한 것이 하나 있습니다. 그것은 양 떼를 치는 직분을 맡았다는 것입니다.

"하나님이 교회 중에 몇을 세우셨으니 첫째는 사도요 둘째는 선지자요 셋째는 교사요 그 다음은 능력을 행하는 자요 그 다음은 병 고치는 은사와 서로 돕는 것과 다스리는 것과 각종 방언을 말하는 것이라 다 사도이겠느냐 다 선지자이겠느냐 다 교사이겠느냐 다 능력을 행하는 자이겠느냐"(고전 12:28-29).

바울이 말한 것처럼 다 사도요, 다 교사요, 다 목사일 수가 없습니다. 하나님이 그런 식으로 교회를 맡겨 주시지 않았습니다. 그러므로 이 두 관계를 분명히 구별해야 하겠습니다. 신분의 구별이 아니라 직분상의 차이입니다.

성령께서 선택하시고 교회를 맡겨 주신 교회의 감독자들에게는 성령이 특별히 역사하시는 것을 봅니다. 성령이 예수 갓 믿은 사람에게나, 교회를 맡은 목사에게나 별 차이 없이 일하신다고 생각합니까? 꼭 같은 사람이고, 꼭 같은 성령이 일하신다고 그렇게 생각하는 것은 너무 순진한 생각입니다. 목사는 직분이 너무 막중하기 때문에 하나님께서는 일반 양 떼보다도 더 예민하게, 더 무섭게 개입하십니다. 이런 면에서 성도들은 교회 감독 직분을 맡은 사람들을 대할 때마다 하나님께서 특별히 간섭하시고 은혜 주신다는 사실을 인정해야 됩니다. 그래서 목사가 마음에 들지 않는 말을 할지라도 목사가 기도하고 교회를 위해서 깊이 생각하고 하는 말이라면 들어야 합니다. 하나님께서 목사를 통해 무엇인가 가르쳐 주신다는 믿음이 있어야 합니다. 이것은 감독자의 권위를 인정하는 자세입니다. 만약에 그것을 인정하지 않는다면 교역자나 교회 장로들은 교회를 지도하지 못합니다.

양 떼를 맡은 자

교회 책임자는 양 떼를 맡았기에 맡은 자로서의 모든 사명을 다해야 합니다. 그런데 어느 정도까지 해야 모든 사명을 다했다고 말할 수 있을까요?

"그러므로 오늘 여러분에게 증언하거니와 모든 사람의 피에 대하여 내가 깨끗하니"(20:26).

바울은 에베소 교인들과 에베소에 있는 모든 안 믿는 사람들에게까지 그들의 피에 대해 결백하다고 자신 있게 말했습니다. 바울의 이 고백은 하나님께서 에스겔에게 말씀하신 개념을 그대로 적용한 것입니다.

"인자야 내가 너를 이스라엘 족속의 파수꾼으로 삼음이 이와 같으니라 그런즉 너는 내 입의 말을 듣고 나를 대신하여 그들에게 경고할지어다 가령 내가 악인에게 이르기를 악인아 너는 반드시 죽으리라 하였다 하자 네가 그 악인에게 말로 경고하여 그의 길에서 떠나게 하지 아니하면 그 악인은 자기 죄악으로 말미암아 죽으려니와 내가 그의 피를 네 손에서 찾으리라 그러나 너는 악인에게 경고하여 돌이켜 그의 길에서 떠나라고 하되 그가 돌이켜 그의 길에서 떠나지 아니하면 그는 자기 죄악으로 말미암아 죽으려니와 너는 네 생명을 보전하리라"(겔 33:7-9).

하나님께서는 에스겔에게 당신이 세운 파수꾼이라 하시며 파수 일을 제대로 하면 핏값을 묻지 않겠지만, 그 직분을 감당하지 못해서 이스라엘 백성이 멸망하면 그 핏값을 찾으리라고 말씀하셨습니다.

바울이 에베소 사람들에게 핏값이 없다고 당당하게 말하는 것을 볼 때 어떤 면에서 가슴이 서늘해짐을 느낍니다. 에베소 교회를 맡은 목사로서 교인들을 바르게 가르치고 복음을 성실하게 증거하는 데 최선을 다했으므로 설혹 교회 안에서, 혹은 교회 밖의 어떤 사람이 잘못된다고 해도 바울은 책임이 없다는 것입니다.

그런데 이 개념을 뒤집어 본다면 바울이 만약 게을러서, 교인들을 바로 가르치지 않아서 이단에 넘어갔다면, 바울이 복음을 꼭 전해야 될 대상에게 복음을 전하지 않은 채 가만히 내버려 두고, 에베소에 있는 많은 사람들이 복음을 듣지 못하고 그대로 죽었다고 한다면 그 책임 또한 바울이 진다는 이야기입니다.

교회의 지도자인 목사가 지는 짐은 너무나 무거운 것입니다. 목사 본인 한 사람의 잘못으로 수많은 생명이 한꺼번에 어려움을 당할 수 있기 때문입니다. 바울이 말한 것처럼 오늘날 목사들 또한 자신 있게 말할 수 있으면 얼마나 좋을까요.

이리로부터 보호하다

바울이 떠나면서 특별히 걱정하고 염려한 것이 있었습니다. 자신이 떠난 뒤 흉악한 이리가 들어와 양 떼를 약탈해 가는 것이었습니다.

교역자가 해야 할 중요한 일 중의 하나가 이단을 막는 것입니다. 교회의 교역자가 중요한 이유, 가르치는 사람이 그 교회에 자기 위치를 바로 지켜야 되는 이유 중의 하나가 바로 이단을 방지하기 위해서입니다.

교회사를 보면 주후 3세기부터 교역자 제도가 체계적으로 정착하기 시작했습니다. 교회가 성직자 제도를 이처럼 급하게 받아들인 이유는 이단 때문이었습니다. 사방에서 너무나 많은 이단들이 일어났습니다. 이것을 막고 이단과 이단 아닌 것을 구별하기 위해서 전문적으로 신학을 공부하고 성경을 공부한 교역자들이 교회 지도자로서 서야만 했습니다.

이단 때문에 기록된 서신서는 총 아홉 개로 볼 수 있습니다. 고린도후서, 갈라디아서, 데살로니가후서, 히브리서, 베드로후서, 요한일·이·삼서, 유다서가 전부 교회에 들어온 이단 때문에 쓴 것입니다. 그만큼 잘못된 교리가 들어올 수 있고, 잘못된 지도자가 들어와서 양 떼를 낚아채 갈 수도 있고, 잘못된 사탄의 역사가 일어날 수 있는 여지가 충분히 있는 것이 지상 교회입니다.

교회 지도자들이 흉악한 이리로부터 양 떼를 보호할 수 있는 방법은 철저하게 가르치는 것입니다. 가르쳐서 어떤 이단이나 잘못된 교훈에 귀를 기울이지 않도록 해주는 것입니다. 가끔 보면 좋지 않은 어떤 지도자나, 불건전하고 불순한 신학사상 때문에 교회가 물이 들어서 상당히 진통하는 것을 봅니다. 그 책임은 교역자가 져야 합니다. 교인들을 바로 가르치지 않았기 때문입니다.

그러므로 일단 어느 교회에 들어가 담임 목사 밑에서 지도를 받을 때 목사가 진리를 바로 가르치지 않는다 하면 두말 없이 나가야 합니다. 그러나 하나님의 말씀을 바로 가르친다면 그 말씀에 정착해야 합니다. 그래야만 위험을 방지할 수 있습니다. 또한 교회의 지도자는 모든 이단과 세속주의와 그릇된 신비주의와 하나님 아버지의 말씀을 허물어뜨리는 모든 잘못된 교훈에서 양 떼를 막아 주어야 합니다.

말씀에 맡기다

바울은 떠나면서 교회와 교회 지도자들을 주님과 그 은혜의 말씀에 부탁했습니다. 다시 말해 하나님의 말씀에다 교회 지도자들을 맡기고 떠났습니다.

"지금 내가 여러분을 주와 및 그 은혜의 말씀에 부탁하노니 그 말씀이 여러분을 능히 든든히 세우사 거룩하게 하심을 입은 모든 자 가운데 기업이 있게 하시리라"(20:32).

에베소 교회는 시작될 때 열두 사람이 성령의 은사를 체험한 교회입니다. 바울이 그들에게 안수를 하자 마치 예루살렘에서 120문도가 성령 충만한 체험을 한 것과 같이 신비한 체험을 했습니다. 그런데도 보십시오. 3년이 지난 다음 바울은 그들에게 다음과 같은 말을 남겼습니다. 그는 "내가 너희에게 성령의 은사와 체험에 맡기고 떠난다"고 하지 않고 "하나님 말씀에 맡긴다"고 말했습니다. 에베소 교회의 상황에서는 성령 운동이 복잡한 양상으로 나타날 수도 있었습니다. 그러나 에베소 교회는 철저히 하나님 말씀을 중심으로 하는 교회였습니다.

교회를 지도해야 될 교회 감독자들에게 가장 중요한 것은 하나님 말씀에 바로 서는 것입니다. 그 말씀은 교회를 든든히 세워 주고 붙들어 줄 것이기에 그렇습니다. 그러므로 성도들은 기도해야 합니다. 교회의 지도자들이 하나님 말씀에 굳게 서게 해 달라고 날마다 기도해야 합니다. 그것이 곧 모두가 사는 길입니다.

> "내가 아무의 은이나 금이나 의복을 탐하지 아니하였고 여러분이 아
> 는 바와 같이 이 손으로 나와 내 동행들이 쓰는 것을 충당하여 범사
> 에 여러분에게 모본을 보여준 바와 같이 수고하여 약한 사람들을 돕
> 고 또 주 예수께서 친히 말씀하신 바 주는 것이 받는 것보다 복이 있
> 다 하심을 기억하여야 할지니라"(20:33-35).

또한 바울은 인간관계에서 경제적인 문제로 복잡한 일들을 일으키지 않았습니다. 교회에서는 목사든 부교역자든 물질 때문에 교인들에게 어떤 의심을 받는다든지, 거래가 서로 명료하지 않아 서로 인격적으로 손상을 당하는 일이 있어서는 안 됩니다. 교역자는 돈 문제에 있어서 깨끗해야 합니다. 평신도 사역을 하고 있는 분들도 마찬가지입니다. 일단 말씀을 가르치는 사역을 하는 이상 금전관계로 복잡하게 얽히지 말아야 합니다. 이것은 백해무익입니다. 영적인 문제에 있어서 물질적인 것들이 걸리지 않도록, 바울처럼 깨끗하게 주님의 몸 된 교회를 섬겨야 하겠습니다.

사도행전 21장

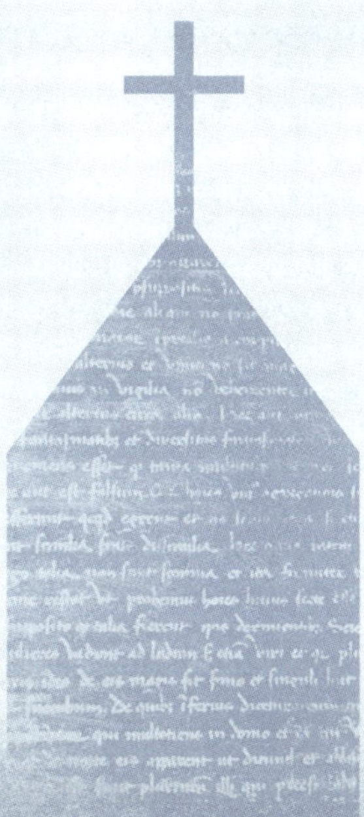

78 바울의 각오, 제자들의 승복

우리가 그 말을 듣고 그곳 사람들과 더불어 바울에게 예루살렘으로
올라가지 말라 권하니 바울이 대답하되 여러분이 어찌하여 울어
내 마음을 상하게 하느냐 나는 주 예수의 이름을 위하여 결박 당할 뿐 아니라
예루살렘에서 죽을 것도 각오하였노라 하니 그가 권함을 받지 아니하므로
우리가 주의 뜻대로 이루어지이다 하고 그쳤노라

_ 사도행전 21:12-14

예루살렘으로 향하다

바울 당시의 지도가 있다면 지도상에서 바울이 예루살렘으로
돌아간 그 여정을 따라 가 보는 것도 좋을 것 같습니다. 바울은 뱃
길을 따라 밀레도에서 고스로, 고스에서 로도로, 로도에서 베니게
로, 베니게에서 두로로, 두로에서 돌레마이로 갔고, 돌레마이부터는
육로를 따라 가이사랴를 지나 드디어 예루살렘으로 갔습니다.

주님을 위해 충성하는 일에는 끝이 없습니다. 두로, 고스, 로
도 등 도대체 알려지지도 않은 이상한 이름들이 나열되어 있지만,

그 단어와 단어 사이에는 우리가 감히 상상도 할 수 없는 고초가 숨어 있을 것입니다. 그리고 주님을 위해 죽기를 각오하고 예루살렘으로 향했던 바울과 누가, 그리고 동역자들의 발자취가 배어 있습니다. 그러므로 성경에 기록된 것은 한 글자라도 놓칠 수가 없습니다. 단순히 넘어갈 수가 없습니다.

본문 말씀 중에 참 인상 깊은 부분이 있습니다. 바울이 지중해를 완전히 건너 드디어 예루살렘 근방인 두로에 도착하지 않았습니까? 배에 있는 짐을 풀 동안 한 일주일을 머물렀는데 일을 다 마치고 떠나는 날 아주 인상 깊은 장면이 벌어졌습니다. 떠나는 바울을 전송하기 위해 나온 제자들과 그 처자들이 다 함께 바닷가에서 무릎을 꿇고 기도하는 장면이 펼쳐진 것입니다.

오늘날 이러한 풍경이 바닷가에서 펼쳐진다면 주변에서 그렇게 이상하게 보지는 않을 것입니다. 예수 믿는 사람이 워낙 많고, 공항이든지 사람을 떠나보내는 곳이라면 기도하는 것을 흔히 볼 수 있기 때문입니다. 그러나 바울 당시는 그렇지 않았습니다. 당시만 해도 기독교는 완전히 이방 세계에 둘러싸여 있었고, 예수 믿는 사람이라 하면 항상 이상한 눈초리로 보는 시대였기에 오늘날과는 그 반응이 달랐을 것입니다. 그러나 그러한 사람들의 눈총은 아랑곳하지 않고 바울을 위시한 모든 사람들은 무릎을 꿇고 기도했습니다. 참으로 대단합니다.

이와 같이 무릎을 꿇고 기도하는 장면은 성경상에 자주 등장하고 있습니다.

다니엘은 하루 세 번씩 예루살렘을 향해서 무릎을 꿇고 기도했고, 엘리야도 갈멜 산에서 땅에 꿇어 엎드려 기도했습니다. 솔로몬은 성전 헌당식을 하면서 백성들 앞에서 축복 기도하면서 무릎을 꿇고 손을 들어 기도했고, 에스라는 포로 생활을 하고 돌아온 이스라엘의 지도자들이 정신을 차리지 못한 채 이방 여자들과 통혼하는 것을 보고 가슴 아파 무릎을 꿇고 여호와 하나님을 향해 기도했습니다.

신약에서도 무릎을 꿇고 기도하는 모습을 찾아 볼 수 있습니다. 먼저 예수님 자신이 겟세마네 동산에서 기도하실 때 무릎을 꿇었습니다. 그리고 초대교회 성도들도, 베드로도 무릎을 꿇고 하나님 앞에 기도했습니다. 로마 감옥에 갇혀 있는 바울이 에베소 교인들을 위해 기도할 때도 그 차가운 로마 감옥 바닥에 무릎을 꿇고 기도했습니다. 이와 같이 신구약을 막론하고 성경에 기록된 위대한 성도들이 보여 준 한결같은 기도의 자세는 무릎 꿇는 자세였습니다. 예수님을 위시해서 위대한 하나님의 종들은 모두 무릎 꿇고 기도했습니다.

그렇다면 무릎 꿇는다는 말의 의미는 무엇일까요? 다음의 말씀과 비교해 보면 명확하게 알 수 있습니다.

"그러나 내가 이스라엘 가운데에 칠천 명을 남기리니 다 바알에게 무릎을 꿇지 아니하고 다 바알에게 입맞추지 아니한 자니라"(왕상 19:18).

"그에게 하신 대답이 무엇이냐 내가 나를 위하여 바알에게 무릎을 꿇지 아니한 사람 칠천 명을 남겨 두었다 하셨으니"(롬 11:4).

바알에게 무릎을 꿇지 않았다는 것은 바알에게 복종하지 아니했다는 의미입니다. 반대로 하나님 앞에 무릎을 꿇는다는 것은 믿음의 표현이요, 경외하는 표현이요, 복종의 표현이요, 믿음의 정절을 지키는 표현이요, 헌신의 표현입니다. 모든 표현이 다 그 안에 있다 해도 과언이 아닙니다.

무릎 꿇고 기도했던 위대한 신앙의 선배들을 생각하며 우리 자신의 모습을 되돌아 보았으면 합니다. 어떻게 기도합니까? 태도가 모든 것을 결정하는 것은 물론 아닙니다. 성경에도 태도를 근거로 기도를 잘한다 못한다 따지지 않고, 기도가 진실하다 그렇지 않다고도 하지 않습니다. 하지만 인간의 행동은 그 마음이 좌우한다는 것을 고려할 때 행동을 전혀 무시하기는 어렵습니다. 마음이 흐트러져 있으면 행동도 흐트러지고, 하나님 앞에 자신의 마음을 온전히 드리는 경외감이 있다면 태도에도 자연적으로 경외감이 묻어나옵니다. 이런 면에서 서양 사람들보다는 동양 사람들이 얼마나 아름다운지 모릅니다. 무릎 꿇는 전통이 유교에서 왔든 불교에서 왔든 무릎 꿇고 기도하는 것은 성경적입니다.

기도하는 자세와 함께 말하고 싶은 것이 있습니다. 교회 밖에서 성도들과 모였을 때 공적으로 기도하는 것을 너무 세상을 의식해 피하지 말라는 것입니다. 기도하는 것이 얼마나 아름다운 일입니까? 쇼를 할 필요는 없습니다. 예수 믿는다는 것을 알리기 위해 의식적으로 기도할 필요도 없습니다. 그러나 사람들이 아무리 많이 있어도 정말 머리 숙여 기도해야 될 때는 기도해야 되고, 꼭 무릎을 꿇고 하나님 앞에 매달리지 아니하면 안 되는 어려운 상황에서는 무릎을 꿇어야 합니다. 바울 앞에 놓인 길은 죽음으로 향하는 길이나 마찬가지였습니다. 그러니 사람들이 얼마나 진지했겠습니까? 자기들의 영적 지도자가 죽음을 향해 달려가는데 무릎을 꿇는 것이 문제며, 사람들이 쳐다보는 것이 문제였겠습니까? 아무 상관이 없었습니다. 두로의 바닷가는 그렇게 남녀노소를 무론한 하나님의 사람들이 무릎으로 드리는 간절한 기도 소리로 가득했습니다.

> "하늘에 있는 자들과 땅에 있는 자들과 땅 아래에 있는 자들로 모든 무릎을 예수의 이름에 꿇게 하시고"(빌 2:10).

모든 무릎을 예수 그리스도의 이름 앞에 꿇게 하는 것은 하나님의 뜻입니다. 시편 기자가 말한 것과 같이 굽혀 경배하며 우리를 지으신 여호와 앞에 무릎을 꿇는 그리스도인이 되어야 하겠습니다.

빌립의 네 딸들

바울이 가이사랴로 갔습니다. 가이사랴는 예루살렘에서 불과 100킬로미터 거리에 있는 도시였습니다. 예루살렘에 더욱 가까이 온 것입니다.

> "이튿날 떠나 가이사랴에 이르러 일곱 집사 중 하나인 전도자 빌립의 집에 들어가서 머무르니라"(21:8).

빌립은 초대교회에서 구제와 관련된 문제가 생겼을 때 그 일을 대신할 사람으로 뽑힌 일곱 집사 중의 한 사람이었습니다. 그에게는 네 명의 딸이 있었습니다. 성경은 빌립의 네 딸에 대해 은혜를 받아서 예언하는 자라고 하며 그들을 가리켜 '처녀'라고 소개하고 있습니다. 이 '처녀'라는 말의 의미는 우리가 상식적으로 아는 의미와는 거리가 있습니다.

"마음이 갈라지며 시집가지 않은 자와 처녀는 주의 일을 염려하여 몸과 영을 다 거룩하게 하려 하되 시집 간 자는 세상일을 염려하여 어찌하여야 남편을 기쁘게 할까 하느니라"(고전 7:34).

고린도전서 말씀을 보면 '시집가지 않은 자'와 '처녀'를 따로 언급하고 있습니다. 시집가지 아니한 사람은 진짜 미혼자를 말하는 것이고, 처녀는 성격이 좀 다릅니다. 결혼을 안 했을 수도 있고, 했을 수도 있습니다. 결혼을 안 한 경우는 혼기를 훨씬 넘겨 버린 사람, 혹은 결혼할 생각을 안 하고 있는 사람이고, 결혼을 한 경우는 결혼은 했지만 남편과 서약을 한 경우입니다. 부부가 결혼해서 한 집에 살지만 주님께 몸과 정절을 바치고 거룩하게 살자는 서약을 한 경우입니다.

초대교회에는 이와 같은 묘한 현상이 있었습니다. 개인이 신앙의 양심으로 택한 길이지만, 이것은 전혀 합리적이지 않습니다. 왜 결혼을 하고 부부가 되어 한 집에 살면서도 딴 방을 쓰면서 그렇게 애를 먹고 삽니까? 부부가 한 방을 쓰지 않는 것을 아마도 하나님 앞에 큰 공로가 되는 것처럼 착각을 한 것 같습니다. 부부가 한 집에 살면서 시험에 빠지지 않게 해달라고 악을 쓰면서 밤새도록 기도했을 사람들의 모습은 상상만 해도 얼마나 우스운지요? 그러나 바울은 이것을 나쁘다, 좋다, 지적하지 않고 받아들였습니다. 빌립 또한 자기 딸을 정죄하지 않고 받아들였습니다. 그 이유는 딸들이 받은 은혜대로, 자신들이 생각한 대로 하나님을 기쁘게 할 수 있다는 확신이 있었기 때문입니다. 받은 은혜대로 하나님께 헌신하는 것을 다른 사람이 뭐라 할 수는 없습니다. 간섭해서도 안 됩니다.

그러나 받은 은혜가 아니라 결혼을 부정하게 보는 시각이라면, 또한 공로주의가 개입되었다면 근본적으로 잘못되었다는 것을 알아야 합니다. 우리는 빌립의 딸들을 비판할 수는 있지만, 그러나 그들이 처녀로 살았다고 해서 나무랄 수는 없습니다. 오히려 결혼해서 어떻게 하면 남편을 기쁘게 할까, 어떻게 하면 자녀들의 마음을 위로해 주고 기쁘게 할까 하는 생각으로 주님께 헌신하지 못하는 사람보다는 정절을 지키며 살았던 빌립의 딸들에게 주님께서는 훨씬 더 은혜를 주셨을 것입니다.

바울을 향한 예언

하나님의 말씀이 완전히 완성되기 전까지 초대교회에는 선지자라는 직분이 있었습니다. 고린도전서 14장과 에베소서 4장 12절을 보면 하나님께서 교회에 선지자와 사도를 주셨다고 했습니다. 본문 말씀에서도 아가보라고 하는 선지자가 등장합니다.

아가보는 누구인가요? 사도행전 11장을 보면 예루살렘에서 안디옥으로 넘어와 천하가 흉년 들리라고 예언했던 선지자였습니다. 이 아가보가 내려와서 바울에게 뭐라고 했습니까? "성령이 말씀하시되" 하고는 바울의 띠를 풀어서 자기 손발을 묶고는 바울이 예루살렘에 가면 이와 같이 결박당한다고 말했습니다.

선지자는 가끔 이와 같이 직접 행동으로 예언할 때가 있었습니다. 이사야가 옷과 신을 벗고 맨발에 반라 상태로 길을 걸어다니면서 얼마 동안 살지 않았습니까? 그것은 애굽 사람들이 장차 망해서 이와 같이 헐벗고 신발을 벗고 도망간다는 것을 가르쳐 주기 위한 것이었습니다. 예레미야도 비슷하게 예언을 했습니다. 유대의 교만을 꺾기 위해, 그리고 유대가 망한다는 것을 알려주기 위해 어떻게 했습니까? 자기가 매는 띠를 유브라데 강가에 숨겨 놓고는 며칠 후에 완전히 썩어 버린 그 띠를 찾아 가지고 유대 나라 백성들에게 보여 주었습니다. 그러면서 그들도 장차 교만이 꺾이고 이와 같이 망한다고 가르쳐 주었습니다. 또한 에스겔이 이스라엘의 죄를 짊어지고 소똥에 빵을 구워 먹으면서 390일을 누워 지낸 것도 백성들의 죄가 얼마나 큰지를 보여 준 것이었습니다. 아가보가 바울의 띠를 가지고 자기 수족을 묶어 보여 준 것도 바울이 예루살렘에 가서 장차 당하게 될 일을 예언한 것입니다.

"제자들을 찾아 거기서 이레를 머물더니 그 제자들이 성령의 감동으로 바울더러 예루살렘에 들어가지 말라 하더라"(21:4).

바울의 제자들은 바울에게 '성령의 감동'으로 예루살렘에 들어

가지 말라고 말했습니다. 제자들의 이 행동은 아가보와는 사뭇 다른 행동이었습니다. 아가보는 '성령이 말씀하시기를' 하며 예언을 하면서도 가라, 가지 말라는 말은 하지 않았습니다. 제자들과 아가보의 모습을 비교해 보며 꼭 기억해야 할 것이 있습니다. 성령께서 다른 사람을 통해 나에게 어떤 이야기를 할 수는 있지만, 참 성령의 음성은 사람의 뜻을 개입시키지 않는다는 것입니다.

많은 경우 하나님의 뜻, 성령의 뜻을 이야기한다고 하면서도 사람의 뜻이 많이 개입되어 있는 것을 봅니다. 바울이 예루살렘으로 올라가는 것은 하나님의 뜻이었고, 그것을 막은 것은 사람의 뜻이었습니다. 성령의 뜻은 참 어렵습니다. 성령의 뜻이 자신에게 순수하게 전달될 때와 불순하게 전달될 때를 잘 구별해야 하겠습니다.

"바울이 대답하되 여러분이 어찌하여 울어 내 마음을 상하게 하느냐 나는 주 예수의 이름을 위하여 결박당할 뿐 아니라 예루살렘에서 죽을 것도 각오하였노라 하니"(21:13).

마음 약한 제자들은 아가보의 예언을 듣고는 바울에게 더욱 예루살렘에 올라가지 말라고 권했습니다. 얼마나 권했는지 울기까지 했습니다. 그러나 제자들의 눈물 어린 만류에도 바울은 그 뜻을 굽히지 않았습니다. 그는 주 예수의 이름을 위해서는 어느 것도 아끼지 않고 헌신할 각오가 되어 있었습니다. 주님을 위해 죽을 것도 각오했습니다. 성령의 그 뜻을 알고 있었기 때문입니다.

아름다운 신앙의 승복

정에 끌려서 바울에게 예루살렘으로 가지 말라고 권했던 사람들은 자신들의 만류에도 불구하고 바울이 성령의 뜻은 예루살렘으로 가는 것이라고 끝까지 고집하자 결국은 승복했습니다.

"그가 권함을 받지 아니하므로 우리가 주의 뜻대로 이루어지이다 하고 그쳤노라"(21:14).

그리스도인들에게는 이와 같은 믿음의 자세가 있어야 합니다. 아무리 인정으로 보아도 마음에 허락이 안 되고, 여건으로 보아도 마음에 허락이 안 되다가도 "이것이 주의 뜻이구나" 하는 것을 발견하게 될 때 바울과 그의 주변에 있던 제자들처럼 "주의 뜻대로 이루어지이다" 말해야 합니다. 아름다운 승복, 신앙의 승복이 있어야 합니다.

하나님께서는 우리 모두에게 이와 같은 믿음의 자세를 원하십니다. 예수를 위해 목숨까지 바칠 각오, 또 오직 주의 뜻대로 이루어질 것을 바라는 차원 높은 믿음, 성숙한 믿음을 원하십니다. 자신만을 위한, 자신의 유익을 위한 믿음은 어린아이의 신앙입니다.

우리 자신의 신앙 상태는 어느 수준에 있는지 점검해 봅시다. 주님께서 우리에게 원하시는 신앙의 수준은 너무나 높습니다. 대한민국의 모든 그리스도인이 바울을 따라 예루살렘까지 죽음의 행진을 할 수 있는 믿음의 자세를 가질 수만 있다면 오늘날 교회는 세상의 비난을 받지 않을 것입니다. 우리는 바울을 따라가는 사람이요, 우리는 위대한 선배들을 따라가는 그리스도인입니다. 위대한 선배들이 남겨 놓은 이 아름다운 발자국을 지워 버리지 않도록 모두가 노력해야 합니다.

 예루살렘에 입성하다

바울이 문안하고 하나님이 자기의 사역으로 말미암아 이방 가운데서 하신 일을
낱낱이 말하니 그들이 듣고 하나님께 영광을 돌리고…

_ 사도행전 21:19-20

예루살렘 교회의 영접

바울이 드디어 예루살렘에 도착했습니다. 주변의 사랑하는 제자들이 한사코 가지 말라고 말리는 그 길을 재촉해서 드디어 온 것입니다.

"예루살렘에 이르니 형제들이 우리를 기꺼이 영접하거늘 그 이튿날 바울이 우리와 함께 야고보에게로 들어가니 장로들도 다 있더라 바울이 문안하고 하나님이 자기의 사역으로 말미암아 이방 가운

데서 하신 일을 낱낱이 말하니 그들이 듣고 하나님께 영광을 돌리고…"(21:17-20).

예루살렘에 도착한 바울이 교회 지도자들과 무엇을 했는지 짤막하게 몇 절로 요약되어 있는 이 말씀에서 우리는 세 가지를 눈여겨 보아야 합니다.

먼저 예루살렘에 이른 바울과 이방 교회의 지도자들은 예루살렘 교회 지도자들로부터 기꺼운 영접을 받았습니다. 바울이 예루살렘으로 그렇게 오려고 애썼던 이유 중에 하나는 예루살렘 교회와 이방 교회가 하나라는 것을 강조하기 위해서였습니다. 이방 교회 지도자들을 여러 명 데리고 온 것도 그 때문이었습니다. 바울은 구제금을 마련해 온 이방 교회 지도자들과 예루살렘 지도자들을 만나게 함으로 비록 율법에 대한 견해 차는 있어도 교회는 하나요, 주님의 몸 된 교회는 나뉠 수 없다는 것을 가르쳐 주고 싶었습니다. 결론적으로 예루살렘 교회 지도자들이 보여 준 기꺼운 영접과 그 모든 만남의 과정에서 바울은 교회가 하나라는 사실을 이방 교회 장로들에게 보여 줄 수 있었습니다.

둘째로, 바울이 당시 예루살렘에 지도자로 있던 예수님의 동생 야고보와 장로들을 만나 그동안 이방인들을 향해 하나님이 어떻게 일하셨는지에 대해 낱낱이 보고한 모습과, 셋째 그 보고를 듣고 난 뒤 모든 사람이 하나님께 영광을 돌린 모습입니다. 이 세 가지 모습, 즉 뜨거운 영접과 하나님이 그동안 어떻게 일하셨는가를 세밀하게 자기의 일처럼 듣고 또 말하며 서로 하나님의 은혜를 나누는 것, 그리고 그 결과 모두가 하나님께 영광과 찬양을 돌리는 이 세 가지는 참된 신자들이 모인 곳에서 볼 수 있는 은혜로운 모습입니다.

바울에 대한 거짓 소문

예루살렘에 있는 형제들이나 지도자들이 바울의 일행을 기꺼이 영접했다는 것은 당시 상황에서는 쉬운 일이 아니었습니다. 바울에 대한 오해가 예루살렘 교회 안에 파다하게 퍼져 있었기 때문입니다.

"…형제여 그대도 보는 바에 유대인 중에 믿는 자 수만 명이 있으니 다 율법에 열성을 가진 자라 네가 이방에 있는 모든 유대인을 가르치되 모세를 배반하고 아들들에게 할례를 행하지 말고 또 관습을 지키지 말라 한다 함을 그들이 들었도다"(21:20-21).

20, 21절을 보면 예루살렘 지도자들이 바울을 얼마나 걱정했는지 그 마음을 읽을 수 있습니다. 유대인 중에 믿는 자 수만 명이 바울을 오해하고 있었습니다. 믿는 자가 수만 명이었다니 일단 너무나 대단합니다. 예루살렘 교회가 계속 확장된 것이 사실이고, 게다가 다른 나라로 이민 갔던 많은 수의 유대인들이 유월절을 맞아 예루살렘에 와 있었으므로 '수만 명'이라고 말한 것은 과장된 것이 아닙니다. 이들은 예수를 믿었지만 동시에 율법을 철저히 지키는 율법주의자들이었습니다. 이들이 바울을 오해한 내용도 율법과

관계된 것이었습니다. 그들은 바울이 이방에 나가서 전도할 때 유대인들도 할례를 받지 말아야 하고, 유대인들도 절대 율법을 지킬 필요가 없다고 선전한 것으로 오해하고 있었습니다. 바울을 헐뜯고 미워하는 사람들이 예루살렘에 와서 허위 선전을 했기 때문입니다.

그러나 사실 거짓 소문과는 상관 없이 유대인의 입장에서 볼 때 바울의 신학은 대단히 이해하기가 어려운 것이었습니다. 유대인들에게 익숙하고 맞는 신학은 예수를 믿고 구원을 받지만 그것과 함께 율법도 지켜야 한다는 것이었습니다. 그러므로 바울이 이방인 교회를 개척하면서 이방인들은 할례를 받지 않아도 되고, 율법을 지킬 의무가 없다고 하고, 구원받기 위한 조건으로 율법의 종이 될 필요가 없다고 가르치고, 또 그와 같은 복음을 예루살렘에 와서 전하니, 유대인들은 은근히 섭섭한 마음이 들었던 것이 사실입니다.

이와 같이 유대인 신자들이 섭섭한 마음을 품고 있던 차에, 거짓말을 하는 자들이 예루살렘에 와서 바울에 대한 거짓 소문을 퍼뜨리니 오해를 할 수밖에 없었습니다. 그러면 그들이 오해하고 있는 것이 사실이었습니까? 아닙니다. 사실이 아니었습니다. 바울은 유대인들에게 할례 받지 말고 율법을 지키지 않아도 된다는 말은 한마디도 한 적이 없습니다. 이방인들에게만 율법을 지키지 않아도 된다고 했습니다. 그것은 바울의 말이 아니었습니다. 예루살렘에 있는 사도들과 예루살렘 총회의 모든 장로들이 결정한 사항이었습니다. 본문 21장 25절을 보면 이방인에게는 우상의 제물, 피, 목매어 죽인 것, 음행 정도만 피하고 주의하라고 했지, 율법을 지키라고는 말하지 않았습니다. 바울이 절대 나쁜 일을 한 것이 아니요, 잘못 가르친 것이 아니었습니다.

> "할례자로서 부르심을 받은 자가 있느냐 무할례자가 되지 말며 무할례자로 부르심을 받은 자가 있느냐 할례를 받지 말라"(고전 7:18).

바울은 유대인들에게 분명히 이야기했습니다. 할례를 받았으면 무할례자가 되지 말라고 말입니다. 할례 받은 것을 인정한 것입니다. 바울은 유대인들이 율법 지키는 것을 인정하고 있었습니다. 가끔은 바울 자신도 율법 의식을 행하기도 하지 않았습니까?

바울과 관련한 거짓 소문이 예루살렘의 많은 사람들에게 퍼져 있었기 때문에 바울이 예루살렘에 도착할 즈음에는 예루살렘 교회 안에서도 바울을 의심하는 사람들이 대단히 많았던 것 같습니다. 그래서 바울을 색안경을 끼고 보기 시작한 것입니다.

21세기 이 마지막 때에도 우는 사자와 같이 날뛰는 마귀는 어떻게 하든지 교회 안에 들어와 거짓말로 많은 성도들을 유혹하고 있습니다. 예루살렘 교회 안에 들어와서 바울에 대한 거짓 소문을 가지고 많은 성도들의 귀를 어둡게 했던 것처럼 오늘 교회 안에도 인간적인 견해로 다른 사람을 비판하게 하며, 다른 사람을 불신하게 하며, 다른 사람을 짓밟아버리게 하며, 성도와의 교제를 끊어버리게 하는 무서운 시험들이 너무나 많은 것을 봅니다.

하나님의 몸 된 교회를 이리저리 나누며, 쪼개어 버리는 인간적인 죄악을 주님 앞에 회개해야 합니다. 그리고 자신과 견해 차가 있는 사람이라도 기꺼이 포용하는 아량과 그리스도 안에서 하나된 형제라면 어떤 사람이라도 포용할 수 있는 바다와 같이 넓은 마음이 우리에게 있어야 하겠습니다. 또한 다른 사람의 말을 함부로 믿고 사람을 함부로 희생시키는 잔인한 사람들이 되지 않도록 날마다 자신을 견제하며 절제할 수 있는 은혜 주시기를 하나님께 기도해야 하겠습니다.

교회 지도자들의 태도

여기서 주목할 것은 예루살렘 교회 지도자들입니다. 역시 지도자들은 다릅니다. 바울을 기꺼이 영접한 예루살렘 교회 지도자들은 달랐습니다. 많은 사람이 바울에 대해서 이러쿵저러쿵 떠들었지만 거기에 전혀 귀를 기울이지 않고 바울을 신뢰했습니다. 아주 큰 마음을 가진 사람들입니디. 지도자의 자격을 갓춘 사람들이었다고 봅니다. 지도자는 소문에 함부로 마음이 움직여도 안 됩니다. 사람들이 수군거리는 말에 쉽게 넘어가서도 안 됩니다. 어떤 사람의 허물을 들었을 때 그것을 금방 믿어 버리고 그 사람을 색안경 끼고 보는 그런 좁은 소견을 가져서도 안 됩니다.

예수님의 동생 야고보 같은 사람의 경우 그 가난하고 찌든 생활 속에서 무슨 공부를 했겠습니까? 분명 무식한 사람이었을 것입니다. 그러나 하나님의 은혜를 받으니 그렇게 도량이 넓어져 모든 말을 분별할 수 있는 하늘의 지혜를 가지게 된 것을 볼 수 있습니다. 예루살렘 교회 야고보 장로와 70-80명 되는 동료 장로들은 한결같이 교인들의 인간적인 판단에 넘어가지 않았습니다. 이게 지도자들의 자격입니다. 이들은 분명히 바울과 같은 귀한 하나님의 종을 아끼는 사람들이었습니다. 하나님께서 바울을 어떠한 과정을 통해 택하셨는가를 너무나 잘 알고 있었기 때문에 많은 사람이 바울에 대해서 뭐라고 해도 바울을 신뢰했고 아꼈습니다. 오늘날 특별히 목사와 평신도 지도자들은 하나님의 은혜 안에서 바울과 야고보와 같이, 예루살렘 장로들과 같이 하나되어 조금이라도 이탈하지 않도록 서로 신뢰하고, 서로 은혜를 나누며, 서로 그리스도 안에서 성장할 수 있어야 하겠습니다.

바울과 야고보 두 사람 사이에는 상이점이 있었습니다. 둘 다 같은 할례자요, 같이 율법을 지키는 자였지만 바울은 이방에 가서 율법에서 자유한 사람으로서 율법에 매이지 않고 가르치고 전도하고 있었습니다. 그러나 야고보는 구원은 예수를 믿음으로만 받는다고 분명히 이야기했지만, 예루살렘 교회 장로였기 때문에 철저하게 할례를 받았고, 또 자기 자녀들에게도 할례를 주었고, 율법을 지켰고, 또 율법대로 살아야 된다고 가르친 사람임에 틀림이 없습니다. 바울과 야고보는 복음에는 하나가 되었지만 복음 아닌 세부적인 문제에 있어서는 상당히 거리가 있는 사람들이었습니다. 그럼에도 야고보가 바울을 얼마나 아꼈는지요. 그럼에도 불구하고 바울은 야고보를 또 얼마나 아꼈는지 모릅니다.

그렇습니다. 복음만 같으면, 복음만 하나 되면 약간의 견해 차가 있어도 하나가 될 수 있고, 기꺼이 영접하는 마음의 자세를 가질 수가 있습니다. 오늘날 교회 안에서도 마찬가지입니다.

🔊 예수를 믿고, 예수 때문에 구원을 받고, 예수님의 영광을 위해 산다고 하는 기본 복음의 노선에는 차이가 없다 하더라도 사소한

부분에 있어서는 약간의 견해 차가 있을 수 있습니다. 그러나 하나님의 진정한 자녀는 바울과 야고보가 하나가 되고 바울과 예루살렘 장로들이 서로 기꺼이 영접하고 서로 마음을 열고 받아들인 것처럼 하나가 될 수 있습니다. 복음만 같으면 하나가 될 수 있습니다. 교단이 달라도 복음만 같으면 기꺼이 서로 영접할 수가 있습니다. 이것이 하나님의 자녀들입니다.

그리스도인은 이런 점에서 마음이 좀 넓어야 합니다. 특히 평신도 지도자로서 교회를 섬기는 모든 성도는 바울과 야고보처럼 그리고 예루살렘 장로들처럼 마음이 넓어야 합니다. 자신과 부분적인 차이가 있다고 할지라도 항상 기꺼이 영접하고 포용할 수 있는 마음을 가져야 합니다. 그리고 일단 복음에서 하나가 된 사람에 대해서는 신뢰할 줄도 알아야 합니다. 많은 사람들이 이런 말 저런 말로 떠드는 것을 쉽게 믿어시는 안 됩니다. 또한 사람 하나를 아주 귀히 아낄 줄도 알아야 합니다.

“몸이 하나요 성령도 한 분이시니 이와 같이 너희가 부르심의 한 소망 안에서 부르심을 받았느니라”(엡 4:4).

성령의 하나 되게 하심을 힘써 지킵시다. 하나님도 하나요, 예수도 하나요, 성령도 하나요, 믿음도 하나요, 교회도 하나입니다. 인간이 서로 하나가 된다는 것은 쉬운 일이 아닙니다. 그러므로 힘써 노력해야 합니다. 기도해야 합니다. 마음을 바다같이 넓게 해달라고, 그래서 견해 차가 있는 형제라도 그리스도의 사랑으로 항상

포용할 수 있는 마음이 되게 해달라고, 이런 소문 저런 소문을 듣
고 오해받고 있는 사람일지라도 그리스도의 사랑으로 포용하고 아
낄 수 있는 바다같이 넓은 마음을 갖게 해달라고 기도해야 합니다.
그래야만 주님의 나라를 위해 지도자로 쓰임 받을 수 있고, 주의
몸 된 교회의 중요한 일을 맡아서 그리스도의 아름다운 도구가 될
수가 있습니다.

바울의 사역 보고

바울은 예루살렘에 와서 이방에서 사역한 일을 보고했습니다.
그의 보고에서 중요한 것은 바로 '하나님이 하신 일'입니다. 이 표
현은 자신은 한 일이 아무것도 없다는 것을 말하는 것과 같았습니
다. 자신은 단지 하나님이 쓰시는 도구로 사용되었을 뿐이라는 의
미를 담고 있는 것입니다. 바울은 지금 이렇게 고백하고 있는 것입
니다.

> "이방에 가서 지금까지 많은 교회를 개척하고, 많은 환난을 당하고,
> 많은 고통을 당했지만 나는 오직 하나님의 손에 사용되는 도구였고,
> 실제로는 하나님께서 하셨습니다. 그러므로 예루살렘의 사랑하는 형
> 제들이여, 하나님께서 이방에서 어떤 일을 하셨는가를 들으십시오."

바울의 이 자세는 진정 주의 종들이 취할 자세요, 주의 종들이
날마다 생각해야 할 마음의 자세입니다. 우리는 하나님의 손에 들

려 쓰임 받는 지팡이 역할밖에 못하는 존재입니다. 그런 인간이 때때로 얼마나 자기가 한 일을 드러내고, 많은 사람에게 자랑하고, 많은 사람에게 인정받으려고 합니까? 하나님의 어떤 큰 역사가 일어나면 자신은 사실 도구에 불과함에도 마치 자신이 그 일을 한 것처럼 선전하기가 쉽고, 잘못하면 사람들에게 내세우기 쉽지 않습니까?

그러나 바울의 자세를 보십시오. 바울이 한 일에 비하면 우리는 도대체 그 사람의 신발 끈이라도 풀 만한 자격이 있습니까? 없습니다. 그런데도 바울은 "하나님이 나의 사역을 통해 하신 일을 낱낱이 고했다"고 자신은 한낱 도구에 불과하며 모든 것은 하나님께서 하셨다고 말했습니다. 참 은혜로운 이야기입니다.

목사를 위시해서 교회에서 수고하는 모두를 통해 하나님이 어떤 기적을 이루신다고 할지라도 형제들 앞에 나가서 그 일을 말할 때는 하나님이 하셨다고 말합시다. 그리고 우리는 주님의 뒤에 살짝 감추도록 합시다. "나는 도구입니다"라는 고백을 합시다. 하나님이 하신 것을 내세울 때 듣는 사람들이 은혜를 받습니다. 그리고 하나님을 내세워서 말할 때 비로소 그것이 자기 자랑이 되지 않습니다. 특히나 목회자들은 이러한 자세가 더욱 중요합니다. 같은 일을 어떻게 말하느냐에 따라 그 사람의 사상과 생각이 드러납니다. "하나님이 하셨지"라는 말은 듣는 사람에게 은혜로 다가옵니다. 우리도 배워야 합니다.

하나님께 영광을 돌리다

바울처럼 우리도 하나님이 우리를 통해 일하셨다고 말할 수 있도록 입을 크게 엽시다. "하나님이 일하셨다. 하나님이 일하신다"고 크게 말합시다.

"그들이 듣고 하나님께 영광을 돌리고…"(21:20).

바울과 예루살렘 교회 장로들처럼 은혜로운 자세를 가지고 받은 은혜를 함께 나누면 드디어 어떤 결과가 나타납니까? 하나님께 영광을 돌리게 됩니다. 이런 의미에서 하나님께만 영광 돌리고 우리가 받은 은혜를 나누는 것은 신앙생활에서 얼마나 중요한지 모릅니다. 예루살렘 교회 지도자들이 이방에서 일한 바울과 그 형제들이 보고한 그 말씀을 통해 하나님께 영광을 돌릴 수 있었던 것처럼, 또 이방에서 일하는 바울이 예루살렘 안에서 하나님이 일하시는 모든 사실을 눈으로 보고 들음으로써 바울과 그의 동료들이 힘을 얻고 하나님께 영광을 돌릴 수 있었던 것처럼 오늘날도 교회 안에서 신자들이 서로 은혜를 나누어야 합니다. 자신이 받은 은혜, 자신을 통해 하나님이 어떤 일을 하셨는가를 형제들과 나눌 때 말하는 자나 듣는 자가 모두 은혜 받고 비로소 하나님께 영광을 돌릴 수가 있습니다.

그러므로 혼자서는 건전한 신앙생활을 하지 못합니다. 그래서 함께 모여 하나님의 말씀을 공부하면서 서로가 받은 은혜를 내어놓고 나누는 성도들의 모임이 중요한 것입니다. 말씀을 공유하고 받은 은혜를 공유함으로써 함께 성장하기 때문입니다. 얼마나 귀한지 모릅니다. 교회는 그런 곳입니다. 교회는 이런 아름다운 성도의 교제와 은혜를 나누고 복을 함께 누리는 곳입니다. 하나님께 영광 돌리는 곳입니다. 얼마나 복된 자리로 우리가 초대 받았습니까? 그리스도 안에서 하나라는 것을 기억하며 서로 신뢰하면서 주님이 원하시는 분량까지 함께 자라가는 아름다운 교제가 교회 안에서 늘 이어지기를 바랍니다.

80 교회의 평화를 위해 고집을 꺾다

_ 사도행전 21:23-24

장로들의 권면

사도행전 21장에서는 바울에게서 의외의 모습을 볼 수 있습니다. 양보하고 타협하는 모습이 나옵니다. 예루살렘 장로들과 모든 지도자들은 바울을 진심으로 환영하고 바울을 통해 일하신 하나님께 영광과 찬양을 돌렸지만 그들 모두가 우려하는 것이 하나 있었습니다. 바울에 대한 깊은 오해가 예루살렘 성도들 안에 퍼져 있다는 사실이었습니다. 그래서 이 성도들이 바울이 온 것을 알게 되면 필연코 어떤 말이 나올 것이고, 그 말이 나중에는 문제를 야기하는 불씨가 되지 아니할까, 그래서 예루살렘 교회가 크게 시험 받게 되지 않을까 하는 우려가 있었습니다. 이러한 문제를 놓고 야고보를 위시해서 예루살렘 지도자들이 바울과 깊이 의논하는 장면이 나옵니다.

"그러면 어찌할꼬…"(21:22).

예루살렘 지도자들은 깊은 고민에 빠졌습니다. 그들 입장에서는 참 난처한 상황이었습니다. 바울 편을 들자니 교인들의 오해를 씻어 줄 길이 없고, 교인 편을 들자니 바울에게 큰 상처를 줄 것 같은 묘한 상태에 놓이게 되었습니다. 게다가 예루살렘 교인들은 대부분 율법주의자들이었기 때문에 예수를 믿으면서도 율법을 지키는 사람들이었습니다. 그러므로 누구든지 조금이라도 율법을 과소평가하는 말을 하면 참지 못하는 기질이 있었습니다. 그러므로 바울을 무조건 두둔한다는 것은 예루살렘 교회 지도자들에겐 참 난처한 것이었습니다.

이러지도, 저러지도 못하는 상황에서 그들은 바울과 같이 의논을 시작했습니다. 어떻게 하면 교회가 은혜 가운데 이 고비를 넘길 수 있을까, 어떻게 하면 바울도 무사히 예루살렘에서 일을 다 처리하고 돌아갈 수 있을까 하는 문제를 상의했습니다. 그리고 예루살렘 장로들은 안을 내놓았습니다.

신자들 가운데는 율법의 예를 좇아 서원을 하는 사람이 가끔 있었습니다. 예루살렘 교인들 가운데서도 특별히 병을 앓다가 나음을 입었다든지 아니면 죽음의 고비에서 구원을 받았다든지, 아니면 어떤 큰 손해를 볼 만한 위험에서 하나님의 은혜로 그 고비를 넘기면 하나님 앞에 자신이 받은 은혜를 보답하고 감사하기 위해서 특별히 서원하는 의식이 있었습니다. 구약의 나실인의 의식을 그대로 본받아서 하는 것이었습니다.

앞서 보았듯이 이 나실인의 서원을 하면 몇 가지 까다로운 문제가 따랐습니다. 적어도 30일 동안은 술과 고기를 먹지 말아야 하고, 처음 시작할 때 7일과 마지막 끝낼 때 7일은 머리를 깎아야 하고, 8일째는 번제와 화목제와 소제를 하나님 앞에 드려야 했습니다. 이 제사 드리는 데 드는 비용이 하나님 앞에 감사예물로 들어가는 것이었습니다. 그래서 가난한 사람들은 하나님께 감사를 표하고 싶어도 비용이 엄청나게 들기 때문에 잘 하지 못했습니다. 그래서 비용 문제로 어떤 사람은 서원을 해놓고도 실제 하지 못하고 날짜만 보내는 사람들이 있었습니다.

그런 이들의 딱한 사정을 들은 사람들 가운데 돈을 좀 가지고 있는 사람들이 대신 돈을 내 주는 사례가 왕왕 있었습니다. 그렇게 서원하는 사람을 위해 대신 비용을 지불해 주는 사람은 교회 안에서 대단한 존경과 칭찬을 받곤 했습니다. 교회 지도자들이 제안한 것이 바로 이것이었습니다. 바울에게 어려운 사람들을 위해 비용을 대는 역할을 해보라는 것이었습니다.

"서원을 하고 하나님 앞에 특별히 감사를 드리고 싶어하는 사람이 네 명이 있는데, 그들은 하나님 앞에 제사를 드릴 만한 여유가 없다. 그런데 마침 바울 당신이 왔으니 잘 된 것 아닌가? 당신이 비용을 대고, 당신도 그들과 함께 나실인의 서약을 하며 30일 동안 성전에서 율법을 지키면 예루살렘 교인들의 오해가 풀릴 것이다. 어려운 사람을 위해 비용을 대어 사람들에게 칭찬도 들을 수 있고, 당신이 실제로 나실인의 서약을 함으로써 당신이 율법을 무시한다고 하는 오해도 풀 수 있고, 이것도 좋고 저것도 좋지 않으냐."

사실 바울은 이 권면을 받아들이기 몹시 어려운 입장이었습니다. 이방 교회의 장로들과 함께 예루살렘에 와 있는 상태였기 때문입니다. 예루살렘 교회를 돕기 위해 구제금을 들고 온 이들은 유대인이 아니라 모두 이방인이었습니다. 이 이방인들은 율법과는 상관이 없는 사람들이었습니다. 바울은 이들에게 구원받기 위해 율법을 지킬 필요는 없으며 오직 예수를 믿음으로만 구원받는다고 가르치며 할례 또한 받을 필요도 없다고 가르쳤습니다.

그런데 그렇게 가르친 바울 자신이 나실인의 서약을 하고는 율법을 지키는 사람으로 머리를 깎고 며칠 동안 성전에서 지내면서 마치 율법의 종이 된 것처럼 행동하기란 어려운 일이었습니다. 때문에 바울은 상당히 고민했을 것입니다. 예루살렘 장로들의 충고대로 하느냐, 아니면 모든 것을 다 거절하고 빨리 돌아가느냐, 이런 문제 저런 문제로 고심했을 것입니다.

교회의 평화를 위해

바울은 교회 지도자들의 권면을 따르기로 했습니다.

"바울이 이 사람들을 데리고 이튿날 그들과 함께 결례를 행하고 성
전에 들어가서 각 사람을 위하여 제사 드릴 때까지의 결례 기간이
만기된 것을 신고하니라"(21:26).

바울의 선택에서 배울 수 있는 중요한 것이 하나 있습니다. 바
울은 왜 예루살렘 장로들의 권면을 받아들였을까요? 바울에게 그
것은 분명히 자기의 어떤 주견을 꺾는 것이나 다름없는 것이었는
데도 왜 듣고, 왜 양보하고, 왜 타협했을까요? 여러 가지 이유를 찾
을 수 있겠지만 크게 두 가지로 정리할 수 있습니다.

하나는 예루살렘 교회의 평화를 위해 바울이 양보한 것입니
다. 교회의 평화를 위해 가끔은 중대한 것을 양보하기도 해야 합
니다. 바울이 나실인의 서약을 하고 머리를 깎고 성전에 들어가기
로 했지만 그렇게 했다고 해서 예수님의 복음을 양보한 것은 아니
었습니다. 예수 믿음으로 구원을 얻는다고 하는 자신의 믿음과 변
하지 않는 복음을 양보한 것이 아닙니다. 복음은, 하나님의 진리는
절대로 양보할 수가 없는 것입니다. 그러나 교회의 평화를 위해 바
울은 자신이 양보하는 것이 옳다고 생각했을 것입니다. 자신의 고
집대로 행동했다가는 예루살렘 교회 안에 어려운 문제가 일어나고
장로들과 양 떼 사이에 상당히 골치 아픈 문제들이 생길 수 있기
때문에 차라리 나실인의 서약을 함으로써 예루살렘 교회가 평안하
기를 바랐던 것입니다.

이것은 참 중요한 진리입니다. 한번 생각해 봅시다. 일이 중
요합니까, 아니면 교회의 평화가 중요합니까? 물론 경우에 따라 다
르겠지만 일반적으로 지역 교회를 놓고 일이 중요하냐, 교회의 평화

가 중요하냐를 따질 때는 교회의 평화가 더 중요합니다. 교회의 평화가 깨지면, 그래서 많은 양 떼가 서로에게 상처를 주고 상처를 받아 교회가 은혜 받을 수 있는 분위기가 완전히 깨지게 된다면 아무리 주님을 위한 사역이나 사업에 많이 투자하고 땀 흘리고 노력한다 할지라도 은혜 받을 수 없기 때문입니다.

그러므로 아무리 중요한 일이라 하더라도 그것 때문에 교회의 평화가 깨질 위험이 있을 때는 일단 멈춰야 합니다. 이 원칙에서 교회의 일을 다루어야 합니다. 그런데 많은 경우 교회가 너무 일에 욕심을 내다가 교회의 평화를 다 깨뜨리고 양 떼가 상처 입어 이리저리 뿔뿔이 흩어지는 일들을 자주 봅니다. 바울은 하나님의 몸 된 교회에 평화가 깨지는 것을 원치 않았습니다. 차라리 자기가 이방 장로들 앞에 약간 오해를 받을망정 예루살렘에 있는 수만 명의 양 떼가 어려움을 겪고, 교회가 시험에 빠지고, 교회 지도자들이 난처한 입장에 놓이게 되는 것을 원치 않았습니다. 교회의 평화를 위해 자신을 희생한 것입니다.

자신의 뜻이 잘 관철되지 않는다고 해서 끝까지 고집을 피우는 사람은 교회에서 일할 자격이 없습니다. 아무리 자신의 말이 옳다고 할지라도 교회 평화를 더 생각해야 합니다. 그러지 않고 자신의 계획을 관철시키기 위해 자꾸 교회 안에 여러 가지 어려움을 일으키면 그 사람에게 교회란, 자기를 위한 것이지 하나님을 위한 것이 아니라는 것을 알아야 합니다.

영혼 구원을 위해

또 하나 바울이 양보한 이유가 있습니다. 그것은 바울이 고린도전서 9장 중에 말씀한 그 원리에 따른 것이라고 봅니다.

"내가 모든 사람에게서 자유로우나 스스로 모든 사람에게 종이 된 것은 더 많은 사람을 얻고자 함이라 유대인들에게 내가 유대인과 같이 된 것은 유대인들을 얻고자 함이요 율법 아래에 있는 자들에게는 내가 율법 아래에 있지 아니하나 율법 아래에 있는 자같이 된 것은 율법 아래에 있는 자들을 얻고자 함이요 율법 없는 자에게는 내가 하나님께는 율법 없는 자가 아니요 도리어 그리스도의 율법 아래에 있는 자이나 율법 없는 자와 같이 된 것은 율법 없는 자들을 얻고자 함이라 약한 자들에게 내가 약한 자와 같이 된 것은 약한 자들을 얻고자 함이요 내가 여러 사람에게 여러 모습이 된 것은 아무쪼록 몇 사람이라도 구원하고자 함이니"(고전 9:19-22).

바울이 유대인들에게 유대인과 같이 된 것은 그들을 얻고자 함이었습니다. 이 '얻고자 한다'는 말은 '구원하기 위해'라는 것이 첫째 뜻이고, '실족하지 않도록 하기 위해'가 둘째 뜻입니다. 여기서는 구원하고자 한다는 말이 우선적으로 강합니다. 한 영혼이라도 구원하기 위해 양보할 수 있는 것은 다 양보한다는 말입니다. 바울은 유대인의 영혼을 구원하기 위해 스스로 유대인이 되었고, 율법을 지키는 자들의 영혼을 구원하기 위해 율법 아래에 있는 자 같이 되었습니다. 또한 율법 없는 이방인들의 구원을 위해 율법

없는 자와 같이 되었습니다. 그는 비록 하나님께 율법 없는 자가
아니었는데도 말입니다. 또 약한 자들에게는 약한 자같이 되었습
니다.

"내가 복음을 위하여 모든 것을 행함은 복음에 참여하고자 함이라"
(고전 9:23).

바울이 그 대상에 따라 여러 모양이 되었던 것은 아무쪼록 몇
사람이라도 더 구원하고자 함이었다는 것을 성경을 통해 우리는
알 수 있습니다. 그 깊은 바울의 중심을 우리는 느낄 수가 있습니
다. 예루살렘에 있는 많은 유대인들이 예수 믿도록 하기 위한 뜨거
운 마음에서 우러나온 행동이었습니다. 믿음을 포기하는 일이 아
닌 이상, 또 하나님의 진리를 거스르지 않는 이상 한 영혼을 구원
하기 위해서 필요한 일이라면 기꺼이 하는 것, 이것이 바울의 정신
이었습니다.

오늘 우리에게는 바울과 같은 정신이 있습니까? 예수 믿는 사
람들은 적극적인 자세를 가지고 희생해야 합니다. 우리가 희생하
지 않아서 오늘 기독교가 문제를 안고 있는 것입니다. 한 사람의
영혼을 구원하는 데 필요한 희생이 무엇인지 뻔히 알고 있으면서
도 지불하지 못하기 때문입니다. 양보하지 못하기 때문입니다. 희
생하지 못하기 때문입니다. 우리 모두가 가책을 느껴야 합니다. 바
울처럼 머리를 깎아야 될 때는 깎아야 합니다. 한 사람을 구원할
수만 있다면 머리 깎는 것은 문제가 되지 않습니다.

바울이 체포되다

교회 장로들과 바울의 노력에도 불구하고 결국 사건이 일어났습니다. 예루살렘 교인들이 아니라 아시아로부터 온 유대인들이 사건을 일으켰습니다. 이 사람들은 그리스도인들이 아니었습니다. 아시아에서 선교할 때 바울을 따라다니면서 핍박하고, 바울을 쫓아내고, 나중에는 바울을 돌로 쳐서 실신 상태에 빠뜨리기도 하고, 바울을 죽이려고 음모를 꾸민 사람들인데, 유월절을 지키기 위해 예루살렘에 왔다가 바울을 본 것 같습니다. 그들은 거짓말을 늘어놓기 시작했습니다.

> "외치되 이스라엘 사람들아 도우라 이 사람은 각처에서 우리 백성과 율법과 이 곳을 비방하여 모든 사람을 가르치는 그 자인데 또 헬라인을 데리고 성전에 들어가서 이 거룩한 곳을 더럽혔다 하니" (21:28).

첫 번째 거짓말은 바울이 율법과 예루살렘 성전을 훼방했다는 것입니다. 그러나 바울은 율법을 훼방하지도, 예루살렘 성전을 훼방하지도 않았습니다. 또 유대 백성들을 훼방한 일도 없었습니다. 한마디로 새빨간 거짓말이었습니다.

두 번째 거짓말은 헬라인을 데리고 성전에 들어갔다는 것입니다. 여기서 말하는 '성전'은 이스라엘 사람들만 들어가는 이스라엘 뜰을 이야기합니다. 이방인은 절대 들어가지 못하는 곳이었습니다. 이방인의 경우 들어갔을 때 죽여도 된다고 로마법에서 허용할 정도였습니다. 이런 곳에 바울이 헬라인을 데리고 들어갔다고 거짓말을 했습니다.

그렇다면 바울이 실제로 들어갔습니까? 들어가지 않았습니다. 구제금을 가지고 함께 예루살렘에 온 에베소 사람 드로비모라는 사람이 이방인들이 들어가도 되는 뜰에서 바울과 같이 있었던 사실을 왜곡한 것입니다. 바울이 데리고 이스라엘 뜰로 들어갔다고 말입니다. 이방인들을 함부로 데리고 들어가서 예루살렘 성전을 더럽혔다는 소문에 이스라엘 사람들은 흥분했습니다. 삽시간에 소동이 일어났습니다. 바울이 최대 위기를 당하게 된 것입니다.

군중의 기질을 주의해야 합니다. 참말과 거짓말을 분별하지 못하는 것이 군중의 기질입니다. 그저 선동에 맹목적으로 흥분해 버리는 것이 군중의 기질입니다. 사탄은 이 군중의 기질을 이용할 때가 많습니다. 역사적으로 교회가 이러한 군중심리 때문에 얼마나 어려움을 당했습니까? 네로 황제의 로마 방화와 교회 핍박이 한 예입니다. 얼마나 많은 그리스도인들이 이와 같은 억울한 거짓말에 속은 군중 때문에 희생을 당했는지 모릅니다. 이 원수를 누가 갚아 줍니까? 하나님이 갚아 줍니다. 기독교 역사를 한번 보십시오. 마귀가 거짓말로 선동한 사람들이 기독교를 얼마나 잔인하게 짓밟고, 그것 때문에 얼마나 많은 그리스도인들이 피 흘리고, 억울하게 세상을 떠났는지 모릅니다. 그 억울함을 누가 갚아 줍니까? 재림하시는 주님이 갚아 주신다고 약속하셨습니다.

위기에서 건지신 하나님

바울이 죽을 위기에 처했을 때 하나님께서는 이미 그를 건져줄 준비를 하고 계셨습니다. 하나님이 천부장을 보내 바울을 끌어내 온 것입니다.

"바울이 층대에 이를 때에 무리의 폭행으로 말미암아 군사들에게 들려가니"(21:35).

얼마나 심각한 상황이었는지 보십시오. 바울이 층대에 이를 때에 사람들이 바울을 폭행하여 바울은 군사들에게 들려갔습니다. 아마도 어깨에 메고 나왔나 봅니다. 사람들이 바울을 죽일 것 같으니까 군인들이 어깨에 메고 나온 것입니다.

저는 사실 이해가 잘 안 됩니다. 왜 하나님께서 예루살렘에서 바울에게 이와 같은 어려운 상황을 당하게 하셨을까요? 바울의 고초는 여기서 끝이 아니라 사실 이제부터 시작입니다. 이렇게 붙들린 바울은 약 2년 동안 감옥살이를 하게 됩니다. 그 2년 동안 선교활동을 하지 못했습니다. 성경도 한 권 쓰지 않았습니다. 2년 동안 가이사랴 감옥에서 허송세월한 것 같은 느낌조차 받습니다. 왜 하나님이 그렇게 하셨을까요? 그 모든 과정이 로마에 보내기 위해서였다면 무엇 때문에 2년 동안 감옥에 넣어서 바울을 고생시키셔야 했을까요? 바울도 그 이유에 대해서는 설명하지 않았습니다. 그러나 이 모든 과정에 하나님의 깊은 어떤 뜻이 있었다는 것을 믿습니다.

하나님께서는 아마도 바울을 그 바쁘고 힘들고 쉴 틈이 없는 선교 현장에서 이끌어 내셔서 억지로 쉬게 만들어 놓으신 것 같습니다. 그 장소가 비록 가이사랴 감옥이었지만 무조건 갇혀서 꼼짝 못 하는 생활이 아니었습니다. 마음대로 출입할 수 있도록 자유가 허용되었고, 앞뒤로 로마 군인들의 호위를 받으며 안전하게 2년 동안 쉴 수 있었습니다. 아마도 앞으로 닥칠 로마에서의 싸움이 너무나 격렬한 것이기에 하나님께서 바울을 특별히 쉬게 해서 안식년을 준 것 같다는 생각이 듭니다. 이 해석이 맞는지 안 맞는지 모르겠습니다. 그러나 이 생각 외에는 무엇 때문에 하나님이 그렇게 하셨는지 이해를 못 하겠다는 게 솔직한 고백입니다.

바울이 체포되어 긴 세월 옥고를 치른 것과 같이 가끔 우리에게도 이해하지 못할 일들이 일어납니다. 그러나 그것마저도 하나님께서 선하신 뜻을 가지고 인도해 주신 것이라는 것을 믿어야 하겠습니다.

사도행전 22장

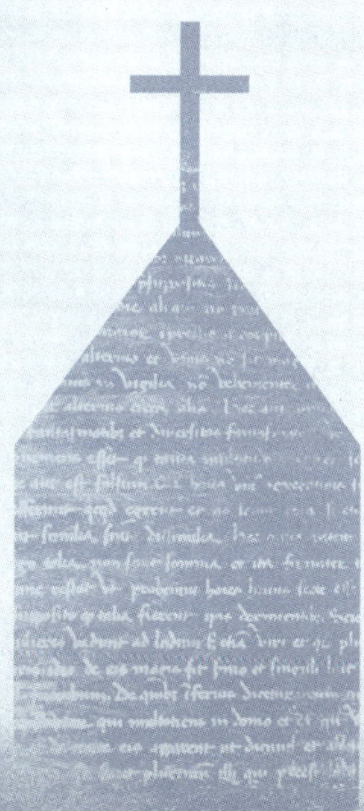

81 부형들아 들으라

그가 또 이르되 우리 조상들의 하나님이 너를 택하여 너로 하여금 자기 뜻을
알게 하시며 그 의인을 보게 하시고 그 입에서 나오는 음성을 듣게 하셨으니
네가 그를 위하여 모든 사람 앞에서 네가 보고 들은 것에 증인이 되리라
이제는 왜 주저하느냐 일어나 주의 이름을 불러 세례를 받고 너의 죄를 씻으라 하더라
_ 사도행전 22:14-16

사슬에 매였으나 하늘의 권세로

사도행전 22장의 말씀을 읽으면서 사도 바울이 지금 어떤 상황에 처해 있는가를 눈을 감고 상상해 봅시다. 이를 갈며 포악한 난동을 부리던 유대인들에게 이리 뜯기고 저리 뜯겨서 살아남지 못할 것 같은 위기에서 겨우 건짐을 받았지 않습니까? 그래서 백부장들이 자기 군사를 동원해서 바울을 구해 나오는 장면입니다. 그런데 바울이 천부장에게 요구를 했습니다. 사람들에게 전할 말이 있다는 것입니다.

쇠사슬에 매인 바울의 모습, 갈기갈기 찢긴 옷, 피멍이 든 얼굴, 헝클어진 머리를 한 채 층대 위에 서 있는 바울의 모습이 떠오릅니다. 표독스러운 눈으로 바울을 노려보고 있는 많은 사람들도 눈에 선하게 보이는 듯합니다. 바울이 드디어 그 청중을 향해 입술을 뗍니다. 그것도 태연자약하게 말입니다. 바울에게는 청중을 압도하는 위력이 있었습니다. 하나님이 그에게 함께하시는 데서 나오는 권세가 있었습니다.

성령 충만한 바울은 말하지 아니하고는 못 견딜 마음의 어떤 충동이 있었습니다. 바울은 이유야 어떻든 자연적으로 모인 이 예루살렘 사람들에게 한마디라도 증거하자, 이 기회를 놓치지 말고 한 사람이라고 구원하고자 하는 뜨거운 열정으로 층대 위에 섰습니다. 위대한 전도자, 위대한 사도의 모습입니다. 바울의 그 열정과 그 뜨거운 마음을 생각하면 우리는 성경을 읽을 자격조차 없다는 생각이 듭니다. 바울은 그렇게 찢긴 자신의 모습을 절대 부끄러워하지 않았습니다. 디모데후서 1장 8절 말씀처럼 주를 위하여 갇힌 자신을 부끄러워하지 않았습니다. 그러므로 바울은 사슬에 매인 자신을 부끄러워하지 아니하고 부지런히 찾아온 오네시보로를 칭찬했습니다. 바울은 그런 사람이었습니다. 외모는 어떻든지, 세상 사람들이 자기를 보고 무엇이라고 하든지 사람의 말을 듣기보다는 하나님의 말씀 듣기를 원하는 사람이었습니다. 이것이 바울의 자세였습니다.

층대에 서서 성난 군중을 바라보고 있는 바울의 모습에서는 마치 순교 직전의 스데반의 모습처럼 어딘지 모르게 다른 사람들이 범접할 수 없는 거룩함과 하나님의 영광이 있었을 것입니다. 예수를 믿는 우리 또한 바울의 이 영광과 권세를 회복해야 합니다. 집은 찌그러져 가도 예수 그리스도의 영광이 우리에게 있고, 누추한 옷을 입고 있다 해도 예수를 이야기하는 우리 모습에서 다른 사람들을 압도할 수 있는 권위와 권세와 능력이 나타나야 합니다.

바울의 간증

바울이 드디어 메시지를 전하기 시작했습니다. 간증으로 그 문을 열었습니다. 자기가 어떻게 예수 그리스도를 만나게 되었는가를 간증했습니다. 간증은 바울이 상당히 많이 사용한 메시지 전달 방법이었습니다. 이러한 패턴으로 메시지를 전한 경우가 사도행전 22장과 26장에 기록되어 있습니다. 바울이 메시지를 전할 때 간증을 먼저 들고 나왔던 이유는 무엇일까요?

간증에는 이점이 참 많습니다. 간증은 전하는 자가 강한 확신으로 표명하는 것이기 때문에 듣는 이 역시 확신을 가질 수 있도록 하는 데 상당히 큰 작용을 합니다. 그러므로 '내가 예수를 믿습니다', '내가 예수를 보았습니다', '나는 예수를 나의 구원자로 확신합니다', '나는 예수 믿기 전에 이런 사람이었습니다' 하고 자신 있게 말할 수 없는 사람은 간증을 할 수 없습니다. 주어인 '나'가 빠져 버리면 간증이 안 되기 때문입니다.

이와 같이 자기 확신을 사실적으로 전달하는 간증은 자연히 상대방의 마음을 쉽게 사로잡는 이점이 있습니다. 뿐만 아니라 상대방이 쉽게 들을 수 있습니다. 일단 당사자에게서 소화된 것을 이야기로 듣기 때문에 들을 때 부담이 없습니다. 그래서 바울은 중요한 기회마다 간증을 사용한 것으로 보입니다. 그는 예루살렘 군중 앞에서도, 이후 아그립바 왕 앞에 설 때도, 재판받을 때도 간증을 했습니다. 아마도 사도행전에 일일이 다 기록되어 있지는 않지만 바울은 이방 선교를 할 때마다 필요한 경우 간증을 잘 들고 나왔을 것이라 생각합니다. 사도행전을 기록한 누가는 바울을 일생 동안 따라다니며 그의 간증을 수십 번도 넘게 들었을지도 모릅니다.

바울이 간증을 보면 경우에 따라 스타일을 약간씩 바꾸는 것을 볼 수 있습니다. 22장과 26장을 비교해 보면 좀 다른 면이 있습니다. 상황에 따라서 간증의 길이를 줄이기도 하고 늘리기도 하고, 상황에 따라서 간증의 어떤 부분은 생략하기도 하고 또 보완하기도 했습니다. 그때 그때 성령께서 인도하시는 대로 간증을 잘 활용했습니다.

22장에서는 자신이 예수를 만나기 전에 어떤 사람이었는가에 대해 말하며 유대인 중의 유대인이라고 표현했습니다. 열심히 예수 믿는 사람을 핍박하던 사람이라고 했습니다. 개종 전 자신의 모습을 이렇게 이야기한 다음에 드디어 다메섹 도상에서 예수님을 어떻게 만나게 되었는가를 이야기하고, 그러고 나서는 그가 다메섹으로 가서 아나니아를 통해 무슨 말을 들었는가를 이야기했습니다. 그다음에 아라비아로 갔다가 아라비아에 가서 3년 동안 주님과 깊은 교제를 나누고 계시를 받은 다음에 3년 후 돌아와서 예루살렘에 잠깐 들렀을 때에 그가 비몽사몽 간에 보았던 환상을 이야기했습니다.

이 환상에 대한 이야기로 간증은 중단되고 말았습니다. 환상

중에 주님이 나타나셔서 이방으로 자신을 보내셨다는 말을 하자 그 말에 화가 치민 군중이 소동을 일으켰기 때문입니다. 옷을 벗어 던지고, 티끌을 날렸습니다. 간증이 그대로 진행되었더라면 복음 제시까지 이어졌을 텐데 중간에 소란이 일어나는 바람에 복음 제시를 하지 못했습니다. 이것이 22장에 나타난 바울의 간증 스타일입니다.

26장의 간증을 보면 개종 전에 자기가 어떤 사람이었는지를 이야기하고 나서 개종 사건을 이야기합니다. 그러나 22장에서 본 간증과는 달리 다메섹에 들어가 아나니아를 통해 들은 이야기는 전부 생략했습니다. 그리고 예루살렘에 갔던 이야기도 생략했습니다. 대신 어떻게 주님께서 자기를 이방에 보내어 자신이 지금까지 전도했는지, 왜 자신이 유대인들에게 이와 같이 미움을 받고 핍박 받는지 그 이유를 마지막으로 증거하고 간증이 끝납니다.

간증이 있는가

바울의 간증을 보면서 한번 자문해 보았으면 합니다. 우리도 바울처럼 항상 간증이 준비되어 있습니까?

"너희 마음에 그리스도를 주로 삼아 거룩하게 하고 너희 속에 있는 소망에 관한 이유를 묻는 자에게는 대답할 것을 항상 준비하되 온유 와 두려움으로 하고"(벧전 3:15).

예수를 믿지 않는 사람들, 예수를 믿는 사람들을 핍박하는 사람들이 와서 우리의 소망에 대해 질문한다면 항상 온유한 마음과 겸손한 마음으로 대답할 수 있도록 늘 준비해 두라고 성경은 당부하고 있습니다. 그리스도를 다른 사람에게 쉽게 전하기 위해서 간증이라는 도구를 항상 준비하고 있습니까?

일반적으로 바울처럼 극적으로 예수를 믿게 된 사람들은 간증을 좋아합니다. 할 이야기가 있기 때문입니다. 그런 사람들은 늘 간증이 준비되어 있고, 안 믿는 사람을 만나든지, 친구를 만나면 쉽게 간증이 터져 나옵니다. 반면 간증하기 어려운 사람이 있습니다. 어릴 때부터 예수를 잘 믿어서 언제 믿었는지 알 수가 없는 경우가 그렇습니다. 예수님을 영접했다고 말할 수 있는 특별한 순간이 없습니다. 이것은 어느 면에서는 비극이라고 생각합니다. 그래서 만약에 내가 간증을 한다면 무엇을 간증할까를 늘 생각했습니다. 믿지 않는 사람이 내 간증을 듣기를 원한다면 나는 어떤 식으로 간증할까 고심했습니다. 나는 바울처럼 다메섹의 체험도 없고, 다메섹 이전에 믿는 사람을 핍박한 경력도 없습니다.

그러나 할 이야기는 분명 있습니다. 예수 믿는 집안에서 태어났고 자랐다는 그것을 간증하고 싶지는 않습니다. 저는 예수 믿는 집안에 태어났다는 사실 때문에 제가 예수를 믿게 되었다고 생각하지 않습니다. 제가 이야기하고 싶은 것은 어떤 계기로 예수님이 저의 구주라는 것을 분명히 확신하게 되고 마음으로 뜨겁게 감격하고 주님 앞에 저를 헌신할 수 있었는가에 대한 것입니다. 그리고 그 확신을 갖게 된 이전과 이후의 관계를 이야기해야겠다 생각했습니다. 여기에 덧붙여 예수님이 지난 세월 동안 주님을 영접한 후

제 마음속 깊은 곳에서 어떻게 주님이 저와 함께 동행하셨으며 저를 인도해 주셨는가, 그분의 위치가 얼마나 저에게 중요한가를 말하고 싶습니다. 또한 그 예수님 때문에 갖게 된 놀라운 하늘의 소망, 영생의 기쁨, 하나님 아버지가 저의 아버지인 것을 믿을 때마다 항상 마음 든든한 제 심정을 이야기할 수 있습니다.

자신만의 간증을 하나 하나 구체화하기를 바랍니다. 그래서 큰 사건이 아닌 것 같지만 진실하게 그리고 논리적으로 정리해서 간단하게 제시하면 듣는 사람에게 하나님의 감화가 따라올 수가 있을 것입니다. 바울처럼 한 사람이라도 구원하기를 원하는 뜨거운 열정이 있습니까? 그들에게 복음을 전할 수 있는 좋은 도구인 간증을 항상 준비해 다닙시다. 바울처럼 쇠사슬에 매인 순간이라도 말할 수 있도록 말입니다.

그런데 반드시 한 가지 알아 두어야 할 부분이 있습니다. 간증은 복음을 제시할 때 좋은 방법 중에 하니지만 간증이 곧 복음은 아니라는 것입니다. 다시 말해 간증 그 자체는 복음이 아닙니다. 간증은 어디까지나 예수 그리스도의 복음을 전해 주기 위한 하나의 서론에 불과합니다. 전도를 받는 이가 방어하는 마음을 좀 풀고 관심을 기울이도록 하기 위한 하나의 방법일 뿐입니다. 그러므로 간증만

잔뜩 이야기해 놓고 복음을 제대로 제시하지 않고 끝나 버리면 그것은 전도가 아닙니다. 결국 사람의 마음을 사로잡는 것은 십자가의 능력이요, 하나님 앞에 무릎 꿇게 하는 것은 나사렛 예수 그리스도의 이름뿐입니다.

그분이 우리를 위하여 죽으심과 그분이 우리를 위해 다시 살

아나셨다는 복음만이 듣는 사람의 마음을 사로잡는 능력이 있고, 어두움을 쫓아내는 능력이 있습니다. 간증은 예수 그리스도를 모셔다가 상대의 마음에 소개해 주는 보조적인 역할을 하는 도구입니다. 간증 그 자체가 사람을 변화시키지는 않습니다.

의미 없는 고난을 피하다

바울이 간증을 하다가 말을 끝맺지 못하고 결국 중단하고 말았습니다. 상황이 그렇게 돌아가자 더 이상은 내버려 두어서는 안 되겠다 싶은 천부장이 바울을 군대 막사 안으로 데려갔습니다. 천부장과 군사들은 히브리어를 전혀 알아듣지 못했기 때문에 도대체 바울이 무슨 죄를 얼마나 범해서 온 성 안이 소동을 했는지 알지 못했습니다. 그래서 바울을 고문해 그것을 알아내려는 계획을 세웠습니다.

그들은 바울을 가죽 줄로 맸습니다. 가죽 줄로 맨다는 것은 예수님께서 십자가에 달리시기 직전에 당했던 채찍질을 의미합니다. 이것은 무서운 형벌이었습니다. 이 형벌을 받은 대부분의 사람은 죽거나 미쳐 버릴 정도였다고 합니다. 그러나 로마 사람에게는 절대로 이 형벌을 가하지 않았습니다. 왜냐하면 인간을 개로 취급하는 것이나 다름없었기 때문입니다. 로마 시민권을 가진 사람은 아무리 중벌을 범했다 할지라도 이 형벌은 가하지 않았다고 합니다.

"가죽 줄로 바울을 매니 바울이 곁에 서 있는 백부장더러 이르되 너희가 로마 시민 된 자를 죄도 정하지 아니하고 채찍질할 수 있느냐 하니"(22:25).

바울도 이 형벌이 무엇인지를 알았습니다. 그래서 어떻게 대처했습니까? 자신이 로마 시민이라 밝히고 법적인 절차를 따져 물었습니다. 로마 시민이라는 말을 듣고 놀란 천부장은 바울을 풀어주고 채찍으로 때릴 계획을 취소했습니다. 이 사건을 놓고 이 장면에서 바울이 실패했다고 보는 견해가 있습니다. 바울이 형벌을 피하기 위해 로마 시민권을 이용하는 아주 비겁한 행동을 했다는 것입니다.

그러나 저는 그렇게 보지 않습니다. 왜냐하면 쓸데없는 고문은 당할 필요가 없기 때문입니다. 바울을 비판하는 사람은 이 대목에서 다음과 같은 질문할 것입니다. "그러면 왜 바울이 빌립보 감옥에 갇혔을 때는 실라와 함께 그렇게 두들겨 맞았느냐, 왜 그때는 시민권이 있다고 하지 않았느냐, 그때는 그렇게 대범하게 매를 맞으면서 모든 것을 참았는데, 왜 여기서는 그렇게 비겁하게 행동했느냐"고 말입니다. 이 비판은 바르지 않습니다. 분명히 빌립보 감옥에서는 바울이 시민권을 내놓지 않은 어떤 이유가 있었습니다. 그리고 성령께서 분명히 그를 인도하셨다고 봅니다. 빌립보 감옥에서 바울이 매를 맞았기 때문에 간수 집안이 구원받아 그들이 빌립보 교회의 개척 멤버가 되었습니다. 하나님의 뜻이 있었습니다.

바울은 아마도 채찍을 맞을 필요가 없다고 생각한 것 같습니다. 장차 로마에 가서 로마의 황제 앞에 복음을 전해야 되는데, 하나님께서 분명히 이 소명을 자신에게 주셨는데 로마에 가기도 전에 매를 맞다가 희생과 어려움을 당하면 그것은 지혜로운 방법이 아니라고 생각했을 것입니다. 게다가 예루살렘의 고문은 빌립보 감옥에서 매 맞는 것과는 상대가 안 되는 고문이었습니다. 저는 하나님께서 바울에게 시민권을 가지고 그 고문을 피하도록 하셨다고 봅니다.

예수 믿는 사람은 십자가를 짊어져야 하고, 복음을 위해 어떤 때는 고통도 당해야 되고 고난도 받지만, 의미 없는 고난과 십자가는 질 필요가 없다고 봅니다. 피할 수 있는 일은 피하고, 안 맞아도 되는 매는 안 맞는 게 맞습니다. 하나님의 종들, 또 주님의 자녀들에게는 하나님의 이와 같은 역사가 순간순간마다 정확하게 마음속에 보인다고 생각합니다. 그러므로 바울이 고문을 피했다고 해서 비겁한 것도 아니요, 이 고문을 피했다고 그가 실패한 것도 아닙니다. 그는 떳떳하게 한 것입니다.

사
도
행
전 24
장

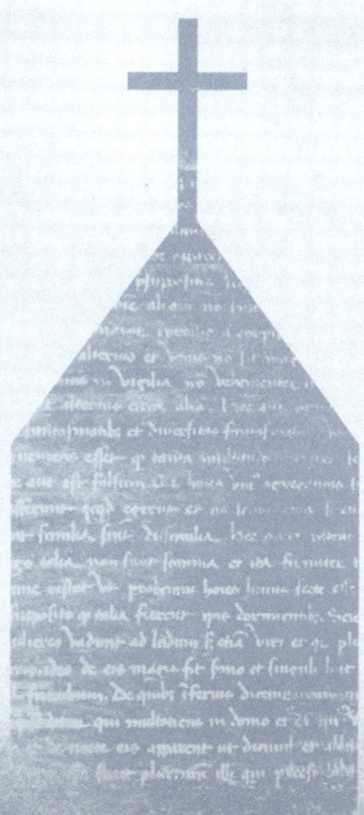

82 벨릭스 총독 앞에 서다

복음을 증거하는 자리

사도행전 23장과 24장에서는 바울이 산헤드린 공회와 로마 총독 벨릭스 앞에서 재판 받는 장면을 보게 됩니다. 이 두 재판은 모두 결과 없이 끝납니다. 산헤드린에서 벌어진 유대인 지도자들의 재판도, 가이사랴로 호송되어 로마 총독 앞에서 받은 재판도 시간만 끌었을 뿐 결과가 없습니다.

"주께서 이르시되 가라 이 사람은 내 이름을 이방인과 임금들과 이스라엘 자손들에게 전하기 위하여 택한 나의 그릇이라 그가 내 이름을 위하여 얼마나 고난을 받아야 할 것을 내가 그에게 보이리라 하시니"(9:15-16).

바울이 재판 받는 모습에서 사도행전 9장 말씀이 떠오릅니다. 예수님께서 아나니아에게 나타나셔서 바울을 찾아가라고 하시며 중요한 말씀을 하셨습니다. 바울은 예수 그리스도의 이름을 위하여 첫째는 이방인, 둘째는 임금들, 셋째는 이스라엘 자손에게 복음을 증거하게 될 사람이라는 것입니다. 또한 복음을 위해 서되 평안하게 서지 못한다는 것과, 해를 많이 받는 가운데 그리스도를 증거하리라는 것을 예언적으로 말씀하셨습니다.

바울은 예수님의 말씀대로 여러 해 동안 이방인들 앞에서 복음을 증거했습니다. 1차 선교 여행, 2차 선교 여행, 3차 선교 여행을 통해 계속 하나님의 말씀을 이방인들 앞에서 전했습니다. 동시에 바울은 이스라엘 백성 앞에서도 전했습니다. 그렇다면 이제 누가 남았습니까? 바로 '임금들'입니다. 사도행전 23장부터 나타나는 일련의 사건들은 바울이 임금들 앞에 서기 위한 하나의 작업이었다고 볼 수 있습니다.

산헤드린 공회에서 재판받은 것은 유대 나라의 정치적인 임금들 앞에 선 것이나 다름이 없었습니다. 공회원이었던 대제사장들과 장로들은 최고의 권력자들이었기 때문입니다. 바울은 이 산헤드린 공회의 재판 이후 유대 임금들뿐만 아니라 로마 황제가 임명해서 팔레스타인 지역을 총괄토록 한 총독 앞에서도, 더 나아가 로마 황제 가이사랴 앞에서도 하나님의 말씀을 증거하게 됩니다. 세상의 임금들이 보기에는 죄인을 재판하는 자리였지만 하나님의 사람 바울에게는 임금들에게 복음을 증거하는 자리였던 것입니다.

23장의 공회는 산헤드린 공회를 말합니다. 산헤드린 공회는 유대 나라의 의결기관으로 최고 권한을 가진 기관이었습니다. 공회의 회장은 대제사장이 되었고, 공회원의 회원 수는 70인이었습니다. 공회원은 바리새파에서 나온 사람들, 사두개파에서 나온 사람들로 구성되었고, 거기에 백성들의 대표인 장로들이 포함되어 있었습니다. 한마디로 산헤드린 공회는 유대 나라의 중요한 세 그룹의 대표들로 이루어져 유대 나라 전체의 중요한 문제들을 의결하고 또 그들의 통치자인 로마 황제로부터 오는 명령을 이스라엘 백성에게 전달하는 역할도 하면서 이스라엘 백성의 영육의 모든 문제를 관장하는 아주 막강한 권력을 가진 기관이었습니다.

산헤드린 공회 앞에 제일 처음 선 사람은 예수님이었습니다. 예수님은 산헤드린 공회 앞에 서서 빔새도록 불법 재판을 받다가 날이 샌 다음에 빌라도에게 넘겨졌고, 아무 죄도 정해진바 없이 처형되셨습니다. 예수님의 뒤를 이은 사람은 스데반입니다. 예수님이 섰던 그 자리에 스데반이 예수님의 이름 때문에 서게 됩니다. 스데반 역시 재판다운 재판을 받지 못한 채 그야말로 폭도들에게 끌려가서 죽음을 당했습니다. 그다음에 공회 앞에 선 인물은 베드로와 요한입니다. 그런데 이상하게도 하나님께서는 베드로와 요한은 살려 내셨습니다. 사형을 앞둔 전날 밤 천사를 보내서 그 무서운 감옥에서 끌어 내셨습니다. 베드로와 요한에게 특별히 할 일이 남아 있었기 때문에 하나님께서 데리고 가시지 않기로 작정하신 것이 틀림이 없습니다. 베드로와 요한 이후 이제 바울이 산헤드린 공회에 서게 되었습니다.

그들에게 없는 것

여기서 한 가지 의문이 생깁니다. 왜 하나님께서는 그렇게 지체 높은 사람들에게 복음을 주실 때 그들과 맞먹는 사람이나 그들이 감히 내려다보지 못할 사람들을 보내지 않으셨을까 하는 것입니다. 왜 하필이면 하나님은 죄수의 신분을 가지고 선 사람을 통해 복음을 전하게 하셨을까요? 예수님도, 스데반도, 베드로와 요한도, 바울도 죄수의 신분으로 서게 된 데는 분명 하나님의 깊은 뜻이 있었을 것입니다. 모두 죄수의 모습으로 그 높은 사람들 앞에 서게 만드시고 그 입을 통해 예수 그리스도를 이야기하게 하신 하나님의 뜻을 어떻게 이해해야 할까요?

하나님께서는 높은 곳에 있는 사람일수록 낮은 사람을 들어 전도하게 하십니다. 사실 재판석에 앉아서 재판하는 사람에게 죄수의 몰골이란 참으로 천하기 이를 데 없지 않습니까? 자신의 명령에 따라 생사가 갈리는 초라한 목숨으로 보일 뿐입니다. 거드름을 피우며 재판하는 사람 앞에 죄인의 존재가 뭐가 그렇게 대단하겠습니까?

열매가 어떠했는지는 알 수 없습니다. 바울이 전한 증거에 산헤드린 공회원 중 한 사람이라도 예수 믿고 돌아왔다는 기록이 없습니다. 벨릭스 총독 앞에서도 예수 그리스도를 증거했지만 총독이 회개했다는 증거는 없습니다. 우리가 보기에는 아무런 열매가 없는데도 왜 하나님이 그렇게 하셨을까요? 그것은 모릅니다. 최후의 심판 날에나 알 수 있지 않겠습니까?

천한 자들을 들어 높은 자들을 부끄럽게 하시는 하나님의 그 지혜에 머리를 숙이지 않을 수가 없습니다. 모든 것을 다 가졌다고 생각하는 세상의 높은 사람들은 때때로 아주 비천한 사람들을 보며 깜짝 놀라게 됩니다. 자기들이 지위나 돈으로도 사지 못하는 것을 그 천한 사람이 갖고 있는 것을 보기 때문입니다. 아름다운 사람을 데리고, 좋은 집에서 살며, 먹고 싶은 것 다 즐기며 살아도 자신이 누리지 못하는 것을 쇠사슬을 차고 있는 천한 사람이 누리고 있는 것을 봅니다. 그것은 한마디로 충격입니다.

벨릭스 총독도 바울에게서 그것을 보았을 것입니다. 네로 황제 또한 짐승에게 찢기어 죽는 많은 그리스도인들에게서 그것을 보았을 것입니다. 또한 그것이 얼마나 무서운 능력인지도 알았습니다. 바울을 앞에 놓고 재판하던 산헤드린 공회원들은 그래서 질릴 수밖에 없었던 것입니다. 1세기 때 그 비참한 노예생활을 하던 사람들이 상류계급의 귀족들을 감동시킬 수 있었던 것은 그들 내면에 있는 행복, 기쁨, 만족, 감사, 평안이었습니다. 예수 이름이 주는 값진 선물을 가지고 있었던 것입니다.

천한 자일수록 높은 자의 마음을 더 사로잡을 수 있는 능력이 있습니다. 하나님께서는 그것을 사용하셨습니다. 그러므로 한 가지 알아둡시다. 생활 형편이 좋지 않거나 스스로 자격이 없다고 생각하여 항상 기가 죽어 있다든지 입을 열지 않는다면 그것은 성경을 잘 모르는 사람의 이야기입니다. 실패자일수록 예수를 증거할 수 있는 능력이 더 있습니다. 왜입니까? 성공한 사람이 가지고 있지 못한 것을 가지고 있기 때문입니다. 때문에 오히려 성공한 사람들이 그 마음을 통해 쉴 수가 있습니다. 가난한 사람이 가난함 속에서도 부자들이 누리지 못하는 행복을 누릴 수 있다면 가난한 사람들은 부자들을 꺾을 수 있는 능력이 있습니다. 이것을 알아야 합니다.

바울의 담대함

바울은 왜 하나님께서 천한 죄수의 신분으로 임금들 앞에 자신을 서게 하시고 예수 그리스도의 복음을 증거하게 하시는지 알고 있었습니다. 바울은 그래서 담대했습니다. 산헤드린 공회의 그 지체 높은 사람들을 향해 "형제들아" 하고 부를 정도였습니다. 격식을 갖추고 제대로 부르면 베드로와 요한이 했던 것처럼 "백성의 관원들과 장로들아"라고 했어야 됩니다. 아마도 재판석에 앉아 있는 사람들은 굉장히 놀랐을 것입니다. 이렇게 부른 것은 "너나 나나 뭐 다른 게 있느냐. 내가 쇠사슬을 찼다는 것뿐이지 너희하고 나하고 하나님 앞에 다른 것이 뭐가 있느냐? 형제들아 내 말을 들으라"는 의미였기 때문입니다.

바울의 담대함은 여기서 멈추지 않았습니다. 나중에는 공회원들 사이에 싸움을 붙여 놓았습니다. 지능적으로 70명이 두 갈래로 나뉘게 한 뒤 서로 물고뜯게 만들어 놓았습니다. 얼마나 격론이 심했던지 바울을 가운데 놓고 한쪽에서는 바울을 변호하려고 달려들고, 다른 한쪽은 잡아뜯으려고 달려들었습니다. 바울이 나중에는 찢겨 죽을 입장이 될 정도가 되어 버렸습니다. 그런 상황이 되다 보니 군인들이 바울을 끌어냈습니다. 결국 산헤드린 공회에서는 바울 자신이 재판을 주도한 결과가 되고 말았습니다.

바울의 담대함은 성령 충만으로서 가능했습니다. 사도행전을 보면 성령 충만한 사람에게 담대하다는 말을 많이 쓰고 있습니다. 이들의 한결같은 공통점은 사람을 두려워하지 않는다는 것과 죽음도 두려워하지 않는다는 것입니다. 생명을 내걸고 담대히 하나님의 말씀을 증거했습니다.

"오늘까지 나는 범사에 양심을 따라 하나님을 섬겼노라 하거늘"
 (23:1).

바울의 담대함에는 또 다른 이유가 있었습니다. 바로 깨끗한 양심입니다. 바울이 소리진 깃치럼 그는 범사에 양심을 따라 하나님을 섬겼습니다. 바울의 이 말에 대제사장은 찔림을 받을 수밖에 없었습니다. 대제사장이야말로 온갖 권모술수를 부리며 약자 위에 군림하는 사람이었기 때문입니다. 그는 '양심'이라는 말에 화가 났습니다. 그래서 옆에 있는 사람에게 이렇게 말했습니다.

"그 입을 치라"(23:2).

바울은 담대했습니다. 양심이 깨끗했기 때문에 담대할 수 있었습니다. 하나님 앞에 걸릴 것이 없었습니다. 이렇게 담대한 바울한 사람으로 인해 아시아가 소란했고, 유럽이 소란했으며, 결국은 가이사랴 총독이 앉아 있는 재판석까지 예수의 복음이 울려 퍼지는 역사가 일어났습니다. 바울뿐만 아니라 누구든지 양심이 깨끗하면 대범합니다.

> "그날 밤에 주께서 바울 곁에 서서 이르시되 담대하라 네가 예루살렘에서 나의 일을 증언한 것 같이 로마에서도 증언하여야 하리라 하시니라"(23:11).

바울에게 있어서나 모든 하나님의 자녀에게 있어서 두려움이 없고 담대한 것이 얼마나 중요한지 11절 말씀을 보면 알 수 있습니다. 얼마나 중요한지 주님이 밤에 바울 곁에 나타나셔서 하신 첫 마디가 '담대하라'였습니다. 주님이 특별히 바울에게 나타나셔서 강하게 붙들어 일으켜 준 일이 꼭 세 번 있는데, 그때마다 하신 말씀이 '두려워 말라, 담대하라'였습니다.

> "밤에 주께서 환상 가운데 바울에게 말씀하시되 두려워하지 말며 침묵하지 말고 말하라"(18:9).

> "바울아 두려워하지 말라 네가 가이사 앞에 서야 하겠고 또 하나님께서 너와 함께 항해하는 자를 다 네게 주셨다 하였으니"(27:24).

고린도에서 1년 6개월 동안 전도할 때 고린도의 3분의 2가 노예들이었던 것을 기억할 것입니다. 그 사람들에게 그리스도의 복음을 전할 때 바울이 얼마나 많이 좌절했겠습니까? 어느 날 저녁

좌절한 채 무거운 마음으로 있는 바울에게 주님이 나타나셔서 격려해 주셨습니다. 그 첫마디가 바로 '두려워하지 말라'였습니다. 바울이 쇠고랑을 차고 로마로 압송될 때 풍랑을 만나 그야말로 완전히 사경을 헤매는 상황일 때도 주의 천사가 나타나서 한 첫 마디 역시 '바울아, 두려워 말라'였습니다. 주님께서 바울에게 나타나실 때마다 제일 먼저 하셨던 말씀이 '두려워 말고 담대하라'였던 것입니다.

바울도 인간이었기에 자기도 모르게 두려움에 빠지는 때가 많았다는 것을 알 수가 있습니다. 그러므로 우리는 늘 주님이 주시는 은혜로 담대함을 유지할 필요가 있습니다. 어떠한 어려움이 와도 두려워하지 않는 담대함이 우리에게 있어야 합니다.

전염병 같은 자

바울이 가이사랴로 호송되었습니다. 당시 유대에서는 과격한 젊은이들 40명이 바울을 죽이기 전에는 먹지도 않고 마시지도 않겠다는 결사를 했습니다. 그 비밀 결사의 공모가 바울의 생질을 통해 노출되어 그 사실이 천부장에게 전달되었습니다. 천부장은 바울을 살리기 위해 밤중에 군사 470명을 동원해 아무도 모르게 바울을 가이사랴로 압송합니다.

사람들은 바울을 죽이려고 했지만 하나님께서는 그것을 오히려 이용하셔서 바울을 훨씬 더 안전한 곳 가이사랴로 보내셨습니다. 게다가 400여 군사의 호위를 받으면서 말입니다. 하나님께서 오히려 해하려고 하는 사람, 악한 수단을 가지고 덤비는 사람을 통해 선을 이루신 것입니다. 악을 선으로 돌이켜 주셨습니다. 이것은 하나님의 자녀에게 나타나는 큰 역사입니다.

"닷새 후에 대제사장 아나니아가 어떤 장로들과 한 변호사 더둘로와 함께 내려와서 총독 앞에서 바울을 고발하니라"(24:1).

바울이 드디어 벨릭스 총독 앞에 서게 되었습니다. 이때 대제사장 아나니아가 어떤 장로들과 함께 더둘로라는 변호사를 데리고 왔는데, 그는 총독에게 유창하게 아첨을 떱니다. 그의 아첨은 정말 가관입니다. 총독 덕분에 태평을 누리고 총독의 선견으로 많은 것이 개선되었다고 감사의 뜻을 표하며 바울을 향하여 한마디 던집니다.

"우리가 보니 이 사람은 전염병 같은 자라"(24:5).

성경에서 말하는 전염병은 페스트를 뜻합니다. 흑사병입니다. 역사가들에 따르면 흑사병은 역사상 수억에 달하는 인명을 앗아 갔으며, 역사의 진로를 바꾸어 놓았다고 해도 과언이 아닐 정도의 무서운 병이었습니다. 그렇다면 바울더러 '전염병'이라고 말할 때 그 의미가 무엇이었겠습니까? 굉장히 무섭다, 혹은 전염률이 높다는 말과 같은 것 아니겠습니까? 사실 바울 하나를 놓고 전염병이라고 말한 것은 참 적절한 표현입니다. 그 사람들 눈에는 바울이 정말 무서운 힘을 가진 사람이었습니다. 바울 한 사람, 아무것도 아닌

한 사람 때문에 온 천하에 그리스도의 복음이 놀라우
리치 빠른 속도로 전파되고 있었으니 어쩌면 '전염병'
이라는 말이 정확한 표현이었을지도 모릅니다.

그리스도의 손에 강하게 붙들린 바울은 모든 사람
이 전염병처럼 볼 정도로 무서운 존재가 되었습니다.
이런 사람들은 세상이 감당하지 못했다(히 11:38 참조)고 성경은 말씀
하고 있습니다. 예루살렘에서 내려온 유대 나라의 임금들, 그리고
벨릭스 총독을 위시한 로마 정부를 대표한 재판관들은 쇠고랑을 찬
바울 앞에서 쩔쩔매며 어찌할 줄을 몰랐습니다. 감당하지 못했습니
다. 얼마나 하나님의 능력에 잡혀 있었으면 그랬을까요?

대한민국의 교회가 복음에 사로잡힌 전염병이 되기를 원합니
다. 하루 빨리 모든 세계 민족이 주님 앞에 돌아와 그 부패하고 굳
은 마음이 녹고 새 마음이 되어 하나님께 영광을 돌리는 날이 왔
으면 합니다. 그렇게 되기 위해서는 우리 자신부터 바울처럼 복음
의 전염병이 되어야 합니다. 그래서 내 손을 잡았을 때 병이 전염
되는 것처럼 복음이 사람들에게 전해져 예수 이름으로 구원 받는
일들이 일어나야 하겠습니다.

사
도
행
전

26
장

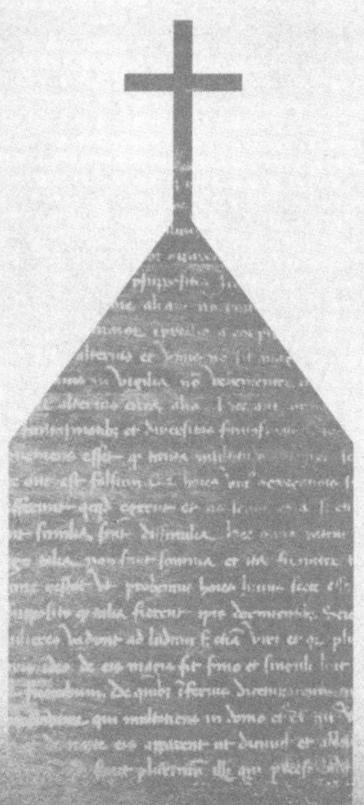

83 아그립바 왕 앞에 서다

아그립바가 바울에게 이르되 네가 적은 말로 나를 권하여
그리스도인이 되게 하려 하는도다 바울이 이르되 말이 적으나 많으나
당신뿐만 아니라 오늘 내 말을 듣는 모든 사람도 다 이렇게 결박된 것 외에는
나와 같이 되기를 하나님께 원하나이다 하니라

_ 사도행전 26:28-29

로마로 보낼 죄목

바울은 2년간 가이사랴 감옥에 수감되어 있었습니다. 그동안 그는 미결수로 재판을 기다리고 있는 중이었습니다. 바울의 재판을 맡고 있는 사람은 로마 황제의 파견을 받아 팔레스타인 지역을 관할하고 있는 총독이었습니다. 총독의 입장에서 보면 바울의 사건은 좀 난처한 면이 있었습니다. 구속할 만큼 죄가 크지는 않았지만 함부로 석방할 경우 유대인의 분노를 살 위험이 있었기 때문입니다. 민심을 잃을까 두려워한 것입니다.

그런 상황에서 시간만 보내고 있다가 벨릭스라는 덕망이 두터운 총독이 다른 곳으로 전보되고 베스도라고 하는 새 총독이 부임을 하게 되었습니다. 새로 부임한 베스도 총독 역시 오자마자 바울을 심문했습니다. 심문 결과 여전히 죽일 죄를 범한 일이 없음이 확인되었습니다. 그러나 여전히 석방은 쉬운 일이 아니었습니다. 예루살렘에 있는 지도자들이 바울을 굉장히 증오하고 있다는 사실을 알았기 때문입니다. 그런 차에 바울이 강력하게 자기를 로마에 있는 황제의 재판에 회부해 달라고 요청한 것입니다.

베스도 총독의 처지에서는 짐을 덜 수 있는 일이었습니다. 그런데 바울을 로마로 보내려니 한 가지 문제가 있었습니다. 황제의 재판에 죄수를 회부하려면 황제가 납득할 만한 어떤 죄목이 있어야 했기 때문입니다. 아무 죄가 없는 사람을 로마에 보내어 황제 앞에 세울 경우 오히려 자신이 위태로워질 수도 있었습니다. 그래서 바울의 죄목과 황제 앞에 세울 구실을 찾아야 하는데, 마침 좋은 기회가 온 것입니다.

당시 예루살렘은 이중 통치제도를 가지고 있었습니다. 헤롯 왕가에서 그 지역을 다스리는 왕이 하나 선출되었고, 또 그 사람을 감독하는 동시에 로마 황제의 명령을 직접 받아서 그 지역을 관할하는 총독이 있었습니다. 이 체제에서 시행되던 관례 중 하나가 총독이 새로 부임하면 그 지역을 관할하는 헤롯가의 왕이 인사를 오는 것이었습니다.

베스도가 부임한 지 얼마 안 되어서 헤롯 아그립바 왕은 관례에 따라 베스도 총독을 방문하게 되었습니다. 그래서 베스도는 아그립바 왕과 바울과 관련된 문제를 상의한 것입니다. "바울이라는 사람에게서 죄를 찾으려니 죄는 없고, 석방을 하자니 이건 형편상 어려운데 본인 스스로 로마로 보내 달라고 해서 로마를 보내자니 뚜렷한 무슨 죄목도 없고, 이것 참 난처하다. 그러니 내일 같이 이 사람을 심문해 보고 로마로 보낼 수 있는 구실을 찾아 보자"는 것입니다. 이렇게 해서 두 사람이 다음날 재판을 열어 바울을 불러낸 것입니다. 그 장면이 25장과 26장에 걸쳐 기록되어 있습니다.

아그립바 왕은 어떤 면에서 좀 불운한 왕입니다. 왜냐하면 아버지 헤롯 아그립바 1세가 세상을 떠났을 때 나이가 열일곱 살밖에 되지 않아 왕위를 계승하지 못했습니다. 그래서 한동안 나이가 어리다는 이유로 설움을 당하다가 서른이 다 되어서야 드디어 다메섹 지역 그리고 팔레스타인 북쪽 지역의 조그마한 영토를 관할하는 분봉왕으로 겨우 행세하게 되었습니다. 그리고 여기에 나오는 아그립바 왕은 헤롯 왕가의 마지막 왕입니다. 이 사람을 끝으로 헤롯 왕가는 완전히 몰락해 버립니다. 이 아그립바 왕은 후에 새로운 로마 황제인 글라우디스와 상당히 친분이 두터워 그 덕분에 나중에는 베뢰아 지역까지 꽤 넓은 지역을 관할하게 되었습니다. 그리고 유대 나라의 대제사장을 임명할 수 있는 권한까지 얻게 되었습니다. 베스도를 방문한 그때야말로 아그립바 왕에게는 최전성기였다고 볼 수 있습니다.

바울의 법정 진술

아그립바와 베스도는 바울을 재판하기 위해 배석했습니다. 베스도의 왼쪽에는 천부장 네 명이 배석해 위용을 갖추고 있었을 것이고, 그 뒤로는 예루살렘으로부터 내려온 대제사장을 위시해서 소위 유대 나라의 지도자들 수십 명이 아주 증오에 찬 눈초리를 한 채 앉아 있었을 것입니다. 그리고 제일 뒤쪽에는 총독이 거느리는 백부장들이 호위를 하듯 서 있었을 것입니다.

재판장 분위기만으로도 기가 죽을 그런 상황이었습니다. 얼마나 장엄했겠습니까? 세상 권세와 위엄, 멋을 다 부린 그런 분위기였으니 말입니다. 이런 분위기에서 손이 묶인 바울이 끌려나왔습니다. 바울을 변호하는 사람은 아무도 없습니다. 바울은 그 자리에 서기 전 벌써 2년 동안이나 옥고를 치르고 있었습니다. 그랬기에 그의 외모는 상당히 초라하고 초췌해 있었을 것입니다. 천막 제조업자인 그는 권력도 전혀 갖지 못한 신분이었습니다. 그런 그가 재판석 앞에 섰습니다.

베스도가 먼저 재판의 경위를 간단하게 이야기했습니다. 황제에게 이 사람을 보내기 위해 오늘 재판을 한다고 했습니다. 그러고 나서 아그립바 왕이 바울에게 변명하라고 기회를 주었습니다. "아그립바 왕이여"로 시작된 바울의 유명한 변론이 드디어 시작되었습니다.

> "당신들은 하나님이 죽은 사람을 살리심을 어찌하여 못 믿을 것으로
> 여기나이까"(26:8).

그의 법정 진술의 내용은 몇 가지로 요약될 수 있습니다. 첫째 유대인과 자기 사이에 일어난 근본적인 쟁점은 예수의 부활이라는

점을 분명히 지적했습니다. 둘째로 바울은 자신의 과거 경력, 특별히 기독교에 대해 자신이 과거 어떤 선입관을 갖고 있었는지에 대해 설명했고, 셋째 다메섹 도상에서 그가 예수 그리스도를 어떻게 만나게 되었는가를 이야기했습니다. 그리고 19절 이하에는 그가 예수 그리스도를 만난 다음에 예수님의 명령에 따라 하늘에서 보이신 것을 거스르지 아니하고, 다메섹이나 예루살렘이나 온 유대, 온 이방 사람들에게 회개하라고 외쳤다고 말했습니다. 여기서 바울이 전한 메시지의 중심을 알 수 있습니다. 사도행전 전체를 통해 볼 때 바울이 전한 메시지의 중요한 중심은 부활과 회개였습니다. "예수 그리스도가 부활하셨다. 그러므로 회개하라"는 것이었습니다.

그리고 끝으로 바울은 자기가 지금까지 전한 메시지, 즉 예수 그리스도가 부활했다고 하는 이 복음을 유대 나라 사람들이 한결같이 믿고, 늘 읽고 있는 구약성경과 일치한다는 점을 이야기했습니다. 바울이 아그립바 왕 앞에서 말한 내용입니다.

복음의 핵심

예수님의 부활이 유대인과 바울 사이에 중요한 쟁점이 되었던 이유는 어디에 있을까요? 왜 바울이 예수님의 부활을 말할 때 유대인들이 죽이려고까지 했을까요? 왜 그렇게 유대인들이 분노를 터뜨리고, 증오했을까요?

구약성경은 메시아가 반드시 고난 당해서 죽고 죽은 후에는 반드시 부활할 것이라고 예언했습니다. 다윗 또한 "그는 선지자라 하나님이 이미 맹세하사 그 자손 중에서 한 사람을 그 위에 앉게 하리라 하심을 알고 미리 본 고로 그리스도의 부활을 말하되 그가 음부에 버림이 되지 않고 그의 육신이 썩음을 당하지 아니하시리라"(행 2:30-31)며 메시아가 꼭 부활하실 것을 예언했습니다.

그렇다면 바울이 예수님이 부활했다고 말하는 것은 결국 무엇을 의미하는 것이었겠습니까? 예수님이야말로 구약 선지자들이 예언한 메시아라는 사실입니다. 그런데 유대인 지도자들에게 있어서 이 문제는 보통 큰 문제가 아니었습니다. 그들이 바로 예수님을 십자가에 못박은 당사자들이었기 때문입니다. 예수가 구약에서 예언한 메시아라는 것을 인정해 버릴 경우 자신들은 큰 죄를 범한 사람이 되는 상황이었기 때문입니다.

바울은 끝까지 예수가 바로 메시아라는 것을 전했습니다. 예수의 부활이 그 증거라고 했습니다. 베드로가 예루살렘에서 이러한 메시지를 전할 때 유대인들이 얼마나 잡아 죽이려고 안간힘을 쏟았습니까? 그런데도 바울은 하나님의 은혜로 죽지 않고, 나중에는 세상을 돌아다니면서 예수가 부활하신 메시아라는 것을 전하니 그들은 견딜 수가 없었습니다.

예수 부활이 쟁점이었다는 것을 기억합시다. 복음의 핵심은 예수 십자가와 예수 부활입니다. 예수의 십자가와 부활이 복음 중의 복음입니다. 이 두 가지를 빼 버리면 복음은 없어집니다.

"먼저 다메섹과 예루살렘에 있는 사람과 유대 온 땅과 이방인에게까지 회개하고 하나님께로 돌아와서 회개에 합당한 일을 하라 전하므로"(26:20).

바울은 메시아인 예수 그리스도를 발견한 사람에게 먼저 회개해야 한다고 전했습니다. 이 경우 믿음과 회개는 서로 다른 사건이 아니라 같은 사건입니다. 믿기에 회개하고, 회개하니 믿는 것입니다. 이 두 가지는 나눌 수 있는 사건이 아닙니다. 그런데 요즘에는 믿음은 알고 있는데 회개를 모르는 사람들이 많은 것을 봅니다. 올바른 믿음이 아닙니다. 예수 그리스도를 나의 구원자, 나의 메시아로 영접하는 사람에게는 반드시 믿음과 동시에 회개가 따라옵니다. 혹은 회개하면서 믿습니다.

사도행전을 보면 바울은 날마다 그저 믿음만 외친 것 같지만 그렇지 않습니다. 서신서를 보십시오. 로마서, 고린도전서, 빌립보서, 에베소서 등 모든 성경을 보십시오. 얼마나 철저하게 회개를 외치고 있는지 말입니다. 얼마나 경건생활을 많이 이야기하고 있는지도 보십시오. 또한 얼마나 옛 생활을 벗어 버리라고 말하고 있습니까? 얼마나 새 사람을 입고 새로운 생활을 하라고 말하고 있습니까? 믿으면 반드시 회개가 따라가야 된다는 이야기와 같습니다. 요즘 현대 교인들은 믿기는 믿는데 삶의 변화가 없습니다. 보통 심각한 문제가 아닙니다.

세상이 보기에 미친 자

바울의 변명을 들은 베스도는 참지 못하고 크게 소리를 질렀습니다.

"바울이 이같이 변명하매 베스도가 크게 소리 내어 이르되 바울아 네가 미쳤도다 네 많은 학문이 너를 미치게 한다 하니"(26:24).

베스도는 예수 그리스도와 그의 부활에 대해 열정적으로 변호하고, 예수 그리스도를 높이 자랑하는 그의 모습을 이해할 수가 없었습니다. 저렇게 공부 많이 하고, 저렇게 좋은 가문에서 태어난 사람이 무엇이 답답해서 예수에 미쳐서 저렇게 수갑을 차고, 부끄러운 줄도 모른 채 당당하게 큰소리를 치는지, 미치지 않았다면 도무지 저렇게 할 수가 없다고 본 것입니다. 바울의 모습은 세상 사람이 보기에는 완전히 미친 사람이었습니다. 세상 사람들은 예수 믿는 사람들을 보고 매력을 느끼기도 하고, 칭찬하는 부분도 많습니다. 하지만 동시에 비정상으로 보는 부분도 있다는 것을 알아야 됩니다. 예수님의 가족도 예수님을 미쳤다고 했습니다.

세상 사람들에게서 100퍼센트 칭찬만 듣는 사람은 진짜 그리스도인이 아닙니다. 그리스도인이 칭찬받는 것은 그들보다 삶이 아름답고, 그들보다 인격이 더 고상하고, 그들보다 더 정의롭게 살려고 하는 면이 있기 때문입니다. 그러나 동시에 세상 영에 사로잡혀 있는 사람들 눈에는 예수를 마음에 모시고 사는 사람이 정상으로 보일 리가 없습니다. 공중의 권세 잡은 자에게 사로잡혀 자기의 욕심과 자기의 모든 정욕대로 사는 사람의 눈에 예수님을 모시고 사는 사람이 정상으로 보인다고 한다면 문제가 있는 것입니다.

그리스도인과 세상 사람들은 서로를 향해 미쳤다고 말할 수밖에 없습니다. 세상 사람들이 보기에 예수 믿는 사람들은 예수에 미쳤고, 그리스도인이 보기에 세상 사람들은 세상에 미쳐 있습니다.

사실 서로 미쳤다고 하는 게 정상입니다. 왜냐하면 그만큼 서로가 다르기 때문입니다. 그러므로 예수를 믿는다고 하면서도 세상 사람들에게 전혀 이상한 데가 안 보이고 세상 사람들 눈에 항상 좋은 사람, 항상 정상적인 사람으로 보이는 사람이라면·문제가 있는 것입니다.

그러나 정말 누가 정상인지는 하나님 앞에 가면 알 수 있을 것입니다. 바울은 이렇게 말했습니다.

"그 안에는 지혜와 지식의 모든 보화가 감추어져 있느니라"(골 2:3).

예수 안에는 발견만 하면 깜짝깜짝 놀랄 만한 하늘의 보화와 지혜와 지식이 다 들어 있습니다. 바울은 그것을 발견하자마자 세상의 모든 것이 눈에 들어오지 않았습니다. 예수에게 미쳐 버렸습니다. 너무나 큰 은혜를 받은 바울은 모든 것을 다 내어 버렸습니다. 수갑을 차도 미친 사람처럼 예수 소리밖에 할 줄 모르는 사람으로 바뀌었습니다. 보화를 발견하고도 미치지 않을 사람이 어디 있겠습니까?

그러기에 세상의 모든 직업 다 버리고 선교사로 떠나는 사람도 있고, 예수 안에서 발견한 축복이 너무 귀해서 세상의 명예를 얻거나 출세하겠다는 생각을 다 버리고 소박하게 살면서 주님의 몸 된 교회를 위해 헌신하려고 달려드는 사람도 있는 것입니다. 세상 사람이 볼 때는 미친 사람이지만, 그러나 하나님이 볼 때는 정상적인 사람입니다.

다 알지 않습니까

바울은 자신을 향해 미쳤다고 말하는 베스도 총독에게 한마디 하고 넘어갑니다.

"바울이 이르되 베스도 각하여 내가 미친 것이 아니요 참되고 온전한 말을 하나이다 왕께서는 이 일을 아시기로 내가 왕께 담대히 말하노니 이 일에 하나라도 아시지 못함이 없는 줄 믿나이다 이 일은 한쪽 구석에서 행한 것이 아니니이다 아그립바 왕이여 선지자를 믿으시나이까 믿으시는 줄 아나이다"(26:25-27).

바울은 자신은 미친 것이 아니요, 참되고 온전한 말을 한다고 했습니다. 이 말에는 자신이 진짜 미쳤는지 나중에 하나님 앞에 가서 보자는 의미도 숨어 있습니다. 그러고 나서 바울은 베스도에게 더 이상 할 말이 없었습니다. 벌써 몇 번 만나서 이야기를 했기 때문에 더 이상 할 말이 없었습니다. 그 자리에서 바울에게 중요한 인물은 베스도가 아닌 바로 아그립바 왕이었습니다. 바울은 아그립바 왕을 향해 말했습니다. "당신은 다 잘 알고 있지 않습니까? 구약성경도 잘 알고 있고, 메시아가 오시면 어떤 분이 될 것이라는 것도 잘 알고 있고, 예수에 관한 이야기도 많이 알고 있지 않습니까? 당신이 다 알고 있는 줄 압니다" 하고 말입니다.

바울이 이와 같이 말할 수 있었던 것은 아그립바 왕이 헤롯 가문이었기 때문입니다. 엄밀히 따지면 유대인은 아니었고 유대인 행세를 하는 집안이었습니다. 그의 주변에는 서기관과 바리새인들이 있었기 때문에 그는 구약에 관한 것은 상식으로 거의 다 알고 있었고, 예수에 관한 사건도 알고 있었습니다.

바울의 이 말에 아그립바 왕은 기가 막히다는 듯이 "네가 한 두 마디 적은 말을 가지고 나를 설득해서 그리스도인이 되게 하려고 하는구나" 대답했습니다. 아그립바 왕의 이 말에는 빈정거림이 담겨 있습니다. 수갑을 찬 죄수가 건방지게 자신을 얕보고 몇 마디 해가며 자기를 그리스도인이 되게 한다고 생각한 것입니다.

나와 같이 되기를

아그립바 왕 앞에서 벌어진 재판 상황을 떠올려 볼 때 재판관과 피고의 입장이 바뀌어 있는 것을 볼 수 있습니다. 바울이 전체 분위기를 다 상악했습니다. 비울이 베스도도 입을 열지 못하게 만들었고, 아그립바 왕도 꽉 잡았습니다. 바울은 아그립바 왕의 빈정거리는 말에도 전혀 위축되지 않았을 뿐만 아니라 기가 막힌 명언을 하나 남겼습니다.

◀))"바울이 이르되 말이 적으나 많으나 당신뿐만 아니라 오늘 내 말을 듣는 모든 사람도 다 이렇게 결박된 것 외에는 나와 같이 되기를 하나님께 원하나이다 하니라"(26:29).

이 말을 하는 바울과 그 상황을 상상해 봅시다. 이 말에 모든 사

람이 기가 죽어 버렸습니다. 재판도 계속되지 못했습니다. 끝나고 말 았습니다. 모두가 할 말을 잃은 것입니다. 아니 할 말이 없었습니다.

바울의 이와 같은 대답은 마치 적막한 밤하늘에 갑자기 울려 퍼지는 천둥소리와 같았습니다. 듣는 사람들의 마음을 무섭게 뚫고 들어오는 한 가닥의 빛이었습니다. "나와 같이 되기를 원한다"는 바울의 말에는 여러 의미가 포함되어 있습니다. 먼저 재판석에 앉은 사람들을 전혀 부러워하지 않았습니다. 바울은 그들이 가진 영화, 권세, 지위 어느 것 하나도 부러워하지 않았습니다. 바울의 눈에는 그들이 입고 있는 옷과 누리고 있는 권세는 누더기와 같은 것, 얼 마 지나지 않아 다 불에 타버릴 것으로밖에 보이지 않았습니다.

둘째, "나와 같이 되기를 원한다"는 말은 바울이 자신의 처지 를 전혀 부끄러워하지 않는다는 것을 보여 줍니다. 예수 한 분만 소유한 이상, 수갑을 차든 어떤 재판석 앞에서 수모를 당하든 자신 은 행복한 사람이라는 것을 밝히 이야기한 것입니다.

셋째, 이 말은 자신을 재판하는 사람들을 불쌍히 여기는 심정 을 나타냅니다. 바울은 지금은 저들이 자신을 재판하지만 나중에 는 주님이 그들을 재판하게 되리라는 것을 바울은 알았습니다. 재 판하는 주님 옆에 누가 앉아 있겠습니까? 바울이 앉아 있을 것입 니다. 바울은 결국 나중에는 상황이 바뀔 것을 알았습니다. 그래서 그 영혼이 불쌍했을 것입니다.

"내가 내 마음속으로 이르기를 의인과 악인을 하나님이 심판하시 리니 이는 모든 소망하는 일과 모든 행사에 때가 있음이라 하였으 며"(전 3:17).

전도서의 말씀처럼 분명히 하나님께서 악인을 심판하실 때가 옵니다. 24장 25절을 보면 전임자였던 벨릭스 총독에게 바울이 불려가서 하나님의 말씀을 전하며 심판에 대해 이야기하자 벨릭스가 얼마나 마음에 공포가 심했던지 두려워하며 "오늘은 이만하고 나중에 또 만나서 이야기하자"고 말할 정도였습니다.

바울의 이와 같은 모습을 마음속에 담기를 바랍니다. 우리는 바울처럼 하지는 못합니다. 바울처럼 되지도 못합니다. 바울이 큰 그릇이라면 우리는 심히 작은 그릇이기에 그렇습니다. 그러나 바울이 가졌던 그 정신은 가져야 합니다. 세상의 권세를 부러워하지 맙시다. 예수 믿지 않고 돈과 권력으로 세도 부리고, 일시적으로 잠깐 피었다가 떨어져 버리는 꽃과 같은 영화를 누리는 사람들을 부러워하지 맙시다. 가난해도 차라리 실패자와 같이 보일지라도 다른 사람이 예수 믿는 자신처럼 되기를 기도합시다. 이것이 바로 바울의 신념입니다.

사
도
행
전

27

장

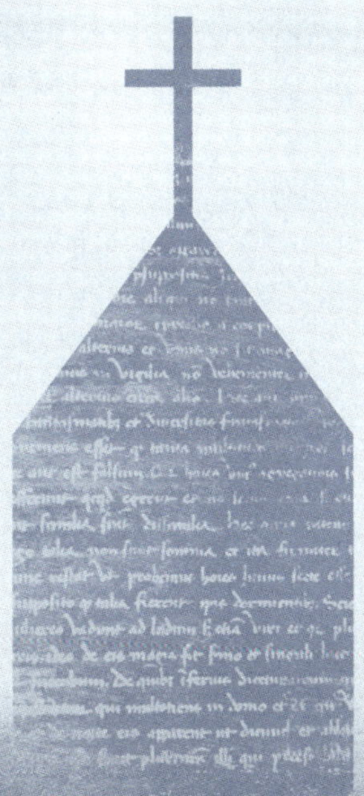

84 조난을 당하다

이것이 너희의 구원을 위하는 것이요
너희 중 머리카락 하나도 잃을 자가 없으리라 하고
떡을 가져다가 모든 사람 앞에서 하나님께 축사하고 떼어 먹기를 시작하매
그들도 다 안심하고 받아 먹으니
배에 있는 우리의 수는 전부 이백칠십육 명이더라

_ 사도행전 27:34-37

위험한 항해

사도행전 27장에는 사도 바울이 겪은 조난 이야기가 실려 있습니다. 고린도후서 11장 25절을 보면 바울이 바다에서 세 번 파선한 경험이 있다고 되어 있는데, 이 세 번의 파선은 사도행전 27장의 사건 전에 일어난 것으로 1차, 2차 선교 여행에서 경험한 것입니다. 그런데 성경은 이상하게도 이 세 사건에 대해서는 기록하지 않고 오직 로마로 가다가 만난 조난만을 기록하고 있습니다. 이 사건은 세계 역사에 남을 만큼 어마어마한 규모였습니다.

“우리가 배를 타고 이달리야에 가기로 작정되매…”(27:1).

“또 거기서 우리가 떠나가다가 맞바람을 피하여 구브로 해안을 의지
하고…”(27:4).

바울이 로마 황제의 재판을 직접 받기 위해 죄수의 몸으로 호
송되어 가는 그 배에는 바울과 함께한 이들이 있었습니다. 본문 말
씀에서 가끔 나오는 단어 ‘우리’를 보면 알 수 있습니다. 이 ‘우리’
라고 지칭된 사람들은 바울 자신을 포함해 사도행전을 기록한 누
가와 2절에 기록된 대로 데살로니가 사람 아리스다고가 있었을 것
입니다. 바울과 함께 특별히 동행한 아리스다고는 바울을 통해 예
수를 믿게 된 사람으로 바울 때문에 끌려가서 한번 혼이 난 경험
도 있습니다. 아리스다고는 그후로 바울을 적극적으로 따라다니며
복음을 전하는 데 동역자 역할을 한 것 같습니다. 어떤 학자들은
아리스다고가 특별히 동행했다는 것은 바울의 노예 혹은 몸종으로
서 특별히 자기 이름을 올려놓고 바울과 행동을 함께한 것이 아닐
까 추측하기도 합니다.

만약 그 추측이 사실이라고 한다면 아리스다고는 대단한 인물
이 아닐 수 없습니다. 자기 영혼을 구원해 준 바울을 위해 스스로
자기를 던지고 몸종이 되어 로마 감옥을 향해 가는 주인과 생사고
락을 같이할 각오를 했으니 얼마나 충성심이 대단한 사람입니까?
또한 그 추측이 사실이라면 바울은 결코 외로운 사람이 아니었다
고 생각됩니다. 가장 어렵고 고독한 처지에 있을 때 한결같이 충성
하는 제자나 동역자나 또는 친구가 있다는 것은 돈으로도 따질 수

없는 가치입니다. 바울에게는 가끔 이런 사람들이 있었습니다. 누가, 아리스다고, 나중에 보면 디모데도 그런 사람 중의 한 명이 됩니다. 하나님께서 바울을 위로하기 위해 이렇게 좋은 동역자들을 항상 가까이 두고 계셨다는 것을 우리는 볼 수 있습니다.

바울 일행을 로마까지 인솔해 간 책임자는 백부장 율리오라는 사람이었습니다. 이 사람은 로마 황제와 식민지에 있는 로마 군대 사이를 오가면서 중요한 임무를 담당하던 연락장교가 아니었을까 생각됩니다. 율리오의 통솔 아래 드디어 바울과 다른 죄수들은 아드라뭇데노라고 하는 항구도시로 가는 배에 올랐습니다. 아드라뭇데노는 지도상에서 보면 터키 끝, 그리스와 맞붙은 쪽 흑해에 있는 작은 항구입니다.

아드라뭇데노로 가는 뱃길은 처음부터 심상치 않았습니다. 배를 타고 가기에는 아주 좋지 않은 계절이었기 때문입니다. 그래서 지그재그로 돌아 여러 날이 걸린 후 무라성에서 기항을 한 뒤 이집트의 알렉산드리아에서 로마로 가는 배를 갈아탔습니다. 이 배는 바울을 위시해 276명의 승객이 탈 정도로 큰 배였습니다. 당시에는 이미 조선술이 대단히 발달해 있어서 큰 선박의 경우 길이가 90미터에 600명 이상의 승객이 탈 수 있었다고 합니다. 또 배 구조라든지 모든 모양이 거의 완벽한 수준이어서 18세기 후반 증기선이 나오기까지는 바울 시대에 있던 그 모양 그대로 변함 없이 수백 년 동안 사용할 정도였다고 합니다. 당시 배를 건조하는 기술이 얼마만큼 발달했었는지 짐작이 됩니다.

276명의 승객을 다 태운 이 배가 여러 날 어려운 항해를 겨우 겨우 끝내고 디도가 한때 목회했던 그레데라는 섬의 미항에 도착했습니다. 여기서 이제 사람들 사이에 여행을 계속할 것이냐 여부를 놓고 한참 논란이 거듭된 것 같습니다. 최고 책임자인 백부장 율리오는 일단 선장과 선주의 견해를 들었습니다. 선장과 선주의 견해는 당장 가자는 쪽이었습니다. 미항이라고 하는 조그마한 항구는 배를 대 놓고 겨울을 보내기가 어려운 환경이었기 때문입니다. 그래서 그들은 차라리 겨울을 보내려면 40킬로미터 떨어진 뵈닉스라는 항구로 가서 겨울을 보내고 이탈리아로 가자고 주장했던 것으로 보입니다.

뵈닉스 항구는 한쪽은 서남으로, 한쪽은 서북으로 향해 있어서 바다가 열려 있기 때문에 겨울에 북쪽에서 오는 바람을 막을 수 있는 좋은 여건을 갖추고 있었습니다. 그래서 겨울을 보내기에 좋은 곳에 가서 가급적이면 이탈리아에 조금이라도 빨리 가보고 싶다는 욕심 때문에 선주와 선장은 즉각적인 강행군을 주장했습니다. 그런데 율리오가 바울에게 상당히 호감을 갖고 있었는지 중요한 결정을 하는 데 바울의 견해도 들으려고 했던 것 같습니다. 바울은 항해를 반대했습니다. 바울 역시 대단한 지식을 갖고 있지 않았습니까? 수년 동안 지중해를 다니면서 전도를 한 사람이니 지중해의 뱃길이라든지 기후 조건이라든지 항해의 여러 가지 상식을 다른 사람 못지않게 가지고 있었습니다. 바울은 배를 띄우는 것은 좋지 않다고 생각했던 것 같습니다. 바울이 말하고자 하는 포인트는 이것이었습니다.

"여러 날이 걸려 금식하는 절기가 이미 지났으므로 항해하기가 위태한지라 바울이 그들을 권하여"(27:9).

이해를 잘 못할 수도 있는 내용입니다. '금식하는 절기'란 레위기 16장 29절에 나오는 절기를 말합니다. 그것은 유대인들이 1년에 한 번씩 '대속죄일'로 지키는 절기를 말합니다. 자기의 모든 죄, 국가의 죄를 하나님 앞에 회개하는 형식적인 절기로 유대 나라 달력으로 7월 10일입니다. 이 '대속죄일'은 사람들이 자기 죄를 고백하고 자기 죄를 슬퍼하는 의미로 금식을 하고, 어떤 면에서는 고행을 하는 습관들이 있었습니다. 그래서 어디에 사는 유대인이든 간에 7월 10일은 전부 금식을 합니다. 바울도 역시 금식을 했습니다.

그런데 바울이 여기서 항해 여부와 관련해 금식하는 절기가 지났다고 말한 것은 어떤 깊은 관계를 말하기 위함이 아닙니다. 시기적으로, 계절적으로 위험한 항해가 될 것임을 말하고자 함이었습니다. 유대 나라 달력으로 7월이면 일반 달력으로는 9월입니다. 그리고 9월부터 11월까지는 지중해를 항해하기에 대단히 위험한 계절이었습니다.

무모한 항해

배를 끌고가는 선장이 바울 만한 상식이 없었을리는 만무합니다. 그런데도 왜 무모한 모험을 감행했는지는 수수께끼가 아닐 수 없습니다. 어떤 학자는 이 배가 알렉산드리아에서 나오는 배인 것을 근거로 당시 애굽의 곡물과 식물을 로마로 실어 나르는 역할을 했을 것이라고 추측합니다. 알렉산드리아 항구는 애굽에 있는 항구로서 이탈리아 사람들이 먹고 마시는 곡물과 식물이 유통되는 곳이었습니다.

아마도 바울이 타고 가는 배도 곡물을 잔뜩 싣고 있었을 것으로 생각됩니다. 그러니 선주라는 사람은 가급적이면 빨리 이탈리아에 가서 곡물을 풀어 놓고 이득을 단단히 보려는 계산을 하고 있었을 것이 틀림없습니다. 그래서 선장에게 약간 돈을 집어주면서 어떻게든 좀 빨리 가자고 했을 것이고, 돈에 눈이 어두워진 선장이 계절이 어떻든, 목적지가 어디든 일단 출발했을 것이 틀림없다고 추측하기도 합니다. 추측일 뿐이지만 충분히 있을 수 있는 일이라 생각합니다.

선장과 선주는 결국 배를 끌고 나갔습니다. 이런 상황을 보면서 다시 한 번 교훈을 받아야 하겠습니다. 돈에 눈이 어두워서, 이익에 눈이 어두워서 함부로 위험한 행동을 하는 것은 하나님이 막으십니다. 어떤 생업을 갖고 있든 어떤 때는 그만 돈에 눈이 어두워서, 욕심이 나서 지나친 위험을 무릅쓰고 모험을 하다가 모든 것을 다 잃어버리는 경우가 생깁니다. 바울 당시 선주는 어떻게 되었습니까? 홀딱 망했습니다. 곡물도 없어지고 배도 없어졌습니다. 인간이라는 것이 항상 그렇게 어리석은 데가 있습니다.

선장이나 선주에 비해 바울은 얼마나 과학적이었습니까? 또 얼마나 양심적입니까? 바울은 분명히 위험한 계절인데 왜 배를 몰고 나가느냐고 과학적으로 이야기했습니다. 만약 우리가 바울의 입장이었다면 아마도 그렇게 하지 않았을 가능성이 큽니다. 왜냐하면 바울은 분명 로마로 가는 것이 하나님의 틀림없는 뜻이요, 또한 황제 앞에 서야 된다는 것도 하나님이 허락하신 뜻임을 분명히 알고 있었기 때문입니다.

그러므로 바울에게는 믿음을 가지고 무모하게 행동할 수 있는 요인이 얼마든지 있었습니다. 배가 부서져도 자신은 고래등이라도 타고 갈 것이라는 믿음, 혹은 자신이 배를 탄 이상 모두 안전할 테니 걱정하지 말라고 얼마든지 주장할 수 있었습니다. 그런데도 바울은 그와 같은 일종의 무모한 행위를 하지 않고 과학적으로 문제를 다루었습니다. 때가 안 좋으니 나가지 말자고 말입니다.

가끔 보면 믿음이 좋다는 사람들이 상식이나 과학을 무시하고 믿음을 내세우며 행동합니다. 예수 믿고 나면 무슨 독을 마셔도 괜찮다고 하니까 독을 마시다가 화를 당한 사람도 있었습니다. 참 무모한 생각이요, 행동입니다. 예수 믿는 사람이라고 자연원리를 무시합니까? 믿음이 좋으면 무모하게 행동해도 하나님이 응답하십니까? 그것은 잘못된 생각입니다. 바울은 그런 행동은 하지 않았습니다.

사탄은 예수님을 성전 꼭내기에 세우고 뛰어내리라고 시험했습니다. 예수님이 뛰어내리셨나요? 사탄이 또 뭐라고 하며 시편을 낭독했습니까? 하나님이 천사를 보내서 발을 받아 땅에 부딪히지 않도록 할 것이라고 하나님이 약속하시지 않았느냐고 말했습니다. 그러나 예수님은 부인했습니다. 사탄의 시험을 예수님이 들을 이유도 없었지만, 또 뛰어내릴 이유도 없었기 때문입니다. 뛰어내리면 죽으니까요. 그게 상식입니다.

예수님이 나사렛에 들어가서서 말씀을 전하다가 고향 사람들과 완전히 대립하게 되었습니다. 고향인 나사렛 사람들이 얼마나 화가 났는지 자신들의 눈에 익은 나사렛 청년 예수 그리스도를 잡아 끌고 벼랑 있는 데로 끌고 갔습니다. 거기서 예수님이 뛰어내리셨나요? 예수님이 뛰어내리면 천사가 와서 받아줄 테니 뛰어내려도 상관없지 않았겠습니까? 그러나 예수님은 뛰어내리지 않으셨습니다. 슬그머니 가운데로 비켜서 빠져 나오셨습니다. 왜 안 뛰어내리셨을까요? 뛰어내리면 죽기 때문입니다.

우리가 무슨 일을 할 때 항상 믿음을 갖는 것은 좋지만 쓸데없는 믿음의 모험을 하는 것은 근본적으로 잘못된 것입니다. 아스피린 한 알 먹으면 깨끗이 나을 병을 가지고 기도만 하고 고생하고 땀을 뻘뻘 흘리는 사람도 있습니다. 그러면 하나님이 아픈 곳을 좀 고쳐 주셨으면 좋겠는데 안 고쳐 주십니다. 솔직히 이야기해서 바울 당시 아스피린이 있었다면 바울이 안 들고 다녔겠습니까? 하나님께서 지키라고 하는 것은 지키되, 위험하다고 하는 곳은 피해야 하고, 좋지 않은 계절에는 배를 몰고 나가지 않아야 되고, 눈이 와서 미끄러울 때는 차를 몰고 나가지 말아야 되고, 길이 좁을 때는 조심해야 하는 것입니다. 길이 좁아도, 눈이 와서 미끄러워도 "하나님이 돌보아 주시는데 뭐" 하는 사람은 좀 이상한 사람입니다. 하나님을 시험하는 사람입니다. "어디 도와주나 안 도와주나 보자"라고 벼르는 것이나 꼭 같습니다.

결국 백부장 율리오는 배 주인이요, 배를 몰고 가는 선장의 말을 들었습니다. 바울의 말은 일축해 버렸습니다. 오늘날 21세기 사회에도 이 선주와 선장 같은 사람들이 얼마나 많은지 모릅니다. 다른 사람의 생명이야 어떻게 되든, 남이야 어떻게 희생을 당하든 자기의 욕심을 채우기 위해 어떠한 위험도 무릅쓰는 이와 같은 사람들이 얼마나 우리 사회에 많은지 모릅니다. 무모하게 돈을 벌려고 배에 사람들을 잔뜩 태우고 바다로 나갔다가 다 죽이는 사람들도 얼마든지 있고, 자기 욕심을 채우려고 무모하게 정책을 밀고 나가다가 국가와 사회를 혼란에 빠뜨리는 정치인들도 있습니다. 바울당시에만 그와 같은 선장과 선주가 있었던 것은 아닙니다. 오늘날도 있습니다.

율리오는 바울의 말을 들었어야 했습니다. 바울이 분명히 이배와 이 배를 타고 가는 많은 사람들의 생명이 위험하니 이 시기는 피하는 것이 좋다고 한 말을 들었어야 했습니다. 예수 믿는 사람들이 양심적으로 하는 말을 들을 줄 아는 사회가 되어야 할 텐데요. 또한 하나님의 말씀을 놓고 깊이 깨달은 진리를 전파하고 가르칠 때에 모든 사람들이 귀담아 들어야 할 텐데요. 그것이 사는길이요, 그것이 자기가 이기는 길인데, 오늘날 사람들은 옳은 말에는 귀를 기울이지 않습니다. 다른 사람의 생명을 마음대로 희생시키면서 자기 계획만 성취하려고 하는 무서운 사람들로 변해 가고있습니다. 우리는 이런 것을 끝까지 막아야 합니다. 바울처럼 끝까지 대결해야 합니다.

절망의 한가운데에서

선장의 말대로 배를 몰고 나갔더니 유라굴로라는 광풍이 크게불어닥쳤습니다. 유라굴로는 북동쪽에서 갑자기 불어닥치는 큰 태풍을 가리키는 말입니다. 얼마나 바람이 거셌는지 얼마 지나지 않아 배는 선장의 손을 떠나고 말았습니다. 배가 얼마나 급한 상황에 빠지게 되었는지 파도에 배가 부서지는 것을 막기 위해 구명선을 끌어당겨 배 위에다 올려 놓고는 밧줄을 가지고 배를 사방으로 돌아가면서 묶었습니다. 그리고 나중에는 상황이 여의치 않아지자 바다에 짐을 다 내버리고, 연장도 다 내버렸습니다.

> "여러 날 동안 해도 별도 보이지 아니하고 큰 풍랑이 그대로 있으매 구원의 여망마저 없어졌더라"(27:20).

폭풍이 몰아치는 바다 한가운데서 사람들은 소망을 잃었습니다. 구원의 여망이 다 없어지는 것을 느꼈습니다. 그 상황을 우리가 상상이나 할 수 있을까요? 그 상황에서 인간의 능력과 지위가 무슨 소용 있겠습니까? 아무것도 아닙니다. 모두가 다 꼭 같은 존재들, 죽음 앞에서 부들부들 떠는 가랑잎 같은 존재로 다 변해 버립니다. 아무것도 없습니다. 이런 상황에서 하나님의 사람 바울이 일어났습니다. 그리고 그 절망의 가운데 섰습니다. 죽음의 침묵이 한 가닥 남아 있는 생명의 줄마저 끊어 버릴 것 같은 무서운 자리에서 믿음의 사람 바울이 섰습니다.

절망의 상황에서 예수 믿는 사람은 두 가지 중 하나는 해야 됩니다. 첫째는 "환난 날에 나를 부르라 내가 너를 건지리니 네가 나를 영화롭게 하리라"(시 50:15)는 말씀을 붙들고 하나님의 도움으로 위기를 벗어날 수 있다는 어떤 강한 신념이 있다면 일어나서 모든 사람에게 낙심하지 말라고 위로할 수 있는 사명이 있습니다.

둘째 도무지 살아날 가망이 없을 때는 복음을 전해야 합니다. 손양원 목사처럼 말입니다. 공산군에게 끌려가는 그 죽음의 행진을 하면서 손 목사는 이제 마지막이라는 것을 예감하고는 길을 가면서 힘없는 소리라도 예수 믿으라고 전했던 것을 기억합니다. 물론 공산군들은 그를 무자비하게 때렸습니다. 왜 죽는 자리에 끌려가면서 예수 믿으라고 자꾸 말했겠습니까? 신자는 소망이 있으면 소망을 일러 줄 의무가 있고, 소망이 없다면 예수 믿고 구원받으라고 전해야 될 의무가 있습니다.

바울은 사람들을 위로하기 위해 일어났습니다. 그 또한 광풍 가운데 여러 날을 고생하면서도 쇠사슬에 매인 채 조용히 앉아 깊은 기도생활을 했을 것이라 생각됩니다. 그때 바울은 아마도 예루살렘에서 체포되어 천부장의 병영 속에 갇혀 있을 때 주의 사자가 나타나서 하신 말씀을 기억했을 것입니다. 분명 천사가 나타나서 로마 가이사랴 앞에서 복음을 증거해야 될 것이라고 말씀하셨으니 이 길이 망하는 길은 아닐 것이라는 흔들리지 않는 믿음을 갖고 있었을 것입니다. 그러므로 그의 마음에는 공포가 없었습니다.

바울은 예루살렘에서 들었던 주님의 말씀만 붙들어도 공포에서 해방될 수 있었고, 많은 사람을 위로할 수 있었지만 자비로우신 주님이 또 한 번 그 배에 나타나셨습니다. 그러고는 "바울아 두려워 말라 네가 가이사 황제 앞에서 서야 하겠고, 또 하나님께서 너와 행선하는 자를 다 네게 주셨다"(27:24 참조)고 말씀해 주셨습니다. 바울은 주님이 주신 메시지를 가지고 가만히 앉아 있을 수가 없었습니다. 일어났습니다. 일어나서 모든 사람에게 하나님의 위로를 전했습니다. 바울은 그리고 폭풍을 만난 지 열나흘째 또 한 번 일어났습니다. 그때 상황은 열나흘이나 굶고 있는 상황이었습니다. 사람들은 이제 일어날 힘도 없었습니다. 그때 바울은 밀 볶은 것을 들고 하나님 앞에 감사를 드린 후 그것을 나누어 주면서 빨리 먹고 힘을 얻으라고 격려했습니다. 그리고 조금 지나면 우리가 다 구원을 받을 것이라고 말했습니다. 바울이 먼저 먹었습니다. 모든 사람이 그를 따라 먹었습니다. 실컷 배부르게 먹고는 남은 밀을 바다에 전부 던져 버리고 배를 가볍게 한 후 하나님이 주시는 구원을 기다렸습니다.

바울의 행동을 한번 상상해 봅시다. 사색이 되어서 우는 사람들, 탄식하는 사람들, 죽은 것처럼 기진해서 의식을 잃어버린 사람들이 즐비한 상황에서 바울이 일어나 하나님의 메시지를 전하고, 일어나서 손에 밀을 가지고 하나님 앞에 감사기도 하고, 모든 사람 앞에서 먹고 또 먹으라고 권하는 바울의 모습을 한번 생각해 봅시다. 배의 리더십이 완전히 바뀌었습니다. 선장도 바울이요, 선주도 바울이요, 백부장도 바울이었습니다. 바울 외에는 아무도 리더가 없었습니다. 율리오도 바울의 명령대로 움직였고, 선주와 선장은 어디로 가 버렸는지 흔적조차 없습니다. 바울이 모든 여건을 다 지배하게 되었습니다.

절망한 이들을 이끌다

그리스도인은 위기에 강합니다. 바울처럼 말입니다. 평안하고 형통할 때 항상 큰소리 치다가 어려움이 오고 곤고한 때가 되면 한마디도 못 하는 사람은 신앙인이 아닙니다. 그것은 믿음이 아닙니다. 어려울 때 모든 사람을 위로할 수 있고 어두운 환경을 밝게 만들 수 있는 영적 리더가 진정한 그리스도인입니다. 많은 사람이 절망하고 누워 버릴 때 그리스도인은 일어나서 큰 소리로 그들을 불러 일으켜야 합니다. 그리스도인들에게는 이와 같은 때가 있습니다. 일할 때가 있고, 말할 때가 있고, 그 능력을 나타낼 때가 있습니다. 그때를 위해서 우리 모두는 준비해야 합니다

"내게 능력 주시는 자 안에서 내가 모든 것을 할 수 있느니라"(빌 4:13).

바울은 무서운 조난을 당하는 그 어려움을 겪으면서도 하나님의 사람답게 평화와 영력, 권위를 잃지 않고 모든 사람을 위로하며 그들을 이끌었습니다. 진정한 리더의 모습을 그를 통해 봅니다. 큰 소리 치던 백부장과 선장, 선주가 다 입을 다물어 버렸을 때 믿음의 사람 바울은 꼭 다물었던 입을 열었습니다. 믿음의 사람은 모든 사람이 형통할 때, 의기양양할 때에는 멸시받을지 모르지만, 어느 누구도 일어나지 못하는 어려운 환경에서는 놀랍게 쓰임 받는다는 것을 바울을 통해 분명히 볼 수 있습니다. 이 놀라운 리더십을 오늘날 우리 모두에게도 하나님께서 주시기를 기도합니다.

사도행전 28장

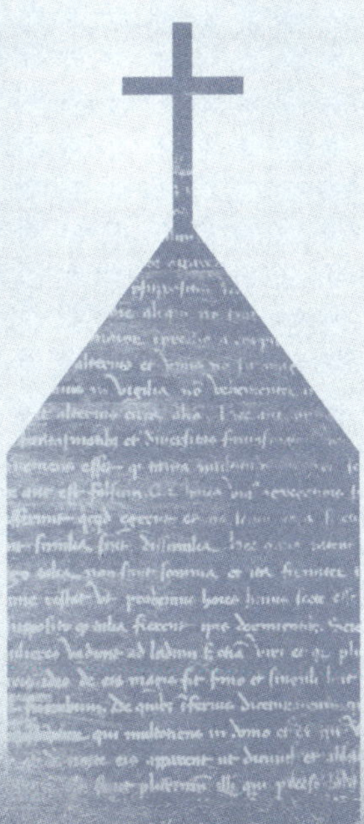

85 멜리데섬에서 전도하다

이 섬에서 가장 높은 사람 보블리오라 하는 이가 그 근처에 토지가 있는지라
그가 우리를 영접하여 사흘이나 친절히 머물게 하더니
보블리오의 부친이 열병과 이질에 걸려 누워 있거늘
바울이 들어가서 기도하고 그에게 안수하여 낫게 하매
이러므로 섬 가운데 다른 병든 사람들이 와서 고침을 받고

_ 사도행전 28:7-9

로마에 더 가까이

사도행전의 마지막 장입니다. 이 마지막 장에 기록된 바울의
감동적인 이야기들을 통해 우리 자신이 무엇을 일깨울 수 있는가
를 마음 깊이 정리해 보았으면 합니다.

바울 일행이 두 주 동안 무서운 폭풍에서 구사일생으로 구조
된 곳은 멜리데라는 섬입니다. 지도상에서 이탈리아 반도 밑에 시
실리가 가로누워 있고 그 시실리 아래 아주 조그마한 섬 하나가
있는데 바로 그곳이 멜리데라는 곳이었습니다. 웬만한 지도에는

나타나지 않을 정도로 작은 섬으로 현대 이름은 몰타라고 합니다. 오늘날엔 군사적인 요충지로 영국이 약 150년 동안 소유하고 있었던 것으로 알고 있습니다.

배에 있던 사람들은 어느 방향으로 배가 흘러가는지 전혀 모르고 있다가 상륙하고서야 멜리데라는 것을 알았습니다. 물론 당시 선원들이 멜리데를 몰랐을 리는 없습니다. 아마도 배가 파도 속에서 방향 감각을 잃은 데다가 좌초해서 닿은 곳이 항구가 아닌 멜리데 섬의 엉뚱한 방향이었던 게 틀림없습니다. 그래서 처음엔 어디에 도착했는지 알지 못하다가 나중에 사람들에게 물어 멜리데라는 것을 알게 된 것입니다. 지도를 보면 멜리데는 최종 목적지인 로마의 코밑에 있는 섬입니다. 원래 바울이 탄 배가 가려고 했던 길은 터키 지역에서 지중해 중간 지역을 건너 이탈리아 반도를 돌아 넘어가는 제일 무서운 길, 제일 멀고 험한 길이었습니다. 게다가 계절이 겨울이어서 배가 전혀 다니지 못하고 있는 실정이었습니다. 그러나 멜리데에서는 기후만 좋으면 로마까지 불과 며칠 사이에 갈 수 있는 거리였습니다.

참 재미있는 사실은 풍랑이 배를 몰아붙이면 아프리카 쪽으로도 갈 수가 있었고, 스페인 쪽으로 밀려갈 수도 있었고, 팔레스타인 쪽으로 도로 돌아갈 수도 있는 상황이었지만, 하나님께서 얼마나 묘하게 키를 잡고 움직이셨는지 마치 태풍이라는 날개를 배에 달아 매시고는 감히 건너지 못하리라고 심히 걱정하던 지중해 중간 그 큰 바다를 훌쩍 건너게 하시고 로마 코밑에까지 갖다 놓으신 것입니다. 이 부분에서 톱레이디(A. M. Toplady) 목사가 쓴 '고요한 바다로'라는 찬송이 생각납니다. 그 찬양의 2절 가사 '큰 물결

이 일어나 나 쉬지 못하나, 이 풍랑 인연하여서 더 빨리 갑니다'라
는 구절이 바울의 사건에서 더욱 강하게 다가옵니다. 물론 찬양 가
사의 내용은 세상의 풍파가 많을수록 하나님 나라에 더 빨리 간다
는 의미를 담고 있지만 바울의 이 기사와 놓고 비교해 보면 일맥
상통하는 데가 있습니다.

◀》 풍랑은 바울의 진로를 바꿔 놓을 수 없었습니
다. 또한 하나님을 바라보며 가졌던 바울의 꿈과 마음
의 소원을 조금도 흐트러 놓을 수 없었습니다. 오히려
바울이 하고자 하는 일을 더 잘 되게 밀어 주는, 뒤에
서 부는 바람 역할을 했습니다. 우리의 삶도 마찬가지
입니다. 특별히 신앙생활에서 그렇습니다. 어려움은 손해를 주지 못
합니다. 경제적으로 손해 보고 육신적으로 고달픈 삶이 찾아올지 모
르지만 영적으로 볼 때 하나님 안에서는 절대로 어려움이 없습니다.

풍랑 속에서 빛난 바울의 영권

바울은 분명 풍랑 속에서 몹시 시달렸습니다. 그도 인간인데
얼마나 고통스러웠겠습니까? 그러나 성경은 육체의 고통은 영적
으로 얻는 축복에 비하면 비교가 안 된다고 가르쳐 주고 있습니다.
우리가 현세에 당하는 고통은 장차 우리에게 나타날 영광과는 족
히 비교할 수 없다고 성경은 말하고 있습니다. 그것은 오늘 현실과
장차 나타날 하나님 나라의 모든 것을 비교하는 것으로, 영과 육에
서도 꼭 같습니다.

육적으로 고통스럽고 부족하고 초라할지 모릅니다. 그러나 내가 당하는 풍랑 때문에 육체가 겪는 고통은 그 풍랑 속에서 얻는 영적인 축복에 비하면 비교할 것이 못 됩니다. 바울의 경우를 보십시오. 생사를 가릴 수 없는 풍랑 속에서 죽음을 재촉하는 무서운 파도에 밀려 어디를 가고 있는지 전혀 알 수 없는 그 암담한 상황에서도 "담대하라 무서워 말라 네가 반드시 가이사랴 앞에 서리라" 하는 음성을 들었을 때 바울의 마음에 넘쳤을 기쁨과 능력을 한번 상상해 봅시다. 세상에 무엇을 그 기쁨과 비교할 수 있겠습니까?

저는 분명히 말할 수 있습니다. 너무 육신적으로 호화롭고 평안한 나머지 사망의 음침한 골짜기를 걸을 때에만 들을 수 있는 주님의 음성을 듣지 못하게 된다면 어떤 면에서는 육신의 평안이 불행이라고 말입니다. 사망의 음침한 골짜기에서 내가 살 소망이 없을 것 같은 어려움을 느낄 때 주님이 찾아오셔서 지팡이와 막대기로 나를 안위하시고 나를 붙드시고 나에게 위로하시고 힘을 주시는 그 음성을 듣는 재미, 이것이 너무 크기 때문에 어떤 때에는 주님께서 사랑하시는 자에게 생각지도 않는 고통을 더하실 때가 있습니다. 하나님의 그 뜻을 우리가 이해한다면 잠깐 잠깐 불어오는 태풍 때문에 그렇게 흔들리고 괴로워하지는 않을 것입니다. 엄청난 하나님의 은혜를 모르기 때문에 우리의 마음에 자주 동요가 일어나는 것입니다.

바울이 풍랑 속에서 받은 영적 은혜는 무엇입니까? 배를 함께 타고 있던 바울을 제외한 275명, 그들 중에 아리스다고와 누가를 뺀 나머지 예수 안 믿는 270여 명의 사람들의 영혼을 마치 손바닥에 올려놓은 것처럼 다룰 수 있었던 시간을 한번 생각해 보십시오.

폭풍이 없었다면 바울의 그 놀라운 영권이 어떻게 드러날 수 있었을까요? 모든 사람이 공포에 떨 때 하나님의 사람이 지니는 능력이 어떻게 드러날 수 있었을까요? 영적 태풍이 없으면 경험할 수 없는 일입니다.

백부장 율리오의 감화

바울이 경험한 조난 사건에서 한 가지 장면을 상상해 볼 수 있습니다. 어디까지나 추측입니다. 바울이 풍랑 속에서 또 하나 특별히 영적으로 받은 은혜가 있다면 율리오의 감화였다고 생각합니다. 원래 그 배의 통수권자는 백부장 율리오였습니다. 그러나 풍랑이 일면서부터 통수권은 바울에게로 넘어오지 않았습니까? 그때 겁에 질려 있는 율리오가 바울의 모습을 바라보면서 무슨 생각을 했을까요?

그 사건 이후 율리오는 모든 면에서 바울을 배려했으리라는 것을 우리는 쉽게 짐작할 수 있지 않을까요. 배가 도착할 때마다 바울을 쉬게 하고, 친구들을 만나게 하는 등 계속 호의를 베풀었던 것을 보면 알 수 있습니다. 로마의 감옥에서도 바울은 특별 대우를 받았습니다. 분명히 그를 호위해 온 율리오가 뒤에서 상당한 역할을 했으리라는 것은 부인할 수 없는 사실로 보입니다. 비록 성경에는 율리오가 예수 믿고 돌아왔다는 얘기는 없고, 빌립보의 간수처럼 엎드려 "형제여, 내가 어떻게 하면 구원을 얻으리이까"라고 고백했다는 것도 기록도 없지만, 기록이 없다고 해서 율리오가 예수를 전혀 믿지 않았다든지 율리오가 바울을 통해 전혀 감화를 받지 않았다고 누가 말할 수 있겠습니까?.

성경에는 기록하고 있지 않은 것이 많습니다. 바울은 멜리데에서 3개월 동안 머물러 있었습니다. 3개월 동안 있으면서 병 고치고 여러 가지 이적 기사를 행했지만 바울이 멜리데를 떠날 때까지 그 섬에서 예수 믿게 된 사람이 있었다는 기록은 성경에 없습니다. 또 멜리데에서 바울이 교회를 개척했다는 말도 없습니다. 또 멜리데에서 바울이 복음을 전했다는 기록도 없습니다. 병 고쳤다는 것으로만 일관하고 있습니다. 그러나 성경에 기록되지 않았다고 해서 바울이 그곳에서 복음을 전하지 않았다고 말할 수 있을까요? 성경에 기록되지 않았다고 해서 멜리데에 예수 믿는 사람이 하나도 없었다고 말할 수 있을까요? 율리오는 아마도 나중에 하나님의 섭리 아래 바울로부터 복음을 들었을 것이 분명하고, 후대에 교회를 위해서, 로마의 교회를 위해서 어떤 기여를 했을 것입니다.

그러면 만약 우리의 추측이 사실이라고 한다면 이 거만하고 어떤 면에서는 절대로 남에게 타협하지 않았던 백부장 율리오의 마음을 움직일 수 있었던 계기가 언제 찾아왔을까요? 태풍 속에서였습니다. 이것은 바울이 받은 놀라운 영적 특권이었습니다. 우리가 가정에서도 다른 식구들에게 감화를 줄 때가 언제입니까? 만사가 잘될 때입니까? 평안할 때입니까? 평안할 때야 누구나 다 좋아하고 누구나 다 행복해합니다. 그리스도인들이 남에게 감화를 줄 수 있는 때는 어려움과 고통을 당할 때입니다. 그때 믿음 좋은 아내가 남편을 감화시킬 수 있고, 고통 속에서 기도하는 어머니가 신앙을 저버린 아들의 마음을 녹일 수가 있습니다. 어려움 속에서만

가능한 일입니다. 이런 영적인 특권과 은혜는 평안할 때는 경험할
수 없습니다.

그러므로 지금 여러 가지 어려운 문제가 있습니까? 육신이 고
달픕니까? 그렇다면 영적으로 계속해서 은혜를 받고 있다는 것을
확신합시다. 세상의 그 어떤 것으로도 값을 매길 수 없는 하나님
의 은혜를 받고 있다고 분명히 믿읍시다. 내 뜻대로 뭐가 안 된다
고 해서 영적으로 아무 것도 얻는 것이 없다고 생각하는 것은 모
든 것이 합력하여 선을 이루게 하시는 하나님의 말씀을 믿지 않는
태도입니다. 하나님은 거짓말하지 않으십니다.

마가복음 16장 18절의 약속

멜리네섬에 밀러온 사람들은 풍랑으로 지친 몸과 마음을 녹
이려고 했는지, 아니면 날이 추웠기 때문인지 모닥불을 피웠습니
다. 겨울이라 해도 사실 지중해 기후라 우리나라처럼 춥지는 않았
을 텐데 하여간 불을 피웠습니다. 원주민들이 잘라 말려 놓은 나무
를 주워다가 불에 넣으면서 옷도 말리고 추위를 면하려고 다들 둘
러 있었습니다. 그때 바울도 아마 봉사를 한 것 같습니다. 둘러선
사람들을 좀 더 따뜻하게 해주기 위해 나뭇단을 들고 와서 불에
넣는데 어떤 일이 벌어졌나요? 나뭇단에서 뱀이 나와 바울의 손
을 물었습니다. 동면하고 있던 뱀이 뜨거운 불길에 놀라 바울의 손
을 물은 것입니다. 바울은 뱀을 불 속에 떨어 버렸습니다. 그 모습
을 본 원주민들은 퉁퉁 부어 금방이라도 죽을 것으로 생각했지만

바울에게는 어떠한 증상도 나타나지 않았습니다. 뱀을 집어올리며 무슨 독을 마실지라도 해를 받지 아니할 것(막 16:18 참조)이라는 예수님의 약속이 바울에게 그대로 응답된 놀라운 순간이었습니다.

> "또 이르시되 너희는 온 천하에 다니며 만민에게 복음을 전파하라"
> (막 16:15).

예수님이 주신 약속의 말씀을 정확하게 이해하기 위해서는 그 앞절인 15절을 살펴야 합니다. 특별히 "뱀을 집으며 무슨 독을 마실지라도 해를 받지 않는다"는 약속은 만민에게 복음을 전하는 특별한 사역을 감당하는 사람들에게 주신 약속입니다. 바울에게 일어났던 이와 같은 사건은 오늘날 선교사들에게도 일어나고 있습니다. 아프리카 선교사들에게 자주 일어나고 있다는 기록을 본 일이 있습니다. 밀림지대를 다니면서 선교하다 보면 살모사나 코브라에게 물리는 경우가 있는데 코브라에게 몸의 중요한 부분이 물렸는데도 살아나는 선교사들이 종종 있다고 합니다. 복음을 들고 주님을 위해 일하는 그런 분들에게 이 말씀은 정말 현실로 다가온다고 합니다.

앞선 복음의 물결

멜리데에서 두 주 동안 머무르고 난 뒤 바울의 행로를 살펴봅시다. 바울은 멜리데를 떠나 시실리아에 있는 제1의 항구도시 수

라구사에 도착해 그곳에서 사흘간 있다가 이탈리아 반도 제일 남단에 있는 항구도시 레기온에 갔습니다. 바울은 또다시 그곳을 떠나 남풍이 부는 때를 맞추어 순항을 하며 오늘날의 나폴리 지역인 보디올에 도착했습니다. 여기서 드디어 그 지루했던 해상여행은 끝이 납니다. 바울은 이곳에서부터 약 70마일 떨어진 로마까지 육로로 여행을 하게 됩니다.

"거기서 형제들을 만나 그들의 청함을 받아 이레를 함께 머무니라 그래서 우리는 이와 같이 로마로 가니라 그곳 형제들이 우리 소식을 듣고 압비오 광장과 트레이스 타베르네까지 맞으러 오니 바울이 그들을 보고 하나님께 감사하고 담대한 마음을 얻으니라"(28:14-15).

바울은 로마로 가는 길목마다 형제들의 뜨거운 영접을 받았습니다. 보디올에 내려서도, 로마로부터 43마일 거리에 있는 압비오 도로에서도, 또 거기서 10마일 떨어진 트레이스 타베르네 거리에서도 형제들이 나와 바울을 영접했습니다. 바울은 로마로 가는 길목마다 형제들을 만나면서 하나님께 감사하고 담대한 마음을 얻었다고 고백했습니다.

육로를 따라 지척에 놓인 로마를 향해 가는 바울과 그를 영접하러 나온 많은 형제들을 보며 느끼는 것이 있습니다. 첫째로 복음이 얼마나 빨리 전파되고 있었는가 하는 점입니다. 바울은 이탈리아에 처음 왔지만 복음은 이미 바울보다 먼저 와 있었고, 뿐만 아니라 벌써 뿌리를 내리고 열매를 맺고 있었습니다. 그랬기 때문에 바울이 오기 전에 예수 믿는 사람들이 바울을 기다리고 있었고,

가는 곳마다 바울을 영접하는 사람들이 있었던 것입니다. 복음을 막을 자는 없습니다. 오늘도 우리가 잠자고 있는 사이에 복음은 끊임없이 세계를 향해 힘있게 달리고 있습니다. 얼마나 복음이 힘 있고 빠르게 전파되고 있는지요. 이렇게 복음이 빨리 전파되고 있음에도 복음에 관심 없이 영적으로 잠을 자고 있는 사람들은 훗날 주님 앞에 섰을 때 그 부끄러움을 어떻게 면할 수가 있을까요?

또 하나 배울 수 있는 것은 참다운 하나님의 자녀는 복음을 위해 쇠고랑을 차고 있는 사람을 만나는 것을 절대 부끄러워하지 않는다는 것입니다. 바울은 쇠사슬을 차고 있는 죄수의 신분이었습니다. 그런데도 보디올에 내렸을 때 바울이 왔다는 말을 들은 형제들은 쇠고랑을 찬 사람을 데리고 가서 일주일 동안 대접했습니다.

> "혹은 비방과 환난으로써 사람에게 구경거리가 되고 혹은 이런 형편
> 에 있는 자들과 사귀는 자가 되었으니"(히 10:33).

바울이 로마로 향할 때 또 얼마나 많은 사람에게 구경거리가 되었겠습니까? 거리에는 군인들의 호위 가운데 쇠고랑을 찬 죄수들이 줄줄이 끌려 가는 광경을 구경하는 사람들로 가득했을 것입니다. 그러나 히브리서의 말씀처럼 로마에 있는 신자들과 보디올에 있는 신자들은 바울이 쇠고랑 찬 것을 조금도 부끄러워하지 않았습니다. 그들은 바울을 영접하고 함께 길을 걸으면서 주 예수 그리스도가 주신 은혜를 감사하며 장차 로마에 들어가서 복음을 들고 일할 꿈에 부풀어 있었습니다.

사람을 통해 주신 위로

하나님의 위로는 때때로 사람을 통해 찾아옵니다. 바울 또한 그를 맞이하고 영접하는 사람들을 만나 위로와 담대한 마음을 얻었습니다. 로마로 향해 가는 바울은 한편으로는 굉장히 착잡하고 불안했을 것입니다. 그런 그에게 하나님이 주시는 능력과 위로가 사랑하는 형제들을 통해 임했습니다.

로마로 첫걸음을 내딛는 바울을 형제들을 통해 위로하신 하나님은 오늘도 성도들을 통해 슬픔에 젖어 있는 수많은 사람이 위로받기를 바라십니다. 꿈을 하나 꾸었으면 합니다. 쇠고랑 소리가 쩔렁쩔렁 나는 것에 구애받지 않고 형제들과 함께 손을 잡고 로마를 향해 갔던 바울의 꿈을 꿉시다. 바울의 그 모습을 구경하던 사람들 중에 어느 누구도 장차 로마가 저 초라한 죄수 밑에 무릎을 꿇을 것이라고는 상상하지 못했습니다. 그 초라한 한 사람 앞에 로마 제국이 굴복하고 나중에는 남녀노소 불문하고 목에 십자가를 걸고 다니는 나라로 바뀌리라고 아무도 상상하지 못했습니다.

하나님의 능력, 복음의 역사, 로마를 향해 걸어갔던 바울을 생각하면 가슴이 뜁니다. 주님은 오늘도 바울과 같은 사람을 찾고 있습니다. 여러분의 로마는 어딥니까? 여러분이 걸어가고 있는 곳은 어디입니까? 바울의 이 모습을 이어받을 수 있는 교회들이 되기를 바랍니다. 사탄은 바울의 발에 쇠사슬을 채웠다고 해서 안심했는지 모르지만, 하나님의 역사는 절대로 사탄에게 묶이지 않습니다.

86 로마에 울려 퍼진 복음의 나팔

바울이 온 이태를 자기 셋집에 머물면서 자기에게 오는 사람을 다 영접하고
하나님의 나라를 전파하며 주 예수 그리스도에 관한 모든 것을
담대하게 거침없이 가르치더라

_ 사도행전 28:30-31

복음의 진보가 된 고난

바울이 드디어 로마에 도착했습니다. 비록 죄수의 몸으로 들어왔지만 하나님께서는 그를 통하여 놀라운 역사를 이루실 준비를 하고 계셨습니다.

드디어 국제도시 로마에서 복음의 나팔이 울려 퍼지기 시작했습니다. 그러나 이 복음의 나팔은 자유롭게 다닐 수 있는 사람이 아닌 형틀에 매여 있는 사람이요, 울타리 안에서 나올 수 없는 사람의 손에 들려 있었습니다. 사람의 판단으로는 복음을 전하기

에 적합하지 않은 사람이었지만, 우리는 여기서 다시 한 번 하나님의 지혜의 부요함을 보게 됩니다. 사람이 보기에는 대단히 미련한 것같이 보이지만 이것이 하나님의 지혜가 될 줄을 누가 알았겠습니까?

> "형제들아 내가 당한 일이 도리어 복음 전파에 진전이 된 줄을 너희가 알기를 원하노라 이러므로 나의 매임이 그리스도 안에서 모든 시위대 안과 그 밖의 모든 사람에게 나타났으니 형제 중 다수가 나의 매임으로 말미암아 주 안에서 신뢰함으로 겁 없이 하나님의 말씀을 더욱 담대히 전하게 되었느니라"(빌 1:12-14).

우리는 이런 하나님의 지혜를 자주 보지 못할 때가 많습니다. 역사를 보아도 그랬던 것을 봅니다. 목회를 할 때도 마찬가지입니다. 사람들이 볼 때 이런 자격, 저런 자격 다 구비해야 목사가 될 수 있고, 하나님이 크게 쓰실 것이라고 생각하지만, 어떤 때는 사람이 보기에 아무것도 아닌 사람이 하나님의 손에 쓰일 때가 있습니다. 하나님의 지혜입니다. 하나님께서는 사람들 보기에 전혀 가능하지 않는 것을 통해 자주 일하셨던 것을 우리는 역사적인 일들을 통해서 수없이 보아 왔습니다.

하나님은 무식한 사람을 통해서도 일하십니다. 하나님의 역사는 나이 많은 사람을 통해서도 일어납니다. 사람이 보기에 전혀 능력이 없는데도 분명히 하나님이 일하실 때가 있습니다. 이것을 간과하는 사람이라면 하나님이 누구이신가를 아직도 모르고 있는 것입니다. 하나님께서 바울과 같은 존재를 들어 로마 제국을 정복하리라고 누가 생각했겠습니까? 하나님의 지혜입니다. 그러므로 하나님의 일을 인간의 기준에 놓고 함부로 판단하지 말기를 바랍니다. 특히 교회 안에서 학벌, 경력을 믿고 큰일 하겠다고 생각을 한다거나, 많이 배우지 못한 사람을 무시하면 절대 안 됩니다. 하나님께서는 사람의 조건을 중요하게 다루시지 않습니다. 인간이 보기에는 어리석음이 하나님께는 지혜가 될 수 있습니다.

동족을 위하여

바울이 감옥에 있으면서 전도를 위해 제일 먼저 접근한 사람은 역시 유대인이었습니다.

"사흘 후에 바울이 유대인 중 높은 사람들을 청하여 그들이 모인 후에 이르되 여러분 형제들아 내가 이스라엘 백성이나 우리 조상의 관습을 배척한 일이 없는데 예루살렘에서 로마인의 손에 죄수로 내준 바 되었으니"(28:17).

이 말씀을 통해 바울의 그 깊은 중심에 또다시 충격을 받습니다. 바울이 다메섹 도상에서 예수 그리스도를 만난 다음 복음의 사자가 되어 예수 그리스도를 위해 지금까지 고생을 하지 않았습니까? 그 시간을 합하면 약 50년입니다. 로마까지 오는 데 약 50년, 반세기가 지난 것입니다. 그동안 바울이 당한 환란과 고통은 이루 말할 수가 없었습니다. 그는 쫓기며 위협을 당하고 있었고, 바로 내일 어떻게 될지 전혀 예측할 수 없는 삶을 살았습니다. 바울이 당한 그 고통의 중심에는 항상 유대인이 있었습니다. 그가 받은 환난과 고통의 90퍼센트 이상은 자기 동족에게 당한 수모요, 어려움이었습니다. 쇠고랑을 차고 로마로 들어오게 된 것도 유대인 때문이었습니다. 로마인들은 바울에게서 죄를 찾을 수 없어 놓아 주려고 했지만 유대인들이 오히려 그것을 막았습니다.

그는 마지막까지 유대인들에게 시달리며 고통을 당합니다. 어떤 면에서 바울의 원수는 자기 동족이었습니다. 원수라도 그런 원수가 없을 것입니다. 해를 끼쳐도 한두 번이지 50년 동안 끝까지 물고 늘어지는 그런 원수였습니다. 누구라도 바울의 입장에 있었다면 유대인들에게 복음을 전하고 싶은 마음은 다 사라진 지 오래였을 것입니다. 뭐가 애타는 마음이 있어 그들에게 복음을 전하려고 하겠습니까? 그러나 바울은 달랐습니다. 그래서 로마에서 보여 준 바울의 행동은 놀랍고 충격적인 것이었습니다. 로마서 9장에서 바울이 고백한 그 말이 절대 거짓말이 아니라는 것을 그는 그의 행동을 통해 보여 준 것입니다.

> "내가 그리스도 안에서 참말을 하고 거짓말을 아니하노라 나에게 큰 근심이 있는 것과 마음에 그치지 않는 고통이 있는 것을 내 양심이 성령 안에서 나와 더불어 증언하노니 나의 형제 곧 골육의 친척을 위하여 내 자신이 저주를 받아 그리스도에게서 끊어질지라도 원하는 바로라"(롬 9:1-3).

정말 바울은 대단한 사람입니다. 그렇게 자기를 죽이려 하고,

끝까지 자신을 줄기차게 괴롭히던 동족을 위해 계속 마음의 고통을 안고 어떻게 하면 저들을 구할까 생각했다니 말입니다.

원수를 사랑하라고 하신 주님의 계명을 철저하게 지킨 사람이 있다면 바울이 아닐까 생각합니다. 바울만큼 원수를 사랑한 사람은 없는 것 같습니다. 우리 모두 가슴에 손을 얹고 조용히 생각해 보았으면 합니다. 우리의 전도가 원수에게도 미치고 있습니까? 내가 좋아하는 사람만 가려가면서 전도하고, 내가 미워하는 사람, 내 마음에 한이 맺히게 한 사람은 가급적이면 보지 않으려고 하는 마음을 갖고 살지는 않습니까? 그런데 복음의 정신은 그렇지 않다고 말합니다.

바울처럼 할 수 있을까요? 성령께서 우리 각자의 마음속에 가책을 주셨으면 합니다. 입으로는 주님의 사랑을 증거하면서도 마음으로는 무서운 저주를 품고 있지는 않습니까? 바울을 보며 우리는 아직도 갈 길이 멀다는 것을 깨닫습니다. 겉으로는 전도 잘하는 것 같고, 겉으로는 많은 영혼을 위해 기도하는 것 같지만 바울의 수준까지 이르려면 아직 멀었습니다. 우리의 부족한 부분을 주님이 채워 주시기를 기도합시다. 원수까지도, 미워하는 사람까지도 전도할 수 있는 마음을 달라고 기도합시다.

만나지 못한 두 개의 강

로마에서 바울은 전도의 첫 대상인 유대인들을 데리고 몹시 씨름을 했지만 결국 그 전도는 실패로 끝나고 말았습니다. 그가 얼마나 애를 많이 썼습니까? 먼저 바울은 유대인들에게 하나님의 말씀을 가르치기 위해 날짜를 정해 놓고 정기 모임을 가졌던 것 같습니다. 그래서 유대에서 명성이 있다고 하는 사람들이 정한 시간에 다 모여 아침부터 저녁까지 구약성경을 내어 놓고 나사렛 예수 그리스도가 과연 구약에서 말씀하는 메시아냐, 아니냐를 가지고 토론을 했습니다. 바울의 노력에도 불구하고 몇 사람을 제외한 대부분은 믿지 않고 그대로 등을 돌리고 만 것을 봅니다. 믿지 않고 돌아가는 그들을 향해 바울은 이사야서의 예언을 다시 한 번 반복했습니다.

> "여호와께서 이르시되 가서 이 백성에게 이르기를 너희가 듣기는 들어도 깨닫지 못할 것이요 보기는 보아도 알지 못하리라 하여 이 백성의 마음을 둔하게 하며 그들의 귀가 막히고 그들의 눈이 감기게 하라 염려하건대 그들이 눈으로 보고 귀로 듣고 마음으로 깨닫고 다시 돌아와 고침을 받을까 하노라 하시기로"(사 6:9-10).

바울이 이사야의 예언을 언급한 것은 유대인들이 완악하고 돌아오지 않는 데는 하나님의 어떤 뜻이 그 배후에 작용하고 있다는 것을 설명하고 있는 것입니다. 동시에 이스라엘 백성들은 앞으로 잘 돌아오지 않을 것을 선언하고 있는 것입니다. 바울은 결국 로마에서 이사야의 예언이 또 한 번 성취되는 것을 보게 됩니다.

> "그러므로 내가 말하노니 그들이 넘어지기까지 실족하였느냐 그럴 수 없느니라 그들이 넘어짐으로 구원이 이방인에게 이르러 이스라

엘로 시기나게 함이니라"(롬 11:11).

사도행전 전체를 보면 두 가지 흐름이 있습니다. 두 개의 강이 흐르고 있습니다. 하나는 예수를 전하지만 끝까지 받아들이지 않는 유대인들의 강입니다. 예루살렘에서 시작해서 로마까지 유대인들이 보여 주는 불신앙의 강이 흐르고 있습니다. 또 하나의 강은 예수 믿고 돌아와서 하나님의 자녀가 되는 이방인들의 강입니다. 믿음의 강입니다. 이 두 개의 강은 끝내 합해지지 않았습니다. 사도행전에서 계속 불연속선이 되어서 흘렀습니다. 그렇게 로마까지 흘렀습니다. 여기에는 분명 하나님의 어떤 뜻이 있습니다. 하나님께서는 유대인들의 완악함을 통해 복음이 이방에 넘어가도록 하신 것입니다. 유대인들이 복음을 듣지 않아서 오히려 이방인들이 복음을 받아들이는 계기가 마련되었습니다. 또 유대인들의 실패가 이방인들에게 승리가 되도록 하나님께서 은혜를 주셨습니다. 하나님께서 이방인을 구원하시기 위해 유대인을 잠깐 옆으로 제쳐 놓았다고도 볼 수 있습니다.

그러나 언젠가는 두 강이 하나로 합쳐지는 날이 옵니다. 유대인들도 남은 자는 돌아올 것입니다. 구원받은 이방인들이 유대인과 한 형제가 될 것입니다. 마침내 하나의 강이 유유히 흐를 것입니다. 그것이 언제인지는 알 수 없습니다. 아직은 유대인들이 돌아오고 있지 않기 때문입니다. 예수 그리스도 안에서 하늘과 땅에 있는 모든 것이 하나 되는 그날, 하나님께서는 유대인 중에 택함 받은 남은 자들을 불러서 우리와 하나의 강을 이루어 하나님 앞에 영광 돌리게 하실 것입니다.

꿈을 꾸며 열정을 품다

유대인 전도에 실패한 바울은 이방인들에게 복음을 전하기 시작합니다. 2년 동안이나 그들에게 복음을 전했습니다.

> "바울이 온 이태를 자기 셋집에 머물면서 자기에게 오는 사람을 다 영접하고"(28:30).

셋집이라는 말에서 알 수 있듯 바울의 형편이 달라졌습니다. 이것은 형무소를 떠나서 살았다는 의미가 아니라 형무소 구역 안에서 특별히 방세를 지불하면서 독처할 수 있는 특혜가 주어졌다는 뜻으로 보입니다. 아마도 감옥보다는 좀 나은 환경이리라 생각됩니다. 바울은 석방되기 전까지 이 셋집에서 2년 동안 살았습니다. 죄인의 신분이라 항상 군인이 함께 있었지만 다른 형제들이 출입하는 데는 전혀 지장이 없었던 것으로 보입니다.

셋집에 사는 동안 바울은 자기에게 주어진 기회를 최대한 이용해서 많은 사람에게 복음을 전하려고 노력했습니다. 유대인들과 모였을 때처럼 정기적인 모임은 없었지만 오는 사람이 한 명이든, 두 명이든 만나는 사람들에게 항상 복음 전하는 생활을 했습니다. 바울의 이 사역은 거의 초인적인 사역이었다고 해도 과언이 아닙니다. 그의 나이가 벌써 50대 중반을 넘어가고 있었습니다. 사람을 만나고, 사람과 씨름하는 것만큼 피곤한 일은 없습니다. 하루종일 막연히 한담하는 것도 피곤한데, 캄캄한 영혼을 앞에 놓고 침이 마르도록 예수 그리스도를 전한다는 것은 보통 어려운 일이 아니었을 것입니다.

더욱이 죄수인 바울이 영양 보충을 하면 얼마나 했겠습니까? 게다가 몸의 가시로 건강상으로 항상 시달리던 바울에게 도대체 이 놀라운 초인적인 힘이 어디서 솟아났을까요? 또한 바울은 거기에 그치지 않고 옥중에 있는 2년 동안 옥중서신을 기록했습니다. 빌립보서, 에베소서, 골로새서, 빌레몬서를 바로 이때 썼습니다. 서신 가운데 로마서를 빼고는 에베소서만큼 심오한 진리도 없지 않습니까? 빌립보서만큼 우리의 마음을 뜨겁게 하는 것도 드물지 않습니까?

사람을 만나 전도하는 것도, 성경을 기록하는 것도 밤에는 못 했으리라고 봅니다. 당시는 등불 켜는 것이 얼마나 힘들었습니까? 불을 켜지 못하는 어두운 밤이 되면 아마도 바울은 자기 교회와 양 떼를 위해 눈물 흘리며 시간 가는 줄 모르고 기도했을 것입니다. 그러므로 바울은 낮 시간 동안 사람 만나서 정신 없이 전도하고, 틈 나는 대로 서신을 쓰고, 뿐만 아니라 제자들까지 지도했습니다. 바울은 자유의 몸이 아니었지만 자기에게 드나드는 충직한 제자들, 즉 아리스다고, 디모데, 두기고, 에바브로디도, 나중에는 마가, 요한까지 지도했습니다. 그리고 사령관이 되어 제자들을 다른 교회들로 보내며 복음의 작전을 펼쳤습니다.

땅끝까지 이를 복음

바울은 쇠사슬에 매여 있었지만 아침부터 저녁까지 정신 없이 일했습니다. 어디서 그런 열정과 힘이 나왔을까요? 그에 대한 답은 바로 '꿈'입니다. 바울이 초인적인 일을 할 수 있었던 것은 꿈이 있었기 때문입니다. 땅끝까지 주의 복음을 전하고자 하는 열정적인 꿈 말입니다. 바울은 그 꿈에 완전히 사로잡힌 사람이었습니다. 그래서 다른 것은 아무것도 눈에 들어오지 않았습니다.

꿈이라는 것은 사람을 강하게 만듭니다. 다른 것에 관심이 가지 않을 만큼 집중해서 몰입할 수 있는 꿈이 있다면 상상도 못할 힘이 납니다. 꿈의 위력은 대단합니다. 현대인들이 힘이 없는 이유는 이 꿈이 없기 때문입니다. 마음이 텅 비어 있습니다.

꿈이 있습니까? 혹시 더 넓은 아파트로 가는 게 꿈은 아닙니까? 아니면 돈을 좀 더 많이 버는 게 꿈입니까? 우리에게 있는 꿈은 무엇일까요? 가져야 할 꿈은 무엇일까요? 이 질문에 한목소리로 양심껏 대답할 수 있는 교회라면 굉장한 힘을 가진 교회입니다.

"하늘에 계신 우리 아버지여 이름이 거룩히 여김을 받으시오며 나라가 임하시오며 뜻이 하늘에서 이루어진 것 같이 땅에서도 이루어지이다…나라와 권세와 영광이 아버지께 영원히 있사옵나이다."

예수 믿는 우리에게 있는 꿈은 바로 이것입니다. 성령은 이런 꿈을 가진 사람의 가슴에 불을 붙여 줍니다. 그 꿈이 심지가 되어, 성령이 그 꿈의 횃불이 되어 활활 타오르게 될 것입니다. 그렇게 되면 다른 것은 눈에 들어오지 않습니다. 잘사는 것도, 성공하는 것도 눈에 들어오지 않습니다. 우리 모두 이렇게 다짐해 봅시다.

"장차 나타날 영원한 나라를 위해서 난 투자한다. 그것을 위해 난 살리라. 주 예수 그리스도의 영광과 복음을 위해 내가 죽으리라. 내가 직장생활을 해도 내 꿈은 이것이다. 내가 돈을 모아도 내 꿈은 이것이다. 내가 자녀를 키워도 내 꿈은 이것이다. 내가 건강하기를 바라는 것도 이것이다. 건강을 지키기 위해 노력하는 것도 주님 영광 위해서다."

끝나지 않은 사도들의 행진

사도행전의 마지막이 다음과 같은 말씀으로 마무리되어 있다는 것은 너무나 너무나 매력적입니다.

"하나님의 나라를 전파하며 주 예수 그리스도에 관한 모든 것을 담대하게 거침없이 가르치더라"(28:31).

매우 기가 막힌 말씀이 아닐 수 없습니다. 지난 2,000년을 돌이켜 보면, 복음을 막고자 시도한 사람은 많이 있었지만 그중 정말 복음을 막아낸 사람은 한 명도 없었습니다. 대한민국에 복음이 들어왔을 때도 마찬가지였습니다. 아무도 예수 전하는 사람을 막지 못했습니다. 그 입의 말을 금할 수가 없었습니다. 일본의 그 잔혹한 핍박도 그 입을 막지 못했습니다.

◀》 앞으로 주님 오실 때까지 핍박이 없을 것이라 장담할 수는 없습니다. 예수 믿는다는 이유로 끌어다가 죽이는 일이 결코 없을 것

이라고 장담할 수 없습니다. 그러나 주님의 복음을 금할 수는 없을 것입니다. 결국은 하나님이 이깁니다. 결국은 십자가가 승리합니다.

이제 사도행전의 마지막 장을 덮으려 합니다. 그러나 사도행전이 끝난 것은 아닙니다. 만약 사도행전이 끝났다면 "주 예수 그리스도의 이름으로 너희에게 문안하노니 평안히 잘 있으라"는 인사가 마지막 부분에 있었을 것입니다.

우리는 바울이 걸어간 그 길을 이어 달리며 오늘날의 사도행전을 써야 하는 주인공들이기도 합니다. 바울이 가졌던 꿈을 우리도 꾸며 그 놀라운 사역을 계승해야 하겠습니다.

땅끝까지 복음이 전파되어 예수 그리스도의 이름이 물이 바다 덮음 같이 온 천하에 넘치는 그날까지 하나님 나라를 위해 최선을 다합시다. 그러면 언젠가는 예루살렘과 온 유대와 사마리아와 땅끝까지 하나님 나라의 비전이 완성되는 날이 올 것입니다. 그때가 되어서야 사도행전은 비로소 "오! 주 예수여, 오시옵소서!"라는 말로 끝날 것입니다. 그 글은 바로 우리가 써야 합니다. 꿈을 가집시다. 사도행전의 꿈을 가집시다.

국제제자훈련원은 건강한 교회를 꿈꾸는 목회의 동반자로서 제자 삼는 사역을 중심으로
성경적 목회 모델을 제시함으로 세계 교회를 섬기는 전문 사역 기관입니다.

초판 1쇄 발행 2012년 8월 10일
초판 5쇄 발행 2012년 8월 30일

지은이 옥한흠
펴낸이 오정현
펴낸곳 도서출판 국제제자훈련원

기획책임 김명호
편집 안영주 조지혜
디자인 고경원 정선형
구성 곽민정   **QR코드** 권오철
영업 김경성 송상헌 고태석 김미정 양보람 오주영

등록번호 제22-1240호(1997년 12월 5일)
주소 서울시 서초구 서초 1동 1443-26 국제제자훈련원
전화 02-3489-4300   **팩스** 02-3489-4309
E-mail dmipress@sarang.org

Copyright © 옥한흠, 2012. *Printed in Korea.*

ISBN 978-89-5731-581-1 03230